2017 DEVELOPMENT REPORT ON WUHAN

2017 武汉发展报告

武汉发展战略研究院 编

HAN BOOK 版 武汉出版社
WUHAN PUBLISHING HOUSE

(鄂)新登字08号

图书在版编目(CIP)数据

2017武汉发展报告/武汉发展战略研究院编

—武汉:武汉出版社，2017.4

ISBN 978-7-5582-1275-8

Ⅰ. ①2… Ⅱ. ①武… Ⅲ. ①区域经济发展-研究报告-武汉市-2017 ②社会发展-研究报告-武汉市-2017 Ⅳ. ①F127.631

中国版本图书馆CIP数据核字(2017)第067839号

编　　者：武汉发展战略研究院

责任编辑：孙　敏

封面设计：李　华

出　　版：武汉出版社

社　　址：武汉市江汉区新华路490号　　邮　　编：430015

电　　话：(027) 85606403 85600625

http://www.whcbs.com　E-mail:zbs@whcbs.com

印　　刷：武汉市金港彩印有限公司　　经　　销：新华书店

开　　本：889mm×1194mm　1/16

印　　张：33　　字　　数：600千字

版　　次：2017年4月第1版　　2017年4月第1次印刷

定　　价：98.00元

《2017 武汉发展报告》编委会

目　录

专家研究篇

国家中心城市篇

改革开放篇

产业发展篇

战略思考篇

调研分析篇

Contents

EXPERTS' RESEARCH

NATIONAL CENTRAL CITY

REFORM AND OPENING UP TO THE WORLD

INDUSTRIAL DEVELOPMENT

RESEARCH ANALYSIS

专 家 研 究 篇

Experts’ Research

中国需要什么样的城镇化融资体系

巴曙松

历史上，中国城镇化的融资方式是比较成功的，中国的财政和金融政策支撑了大规模的城市基础设施和公共服务融资。然而，考虑到未来 10 ~ 20 年，中国仍将有 3 亿新增转移人口进入城市，中国不仅需要消除城镇居民和现有转移人口之间公共服务水平的不均等，还需要为今后新增的转移人口提供基础设施和社会服务，未来财政体系也需要为满足全国统一的最低公共服务水平提供资金。只有通过适当改革并建立一套新型的融资体系，中国的财政和金融体系才能为即将到来的财政支出和融资需求提供必要的支撑。

这套新型的融资体系需要合理引导资源的优化配置，使劳动力和企业的流动更加高效，使之流向生产率最高的地方和行业；也需要在某种程度上推进社会的公平性，需要促进转移人口及其家属的市民化，使其真正融入城镇生活。此外，这套融资体系还必须是稳健、可持续的，这意味着在土地出让收入减少的大趋势下，地方政府需要开拓新的财源以代替土地收入，同时在信贷总量难以继续攀升的基础下，应该让地方政府在一定条件下更大范围地利用债券市场融资。金融部门既要有效满足地方政府基础设施建设的融资需求，同时也要对地方政府施加必要的金融纪律，以避免对金融部门的扰乱破坏。最后，私营部门在融资、基础设施建设和其他公共服务方面也应该发挥更大的作用。

因此，总体上讲，中国未来的融资体系需要更加有助于中国实现一个高效、包容和可持续的新型城镇化模式。

一、高效的融资体系

展望未来，随着劳动力和资本供给增长的放缓，中国的城镇化和经济增长将更多地依赖于生产率的扩张，而生产率的增长需要改善资源的配置方向和结构,这需要一个高效的融资体系加以支持。

(一)高效的融资体系需要促进人口和资源的流动,使之流向生产率最高的部门

城镇化的转型本质上是要为城市的增长与繁荣寻找可持续的动力之源,最原始的动力通常来自于生产率的扩张。生产率的变化通过改变劳动力、土地和资源的重新分布,从而重塑城市的增长动力。农业生产率的扩张使农村产生富余的劳动力,并使之成为工业生产者,从而完成农村到工厂的转变;工业生产率的扩张则通过自动化替代一部分制造业劳动力,并使之进入服务业领域,从而完成工业城市到服务业城市的转变。作为一个结果,生产率的变化使劳动力平衡分布在不同行业,从而产生可持续的增长。

从美国经验来看,约计 1%的农业劳动力贡献了约计 1%的 GDP、约计 20%的制造业劳动力贡献了 22%的 GDP、约计 79%的服务业劳动力贡献了 77%的 GDP。总体上,美国劳动力的行业分布比例和 GDP 的贡献度基本相等,这说明美国的城市增长实现了十分完美的平衡匹配。

然而,全球和中国的经验却是另一幅景象。全球劳动力的 37%集中在农业生产领域,却只是贡献了 6%的全球 GDP;中国劳动力的 35%从事农业生产,也只是贡献了 11%的中国 GDP,这显然是严重的不平衡。总体上说,造成这种不平衡的根源是在三大产业部门中,特别是农业部门中,全球和中国的劳动生产率远远低于美国。

如果中国的农业生产率达到更高的水平, 从而使就业分布与产值分布达到更为一致的水平,即假如 2011 年 11%的农业产值由 11%的农业生产率来生产,那么便可节约出 24%即 1.8 亿人的农业劳动力(注:中国 2011 年劳动力总量为 7.6 亿人,1.8 亿人 =7.6 亿人 × 24%)。这些被节约的 1.8 亿人的劳动力可以从事比生产农产品具有更高效率和更高经济价值的制造业或服务业产品。

从这个角度评估,中国下一阶段城镇化的转型重点之一,是表现在城市增长动力的转型上,而这将主要取决于生产率条件的变化,因此,一个合适的投资和融资决策应该区别中国不同区域、不同城市的实际情况,针对性地实施差别化的投融资政策,以有效投资驱动生产率扩张,从而实现增长动力的重塑,也使得城镇化在真正意义上可以成为经济增长的动力。

（二）高效的融资体系需要有助于内陆制造业的转型

从国际经验观察，在城镇化的不同阶段，生产率扩张的来源并不完全相同。通常在城镇化的初始阶段，劳动力从农业向制造业的转移是实现生产率提升的主导途径，这是一种结构性的提升。然而，随着劳动力转移速度的放缓，制造业内部的不同部门之间劳动力的重新配置以及制造业在不同城市之间的重新分工往往成为生产率扩张最主要的途径，这是一种分工所带来的提升。

中国目前正处于这种转换之中。从区域之间的分工来看，沿海地区城市由于土地成本和劳动力成本的上升，对于制造业的吸引力正在下降。但是内陆地区，特别是20世纪80—90年代出生率很高的河南省、江西省和广西壮族自治区，现在的人口红利依然存在，且较为显著，劳动力成本仍低于马来西亚、泰国、菲律宾等亚洲经济体，这吸引制造商从中国的沿海迁至内陆地区。原则上，这可以说是一种跨区域的制造业重新配置，也是一种对冲沿海成本上升的必然选择。从城市的分工来看，内陆中心城市在未来的制造业发展浪潮中通常是作为中高端科技型产业的中心，中低端制造业为了规避地价和房价，往往倾向于成为生产和制造中心，从而形成中心—外围城市、中心城区—郊区之间的制造业分工。

为了顺应这种转变，中国的城市基础设施投资和金融支持方向也应做出必要的转变：一是扩大对于沿海—内陆之间交通一体化基础设施建设的投资和融资支持力度，将内陆城市与沿海城市联成一体，承接产业转移；二是扩大对于城市之间的交通网络化设施的投资和融资支持力度，通过城际公交、城际铁路、城际客运、支线机场轨道交通将城市与郊区、中心与外围之间联成一体，降低生产和贸易成本。

（三）高效的融资体系需要有助于沿海省市向服务业的转型

与内陆城市不同，沿海城市处于不同的阶段，未来深圳、上海等较为发达的城市，正处于从工业城市向服务业城市的转型之中，生产率的扩张将主要来自于高端制造业和现代服务业。这种转型所催生的金融需求结构也将发生系统性转换。

从国际经验看，工业城市或者说以工业经济为核心特征的城镇化阶段，大生产和大金融是最为突出的表现形式。如果没有金融系统的支持，资本密集度极高的大规模生产便无法实现；如果没有金融系统的支持，资金消耗极大的交通设施网络便无法建设,也就没有与大生产相匹配的大零售或者大物流系统。

然而在由工业城市向服务业城市转型的过程当中,城市工业内部不同产业之间的重组与并购活动不断增多,最终将城市竞争力的导向由制造转向服务,特别是现代生产性服务业。观察这个变化趋势,可以发现,在这个转变过程中,金融的支持作用已经不是体现在对制造业生产活动的支持,金融成为制造业并购的推动力。反过来,一旦城市完成向服务业的转型,实体经济的利润来源、风险分布、融资期限结构都发生了深刻的变化,从而也对金融系统提出了新的需求。

总体上观察,以服务业为核心特征的城镇化阶段,规模的重要性下降,小众或个性化生产的比重上升,而且伴随通信网络以及电子商务平台的兴起,消费的空间约束有所弱化,供应链的配送和反应效率显著提升,使得立足于定制化的消费比重增多,这也进一步刺激了小众生产的可能空间。因此,大规模生产向小众化生产转换,也必然会进一步刺激金融系统由工业时代为大企业提供金融服务的商业模式转向为中小创新型企业提供金融服务的商业模式。

二、包容的融资体系

中国正在实施以人为核心的城镇化,提高城镇人口素质和居民生活质量,把促进有能力在城镇稳定就业和生活的常住人口有序实现市民化作为首要任务,这需要一个更有包容性的公共财政体系加以支持。

过去二十多年,中国的公共财政体系相对有效地满足民众对社会公共服务不断增长的需求,公共服务水平和覆盖率都有所提高,社会保障体系覆盖的人数也在增加,有更多的城市和农村居民参加了养老计划。尽管效果显著,然而,问题也十分明显,并突出地表现在对流动人口及其家属的忽视。2011 年中国常住人口城镇化率为 51%(常住城镇人口规模为 6.9 亿人),但是户籍人口城镇化率仅为 35%(户籍城镇人口为 4.6 亿人),两者差值达 16 个百分点。考虑到中国的养老、医疗、教育、公共服务均在一定程度上与户籍挂钩,这种差距本身即意味着非户籍人口,主要是迁移人口,并非真正意义上的城镇居民。因此,以人为核心的包容型城镇化需要中国的公共财政体系进行必要的转变,实现城市居民和城市移民之间的机会均等和公共服务均等以及城乡一体化。从目前各方凝聚的共识来看,户籍改革的重点在于同步降低城镇户籍门槛和建立可以携带的“最低公共服务包”为依托的居住证制度,以加强流动人口服务的公平性,促进流动。

(一)一个包容性的公共财政系统需要给予农民工更多的关注

农民工已经成为中国劳动市场日益重要的一个组成部分,2012 年,农民工在劳动力市场的比重超过 30%。平均而言,他们的受教育水平高于一般的农村劳动力,他们有较强的意愿留在城市,因此,他们未来的去向对于劳动力市场和城市生产、消费而言都有很大的影响,但是目前在社会公共服务缺少的情况下,他们的潜力未能充分展现,调查数据表明,他们在城市的生活年限通常为 7—9 年,这主要是因为他们在城市难以获得住房及教育、医疗等服务。

(二)一个包容性的公共财政系统也需要对农民工子女在城市的教育带来更多便利

在过去的十多年里,中央政府关于农民工子女在城市接受教育的政策已经有了积极的变化,要求地方政府把农民工子女纳入当地的教育体系,中央和地方政府都对此给予财政支持,这项政策改善了农民工子女在城市公立学校入学的情况。不过,到目前为止,农民工子女在城市公立学校就学方面仍然面临不少困难,很多农民工子女上的是打工子弟学校。例如,北京大约有 30%的农民工子女没有在公立学校就读。很多农民工的子女还没有与父母生活在一起,而是“留守儿童”。如果把他们包括在内,那么只有大约一半的农民工子女在城市的学校就读。这意味着,如果更多的孩子跟着父母进城生活的话,需要在城市的学校就读的农民工子女将会急剧增加。

(三)一个包容性的公共财政系统仍需要在养老、医疗和住房方面扩大覆盖度

中国的养老改革已经取得了重要的进展,但仍然不够。过去十五年,中国在扩大养老体系的覆盖范围方面取得了显著的进展。医疗改革使得医疗保险的覆盖范围有了非常显著的扩大,但对于农民工而言手续繁复,而且价格更高。而且,到目前为止,很少有农民工拥有自己的住房,更少有农民工有能力以目前的价格购买住房,尤其是在大城市。现在只有 0.6%的农民工在他们工作的地方拥有住房。尽管中国的保障房建设从 2009 年开始有显著进展,然而,只有少数地方将农民工纳入覆盖范围。

三、可持续的融资体系

中国未来的城镇化融资体系不仅是高效和包容的,也需要是稳健和可持续的,为了实现这一点,至少需要做出几点改变:

（一）减少对土地融资的依赖

过去，出售土地或者依赖土地从事债务融资是中国的地方政府获取资金的一个重要来源，这在中国被称为“土地财政”，然而，目前这个收入正在日益减少。卖地收入是地方财政的重要来源，在2010年的最高峰时期，卖地收入占到了GDP的7.5%，几乎与地方政府的其他收入总和相当。然而，近年来，由于土地补偿及其相关成本快速上升，卖地收入有所下滑，从2010年占GDP的7.5%跌至2012年的1.2%，征地补偿大幅度提高是收入下滑的主要原因。不断下滑的卖地收入意味着中国的地方政府不能再像过去那样为城市基础设施建设提供源源不断的资金。此外，土地价格更容易发生周期性波动，从而给地方政府的融资能力带去冲击，如果整个地方部门都严重依赖土地收入来为借款提供担保，系统性风险将会明显提高。

（二）控制地方政府债务扩张的速度并减少地方政府债务融资对银行的依赖

中国的整体公共债务水平，包括主权国家债务和地方政府债务在内，以国际标准来衡量并不高。截至2013年6月底，主权债务约为GDP的18%，如果加上或有债务，则为GDP的22.7%。根据国家审计署2013年的审计报告，加上地方政府的债务，总体的直接和或者公共债务规模在2013年6月底约为GDP的55.6%，这一比重仍低于最保守的警戒线（60%）。

然而，从扩张速度看，地方债务的隐含风险则是不能忽视的。2013年对政府性债务的审计表明，地方政府债务持续快速增长，2010—2013年的年均增速约为20%左右；有两个省、31个地市、29个县和148个乡镇的再融资比率超过20%；平均债务拖欠比率为1.01%，但个别城市超过了10%，情况最糟糕的城市达到了16.36%。而且，地方债务的扩张更多地依赖于银行，在2013年6月底的地方政府债务余额中，有56.6%来自银行贷款，在资本市场上发行的债券仅占10.3%，考虑到银行融资的期限往往远远小于债券融资，如果在某个年度遭遇集中到期支付而地方财政不足的情况，那么金融风险就会加大。

作者系香港交易及结算所首席中国经济学家，武汉发展战略研究院特聘专家

中国“GDP 万亿俱乐部”城市比较研究①

吴传清 宋筱筱 申雨琦 张雅晴

城市是国民经济发展的重要增长点，目前国内 GDP 超过 1 万亿元的城市共有 10 个(上海、北京、广州、深圳、天津、重庆、苏州、武汉、成都、杭州),被称为“GDP 万亿俱乐部”城市。其中,上海、北京的 GDP 分别于 2012 年、2014 年超过 2 万亿元,均在六年内实现 GDP 万亿元倍增。

本文分别从经济总量、产业结构及其发展趋势等方面对 10 个已进入“GDP 万亿俱乐部”的城市进行比较分析,并以上海、北京两个 GDP 超 2 万亿元的城市为代表,总结其发展特征和影响因素。

一、“GDP 万亿俱乐部”城市经济运行现状比较

(一)经济总量比较

GDP 是国民经济核算的核心指标，也是衡量一个国家或地区总体经济状况的重要指标。GDP 超过 1 万亿元是一个标志性门槛，也被称为“财富俱乐部”,意味着地区经济发展跨入新台阶。2015 年中国共有 10 个城市 GDP 总量跨越 1 万亿元,这些城市经济总量各项指标与排序见表 1。

2015 年,全国 10 个 GDP 超过 1 万亿元城市的经济总量排名中,上海、北京、广州位居前三位(其中上海、北京地区生产总值超 2 万亿元),GDP 增速分别为 6.9%、6.9%、8.4%,在“GDP 万亿俱乐部”城市中处于较低水平,经济总量增长势头放缓。深圳、天津、重庆的 GDP 紧随其后,且增速快,极具赶超之势。苏

①基金项目：江汉大学武汉研究院开放性课题“武汉市经济转型升级与经济总量倍增战略研究”(jhun-wyy2015101)。

州作为非省会城市,GDP 总量已达到较高水平,并进入增长平稳期。武汉、成都、杭州三个城市跨过"万亿"关卡后,GDP 增长强劲,增速分别为 8.8%、7.9%、10.2%,位列第 5 名、第 7 名、第 2 名。

表 1　2015 年中国"GDP 万亿俱乐部"城市经济总量比较

城市	GDP(亿元)	排序	GDP 增速(%)	排序	人均 GDP(元)	排序
上海	24964.99	1	6.9%	10	103100	7
北京	22968.6	2	6.9%	9	106284	6
广州	18100.41	3	8.4%	6	134066	3
深圳	17502.99	4	8.9%	4	157985	1
天津	16538.19	5	9.3%	3	106908	5
重庆	15719.72	6	11.0%	1	53330	10
苏州	14500	7	7.5%	8	136300	2
成都	10801.20	9	7.9%	7	74273	9
杭州	10053.58	10	10.2%	2	112268	4
武汉	10905.60	8	8.8%	5	102808	8

注:人均 GDP 根据城市常住人口计算,下同。
数据来源:整理自各城市《2015 年国民经济和社会发展统计公报》,下同。

就人均 GDP 指标而言,深圳、苏州、广州位列前三位;杭州、天津人均 GDP 水平亦较高,人均生产能力较强;北京、上海的人均产值与 GDP 总产值出现分化,分别排名第 6、7 位;武汉、成都、重庆作为中西部人口密集城市代表,人均 GDP 排名居后,人均生产能力与区域产值水平有待加强。

表 2　2015 年中国"GDP 万亿俱乐部"城市 GDP 构成比较　(单位:亿元;%)

城市	进出口总值	排序	增长率	排序	全社会固定资产投资	排序	增长率	排序	市场消费总额	排序	增长率	排序
上海	28060.88	1	-2.1	5	6352.70	6	5.6	9	10055.76	2	8.1	9
北京	20960.31	3	-23.1	9	7990.9	3	5.7	8	18646	1	8.7	8
广州	8306.41	5	3.5	2	5405.95	9	10.6	5	7932.96	3	11.0	4
深圳	27516.58	2	-8.2	6	3298.31	10	21.4	1	5017.84	7	2.0	10
天津	7499.45	6	-14.6	7	13065.86	2	12.1	4	5245.69	5	10.7	5
重庆	4615.49	7	-21.3	8	15480.33	1	17.1	2	6424.02	4	12.5	1
苏州	20026.38	4	-1.9	4	6124.4	7	1.7	10	4424.8	10	9.0	7
成都	2952.58	9	-29.2	10	7007.0	5	5.8	7	4946.2	8	10.7	6
杭州	4132.43	8	-1	3	5556.32	8	12.2	3	4697.23	9	11.8	2
武汉	1841.10	10	6.3	1	7725.26	4	10.3	6	5102.24	6	11.6	3

净出口、消费与投资是GDP的三大组成部分,也是拉动经济快速增长的主要因素,进出口总值则可衡量地区在对外贸易方面的总规模。2015年进出口总值排名前三位的分别是上海、深圳、北京,对外开放前沿城市的进出口总值优势明显。十大“GDP万亿俱乐部”城市中,除广州与武汉以外,其余城市进出口总值较2014年下降明显,北京市较2014年下降了23.1%,幅度最为显著。2015年进出口总值总体呈下降态势,末位城市武汉有追赶势头。

我国目前经济增长主要依靠投资。2015年,十个“GDP万亿俱乐部”城市中,全社会固定资产投资也较高,其中重庆、北京、天津总值较高,投资力度较大;深圳地区全社会固定资产投资总额暂居末位,但较2014年增长强劲。

市场消费总额作为经济增长的重要组成部分,2015年北、上、广依旧高居其位,北京市2015年市场消费总额达18646亿元,但增速较2014年有所放缓。重庆、武汉、成都三个初入“GDP万亿俱乐部”的中西部城市,市场消费总额增长迅速,分别达12.5%、11.6%、10.7%。杭州、苏州市场消费总额暂处于末位,但增长强劲。

(二)产业结构比较

产业结构作为经济结构的重要组成部分,一个地区产业规模和结构的发展水平往往决定了其经济总量的高低。因此,分析城市经济转型升级和总量倍增

表3　2015年中国“GDP万亿俱乐部”城市产业结构比较(绝对值)　(单位:亿元;%)

城市	第一产业增加值	排序	增长率	排序	第二产业增加值	排序	增长率	排序	第三产业增加值	排序	增长率	排序
上海	109.78	9	-13.2	10	7940.69	1	1.2	9	16914.52	2	10.6	3
北京	140.2	8	-9.6	9	4526.4	9	3.3	8	18302	1	8.1	10
广州	228.09	6	2.5	5	5786.21	6	6.8	6	12086.11	3	9.5	7
深圳	5.66	10	-1.7	8	7205.53	3	7.3	4	10291.8	4	10.2	4
天津	210.51	7	2.5	5	7723.60	2	9.2	2	8604.08	5	9.6	5
重庆	1150.15	1	4.7	2	7071.82	4	11.3	1	7497.75	6	11.5	2
苏州	415.2	2	3.4	4	6914.8	5	0.3	10	7170	7	9.0	8
武汉	359.81	4	4.8	1	4981.54	7	8.2	3	5564.25	10	9.6	5
成都	373.2	3	3.9	3	4723.5	8	7.2	5	5704.5	9	9.0	8
杭州	287.69	5	1.8	6	3910.60	10	5.6	7	5855.29	8	14.6	1
武汉	359.81	4	4.8	1	4981.54	7	8.2	3	5564.25	10	9.6	5

数据来源:整理自各城市《2015年国民经济和社会发展统计公报》。

问题,有必要通过比较排序的方式,从整体上把握不同“GDP 万亿俱乐部”城市产业结构的特点和所处阶段,进而为后续分析提供依据。

1.三次产业增加值比较

2015 年,国内 10 个“GDP 万亿城市”第二产业基础良好,第三产业发展迅速。第一产业增加值方面,在 300 亿元以上的有 4 个,有 7 个城市比上年增长比值为正;武汉市第一产业增加值为 359.81 亿元,在所有城市中处于中游水平,比上年增长 4.8%,排名第一。第二产业增加值方面,上海、天津、深圳、重庆四城市以超过 7000 亿元的增加值遥遥领先;在所有城市中,比上年增长超过 10%的只有重庆;武汉市第二产业增加值 4981.54 亿元,比上年增长 8.2 %。第三产业增加值方面,总量超过 10000 亿元的只有上海、北京、广州和深圳,其中,总量最高的是上海,比上年增长最高的是杭州;武汉市服务业增加值为 5564.25 亿元,比上年增长 9.6%。

2.三次产业占比比较

2015 年,国内 10 个“GDP 万亿城市”均为“三、二、一”型产业结构。第一产业增加值占比方面,占 GDP 比重超过 5%的只有重庆;武汉市第一产业占 GDP 比重为 3.30%。第二产业增加值占比方面,除北京以外的所有城市第二产业增加值占比均在 30%~50%之间;武汉市第二产业增加值占比为 45.68%,居于前列。第三产业增加值占比方面,服务业迅速发展,所有城市第三产业增加值占

表 4 2015 年中国“GDP 万亿俱乐部”城市产业结构比较(单位:%)

城市	第一产业增加值占比	排序	第二产业增加值占比	排序	第三产业增加值占比	排序
上海	0.44	9	31.81	9	67.75	2
北京	0.61	8	19.71	10	79.68	1
广州	1.26	7	31.97	8	66.77	3
深圳	0.03	10	41.17	6	58.80	4
天津	1.27	6	46.70	2	52.03	7
重庆	7.32	1	44.99	4	47.70	10
苏州	2.86	4	47.69	1	49.45	9
成都	3.46	2	43.73	5	52.81	6
杭州	2.86	4	38.90	7	58.24	5
武汉	3.30	3	45.68	3	51.02	8

数据来源:整理自各城市《2015 年国民经济和社会发展统计公报》。

比均高于第二产业，北京更是接近80%，第三产业增加值占比超过50%的城市达到8个；武汉市第三产业增加值占比为51.02%。

3.三次产业固定资产投资比较

2015年，与产业结构相对应，国内10个“GDP万亿城市”固定资产投资均呈现“三、二、一”结构。第一产业固定资产投资方面，在100亿元以上有2个，有7个城市较2014年的增长比值为正值；武汉市第一产业固定资产投资为34.12亿元，比2014年增长52.8%。第二产业固定资产投资方面，天津、重庆两城市以超过4000亿元的固定资产投资遥遥领先；武汉市固定资产投资2844.65亿元，比2014年增长7.6%。第三产业固定资产投资方面，总量超过7000亿元的有3个，其中，重庆以9949.12亿元的固定资产投资名列第一；武汉市固定资产投资为4802.12亿元，比上年增长11.8%。

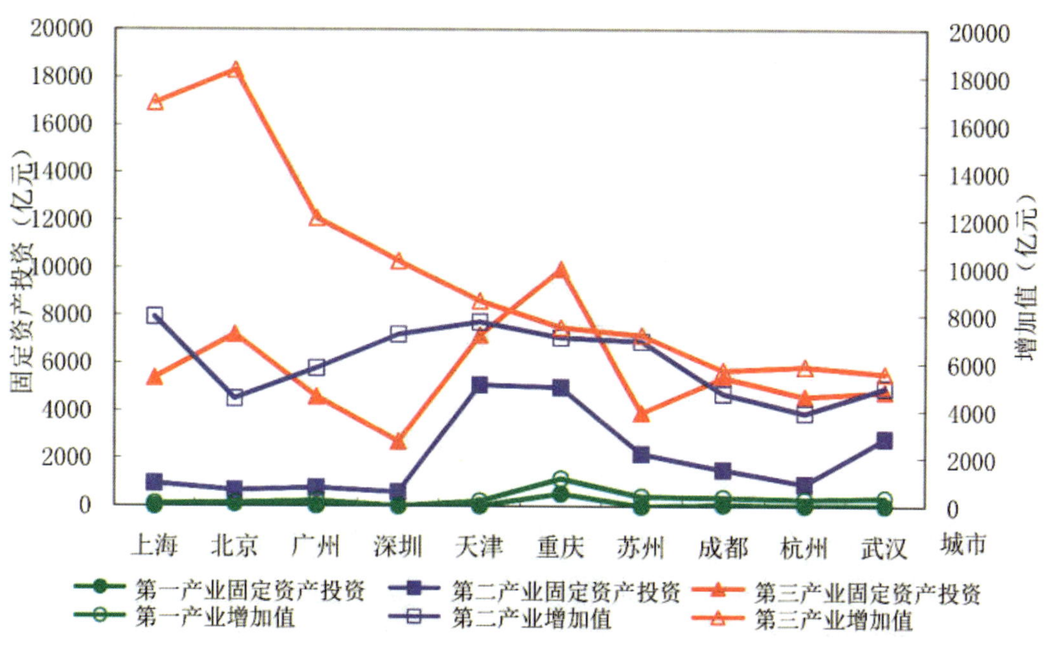

图1 2015年中国“GDP万亿俱乐部”城市固定资产投资和产业增加值

固定资产投资与产业增加值之间的关系反映了各城市的固定资产利用情况。由图1可知，可将十个城市分为两组。一组为北京、上海、广州、深圳四市，四城市在固定资产投资较低的情况下，三次产业依然拥有较高的增加值，说明四城市三次产业发展对固定资产投资的依赖度不高。另一组为其他城市，三次产业的增加值与固定投资基本呈正向关系，固定资产投资越高，产业增加值越高，说明三次产业发展对固定资产投资的依赖度较高。其中，武汉属于第二组城市，三次产业增加值略高于固定资产投资，说明武汉的产业发展对固定资产投资的依赖度较高，今后的发展中要转变经济增长方式，逐步由以投资为驱动力转变为以消费为驱动力。

（三）经济总量与产业结构发展趋势比较

1.经济总量发展趋势比较

（1）GDP呈梯队式快速增长态势。国内10个“GDP万亿俱乐部”城市在2000—2015年间，GDP快速增长，可分为三个梯队：上海和北京为第一梯队，GDP总量分别于2006年、2008年超过1万亿元的标准线，2012年、2014年超过2万亿元；广州、深圳、天津、重庆、苏州为第二梯队，在2010年、2011年已经超过1万亿元的标准线，2015年GDP总量均保持在15000亿元左右；武汉、成都、杭州为第三梯队，武汉市2014年GDP总量超过1万亿元的标准线，成都和杭州2015年突破1万亿元GDP关口，预计未来十个城市GDP总量将继续呈梯队式快速发展。

（2）人均GDP快速增长，各城市排名情况不同于GDP总量排名情况。十大城市人均GDP都保持着增长态势，广州、深圳、苏州、杭州、武汉的增长速度相对较快。不同于GDP总量排名，深圳以将近160000元的人均GDP在10个城市中居于榜首，广州、苏州、杭州三城市紧随其后。武汉人均GDP排名正逐步提高。

（3）消费对GDP的拉动作用在增强。按照支出法核算的经济总量指标，由最终消费支出、资本形成总额、货物与服务净出口三部分组成。中国10个“GDP万亿俱乐部”城市在2000—2015年间，除广州、天津市降低以外，其余8个城市最终消费支出均有所增加，成都市增加幅度接近20%，总体而言，消费对GDP的拉动作用在增强。

（4）资本形成率的变动有所不同。2000—2015年资本形成率的变动为：上海、北京、深圳、苏州四个城市的资本形成率下降，其中苏州市降低得尤为显著，约为30%；广州、天津、重庆、成都、杭州、武汉的资本形成率的变动均为正向，杭州市的增幅超过40%，广州、天津也高达35%、28%。10个城市资本形成率的变动出现较大分化，投资对GDP的拉动作用更多地受到区域经济状况、资本政策等因素影响。

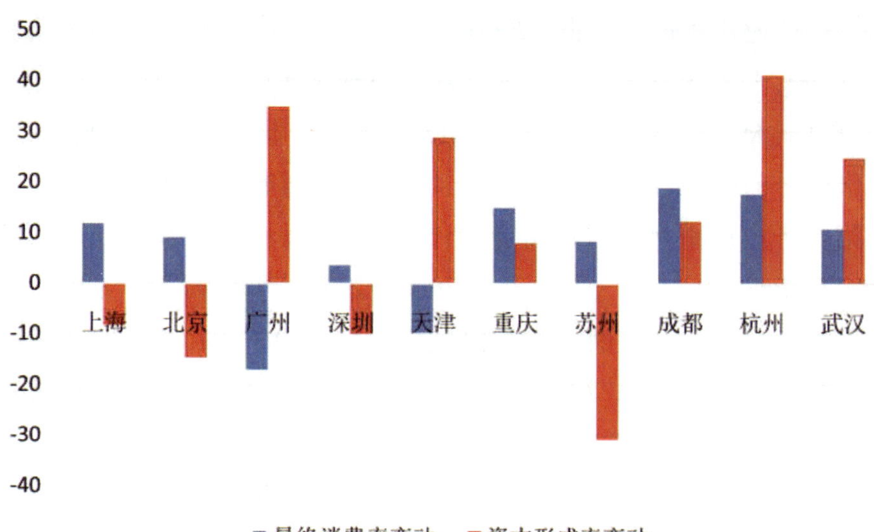

图 2　2000 年与 2015 年中国"GDP 万亿俱乐部"城市消费率与投资率的差值（单位:%）

(5)货物与服务净出口则与城市发展情况及经济定位有关。北京、天津等城市净出口维持不变或下降趋势,净出口优势减弱,深圳、重庆、苏州等城市凭借其地理位置与经济开放实力,逐步展现其贸易实力,贸易顺差愈加明显。

2.产业结构发展趋势比较

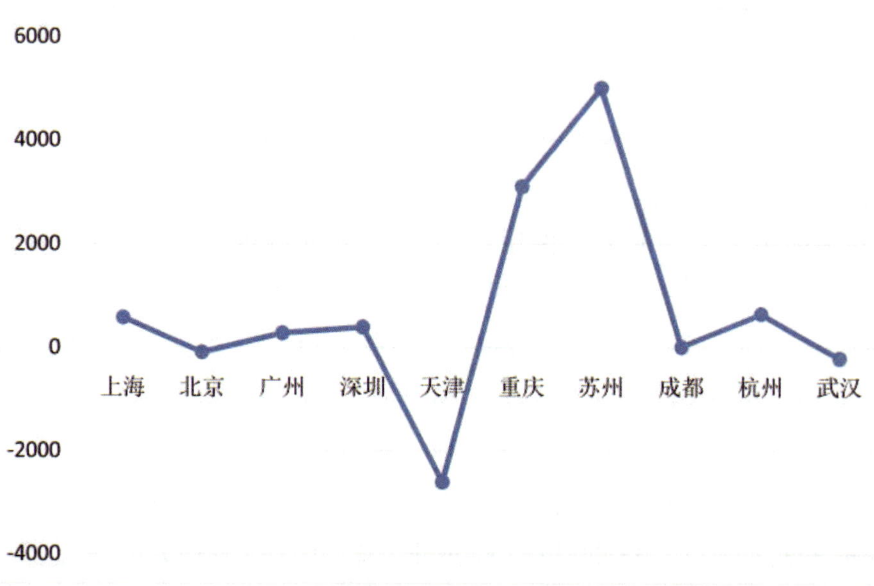

图 3　2000 年与 2015 年中国"GDP 万亿俱乐部"城市货物和服务净出口总额的差值　(单位:万元)

(1)第一产业比重逐步降低。2000—2015 年,除了苏州 2015 年的第一产业占比略有回升,十大城市第一产业占比基本呈现缓慢降低趋势。其中,上海、北京、广州、深圳、天津等城市在 2000—2015 年第一产业占比基本不超过 5%。除成都、重庆以外,其他城市第一产业占比均在近几年降低到 5%以下。

(2)第二产业比重呈下降趋势。具体而言,可以将 10 个城市分为两组:第一组为北京、上海和广州,三个城市在 2000—2015 年间,第二产业占比逐步降低;第二组为天津、苏州与重庆等其他城市,在 2000—2015 年间,这些城市第二产业占比先上升后下降。2015 年,除了北京第二产业占比低于 20%,其他城市第二产业占比均保持在 30%~50%之间。

(3)第三产业比重呈上升趋势。2000—2015 年,除了苏州第三产业占比变化相对较小外,其他 9 个城市第三产业占比基本呈现缓慢上升趋势。北京第三产业占比以接近 80%的比例始终居于首位。上海、广州、深圳在 2008 年已经超过 50%, 杭州在 2012 年超过 50%,天津、成都、武汉在 2015 年超过 50%,重庆和苏州目前仍处于 50%之下。

(四)其他指标比较

对中国 GDP 达万亿元的 10 个城市 2014 年地均 GDP、当年实际使用外资金额、单位生产总值能耗等三个指标进行比较分析,本文得出如下结论:

(1)除重庆外,其他城市均保持较高水平的地均 GDP。国内 10 个“GDP 万亿俱乐部”城市中,地均 GDP 超过 10000 万元 / 平方公里的城市有 7 个,武汉也在其列。其中,深圳以 80129.30 万元 / 平方公里的地均 GDP,远远超过排名第二的上海。而重庆地均 GDP 相对较低,仅为 1731.44 万元 / 平方公里。

(2)国内 10 个“GDP 万亿俱乐部”城市当年实际使用外资金额均处于较高水平。当年实际使用外资金额超过 100 亿美元的城市有 3 个,分别是天津、上海、重庆。其他 7 个城市当年实际使用外资金额均处于 50 亿~100 亿美元之间。广州、深圳的排名靠后,而武汉以 61.99 亿美元的当年实际使用外资金额排名第八。

(3)GDP 越高的城市,单位 GDP 能耗基本上相对越小。地区生产总值排名较为靠前的北京、广州、深圳,单位 GDP 能耗较低,在 0.45 以下。地区生产总值排名较为靠后的武汉、重庆、苏州、天津,单位 GDP 能耗较高,在 0.45 以上。但上海较为例外,10 个城市中地区生产总值最高,但和地区生产总值最低的杭州单位 GDP 能耗均为 0.48。武汉单位 GDP 能耗为 0.74,在 9 个城市中最高。

表 5　2014 年中国“GDP 万亿俱乐部”城市相关指标比较

城市	地区生产总值(亿元)	地均 GDP(万元 / 平方公里)	排序	当年实际使用外资金额(亿美元)	排序	单位生产总值能耗(吨标准煤 / 万元)	排序
上海	23567.70	37173.03	2	181.66	2	0.48	5
北京	21330.83	12997.89	6	90.41	4	0.36	8
广州	16706.87	22473.60	3	51.07	10	0.35	9
深圳	16001.82	80129.30	1	58.05	9	0.41	7
天津	15726.93	13197.05	5	188.67	1	0.54	4
重庆	14262.60	1731.44	10	106.29	3	0.66	2
苏州	13760.89	15895.68	4	81.20	6	0.60	3
成都	10056.59	8296.83	8	87.60	5	–	–
杭州	9206.16	5547.22	9	63.34	7	0.48	5
武汉	10069.48	11751.06	7	61.99	8	0.74	1

数据来源:整理自《中国城市统计年鉴 2015》和各城市 2015 年统计年鉴。

二、GDP 超 2 万亿元城市发展特征分析

(一)经济发展水平特征

目前国内 GDP 超 2 万亿元的城市分别是上海和北京,上海的 GDP 在 2006 年超 1 万亿元,在 2012 年超 2 万亿元;北京的 GDP 在 2008 年超 1 万亿元,在 2014 年超 2 万亿元。因此,我们重点关注两城市在 2006—2014 年的经济特征。

1.经济总量快速增长

北京、上海两城市经济总量快速发展,六年内实现 GDP 万亿倍增。北京、上海 GDP 在 2006—2014 年间始终保持较快的发展速度,人均地区生产总值也相应保持较快发展,从 2006 年的 50000 元 / 人上升至 2014 年的 100000 元 / 人。

2.消费需求持续上升

北京、上海三大需求中消费占比持续上升,投资占比持续下降。2006—2014 年间,北京、上海两市最终消费支出占 GDP 比重不断上升。北京市最终消费支出占比始终大于 50%,2014 年达到 62.5%;上海市最终消费支出占比于 2008 年超过 50%,2014 年达到 58.8%。2006—2014 年间北京、上海两城市资本形成总额占 GDP 比重不断下降。北京市资本形成总额占比自 2014 年开始低于

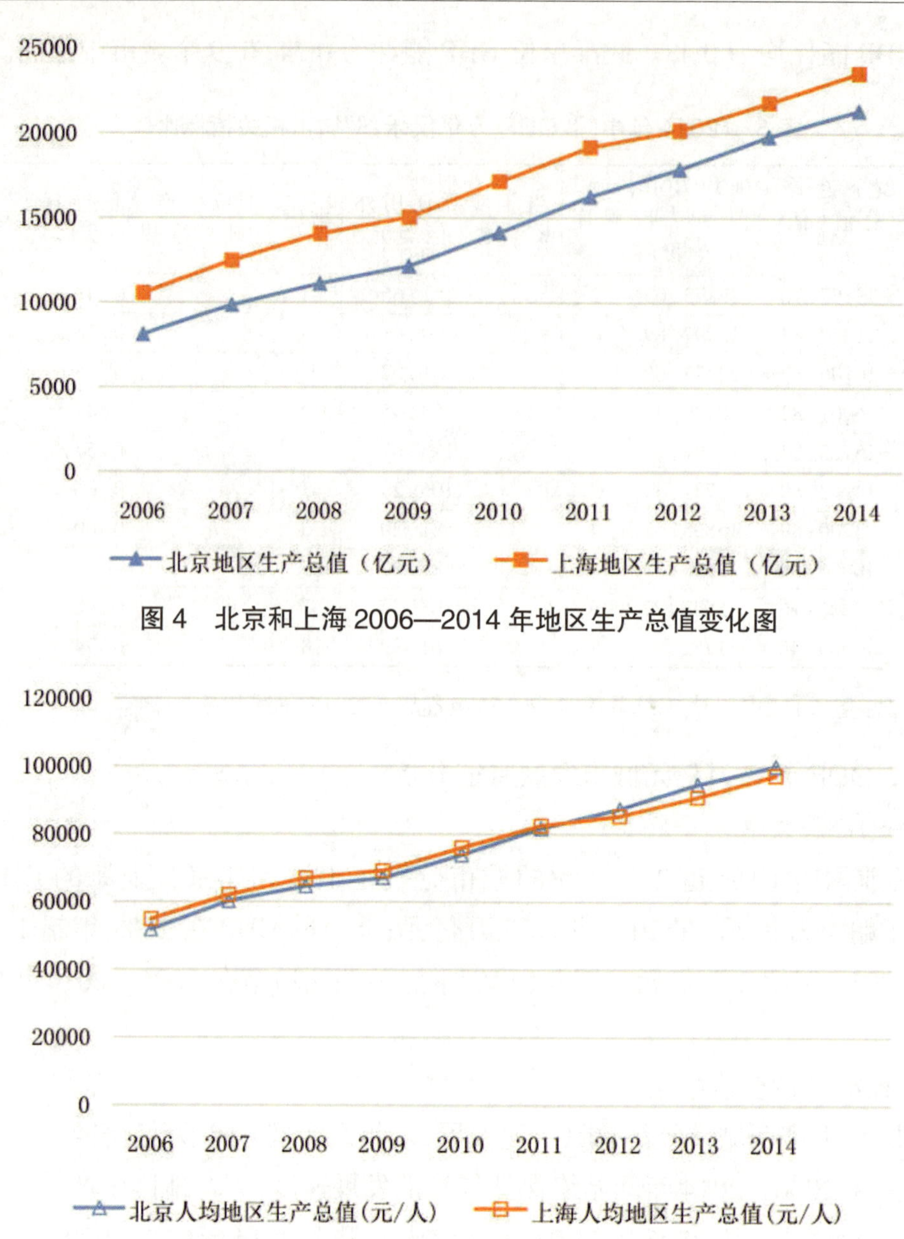

图 4　北京和上海 2006—2014 年地区生产总值变化图

图 5　北京和上海 2006—2014 年人均地区生产总值变化图

40%；上海市资本形成总额占比自 2012 年开始低于 40%，2014 年为 37.2%。2006—2014 年间北京、上海两城市货物和服务净流出占 GDP 比重基本处在 5%以下。北京市货物和服务净流出占比保持先上升后下降趋势，自 2012 年开始为负值；上海市货物和服务净流出占比处于波动态势，在 2009—2011 年间相对降低，其他年份基本保持在 4%～5%之间。

表 6　北京和上海三大需求占 GDP 比重　（单位:%)

	北京			上海		
	最终消费支出	资本形成总额	货物和服务净流出	最终消费支出	资本形成总额	货物和服务净流出
2006	51.0	48.5	0.5	49.0	46.1	4.9
2007	51.9	45.4	2.7	49.4	45.8	4.8
2008	54.2	42.5	3.3	51.0	43.7	5.3
2009	57.0	41.6	1.4	52.3	45.0	2.7
2010	56.9	42.9	0.1	54.9	43.2	1.9
2011	58.4	41.1	0.5	56.4	40.3	3.3
2012	59.6	41.4	-1.0	57.1	38.0	4.9
2013	61.4	40.3	-1.7	57.8	38.2	4.0
2014	62.5	39.0	-1.4	58.8	37.2	4.0

3.单位 GDP 能耗不断下降

北京、上海能源消耗总量呈缓慢增长态势，单位 GDP 能耗不断下降。2006—2014 年间,北京、上海两市单位 GDP 能耗不断下降,目前均保持在 0.5 以下。北京万元地区生产总值能耗从 2006 年的 0.75 下降到 2014 年的 0.36,上海万元地区生产总值能耗从 2006 年的 0.83 下降到 2014 年的 0.48。但是两市能源消耗总量仍处于缓慢增长态势,增幅较小。

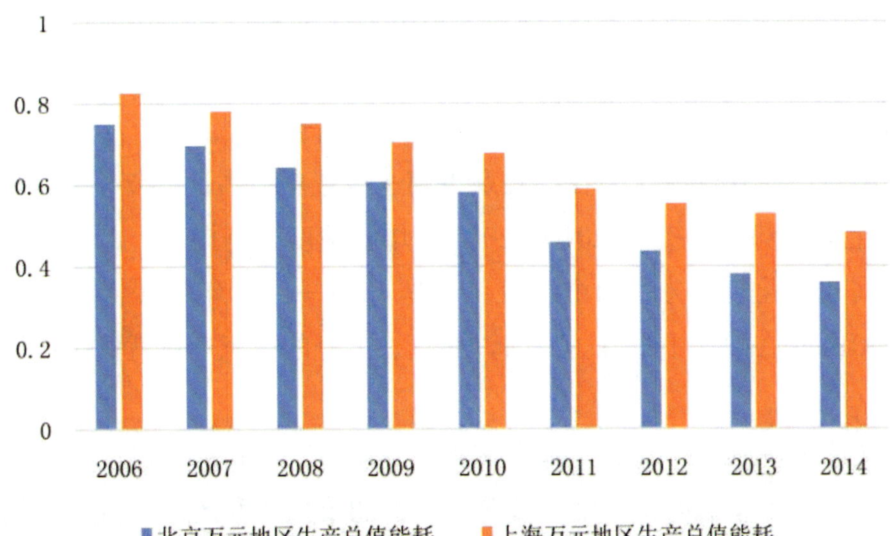

图 6　北京和上海 2006—2014 年万元地区生产总值能耗变化图　（单位:吨标准煤）

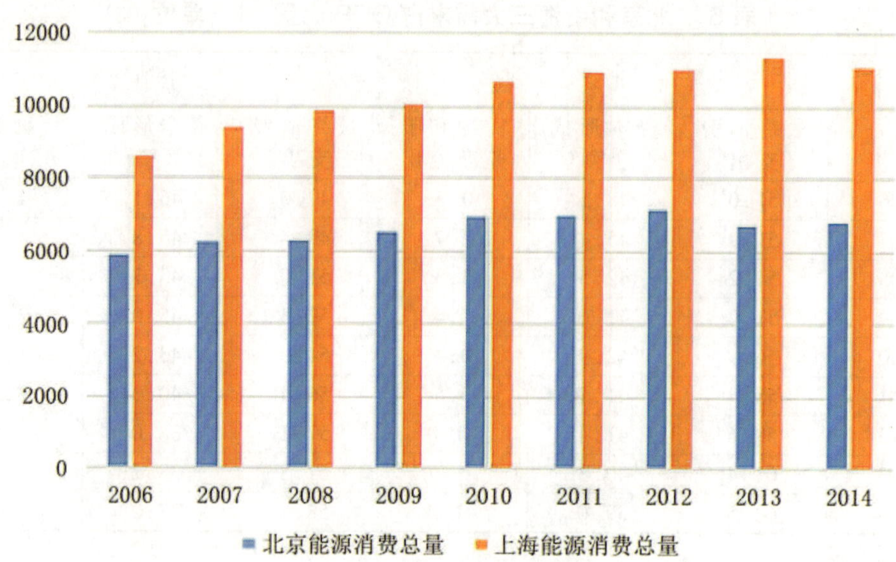

图7 北京和上海2006—2014年能源消耗总量变化图 (单位:万吨标准煤)

(二)产业结构特征

1.产业结构服务化

通过计算北京、上海第三产业产值占比、第三产业就业占比两个指标。可得出以下结论:京、沪第三产业产值占比和就业占比逐步增加,均已初步形成以服务经济为主的产业结构。

从第三产业产值占比来看,1978—2015年,北京市第三产业产值占比由23.9%增加到79.8%;上海市第三产业产值占比由18.6%增加到67.8%。北京、上海第三产业产值占比分别于1998年、2012年达到60%。

从第三产业就业占比来看,北京市第三产业就业占比逐年增加,1996—2001年上升趋势较为缓慢,2010—2014年增长速度略有提高。上海市第三产业就业占比变化趋势分为两个阶段:一是1978—1993年的缓慢上升,二是1994—2014年在波动中上升。目前,北京、上海的第三产业就业比例均超过60%。

本文认为在地区产值结构和就业结构中,第三产业比例超过60%即可视为该地区实现产业结构服务化。目前,京、沪的第三产业产值和就业比例均超过60%。

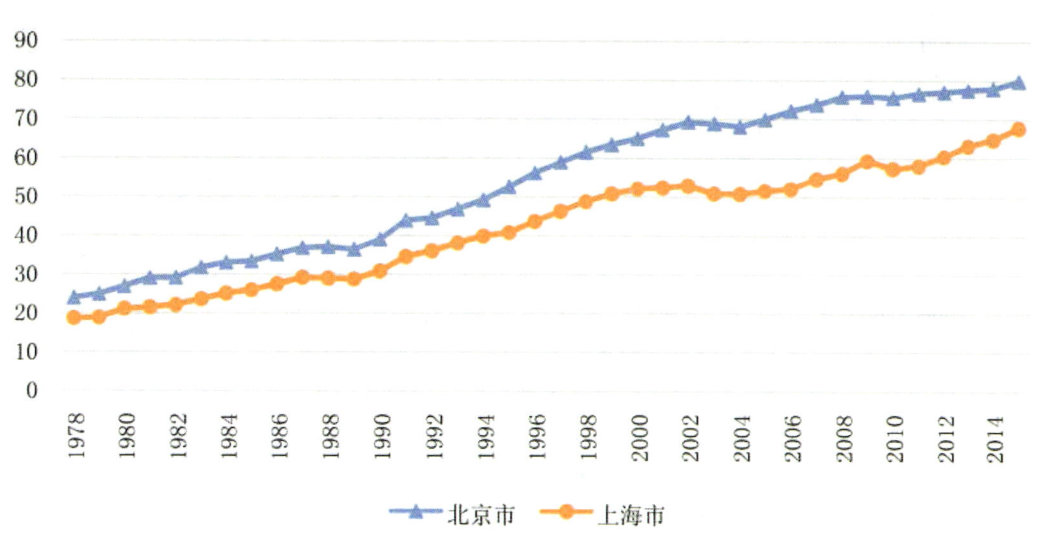

图 8 北京和上海 1978—2015 年第三产业产值占比变化图 (单位:%)

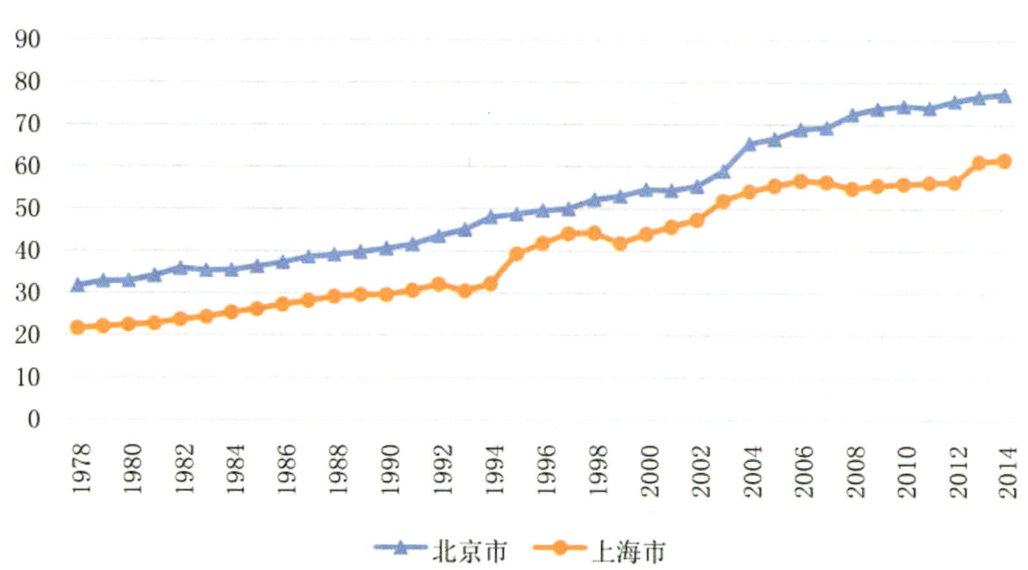

图 9 北京和上海 1978—2014 年第三产业就业占比变化图 (单位:%)

数据来源:整理自历年《北京统计年鉴》《上海统计年鉴》。

2.制造业高端化

(1)高技术制造业不断发展。北京和上海高技术制造业总体呈现为企业数井喷后缓慢增加,主营业务收入在波动中逐步提高。北京和上海高技术制造业企业数在 2006—2011 年间经历了先井喷后冷却;2011—2014 年企业数处于缓慢增加趋势,但企业数仍低于 2006 年。但是京、沪高技术制造业主营业务收入

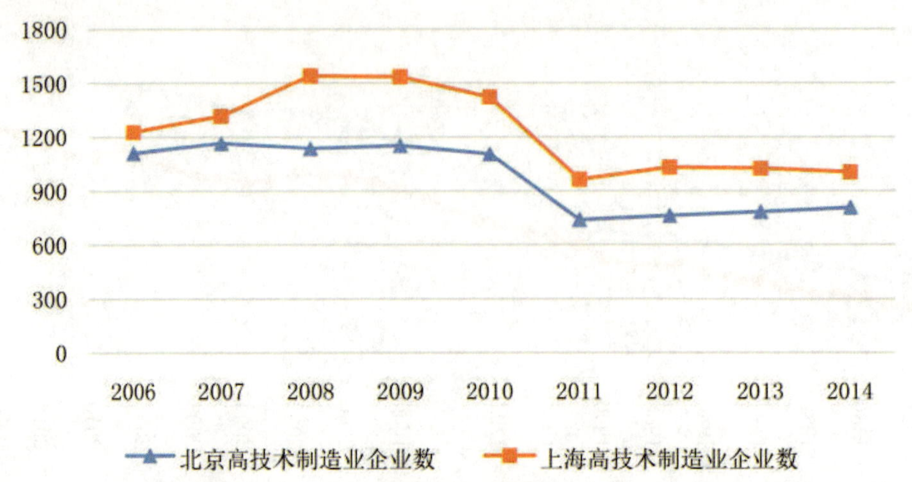

图 10 北京和上海 2006—2014 年高技术制造业企业数变化图 （单位:个）

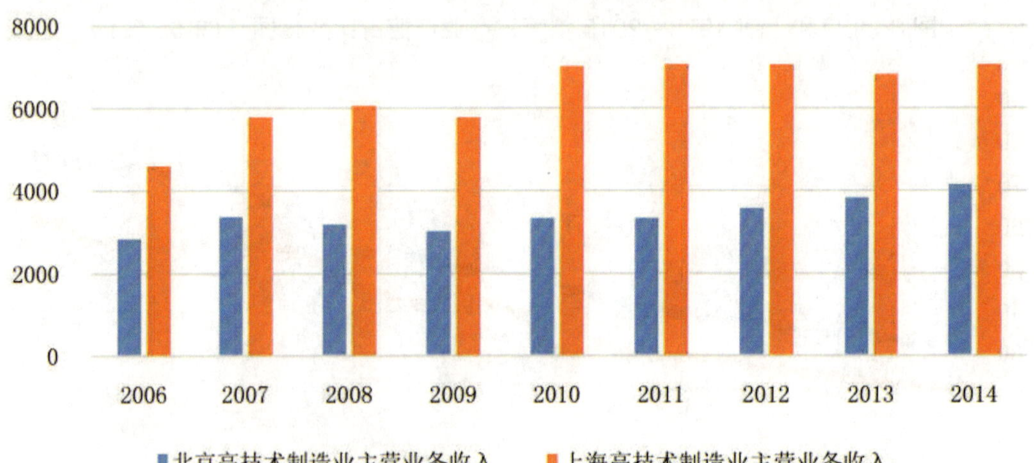

图 11 北京和上海 2006—2014 年高技术制造业主营业务收入变化图 （单位:亿元）

数据来源:整理自历年《中国高技术产业统计年鉴》。

逐步增加。在市场化的自我调节过程中,北京和上海高技术制造业企业数减少的同时主营业务收入增加,产业内部“优胜劣汰”,整体发展水平不断提高。

具体而言,北京和上海高技术制造业内部具体行业存在以下特征:

第一,从高技术制造业企业数来看,北京和上海的电子及通信设备制造业、医疗仪器设备及仪器仪表制造业占比较高,二者合计占比达 60%以上。其中,北京电子及通信设备制造业占比最高,为 34%;航空、航天器及设备制造业占比最低,为 4%。上海电子及通信设备制造业占比最高,为 47%;航空航天器及设备制造业占比最低,为 2%。

第二，从高技术制造业主营业务收入来看，北京和上海电子及通信设备制造业、计算机及办公设备制造业占比较高，二者合计占比达70%以上。其中，北京电子及通信设备制造业占比最高，为53%；航空航天器及设备制造业占比最低，为4%。上海计算机及办公设备制造业占比最高，为48%；航空航天器及设备制造业占比最低，为2%。

(2)北京和上海电子及通信设备制造业主营业务收入在波动中略有增加。2006—2014年北京、上海电子及通信设备制造业始终处于较高水平，主营业务收入一直在1500亿元以上。2006—2007年，北京电子及通信设备制造业主营业务收入高于上海，但2008—2011进入了一个较长的波动下降时期，而上海仅在2009年下降较为显著，其他年份基本保持上升趋势，扭转了落后于北京的态势。目前，上海电子及通信设备制造业主营业务收入已接近2500亿元，北京也已超过2000亿元。

(3)北京和上海计算机及办公设备制造业主营业务收入在波动中上升，上海明显高于北京。2006—2014年北京计算机及办公设备制造业增幅并不明显，基本出于500亿~800亿元之间。上海计算机及办公设备制造业主营业务收入于2006—2010年间在波动中上升，此后开始缓慢下降，2006年上海计算机及办公设备制造业主营业务收入为2562.97亿元，2010年达到最高值4015.31亿元，2014年回落到3414亿元。

(4)北京和上海医疗仪器设备及仪器仪表制造业主营业务收入不断增加，目前均已超过400亿元。2006年北京和上海医疗仪器设备及仪器仪表制造业主营业务收入仍处于250亿元以下，2014年北京医药制造业主营业务收入是2006年的1.97倍，2014年上海医药制造业主营业务收入是2006年的1.83倍。上海医药制造业主营业务收入始终高于北京，但近年来两者之间的差距逐渐缩小。

(5)北京和上海医药制造业快速发展，目前主营业务收入均已超过600亿元。2006年北京和上海医药制造业主营业务收入仍处于250亿元以下，2014年北京医药制造业主营业务收入是2006年的4.6倍，2014年上海医药制造业主营业务收入是2006年的2.5倍。2006—2012年，上海医药制造业主营业务收入高于北京，2012年，北京医药制造业主营业务开始反超上海，且差距不断拉大。

（6）京沪航空航天器及设备制造业主营业务收入发展速度先慢后快。2006—2009 年，北京、上海航空航天器及设备制造业出于缓慢发展阶段；2010—2014 年，金融危机之后，高新技术企业迅速发展。北京航空航天器及设备制造业主营业务收入始终高于上海，截至 2014 年，北京航空航天器及设备制造业主营业务收入已达到 180 亿元，上海航空航天器及设备制造业主营业务收入已达到 120 亿元。

3.高新技术企业发展迅速

（1）北京高新技术企业数先下降后上升，上海高新技术企业数不断增加。2008 年北京高新技术企业数较高，达到 18000 个，但之后便锐减至 5000 个以下，2010—2014 年开始不断增加，2014 年北京高新技术企业数为 8237 个。上海高新技术企业数于 2008—2014 年始终保持上升趋势，但低于北京。2014 年上海高新技术企业数达到 5320 个，是 2008 年的两倍。

（2）北京高新技术企业从业人员先下降后上升，上海高新技术企业从业人员不断增加。北京高新技术企业从业人员与企业数变化相一致，2008—2010 年处于下降趋势，2012—2014 年逐步增加，2014 年北京高新技术企业从业人员为 154 万人。上海高新技术企业从业人员与企业数变化也保持一致，于 2008—2014 年始终保持上升趋势，2014 年上海高新技术企业年末从业人员达到 120 万人，是 2008 年的 1.7 倍。

（3）北京高新技术企业工业总产值先下降后上升，上海高新技术企业工业总产值不断增加，两城市高新技术工业总产值占 GDP 比重呈现波动态势。北京高新技术企业工业总产值 2008—2010 年略有下降，2012—2014 年快速增加，2014 年北京高新技术企业工业总产值已超过 6000 亿元。上海高新技术企业工业总产值始终高于北京，并且始终保持上升趋势，2014 年上海高新技术企业工业总产值达到 12000 亿元。

（4）北京和上海高新技术企业总收入逐步提高。2008—2010 年北京高新技术企业总收入缓慢增加，2012—2014 年快速增加，2014 年北京高新技术企业总收入已超过 18000 亿元。上海高新技术企业总收入保持上升趋势，2014 年上海高新技术企业总收入超过 16000 亿元。

北京和上海总收入构成中，产品销售收入占比最高，北京基本达到 50%，上海已经高于 80%，说明上海在技术成果转化方面要优于北京。此外，北京高新技术企业技术收入占比始终高于上海，但两城市技术收入占比都处于下降趋势。2008—2014 年北京高新技术企业商品销售收入占比都保持上升趋势，但北京高新技术企业商品销售收入占比已达到 20%以上，而上海高新技术企业商品销售收入占比始终低于 5%。[①]

（三）GDP 增长影响因素

以北京和上海 2006—2014 年的面板数据，运用 Stata 2011 进行计量回归，分析两城市 GDP 万亿倍增的影响因素。以柯布道格拉斯函数为基础模型，并根据以往研究成果和数据可自行选择控制变量，建立如下固定效应模型：

$$\begin{aligned}Y_{it} = \beta_o + \beta_1 \ln K_{it} + \beta_2 \ln N_{it} + \beta_3 \ln C_{it} + \beta_4 \ln \mathrm{Sec}Ind_{it} \\ + \beta_5 \ln SerInd_{it} + \beta_6 \ln FDI_{it} + \beta_7 \ln EnerC_{it} + a_i + u_{it}\end{aligned}$$

其中 Y 是地区生产总值的对数，K 为资本形成总额占比，N 为常住人口，C 为最终消费支出占比，SecInd 为第二产业产值占比，SerInd 为第三产业产值占比，FDI 为实际使用外商直接投资，EnerC 是万元地区生产总值能耗。为更好说明变量解释结果，建立四个模型进行比较分析：模型一以 lnK 和 lnN 作为基础解释变量；模型二在模型一的基础上加入解释变量 lnC；模型三在模型二的基础上加入解释变量 lnSecInd 和 lnSerInd；模型四在模型三的基础上加入解释变量 lnFDI 和 lnEnerC（见表 7）。

在模型一中，只有资本和人口两个变量，回归结果均显著，资本和人口对地区经济增长具有显著的正向拉动作用。在模型二中，加入控制变量消费 C 后，模型整体拟合优度提高，资本、人口、消费对地区生产总值的增加都具有显著水平为 1%的正向拉动作用。在模型三中，加入控制变量第二产业产值占比和第三产业产值占比，此时，人口 N 对经济增长的拉动作用不再显著，其他变量均在 1%的显著水平上显著。在模型四中，加入控制变量 FDI 和单位 GDP 能耗 EnerC，结果表明人口、FDI 以及单位 GDP 能耗都不显著，而资本、消费、第二产业产值占比和第三产业产值占比对地区经济增长具有显著的正向拉动作用；EnerC 对 GDP 的增加具有负向作用。

①数据来源于历年《中国火炬统计年鉴》。产品销售收入，指企业全年销售全部产成品、自制半成品和提供劳务等所取得的收入。商品销售收入，指企业销售以出售为目的而购入的非在本企业生产产品的销售收入。

表 7　计量结果分析

Variable	模型一	模型二	模型三	模型四
lnK	0.3873435 ** (0.1716663)	0.4607407 *** (0.1190122)	0.2518016 *** (0.0532291)	0.3081031 *** (0.0893293)
lnN	1.15494 *** (0.0513866)	1.450854 *** (0.103644)	0.129275 (0.3028212)	0.0855403 (0.3035184)
lnC		0.9463336 *** (0.3121201)	0.9503514 *** (0.299582)	0.7839426 ** (0.3209306)
lnSecInd			0.5114061 *** (0.0740198)	0.6097112 *** (0.1676356)
lnSerInd			1.695353 *** (0.2731356)	1.76565 *** (0.348899)
lnFDI				0.0852252 (0.0606839)
lnEnerC				-0.0450957 (0.0920367)
cons	-0.6394167 (0.822133)	-6.972016 *** (2.161887)	22.35442 *** (4.823349)	21.36844 *** (4.990279)
R^2	0.9865	0.9947	0.9996	0.9998
F	42.38	19.58	141.14	41.55

注：括号内是稳健标准误；***、**、* 分别代表在 1%、5%、10%的显著性水平下显著。

三、结论与启示

通过对中国 GDP 达 1 万亿元的 10 个城市经济总量、产业结构及其发展趋势以及 GDP 超 2 万亿元城市发展特征等进行分析，本文得出如下结论：

第一，从经济总量来看，地区生产总值位居前列的上海、北京、广州，GDP 增速放缓，深圳、天津等城市 GDP 增速较快，积蓄赶超之势；深圳、苏州、广州等城市人均 GDP 水平较高。GDP 三大组成部分中，市场消费总额与固定资产投资对其拉动作用较进出口总额更为明显。在 2000—2015 年 GDP 呈梯队式快速增加态势，人均 GDP 快速增长。

第二，从产业结构来看，国内 10 个“GDP 万亿城市”第二产业基础良好，第三产业发展迅速，均为三、二、一型产业结构，与产业结构相对应，固定资产投资也呈三、二、一结构，三次产业发展对固定资产投资依赖程度较高。在 2000—2015 年间第一、二产业比重逐步降低，第三产业比重基本呈上升趋势。

第三，从经济总量与产业结构的发展趋势来看，国内 10 个“GDP 万亿俱乐部”城市呈梯队式快速增加态势,产业结构趋于服务化。10个城市消费需求对经济的拉动作用基本上显著提高;第二产业比重基本呈下降趋势,第三产业比重逐步上升。

第四，从GDP实现万亿倍增的北京和上海两城市来看，经济总量快速增加,消费需求持续上升,单位GDP能耗不断下降,产业结构趋于服务化,制造业趋于高端化,高新技术企业快速发展。其中,资本、消费、第二产业发展和第三产业发展对地区生产总值增加具有显著的正向拉动作用。

根据国内GDP万亿俱乐部城市发展现状和发展趋势特征，本文可得到以下启示:

一是优化提升先进制造业。制造业作为实体经济的重要抓手,在进行转型升级时要注重创新,结合本地实际情况培育发展先进制造业,鼓励高新技术企业快速发展,在税收、财政、金融、服务平台等方面为技术创新提供良好环境。

二是加快发展现代服务业。服务业作为国民经济发展新的增长点,应大力推动现代服务业发展,促进生产性服务业专业化、生活性服务业高质量化。推动服务业内部融合发展,坚持现代服务业与先进制造业双轮驱动。

三是建设环境友好型城市。城市经济增长与人民生活息息相关,在注重城市经济增长速度的同时,也应注重经济增长质量。地区生产总值的增加与单位GDP能耗的降低相伴而行,重视技术创新,降低能耗,是促进经济增长和改善人民生活的关键。

作者单位:武汉大学经济与管理学院,其中,吴传清系武汉大学经济与管理学院区域经济研究中心主任、教授、博导,武汉发展战略研究院特聘专家

长江中游城市群发展报告

秦尊文

长江中游城市群，是以武汉城市圈、环长株潭城市群、环鄱阳湖城市群为基础整合形成的特大城市群。由于三个省会城市群几乎呈等边三角形分布，长江中游城市群又称“中三角”。

一、长江中游城市群经济发展状况

近年来，长江中游城市群大力开展科技创新，积极发展高附加值、高技术含量、高效益、低消耗、低排放的先进制造业和战略性新兴产业，推动制造业与现代服务业融合发展，是我国重要的现代产业基地和全国重要创新基地。2015年实现地区生产总值6.65万亿元，占全国比重为9.83%(见表1)。

长江中游城市群从提出之日起，就承担着打造继长江三角洲、珠江三角洲、京津冀之后中国经济增长“第四极”的使命。2015年3月26日，国务院批准的《长江中游城市群发展规划》明确要求：“提升城市群综合实力和竞争力，打造长江经济带重要支撑，带动中西部地区加快发展，构建中国经济发展新的增长极。”

长江中游城市群要做“第四极”，必须有雄厚的经济实力和强大的产业支撑。从第二产业来看，长江中游城市群的冶金、机械、石化、电子、纺织、食品、轻工、医药、建筑等行业规模较大，在国内占有重要地位，激光、软件、材料、生物、汽车、船舶、新能源等新兴工业和现代农业均已初具规模。2015年湖北省千亿元产业达到17个，湖南省千亿元产业达到12个，江西省千亿元产业达到11个(见表2)。

长江中游城市群勇当全国经济增长“第四极”，有较好的基础。2015年，长江中游城市群的经济总量直逼京津冀，已经超越了珠三角。在全国的占比，则

表 1　2015 年长江中游城市群经济发展数据　(单位:亿元)

城市	地区生产总值	第一产业增加值	第二产业增加值	第三产业增加值
武汉	10905.60	359.81	4981.54	5564.25
黄石	1220.00	69.54	675.88	474.58
鄂州	730.01	84.66	422.44	222.91
黄冈	1589.24	379.62	618.42	591.20
孝感	1457.20	259.45	705.76	491.99
咸宁	1030.07	178.59	500.47	351.01
仙桃	597.61	87.99	318.14	191.48
天门	440.10	76.93	221.46	141.71
潜江	557.57	70.81	286.59	200.17
襄阳	3382.10	402.10	1922.90	1057.10
宜昌	3384.80	370.31	1986.41	1028.08
荆州	1590.50	353.09	695.05	542.36
荆门	1388.46	201.32	728.94	458.18
长沙	8510.13	341.78	4478.2	3690.15
株洲	2335.1	179.5	1337.1	818.5
湘潭	1703.1	140.8	933.8	628.5
岳阳	2886.28	317.16	1446.83	1122.29
益阳	1354.41	251.41	570.31	532.69
常德	2709	355.2	1237.5	1116.3
衡阳	2601.57	395.84	1161.02	1044.71
娄底	1291.38	189.19	663.12	439.06
南昌	4000.01	172.00	2180.00	1648.00
九江	1902.68	140.75	1014.59	747.34
景德镇	772.06	57.22	437.58	277.25
鹰潭	639.26	49.4	382.57	207.29
新余	946.80	55.95	527.93	362.92
宜春	1621.02	236.04	848.6	536.38
萍乡	912.39	62.95	517.33	332.11
上饶	1650.80	222.80	803.40	624.60
抚州	1105.14	181.82	549.3	374.02
吉安	1328.52	217.4	657.38	453.74
总计	66542.91	6461.43	33810.56	26270.87

资料来源:2015 各市统计公报,抚州和吉安采用的是全市数据。

超过成渝城市群 3.4 个百分点，相对于 2010 年来说，差距扩大了 0.9 个百分点,如果就在全国的经济比重来说,比例更是高了一半以上(见图 1)。

表 2　2015 年长江中游三省千亿元产业(第二产业)数量

省份	数量(个)	千亿元产业
湖北	17	建筑、石化、农副食品、汽车、机械、电子信息、钢铁、纺织、建材、电力、有色金属、医药、生物、橡胶和塑料制品业、电器机械和器材制造业、酒饮料及精制茶加工业、非金属矿物制品业
湖南	12	机械、轻工、食品、电子信息、石化、有色、冶金、建材、电力、轨道交通、茶叶加工、医药
江西	11	有色、石化、食品、钢铁、纺织、建材、医药、电子信息、汽车、医药、光伏

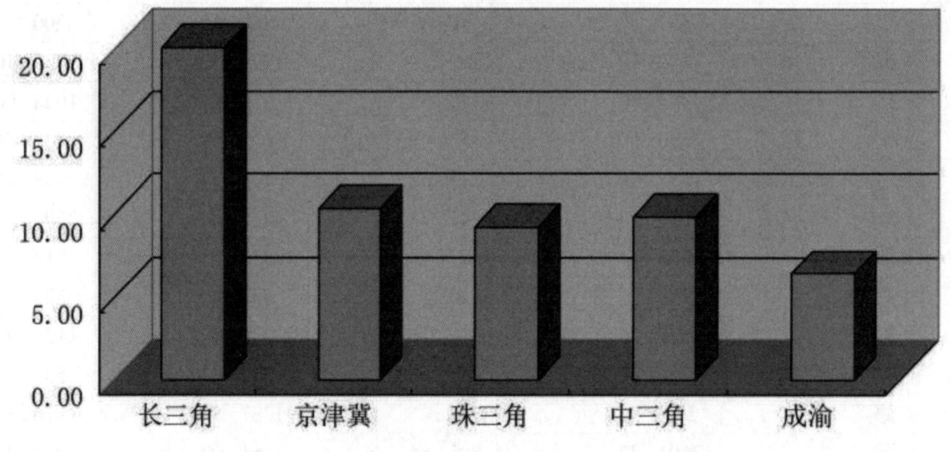

图 1　地区生产总值占全国的比例　(单位:%)

中三角投资增长强劲。2015 年,固定资产投资总额达到 5.96 万亿元,占全国的 10.6%,占比已经超越了京津冀、珠三角以及成渝等三个城市群,与长三角还存在 3.6 个百分点的差距,但比例差距已经较 2010 年大幅缩小。同时,与成渝城市群的固定投资占国家比重的差距不断在扩大, 从 2010 年的 1.9 个百分点扩展到 2015 年的 3.9 个百分点(见表 3)。

从地区生产总值、固定资产投资总额、社会消费品零售总额、进出口总额等主要经济指标方面来看,长江中游城市群在经济总量、投资强度、内需市场等方面的综合实力略高于成渝经济区实力,有望成为中国经济发展第四极。

二、长江中游城市群区域合作状况

2012 年 2 月以来,湖北、湖南、江西三省共同推进长江中游城市群,在交通、商务、旅游等方面取得较大进展。

表 3　长江中游城市群与四大城市群基本情况比较

指标及占全国比重	长三角	京津冀	珠三角	中三角	成渝	全国	
国土面积	万平方公里	21.17	21.8	4.71	31.7	18.5	960
	全国占比(%)	2.21	2.27	0.49	3.30	1.93	
常住人口	万人	15077.18	11191.63	5782.02	12791.47	9616.02	137462
	全国占比(%)	10.90	8.10	4.20	9.50	7.10	
地区生产总值	亿元	135349.0	69867.97	62267.45	66542.91	43830.6	676708
	全国占比(%)	20.00	10.30	9.20	9.80	6.40	
第一产业增加值	亿元	5372.28	3799.62	1120.24	6461.43	4239.78	60863
	全国占比(%)	8.83	6.24	1.84	10.62	6.97	
第二产业增加值	亿元	60422.7	26758.32	27145.93	33810.56	21425.65	274278
	全国占比(%)	22.03	9.76	9.90	12.33	7.81	
第三产业增加值	亿元	69554.05	39310.03	34001.3	26270.87	18165.17	341567
	全国占比(%)	20.36	11.51	9.95	7.69	5.32	
固定资产投资总额	亿元	80145.72	49697.54	20048.67	59610.3	37787.22	562000
	全国占比(%)	14.20	8.80	3.60	10.60	6.70	
社会消费品零售总额	亿元	52554.35	36702.17	22521.05	26706.74	14059.53	300931
	全国占比(%)	17.40	12.20	7.50	8.90	4.70	
进出口总额	亿美元	17102.1	4851.29	9752.16	1055.35	1254.78	46638.2
	全国占比(%)	36.67	10.40	20.91	2.26	2.69	
实际外商直接投资	亿美元	645.16	407.19	256.23	249.65	122.85	1263
	全国占比(%)	51.08	32.24	20.29	19.77	9.73	
地方财政一般预算收入	亿元	16812.62	9538.64	6334.63	6010.295	4388.98	152217
	全国占比(%)	11.00	6.30	4.20	3.95	2.88	

数据来源:全国及各地 2015 年统计公报。

(一)推进交通合作

2016 年 3 月 1 日,长江中游城市群省会城市第四届会商会在南昌召开,会议商定,四市将统筹推进重大交通基础设施建设,加快四市综合交通规划编制,加快四市全国性综合交通枢纽建设,建设长江中游省会城市综合交通运输一体化服务信息平台,形成重大项目通报会商制度,交叉参与重大项目的评审,增强一体化发展的支撑能力。

公路运输合作。高速公路大通道建设强力推进,新建成大广南、九江长江公路大桥及连接线、杭瑞、武深高速通城至界上段、江南等高速公路,湖北已打通至湖南省际高速出口 4 个,至江西省际高速出口 3 个。三省交通部门就道路运输行政执法协助机制、公路信息交流合作机制等签署协议,并商定建立长江中游公路甩挂运输联盟、统一的 ETC 结算清分制度和体系。

铁路建设合作。武汉首趟“汉新欧”班列常态化开行后,邀请长沙、南昌、合肥参与铁路国际货运班列项目合作,湖南、江西等邻近省份货源纷纷通过武汉抵达欧洲。三省共同推进内蒙古西部至华中地区铁路煤运通道建设。这一通道由湖北荆州 2009 年提出的“准荆铁路”演变而来,即建设北起内蒙古鄂尔多斯市准格尔东胜煤田,途经陕北神木府谷煤田,终点为荆州市长江口岸,后来湖南因也缺煤要求延伸到岳阳,江西以同样理由要求延伸到吉安。最终线路有所优化,并定名为“蒙华铁路”,于 2015 年 9 月全线开工,此前一些控制性工程已先期建设。2016 年三省全力推进,上半年完成投资 19.4 亿元。重点工程如汉江特大桥、襄州站、荆门北站已全面开工。武九客运专线从武汉至黄石城际铁路大冶北站向九江方向延伸,途经大冶、阳新等地。该铁路西接汉十高铁,东连(南)昌九(江)铁路,实现武黄城际铁路与国家铁路干道的连通。2016 年上半年,工程全线完成架梁工作,开始铺轨。

合力推进长江航运建设。共同推进长江安庆到武汉 6 米、武汉至宜昌 4.5 米水深航道建设,共同开辟“中三角班轮”并坚持常态化运作,完善江海直达线路,共同建设过江通道。目前,湖北省监利县政府与湖南省岳阳市政府达成协议,将湖南洞庭湖至三江口水域砂石过驳基地整体迁移至监利县白螺镇水域。

(二)加快商务合作

继 2012 年 2 月 24 日湖北省、湖南省、江西省商务部门召开长江中游城市群商务发展第一次联席会议以来,三省商务合作不断深化。2015 年 5 月 19 日,借第九届中博会在武汉成功举办之际,又召开了湘赣鄂三省暨长江中游城市群商务合作座谈会,签署了“共建中三角、打造第四极”商务合作协定。2015 年 7 月 23 日,江西获批成立了“中三角商品交易中心”,为区域要素市场的发展增添新动力。2015 年 7 月 30 日,商务部市场司、三省商务厅在武汉召开了《长江中游商业功能区规划》编制工作座谈会。参加国家《长江中游城市群发展规划》编制的湖北省社会科学院专家介绍了规划编制过程并进行重点解读,汇报了《长江中游商业功能区规划》的前期编研情况。同年 12 月,规划编制专家组到江西、湖南进行调研,进入 2016 年后编制进程进一步加快,将在全国 13 个商业功能区中第一个完成规划编制工作。

通过加强商务合作，打造经济转型发展新引擎。在经济发展新常态下，通过转变经济发展方式，实施创新驱动发展战略，不断优化流通供给，提升现代内贸流通的发展水平和区域竞争力，把长江中游建设成在国内具有较大影响的内贸流通中心，支撑三省转型发展。

通过加强商务合作，形成优化资源配置的新动力。发展内贸流通要主动适应和引领经济发展新常态，坚持问题导向与超前谋划相结合、顶层设计与基层探索相结合、整体推进与重点突破相结合，加快法治建设，推动体制机制创新，优化发展环境，完善治理体系，让内贸流通更好地服务经济社会发展。

通过加强商务合作，建设城乡互动发展的先行区。完善长江中游三省城市间的互融互通机制，推动内贸流通集约聚集发展，着力构建并完善城乡一体化的内贸流通大平台，充分发挥内贸流通的先导作用，以贸促工、以贸促农、以城带乡、以乡促城，实现城乡互动发展。

通过加强商务合作，打造内贸流通开放合作示范区。以长江黄金水道和重要交通通道为纽带，依托中心城市和产业基地，畅通内外联系，构建统一开放的内贸流通市场体系和高水平的对外开放平台，深化全球合作和国际交流，打造内贸流通开放合作示范区。

（三）开展产业合作

旅游业在长江中游城市群产业中率先突破。2012 年 2 月就签订了合作协议。2014 年 5 月 18 日，在武汉举行的第七届华中旅游博览会上举办了长江中游城市群旅游合作主题活动，武汉、长沙、南昌等省会城市旅游局或旅游协会相关负责人共同为“中三角旅行社联合体大联盟”揭牌，签订了“互送百万市民畅游中三角合作协议”，共同推出涵盖长江中游地区主要旅游景区的 35 条优惠旅游线路。2015 年 5 月 19 日，长江中游城市群旅游部门在“中国旅游日”活动上，正式推出“长江中游城市群旅游年卡”，实现 200 元即可全年无限次畅游中三角 40 多家景区。

其他行业也纷纷参与产业一体化进程。尤为可喜的是，民营资本也积极投入产业一体化发展。湖北著名民营企业——卓尔控股集团，在湖南开工建设长沙物流总部基地。该项目总投资 12 亿元，将吸引国内大型企业湖南分部、湖南省内中型企业总部入驻，同时成为卓尔控股旗下汉口北国际商品交易中心分销平台和阳逻港货物收集平台。

政府部门加强产业合作激励。2015 年 4 月,由工信部牵头,湖北、湖南、江西三省经(工)信部门共同参加的长江中游城市群产业一体化战略合作论坛在武汉举办,三省讨论了产业发展存在的结构趋同和相互竞争等问题,达成五项产业一体化战略合作机制,未来三省以石化和汽车为突破口,加强产业合作。这是制造业近期合作的重点,应尽早实现突破。2015 年 7 月 23 日,湖北省委常委会决定,设立总规模为 2000 亿元的省级产业基金。其中,省级财政初步出资 400 亿元,向金融机构、大型国有企业、知名投资机构等定向筹集 1600 亿元,这 2000 亿元为母基金。未来还将以一定方式向社会发布募集需求,吸引更多的金融资本和社会资本参与子基金设立,对母基金的资本再放大,力争最终达到财政出资资金 10 倍左右的放大效应。湖北省将充分运用好长江产业基金,用于推动长江经济带建设和长江中游城市群发展。

(四)发挥省会“领头羊”作用

2015 年 2 月 6 日,在合肥举办了长江中游城市群省会城市第三届会商会,围绕“深化合作、共赢未来——新常态下加速长江中游城市群一体化发展”主题,就深化四省会城市合作进行了深入的协商和探讨,提出了重点合作任务,包括建立住房公积金异地使用合作机制,构建水上“高速航道”,建立环保“黑名单”制度,严禁“黄标车”四市相互转籍,社保关系可无障碍跨地区转移接续,共享企业质量信用信息, 建立打假联动机制, 建立招投标异地远程评标系统等。随着国务院批复的《长江中游城市群发展规划》的正式公布,合肥已不在长江中游城市群范围内,但四省会将在长江经济带的框架下继续开展合作,原签订的合作协议继续实施。合肥及皖江城市带为长江中游城市群与长江三角洲城市群的融合发展作出了积极贡献,对长江经济带的形成起到了独特作用。

2016 年 3 月 1 日,长江中游城市群省会城市会商就 2016 年重点开展的合作事项形成《南昌行动》。决定联合推进航道改造整治工程,实现内河水运通江达海:包括长江武汉至安庆(含九江段)6 米航道、长江武汉至宜昌 4.5 米航道,实施湘江、汉江、赣江、合裕线、兆西河、江淮运河等航道升级改造工程,研究推进洞庭湖、鄱阳湖、巢湖支线航道建设。加快武汉港、长沙港、合肥港、南昌港等主要港口集约化港区建设,提高现代化水平。支持武汉等长江中游港口城市开展铁水联运试点,实现铁水通关一体化。支持长沙、南昌、合肥等内河港口开展江海联运研究,统一铁水联运、江海联运扶持政策。联合推进建设渝长厦、商丘—合肥—杭州、郑州—合肥、合肥—九江、长沙—九江、九江—武汉、武汉—西安等快速铁路;沿江高铁(武汉—合肥—南京)、西安—武汉客运专线(武汉直通线)—南昌—福州、南昌—合肥、南昌—武汉、武汉—合肥—南京、常德—岳阳—九江、西安—长沙、合肥—西安高速铁路;武汉城市圈、环长株潭城市群等城际铁路;长沙—岳阳—武汉、长沙—浏阳—九江—安庆—南京、赣西对接长株潭等城际铁路。推进实施皖赣铁路扩能改造。协调推进区域内高速公路建设和国道建设。支持武汉建设国际性综合交通枢纽(节点城市),支持建设长沙、合肥、南昌全国性综合交通枢纽。加快武汉城市圈、环长株潭城市群、环鄱阳湖城市群、合肥经济圈四大城市组团内的交通一体化建设,并实现城市组团之间的互联互通高效便捷。推进长江中游省会城市公交一卡通工程建设。

(五)深化毗邻地区合作

2015 年春,咸宁通城县、岳阳平江县、江西修水县,作为“中三角”的三省接壤县,共同建设“通平修试验区”,推进深度合作。6 月,湖北省中部办赴平江、修水进行调研,接着在通城召开高规格的座谈会,形成“通平修区域合作示范区”建设方略,上报国家发改委获批。9 月 1 日,通平修三县区域合作示范区建设座谈会在通城召开,国家发改委地区司,湖北、湖南、江西省发改委以及三县主要领导,共同见证《通城、平江、修水次区域合作示范区共识》诞生。三县决策者认为,通城、平江、修水同属革命老区县、贫困县、山区县、重点生态功能区县,小康社会建设、生态文明建设任重道远,推进通平修合作示范区建设有广阔的合作空间。12 月 18 日,长江中游城市群“通平修”次区域合作示范区首届联席会议在湖南平江县召开。华中科技大学经济学院教授、博导宋德勇介绍了三县规划纲要,对建立“通平修”次区域合作示范区的战略地位、总体思路等进行了阐述。三县有关方面对规划纲要进行审议。截至 2016 年 6 月,通城、平江、修水三县先后签署和出台《通修平次区域友好作示范区文化先行先试建议》《环黄龙山区域文化旅游先行先试合作做法》等文件,通城县人民医院已经开启了跨省医疗合作,实行异地同比例直接报销医药费新政。

江西萍乡与湖南株洲毗邻,目前已就交通基础设施、旅游、园区、市场、物流等领域展开全面合作。先期分别布局“赣湘开放合作试验区湘东园区”和“赣湘开放合作试验区上栗园区”。后期将朝着“一区跨省、多园运作”模式发展,向实行"共同管理"的区域管理模式迈进。在"赣湘开放合作试验区"平台内,双方将充分利用现有优惠政策,承载对方的所有项目或者优惠政策向对方开放,变互相竞争关系为互相合作关系。2016年4月18日,江西省发改委下发《2016年支持赣西经济转型加快发展工作要点》,支持新宜萍城镇群加快融入长株潭城市群,共同参与长江中游城市群建设。加快新宜萍城镇群发展,统筹推进异地就医即时结算、警务合作及城市快速干道建设项目。规划建设赣西跨行政区转型合作示范区,支持新余与周边地区融合发展。做大宜春中心城区,推进宜万同城发展。鼓励三市依托沪昆高铁,科学布局建设高铁经济试验区、高铁新区,共同打造沪昆高铁经济带。

三、长江中游城市群生态文明建设现状

习近平总书记要求长江经济带"共抓大保护,不搞大开发",作为长江经济带重要组成部分,长江中游城市群必须把生态文明建设放在更加突出的位置,要全面实施生态优先战略。

(一)制度建设和生态环保推进进程

1.加强制度建设

长江中游城市群启动建设以来,三省出台了保护环境的系列文件。2015年4月底,《湖南省生态文明体制改革实施方案(2014—2020年)》正式出台,为全国首个同类改革实施方案。2015年5月1日起湖北省实施《关于农作物秸秆露天禁烧和综合利用的决定》等重要文件,制定并实施生态补偿政策,全面推行主要污染物排污权交易,到2016年上半年已有多个省市前来学习取经。江西省在前期重点抓鄱阳湖生态经济区制度建设的基础上,又将《江西省大气污染防治条例》等列入了2016年立法工作计划。

2.加大环境保护力度

湖北依托大工程带动水环境治理,加快了三峡库区、丹江口库区污水处理厂、垃圾填埋场等基础设施的建设步伐;积极探索水污染防治新模式,武汉"大东湖"生态水网构建工程正稳步推进,梁子湖生态环境保护被列为国家保护重点。湖南省探索建立了资源节约价格杠杆调节机制、环境保护的市场化运作机制,并实施了环境污染责任强制性保险试点及流域内省级财政市县生态补偿等。2015年,江西全面启动生态文明先行示范区建设,完成生态红线、水资源红线划定,示范区建设各相关工作全面跟进。强化以工业废气、机动车尾气和城

市扬尘污染治理为重点的“净空”行动，实现PM2.5监测设区市城区全覆盖，全省空气环境质量优良率90.1%；强化以“五河一湖”及东江源头保护、工业及生活污水排放治理为重点的“净水”行动，全省地表水监测断面水质达标率81%。

3.发挥市场和企业作用

2014年4月湖北碳排放权交易中心举行启动仪式，湖北成为继深圳、上海、北京、广东、天津之后第6个启动碳排放权交易的试点省市，到2016年6月止，碳排放权交易量和交易额均占全国50%以上。湖北的环保企业积极向中三角和全国企业拓展，格林美以武汉城市圈为中心构建的电子废弃物回收体系辐射长江中游近100个县城。

4.加强生态环保区域合作

湖北、湖南、江西三省确定了多个重点合作领域，包括加强江湖综合治理与保护，共同推进以长江及其主要支流、洞庭湖、鄱阳湖为重点的大江大湖综合治理。重点在江河湖泊治理与保护、长江沿线排污口管理等七方面加强合作。根据《长江中游四省会环保合作协议书(2014—2015)》，武汉、长沙、南昌等市在建立环保合作协商机制、环境信息共享、大气污染联防联治、环保产业市场化、共同争取国家政策支持等方面达成协议。可以预料，长江中游地区实行生态环保一体化，必将进一步突破现有的行政分割体制，开展更深层次的合作，这将为我国跨区域的环境治理提供有益的经验。

(二)生态建设取得明显成效

经过努力，三省的生态环境有了一定的改善(见表4)。

表4　2015年长江中游城市群地区水环境质量状况

省份	地表水主要断面水质情况(%)				重点城市饮用水源地水质达标率%
	–	Ⅰ～Ⅲ	Ⅳ、Ⅴ	劣Ⅴ	
湖北	主要河流	84.2	10.7	5.1	100
	主要湖库	74.2	21.9	19.3	
江西	–	81	–	–	100
湖南	湘资沅澧干流	100	–	–	100

湖北省2015年主要河流水质符合Ⅰ—Ⅲ类标准的断面比例为84.2%，水质为劣Ⅴ类的断面比例为5.1%，总体水质稳定在良好。长江干流、汉江干流水质总体为优，长江支流、汉江支流水质总体为良好。主要湖库水质符合或优于

Ⅲ类标准的水域比例为 74.2%,同比下降 3.2 个百分点,水质为劣Ⅴ类的水域比例为 6.5%,同比上升 3.2 个百分点,总体水质有所下降。

湖南省 2015 年水环境质量总体保持稳定。湘资沅澧干流 46 个省控断面,均达到或优于Ⅲ类水质标准,Ⅰ—Ⅲ类水质断面比例为 100%。洞庭湖水质总体为中度污染,营养状态为中营养。洞庭湖水质下降主要成因是水资源总量减少导致水环境容量变小,湖区和环湖周边畜禽水产养殖业和农业面源污染,城镇工商业及居民生活垃圾、废水污染不断累积以及湘资沅澧四水及长江污染物输入,等等。14 个城市的 30 个饮用水水源地水质达标率为 100%,达标率较 2014 年增加 0.6 个百分点。

2015 年,江西全省生态环境进一步优化,生态环境质量位居全国前列,全省设区市城区空气质量(AQI)优良率达 90.1%、城镇污水处理设施实现市县全覆盖、I—III 类水质断面达标率达 81%,均明显高于全国平均水平;森林覆盖率稳定在 63.1%、居全国第 2 位。南昌、宜春成功创建国家森林城市,吉安获批全国生态保护与建设示范区。

长江中游城市群正在加快两型社会建设,推动形成绿色低碳的生产生活方式和城市建设管理模式,建立跨区域生态建设和环境保护的联动机制,扩大绿色生态空间,打造具有重要影响力的生态型城市群,为全国两型社会和生态文明建设积累新经验,提供典型示范。

作者系湖北省社会科学院副院长、中国城市经济学会副会长,武汉发展战略研究院特聘专家

以"供给侧"结构性改革增强湖北经济持续发展动力

邹　薇

党的十八大以来,我国经济处于"三期叠加"和深层次矛盾凸显阶段。面对"速度情结""换挡焦虑"和"转型困惑",党中央始终以战略的平常心,从经济新常态到供给侧改革,再到创新、协调、绿色、开放、共享五大发展理念,坚持用新理念破解发展难题,开创发展新局面。自2015年11月的中央财经领导小组会议首提"供给侧结构性改革"以来,这个新思路已经成为我国宏观经济调控与经济改革的核心。习近平总书记强调:"在适度扩大总需求的同时,着力加强供给侧结构性改革,着力提高供给体系质量和效率,增强经济持续增长动力,推动我国社会生产力水平实现整体跃升"。湖北"十二五"取得了辉煌的经济发展成绩,GDP突破2万亿元,直击3万亿元大关,GDP在全国排名第八,五年提高三个位次,创造了改革开放以来的最好成绩。当前"十三五"大幕已经开启,湖北要努力在结构性改革上取得新突破,瞄准"供给侧"主攻方向,打好改革攻坚战,培育增长新动能,增强经济持续发展的新动力。

一、正确认识我国的"供给侧"结构性改革

在国际上,"供给侧"改革源自20世纪70年代的"供给学派"经济学理论,和20世纪80年代以"里根经济学""撒切尔主义"为代表的美英两国的宏观经济实践。里根经济学的核心是减税,主要措施包括降低企业和个人所得税率,减少政府干预,缩减政府开支,紧缩货币供给。撒切尔夫人的主要措施是紧缩货币供给和推进公共事业中的国企改革。他们的宏观经济政策帮助经济摆脱了衰退,但是也导致了巨额财政赤字等不利后果。中国"供给侧"结构性改革并非简

单复制供给学派的“供给管理”,而是通过改革实现经济结构的调整和优化,避免潜在增速的大幅下行,其着力点是化解过剩产能、降低企业成本、消化房地产库存和防范金融风险,其实质是三中全会“全面深化改革”在要素领域的延续和聚焦。对于我国的“供给侧”结构性改革,要有正确、全面的认识。

(一)“供给侧”改革不等于供给不足和简单增加供给数量

中国 GDP 总量位列全球第二,2015 年和 2016 年连续超越 10 万亿美元大关,中国经济早已超越了短缺和供给不足的时代。目前中国并不是总量上供给不足,相反地,在许多领域,例如钢铁、水泥、平板玻璃、有色金属、电解铝,乃至光伏、风能和太阳能等,都不同程度地出现了供给过剩和产能利用率下降的现象。个别省份、个别行业甚至出现了僵尸企业,占用社会资源而不能形成有效供给。中国目前的供给问题在结构上表现为“低端过剩、高端不足”。一方面,低端低质的产品积压滞销,另一方面,高端产品却难以满足社会需求,从发动机到计算机芯片乃至圆珠笔笔芯都仍需要进口,而且中国民众在境外的购买已经由奢侈品转向品质精良、小型易耗的生活日用品。因此,中国实施“供给侧”改革的主要目的是在“去产能”的同时,把能够利用的社会资源加以整合,把宝贵的生产资源进行重组,努力增加高品质、高效率的有效供给。

(二)“供给侧”改革不等于计划供给和削弱市场作用

“供给侧”改革是我国在市场经济已经得到较大发展、经济实力明显增强的背景下推出的进一步深化改革的新举措,绝不是向“计划经济”倒退。认为实施“供给侧”改革就是加强“计划”调控,显然是误读。党的十八届三中全会公报 5000 多字,22 次提到“市场”,明确提出“要紧紧围绕使市场在资源配置中起决定性作用深化经济体制改革”。强调在资源配置和经济运行中,将市场定位为“决定性作用”,这是改革开放以来的首次,是我国对于市场机制作用认识的又一次提高,也是中国开启深化改革新阶段的重要标志。因此,“供给侧”改革意味着,我国经济新常态下,将更积极主动地提高市场化水平,更全面地提高经济竞争力,更大幅度地推进我国工业化、城市化、现代化步伐。

(三)“供给侧”改革不等于不需要或者替代“需求侧”改革

市场经济中总是由供给和需求两个方面,实施“供给侧”改革离不开“需求侧”的调整与改革。目前的经济问题表面上看是需求不足:外需中,全球出口增速 2010 年见顶回落且持续走低,随着人口红利消失,中国出口的低成本优势不再,出口明显放缓,低端制造业向东南亚转移不可避免;内需中,固定资产投资与居民消费需求的增速均放缓,房地产销量持续下行。然而问题的实质却是供需错配:在投资方面,尽管2015年以来央行5次降息降准、发改委新批基建项目规模超过2万亿元,但投资依然增速缓慢;在消费方面,国内消费增速拾级而下,而中国居民海外购物却连创新高,国内航空客运增速明显下行,但跨境出游却持续高涨。可见,目前的供需错配,与其说是短期需求不足,不如说是中长期有效供给不足;结构性改革也要供需双管齐下,但是更注重供给侧改革。

二、推进"供给侧"结构性改革,湖北应有新作为

"供给侧结构性改革"尽管在我国是一个全新表述,但与中央已经部署并正在展开的一系列改革在目标上、方向上高度一致。全面深化改革的总体思路是一以贯之的,"供给侧改革"意味着我国宏观经济调控的着力点会发生变化,意味着各项改革措施将会有更具体、更有效的实施路径。湖北经济发展正处在竞进提质、积极有为的黄金期,要抓住"供给侧"改革的机遇,采取新思路新作为,不断增强湖北经济发展的持续动力。

(一)大力推动湖北制造品质提升工程

就长期而言,经济的竞争力来自优质高端的制造业。近年来,德国推出的"工业4.0"甚嚣尘上,德国联邦统计局数据显示,过去15年中,制造业占德国GDP的比重始终维持在23%左右。2010年,德国制造业实现增加值7000多亿欧元,对GDP的贡献率超过50%,成为"德国战车"率先驶出金融危机泥潭的关键动力。美国奥巴马政府也极力推动"再工业化""下一代制造"和制造业回流潮,带动了就业回升和经济加快复苏,推动美国经济摆脱了金融海啸的冲击。

湖北近代曾经有过"汉阳造"的辉煌,又具备相当齐全的现代重工业、加工业发展基础,现阶段必须努力打造湖北制造"高品质"的声誉,要形成一批有品质的、经典的湖北制造品。因此,不仅要努力发展代表着未来技术方向、且在湖北已具有产业基础的高新技术制造, 而且要倡导通过技术创新来改造和提升传统制造业。要广泛地培育和弘扬崇尚品质、敢于创新、追求完美的制造精神,要超越低端价格竞争、"物美价廉"、"仿制取胜"的误区,沉下心来进行"原始创新",把粗放的"规模式发展"上升为集约的"品质式发展"。总之,要从提升湖北经济竞争力和锻造长期经济发展动力的战略高度来推动"品质制造",着力提高"有效供给",打造湖北制造的品牌、声誉和市场竞争力。

（二）在“去产能”的过程中推动湖北产业转型升级

消化过剩产能是“供给侧”改革的一个重要内容。目前产能过剩已经成为阻碍中国经济发展的痛点，据统计，多年以来我国钢铁行业产能的利用率徘徊在 80%以下，2015 年的亏损面已经达到 50%，钢材的价格已经到了历史的新低，比 1994 年我们钢价指数还低 40 个百分点；煤炭行业的亏损面更是超过了 80%，全社会的库存已经到达了 3 亿吨以上，是历史的最高水平。产能过剩，在存量上的表现是大量资源被无效占用，还有大量的僵尸企业迟迟不能退出，高库存、高杠杆、高成本各个问题交织在一起，导致了供给结构“低端过剩、高端不足”。

因此，一方面，湖北要坚决淘汰僵尸企业，尤其是淘汰高耗低效的“五小”企业，改造那些资产负债率高、资产周转率低和盈利能力低下的国有企业。在“去产能”过程中要强调社会政策托底的作用，解决好社保、民生、再就业培训等问题，要为去产能可能引发的社会经济风险提供厚实的安全垫，密集的防护网。另一方面，要看到过剩行业中也有产品市场需求旺盛的好企业，如果一刀切式地用“限贷”“断粮”的办法推动化解产能过剩，反而会影响产业转型升级。为此要鼓励这些好企业发展，兼并重组其他小企业，实现资源配置优化，形成优质供给和有效供给的产业链，提高供给结构的适应性和灵活性，提高全要素生产率，使供给体系更好适应需求结构变化。

（三）采取各种有效措施降低企业成本

成本居高不下是目前企业运行的困境，也是“供给侧”的最致命硬伤。以工业企业为例，我国 2014 年底规模以上工业企业主营业务收入中，主营业务成本占比高达 86%，各种税费占比 9%，主营利润占比仅 5%。在目前需求整体不佳的大背景下，唯有依靠降低成本来改善企业盈利、提升资本回报。

我国企业不仅面对来自原材料、税费、财务、人力等领域的显性成本，更面临来自行政管理领域的隐性成本。因此，“降成本”不是单一的政策，而是多个领域一系列的政策改革。一方面，要从以下四个方面降低企业显性成本：一是继续推进资源品价格改革，疏通流通渠道，减少流通壁垒，降低企业原材料成本；二是实施减税、降费和加速折旧，降低企业税费成本；三是推进金融体系改革，盘活投融资市场，结合国家降息、降准的政策，降低企业财务成本；四是有序推进养老保险体系改革和户籍制度改革，减少劳动力流动的障碍，降低企业人力成本。另一方面,要采取积极措施降低企业隐性成本。必须努力改革行政管理体制,保持反腐的高压态势,打破行业垄断,放松对私营企业的管制,改善投资环境和营商环境,切实降低制度性交易成本。

(四)加强农业和农村的“供给侧”改革,把“供给侧”改革与农村精准减贫相结合

农业的“供给侧”改革核心是推进农业现代化。湖北是农业大省,具有得天独厚的优质农业资源,当前农产品总量供给充足,温饱型农产品已经实现供需平衡甚至出现产能过剩,扩大温饱型农产品消费的空间越来越小,但是中高端农产品消费的市场空间很大。湖北的农业也存在数量与质量的结构性矛盾,中高端农产品供给不足,农业的产业化、多功能开发还非常不够,难以适应市场消费结构转型的需要,导致供需错配。为此,湖北应着力提高农业供给体系的质量和效率,培育和打造一批湖北的优质农产品品牌,形成品种和质量符合消费者需求、结构合理、保障有力的农产品有效供给,通过农业品质的提升来持续提高农民收入。

农村的“供给侧”改革核心是在广大农村地区提供基础教育、基本医疗、基本养老和社会保障等公共品供给,提供充足和有质量的水、电力、道路、交通、通信、网络等基础设施,使得贫困人群能够享受无空间差异的、公平的公共服务,从而使贫困人群能够有条件获取新的知识、技术、市场空间和生活方式。只有这样才能提高农村劳动力素质,贫困人群才能形成持续获取收入的能力,从而在根本上摆脱贫困。

(五)防范金融风险,有效推进中国式“去杠杆化”

“去杠杆化”应当说也是当前最为重要、最为棘手的问题之一,尤其是地方政府和国有企业,更是在杠杆方面陷入了比较严重的困境。杠杆问题越来越严重,主要是金融改革滞后、金融运行体制和管理机制不规范造成的。实际上,金融企业已经与杠杆企业、杠杆政府紧紧地捆绑在一起,成为无法分开的利益共同体。因此,必须充分认识杠杆问题对宏观经济稳定和对金融体系运行的潜在风险,要下决心解决好杠杆问题。

“供给侧”改革将从各个方面对中国杠杆率产生影响。“去产能化”意味着企业部门杠杆率将持续下行;户籍制度改革、首付政策放松和二、三线城市地产的“去库存化”,意味着居民部门杠杆率将持续下行;减税降费和增加公共品

供给与财政支出，则意味着政府部门的杠杆率将较大幅上升；而企业降低财务成本意味着金融部门杠杆率将缓慢上升。总之，湖北应该密切配合中央财政金融两大政策，协同努力，精准发力，将经济运行的风险降到最低，确保市场在整体资源配置中更好地发挥决定性作用。

总之，“供给侧”改革势在必行，但是在短期内也会带来“阵痛”。在增速换挡期，要收到“三去一降一补”的效果，供给侧和需求侧应同时抓，但是以供给侧改革为主，适度扩大需求应定位于配合供给侧改革。只有这样，才能积极推进“供给侧”改革，打造湖北长期经济发展的持续动力。

作者系武汉大学经济与管理学院教授、博导，武汉发展战略研究院特聘专家

优化武汉市创业环境
促进大学生创业事业健康发展

魏建国 张泽华 李小雪 潘 爽

“大众创业、万众创新”是经济新常态下我国经济发展的新引擎,高校大学生是实施创新驱动发展战略和推进“大众创业、万众创新”的生力军。推进大学生创新创业的关键是为其营造一个良好的创新创业环境。良好的创业环境,是促进创新创业要素加快聚集的关键推动力,是保障创新创业不断健康成长的必要条件,也是创新创业发展壮大的根基和载体。

一、武汉市大学生创业现状

目前,武汉市大学生创业呈现出了多层次、多样化、多业态的产品及服务,生物工程及高科技产业主导了创业新常态;云计算、移动互联网、物联网及软件开发与时代同脉;传统产业则凸现出智能化、国际化新潮。

根据武汉市人力资源与社会保障局联合武汉发展战略研究院发布的 2015 年武汉就业景气指数,从大众创业景气指数来看,武汉市创新创业持续发力,新入驻孵化基地企业数达到 6408 家,较 3 年前增长 50%,完成孵化企业年均增加 300 个。近三年来,每年有超过 10 万名大学生留在武汉就业创业,许多来自国内外的精英人才也相继来汉创业。

武汉市人社局联合武汉发展战略研究院发布的《2016 年上半年武汉市就业景气指数及分析报告》显示,武汉新增创业人数 1.3 万人,带动就业 5.8 万人,新增工商登记注册市场主体(含个体、企业)6.64 万户,小微企业快速发展对人才的需求增多。新增创业总人数同比有所回落,但大学生创业团队异军突起,2016 年上半年大学生创业新增 848 人,增幅较大。

据武汉市经济和信息化委员会介绍，2016 年武汉市将新增众创空间、小型微型企业创业创新基地、科技孵化器、创业孵化基地等各类创业创新基地 100 家，新评定一批市级创业创新基地，同时，还将扶持新增创业 2.5 万人，带动就业 11 万人。

二、武汉市大学生创新创业环境现状

近年来，武汉市政府注重改善大学生创新创业环境。自 2013 年以来，湖北省及武汉市政府先后发布了 12 条推动创新创业的支持政策。从 2012 年的“黄金十条”到 2014 年的“创业十条”，从“3551”人才计划到“青桐计划”，武汉的创业政策正逐步完善，有利于创新创业元素在武汉的聚集。

武汉市《普通高校大学生创新创业引领三年行动计划》提出，设立大学生创业专项扶持资金，主要用于大学生创业项目资助、创业服务站建设、创业孵化基地建设、房租补贴、实训补贴、创业指导和培训、创业成果展示等七个方面。

（一）政府对创业资金的支持

从 2012 年开始，湖北省政府每年从省级就业专项资金中安排一定资金，实施“湖北省大学生创业扶持项目”，四年来，共安排扶持资金 7000 万元，扶持大学生创业项目 1961 个，2016 年更是将扶持资金提高 3000 万元，目前已累计投入 1 亿元。

为推动“大众创业、万众创新”，鼓励和扶持更多大学生在湖北创新创业，2016 年，湖北省人社厅、省教育厅、省财政厅和团省委继续实施“湖北省大学生创业扶持项目”。目前，经过项目征集、联合初审、专家评审等环节，从 1439 个申报项目中择优评选出 876 个项目，拟给予资金扶持。

截至 2016 年 6 月，武汉市创业投资引导基金总规模 60.8 亿元，其中市级科技创业投资引导基金总规模 3.83 亿元，联合社会创投机构共同发起设立子基金 24 支，总规模 30.69 亿元，财政资金放大 6 倍，共同投资 105 家企业，投资金额 10.6 亿元；全市创业投资机构 724 家，注册资金总规模 1074.3 亿元；全市科技贷款余额 1451.98 亿元；科技保险额达到 268.8 亿元；武汉市科技局采用“信用贷款保障”方式，通过在银行设立风险池，引导银行向有贷款需求的创业企业发放贷款，放大财政资金效应。

武汉市科技局出台了《武汉市青桐基金管理暂行办法》《武汉市科技创业

投资引导基金实施办法(试行)》。武汉市、区两级财政每年投入就业专项资金近 2 亿元,初步形成了大学生创业激励政策体系;设立了 1000 万元高校毕业生创业担保贷款基金,放宽高校毕业生申请免除反担保贷款对象和条件,对创业失败的高校毕业生实行部分贷款催收;还设有 1000 万元高校毕业生创业项目资助资金,对经审批符合条件的创业项目给予 3 万 ~ 20 万元的无偿资助,每年发放大学生创业贷款超过 2500 万元,三年共资助 592 个创业项目。

(二)创业场地建设

按照武汉市政府办公厅《关于加快发展众创空间支持大众创新创业的实施意见》(武政办〔2015〕127 号)文件精神,武汉市积极构建“众创空间 + 大学生创业特区 + 孵化器 + 加速器 + 创谷”全链条创新孵化体系。

1.众创空间

2015 年,武汉市政府先后发布了多项支持众创空间发展的政策,如《武汉市人民政府办公厅关于加快发展众创空间支持大众创新创业的实施意见》《武汉市众创空间认定管理办法(试行)》《武汉市科技局关于开展武汉市众创空间认定工作的通知》,目前,武汉市三批共 45 家众创空间和 2 家连片创业街区即光谷创客街区和街道口创业街区。

众创空间主要以青年大学生、高校科研院所科技人员、大企业高管及连续创业者、留学归国人员四类人群为服务对象,具备“三项基本条件、八项服务功能”,即:将众创空间分为创客空间类、创业咖啡类、创新工场类等 3 个类型,且具备运营管理团队的专业能力、低成本的办公条件和信息交流场所、100M 以上宽带等基本服务条件、聚集创新创业者、提供创业融资服务、举办创新创业活动等 8 项服务功能。

目前,武汉市有 14 家创新型孵化器被认定为国家级众创空间、50 家创新型孵化器被认定为省级众创空间,根据《武汉市众创空间认定管理办法(试行)》,认定光谷创业咖啡等首批 10 家创新型孵化器为市级众创空间。

到 2016 年 6 月,全市已建和在建的众创空间有 108 家,服务场地总面积 13.9 万平方米,共有国家级众创空间 14 家、省级众创空间 50 家,鲁巷、街道口等高校密集、商业发达区域初步形成连片创业街区。众创空间类型涵盖创客孵化型、投资促进型、辅导培训型、媒体延伸型、专业服务型。鲁巷、街道口等高校密集、商业发达区域已初步形成了众创街区。全市各类众创空间累计开展创业辅导活动854场，参与人数28624人次；累计开展路演活动738场，参与人数31126人次。

2.大学生创业特区

“十二五”期间，武汉市充分发挥自身优势，在全国范围内率先提出大学生创业特区理念，为大学生免费提供办公家具、网络、空调，实现拎包入住，并开展大学生创业企业房租补贴。据武汉市科技局《2015年武汉科技创新报告》，2015年武汉市新增22家大学生创业特区（见表1），至2016年6月，武汉市共有72家大学生创业特区，且全部驻满。

表1　2015年武汉市新增22家创业特区一览表

序号	创业特区名称	序号	创业特区名称
1	光谷创业咖啡（创业街）大学生创业特区	12	武大珞珈创意园大学生创业特区
2	光谷创业咖啡（软件园A9）大学生创业特区	13	武汉理工大学科技园大学生创业特区
3	紫牛电商大学生创业特区	14	武汉纺织大学大学生创业特区
4	兆佳东创大学生创业特区	15	武汉工程大学大学生创业特区
5	国知大学生创业特区	16	华中农业大学大学生创业特区
6	DEMO咖啡孵化器大学生创业特区	17	中国地质大学创新创业教育中心
7	国家农业科技园大学生创业特区	18	中南民族大学大学生创业特区
8	长江同心科技大学生创业特区	19	武汉工商学院大学生创业特区
9	武汉火凤众创大学生创业特区	20	武汉科技大学大学生创业特区
10	微果青年创业孵化中心大学生创业特区	21	武汉工程科技学院大学生创业特区
11	武汉人才创新创业超市	22	武汉职业技术学院大学生创业特区

3.孵化器

截至2016年6月，武汉市共有孵化面积920万平方米，各类科技企业孵化器217家，其中国家级25家，省级及以上孵化器52家，孵化器数量和质量名列全国同类城市首位。

4.创业基地

武汉市先后在武汉大学、华中科技大学、武汉理工大学等3所高校建立创业学院，在武汉大学等12所高校建立大学生创业俱乐部，在包括7所在汉部属高校在内的46所普通高等院校建立青桐学院，全市建立了由200余名创业专家组成的市级创业导师团。实施大学生创业基地“321”工程，人社、科技等部门对创业基地及入驻企业给予相应补贴。

近三年,武汉先后建立各类创业基地181个,吸引3149家大学生创业企业入驻,带动7.98万名大学生就业。武汉将进一步优化高校毕业生就业创业环境,吸引更多高校毕业生成为武汉"城市合伙人"。武汉市计划拿出城市最美的空间,用三年时间打造10个以上"创谷",为创业企业量身定做最好的政策、提供最优的配套服务。目前,武汉经济技术开发区"南太子湖创新谷"和洪山区"联想星空·智慧谷"已经首批通过审批建设方案。

(三)创业计划的实施

1.青桐计划

2013年7月,武汉市人民政府启动"青桐计划",即武汉市人民政府《关于实施青桐计划鼓励大学生到科技企业孵化器创业的意见》,围绕大学生创业全过程,从创业氛围、创业场地、创业资金、创业培训、税收优惠和创业保障等六个方面,全面支持大学生到科技企业孵化器创业。

"青桐计划"支持对象为在校或毕业五年内的大学生(含大专、本科、研究生),主要内容包括"六个方面"的政策:一是营造良好创业氛围,每年将奖励100名在科技企业孵化器创业的大学生创业先锋。二是建设大学生创业特区,为创业大学生提供零租金场地和基本的办公条件。三是设立不低于1亿元的天使投资基金、创业种子基金,专门用于扶持孵化器内大学生初创企业;每年安排2000万元的大学生创新创业专项资金; 每年设立贷款期为2年的1000万元高校毕业生创业小额贷款担保基金并由财政全额贴息。四是税收优惠,对大学生初创科技企业的研发投入,其3年内缴纳税收市、区留成部分,由财政扶持该企业专项用于研发投入。五是大力发展创业培训,成立青桐学院,提供免费创业培训。六是建立健全大学生在科技企业孵化器"安居乐业"的创业保障机制。

"青桐计划"的实施,极大促进了武汉大学生的创业热情,大学生创业已成燎原之势。如今在武汉,正呈现出"天天有咖啡、周周有路演、月月青桐汇"的良好创业氛围。目前已经建成大学生创业特区73家, 大学生创办企业2600余家,各类孵化器217家,新型众创空间115家;市、区两级政府共安排了1550.4万元,对839家大学生创业企业和20个大学生创业特区公共服务面积予以房租补贴。

2.城市合伙人计划

人才决定城市的未来。近年来,武汉市创新人才发展机制,引进了国家“千人计划”人才 326 名,引进海内外高层次人才团队 4000 多个,由海外人才创办企业超过 3000 家。为吸引更多英才来汉创新创业,2015 年武汉市推出了《武汉“城市合伙人”计划行动方案》,力促武汉成为人才来去最自由、落户最便利、创业最宽松、生活最舒适的创新乐园、创业家园,着力引进三个方面的人才:全球产业的领军人才、知名创业投资人和青年创新创业人才。首批 60 位城市合伙人于 2016 年 2 月对外公布,包括 16 名增量人才和 44 名存量人才。

3.创谷计划

2016 年起,武汉市将拿出城市最好的区域,量身定做最好的政策,提供最优的配套服务来建造“创谷”。“创谷”是围绕打造生产、生活、生态功能,建设聚集优质创新创业要素的全新的双创平台。每个“创谷”规划面积 3 平方公里左右,目前已经有 7 个“创谷”建设全面展开(见表 2),并计划用 3 年时间,联合社会和企业的力量建设 10 个以上的创谷,为创新创业者营造双创的活力社区。

表 2　截至目前已经获批的 7 个创谷

批次	名称	所在区
第一批(2 个)	南太子湖创新谷	汉阳区
	联想星空·智慧谷	洪山区
第二批(5 个)	光谷移动互联创谷	东湖新技术开发区
	金银潭梦想特区	东西湖区
	汉江湾·云谷	硚口区
	龙阳湖健康谷	汉阳区
	江夏阳光创谷	江夏区

相比于传统的创业园区,“创谷”在服务、资金、设施以及政策措施等方面对创业者的支持全面升级,为入驻企业和创业团队提供专业性的工商、财务、税务、销售、法律、技术咨询等“保姆式”服务;建立高水平的创新创业导师团,为资本与知本、投资人与创业者搭建对接平台。“创谷”将为企业提供丰厚强劲的资金支持,配套设立总规模不低于 1 亿元的天使基金,与金融机构签订战略合作协议,提供涵盖天使投资、风险投资、短中长期贷款及投贷联动等全方位的融资服务;打造“1 公里生活圈”,为创新创业人才提供便捷宜居的生活服务;建立以大数据为核心的智慧服务平台;“创谷”引进的产业领军人才、知名创业

投资人及优秀青年创新创业人才等各类人才和团队，可优先评定“城市合伙人”,并享受相关扶持政策。

三、武汉市大学生创新创业环境存在的主要问题

笔者走访调研了东湖新技术开发区、江岸区等区十几家国家级孵化器及创业特区,随机采访了182家大学生创业企业,筛选有效问卷159份。从反馈的情况来看,目前武汉市大学生创新创业环境在政策实施、高校教育、创业辅导、服务机构、金融支持等方面还存在诸多问题。

(一)支持政策不系统,落地效果不理想

由武汉市政府多部门发布的支持大学生创业的政策主要集中在2015年年底之后出台,这些政策还不系统,尚存在一些政策盲区。大量新政策密集出台,使创业者应接不暇,容易忽略其中细节;政策宣讲不到位,执行政策的相关部门之间协调不够,相互掣肘,使政策实施效果大打折扣。

(二)创业教育体系亟待健全

尽管多所院校刚刚设立了创业学院,但创业教育还处于探索阶段,没有形成完整的创业教育体系,理论与实践脱节;教师缺乏实践经验,教学方式单一,针对性、实操性不强;创业实践平台短缺;社会创业培训机构发展严重不足。在受访企业中,仅有36.48%的大学生创业者对其所在高校的创业教育感到满意,46.54%的创业者认为学校应着重加强创业教育。

(三)创业辅导流于形式,创业导师缺乏激励

目前的创业辅导主要以讲座、论坛等形式开展,内容宽泛单一,流于形式,针对性和实操性不强。一些创业导师对创业政策、相关法律法规、市场、企业管理等了解不够,缺乏企业运作经验。目前创业导师基本上是义务劳动,这不能调动创业导师的积极性,不能吸引高水平的创业导师。

(四)孵化器服务水平亟待提高,加速器建设严重不足

一些孵化器只是起着提供创业场地的作用,很少举办创业活动,政策宣讲和创业辅导做得不够深入细致具体。现行政策重视对孵化器的扩建和初创企业孵化,对处于高速成长期的企业支持不够,亟待加强加速器建设。

(五)金融支持不给力,初创企业融资难

武汉市对大学生创业的金融支持与发达地区相比还有差距，财政支持力度、银行服务创新、信用担保体系建设有待加强,天使投资基金和“青创板”发

展缓慢，亟待建立创业金融服务体系。在受访的159家企业中，有47家（29.56%）企业的创业启动资金少于5万元，低于20万元的占到68.55%。其中，46.54%来自于自有资金，20.13%来自于父母亲友的资助，只有7家企业获得了商业银行贷款，仅占比4.4%。

造成上述问题的原因在于，之前武汉市过于强调大企业在经济发展中的作用，对创业工作重视不够；国家关于“双创”相关政策的出台时间也是近一年多的事情，对国家政策的理解和配套政策的制订与实施需要时日；之前只是笼统地关注社会创业问题，而对大学生这个特殊群体创业问题的重要性认识不足；对社会创业中存在的一些问题未能及时解决。

四、优化武汉市大学生创新创业环境的对策建议

（一）优化大学生创业支持政策体系，强化政策落地实施效果

要对市政府多个部门发布的支持大学生创业的相关政策进行梳理和整合，加以完善和创新，加强新政策制定的调研，形成系统的支持大学生创业的政策体系，对大学生创业实行精准支持；加强创业政策的宣传，设立专门的大学生创业信息发布平台，多渠道加大政策宣讲力度，提高政策知晓度和普惠性；加大相关部门之间的协调力度，突破政策落实“最后1公里”的问题，增强执行政策的自觉性和执行力度；要简化办事程序，提高办事效率。

（二）加强创业教育体系建设

支持大学搞好创业教育，在全校设立创业方面的必修和选修课程；科学设置创业教育课程体系，合理安排创业教学内容，促进专业教育与创新创业教育有机融合，创业理论与创业实践充分结合，将课堂教学、自主学习、结合实践、指导帮扶、文化引领融为一体；通过成立社团组织、开展创业大赛、开办创业沙龙等活动，为大学生提供充分的创业实践机会，培育创业文化，营造浓厚的创业氛围。

支持社会机构创办创业培训学校，鼓励企业建立创业实践基地，探索建立校校、校企、校地、校所以及国际合作的协同育人新机制，积极吸引社会资源和国外优质教育资源投入创新创业人才培养，形成多层次梯度化的社会创业教育体系。

（三）对孵化器要提档升级，高度重视加速器建设

孵化器要增强孵化功能，加强政策宣讲与业务指导，使孵化工作更具专业

性、针对性、实操性;建议成立孵化器协会,以此促进各个孵化基地之间的信息交流和资源整合,提升孵化器的创业服务水平,并由其负责各类孵化器的绩效考评和评级管理。

“十三五”期间,大量孵化成功的企业将进入加速器阶段,急需大量加速器来承接,亟待加强加速器建设。

(四)构建“学—研—产—创”合作机制,为创业提供丰富的项目源

充分利用武汉的教育优势和科技优势,鼓励建立高等学校、科研院所、大型企业与创业服务机构以及创业者多方合作互动的机制,建立资源共享、优势互补的创新创业生态系统;形成以龙头企业为核心的小型创业生态圈;建设“学—研—产—创”结合的创新创业研究机构,为推进创新创业工作提供理论支撑与智力支持。

加大科技成果转化力度,完善知识产权交易流转市场,建立合作激励机制,推动创新与创业的协同发展;设立财政专项预算,专门用于促进新技术推广与应用,支持中小企业和非营利研究机构的技术成果转化。

(五)大力推动金融创新,建设多层次的创业金融服务体系

充分发挥财政资金的导向作用,扩大创业基金规模和信用担保规模,加大对大学生创业企业的财政补贴,引导社会资本支持创新创业活动。

大力推动金融创新。鼓励商业银行开展知识产权质押、股权质押、担保抵押贷款、投贷联动、信用保险保单融资增信等金融服务;鼓励保险公司开展“创业保险”;发展壮大湖北“青创板”;引进知名的创业投资人,大力发展风险投资;积极推动互联网金融创新,探索运用互联网金融工具支持大学生创业;建立科技型企业信用信息共享平台,打造良性循环的创业金融生态环境。

(六)建设线下与线上相结合的大学生创业服务平台

打造高水平的创业导师队伍,建立辅导激励机制,支持创业导师开展专业性、针对性和实操性的创业辅导;设立多层次、多类型,分工合作的创业服务机构体系;加快创业服务综合平台建设,探索政府购买社会力量开发的创业公共服务信息化平台软件;建设线上创业云服务平台,与线下创业服务机构相互补充,以此推动创新创业要素的高效整合,推进跨部门、跨行业的数据共享和开放,为大学生创业提供公共信息服务。

建立大学生创业失败救助保障体系,设立创业失败人员救助基金,开发创

业保险险种，减少因创业失败而致贫的概率。

（七）适时推出具有前瞻性的新的创新创业支持计划

要强化当前正在推行的“青桐计划”“黄鹤英才”“城市合伙人”等创新创业与人才计划，总结经验和存在的问题，提高这些计划的实施效率；对在 2016 年年底到期的“青桐计划”，要研究其展期问题；加快推进“科技小巨人计划”“创谷计划”等；密切关注世界科技与产业发展前沿、国家创新创业战略和产业发展战略，结合武汉市科技与产业发展需要，适时推出具有前瞻性的新的创新创业支持计划。

作者单位：武汉理工大学经济学院，其中魏建国系武汉理工大学经济学院副院长、教授、博导，武汉发展战略研究院特聘专家

“双创”行动计划建言

赵 晏

大众创业、万众创新（以下简称“双创”）行动计划与产业、金融、人才等政策衔接，可以加强“双创”的系统性、操作性和落地性。首先，“双创”具有全民、全产业、全社会属性，将其细化为行动计划有利于公众、市场主体和政府协同发力。其次，中央层面针对“双创”密集出台的20余项文件已经形成了较完整的政策体系，这种整体谋划和中观布局有必要细化为行动计划，以“做透”政策解读，打通政策传导的“管道”，消除政策执行的“中梗阻”，助推难题破解和方略落地以及解构为具体的实施细则或项目，形成可复制、可推广的工作机制。再次，“双创”本质上是一个改革，虽然说高手在民间，但是，市场活力的激发需要政府去清障搭台，这种清障搭台往往是要政府“革自己的命”，要破除不敢作为、不愿作为的庸政和惰政行为，条件之一是通过细化行动计划，聚焦政策运用。

一、构建普惠与特惠相结合的政策扶持体系

一是先从创业企业“入门难”“出门难”改起。登记注册企业，全面推行“一照一码”“六证合一”“一表申报”电子营业执照制度，允许“一址多照”“一照多址”，按工位注册企业，允许科技人员、大学生等创业群体借助“商务秘书公司”地址托管等方式申办营业执照等。注销企业更应该便利，创业企业在市场竞争中“九死一生”乃至“百死一生”原本常事，而现行公司注销的繁琐及不注销给当事人带来的严重后果，当事人往往是备受煎熬。建议在简化注销流程的同时，给创业失败的企业以选择“休眠”的机会，即政府出资建立第三方机构，如中小微企业托管服务中心，免费托管其各类工商税务关系，就像目前的个人档案由政府免费保管一样，使过去的失败成为持续创业的新起点而不是“绊脚

石”。创业之根不死，善莫大焉。要彻底改变“出生不易死亦难”的状况，应进一步进行“两清理、两规范、一砍削”，即清理行政审批和中介服务事项、规范审批流程和收费、继续砍削前置审批；实行惠企、惠民政策一律上网，全过程电子化，让群众看得懂、易获得。

二是提高政策普适性，做到普惠之中有特惠。一般性扶持政策应惠尽惠、大水漫灌，对具有创业“乘数效应”的重点人群实行特惠政策的精准“滴灌”。建立小微企业孵化平台，大面积“育苗造林”，这是因为政府是难以从海量的中小微企业中准确挑出最有潜力的进行重点培养的，既然做不到慧眼识珠，那么就只能着力营造有利于中小微企业发展的普适性环境，让市场选择，换言之，既然政府不应该也没办法去培养“马云”，那就要努力培育诞生更多“马云”的环境，以改变有增长速度而少有进取精神、有创新性成果而少有创新型企业、有参天大树而少有杂草灌木的状况，鼓励以创新为核心的创业就业，使创新创业由“小众”走向“大众”、由精英试验田走向民间土壤、由单一技术突破走向多元社会革新，形成“大带小”“小升高”和“大企业顶天立地”“小企业铺天盖地”的局面。事实上，这也是一盘很大的棋，正如国务院“关于发展众创空间推进大众创新创业的指导意见”（国八条）中所说，孵化培育一大批创新型小微企业，并从中成长出能够引领未来经济发展的骨干企业，形成新的产业业态和经济增长点。

三是提高财政性支持措施的效能。用好“创新券”制度，为创业者和创新企业提供仪器设备使用、检验检测、知识产权、数据分析、法律咨询、创业培训等服务；发挥政府采购对“双创”的支持作用，不得以注册资本金、资产总额、营业收入、从业人员人数、利润、纳税额等规模条件设置政府采购准入条件；通过购买服务、后补助、绩效奖励以及补贴申领的“告知承诺制”和“失信惩戒制”等方式提高各类财政补贴绩效；政府建设的重点（工程）实验室、工程（技术）研究中心等科技基础设施以及利用财政资金购置的重大科学仪器设备按照成本价向创业创新企业开放。

四是利用政策工具降低融资、物流、政务、社保等创业成本，革除政务成本中“选择性执法”等隐性不确定性风险。

二、构建多链互动的新型产业培育体系

政策链、资金链、创新创业链和产业链是一个互动的闭环系统，亦即政策链推动资金链、资金链引导创新创业链、创新创业链支持产业链、产业链带动就业链。其中,产业链是“落点”,应围绕产业链部署创新链。

当前“互联网 +”的重点是产业互联网,其中以智能制造为核心的“工业4.0”将最先突破,德国和美国正在争夺这次工业革命主导权。我国既拥有强大的高端智能设备制造业和现代服务业,也存在庞大的低端制造业、服务业与传统农业。目前,国家层面的顶层设计中,已经推出“中国制造 2025”。下一步应抓住丰富的线下资源,实行“三箭齐发”。一是大力发展智能制造,倒逼实业升级转型、塑造品牌,提升国际竞争力。二是推动传统制造业、服务业和农业等向线上融合,并做好线下的效率控制、产品质量和人员管理。例如,大健康不仅仅是制药,还包含教育培训、研发、制造、流通、物流和医药的应用、医疗以及养老和围绕整个产业链的金融支付,这将创造海量的就业与创业机会。三是将社会治理、公共服务、社区服务的各领域向互联网企业开放,助其孵化出新业态。

三、构建多元化的投融资生态体系

中小微企业创立之初,无可抵押资产和合适担保人,乃至是无信用记录的“空白户”,难以融资,需要建立完善投资体系。

一是构建多元化的金融生态。政府应设立创投引导母基金,撬动包括种子基金、天使投资、创业投资、担保资金、创投资金、产业基金等社会资金,打造全链条融资体系,覆盖“双创”企业整个生命周期。通过运用金融工具,实现资金杠杆多级放大。

二是借资本市场之力打出一手好牌。力推小微型、初创型、轻资产型、源头创新型及新经济、新服务、新能源、新材料、新农业、新商业模式等“四型六新”类企业在主板、创业板和三板上市,将现有四板市场打造成为集股权、债券转让和融资服务于一体的地方资本市场和企业上市“预科班”。

三是丰富创业融资新模式,降低融资成本。加强互联网支付、网络借贷、股权众筹融资、互联网基金销售、互联网保险、互联网信托和互联网消费金融等方面的改革尝试;鼓励众创空间组织创新产品开展网络众筹,探索互联网金融发展路子。

四是创新银行对“双创”的支持方式。如,各地政府主导的融资担保公司可对创投机构投资的初创期、成长期科技企业,按投资额的一定比例给予担保,担保费由企业所在地财政补贴。

四、构建对接产业项目的“众创空间”平台体系

多年前,欧美“创客”们用不到波音公司 1%的成本研制了无人机,人们由此看到了创造的力量。如今的众创,顺应了创新 2.0 时代用户创新、大众创新、开放创新的趋势,把握了互联网环境下创新创业特点和需求,通过市场化机制、专业化服务和资本化途径构建的低成本、便利化、全要素、开放式的新型创业服务平台。众创空间“集众人智、汇创客流”,能够让创业变得简便。

“众创空间”并不是一个简单的物理概念,它和传统的孵化器相比,更多的是一种创业文化、氛围、环境和社区的概念,注重的是综合服务能力以及创业的法治和市场环境。众创空间的星星之火可能燎原为一个巨大的市场,因为它不仅直接解决了青年创业在“最初一公里”的融资难、创业团队缺少经验、市场对接不上和没有场地等问题,为小微创新企业成长和个人创新创业提供综合服务平台,更关键的是,在这个“群体创新空间”中,酝酿与创新有关的实验,进行跨领域和跨产业的碰撞,是培育创新基因的好方法,尤其适合草根创业和大学生创业。

“众创空间”的另一大功能是推动孵化器升级。过去,各地的创业孵化器多以零散的状态出现,聚集资源的能力并不强。目前“众创空间”与硅谷的创业孵化器相比,在创业文化、竞争体系、投资人数量、创业信用等方面都还需要提升。

一是采取市场主导、政府引导的方式培育众创空间。如,结合城市更新、“三旧”改造,支持社会力量创办微观装配实验室、创客空间等新型孵化器,鼓励民营资本选择交通方便、生活配套齐全的旧厂房、宿舍楼等进行改造,为创客提供集公共办公区、会议室、活动区和住宿区为一体的众创空间,使众创平台遍地开花。

二是依托各类园区,实施“创客 + 苗圃 + 孵化 + 加速”的创业成长模式。重点扶持以“90 后”大学生创业者、大企业高管及连续创业者、科技人员创业者、留学归国创业者等重点人群所创办企业快速成长。

三是推动产业资本参与众创。鼓励企业设立创业孵化服务平台,实现技术成果与资本对接,提高创业成功率。加强海归圈、企业家圈、高校圈、创客圈的融通,不能各自为战。

四是优化创业项目选拔方式和培训机制。比如,借鉴硅谷顶级创业孵化器

YC 的做法，为创业者安排短期而高强度的编程训练，给每个团队固定的小额种子基金并要求一定股权占比，定期邀请专业人士举办讲座和具体问题指导，并采取一年冬夏两次批量投资的方式大规模生产创业公司。

五、构建纳才融智的人才新政体系

人才的成长发展，离不开一城一域良好的“双创”生态环境。国内的“人才大战”早已从暗流涌动演变为白热化。然而，各地在纳才融智方面差距很大。如何把引才方面的“人才斥场”变为“人才磁场”、把留才方面的“人才故园”变为“人才乐园”、把用才方面的“人才基地”变为“人才天地”，关键在于体制机制创新，即解除一切人才发展的桎梏，为人才松绑。

其实，收入水平差距并不是最重要的取舍因素，“宁做鸡头不做凤尾”的观念早已过时。现代的科技攻关，讲求的是“兵团作战”，创新创业者更为看重的是职业成长平台的大小、创新氛围的“气场”强弱和团队支持的配合度等。此外，人才集聚方面还有一个区分正负的自我强化趋势。例如，负向的“寻底”效应，即随着高素质人才的出走，本地用人单位员工的整体素质和平均生产能力下降，工资水平也会相应地下降，从而刺激次优的专业人才进一步流失，如此循环下去，最终出现“劣币驱逐良币”等糟糕状况。

解决问题的路径是捅破既往僵化的、行政色彩浓厚的科技体制的“天花板”，打通科技与市场通道，打造一个事业成就人、机制吸引人、环境留住人的“双创生态环境”，让各类人才来得了、待得住、用得好、流得动。

引才层面。一是落实市场对人才的最终评价权。以工资性年收入、年缴纳个人所得税、获得风险投资额等市场实绩作为评价标准，对于顶尖人才和“偏才”，通过“人才特区”程序认定，既保障高端“智核”“智团”引进，也防止“灯下黑”和“大树底下不长草”。二是统筹体制内外的人才引进条件，不唯学历、不唯职称、不唯资历、不唯身份，不拘一格招才引智，对于紧缺人才、基础人才、民间优才、创客、高技术工匠以及“偏才”“专才”以及带项目、带资金、带技术的等各类创业人才，开通“人才特区”等绿色通道予以认定或引进。三是对通过用人单位引才、以才引才、中介引才、亲情引才等市场化引才方式成功者给予奖励。

用才层面。一是提升人才平台与产业平台对接的能级。要让人才干事有平台、有环境、能够组建起团队。借鉴美国硅谷招才引智工作站和高科技孵化器的经验：依托产业园的“孵化器 + 加速器 + 产业园”模式；依托企业的“团队 +

项目＋平台＋企业”的产学研合作模式；依托高校的“跨学科高水平协同创新中心”的校企共建模式等。二是针对科研人员在职或离岗创业以及跨区域流动的，建立“创新人才自由港”，解决其事业单位身份、职称评定等问题。三是对多部门、多层级、多时段出台的人才政策进行梳理和清理之后，由更高级别的机构统一发布、捆绑运用、精准发力、效应叠加，解决政策“碎片化”和“多、小、散”问题。

分配层面。一是推进“三权改革”，清理事业单位科技成果使用权、处置权和收益权管理中的不合理禁令及繁复程序，完善科技成果转化决策和定价、人事及考核评价、知识产权管理、科技成果作价入股及收益分配制度，敞开“正门”，吸纳“灰色地带”的成果转化。二是在重大科技成果的首次商业化运用阶段，合理界定技术研发团队的权益，缩短了成果转化的过程和时间。

服务层面。一是建立“全链条＋网格化”服务机制。实行一站式“并联”，办理各类服务事项。二是设置科技网格员（人才专员），实行结对联系，做到有呼必应。三是规范用人单位与人才之间的合同履行及业绩考核，让人才的进与退皆有通道。

六、构建包容开放的创新创业文化体系

对于“双创”而言，往往是想做的不一定敢做，敢做的不一定能做，能做的不一定愿意出来做。因此，应着力培养包容开放的创新创业文化，营造良好的创新创业环境。

一是改善社会心态，倡导崇尚创新、创业致富的价值导向和敢为人先、宽容失败的创新文化，从一个点子到一个方案，再到一套产品、一个产业，对创业给予呵护、对梦想给予支持，由此进一步激发全社会的创新创造活力。

二是提高创业培训实效。建立“跨界合作”的创业培训导师制，组建创业培训导师“智团”，形成“创业者—企业家—天使投资人—创业导师”良性互动机制。鼓励高等院校构建众创空间，拓宽创客、创业团队利用信息网络获得先进适用技术的渠道。“做实”创业实训，做到“四个对接”，即专业与产业对接、教学过程与生产过程对接、人才培养标准与企业用人标准对接、专业课程内容与职业要求对接，为创业者提供中试开发、技术转移、成果孵化等专业服务。

三是通过“双创”大赛和路演活动聚集人气，形成良好的创业社会氛围。支持社会力量包括行业领军企业、创业投资机构、社会投资者、中介服务和行业协会等社会团体力量，开展创业路演、创业赛事、创业论坛、创业沙龙、创业大讲堂、创业训练营等各类创业培训与造势活动。探索建立一批由大专院校、行业组织、知名民企和网络媒体等共同参与的经营者素质提升培训基地。

七、构建开明务实的政府治理体系

一是创造政府“无为”、企业“有为”的管理境界。政府要树立亲善市场、优化服务的意识。如，设立专门小组，对大型企业和中小微企业分别实行“一对一”和“一对多”扶持。

二是建立包容新业态、新商业模式的弹性监管模式。坚持“放开前端、管住后端”，形成“信息互换、监管互认、执法互助、纵横联动”的监管链条。把握新兴行业野蛮生长与政策监管之间的动态平衡，通过指导行业协会、发布行业标准和风险底线、第三方评级等，推动行业自律。

三是政府治理法治化。法治对创新创业的重要性，远远超过各种行政措施以及补贴、奖励等。“双创”过程中，比较急迫的是解决两个问题：一是通过地方立法明示法治路径，解决改革创新遇到制度法治障碍怎么办的问题；二是通过设置责任豁免条款，解决改革创新不成功怎么办的问题。

四是提高“政策管理”水平。诸如免费为企业培训“政策联络员”；全面启动政务服务 APP，关掉既往的“僵尸网站”；赋予大数据应用管理机构足够的权威性，增强其协调和整合力度；推进政府和社会信息资源共享，以特许经营等方式优先支持市内企业和创业创新团队开发运营政务信息资源；等等。

作者系中南财经政法大学教授，武汉发展战略研究院特聘专家。参与课题研究报告调研和撰写的还有：肖安民、薛新东、朱亚苓、于长永、胡卫成、周红云、詹刚、程翔宇、黄宏伟、朱丽君、王晓旭等。

武汉参与“一带一路”战略的路径与对策①

陈继勇　计　飞

2013年9月和10月，中国国家主席习近平在出访中亚和东南亚国家期间，先后提出共建“丝绸之路经济带”和“21世纪海上丝绸之路”（以下简称“一带一路”）的重大倡议，得到国际社会高度关注和国内外的积极响应。作为中部国家中心城市、湖北省省会城市，武汉在充分发挥自身传统优势和国家中心城市示范效应的基础上积极参与“一带一路”战略，构建内陆开放新高地，充分发挥武汉的现有和潜在优势，顺利实现武汉国家中心城市总体规划发展目标，具有重大和深远意义。

一、武汉参与“一带一路”战略的重大意义

（一）参与“一带一路”战略有利于武汉传统优势产业“走出去”，扩大企业的发展空间，提高企业的国际竞争力

“一带一路”沿线国家和地区的基础设施建设滞后于其经济增长水平，经济质量远远低于国际标准，而且各国的经济发展水平差异较大。根据亚洲开发银行的预测，仅在亚洲地区基础设施建设的资金缺口就达8.2万亿美元，平均每年需要新增投入8000多亿美元的基础设施资金。在涉及基础设施建设的钢铁、水泥、建材、机械等产业，武汉具有传统优势，同“一带一路”沿线国家和地区的合作空间巨大。以钢铁行业为例：宝武钢铁集团积极同中国铁建、一冶等基础设施建设公司加强合作。目前“一带一路”沿线国家中的泰国、马尔代夫和西非地

① 国家社科基金重大攻关项目《一带一路相关国家贸易竞争与互补关系研究》（项目号：16ZDA039）。

区已有宝武的相关钢铁产品投入市场。此外，建成投产的广西防城港钢铁基地已作为宝武布局“一带一路”的出海口，高端冷轧产品将辐射整个东南亚地区[①]。在传统产业产能严重过剩、产能利用率和生产效率偏低的情况下，企业积极响应国家“一带一路”战略、主动“走出去”有助于更加切实有效地利用国内资源和国外市场，增强自身的影响力和竞争力，这与国家当前“去产能、去库存”的供给侧结构性改革的精神一致。

（二）参与“一带一路”战略有利于武汉发挥比较优势，提升自身在全球价值链和产业链分工中的地位

长期以来，成本优势是国内制造行业的主要优势所在，故而国内制造行业的企业大多数从事的均为低附加值、低技术含量的劳动密集型产品生产，我国出口商品类别中占比最大的也是此类产品。武汉市政府可以通过鼓励和支持相关行业的企业“走出去”，让更多的企业走向国际大市场，在市场竞争中倒逼装备企业努力提高生产技术、产品质量和服务水平，提升企业的核心竞争力。目前，东湖国家自主创新示范区已基本形成了以光电子信息产业为主导，生物、节能环保、高端装备制造、现代服务业竞相发展的“131”产业格局，在光通信、激光、集成电路、光显示、半导体照明、地球空间信息等领域具有较强的竞争优势[②]。参与“一带一路”绝不意味着单方面的输出产能，而是在双向的动态合作中逐步提升自身的地位水平、稳固自身的优势所在。因此，武汉既要通过国际产能合作等形式将传统优势产能转移至“一带一路”相关国家和地区，也要利用这一契机，加大与国外先进制造业的合作，适时发展战略性新兴产业。此外，还要继续推进武汉企业与相关国家在电子、光伏、导航、核电、生物医药等高新技术产业的交流与合作，进而促进武汉在全球价值链和产业链分工中地位的提升。

（三）参与“一带一路”战略有利于武汉稳步推进国家中心城市和创新型城市建设，实现未来总体发展目标

继续推进国家中心城市建设，是武汉参与“一带一路”战略、进一步完善对外开放布局的重要抓手和举措。武汉不断提升城市综合实力和核心竞争力，提高要素配置效率，加快建设开放型创新网络和创新发展能力，培育发展新动

①中华人民共和国商务部，http://www.mofcom.gov.cn/article/resume/n/201606/20160601333433.shtml

②武汉东湖新技术开发区 国家自主创新示范区，http://www.wehdz.gov.cn/

能，增强城市辐射带动功能，提升城市规划建设管理运营水平和对内对外开放水平，促进城市绿色发展，合理确定城市功能布局和空间形态，加强城区河湖水域岸线管理，着力发展绿色能源、绿色建筑和绿色交通体系，加快实现城市综合功能的战略性跃升。此外，武汉还可以依托自由贸易试验区、长江中游航运中心和城市群等合作平台建设，加快自由贸易试验区等开放平台和长江中游深度融入“一带一路”建设，不断拓展开放领域，推动沿海与内陆开放联动，优化全国开放总体格局，有利于增强辐射带动功能、支撑长江经济带发展；有利于激发改革创新动力、推动中西部地区供给侧结构性改革；有利于构筑内陆开放平台，纵深拓展国家开放的总体格局，最终助力国家“一带一路”战略的成功实施。

（四）参与“一带一路”战略有利于武汉充分利用多重发展战略机遇，实现自身的快速发展

当前，“一带一路”战略、长江经济带建设、中部崛起、长江中游城市群建设、全面创新改革试验区、自主创新示范区、自由贸易试验区等国家重大改革发展试点叠加于同一城市，武汉面临着前所未有的最好发展机遇期。武汉具有支撑长江中游地区和承启上下游的独特作用，这是其他城市所不具备的优势，但是必须清醒意识到，具有内陆地区老工业城市基本特征的武汉同样也存在着“一城独大”“大而不强”的短板，在城市圈建设方面较为滞后，高端服务功能不足，对武汉周边其他城市的辐射作用和带动效果不强，难以切实发挥长江经济带中游地区以及长江中游城市群核心城市的支撑作用。综合表 1 和表 2 可以看到，武汉在全国城市中的经济发展水平具有明显优势，GDP 排名全国第 8。除去直辖市外，位列全国第 4。但是对比湖北省内的主要经济指标不难看出，武汉和省内其他城市间的差距拉得过大。武汉作为湖北省的省会城市，在辐射和带动省内其他城市共同发展方面还需要继续努力。在新形势下，武汉要通过积极参与“一带一路”战略，把握好、利用好这一难得的现实发展机遇，适时配合其他各项国家发展战略，在合理规划武汉的城市发展目标、顺利实现城市发展转型的同时，还要尽快弥补存在的短板和不足之处，增强在中部、全国乃至全球范围内的资源要素配置能力，带动湖北整体发展，起到长江中游地区核心城市的支柱和支撑作用。

表 1　2016 年中国城市 GDP 排名(前十名)

排名	城市	所属省份	GDP(亿元)	同比增长率(%)	人口(万人)
1	上海	直辖市	26688	6.7	2415
2	北京	直辖市	24541	6.7	2171
3	广州	广东	20004	8	1667
4	深圳	广东	19300	9	1077
5	天津	直辖市	17800	9	1547
6	重庆	直辖市	17010	10.7	3372
7	苏州	江苏	15400	7.5	1060
8	武汉	湖北	11756	7.8	1061
9	成都	四川	11721	7.5	1573
10	杭州	浙江	11700	10	889

数据来源:国家统计局,2017 年 1 月。

表 2　2016 年湖北省城市 GDP 排名

排名	市/州	2016 年生产总值(亿元)	2015 年生产总值(亿元)	实际增速(%)	常住人口(万人)
1	武汉	11912.61	10905.60	7.8	1060.77
2	宜昌	3709.36	3384.80	8.8	411.50
3	襄阳	3694.51	3382.12	8.5	561.40
4	荆州	1726.75	1590.50	7.3	570.59
5	黄冈	1726.17	1589.24	7.6	629.10
6	孝感	1576.69	1457.20	7.9	487.80
7	荆门	1521.00	1388.46	8.5	289.63
8	十堰	1429.15	1300.12	8.9	338.30
9	黄石	1305.55	1228.10	7.2	245.80
10	咸宁	1107.93	1030.07	7.6	250.70
11	随州	852.18	785.26	8.0	219.08
12	鄂州	797.82	730.01	8.0	105.95
13	恩施	735.70	670.81	7.9	332.70
14	仙桃	647.55	597.61	8.2	115.50
15	潜江	602.19	557.57	8.1	95.80
16	天门	471.27	440.10	8.0	129.20
17	神农架	23.06	20.95	8.3	7.68
合计		33839.5	31058.5	8.1	58511.50

数据来源:湖北省统计局 2017 年 2 月。

二、武汉参与"一带一路"战略的基础和优势

(一)武汉地理位置优越、交通往来便利

武汉素有"九省通衢"之称,是中国内陆最大的水陆空交通枢纽,具有承启东西、联系南北、辐射四方的作用。武汉交通网络发达。以高速公路为骨架、以武汉城市圈城际铁路为补充、以航空枢纽为支撑,依托长江、汉江黄金水道,武汉新港码头成为经济发展的推动引擎,使长江经济带上形成的成渝经济圈、长江中游城市群、长江三角洲城市群连成一片,形成人员往来、货物运输自由的运行态势。积极参与"一带一路"战略,有助于武汉充分利用自身的地理优势,发挥人员、货物集散和沟通桥梁的作用。

(二)武汉工业基础雄厚,产业门类齐全

作为中国重要的综合性工业城市,武汉在全国工业经济中占有重要的地位,成为中部崛起的重要战略支点。武汉工业门类齐全,工业基础雄厚,综合配套能力较强,工业现代化水平较高,制造业结构完善,从汽车制造到光电子、高端装备制造一应俱全,形成了钢铁、化工、汽车、机械、电子等产业的完善布局,光电子、生物工程、新材料、激光等新兴产业正强势崛起。参与"一带一路"战略有利于武汉全面激发科技创新能力,营造多元协同的科技创新空间,巩固和培育新兴产业集群,加速传统产业转型与升级,优化制造业空间布局,建设国家先进制造业中心。

(三)武汉科技实力雄厚,教育事业发达

武汉现有科研机构 210 余个,其中国家重点实验室近 30 个,国家各部委研究机构 70 余个,拥有科技人员近 150 万人,其中中国科学院院士和工程院院士 70 余人,科技综合实力居全国前列。武汉聚集了烽火科技、长飞光纤、武汉锐科、光谷北斗、武汉天马、安翰光电、禾元生物等一批业内骨干企业。武汉教育事业发达,拥有武汉大学、华中科技大学等近百所高等院校和职业学院,拥有生物工程、信息科学、能源、激光、微电子、材料科学等一批有影响、有特色的学科和专业,产业、学校、科研机构相互配合,形成了强大的综合优势,有助于"一带一路"战略的顺利实施。

(四)武汉金融服务业政策完善,集聚态势明显

全面创新改革试验的稳步推行使得武汉能够不断创新,推动了服务业跨越式发展。武汉各项国家服务业综合改革试点深入推进,建成一批现代服务业

集聚园区。江汉区现已建成华中首条民间金融街和华中互联网金融产业基地，东湖高新区积极推进科技金融改革创新试点，为大众提供在全国有影响的商业银行科技金融创新服务。服务业集聚发展态势明显,7个中心城区已经成为服务业集聚发展的核心承载区。目前,武汉金融服务业迅猛发展,产业核心竞争力不断提高,产业协同和区域协调互动能力增强,能够助力“一带一路”战略的实施。

（五）武汉历史底蕴深厚,荆楚文化闻名

武汉是座历史文化名城,历史文化资源丰富,敢为人先、追求卓越彰显着武汉的城市精神,在国际上曾有“东方芝加哥”的美誉。以荆楚文化为代表的武汉文化影响力不断提升,大力推进的“文化五城”建设也不断提升着城市的品位、彰显着武汉的城市风貌和人文魅力。“一带一路”战略的顺利实施离不开全方位、多层次的对外文化交流。作为中国文化的重要组成部分,荆楚文化与海外新闻媒体等交流平台之间的互动和合作必不可少。武汉依托荆楚文化积淀、滨江滨湖特色和长江文明传承,参与“一带一路”战略有着巨大的文化和历史优势。

三、武汉参与“一带一路”战略的路径选择

（一）加强政策协调配合,夯实合作基础

各国各层级政府间加强政策的协调和沟通是“一带一路”战略顺利实施的重要保障。“一带一路”战略所涉及的相关国家和地区中,诸如罗马尼亚城市加拉茨、土耳其城市伊兹密尔、俄罗斯城市萨拉托夫、吉尔吉斯斯坦城市比什凯克均为武汉结成的国际友好城市。进一步加强武汉和包括上述各国地方政府在内的各个州市之间的合作往来,积极构建多层次的宏观政策沟通交流机制,有助于达成新的合作共识。双边可就各自的经济发展战略和政策措施进行充分的交流和沟通，寻找合适的政策对接点，共同制定和稳步推进区域合作规划,从而为开展具体的项目合作提供政策支持。

（二）加强贸易投资往来,营造良好氛围

贸易投资合作是“一带一路”建设的重中之重。武汉要尽快开展针对“一带一路”战略实施过程中所亟待解决的投资贸易便利化问题的调查和研究,消除投资和贸易壁垒,构建良好的投资环境和贸易环境,拓宽贸易领域,优化贸易结构，挖掘贸易新增长点，促进贸易平衡，创新贸易方式，通过发展跨境电子商务等新形式、新举措来建立健全服务贸易体系，积极同沿线国家和地区讨论合作建设境外经贸合作区、跨境经济合作区等各类产业园区，促进产业集群发展。降低非关税壁垒，共同提高技术性贸易措施透明度，提高贸易自由化便利化水平，激发合作潜力。武汉可以进一步改善通关设施条件，同"一带一路"沿线国家和地区加强沟通，降低通关成本，提升通关能力。此外，要注重加快投资便利化进程，消除投资壁垒，保护投资者的合法权益。把投资和贸易有机结合起来，以投资促进贸易，以贸易带动投资。

（三）加强金融领域对话，高效监管协调

强化金融领域的合作是实施"一带一路"战略的重要支撑。武汉可以充分利用中国和"一带一路"沿线国家和地区所达成和建立的金融合作体系深化金融合作，为本市的金融服务业相关企业和机构开展投融资业务、信贷业务、结算业务提供便利，鼓励符合条件的相关金融机构和企业开展对外投融资活动。为了更好的开展金融活动，防范金融风险，武汉还需要加强同"一带一路"沿线国家城市和地区的金融监管合作，建立高效的监管协调机制和金融风险预警系统，提高自身应对金融风险的能力。另外，武汉还可以加强同具有权威性的诸如征信、管理部门和评级机构之间的跨境交流与合作，不断学习，积累经验，适时引导商业性股权投资基金和社会资金共同参与"一带一路"重点项目建设。

（四）加强产业领域合作，促进互联互通

开展产业合作，提升基础设施建设水平是"一带一路"战略的优先方向。武汉可以充分发挥自身在相关产业的优势和得天独厚的交通运输条件，促进本市企业与"一带一路"沿线国家和地区在新一代信息技术、生物、新能源、新材料等新兴产业领域开展深入合作，同时推动水陆空联运通道和港口合作建设，实现国际运输便利化。对本市具有一定产业优势的光伏、光缆行业可以尝试推进跨境光缆等通信干线网络建设，提高国际通信互联互通水平，畅通信息丝绸之路。加快推进双边跨境光缆等建设，规划建设洲际海底光缆项目，完善空中（卫星）信息通道，扩大信息交流与合作。在开展行业合作和互联互通的基础上，进一步优化产业链分工布局，推动上下游产业链和关联产业协同发展，鼓励建立研发、生产和营销体系，提升区域产业配套能力和综合竞争力。扩大服务业相互开放，推动区域服务业加快发展。

(五)加强文化交流沟通，增进相互了解

开展对外文化交流活动有助于为“一带一路”战略奠定坚实的民意基础。武汉可以尝试建立国际文化交流机制，策划实施具有荆楚文化特色的一系列文化交流活动，搭建武汉与国外新闻媒体之间的交流合作平台，积极利用网络平台，运用新媒体工具，形成以媒体互访、栏目互动、节目交流等为主要内容的媒体战略合作机制，塑造和谐友好的文化生态和舆论环境。特别是针对“一带一路”沿线国家和地区积极宣传荆楚文化，实施文化“走出去”战略，推动文化产品和服务输出，支持官方和民间的文艺团体与国外知名演艺团体和个人开展文化交流，依托驻外机构、海外华人等资源，积极协助文化企业开拓海外市场。加强对在汉外籍人士的文化服务，有计划地邀请国外著名艺术家、艺术团体来汉演出，增强中华文化和武汉地域文化的吸引力。

四、武汉参与“一带一路”战略的对策建议

(一)深化开放合作，协调配合各项重大战略

武汉要积极参与“一带一路”战略，稳妥推进供给侧结构性改革，建立现代产业新体系。在发挥自身传统行业优势的同时要积极推动制造业的升级改造，大力发展战略性新兴产业，实施以创新驱动为导向的产业政策，促进产业集群发展，加快发展现代服务业。除了“一带一路”战略外，现有的国家重大战略中还有长江经济带建设、全面创新改革试验区和自贸试验区等都聚焦武汉。在多重战略同时叠加的现实状况下，武汉要加快融入国家各项重大战略，将“一带一路”战略与其他各项战略和发展规划有机结合起来，通过深化区域内部合作，在确保自身发展的基础上，抢抓各项政策机遇，带动周边城市发展，构建区域协调发展的新格局。

(二)高效整合综合交通枢纽资源，实现“无缝对接”和“多式联运”

航空方面，以天河空港为核心，打造中国中部地区国际门户航空枢纽，适时规划第二机场，形成完备的航空客运枢纽体系；铁路网方面，规划新建高铁线路，构建以武汉为中心的“两纵两横两连二十方向”高速铁路网络；水运方面则以阳逻港为中心，优化整合各类航道港口设施资源，全面建成武汉长江中游航运中心。通过加强基础设施建设来进一步强化综合交通运输枢纽地位，提高运输保障水平。构建新一代信息基础设施，为实施一带一路战略提供硬件支

撑。

（三）有序实现产业转移和价值链提升，发展战略性新兴产业

通过参与“一带一路”战略，武汉可以积极鼓励和引导传统优势行业和相关企业“走出去”，开拓国外市场，扩大其在全球的影响力，提升竞争力。此外，在电子、光伏等高新技术产业和先进制造业等方面加强与相关国家和地区的合作与交流，适时发展战略性新兴产业，促进武汉在全球价值链和产业链分工中的地位提升。积极争取中法生态城、国家综合交通枢纽示范城市、国家航天产业基地等国家试点示范和重大项目落户武汉。

（四）加强对“一带一路”沿线国家调研，构建信息共享和联动平台

政府要打造良好的商业软硬环境，实现贸易投资便利化和监管法治化，深化体制机制创新，增强服务意识，提高服务效率，培育市场主体。通过加强与高校和科研机构的合作，利用多种途径、多种渠道对“一带一路”相关国家、省州乃至具体城市的需求信息进行收集并及时发布，通过构建实时联动的“一带一路”信息平台为企业开展对外合作创造良好的条件，激发企业创新活力。

（五）积极建立多形式多途径的交流合作机制，为相关企业创造沟通和交流渠道

目前，泰国等“一带一路”所涉及的国家在武汉设有领事馆，相关部门要加强与其沟通和联系，通过高峰论坛、圆桌会议、推介会、洽谈会等多种形式，定期或不定期邀请“一带一路”相关国家和地区的驻华领事官员、企业家代表、相关领域的专家学者等积极参会交流，营造良好和浓厚的氛围，搭建创新发展平台促进国际合作交流。

（六）充分利用香港、澳门湖北联谊会等途径，积极推动和促进武汉参与“一带一路”战略

武汉市政府各部门要加强同在港、澳、台和海外的特别是湖北籍人士的联系，积极促进相互之间的沟通，增进友谊，发挥关心、支持湖北武汉建设和发展的相关人士的作用，为武汉积极参与“一带一路”战略发挥桥梁和纽带作用。

武汉市是湖北省政治、经济、文化中心，也是我国中部重要的中心城市和长江中游超大城市，全国重要的工业基地、交通枢纽、创新基地和全国科教基地。积极参与“一带一路”战略是实现武汉新一轮发展的绝好契机，武汉要充分利用自身的优越地理位置、雄厚的基础条件、深厚的人文底蕴和科技资源，通

过配合国家中心城市建设等各项政策措施,合理规划,积极参与“一带一路”战略,将城市的发展同国家战略有机结合起来,在发挥武汉得天独厚的条件和优势的基础上,弥补短板,解决城市发展中出现的不足,从而抓住机遇平稳转型,顺利实现武汉的腾飞。

作者单位:武汉大学,其中,陈继勇系湖北省委决策支持顾问,武汉市人民政府参事,中国美国经济学会会长,中国亚太学会副会长,武汉大学世界经济研究所所长,教授,博导,武汉发展战略研究院特聘专家。

长江新城会展产业生态圈的构建及发展策略研究

马 勇 包 雪

在“互联网 +”时代，会展产业也在不断融合发展，以旅游、物流、金融、商贸、高新技术和文化创意产业等为支撑的“大会展”产业圈开始形成，不断推动会展产业结构的转型和优化升级。在 2017 年武汉市党代会开幕时，湖北省省委副书记、武汉市委书记陈一新提出打造“长江新城”的新举措，一时引发人们的广泛关注。在《关于加快长江新城规划建设的建议案》中，提出长江新城的建设必须坚持现代化、国际化和生态化的标准，引领高端智能的新生活方式。而会展产业生态圈开放共享、互利共生的创新理念正响应了“长江新城”的建设思路。

一、长江新城会展产业生态圈构建的重要性

会展业是区域经济发展的助推器和晴雨表，在促进经济发展、调整产业结构、带动消费和塑造城市形象等各方面作用显著。在“互联网 +”和产业协同发展的新时代，构建“长江新城”会展产业生态圈既是对国家“长江经济带”重要发展战略的积极响应，同时也是协调武汉高端经济发展，提升武汉未来会展产业发展水平的重要举措。

（一）是响应国家重大战略政策的具体行动

依托长江黄金水道带动区域经济发展，打造中国经济新支撑带是国家的重大战略之一。武汉市作为长江经济带以及长江中游城市群中的核心城市，在带动区域经济发展上肩负着重要责任。长江新城会展产业生态圈依托于即将打造的长江中轴发展区，同时以开放共享的理念推动会展产业融合发展，这是对国家长江经济带重大发展战略以及创新创业发展战略的积极响应。

(二)是协调武汉高端经济发展的必然要求

武汉市《关于加快长江新城规划建设的建议案》提出长江新城的建设要充分体现“新”的概念,“新”既体现在新业态,也体现在新模式和新面貌。同时提出,对于未来长江新城产业规划应“汇聚总部经济、金融、文创、商务、信息、旅游等高效产业和最高端经济”。会展业作为新的朝阳产业,本身具有较强的综合性和产业带动性,而会展产业生态圈的构建是“大会展”理念的进一步深化,能够更好地整合和利用武汉新城这些高效产业,推动高端经济的发展,同时也将更好地展现武汉特色,形成武汉新形象和新面貌。

(三)是提高武汉会展产业效率的重要举措

武汉作为我国中部地区核心城市,正在积极打造国家会展名城。近年来,武汉市会展产业规模不断扩大,武汉三镇积极建设会展场馆,承接国际国内各项会议展览数量显著提升。武汉会展业得到迅猛发展的同时,也面临着产业发展的转型升级和发展效率的提升。武汉长江新城概念的提出对于会展产业效率的提升将是一次不可错失的机遇,结合长江新城的“新”理念和会展产业生态圈的新模式,将大大提升武汉会展产业的发展效率,实现产业的良性互动和发展,助推武汉经济发展走向新高度。

二、长江新城会展产业生态圈的体系构建

长江新城会展产业生态圈是依托武汉“长江新城”概念提出的创新体系,通过明确体系构建的指导思想,本文以全面性、系统性、科学性、独特性的构建原则为基础构建了长江新城会展产业生态圈体系模型(如图 1)。

(一)体系构建的指导思想

长江新城的规划建设不仅仅是创新性的区域规划,更是一种全新概念和创新平台。长江新城会展产业生态圈的构建将充分融入“长江新城”和“产业生态圈”的创新概念,基于产业集群和协同发展理论,依托于即将打造的武汉“长江新城”这一新兴平台,以区域内汇聚的商务、金融、文创、科技、旅游等产业为重要支撑,以全面系统、科学有效、开放共享的构建思路,构建一个互利共生、循环运作的武汉长江新城会展产业生态圈。该生态圈将以实现武汉区域资源整合为目标,充分发挥长江新城产业集聚效应,提高武汉会展产业资源的利用效率,将武汉会展业打造成为一个开放性经济体系的重要平台。

(二)体系构建的要素分析

长江新城会展产业生态圈是一个区域性的循环系统，它立足于武汉长江新城这一平台，以会展核心产业和关联产业为主体，以区域内外部环境为支撑,在人才、资金、信息、技术的驱动作用下,实现系统内部的稳定循环和自我调节,充分发挥开放型经济平台的融合和撬动作用。

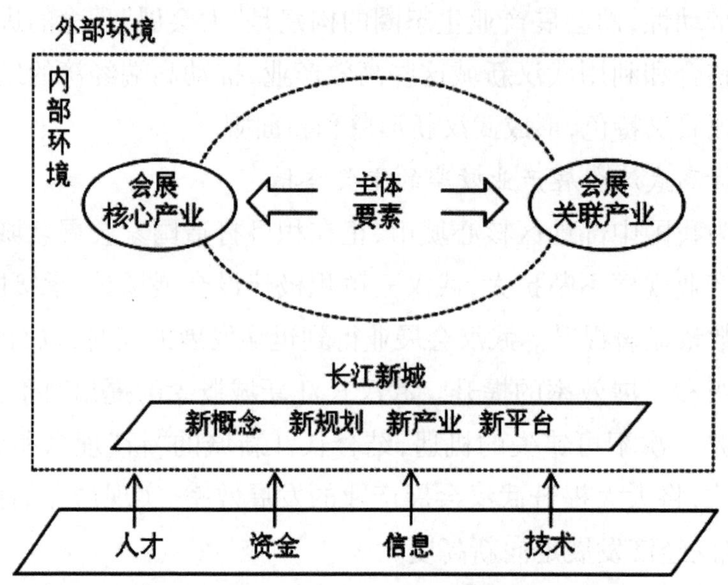

图 1　长江新城会展产业生态圈体系构建模型

1.驱动要素

长江新城会展产业生态圈是一个循环运行的生态系统，它的自行运行需要人才、资金、信息和技术流的驱动才能够实现。该产业圈在武汉区域内围绕会展活动或主题形成一系列生产和消费活动，人才和资金的流入是会展产业生态圈运行的根本源泉,技术和信息则保证了产业圈的升级和优化。人才、资金、信息和技术是整个长江新城会展产业生态圈的核心动力,其中任何一项出现问题都可能会影响产业圈的正常运行。

2.产业要素

产业要素是长江新城会展产业生态圈的主体要素，也是整个产业生态圈最核心的部分,它围绕着会展生产和消费活动展开,由会展核心产业和会展关联产业共同组成。会展活动最直接的参与主体包括会展主展商(招展商)、参展商和观众(包括专业观众和一般观众),主展商负责策划和招展,参展商提供展览产品和服务，观众参加展览或会议活动，从而形成最核心的会展产业链条。会展核心产业是紧密围绕会展核心主体而形成的产业，这包括为会展主展商提供服务而形成的会展场馆，为参展商直接提供服务而形成的展台设计、物流交通、广告宣传、新闻媒体以及为参展商和观众都提供服务的酒店住宿业、餐饮业、旅游业等，这些产业形成的是最传统最典型的会展产业链和产业集群。会展关联产业是其他相关产业，体现的是“互联网＋”时代产业融合发展的大趋势，在长江新城会展产业生态圈中，会展关联产业将借助长江新城即将汇聚的高端经济产业，这包括金融、文创、商贸、教育、科技、信息等，进行产业互动与融合。在这里会展业不仅是一个单一的产业，更是各种行业展示的窗口，以会展产业为突破口，撬动区域其他产业经济的发展，正是长江新城会展产业生态圈最终的发展目标。

3.支撑要素

支撑要素即产业生态圈生存的环境，包括政治、经济、文化以及自然环境等，长江新城会展产业生态圈的支撑环境由内部环境和外部环境两个部分共同组成。内部环境是会展产业生态圈所在区域的发展环境，即武汉市的经济发展、区域文化、行业发展以及自然资源赋存情况等，武汉市作为长江中游城市群核心城市以及中国历史文化名城，拥有深厚的经济基础和文化底蕴，为长江新城会展产业生态圈的构建打下了坚实的基础，而“长江新城”这一新概念、新平台的提出更是为会展产业的突破创造了全新环境。外部环境是长江新城会展产业生态圈生存的宏观环境，是全国范围综合性的经济环境、政治环境、社会环境和自然环境。我国丰富的自然资源、安定的社会和政治环境、不断提升的经济水平为长江新城会展产业生态圈的构建提供了最为稳定的环境，从而保障了产业生态圈内部的协调稳定和共生共荣。

长江新城会展产业生态圈的每个构成要素都发挥着不可或缺的作用，驱动要素是动力源泉，支撑要素是产业圈运行的保障，而作为主体部分的产业要素则是在会展核心产业撬动下，以互利共生共荣的生存规则进行着生态圈的循环运作。

三、长江新城会展产业发展策略

长江新城会展产业生态圈的打造不仅仅是简单的会展产业的集聚，还将是以武汉“长江新城”为依托形成的一个全新的创新开放平台。基于长江新城会展产业生态圈的构建，本文对武汉长江新城会展产业未来的发展提出以下几点发展策略。

（一）功能提升，实现产业发展新突破

随着长江新城规划建设的提出，未来武汉将出现更多世界 500 强和中国 500 强的企业，在会展业、金融业、高新技术、国际物流和文化创业等一些优势产业上也将达到一个新的高度，武汉会展业也必将抢抓机遇，提升和优化功能，实现会展产业发展的新突破。武汉会展产业功能提升，一是需要进行产业基础设施的优化提升，包括武汉会展场馆、餐饮住宿设施以及交通物流设施的建设和优化等；二是提升社会公共服务水平，从城市整体服务功能上进行提升；三是明确功能划分，主要是针对武汉三镇不同的功能特点进行划分，为不同的会议展览活动提供有针对性的服务。

（二）技术引领，创新产业发展新模式

在互联网、大数据、云计算、VR 等技术层出不穷的时代，人们的生活方式也不断颠覆，这些新技术对于会展业的发展也产生着不可忽视的影响，传统会展业的发展模式已然不能跟上现代人的步伐。武汉长江新城的建设必将引入更多的高科技和信息技术企业，这为武汉会展产业转型升级提供了契机。未来武汉会展业发展要充分发挥技术引领作用，构建“物联网 +AR 云服务 + 会展”“虚拟会展 + 现实会展”等创新发展模式，通过新型技术的运用丰富会展宣传以及会展展览方式，为展商与观众搭建最便捷最直观的交互式交易平台，真正实现“展外展”“永不落幕的展会”这些新概念。

（三）整合资源，打造长江中轴会展城

长江新城会展产业生态圈的构建体现了一种产业融合、共生共荣的共享理念，而要真正实现产业融合是一个复杂的过程，需要深化资源整合，并进一步进行产业结构的优化。长江新城的规划建设将有利于产业集聚，利用武汉长江新城这一平台打造“长江中轴会展城”，是推动会展资源整合与产业结构优化的一大措施。在具体行动上，既要从产业内部进行会展产业上下游产业链的横向整合，还要从产业外部进行三产之间的整合，推动会展行业与武汉地方优势资源的互动与融合。“长江中轴会展城”以长江新城为依托，凭借其良好的地理优势、产业优势，实现以会展业为中心的产业集聚，并发挥 1+1＞2 的产业集聚效应，同时也带动城区其他产业的共同发展，实现共生共赢。

（四）协同发展，催生产城互动效应

会展产业生态圈的发展离不开所在区域的宏观发展环境，长江新城会展产业生态圈是依托于武汉市的政治、经济、文化以及自然生态环境，武汉市的发展是会展业发展的重要支撑，而会展业的发展也将带动武汉各方面的发展，因此，长江会展产业生态圈的构建要注重协同发展，强化产业与城市间的互动。一方面做到“以城促产”，完善地方基础设施和公共服务平台，刺激会展产业创新发展，以繁荣的地方经济和新兴产业发展为会展业发展提供良好的物质基础和产业发展平台；优化会展相关政策制度，鼓励会展业发展，以开放的地方政策为武汉会展业发展提供制度保障；突显地方文化，以独特的地方文化和和谐的社会氛围为会展业发展提供社会保障。另一方面做到“以产兴城”，会展业本身具有较强的产业带动性，通过发展会展业，可以带动地区相关产业共同发展，同时更是城市形象的展示窗口。所以，城市要充分发挥会展业这一展示窗口的作用，以会展业作为突破口，充分展示武汉新城的魅力和实力。

面临经济发展的新常态，人们生活方式的大变革，会展产业发展亟需转型升级。会展产业生态圈的构想便是在此背景下多次被提出，但从当前学术界的研究来看关于会展产业生态圈的研究还极少。本文依托武汉市提出的“长江新城”的创新概念构建了长江新城会展产业生态圈体系模型，希望为武汉会展产业发展提供一定的参考。在新技术层出不穷的新时代，武汉会展业必然面临转型，依托长江新城构建开放共享、互利共生的会展产业生态圈或许是一种优化模式。

作者单位：湖北大学旅游发展研究院，其中，马勇系湖北大学旅游发展研究院院长、教授、博导，武汉发展战略研究院特聘专家

国家中心城市篇

National Central City

把脉武汉谋发展

武汉发展战略研究院课题组

武汉,“江城”,国家历史文化名城,曾三次在中华民族中兴时期发挥着重要的支撑作用。清朝末年,武汉作为近代工业的主要兴起地,汉口成为与大上海共享荣耀的国际大都市,被誉为“东方芝加哥”;中华民国时期,武昌起义拉开了辛亥革命的序幕,成就了推翻帝制、建立共和国的丰功伟绩;新中国成立之初,武汉一度由中央直辖,成就了改革开放初期武汉位居全国城市第四的高度。置身于中国近代历史艰难曲折发展进程中的武汉,与国家的命运共沉浮。经过改革开放以来 30 多年坚持不懈的转型调整, 武汉积极承担国家战略使命,城市发展重拾上升态势。进入“十三五”时期,武汉发展的战略方向和国家的战略意图再次出现历史性共振。武汉实现国家战略意图, 承载国家战略使命,机遇前所未有,担当责无旁贷,需要我们用国际视野和长远眼光谋划武汉未来,对标世界城市,依托优势、挖掘潜能、补足短板,更好发挥武汉国家中心城市作用,挺起长江经济带的脊梁,对国家推进四大板块协调发展和三大战略顺利实施具有非常重要的意义和作用。

一、世界城市是武汉谋求发展的方向

随着世界格局的深刻调整,中国已成为世界第二大经济体,强国必然有强市,城市将代表国家参与世界竞争,未来中国将托起若干个世界城市。武汉也应在中华民族伟大复兴的今天再次扬帆,以建成世界城市为努力方向,加强国家中心城市建设,在更大范围、更多领域发挥辐射引领作用。

(一)世界城市的基本特征

世界城市是国际城市的高端形态,是能够在世界经济、政治、文化等领域发挥全球性影响力的国际性城市。本文选取在区位条件和发展基础上与武汉有许多相似之处的芝加哥、法兰克福、旧金山湾区等城市(或地区)作为我们对标的世界城市进行分析,尽管他们在政治体制上与武汉有明显区别,但其发展对武汉国家中心城市和世界城市建设具有重要的借鉴意义。从现有的研究来看,世界城市一般具有以下特征(见表 1)。

表 1　2015 年武汉与三大世界城市(地区)比较情况表

指标(单位)	芝加哥	法兰克福	旧金山湾区	武汉
GDP(亿美元)	6400	554	7855	1630
人均 GDP(美元)	236162	93114	109860	15573
面积(平方公里)	606	248	17955	8494
人口(万人)	272	70	765	1060
GDP 增长率(%)	2.3	<2	2.7	8.8
第三产业比重(%)	>90	>90	82.76	51
机场旅客吞吐量(万人次)/全球排名(名)	7695/4(奥黑尔国际机场)	6103/12(法兰克福国际机场)	5000/21(旧金山国际机场)	1894/无(天河国际机场)
全球金融中心指数①	706	689	711	——
全球 100 强大学数量(个)	2	0	3	——
旅游、会展业排名	全球主要的会展举办地之一,美国排名第三	全球展览业业绩最佳城市之一,德国排名第一	北美地区首选热门旅游城市及会展中心城市	——
海外旅客人数(万人)	1300	140(2013 年)	1651	202.27

1.全球经济体系的支点——世界城市发展的关键

芝加哥地处北美大陆的中心地带,是全美第三大城市,是美国主要的金融、文化、制造业、期货和商品交易中心之一。旧金山湾区位于美国加利福尼亚州北部,以高科技产业为主导,以金融服务业为侧重点,多方位开拓新兴产业。法兰克福地处德国中部,为德国第五大城市,是世界重要的工商业、金融、交通和会展中心之一。三大城市或地区雄厚的经济实力奠定了其作为世界城市或

①伦敦金融城发布的“全球金融中心指数(GFCI)”,是对全球范围内各大金融中心竞争力最为专业和权威的评价。2007 年 3 月开始,该指数开始对全球范围内的 46 个金融中心进行评价,并于每年 3 月和 9 月定期更新以显示金融中心竞争力的变化。

地区的坚实基础，是世界经济增长的重要引擎，对全球经济具有较强的控制力和影响力。从GDP总量来看，2015年旧金山湾区和芝加哥经济总量分别是武汉的5倍和4倍；从人均GDP比较，旧金山湾区、芝加哥和法兰克福分别是武汉的7倍、15倍和6倍；从产业结构来看，三大城市或地区第三产业占比都在80%以上，金融服务业、国际会展业、高新技术产业等高端产业发达。

目前，武汉市在GDP总量和人均GDP两个指标上远落后于这三个世界城市（或地区），但GDP增长速度却是三大城市（或地区）的4倍，显示出较强的增长势头，有望在未来成为新的全球经济体系的支点（见表1）。

2.世界性流动枢纽中心——世界城市发展的先决条件

高度发达的交通运输体系，刺激了芝加哥、法兰克福、旧金山湾区经济的发展，同时也为经济的发展提供了重要的辅助作用。芝加哥被誉为“美国的动脉”，拥有两个国际机场，其中奥黑尔国际机场是世界上唯一的双中枢机场。2015年，旅客吞吐量世界排名第4位。此外芝加哥还拥有世界上吞吐量最大的国际贸易港口，拥有美国最大的铁路枢纽和完善的公共交通系统。旧金山湾区有庞大的海陆空运输网络。2015年旧金山国际机场旅客吞吐量世界排名21位，北部的奥克兰港口是美国第四大集装箱港，连着36条海运航线和3条横跨美洲大陆和纵贯美国东西海岸专线，湾区高速公路和大众运输也相当发达。法兰克福是欧洲的交通枢纽，法兰克福机场是欧洲第二大机场（2015年旅客吞吐量世界排名12位），法兰克福火车站是德国最大的铁路中转站，城市道路占地面积为其总面积的20.7%，高速路四通八达，市内交通相当方便快捷，地铁等公共交通将法兰克福和周边众多卫星城联系在一起。极其发达的铁路、公路、航运等交通网络，为世界城市的形成奠定了物理空间和通道，在很大程度上促进了各类要素的自由流动和城市化的快速发展。

目前，武汉已初步构筑了较为良好的交通运输基础，未来如能在枢纽建设、运输能力、对外联系等方面做进一步提升，那么在全球领域获得国际交通中心的地位便指日可待。

3.全球金融中心——世界城市发展的重要支撑

旧金山湾区是美国科技金融体系中最为发达和科技金融资源最为集中的区域，其传统金融实业也相当发达（占GDP比重约为7%），2015年旧金山湾区全球金融中心指数达711。芝加哥也是全球金融中心之一，期货和商品交易所规模和影响世界第一，多家世界著名的交易所开展全球性交易业务，2015 全球金融中心指数为 706。法兰克福有“美茵河畔的曼哈顿”之称的美誉，是欧洲大陆最重要的金融中心，欧洲著名的金融机构总部如欧洲央行、德国联邦银行、法兰克福股票交易所、德国银行、商业银行等均设在法兰克福。截至 2015 年 6 月，法兰克福共有商业银行 273 家，其中外资银行 141 家，金融从业人员近 6.3 万人，2015 年全球金融中心指数为 689。强大的资金集聚能力很大程度上增强了城市的影响力和辐射力。

相比较而言，武汉的金融产业还比较薄弱，金融机构综合实力、资本市场发育能力、资金与产业结合效率都有待大力挖掘。

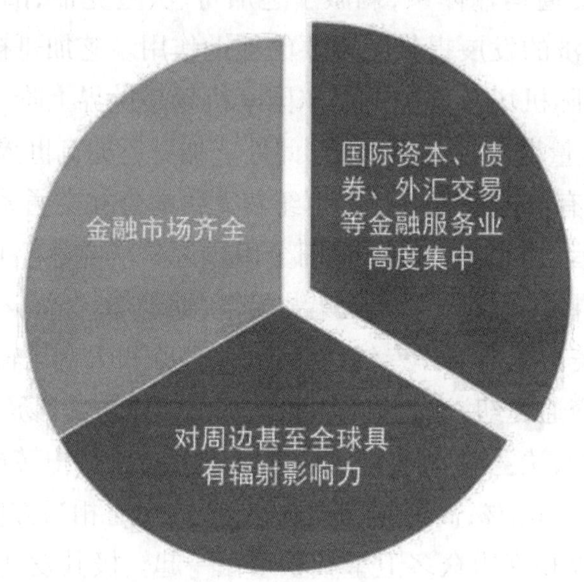

图 1　全球金融中心的三大特征

4.世界创新中心——世界城市发展的重要推力

世界城市是人才和创新的集聚高地。旧金山湾区内的硅谷是全美国甚至世界高科技人力资源的聚集地和创新中心，硅谷内聚集着包括斯坦福大学、加州大学伯克利分校这样的一流大学和五个国家级研究实验室等研究机构。芝加哥科技创新力名列美国第三，不仅有芝加哥大学、西北大学等 90 多所大学，还有阿贡、费米等著名的国家实验室。法兰克福拥有法兰克福大学和美因兹大学，并凭借其科技实力和实践经验，已成为世界社会、政治、经济和文化课题的解决中心,2013QS世界大学排名[1]在前200名之内。

与三大城市(湾区)相比,武汉人口规模庞大,人才总量与世界城市相当,科教创新方面能力潜力巨大,但与世界城市相比,在吸引国际高端人才和创新型人才、在营造创新环境等方面,还需探索新的发展途径和挖掘新的潜能。

5.国际交往中心——彰显世界城市的开放共享

世界城市不仅是经济繁荣、城市发展和自然人文环境优美两者达到高度和谐的综合体,更应当是在城市治理、文化建设和新型生活塑造方面成为全球的承担者和分享者。芝加哥一度工业污染严重,经过重新定位发展后,从重工业城市脱胎换骨成为国际金融中心、国际会展中心和国际信息技术中心的现代化大都市,美国500家最大的公司中,有33家的总部设在芝加哥及附近地区。同时,芝加哥还是一座国际文化名城,在音乐、艺术和社会等许多方面都曾以独特的方式对世界产生过重大影响,是美国环境最美的城市之一、国际旅游胜地、著名的国际性博览会议之城。法兰克福是德国的文化重镇和欧洲文化中心,是德国乃至全球展览业业绩最佳的城市之一。同时,也是国际上最宜居的城市之一,充满了多元文化魅力,其居民来自164个国家,外国人占城市总人口的27.8%,有75个国家在此设立领事馆,180个外国商会和文化俱乐部等等。旧金山作为移民城市,是美国最佳居住城市之一,也是北美地区首选热门旅游城市及会展中心城市。

武汉历史悠久、源远流长,但其工业化过程中产生的环境污染,现化化建设过程中城市基础设施的不完善、社会发展过程中文化氛围塑造的不够,都将是武汉建设国家中心城市和世界城市的攻克重点。

(二)世界城市的竞争力表现

梳理世界城市的一般特征,对于我们补齐短板,跻身世界城市之列极具参考价值。通过分析总结世界城市研究的五大学说、一般特征和各类世界城市判别方法,我们发现世界城市普遍具有六大竞争力:经济综合实力、产业创新能力、交通运输能力、人口竞争力、资金集聚力、文化影响力。

一是经济综合实力。世界城市具有雄厚的经济实力、高端的产业体系和强

①QS世界大学排名,是由教育组织Quacquarelli Symonds所发表的年度世界大学排名,是历史第二悠久的全球大学排名,QS世界大学排名、《世界大学学术排名(ARWU)》、《usnews世界大学排名(US News)》和《泰晤士高等教育世界大学排名》被视为目前世界最具影响力的四大排名。

大的国际经济功能,是世界经济的增长引擎。一般认为世界城市居民人均 GDP 在 20000 美元以上,第三产业比重占 80%以上,高端产业如金融服务业、对外贸易发达,是国际金融机构和跨国公司总部集中地,与全球经济高度关联,对全球经济有较强的控制力和影响力。

二是产业创新能力。产业创新中心是新知识、新技术、新产品、新产业的发源地,也是先进文化和先进制度的先行者。国家中心城市和世界城市,更应该成为创新的中心,成为提升区域竞争力、引领区域转型升级的核心力量。

三是交通集散能力。交通运输是人流、商品流、资金流、信息流的物理通道,是优化配置国家资源和引领区域经济社会发展的集聚辐射平台,是衔接地区与世界联系的桥梁和纽带。不论是弗里德曼所列的 30 座世界城市,还是泰勒的世界城市网络中连通度前 20 名的城市,都是重要的国家级、甚至世界级的综合型交通运输枢纽。

四是人口竞争力。人口竞争力是城市综合竞争力的核心组成部分,是推动城市可持续发展的关键力量。无论是人口规模、人口结构,还是人口质量都与城市发展密切相关,体现着城市综合实力、竞争力、吸引力、活跃度。国际上的纽约、东京、伦敦、巴黎等国际大都市,国内的北京、上海、天津、重庆、广州、成都等国家中心城市,无一例外都是人口大市和人口强市,对外来人口有强大的吸引力。

五是资金集聚能力。市场机制驱动下的资金流动总是趋向发达城市,资金汇聚的城市也是各类市场要素集中的城市,以金融为支柱产业,形成活跃的金融市场和畅通的融资渠道,既是城市综合竞争力的集中体现,更是影响城市未来竞争力的决定性因素。国家中心城市和世界城市,必然也是在全国或世界范围内能最大程度地发挥金融活动中枢作用的城市。

六是文化影响力。世界级城市的文化影响力表现为多元文化共融和先进文化传播的中心,拥有高度现代化的文化设施,在文化生产领域、文化服务领域、国际文化交流诸方面具有重要地位。

二、武汉推进世界城市建设的现实

对标世界城市的一般特征和竞争力,通过比较分析武汉与国内城市在六大竞争力上的现实发展情况,对于武汉依托优势、挖掘潜能、补足短板,推进国家中心城市和世界城市建设具有重要的现实意义。

(一)武汉经济规模争先进位,居中部第一,但区域影响力有待进一步提升

武汉,国家中心城市,全国重要的工业基地、科教基地和综合交通枢纽。2015 年末,全市国土面积 8494.41 平方公里,常住人口 1060.77 万人。多年来,武汉坚持促进产业大发展,推进改革创新、加大城市建设力度,经济总量一直以高于全国两个百分点以上的幅度快速增长,基本实现了 5 年翻一番,特别是 2012 年以来, 武汉地区生产总值连续跨越 8000 亿元、9000 亿元、10000 亿元, 2015 年达到 10905.6 亿元,占湖北省 37%,人均地区生产总值 104132 元,地方一般公共预算收入 1245.63 亿元,全社会固定资产投资 7725.26 亿元,主要指标进入全国城市第一方阵(见图 2)。

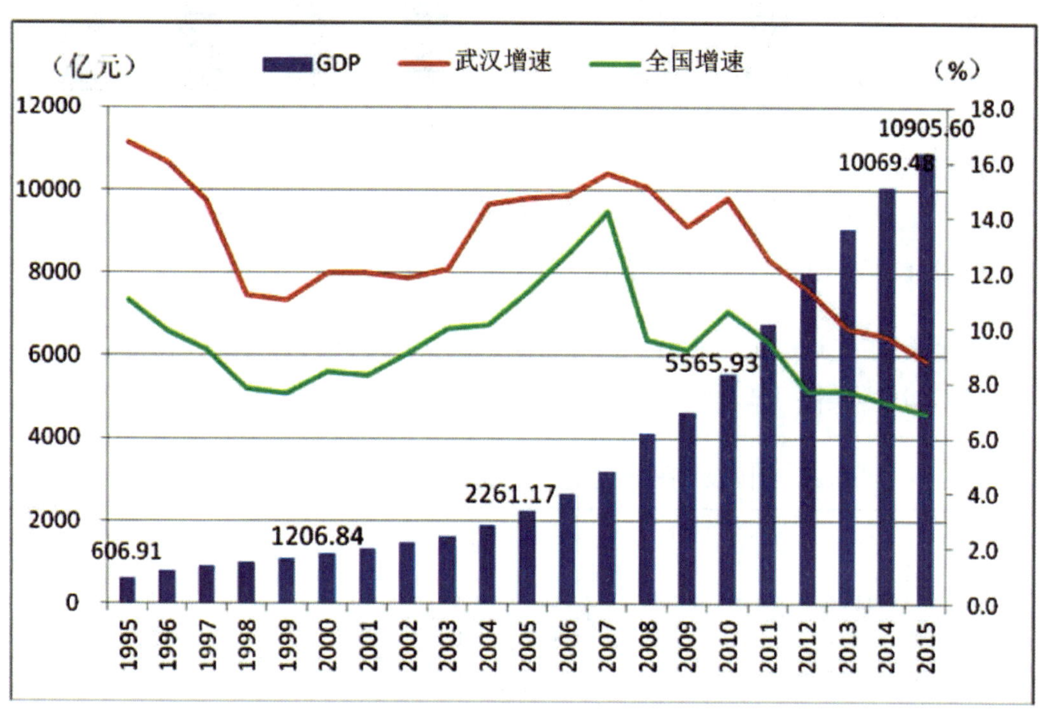

图 2 1995—2015 年武汉经济规模总量分布

1.GDP 争先进位,但总量依然偏小

经过“十二五”时期的发展,武汉 GDP 总量大幅增长,2015 年,GDP 总量超越成都,在全国 15 个副省级城市中排名第 3 位(排广州、深圳之后),在全国地级及以上城市 GDP 排名中,武汉居第 8 位。中部地区的长沙和郑州已落后武汉 2000 亿元以上,武汉在中部城市中排名稳居第一。但从绝对量看,武汉与排位

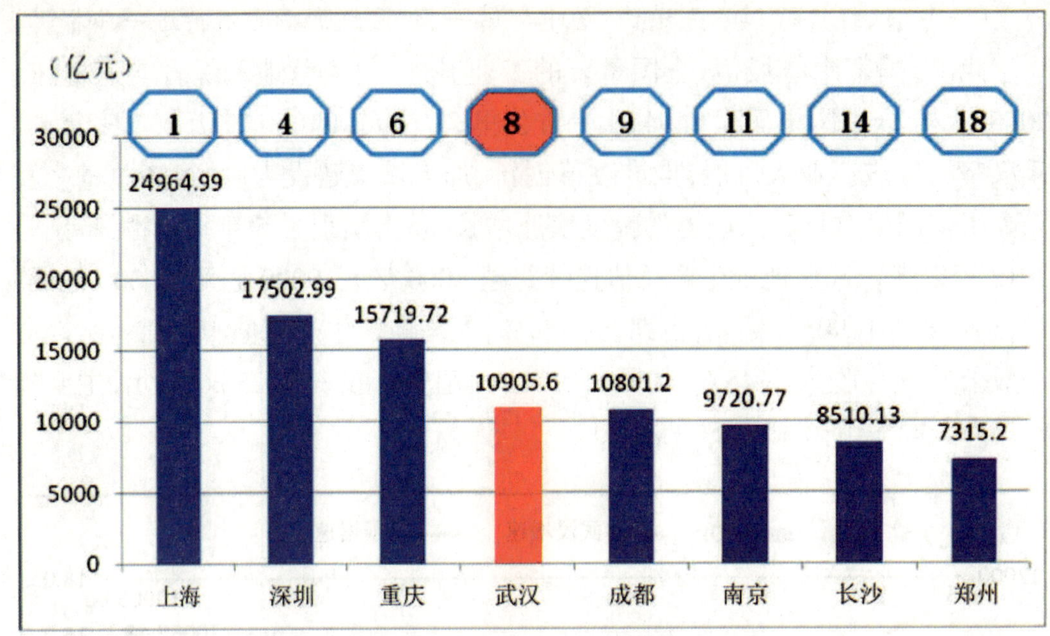

图 3　2015 年 8 市 GDP 总量及排名情况（单位:亿元）

注:图 3 中 1、4、6、8、9、11、14、18 为 2015 年全国地级及以上城市 GDP 排名。

第六的重庆相差近 5000 亿元,与上海比较相差更大,仅为上海的 40%左右。

2.GDP 增长高于全国平均水平,但同等级城市间竞争日趋激烈

表 2　全国及 8 城市主要年份 GDP 增速比较（单位:%）

年份(年)	全国	武汉	上海	重庆	成都	南京	深圳	长沙	郑州
1995	11.0	16.7	14.3	12.3	11.8	12.4	23.8	14.0	14.6
2000	8.4	12.0	11.0	8.7	10.7	12.3	15.7	12.2	11.1
2005	11.3	14.7	11.4	11.7	14.0	15.1	15.1	14.9	16.0
2010	10.6	14.7	10.3	17.1	15.0	13.1	12.2	15.5	12.8
2011	9.5	12.5	8.2	16.4	15.2	12.0	10.0	14.5	14.0
2012	7.7	11.4	7.5	13.6	13.0	11.7	10.0	13.0	12.3
2013	7.7	10.0	7.7	12.3	10.2	11.0	10.5	12.0	10.4
2014	7.3	9.7	7.0	10.9	8.9	10.1	8.8	10.5	9.4
2015	6.9	8.8	6.9	11.0	7.9	9.3	8.9	9.9	10.1
1995-2015 年均增速	9.4	13.0	10.7	12.1	12.3	12.7	14.3	13.9	12.7

注:表 2“1995—2015 年均增速”为 21 年的平均值。

从 1995 年以来,武汉 GDP 增速总体呈现缓慢下降趋势,但主要年份 GDP 增速均高于全国平均水平,特别是 2015 年在经济下行压力不断增大的背景下,武汉 GDP 增速仍然达到近 9%。但增速仍低于重庆、深圳等 GDP 总量远高于武汉的国家中心城市。“十二五”时期,武汉 GDP 增速与中部地区的长沙和郑州相比较低,GDP 增速压力逐渐加大(见表 2)。

3.武汉 GDP 占全国比重稳步上升,但与其他国家中心城市比较仍存较大差距

国家中心城市是国家城市体系中综合实力最强的“塔尖城市”,按照我国经验,国家中心城市 GDP 占全国的比重一般在 2%以上。2015 年,北京、上海、广州、深圳、天津、重庆等国家中心城市 GDP 占全国的比重分别为 3.36%、3.69%、2.67%、2.59%、2.44%、2.32%,均超过 2%。武汉 GDP 占全国的比重多年来一直处于稳定增长的趋势,2015 年占比仅为 1.61%,虽然与长沙、郑州等中部地区城市比较处于绝对领先地位,但与先进城市比较,还有较大的差距。

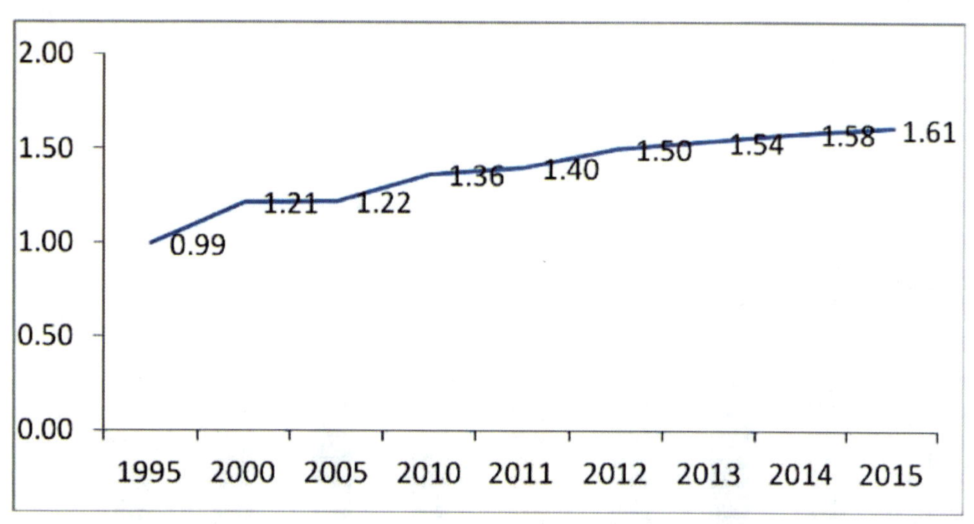

图 4　武汉 GDP 占全国比重图　(单位:%)

4.武汉区域影响力有待进一步提升

上海之于长三角,广州、深圳之于珠三角,他们既是区域的控制中心,又能与区域其他城市形成良好的竞合关系,使区域内部能有效形成梯度产业分布和差异化发展格局。从城市在区域的影响力看,武汉在湖北省内一城独大,在湖北省的经济首位度为 3.2,中部地区的长沙和郑州在各自省内的经济首位度

分别为 2.95 和 2.08,按照区域发展的一般经验,这更有利于在各自省内形成健康的竞合关系。武汉在中部地区首位度不高,只有 1.28,同时,中部省会城市已经形成对武汉紧紧追赶的态势,甚至在有些领域的发展已经超过了武汉。正因为如此,各城市功能定位相近,尚未形成合力的分工协作和互补关系,各板块之间呈现扁平化特征,非梯次纵向结构,武汉还没有能力在城市体系的顶端引领和协调其他城市的经济发展和产业部局,形成良好的区域互动体系。区域产业层次较低,链条较短,配套能力不足,各类资源分散,不利于武汉发挥中心作用。

相关研究[①]显示(见图 5),武汉总部经济发展综合能力全国排名第八,位列中部地区第一,中部地区的长沙和郑州分列 14、19 名。西部地区的成都和重庆与武汉不相上下,但是近年来重庆总部经济发展速度很快,从 2009 年的 14 名跃升至 2014 年的第 10 名。上海和深圳总部经济综合发展能力遥遥领先,尤其是深圳,总部经济阵营中本土企业成为绝对的中坚力量,总部企业中超过 64%为本土企业,诸如华为、中兴、腾讯、招商银行、平安集团、万科、金地等,不仅是行业领跑者,而且成为行业标准的制定者,有利于在更大的范围内布局研发机构、构建研发网络和产业网络,实现全球创新资源优化配置。

(二)武汉创新能力中部领先,创新和产业化互动有待加强

总体而言,武汉创新资源丰富、创新投入增长较快,创新产出、创新机制体

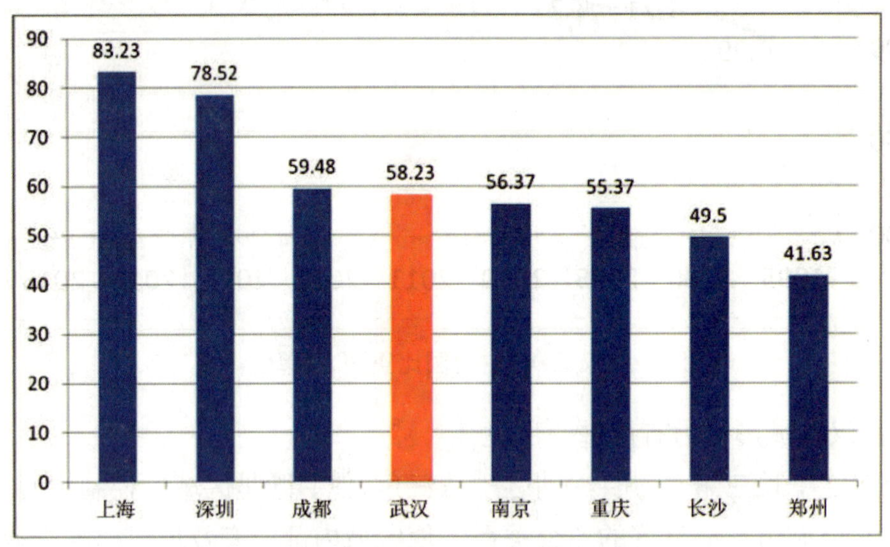

图 5　2014 年各个城市总部经济综合发展能力得分

①数据来源:《中国总部经济发展报告(2014—2015)》,科学文献出版社。

制等在全国范围内也有一定竞争力，是中部地区的创新高地，有利于高新技术产业发展和各类总部机构的集聚，有利于进一步提升城市创新层次和创新空间。

1.武汉是中部地区创新资源集聚地,但创新产业化能力还有待提升

武汉是全国第二大智力密集区和第三大科技教育中心,2015 年末,武汉拥有高等院校 82 所,在校大学生达到 106.95 万人,两院院士 68 人。武汉东湖国家自主创新示范区综合排名全国第三,全市科研机构和科技创新平台众多,拥有国家实验室 1 个,国家级各类实验室、工程技术中心、产业联盟等 90 余个,国家级科技企业孵化器 22 个,各类研究院、产业技术创新联盟不胜枚举,创新资源与创新前沿城市深圳相比毫不逊色[①](见表 3)。但是创新产业化能力远不及深圳,究其原因:第一,直接从事产业工作的科技人员数量不同。武汉在校大学生接近 107 万人,但是并不直接从事生产研发;深圳在校大学生只有 12 万人,但各领域专业技术人员达到 135.3 万人;第二,创新机构的职能不同。武汉的科研机构以科研为主,功能单一,成果产业化只是其“副产品”;深圳的工研院从诞生时起,就是以产业化为主要目标,具有成果转化、企业孵化、金融投资等诸多功能,成果转化效率自然就高。

表 3　2014 年各城市研发能力得分[②]

城市	武汉	上海	深圳	南京	成都	重庆	长沙	郑州
研发能力得分	60.95	80.85	75.32	67.19	52.07	43.69	52.26	43.63

2.武汉创新投入领先中西部,但与北京、深圳等创新活跃的先进地区相比,仍有一定差距

“十二五”以来,武汉市 R&D 投入占 GDP 的比重从 2.58%增长至 3%,重庆和长沙 2015 年仅分别达到 1.53%、2.19%，武汉创投强度一直处于中西部地区领先地位,并且也不亚于南京、广州等东部地区先进城市。但是与北京、深圳等创新集聚地相比，武汉创新投入不论是在政府层面还是企业层面均有不小的差距。以深圳为例,2015 年市财政科技类支出达 209.3 亿元,武汉仅为 54.5 亿元,是深圳的 1/4;2015 年武汉企业百强研发投入共计 302 亿元,但深圳华为一

①深圳科研机构以工研院为主要形式,截至 2015 年,深圳工研院约有 300 多家,但是相当出色的工研院不到总数的 5%。

②数据来源:《中国总部经济发展报告(2014—2015)》,科学文献出版社。

家公司年研发投入超过 1000 亿元(见表 4)。

表 4　2015 年各城市 R&D 投入占 GDP 的比重

地区	全国	武汉	北京	上海	南京	广州	深圳	重庆	长沙	郑州
比重%	2.1	3	5.95	3.7	3	<2.7	4.1	1.53	2.19	1.63

3.武汉创新产出日渐丰沛,在全国的创新地位不断巩固,但创新发展仍需提速

2000—2015 年,武汉市发明专利授权量由 87 件跃升至 6003 件,占全国的比例由 0.69%增至 1.67%。2015 年,武汉市发明专利授权量名列全国第 9,创新产出大幅提升,在全国创新版图的地位也日渐显著。武汉市发明专利授权量的规模和增速均远超长沙、郑州、合肥、南昌等中部地区城市,但与深圳等创新发展较快的城市相比仍有一定差距。数据显示,2000—2015 年,深圳市发明专利

表 5　2000—2015 年武汉、深圳发明专利授权量数量及占全国的比重

	2000 年	2005 年	2010 年	2015 年
武汉市发明专利授权量(件)	87	602	1731	6003
武汉市发明专利授权量占全国的比重(%)	0.69	1.13	1.28	1.67
深圳市发明专利授权量(件)	1	917	9615	16956
深圳市发明专利授权量占全国的比重(%)	0	1.72	7.12	4.72

表 6　2015 年各城市发明专利授权量及占全国的比重

名次(名)	城市	发明专利授权量(件)	发明专利授权量占全国的比重(%)
1	北京	35308	9.84
2	上海	17601	4.90
3	深圳	16956	4.72
4	苏州	10488	2.92
5	杭州	8298	2.31
6	南京	8268	2.30
7	广州	6626	1.84
8	成都	6206	1.73
9	武汉	6003	1.67
10	西安	5992	1.67
	长沙	4425	1.23
	郑州	1675	0.47
	南昌	803	0.22
	合肥	1533	0.43

授权量由 1 件增至 16956 件，占全国的比重从 0 起步一跃达到 4.72%。武汉的创新产出也要加快追赶“深圳速度”，成为国内创新发展的新增长极。从技术创新的活跃度来看，2015 年，武汉市技术合同成交额 405.3 亿元，同比增幅高达 31%，占全国技术合同成交总额的 4.12%，排名全国前列，成交额远高于重庆、长沙、郑州等中西部地区城市(见表 5 和表 6)。

4.武汉产业创新主体不活跃，高新技术产业、战略性新兴产业还应加快发展步伐

高新技术企业是技术研发活动的主要力量，高新技术企业的多寡和实力的强弱在一定程度上决定了一个区域创新能力的大小。2015 年，武汉市高新技术企业 1656 家，而上海已多达 6071 家。从高新技术产业增加值来看，2015 年，武汉为 2235.65 亿元，深圳为 5847.91 亿元，中部地区的长沙也有 2730 亿元(见图 6)。从战略性新兴产业层面来看，上海战略性新兴产业增加值 3746.02 亿元，深圳超过 7000 亿元，占 GDP 的比重超过 40%，而武汉战略性新兴产业总产值还不超过 2000 亿元，武汉市力争到“十三五”末，战略性新兴产业增加值占 GDP 的 25%。

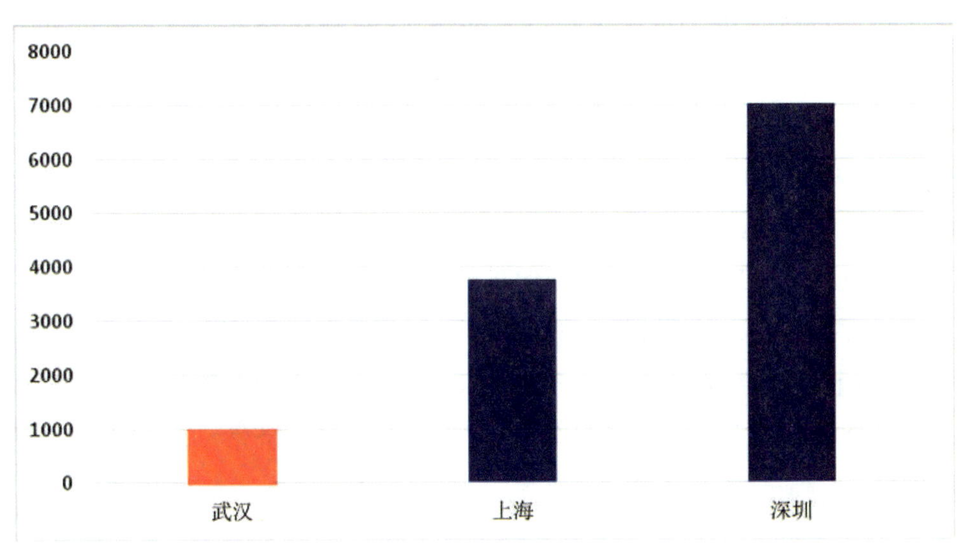

图 6　2015 年各个城市战略性新兴产业增加值　（单位:亿元）

5.武汉科技体制创新力度不够，应逐步建立科技创新与产业发展的有效互动机制

武汉科教资源密集，近年来也在大力建设创新型城市，推进全面创新改革

试验区建设，但在市场化改革、体制机制突破方面，大都处于跟随地位，侧重落实中央已出台的政策和跟随其他地区的改革试点，在细化、规范落实方面做工作，产业创新协同机制并没有形成。第一，高校、科研院所的研发活动，以内部组织模式为主，科研成果不以产业化为目标，大学和科研机构并未较好地成为产业创新的重要源泉。第二，受市场制度不完善和信用环境较差的影响，一些创新型产业集群的分工协作水平较低，没有形成相互支撑、相互依存的专业化分工协作产业网络。第三，高新技术产业的形成和发展更多地依赖于政府扶持，没有形成良性互动、自我更新的产业生态。

而深圳科技创新与产业发展之间有高效的互动机制，促进了创新资源的集聚、创新思想的涌流和创新成果的涌现。第一，市财政对企业的研发资助力度很大①，科技研发经费还可以实施股权有偿资助。第二，研发机构的体制机制很活。例如，深圳较为成功的工研院后期都有金融支撑，比如清华研究院成立了力合金融控股股份有限公司，主要开展融资担保、小额贷款、融资租赁、创业投资、咨询服务等业务，变政府输血为自身造血，实现了良性发展。第三，建设虚拟大学园等网络化的研发环境，使创新资源成倍增长，成链成网发展；第四，政策的执行力较强，每一项优惠政策都能落实，对政策落实的考核注重定量指标、客观指标，更多利用第三方落实优惠政策。第五，大力发展第三方服务机构，政府职能集中在执法和监管领域，而服务职能大部分让渡给社会，借助于第三方服务机构实现政府服务社会的目标，到 2015 年上半年，深圳第三方服务机构总量达到 9026 家。第六，大力推进标准化工作，加快标准联盟建设，以标准化推动战略性新兴产业发展和促进传统产业升级。

（三）武汉综合交通运输能力全面提升，但国际集散功能施展乏力

从总体上看，武汉已成为集多种交通方式于一体的全国性综合交通枢纽城市，但其枢纽门户地位、运输组织能力和交通运输经济带动能力上还有待进一步提升。

---

①经深圳市认定的市级高新技术企业，自认定当年和第二年 2 年内，按其缴纳企业所得税形成深圳地方财力部分 50%予以研发资助；经认定的拥有发明专利或者核心知识产权的重点自主创新产品，自认定之日起 2 年内，该产品新增利润形成地方财力部分，新增增值税形成地方财力部分 50%，由市财政予以研发资助。而武汉虽然 R&D 投入占 GDP 的比重已经不低，但是相关研究显示，政府对科技投入的重点更多地放在高等院校和科研院所，对企业创新的直接支持相对不足。

1.从城市交通发展阶段来看,武汉正处于交通战略探索形成阶段,交通基础设施、区域交通内网络正逐步完善,但比较而言,品质还有待大力提升

从历史发展来看,世界级城市普遍经历了大都市初步形成、都市圈快速发展、都市圈繁荣稳定和世界级城市功能巩固提升四个阶段,与之相对应的城市交通系统的发展分为交通基础设施建设、交通战略探索形成、交通战略成熟与交通系统品质提升四个阶段。目前世界级城市均已处于城市功能巩固和交通系统品质提升阶段,在最新的交通发展战略中普遍关注:巩固枢纽中心地位、区域一体化、绿色交通、交通系统整合、交通安全和公平等,基础设施建设已极少出现在交通战略规划中。就我国来看,上海、北京目前已处于都市圈繁荣稳定并向世界级城市迈进阶段,交通系统品质正在稳步提升。除此之外,武汉与其他大城市一样, 目前仍处于大都市初步形成与都市圈快速发展两个阶段并存时期,并逐步向第三与第四阶段发展,交通基础设施正处于建设和结构调整阶段,城市发展和交通定位有待进一步提升(见表 7)。

表 7　城市发展阶段与交通发展阶段表现

城市发展阶段	交通发展阶段	城市发展特征	交通特征	交通战略
大都市初步形成	交通基础设施建设阶段	社会经济高速发展，人口膨胀，城市空间蔓延	中心区交通需求快速增长，私人小汽车发展迅速	重视道路网络等交通设施建设
都市圈快速发展	交通战略探索形成阶段	社会经济快速发展，人口有序发展，城市形态向多中心转型	交通需求依然快速增长，小汽车保有量达到 300 ~ 400 辆 / 千人	加强区域交通设施建设，保证城市空间结构调整，建设多模式交通体系
都市圈繁荣稳定	交通战略成熟阶段	社会经济稳定发展，人口缓慢增长，城市形态进入全球化发展阶段	市内交通需求平缓增长，小汽车保有量总体稳定，部分城市出现了下降	区域交通需求上升，交通战略侧重于提高公共交通服务水平，交通与信息化时代融合
世界级城市功能巩固提升	交通系统品质提升阶段	世界城市地位形成，注重发展高端商务和金融业	城市的城际、州际等对外交流更加频繁	注重不同交通方式衔接，绿色交通逐渐成为潮流

2.从交通枢纽功能作用来看,武汉是集多种交通方式一体的全国性交通枢纽城市,整体交通运输体系水平较高,但其门户枢纽地位尚未突显出来

武汉区位优势独特,是全国四大铁路枢纽城市之一、六大区域性航空中心

之一、长江中游航运中心、高速公路网重要节点城市,是集铁路、公路、水运、航空、管道、城市交通多种交通方式于一体的全国性综合交通枢纽城市。武汉整体的交通运输体系水平较高,但门户枢纽地位尚未明显确立起来。

首先,机场枢纽功能偏弱。到 2015 年,武汉天河机场拥有国际航线已处于中部地区第一,客运流量及增幅已明显提高。但比较起来看,武汉天河机场旅客吞吐量仍居全国第 13 位,居上海、深圳、成都、重庆之后,甚至低于中部地区城市长沙;货物吞吐量全国排名第 17 位,不到郑州的一半。

其次,长江中游航运中心仍处于起步阶段。武汉港是全国内河主要港口,2015 年武汉港口集装箱运输量达到 106.23 万 TEU 大关,与上游重庆基本持平,但与上海、深圳、南京等下游港口比较差距悬殊。此外,武汉港区建设仍处于起步阶段,港口腹地严重不足,港产城一体化格局尚未形成(见表 9)。

再次,铁路口岸功能有待进一步提升。武汉铁路设有二级铁路口岸,汉欧国际货运班列常态化运营,但目前铁路集装箱中心站的口岸配套设施还不完善,国际运输功能有待进一步提升。

表 8　2015 年武汉与各大城市航空枢纽功能比较表

	上海	深圳	成都	重庆	南京	郑州	长沙	武汉
航空港旅客吞吐量(万人次)	9918.9	3972.2	4224.0	3309.8	1916.4	1729.7	1871.5	1894.2
航空港货物吞吐量(万吨)	370.88	101.37	55.66	32.14	32.6	40.3	12.2	15.47
接待入境游客人数(万人次)	800.2	1218.7	230.1	282.5	58.8	47.3	120.3	202.3

资料来源:各城市《2015 年统计公报》。

表 9　各城市港口集装箱运输量比较表

		上海	深圳	重庆	南京	武汉
港口集装箱运输量(万 ETU)	2014 年	3528.2	2403.74	89.66	276.5	100.5
	2015 年	3653.7	2420.46	109.26	293	106.2

3.从交通运输组织功能来看,武汉各种运输组织方式得到均衡发展,但比较起来,运输优势不明显,多式联运系统尚在打造中

目前,武汉已基本形成铁路、公路、水运、航空、邮政和城市交通网络相互衔接、四通八达的立体交通体系,各种运输组织功能都得到均衡发展,客货运

周转量总量水平较高,在中部地区处于领先地位。(见表 8 和图 7)与其他城市相比,虽然铁路运输量略微领先,但优势并不突出。

从客运来看,航线组织功能不强,航空以服务本地客流为主,国际航线以东北亚、东南亚和港澳台为主,洲际航线还有待进一步提高。2015 年接待入境游客数量不到深圳的 1/6,上海的 1/4。

从货运来看(见表 8 和图 9),航空货运吞吐量仅好于长沙,港口吞吐量在三大长江航运中心处于最低水平,面向长江中上游的水运组织能力不强。虽然拥有铁路集装箱中心站、武汉北编组站,但铁路货运组织优势仍发挥不足。武汉多式联运体系没有很好地构建起来,空、铁、水枢纽之间“零距离换乘、无缝化衔接”能力和辐射能力还有待大力改善和提升。

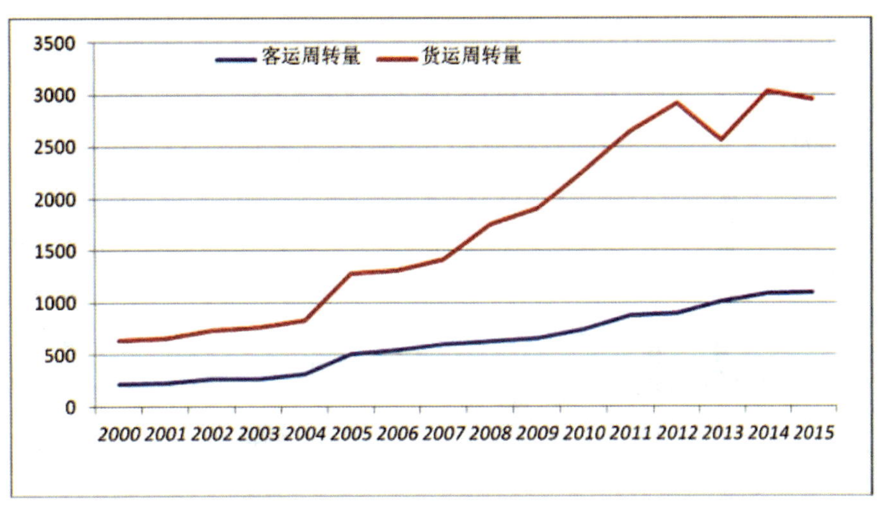

图 7　2000—2015 年武汉客货运周转量图（单位:亿吨公里;亿人公里)

4.从交通运输带动能力来看,商贸物流业总量在中部地区处于领先水平,但比较而言,其整体带动能力和集聚水平有待进一步挖掘

目前,城市综合交通枢纽地区已成为一种新型的社会经济文化交流地和城市的重要门户区，对所依托的城市的形成和发展有着十分明显的带动作用。武汉历来交通运输基础良好，为经济社会发展起到了一定的集聚作用。2014 年武汉市社会零售品销售总额达到 4369.3 亿元，在全国副省级城市中排名第六,中部城市排名第 1。但从整体商贸流通功能来看,仍落后于先进城市(见表 10)。

一是武汉商贸物流组织结构偏低，缺乏行业大型龙头企业家或市场的有

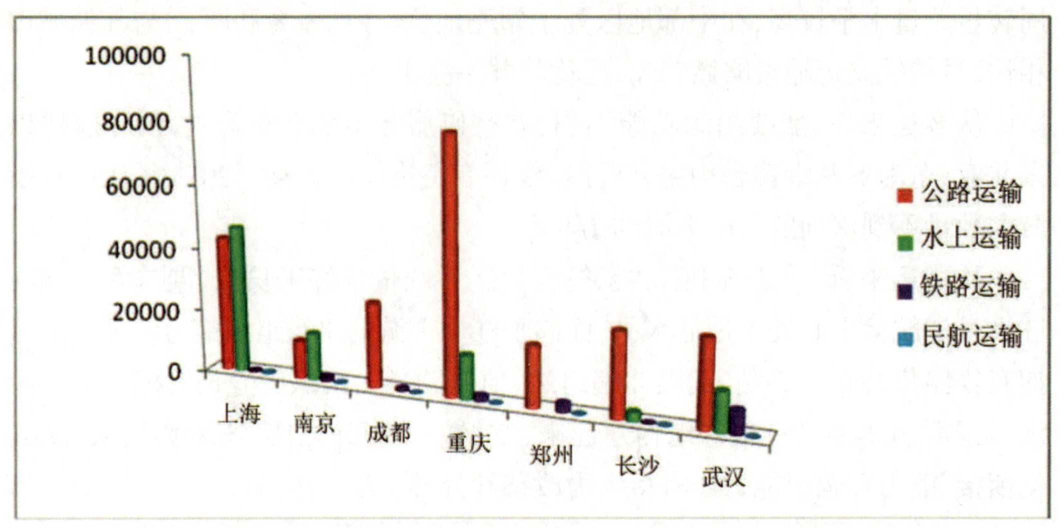

图 8　2014 年城市货运量情况图　（单位：万吨）

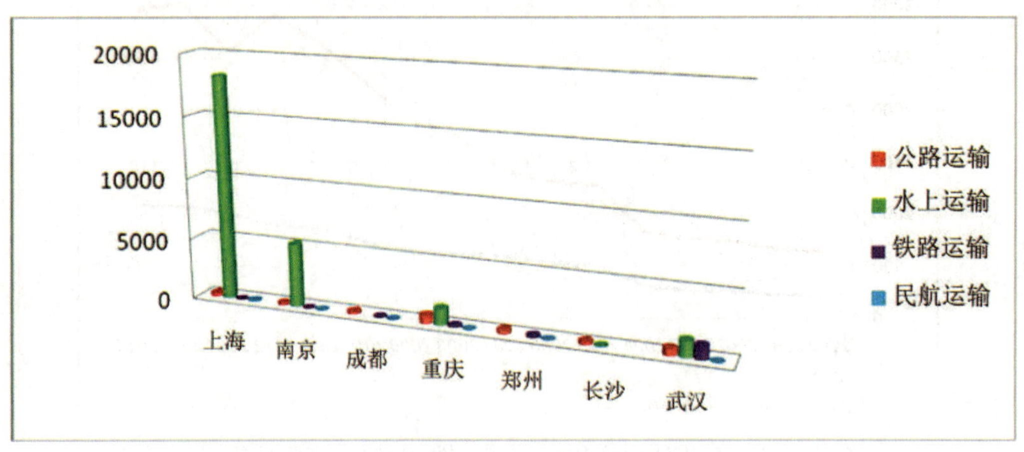

图 9　2014 年城市货物周转量比较图　（单位：亿吨公里）

力支撑，拥有全国零售百强企业仅 3 家，北京有 16 家，上海有 15 家，也不如深圳、南京和重庆。武汉市场多以中低端消费为主导，高端品牌缺乏，这与其构建的国家商贸物流中心地位极其不相称。

二是武汉现代经营方式和新型业态的普及率不高，在商业新业态、新业制、新模式的普及推广方面落后于许多城市，如武汉的商业连锁经营率仅为 30%左右，始终低于上海、深圳等一线城市，在电子商务领域，其发展仍相去甚远。

三是对相关产业带动和集聚能力不足。事实证明，国内外许多综合交通枢纽附近都产生了产业集聚区(见表11)。就武汉来看,武汉交通运输与物流、商贸、商务、会展等产业的融合度不高,产业布局与交通设施布局依然存在着不合理现象,发展没有形成有机统一的整体,交通优势所具有带动能力没有充分挖掘出来。

表10　2014年武汉与各大城市商贸流通水平比较表

	上海	深圳	成都	重庆	南京	郑州	长沙	武汉
社会零售品销售总额(亿元)	9303.5	4844.0	4468.9	5710.7	4167.2	2913.6	3293.6	4369.3
交通运输、仓储和邮政增加值(亿元)	1044.5	532.9	436.6	705.8	299.9	371.1	243.7	437.4
入境旅游外汇收入(亿美元)	57.05	45.66	7.40	13.54	5.53	1.70	7.82	9.34

表11　交通发展与产业形成关联表

<table>
<tr><th>类型</th><th>利用条件</th><th>重点发展产业</th><th>实例</th><th>特征</th></tr>
<tr><td>商务商业主导型</td><td>交通沿线</td><td>商务、商业等服务业</td><td>上海轨道交通二号线</td><td rowspan="2">交通沿线开发</td></tr>
<tr><td>居住功能</td><td>骨干交通走廊</td><td>住宅型房地产业</td><td>美国阿灵顿地铁走廊</td></tr>
<tr><td>产业园区配套型</td><td>交通运输网络</td><td>物流园区、保税区、临空或临港型制造业园区</td><td>宁波北仑现代国际物流园区</td><td rowspan="3">交通枢纽开发</td></tr>
<tr><td rowspan="2">综合开发型</td><td rowspan="2">大型交通枢纽</td><td>综合配套的制造业、服务业集群及相关社区</td><td>东京多摩新城</td></tr>
<tr><td>综合配套的会展业、企业总部、物流配送中心、商贸商务业等服务业</td><td>上海虹桥</td></tr>
</table>

(四)武汉人口竞争力优势突出,具备跻身一流人口强市的潜力

总体来看,武汉人口竞争力在中部地区首屈一指,较郑州和长沙有较大优势;在长江经济带沿线城市中,与上海差距巨大,也略逊于重庆和成都,但相比南京、合肥、杭州等省会城市有比较优势。

1.从人口集聚能力来看,武汉已然是千万级别的人口大市,但人口密度还相对较低,未来人口集聚水平还将进一步提高,按《武汉2049》预测,武汉未来的人口聚集水平将超过2000万人

从常住人口来看,重庆人口规模大,常住人口超过3000万人,是我国第一人口大市。上海人口规模超过2000万人,成都、深圳、武汉的人口规模在1000

万~2000 万人之间,其中成都的人口规模接近 1500 万人,郑州人口接近 1000 万人,预计很快迈入千万人口城市之列。总体看,武汉人口规模居中,较重庆、上海和成都有较大差距,是成都的 73.52%,仅对长沙和南京有较大优势。人口规模是衡量人口竞争力的核心指标,也是构成城市竞争力的重要指标,武汉人口规模在中部领先,但与国内一些人口超大城市还有差距(见图 10)。

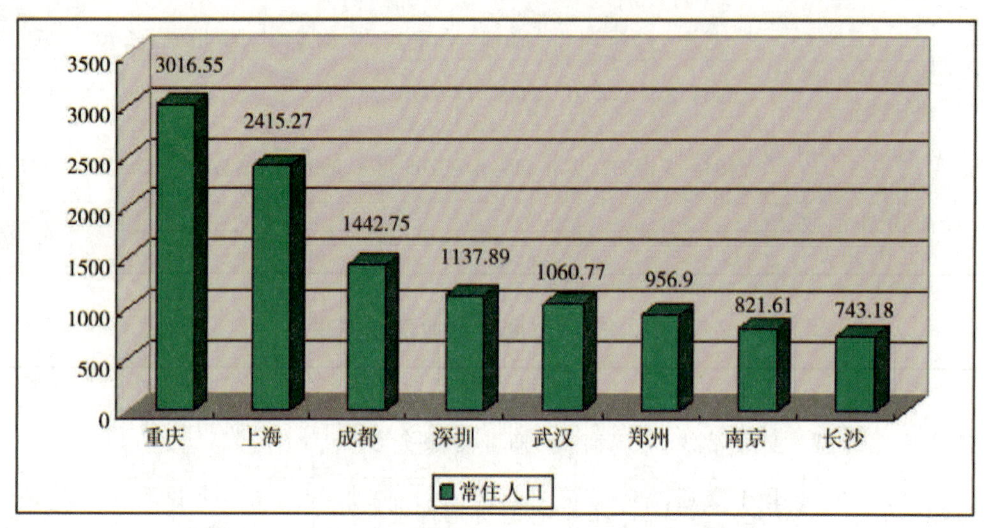

图 10　2015 年国内 8 市常住人口　(单位:万人)

从人口密度来看(见图 11),武汉的人口密度与南京和郑州在同一水平上,远远低于深圳和上海,仅是深圳的 21.66%,上海的 32.4%,如果武汉人口密度达到上海目前的水平,则人口规模将超过 3000 万人,可见武汉在集聚人口方面还有很大的空间和潜力。成都的人口密度比武汉低,是武汉的 80%,再加上成都平原地形,在集聚人口方面比武汉更具潜力,可以预见成都的人口规模将长期领先于武汉。

2.从人口吸引力来看,武汉人口吸引力还处于第二等级,远低于上海、深圳,与成都和郑州在同一水平,略高于南京和长沙。随着不同城市生活成本、就业机会的变动,部分人才开始流出北上广深等一线城市,作为二线城市佼佼者的武汉对外来人口的吸引力正逐步上升

净流入人口是常住人口与户籍人口的差额,能反映一个城市的人口吸引力,体现一个城市经济繁荣度、岗位供给能力、开放包容度等多方面内涵。在 8 个城市中,仅有重庆是人口净流出城市,其他 7 个城市都是人口净流入城市,

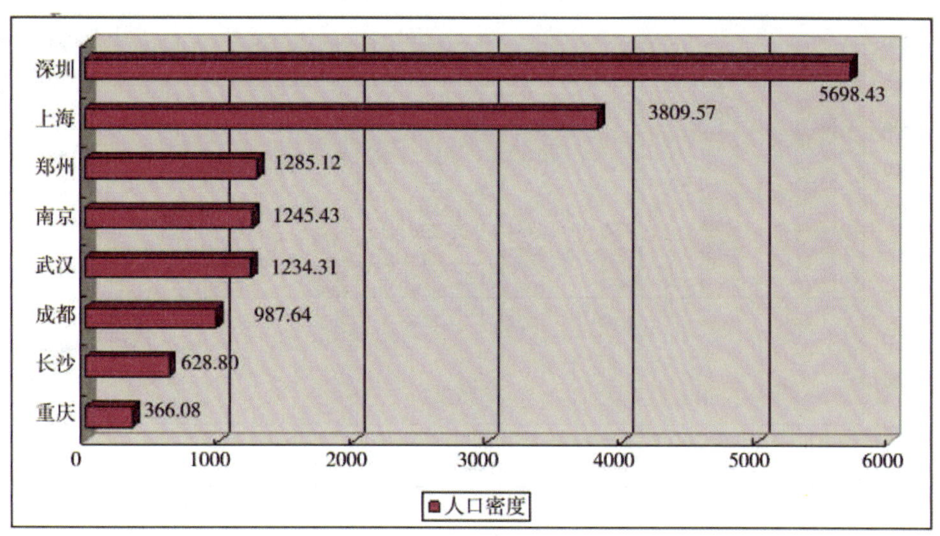

图 11　2015 年 8 城市人口密度　（单位：人/平方公里）

其中上海和深圳的人口吸引力最高，2015 年，上海净流入人口接近 1000 万人，净流入人口占比达到 40.64%；深圳净流入人口 783 万人，净流入人口占比高达 68.8%；成都、武汉和郑州 3 个城市的人口吸引力基本相仿，但是武汉和郑州的净流入人口占比要高于成都 5 个多百分点；南京的净流入人口低于 200 万人，长沙的净流入人口则仅有 72 万人（见图 12）。

从每年净增人口来看，从 2007 年以来，北京和上海每年净增人口数呈下降趋势，不考虑 2010 年，北京在 2008 年达到 60 万人峰值，以后逐年下降，2015 年仅净增人口 18.9 万人，远低于武汉的 26.97 万人；上海在 2007 年达到峰值 99.5 万人，2015 年净增人口居然出现负增长，常住人口较 2014 年减少了 10.4 万人。深圳和广州则继续保持着对外来人口的巨大吸引力，每年净增人口仍处于增长中，2014 广深净增人口都超过 15 万人，恢复到正常水平，2015 年，深圳净增人口 60 万人，广州净增人口 42.1 万人，遥遥领先于全国其他城市。武汉每年净增人口呈上升趋势，从 2009 年起，每年净增人口都超过 10 万人，其中 2015 年净增人口 26.97 万人，创下近年来的最高值（见表 12）。

3.从人口创造力来看，武汉人口老龄化较低，还是一座年轻充满活力的城市，同时作为全国科教实力第三的城市，在校大学生数量最多的城市，武汉人口受教育水平较高，具有较强的人口创造力，有利于武汉产业转型升级，转向创新驱动发展之路

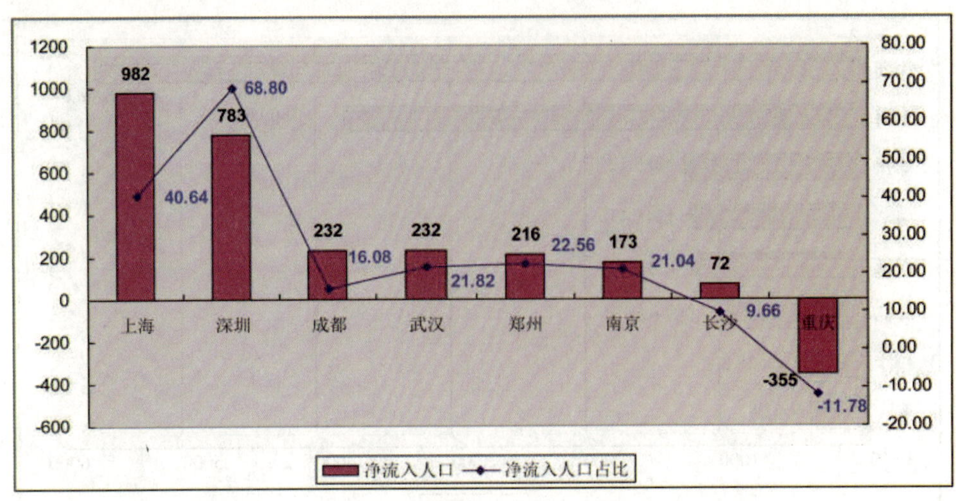

图 12　2015 年 8 市净流入人口数及净流入人口占常住人口比重情况（单位:万人;%）

表 12　国内部分城市每年净增人口数量　（单位:万人）

年份(年)	北京	上海	深圳	广州	武汉
2007	52	99.5	15.2	29	
2008	62	77.1	15.2	13.6	6
2009	60	69.6	14.4	15.2	13
2010	206	92.4	144.6	236.6	68.54
2011	57.4	44.8	11	22.7	22.46
2012	50.7	33	8.5		10
2013	45.5	34.7	8.2		10
2014	36.8	10.5	15	15.3	11.8
2015	18.9	-10.4	60	42.1	26.97

在人口老龄化率方面,深圳是最年轻的城市,老龄化率仅为 1.76%;其次是郑州,人口老龄化率为 7.16%;武汉人口老龄化率排在倒数第三,为 8.13%,比郑州高出接近 1 个百分点。但是武汉人口老龄化率远低于重庆、上海,也比成都、南京、长沙低 1 个百分点左右。从腾讯发布的《2016 年全国城市年轻指数报告》中也给出相同的结论,武汉的"城市年轻指数"排在全国城市的第 6 名,在中部地区仅次于郑州(第 5 名),排名远超上海、重庆等城市。人口老龄化低,意味着人口结构中老人数量较少，而少儿人口和劳动力人口占比高，人口负担低,有更多的人口从事生产,人口创造力就强,从这一点讲,武汉人口创造力具有一定优势(见图 13)。

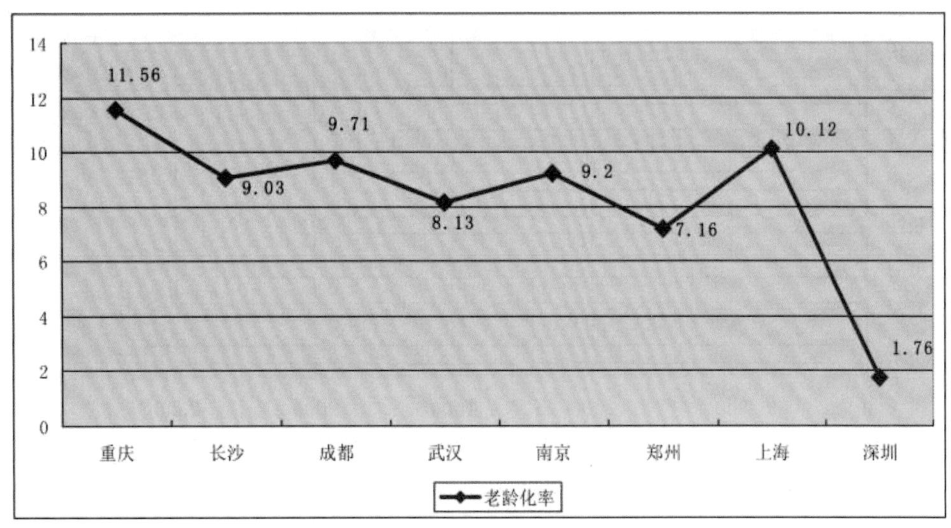

图 13　2010 年 8 市常住人口老龄化率情况　（单位:%）

注:老龄化率指 65 岁以上老人占总人口比重。

在每万人具有大学(大专)文化程度人数方面,从 8 个城市比较看,武汉每万人具有大学文化程度人数达到 2519 人,排名仅次于南京,位列第 2 位,高于上海;上海在这一指标上低于武汉和南京,一个能解释的原因就是上海外来人口数量多,拉低了上海这一指标值。长沙、郑州、深圳、成都 4 个城市的该指标值都在 1500 人~2000 人之间,重庆的最低,仅有 864 人。该指标的比较表明武汉的人口素质较高,是武汉科教优势的体现,这也意味着武汉人口具有更高的创造力,有利于创新驱动发展和新兴产业的培育(见图 14)。

(五)武汉区域金融中心地位巩固提升,但是在全国范围内的资金集聚和资本配置功能还较为有限

根据 2015 年第七期 CDI 中国金融中心指数排名,武汉在全国金融中心城市中排名第 12 位,在中部 6 省中排名第一,区域金融中心地位更加巩固。但是,武汉金融机构综合实力依然不强,资本市场发展缓慢,资金与产业结合效率不高,经济金融化、货币化的程度较低,金融对经济引导、渗透和带动的力度不够,区域辐射力和影响力有限。

1.从金融产业绩效来看,武汉资金总量和金融业增加值迅速增长,但比较而言,资金总量偏低,资金集聚能力不高,金融业发展水平相对经济总量较为滞后

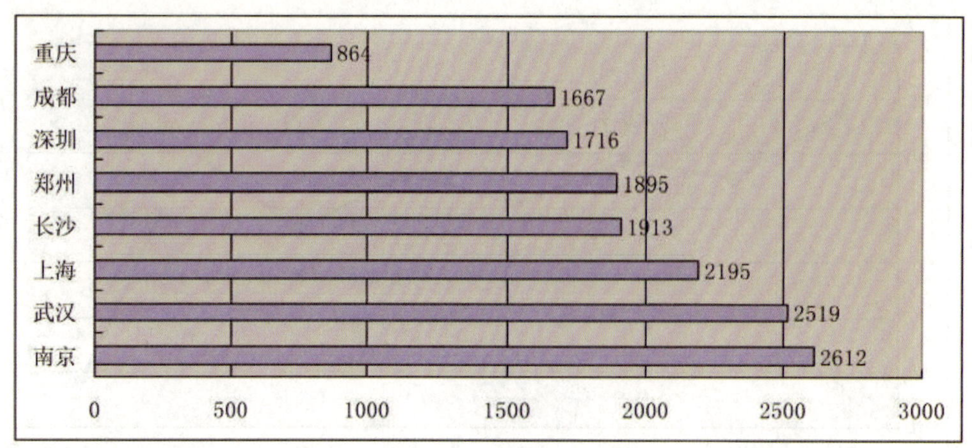

图 14 2010 年 8 市每万人具有大学(大专)文化程度人数 (单位:人)

2005—2015 年，武汉金融机构存款余额增长 3.75 倍，贷款余额增长 4.4 倍,金融业增加值占 GDP 比重比从 3.27%提高到 7.68%,与自身相比,金融业发展水平有了明显的提高。但与其他城市比较,2015 年,武汉金融机构存款余额 19393 亿元,领先中部地区城市,但绝对额不到上海的 1/5,仅为深圳的 1/3,也低于成都、重庆、南京;按常住人口计算的人均存款余额,武汉仅有 18.28 万元,远低于深圳、上海、南京,与成都、长沙也有一定差距;武汉金融相关率一直在 3 ~ 3.5 之间,低于上海、南京、成都、郑州;2000—2015 年,武汉存款余额年均增长 18.90%,低于除上海以外的其他城市;2010—2015 年,金融业增加值年均增速低于重庆、成都、南京、郑州,占 GDP 比重低于除长沙外的其他城市(见图 15、图 16 和表 13)。

一般而言,区域经济越发达,区域发展在国家战略中的地位越突出,对金融资源的吸附能力往往越强,比如京津冀、长三角、珠三角的主要城市资金总量相对较高;西部大开发背景下,成都、重庆、西安的资金积累明显加快;中部地区主要城市的资金实力明显低于东部地区。金融集聚能力也受到区域内城市间竞争的影响,西安经济总量仅为武汉一半,但是资金量与武汉相当,原因在于其在区域范围内的“一城独大”,武汉、郑州、长沙等城市彼此之间实力相当,过度竞争在所难免,影响了金融资源的集聚和辐射。

2.从金融机构实力来看,武汉机构数量在中部地区占据优势,但比较而言,金融机构规模偏小、功能不强、集聚效应不突出,对资本积累率、投资效率和经济效率的促进能力不足

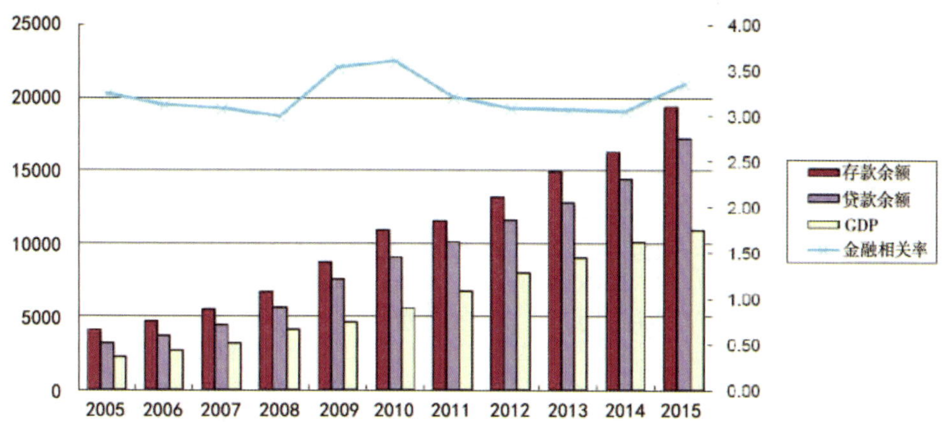

图 15　2005—2015 年武汉市地区生产总值及本外币存贷款余额 (单位:亿元)

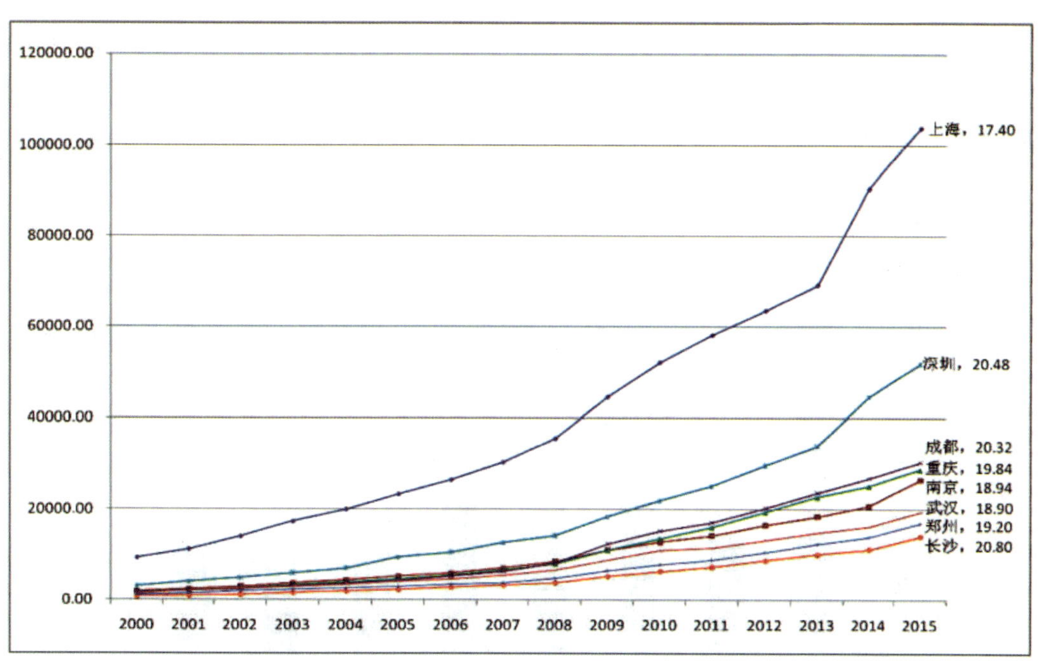

图 16　2000—2015 年主要城市本外币存款余额及年均增长速度 (单位:亿元;%)

2015 年底,武汉拥有金融机构 221 家,但大部分是分支机构,全国性、区域性总部机构较少,总部设在武汉的金融机构 22 家,占全部机构总数仅有 10% 左右,外资金融机构也不多。而上海各类金融单位达到 1430 家,且大多为总部,在沪经营性外资金融单位达到 230 家。除 3 家地方法人银行外,武汉没有一家全国性银行总部,银行业金融机构 33 家,低于成都 63 家。武汉证券期货机构总

表 13　武汉与其他主要城市金融产业绩效比较(2015 年)

	上海	南京	深圳	成都	重庆	郑州	长沙	武汉
金融机构本外币存款余额/GDP(%)	4.16	2.72	2.96	2.81	1.83	2.32	1.65	1.78
金融机构本外币贷款余额/GDP(%)	2.14	1.95	1.55	2.03①	1.46	1.73	1.45	1.57
金融相关率(存贷款余额/GDP)(%)	6.29	4.67	4.51	4.84	3.29	4.04	3.10	3.35
人均存款余额(常住人口,万元)	42.96	32.14	45.53	20.11	9.54	17.7	18.93	18.28
金融业增加值占 GDP 比重(%)	16.23	11.54	14.53	11.61	8.97	9.12	4.71	7.68
2010—2015 年金融业增加值平均增长率(%)	15.97	21.70	14.73	23.46	23.99	19.82	17.64	19.26

部仅有 4 家,证券营业部 128 家,低于上海(566 家)、深圳(280 家)、南京(133 家)、成都(163 家)、重庆(171 家)。武汉保险公司总部仅 2 家,保险机构保费收入不到上海的 1/3、深圳的 1/2,远低于成都、重庆,略低于南京、郑州(见图 17)。

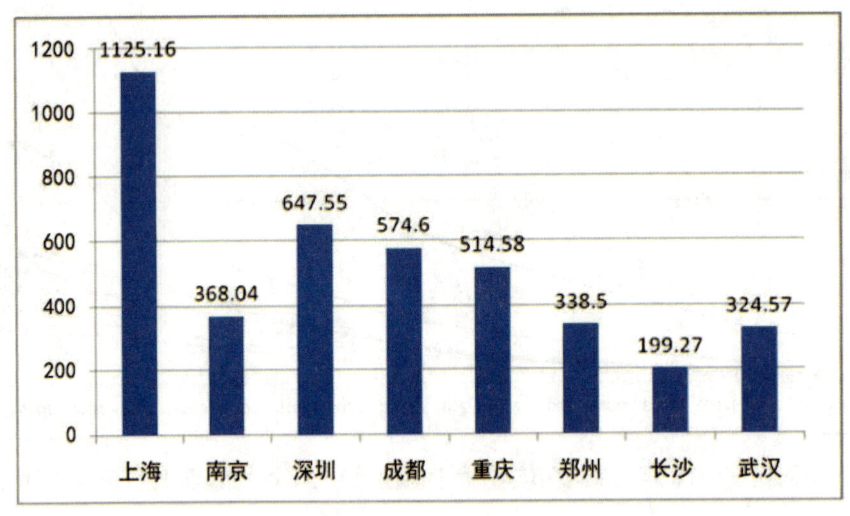

图 17　2015 年保险机构保费收入(单位:亿元)

武汉金融机构创新意识和能力不足,主要从事传统存贷业务,高盈利的中间业务发展相对滞后,特别缺乏富有活力的民营银行、民营证券公司、中高层级的投资银行等,拥有全国第二个国家级自主创新示范区的武汉却没有几家

①该数据为金融机构本币存款余额。

总部设在武汉的风险投资机构。现代化的金融集聚区应该是金融中心的名片，是辨识度高的城市地标，比如伦敦的金融城、纽约的曼哈顿、上海的陆家嘴、北京的金融街等等，但是目前武汉金融布局较为分散，金融集聚功能区的显示度不高，缺乏能够真正代表城市的金融地标。

3.从金融市场规模来看，武汉多层次资本市场加快发展，但比较而言，资本市场的深度和广度尚有待拓展，制约金融中心的辐射能级进一步提升

截至 2015 年末，武汉共有上市公司 61 家，上市公司家数和总市值位居中部地区第一，但与上海、南京相比还有较大差距；“新三板”挂牌企业总数达到 147 家，居全国城市第 5 位，但只有上海的 1/3（见图 18）。武汉直接融资占比偏低，只有四分之一左右，发达国家比如美国直接融资一般占到社会融资总量的 80%，上海直接融资超过 35%。2015 年武汉证券交易量 9.58 万亿元，不及成都的 12.7 万亿元。

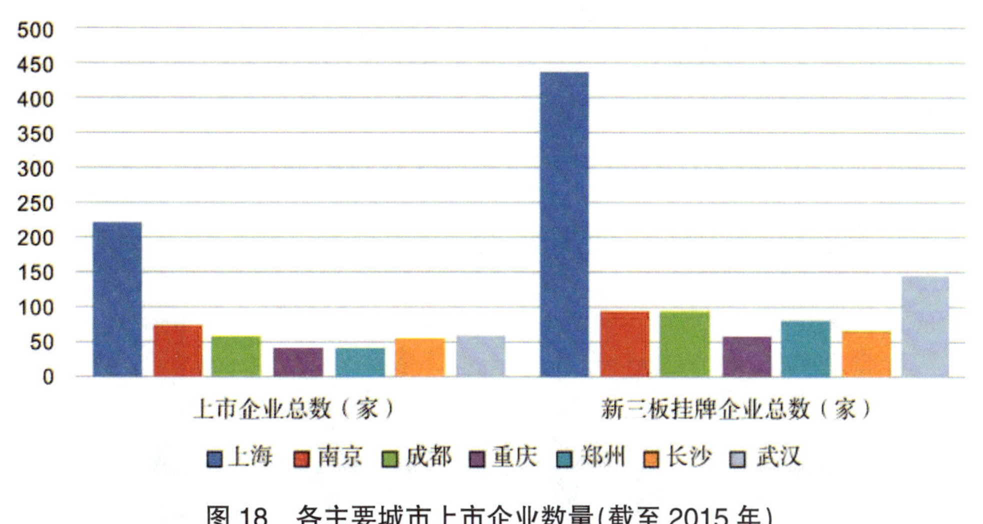

图 18　各主要城市上市企业数量(截至 2015 年)

要素交易市场是资本市场发达的重要标志，武汉尽管拥有股权托管交易中心、农村综合产权交易所、知识产权交易所、城市矿产交易所、航运交易等要素市场，但至今在全国性要素交易市场方面还是空白，因此无论交易规模、交易品种、交易范围，还是资金活跃程度都较为有限。而上海是拥有全国性交易市场最多的城市，有中国金融期货交易所、证券交易所、期货交易所、黄金交易所等；郑州综合经济实力不如武汉，但是金融相关率、金融业占比等指标都优于武汉，根本原因在于其拥有中西部地区唯一一家商品期货交易所；成都尽管

没有全国性的交易所，但也拥有西南联合产权交易所、天府商品交易所、成都（川藏）股权交易中心等国务院批准设立的跨区域交易市场。

（六）武汉文化中心功能不强，国际影响力有待提升

武汉在建设国家中心城市、国际化大都市过程中，不仅要体现出其经济的力量，更要展示其文化魅力。2015 年 11 月发布的《中国文化发展指数》，武汉仅排名文化城市百强榜第 68 位。总的来看，武汉的文化中心功能影响力较弱，表现在文化产业发展滞后于经济发展，文化资源转化率有待进一步提高，国际影响力不够。

1.文化产业发展滞后于经济发展

武汉文化产业总量偏低、占 GDP 比重偏小，离成为经济支柱产业的目标尚有相当差距①，与建设国家中心城市的目标不相称。从自身来看，发展迅速，2011—2015 年，武汉文化增加值从 184.08 亿元增长到 389.09 亿元，占 GDP 的比从 2.7%上升到 3.86%。与发达国家有较大的差距，2010 年，美国文化产业增加值达到 GDP 的 1/3，英国为 11%，韩国为 6%。与国内文化发达的城市相比，也存在较大差距。如上海、深圳、南京、长沙等，文化产业增加值占当地 GDP 的比重均达到或超过 5%,其中，长沙已经超过 8%（见图 19）。

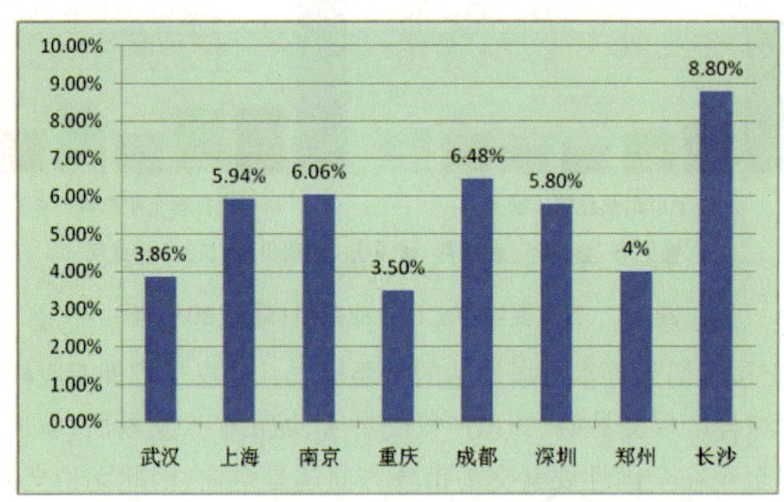

图 19　2015 年国内部分城市文化产业发展水平比较②

①一般认为，文化产业增加值占 GDP 比重高于 5%，文化产业才可以称为经济支柱产业。

②文化产业占 GDP 的比数据上海、重庆、郑州、长沙为 2014 年数据，武汉、南京、成都、深圳为 2015 年数据。

2.文化资源未转化成市场竞争力

武汉是国家历史文化名城、优秀旅游城市，拥有厚重的历史文化积淀、丰富多样的自然资源，但文化资源整合力度不够，缺乏具有引领力的文化品牌。武汉具有3500年的文明传承，是楚文化的发祥地，湖北省博物馆展出的大量楚国文物，东湖风景区的楚城、楚天台、屈原纪念馆、行吟阁等均是楚文化的重要表征。除楚文化外，武汉亦有着“高山流水觅知音”的知音文化、三国文化，古琴台是知音文化的重要载体，黄鹤楼、卓刀泉、凤凰山、白马洲等则彰显着三国荡气回肠的历史岁月。还有近代出现的码头文化，同时还有着被现代众多文人，如方芳、易中天等推崇的市井文化。全市近400处大小名胜古迹，其中有13处全国重点文物保护单位、103处革命纪念地、22处4A级以上景区(见表15)。但是文化体育与娱乐业从业人员数量不多(2.35万人)，教育文化娱乐支出占家庭消费的比重不高(9.68%)，说明武汉文化资源转化利用率低，大量宝贵的文化资源被闲置、文化活力被压制、文化市场被限制，历史文化资源有待于进一步的利用和深挖(见表16)。

表15　2014年国内部分城市文化资源比较（单位：个）

	武汉	上海	南京	重庆	成都	深圳	郑州	长沙
博物馆数量	56	103	54	85	33	37	22	15
公共图书馆数量	17	25	15	210	21	633	15	12
艺术表演场所	14	93	12	15	9	14	12	10
4A级以上旅游景区	22	49	18	75	38	8	13	19

表16　2014年国内部分城市文化产业从业人员和消费比较

指标	武汉	上海	南京	重庆	成都	深圳	郑州	长沙
文化体育与娱乐业从业人员(万人)	2.35	6.58	2.36	5.72	2.96	2.58	2.45	2.35
教育文化娱乐支出占家庭消费的比重(%)	9.68	16.16	15.7	9.6	11.9	10.4	9.9	14.2

3.文化的国际影响力有待进一步提升

武汉与外界交往的密切程度低，对外宣传的力度不够，举办大型国际赛事或盛会的机会缺乏，国际社会对武汉的了解少、关注低，文化影响力不仅远低于北京、上海、广州等一线城市，也落后于杭州、成都、西安等特色鲜明的城市。

截至 2014 年，武汉缔结国际友好城市 21 个，而上海缔结国际友好城市数有 68，是武汉的 3 倍多。2014 年，武汉举办展会数 249 个，展览面积 280 万平方米；而上海举办展会 769 个，展览面积 1239 万平方米，差距十分明显。2015 年，武汉接待入境旅游人数 202.27 万人次，不足深圳的 1/6、上海的 1/4，差距悬殊，而与重庆和成都（282.53 万人次和 230.1 万人次）相比，武汉也处于落后地位；从入境旅游者过夜平均天数来看，武汉（2.88 天）也低于南京（3.61 天）、上海（3.24 天），甚至低于郑州（3.11 天）（见表 17）。

表 17 2014 年国内部分城市国际化比较

指标	武汉	上海	南京	重庆	成都	深圳	郑州	长沙
举办展会数（个）	249	769	394	662	214	79	174	84
举办展览面积（万平方米）	280	1239	398	601.3	325	256.2	160.6	128.6
国际友好城市数（个）	21	68	14	34	24	73	10	39
入境旅游人数（万人次）	202.27	800.16	58.81	282.53	230.1	1218.7	47.3	120.3
入境旅游者过夜平均天数（天）	2.88	3.24	3.61	2.7	1.97	2.07	3.11	1.61

三、国家应予武汉支持的政策建议

历史给中华民族的伟大复兴提供了战略机遇，历史给武汉迈进和跻身世界城市之列提供了战略机遇，武汉既要立足实际、主动作为，瞄准差距、补好短板、打造特色，更要在湖北省委、省政府领导下，积极争取国家支持，加强武汉建设国家中心城市顶层设计、规划定位，让中央已经出台的优惠政策流向武汉，支持武汉的规划建设。

（一）支持武汉建设创新要素高度聚集的产业创新中心

一是支持武汉打造具有全球影响力的战略性创新产业平台，加快创新成果产业化。支持武汉建设世界级存储芯片产业基地和北斗导航应用产业基地两大战略性创新产业平台，支持武汉建设具有国际影响力的新一代信息技术产业创新基地、国内一流的生命健康产业创新基地和国内重要的智能制造产业创新基地。

二是支持武汉打造知识产权特区。支持武汉建设国家技术转移中部中心、长江经济带技术转移中心、国家级知识产权交易中心。

三是支持武汉建设综合性国家科学中心[①]，争取新一批重大科技基础设施落户武汉，支持武汉大学、华中科技大学、中科院武汉分院等在汉高校院所建设有国际影响力的大学和科研机构。

四是支持武汉加大对科研企业的研发资助力度。对国家级高新技术企业实行额外税收优惠政策，在便捷通关方面对企业研发机构给予支持，鼓励企业开展新产品研发，对经认定的拥有发明专利或者核心知识产权的重点自主创新产品，予以税费返还、股权有偿资助等形式的研发资助。

五是支持武汉经济技术开发区开展综合开放创新试验，对东湖新技术开发区和武汉经济技术开发区高新技术企业在区内取得的收入定期减免所得税，自取得第一笔生产经营收入所属纳税年度起，第一年至第二年免征企业所得税，第三年至第五年按照25%的法定税率减半征收企业所得税。

（二）支持武汉建设国际性综合交通枢纽

一是支持武汉建设国际门户枢纽机场，将武汉机场作为中部地区国际航空枢纽纳入全国机场发展规划。支持民航局在汉试行“天空开放”的航权政策，实现在武汉全面开放第三、四、五种航空客、货运输业务权。拓展国际航线，完善航空口岸大通关及24小时常态化通关体制机制建设。启动武汉天河机场四期和第三跑道规划建设，支持武汉规划建设第二机场和国际航空转运中心。

二是支持武汉建设长江中游航运中心，给予与上海、重庆等航运中心同等的支持政策，国家层面批准《武汉航运中心总体规划》，尽快实施武汉至安庆段长江深水航道整治工程，支持开展航运金融、船舶交易、口岸服务、开放航运、多式联运等方面的创新。支持在汉试点实施“下放内河港口行政审批事项”，增强武汉在内河港口发展中的能动力。

三是支持武汉建设全国性铁路路网中心，批准《武汉铁路枢纽总图规划》，

①国家科学中心是国家组织尖端研究、集聚创新资源的基地，是国家创新体系的基础平台、科学研究的制高点、经济发展的源动力。《中华人民共和国国民经济和社会发展第十三个五年规划纲要》中提出“依托现有先进设施组建综合性国家科学中心”，《北京市国民经济和社会发展第十三个五年规划纲要》提出“全力支持配合国家科学中心、国家实验室、国家重大科技专项、重大科技基础设施和重大科学计划在京实施”，《上海市国民经济和社会发展第十三个五年规划纲要》提出“建设张江综合性国家科学中心”，《上海系统推进全面创新改革试验加快建设具有全球影响力的科技创新中心方案》中提出“建设一个大科学设施相对集中、科研环境自由开放、运行机制灵活有效的综合性国家科学中心”、“建设上海张江综合性国家科学中心”等，《安徽省国民经济和社会发展第十三个五年规划纲要》提出“创建合肥综合性国家科学中心”。

支持“十三五”启动武汉至西安直通线工程，建设武汉至杭州高铁，支持将新的沿江高铁特别是武汉至合肥段纳入近期建设规划，将武汉至青岛、至西南等方向的高铁纳入中长期规划。

（三）支持武汉提高人口竞争力

一是支持武汉试点实施技术移民制度，开展外国留学生毕业后到汉就业试点，简化外籍高层次人才办证程序。支持武汉建设国际社区。

二是支持武汉高校与国外知名高校在汉联合创办新型大学，允许外资在汉投资兴办国际学校和国际医院，放宽外商投资人才中介服务机构的外资持股比例限制。

三是支持在东湖新技术开发区设立离岸创新创业中心。支持进一步优化创业环境，破除阻碍和不利于创业的体制机制，提高创业服务效率和水平，将武汉打造成全国最具吸引力的创业家园、梦想乐园。

四是请求大力支持武汉新型城市化试点，推进农民工市民化，提请中央财政以市外农业转移人口市民化成本的30%进行转移支付，到2020年，预计累计支付1300亿元，每年转移支付188亿元。

（四）支持武汉健全多层次资本市场

一是支持武汉打造一批区域性和全国性资源要素交易平台，建设全国资源要素配置中心，积极推进大宗商品交易市场、全国综合性期货交易所、全国性大数据交易中心、全国碳排放权交易市场及碳金融中心、全国知识产权与专利交易中心、长江众筹金融交易所等要素市场建设，恳请证监会支持，申请开展公募众筹试点。

二是支持以武汉股权托管交易中心为基础，建设长江中游地区区域股权交易市场，比照“新三板”交易模式，打造区域性“新四板”市场，建立与“新三板”的转板机制与中小板、创业板、战略新兴板的对接机制。

三是支持武汉大力发展互联网金融，打造长江经济带大数据中心、中部互联网金融中心和产业基地。

四是支持开展投贷联动试点，建立完善科技金融风险分担机制。

（五）支持武汉增强国际影响力

一是支持更多的外国领事机构及国际性组织落户武汉。

二是支持武汉在2030年前后获得亚运会、世界杯或世博会的承办权，支持武汉建设国家会展之都和国际赛事名城。争取国家和各部委主办活动重点向武汉倾斜,争取主办或联办1项具有世界影响的国际赛事活动。

三是支持武汉申报联合国“世界设计之都”。

课题负责人:胡爽平

课题组成员:朱　卫　袁云光　付　兴　刘艺璇　梁圣蓉　叶传忠　聂佩进　吴　怡　张云龙

武汉建设国家中心城市研究报告

武汉市发展和改革委员会
武汉发展战略研究院　联合课题组
武汉市社会科学院

2011 年,第十二次党代会召开以来,武汉市以“建设国家中心城市、复兴大武汉”为目标,按照“五位一体”总体布局和“四个全面”战略布局要求,以创新发展、协调发展、绿色发展、开放发展、共享发展的理念引领发展方式转变,积极适应引领经济新常态,抢抓机遇、主动作为,克难攻坚、砥砺奋进,“建设国家中心城市、复兴大武汉”取得明显成效。2016 年 5 月 23—24 日,李克强总理在湖北武汉考察期间,提出“希望湖北挺起长江经济带的脊梁”“支持武汉建设全国中心城市”,为武汉市发展指明了前进方向、提供了重大历史机遇,进一步坚定了建设国家中心城市的信心和决心。武汉建设国家中心城市,实现国家战略意图,承载国家战略使命,成绩有目共睹,机遇前所未有,担当责无旁贷,必须进一步明晰武汉建设国家中心城市的功能定位,进一步分析武汉建设国家中心城市的基础条件、制约因素,承前启后,有针对性地出台新的政策措施。

一、加快国家中心城市建设,是武汉承担并落实好国家战略的历史选择和迫切要求

进入“十三五”时期,国内外发展环境和条件深刻变化,科技革命和产业变革日新月异,我国经济发展进入新常态。在新的发展时期,国家加大推进“四大板块”和“三大战略”实施力度,战略重点区向长江经济带、中部地区聚焦,发展动力源向创新改革与内需消费转变,武汉的发展与国家需要出现了历史性共振,加快国家中心城市建设,是承载国家新时期赋予的重要战略使命,复兴大

武汉，发挥好在全国发展大格局中战略支撑作用的必由之路。

（一）长江中游国家级城市群建设，需要武汉发挥区域核心引领作用

21 世纪是城市的世纪，城市群是我国经济发展最具活力和潜力的核心增长极。国家级城市群必然产生国家中心城市，国家级城市群必须有国家中心城市发挥辐射、引领作用。北京、天津、上海、重庆、广州、深圳、成都等国家中心城市分别引领京津冀城市群、长三角城市群、珠三角城市群、成渝城市群发展，对撬动区域发展起到了至关重要的作用。国家提出新型城镇化战略，启动实施长江经济带战略以来，国家制定实施的第一个国家级城市群规划，是 2015 年 4 月国务院批复实施的《长江中游城市群发展规划》。武汉作为长江中游城市群的核心城市，有基础、有必要、有能力进一步强化中心城市功能，提升辐射带动能力，引领长江中游城市群成为具有全球影响力、具有国际竞争力的新增长极。

（二）长江经济带协同一体化发展，需要武汉在挺起"脊梁"中发挥更大的支撑作用

落实长江经济带战略，短板在中游。成功挺起长江经济带的"脊梁"，关键在武汉。长江经济带中游区域与上下游区域相比，一方面是发展基础相对较弱，2015 年，下游区域的上海 GDP 已超过 2.5 万亿元，超过中游区域的武汉、长沙、南昌三城市 GDP 的总和，上游区域重庆的 GDP 接近 1.6 万亿元，成都也已超万亿元。同时，长江经济带中游的城市功能等级也较低，上下游区域的重庆和上海是直辖市，也都是国家中心城市，成都也在近期被国家赋予了建设国家中心城市的目标定位。没有经济总量和更高层次城市功能定位的支撑，湖北要挺起长江经济带的"脊梁"，任务艰巨。武汉身为中部地区中心城市及湖北省省会，党中央国务院也多次提出支持武汉建设国家中心城市，武汉必须在补齐长江经济带短板上有更大作为，以此来提升长江经济带战略的整体效能等级。

（三）认识和引领新常态推动转型发展，需要武汉在创新发展和动能转换上走在全国前列

创新是引领人类发展的永恒动力，创新引领未来，"敢为人先、追求卓越"是武汉的精神特质，创新资源密集是武汉最大的财富。武汉承担着两型社会建设、自主创新、新型城镇化等一系列国家试点示范任务，是推进国家全面创新改革试验的重要平台，武汉也是全国性市场体系重要的枢纽中心，在扩大内

需、拓展国内市场，构建消费、投资、出口协调的经济发展方式上的功能地位不可替代。充分释放武汉在创新改革领域先行先试的经验积淀，率先探索一条走自主创新、需求引领、供给创新的新型工业化、新型城镇化道路，必将有利于国家开创转型发展新局面，打造更具活力、更可持续的发展之路。

（四）构建陆海统筹、双向开放新格局，需要武汉凸显战略叠加优势建设内陆地区开放新高地

中部地区，不沿边、不靠海，开放条件先天不足。现代交通通信的发展颠覆了区域物理位置排序，国家全方位对外开放格局的形成需要以中西部中心城市为核心，打造内陆开放新高地。武汉是中部地区中心城市，没有理由不做排头兵。武汉不仅处于长三角、珠三角、京津冀和成渝城市群四大板块纵横交汇的节点，也处于“一带一路”、长江经济带的关键位置，既可以承担连通四大城市群和增长极的枢纽重任，也可以推动国内各个区域相互联动，有利于深化各个区域之间的开放合作。加快武汉建设内陆地区开放新高地，带动引领中部地区融入全球化、参与国际竞争，是顺应我国经济与世界经济深度融合之势的必要选择。

二、武汉建设国家中心城市的优势条件和存在的差距

（一）优势条件

历史积淀战略地位。武汉是新中国第一个中央直辖市，曾经是国家的经济中心、政治中心和文化中心之一，是名副其实的国家中心城市。中华民国时期及新中国成立初期，武汉是“驾乎津门、直逼沪上”的全国第二大城市，经济繁荣，商贾云集，外贸发达，被誉为“东方芝加哥”，成为可与大上海比肩的国际大都市。武汉素有“九省通衢”美誉，优越的地理条件造就了武汉全国重要综合交通枢纽地位。武汉是全国四大铁路枢纽城市之一、六大区域航空中心之一、长江中游航运中心、高速公路网重要节点城市，是全国首个综合交通枢纽研究试点城市，我国中部地区对外开放门户城市，中部地区商贸商务中心和商品集散中心。武汉工业基础雄厚，拥有完备的工业体系，已形成汽车及零部件业、电子信息制造业、装备制造业、食品烟草业和能源及环保业5个产值超千亿元行业，是我国重要的制造业基地之一。武汉地区科研院所、高等院校众多，科技创新优势明显，是我国科教与智力资源最密集的地区之一，科教综合实力居全国大城市前列。目前拥有政府部门属科学技术研究机构96所，国家重点实验室

21个,企业国家重点实验室6家,国家实验室1个,国家工程实验室3个,国家级工程技术研究中心28个,国家级企业技术中心25个,两院院士68人。

国家赋予战略使命。2013年7月,习近平总书记视察湖北,对武汉建设国家中心城市给予充分肯定,明确表示支持复兴大武汉。一系列紧盯、瞄准武汉的国家战略相继出台:“两型社会综合配套改革试验区”以资源节约、环境保护为重点,将武汉城市圈推向大胆创新、先行先试的潮头;“国家自主创新示范区”以自主创新、产业升级为主题,将武汉推向高新技术产业创新与高科技园区发展示范的前沿;“全面创新改革试验”则以建设全球创新型国家为目标,将武汉推向建设国家创新中心的新高地。国务院出台推动长江经济带发展的指导意见,明确要求武汉开展国家创新型城市试点,赋予武汉建设长江中游航运中心和引领长江中游城市群发展的战略重任。随着一系列国家战略聚焦武汉,在赋予武汉重大责任担当的同时,也充分肯定了武汉在国家重大战略实施中的主要载体和关键支撑地位。2015年武汉经济总量已超过1.1万亿元,在副省级城市中由“十一五”末的第5位上升到第3位。当前,武汉已稳居全国城市第一方阵,在中部地区的龙头地位进一步强化,综合经济优势突出,进位和超越步伐加快,为承担和落实好国家战略任务,引领区域协调发展奠定坚实基础。

省市聚力战略推进。在国家战略引领下,省市聚力推进,目标任务更加明确,武汉发展迈向新阶段。湖北省委、省政府先后作出“一主两副”“两圈两带”等战略决策,支持武汉发挥龙头作用,加快复兴步伐。2014年9月,武汉市委全会提出用7年左右时间实现“万亿倍增”的阶段性任务,2015年7月,武汉市委在“加快建设创新型城市动员大会”上提出到2020年左右基本建成国家创新型城市。随着国家、省市战略的强力推进,新型工业化和工业强市战略提速,全市已经形成“大光谷、大车都、大临空、大临港”四大工业板块格局,建成一批高端产业基地和特色产业集群。2015年全市规模以上工业销售产值11811.49亿元,实现高新技术产业产值超过7700亿元。东湖新技术开发区作为首批三家国家自主创新示范区之一,综合实力以及知识创造和技术创新能力位居全国高新区领先地位,已形成较强创新示范效应。“十三五”时期,武汉将全力打造经济、城市、民生“三个升级版”,率先全面建成小康社会,基本形成具有武汉特色的特大中心城市治理体系,基本形成国家中心城市框架体系,巩固综合经济实力全国城市第一方阵地位。

（二）制约因素

一是综合经济实力还不够强大。虽然武汉经济总量已进入全国城市第一方阵，但与国家中心城市要求还有距离，与北京、上海、天津等国家中心城市相比，武汉在经济规模、人均收入等方面还有不小的差距。

二是城市功能还有待提升。与北京、上海等城市相比，武汉在全国经济、政治、文化等领域的地位有限，功能作用不够突出，在全国乃至世界范围内的功能影响还存在较大的局限性，在国家战略中不可替代的功能作用优势还有待进一步加强，需要国家在金融、自由贸易、产业创新等领域进一步加大扶持力度。

三是对外开放度还有待增强。武汉地处中部内陆，长期以来对外开放程度不够高，不仅滞后于东部沿海城市，也落后于成都等西部城市，国际分工参与度不高，国际经济体系融合度有待提升。对外开放度不高影响了武汉的城市形象，削弱了武汉的城市功能，与武汉应有的城市地位不匹配，不利于武汉所肩负国家战略的推进实施。

三、武汉建设国家中心城市的功能定位和主要思路

围绕挺起长江经济带“脊梁”，在全国发展大格局中发挥战略支撑作用，武汉必须注重依托现实优势，积极创造潜在动能，把建设幸福武汉作为出发点和落脚点[①]，更好地发挥国家中心城市作用：依托区位交通优势，优先建设国际性综合交通枢纽；依托科教优势，重点建设具有全球影响力的产业创新中心和世界著名的科教中心；依托老工业基地和市场优势，加快建设具有国际竞争力的经济中心；依托承东启西、交汇南北的枢纽地位，加快建设中部地区国际交往中心；依托深厚的荆楚文化积淀，加快建设长江文明传承创新中心；依托武汉两江交汇、三镇鼎立、河湖密布的城市禀赋，加快建设具有国际美誉度的滨江滨湖宜居城市。力争到2020年基本形成国家中心城市框架体系，到2030年建成国家中心城市，到2049年建成具有国际影响力、全球竞争力和可持续发展能力的世界城市，成为全球城市体系中的重要城市。

（一）国际性综合交通枢纽

立足“天元之位”，加快全国综合交通枢纽示范城市建设，构筑通达全球的海陆空国际大通道，打造全球最大的内陆“轴辐式”铁、水、公、空多式联运中

①党的十八届五中全会提出：把增进人民福祉、促进人的全面发展作为发展的出发点和落脚点。

心，提升枢纽承载能力、网络辐射能力、衔接转换能力，建立优质高效、绿色智能的交通网络，打造全国货运分拨综合物流成本最低、配送时间最短的城市，建设全国综合交通体系最完善、通达能力最强的枢纽城市，成为中部走向世界、世界走进中部的国际交通门户。

建设全国性铁路路网中心和中欧货运集散中心。巩固提升武汉铁路枢纽全国第四极功能地位，推动沿江高铁及武汉至杭州、西安、福州、青岛、贵阳等方向高铁建设，确立武汉在全国“两纵（京广、京九）、两横（沪汉蓉、甬汉蓉）、两连（兰福、胶桂）”12 方向“米”字形高铁中心和 9 方向放射线（含中欧货运通道）的普速（货运）特大型枢纽地位。

建设长江中游航运中心。加快建设全球内河最大的集装箱及汽车滚装等枢纽港，扩展江海直达航运范围，发展航运金融、航运保险、航运物流、船舶融资、航运信息交易和电商服务等现代航运服务，打造长江中游最大的水上门户和出海口岸。

建设国际门户枢纽机场。构建完善便捷的国际网络、发达快速的国内网络、密度合理的支线网络、顺畅高效的中转网络、初具规模的通航网络，实现航空线路覆盖全球重要国家及地区，打造国际航空货运中心、中部通用航空产业中心。

建设全国公路路网重要枢纽。推进外环东扩，构建高速公路骨架网络，加快国家公路主枢纽建设，完善对外综合枢纽布局和功能，打造连接对外综合运输通道的主要高速公路路网。

建设高效便捷、绿色智能的城市交通网络。构建规模合理、功能完善、高效便捷、绿色智能的城市综合交通系统，以地铁等现代交通建设引导城市空间开发，打造具有世界先进水平的“地铁城市”和“公交都市”，建设成为市民出行最便捷的特大中心城市之一。

（二）具有全球影响力的产业创新中心①

立足科教优势，按照“面向世界科技前沿、面向经济主战场、面向国家重大需求”的要求，系统推进国家全面创新改革试验，围绕培育战略性新兴产业，聚焦信息技术、生命健康、智能装备三大产业，统筹产业链、创新链、人才链、资金

---

①《中华人民共和国国民经济和社会发展第十三个五年规划纲要》提出支持北京、上海建设具有全球影响力的科技创新中心。

链、政策链，加快构建全新的产业创新体系，提升在世界范围内系统配置创新资源的能力，力争在创新发展和动能转化上走在全国前列，建设战略性新兴产业发展先行区、传统产业向中高端转型升级示范区，东湖国家自主创新示范区建成世界一流高科技园区，武汉成为具有强大带动力的创新型城市，为促进区域协调发展提供支撑。

建设世界级产业创新平台。集聚一批世界和国内行业龙头企业研发机构，实现高新技术企业研发机构全覆盖。支持企业联合高校院所，组建工业技术研究院、协同创新中心、行业技术中心等多种形式的产业技术创新战略联盟，建成世界一流的科研成果转化平台和新兴产业育成平台。

建设全球高端创新要素集聚中心。大力培育引进创新创业者和创业投资人作为“城市合伙人”，集聚一批世界级行业领军者，努力把武汉建成全国最具影响力的产业人才聚集高地、创业投资高度活跃的天使之城、开放包容高效的创新创业中心。

打造一批创新集聚园区。拿出城市最好的空间、量身定做最好的政策、提供最优的配套服务，加强创新资源共享合作，构建低成本、便利化、全要素、开放式的众创空间、智谷空间、创客空间等新型孵化器，打造若干融合高端生产生活生态功能、聚集高端创业创新创造要素的“创谷”。

（三）世界著名的科教中心

立足“大学之城”，以推动科技创新为核心，构建高效的科研体系，全面提升高校院所创新能力，强化高校院所对企业技术创新的源头支持，开展一批国家级重大基础研究项目，培育和聚集一批站在全球科技前沿的名家大师，形成一批具有世界影响力的重大科技成果，加快政产学研用深度融合，打造环高校院所创新生态圈，建设世界著名的科教中心。

建设世界一流大学及科研机构。全力支持武汉大学、华中科技大学等高校院所建设世界一流大学、世界一流院所、世界一流学科，争取国家实验室、大科学装置、多学科研究平台等国家级重大基础研究项目布局武汉，打造一流师资队伍、提升科学研究水平、加快科技成果转化、传承创新优秀文化，培养拔尖创新人才，推动高等教育水平进入国际先进城市行列。

建设世界一流人才培养基地。积极引入国际一流大学、职业教育学院在汉合作办学，鼓励社会力量、民间资本提供高端教育服务，支持创办各类创业学院和培训机构，建立高校、科研院所与知名企业对高水平人才的交叉培养机制，面向全球培育大批的兼具创新精神与创新能力的一流人才。

(四)具有国际竞争力的经济中心

立足产业基础，打造产业能级高、集聚辐射能力强、资源配置效率优的全国重要的经济中心，成为全球生产流通体系的重要节点，综合经济实力进入全国城市第一梯队、世界城市先进行列，形成以长江中游城市群为中心的资源互补、产业关联、梯度发展的多层次产业圈，成为支撑长江经济带发展的脊梁，带动全国新一轮发展的强大引擎。

建设国家先进制造业中心。构建"现有支柱产业—战略性新兴产业—未来产业"有机更新的迭代产业体系。大力发展战略性新兴产业，打造具有全球影响力的信息技术产业基地、生命健康产业基地和国内重要的智能制造产业基地。着眼于未来10—20年全球产业发展前沿，超前谋划未来产业，抢占发展制高点。促进先进制造业与互联网的深度融合，推动智能制造水平提升，强化工业互联网基础设施建设，促进工业大数据集成应用，提升企业服务型制造能力。持续推进企业技术改造，持续强化工业基础能力，不断提升工业质量品牌，大力推进绿色制造，推动优势传统产业向中高端跃升。引领中国先进制造业参与全球技术、品牌、标准等产业链高端环节的竞争与合作，成为具有全球影响力的高端制造业和都市工业高度集聚的先进制造业中心。

建设国家现代服务业中心。坚持高端、高效、高辐射的产业发展方向，着力提升服务业创新、集聚、辐射功能，加快构建功能导向为核心的现代服务业产业体系，重点建设国内物流供应链管理中心和全球供应链管理重要节点、中部金融中心和互联网产业金融中心、中国软件名城、国家会展之都、国际购物天堂和时尚消费中心、世界旅游目的地城市、中部公共服务中心、中部文化创意之都、世界设计之都等，着力推动"辐射半径由中部向全国延伸、服务功能由服务中心向服务枢纽转变、产业重心由劳动力和资源密集型向资本和知识密集型转变"，加快形成国家现代服务业中心和产业创新服务中心的核心功能，成为面向全球服务、体现全球价值的现代服务业中心。

(五)中部地区国际交往中心

立足国际通衢，建设国家向东向西开放的战略联接点、推动长江经济带与“一带一路”联动发展的战略枢纽，打造全方位、宽领域、多层次对外开放新格局，在更高层次上参与国际分工、国际循环、国际竞争和国际合作，提升武汉与世界对话的能力，建设国际高端资源聚集、国际通道便捷、国际交流活跃、国际化服务完善、国际影响力凸显的国际化大都市，成为面向全球的内陆开放高地。

建设国际资源整合中心。统筹利用国际国内两个市场、两种资源，深度参与国际产业竞争与合作，积极主动承接高端产业转移，吸纳全球资本、先进技术和管理经验，整合全球优势资源，大力发展总部经济，努力建设内陆外资密集区、区域性国际贸易中心，成为全球生产流通体系的重要节点。

构建对外开放平台体系。积极争取设立内陆（武汉）自由贸易试验区，推动综合保税区，保税物流中心、出口加工区等联动发展，加快电子口岸建设，扩大口岸开放范围，加强与沿海沿边口岸通关协作，构建大通关综合服务体系，建设跨境电子商务中心、全球商贸货物采购和分拨转运中心、跨境贸易中心、展示交易中心等。

大幅提升对外开放软实力。推行国际标准、国际规则、国际惯例、国际标识，建立符合国际规则的政府运作管理体系，改善国际语言环境，推进公共服务国际化，建设国际学校、国际医院、国际社区、国际购物中心等，打造多元包容的国际环境。开展“全球营销”行动，提升城市知名度和美誉度。加快外国领事馆区建设，争取更多领事机构、国际性组织、国际商会、协会和国际经贸促进机构落户武汉。拓展友城交流合作，广泛开展民间对外交往。策划和承办更多高层次国际会议会展和高水平国际赛事。

（六）长江文明传承创新中心

立足历史积淀，按照保护长江生态、传承长江文明，提升汉派文化的总体要求，加强流域生态系统修复和环境综合治理，守住生态底线，构建绿色生态廊道，深度挖掘长江文明内涵，加强流域文化交流合作，引领区域文化创新发展，改革创新现代城市治理，让长江文明成为辨识和提升武汉城市形象的核心因素，让武汉成为中华民族灿烂文化的重要承载地和集中展示窗口，让生活更美好，让市民更幸福。

建设全国重要的国际性文化名城。以“缔造从江汉起”的气派，深度挖掘楚文化、三国文化、近代工商都市文化、水文化等内涵，丰富“敢为人先、追求卓越”的武汉精神内涵，有效保护历史文化遗产和历史文化名城风貌，打造“一核两带”文化功能区，深入推进“文化五城”建设，塑造现代文明城市的精神风貌。引领区域文化创新发展，扩大国际文化交流，策划举办大河对话、长江文明论坛等，构建长江文明博物馆集群，展示大武汉更具多元文化活力的“国际范”，推动武汉成为中华文化“走出去”的重要战略基地。

建设全国生态文明建设的先行示范城市。坚持走生态优先、绿色发展之路，把改善长江流域生态环境作为最核心的任务，实行最严格的生态保护制度，加强流域生态系统修复和环境综合治理，大力构建生态廊道，推动绿色循环低碳发展，率先形成节约能源资源和保护生态环境的产业结构、增长方式、消费模式。将生态理念融入城市建设中，实施城市“蓝网”“绿网”工程，锁定江河湖泊水生态安全红线，构建郊野—城区—社区三级绿道网络，构建“两轴五环、六楔多廊、蓝绿织城”的多层次城市生态格局，打造滨江滨湖特色的生态园林城市。

推进城市治理体系和治理能力现代化。加强服务型政府建设，更好满足市民需求，努力让孩子们快乐成长，青年人乐业创业，老年人颐养天年，实现城市发展成果更多更公平惠及全体市民。充分发挥市民参与城市治理的积极性、主动性、创造性，健全政府治理和社会自我调节、居民自治良性互动的治理结构，提升市民的“武汉认同感”，让市民关注的目光拓展到城市的共同事务，增强城市共同治理的活力。

（七）具有国际美誉度的滨江滨湖宜居城市

立足滨江滨湖特色，以提升城市综合功能和市民生活质量为核心，加快构建更有活力的城市空间、更加高效的交通体系、更加智慧的现代都市、更有特色的城市风格，打造高品质宜居环境，彰显武汉江汉汇流、三镇鼎立、湖泊密布的城市格局之魂，向全世界展现武汉大江大湖大都市的大气灵秀之美。

构建有利于城市可持续发展的空间开发格局和区域腹地。固化“1+6”空间格局，贯彻“精明增长”“紧凑城市”的发展理念，推进主城“三镇三城”均衡发展、新城轴向发展、镇村特色发展，完善全域四级城镇体系，构建功能协调、安全便捷的地下空间综合利用体系。加快推进城市圈同城化、长江中游城市群一体化和长江上下游协同发展，促进中部崛起，打造武汉大都市区。

建设一流市政基础设施。按照“高起点规划、高标准建设，百年不落后”的要求，科学合理确定市政基础设施建设容量和规模，加快构建现代化、高品质的市政基础设施体系，增强市政基础设施承载力和综合服务功能。

实现城市有机更新。在城区更新改造中，更注重综合性与整体性，加强对城市空间立体性、平面协调性、风貌整体性、文脉传承性等方面的规划和管控，保护好城市特有的地域环境、文化特色、建筑风格等遗传基因，实现有思想、有灵魂的城市有机更新。

打造面向未来的智慧城市。超前布局信息基础设施，推进大数据开放共享和广泛深度应用，促进信息技术与城市发展全面深入融合，建设国内一流的信息通信枢纽和互联网中心、全国重要的信息服务和数据处理中心，打造全面感知、泛在互联、高度智能的智慧城市。

四、需要国家给予支持的政策建议

武汉建设国家中心城市，既要立足实际、主动作为，更要在湖北省委、省政府领导下，积极争取国家支持，明确武汉国家中心城市定位，加强武汉建设国家中心城市顶层设计、规划定位，让中央已经出台的优惠政策流向武汉，并按照国家中心城市的标准，指导支持武汉的规划建设，审批武汉的建设项目。

（一）支持武汉建设全球最大的内陆“轴辐式”铁水公空多式联运中心

一是支持武汉建设长江中游航运中心，给予与上海、重庆等航运中心同等的支持政策，国家层面批准《武汉航运中心总体规划》，尽快实施武汉至安庆段长江深水航道整治工程，支持开展航运金融、船舶交易、口岸服务、开放航运、多式联运等方面的创新。二是支持武汉建设全国性铁路路网中心，批准《武汉铁路枢纽总图规划》，支持“十三五”启动武汉至西安直通线工程，建设武汉至杭州高铁，支持将新的沿江高铁特别是武汉至合肥段纳入近期建设规划，将武汉至青岛、至西南等方向的高铁纳入中长期规划。支持武汉开展“安智贸”项目试点。三是支持武汉建设国际门户枢纽机场，将武汉机场作为中部地区国际航空枢纽纳入全国机场发展规划。拓展国际航线，完善航空口岸大通关及24小时常态化通关体制机制建设。启动武汉天河机场四期和第三跑道规划建设，支持武汉规划建设第二机场和国际航空转运中心。四是支持共建综合交通枢纽示范城市。支持将汉阳站（新）、天河机场、航运中心等建设成为综合交通枢纽一体化衔接的典范；支持新港高速（新港长江公路大桥）项目纳入国家相关规划；将武汉作为全国“空地联运”试点城市。支持将铁路集装箱中心站迁建到阳逻港区域,谋划阳逻港至天河机场、鄂州顺丰机场快速通道。

(二)支持武汉建设具有全球影响力的产业创新中心

一是支持武汉建设综合性国家科学中心①,争取新一批重大科技基础设施落户武汉。二是支持武汉大学、华中科技大学、中科院武汉分院等在汉高校院所建设有国际影响力的大学和科研机构。三是支持武汉经济开发区开展综合开放创新试验。四是对东湖新技术开发区和武汉经济技术开发区高新技术企业在区内取得的收入定期减免所得税,自取得第一笔生产经营收入所属纳税年度起,第一年至第二年免征企业所得税,第三年至第五年按照25%的法定税率减半征收企业所得税。

(三)支持武汉建设具有国际竞争力的经济中心

一是支持武汉建设国家先进制造业中心,在"迭代产业体系"的重大战略项目和基础工程安排上优先向武汉倾斜。二是支持武汉开展国家服务业综合改革试点,深入推进国家服务贸易创新试点、国家物流创新发展试点,支持武汉设立跨境电子商务试验区,开展国家云计算服务创新发展试点、市场采购贸易试点,加快建设国家级旅游业改革创新先行区,创建联合国教科文组织"设计之都",国家各类产业引导基金加大对武汉的支持。三是支持武汉打造一批区域性和全国性资源要素交易平台,建设全国资源要素配置中心,积极推进大宗商品交易市场、全国综合性期货交易所、全国性大数据交易中心、全国碳排放权交易市场及碳金融中心、全国知识产权与专利交易中心等要素市场建设。四是支持武钢转型发展,支持青山区享受国家老工业基地改造城市政策。五是对鼓励类产业的企业,比照西部大开发的税收优惠政策,减按15%的税率征收企业所得税。六是降低财政上缴比例,给予地方更多的自主财力和财权。

(四)支持武汉建设中部地区国际交往中心

①国家科学中心是国家组织尖端研究、集聚创新资源的基地,是国家创新体系的基础平台、科学研究的制高点、经济发展的源动力。《中华人民共和国国民经济和社会发展第十三个五年规划纲要》中提出"依托现有先进设施组建综合性国家科学中心",《北京市国民经济和社会发展第十三个五年规划纲要》提出"全力支持配合国家科学中心、国家实验室、国家重大科技专项、重大科技基础设施和重大科学计划在京实施",《上海市国民经济和社会发展第十三个五年规划纲要》提出"建设张江综合性国家科学中心",《上海系统推进全面创新改革试验加快建设具有全球影响力的科技创新中心方案》中提出"建设一个大科学设施相对集中、科研环境自由开放、运行机制灵活有效的综合性国家科学中心""建设上海张江综合性国家科学中心"等,《安徽省国民经济和社会发展第十三个五年规划纲要》提出"创建合肥综合性国家科学中心"。

一是支持更多的外国领事机构及国际性组织落户武汉，引进国际商会、协会和国际经贸促进机构。二是支持武汉承办国家级和国际级重大赛事和展会活动，国家和各部委主办活动重点向武汉倾斜，支持武汉建设国家会展之都和国际赛事名城。三是支持武汉建设国际社区。四是支持中法武汉生态示范城设立“国家绿色发展示范区”。

(五)支持武汉在推动区域协同发展中发挥更大作用

一是强化武汉地区区域和流域管理功能。增强现有的区域或流域管理机构职能，同时通过国家、省、市共建，将首都非核心功能的相关流域或区域管理机构疏解至武汉。进一步加大各机构的统筹协调力度，在城乡统筹、产业发展、基础设施、生态文明、公共服务等方面，大力支持武汉城市圈同城化发展、长江中游城市群一体化发展，促进长江上中下游协同发展。二是适时拓展武汉行政区域，近期将鄂州、仙桃，中远期将孝感、洪湖等城市整体或部分划入武汉，或以区域托管的方式，将周边部分区域纳入武汉管理范围，进一步整合各类资源，拓展武汉发展空间。

武汉市发展和改革委员会课题组：吴远明　程旭沛　黄平利　安冬青

武汉发展战略研究课题组：刘艺璇　袁云光　叶传忠　付　兴　胡爽平　梁圣蓉　吴　怡　聂佩进　张云龙

武汉市社会科学院课题组：程　进

“十三五”规划：武汉未来发展的宏伟蓝图

袁云光

《武汉市国民经济和社会发展第十三个五年规划纲要》已正式发布。目标宏大、内容详实的蓝图已跃然纸上，未来5年，武汉将有什么大的变化，又有什么质的飞跃，2020年的武汉，将是怎样的面貌，又有什么新的跨越，令人充满期待。

一、规划编制程序更加规范严谨

聚集各方智慧、形成广泛共识，聚焦突出问题、解决明显短板，是“十三五”规划编制工作的基本原则。围绕这一基本原则，”十三五”规划形成了一套更加科学、规范、严谨的编制程序。一是针对“十三五”时期重大发展环境、发展阶段、发展战略、发展举措的变化，开展了63项重大前期课题研究；二是组织开展了全社会为“十三五”规划建言献策活动，共收到各类建言献策近千条；三是推进了各区、各部门68个专项规划和区域规划编制工作，为编制规划纲要打下了坚实基础；四是充分衔接了全市关于建设国家中心城市、复兴大武汉的战略部署、“武汉2049”建设世界城市的远景战略谋划、全市2021年“万亿倍增”发展的战略目标和全市建设国家创新型城市动员大会精神；五是加强了与相关部门和社会各界对接，先后多次向市人大、市政协专题汇报，先后多次召开各区各部门征求意见建议座谈会，先后多次举行专家咨询会；六是规划编制认真落实“政府要与企业一起编规划”的要求，在规划编制过程中专题调研了相关企业；七是规划纲要在市人大会通过后，还按照国家发改委的通知要求，又进一步与国家和湖北省“十三五”规划进行了充分衔接；八是规划在充分吸纳市两会意见建议和省发改委意见建议后，由市人民政府报请市人大批准在《长江日报》进行了全文发布。

二、规划从草案到正式发布进行了认真修改

在武汉市两会期间，市人大代表、市政协委员对规划草案提出了许多好的意见建议，主要在以下方面：一是建议高度重视国家发展方向和发展战略的新动向，进一步加强与国家发展战略的紧密衔接，重视国家战略任务在武汉"十三五"规划的落地；二是建议进一步突出解决人民群众普遍关心的就业、教育、社保、医疗、住房等公共服务中存在的明显短板，加强这些领域的规划指标的要求；三是建议强化创新驱动作为武汉转型发展的核心战略，在建设有国际影响力的产业创新中心、国家创新型城市、全面创新改革试验、发展战略性新兴产业、推进供给侧结构性改革等方面加大力度，特别是加大体制机制改革和人才培育引进的力度；四是建议进一步注重环境质量的改善，注重生态底线、空气质量的控制和山体、水环境的保护；五是建议进一步加大城乡统筹发展力度，推进新型城镇化，推进城市空间布局的优化；六是建议进一步加大对外开放和城市文化建设的力度，增强武汉的国际影响力和文化软实力。规划编制组认真研究和吸纳了这些意见建议。

从指标方面来看，微调了"十三五"规划主要指标体系。约束性指标方面，根据"约束性指标与省规划保持一致"的要求，增加了"城镇基本医疗保险参保人数""每千人老年人口养老床位数"2 个一级指标作为约束性指标。预期性指标方面，取消了"科技进步贡献率"、对外贸易总额(含服务贸易)2 个预期性指标。省科技厅认为科技进步贡献率"不适合省、市非独立经济体"。我市服务贸易创新试点实施方案中提出到 2020 年全市服务贸易进出口总额超过 200 亿美元，全市服务贸易总额高于全省规划中服务贸易总额总额，还需要进一步加强衔接。调整后的"十三五"主要指标体系一级指标数量仍然为 29 个，其中约束性指标由 13 个调整到 15 个，预期性指标由 16 个调整到 14 个。

三、规划面临的新环境、新趋势和新要求

与以往的规划时期相比，"十三五"规划时期国际、国内环境变化显著，我们面临一系列的新趋势、新机遇、新挑战。一是世界经济还徘徊在后金融危机时代的深度调整和曲折复苏中，国际环境复杂多变，经济全球化放缓而国际竞争加剧。二是新一轮科技革命和产业变革孕育新的突破，将导致社会生产方式、制造模式、生产组织方式等方面的重要变革。三是我国经济发展进入新常态，呈现速度变化、结构优化、动力转换三大特点，我们面临经济下行压力较大、传统要素优势减弱、生态环境约束趋紧、社会不稳定因素增多的新的发展环境，需要我们全方位应对新速度、形成新结构、激发新动力、构建新体制。四是“十三五”时期，是武汉率先全面建成小康社会决胜阶段，是推进经济总量“万亿倍增”、建设国家中心城市的关键阶段。要求我们看到武汉的城市特色，瞄准武汉的竞争优势，抓好事关全局的战略重点。五是“十三五”时期，多重国家战略机遇叠加武汉，保持持续较快发展又有新的支撑条件。长江经济带战略赋予武汉建设长江中游航运中心和引领长江中游城市群发展的重任；全面创新改革试验和国家创新型城市建设，有利于强化体制创新和有效供给，促进大众创业、万众创新；国家新型城镇化综合试点、武汉城市圈科技金融改革创新等国家战略推进实施，有利于发挥内需前沿阵地优势，拓展新的发展空间。

四、规划的战略重点、重大举措更加明确

(一)五大发展理念贯穿始终

在武汉“十三五”规划谋篇布局中，中央提出的创新、协调、绿色、开放、共享五大发展新理念成为贯穿始终的主线。五大发展理念在规划中，针对武汉实际，聚焦武汉需要面对和解决的突出问题和明显短板，每一条都有落脚点。

创新发展方面，规划提出要把创新作为引领发展的第一动力，要加大全面创新改革试验的力度，提高产业创新能力，规划重点部署了未来五年武汉建设具有全球影响力的产业创新中心的各项任务。

协调发展方面，规划结合武汉特大城市的特点，强调转变城市发展方式，把协调发展作为实现更高水平和更高层次的内在要求，协同推进新型工业化、城镇化、信息化、农业现代化和绿色化同步发展，推动城市硬实力和文化软实力同步提升。

绿色发展方面，规划把绿色作为增强可持续发展能力的必要条件，顺应市民对美好生活环境的高标准、严要求，坚定走生产发展、生活富裕、生态良好的文明发展道路，推动人与自然和谐共生，共建美丽生态宜居家园。

开放发展方面，规划把扩大开放作为武汉新一轮发展的重要支撑，要求培育国际合作和竞争新优势，塑造城市国际化新形象，开辟更大发展空间。

共享发展方面，规划把增进市民福祉、促进人的全面发展作为发展的出发点和落脚点，坚持民生优先，深入实施民生工程，筑牢民生保障底线，维护社会公平正义，实现好、维护好、发展好最广大人民根本利益。

（二）三个升级版引领未来

一是全力打造经济升级版。促进发展动力升级和产业结构升级。把创新摆在武汉发展全局的核心位置，深入实施创新驱动发展战略，推进以产业创新为核心的全面创新。东湖国家自主创新示范区基本建成世界一流科技园区，创新创业生态环境达到全国领先水平。承担一批国家重大专项任务，推进一批重大战略项目，建设一批功能性创新平台。到 2020 年，高新技术产业增加值占地区生产总值比重 25%，研究与试验发展经费支出占地区生产总值比重 3.5%；大力提升工业化和信息化、制造业与服务业、一二三产业融合发展，产业迈向中高端水平，形成一批具有全国影响力的行业龙头企业，培育一批战略性新兴产业成为新的支柱产业，推进国家创新中心、先进制造业中心和商贸物流中心建设。形成两个产值过 5000 亿元产业和若干过 2000 亿元产业，服务业增加值占地区生产总值比重提高到 55%。

二是全力打造城市升级版。促进城市功能升级和城市品质升级。基本形成三镇三城、“1+6”城市空间布局，基本建成支撑城市可持续发展的基础设施体系，构建畅达、高效、舒适、安全的立体交通网络，进一步提升全国综合交通枢纽地位，实施信息基础设施工程、大数据战略和“互联网 +”行动计划，智慧城市建设走在全国前列；进一步彰显武汉滨江滨湖特色，增强生态环境承载力，不断扩大汉派文化影响力，增强城市文化软实力，不断提高城市生活舒适度、便捷度，不断提升城市国际化水平，不断提升城市影响力和美誉度。

三是全力打造民生升级版。促进民生保障升级和社会治理升级。加快建设幸福武汉，让市民在共建共享发展中有更多的获得感和幸福感。要求基本实现基本公共服务均等化，各项民生保障能力再上新台阶，大幅提升社会保障水平，城乡居民收入增长与经济增长保持同步，率先实现精准脱贫任务；全面重构超大城市基层社会治理体系，基本实现社会由管理向治理转变，法治城市建设走在全国前列，形成全民共建共享的社会治理格局，社会更加和谐稳定。

（三）基本建成具有全球影响力的产业创新中心

规划明确了基本建成具有全球影响力的产业创新中心和国家创新型城市的战略目标，围绕激发发展新动力、拓展发展新空间、构建创新发展新体制，明确了系统推进国家全面创新改革试验的战略任务。规划坚持需求导向和产业化方向，沿着产业链部署创新链，完善人才链、资金链和政策链，加快构建以企业为主体、“五链统筹”的产业创新体系。不断完善以战略性新兴产业为引领，现代服务业和先进制造业为支撑的新型产业体系。进一步转变政府职能，加大简政放权、放管结合、优化服务力度，提高行政效率和公共服务能力。

规划重点推进支撑产业创新中心的六大计划：

一是实施“产业创新能力倍增计划”。按照“五链统筹”要求，以推动科技创新为核心，大力发展新型研发机构，打造世界级新兴产业研发中心。加大企业研发机构培育引进力度，积极发展产业技术创新战略联盟，合力建设一批国家技术创新中心。“十三五”时期，武汉市全社会研发投入、科技园区、创新平台、研发机构、人才资本要素等规模数量和创新能力实现倍增发展。

二是实施“市场主体倍增计划”。要一手抓领军企业的培育引进，大力实施“领军企业计划”，一手抓高成长性民营中小企业的发展，大力实施“小巨人计划”，建立递进式企业成长促进政策体系，打造一批创新能力强、市场占有率高、价值品牌高的细分行业“单打冠军”。还要大力实施“精准服务企业工程”，完善“线上线下”行政审批办事流程，能在网上办理的都要上网，进一步明确市、区、街三级服务企业的责任分工，建立信息化服务流程，做到精准高效服务企业。

三是实施“战略性新兴产业倍增计划”。着重围绕信息技术、生命健康、智能制造三大产业，加快布局重大产业项目，着力打造具有全球影响力的信息技术产业基地、生命健康产业基地，国内重要的智能制造产业基地。大力发展新能源、新材料、节能环保、商用航天、通用航空等新兴产业。超前谋划布局人工智能、无人机、无人驾驶汽车、3D 打印、可穿戴设备、石墨烯材料、生物质能等未来产业。同时，大力实施“武汉制造 2025”行动，加大供给侧结构性改革力度，加快推进现有支柱产业转型升级。

四是实施“现代服务业倍增计划”。推动生产性服务业向专业化和价值链高端延伸、生活性服务业向精细和高品质升级，增强武汉跨行政区域配置要素资源、服务生产生活功能。要大力建设国家物流枢纽、国家商贸中心、国家级会展中心、世界设计之都、国家旅游中心城市和中部金融中心。

五是实施“创谷”计划。全面推进众创、众包、众扶、众筹等新型创新创业模式，构建一批低成本、便利化、全要素、开放式的众创空间，创办一批智谷空间、创客空间等新型孵化器，打造一批创新创业街区和创新创业园区。大力培育创客文化，营造创新创业社会氛围，形成“大众创业、万众创新”的生动局面。

六是实施“城市合伙人”计划。深入实施人才优先发展战略，大力培育引进集聚创新创业者和创业投资人作为“城市合伙人”，实施人才引育工程、天使助力工程和服务提升工程，努力把武汉建成全国最具影响力的产业人才聚集高地、创业投资高度活跃的天使之城、开放包容高效的创新创业中心。

(四)率先全面建成小康社会

“十三五”规划是全面建成小康社会的收官规划，规划紧紧围绕全面建成小康社会存在的短板，在强化政府保基本责任，着力抬底部、促公平、提质量等方面，在社会事业发展、生态环境保护、民生保障等存在明显短板的方面，做了一系列有效的制度安排，切实筑牢民生保障底线，着力提高发展的协调性和平衡性。

一是着力改善生态环境质量。良好的生态环境，是提升人民生活质量的重要内容，也是全面建成小康社会应有之义。规划坚持绿色富市、绿色惠民，将生态文明建设放在更加突出的战略地位，深入实施“拥抱蓝天”工程，全力推进“拥抱绿水青山”行动，全面启动“净土”计划，实施城市绿网、蓝网工程，切实改善生态环境质量，打造滨江滨湖特色的生态园林城市，积极创建蓝天常在、青山常在、绿水常在的环保模范城市。

二是着力提高社会文明素质。全面建成小康社会，物质需求和精神文化需求同样重要。规划坚持物质文明和精神文明协调发展，坚持用社会主义核心价值观凝聚共识、汇聚力量；强化文明城市建设只有起点、没有终点，永远在路上的意识，建立健全长效机制，推动文明城市建设工作常态化、制度化；深入实施文化强市战略，深化“文化五城”建设，丰富公共文化产品和服务，完善公共文化服务体系，促进文化与科技、与经济融合发展，文化事业与文化产业并进发展，增强文化自觉，树立文化自信，彰显武汉精神。

三是着力提高人民生活质量和水平。发展的目的是让人民过上好日子。规划注重解决人民最关心最直接最现实的利益问题，努力建设共建共享的幸福武汉。

规划全面实施脱贫攻坚工程，要求构建政府、社会、市场协同推进的大扶贫格局，实施产业扶持、技能培训、助学扶智、医疗救助、低保五保兜底“五个一批”脱贫措施，全力打赢精准扶贫攻坚战，到 2018 年，确保全市贫困人口全部脱贫销号，全市 271 个贫困村居民人均可支配收入超过全省平均水平 70%。

就业是民生之本、稳定之基，规划实施更加积极的就业创业政策，鼓励以创业带动就业，加强职业培训，着力解决好高校毕业生、农村转移劳动力和其他重点人群就业问题，“十三五”期间，平均每年新增城镇就业 18 万人左右，成功创业 10 万人以上。

规划在稳步提高居民收入基础上，积极推进收入分配结构调整和优化，努力缩小收入差距，要求明显增加低收入劳动者收入，扩大中等收入者比重，促进城乡、行业及社会成员间收入分配关系更加合理，基本形成“橄榄形”收入分配结构。

规划实施社会保障提升工程，按照全覆盖、补短板、保基本、多层次的方针，建立更加公平可持续的社会保障制度，扩大保障范围，提升保障水平，切实保障民生幸福。

对教育、医疗健康、住房保障、药品食品安全、养老服务、特殊人群权益保障等民生问题进行了全面规划，使公共服务体系更加健全。

“十三五”时期，是武汉率先全面建成小康社会决胜阶段，是推进经济总量万亿倍增、建设国家中心城市的关键阶段。规划要求我们以更强的责任担当，更大的改革魄力，更广的开放胸怀，更实的创新精神，主动作为，积极进取，努力实现经济社会发展的新跨越，把武汉建设成为更具创新活力、更有文化魅力、更加绿色宜居、更加包容共享的现代都市，为建设国家中心城市、复兴大武汉奠定坚实基础。

作者系武汉发展战略研究院副院长、研究员

关于打造武汉“城市升级版”的战略研究

武汉发展战略研究院课题组

一、打造武汉“城市升级版”政策来源及概念界定

(一)打造武汉“城市升级版”的政策来源

《武汉市国民经济与社会发展第十三个五年规划》提出,“十三五”时期,武汉将全力打造经济、城市、民生“三个升级版”。其中,打造“城市升级版”是武汉致力在新时期取得新发展的重大战略之一,主要着眼于“城市功能升级”与“城市品质升级”。“十三五”规划中的相关内容是目前对武汉打造“城市升级版”这一政策最为权威的描述(如表1所示)。

表1 武汉“十三五”规划中有关“城市升级版”的描述

城市升级版	城市功能升级:三镇三城、“1+6”城市空间布局基本形成。支撑城市持续发展的基础设施体系基本建成,全国综合交通枢纽地位进一步提升。智慧城市建设走在全国前列。国际化水平大幅提升
	城市品质升级:中国梦和社会主义核心价值观深入人心,汉派文化影响力不断增强,文明武汉建设取得新成果。滨江滨湖城市特色更加鲜明,生态环境承载力不断增强,城市生活舒适度、便捷度不断提高,生态宜居武汉建设走在全国前列

武汉打造“城市升级版”这一战略的最终提出,并非一日之功,大致经历了“城建攻坚”到“经济、城市两个升级版再到“经济、城市、民生三个升级版的演变过程。

城建攻坚:2011 年开始, 武汉陆续出台了推动城市建设与发展的五大计划,分别是“工业倍增计划”“城建攻坚计划”“自主创新能力提升计划”、“服务业升级计划”和“国际化水平提升计划”。其中“城建攻坚计划”力争通过五年左

右的攻坚，实现交通通达能力和人居环境走在全国城市前列，形成科学集约的空间结构、山水人文的城市环境、畅通高效的交通条件、绿色低碳的两型特色、优质可靠的市政网络，基本建成中部第一、国内一流的城市基础设施体系，实现城市的高效率和高效益。实现城市空间结构、综合交通枢纽功能、城市交通基础设施功能、城市生态环境品质、城市园林绿化品质、工程设计和建筑品质等“六大提升”。

“经济、城市两个升级版”：2015 年 11 月底，武汉市十三届人大常委会第 33 次会议召开，听取和审议了武汉市政府关于“十三五”规划编制情况的报告，报告提出了全力打造“经济和城市两个升级版”的发展目标，城市升级版立足于建设美丽武汉，以“增强功能，提升品质，完善服务，改进治理”为核心，涵盖了城市规划、设施建设与管理、生态建设、文化建设、对外开放、公共服务、社会治理等方面的内容。

“经济、城市、民生三个升级版”：2015 年 12 月底，武汉召开了市委十二届九次全体（扩大）会议暨全市经济工作会议，全会审议通过了《中共武汉市委关于制定全市国民经济和社会发展第十三个五年规划的建议》，确定了未来 5 年全力打造“经济、城市、民生三个升级版”的发展目标。城市升级版主要包括城市功能升级、城市品质升级两方面内容。城市功能升级将重点放在提升城市综合规划水平、提升全国综合交通枢纽地位、提升城市设施建设与管理水平、提升国际化水平等四个层面。而城市品质升级则涵盖了城市文化建设和生态建设的内容。相比之前的城市建设相关定位和内容，此次的城市升级版与经济升级版、民生升级版共同构成了武汉市“十三五”期间甚至更长一段时期发展战略体系。

（二）打造“城市升级版”的概念界定

通过对打造“城市升级版”这一战略政策及其来源的解析，我们认为其概念界定需要注意三大要点：一是打造“城市升级版”中的“城市”是一个相对狭义的概念，主要集中在规划、建设、管理以及相关领域，与经济、民生是相互并列又相辅相成的关系，同时也是经济与民生的空间载体。二是打造“城市升级版”不同于一般意义上的城市建设，如果说日常的城市建设是一个量变的过程，那么“城市升级版”则属于量变到某一阶段后飞跃质变的范畴。三是应将国家中心城市乃至世界城市的建设作为武汉城市升级所围绕的核心，武汉“城市升级版”应体现国家中心城市乃至世界城市的特点。

基于以上的认知，我们认为打造武汉“城市升级版”是着眼国家中心城市乃至世界城市的建设目标，应对新时期城市发展的新要求，围绕城市规划、建设、管理以及相关领域的工作，致力于城市功能和城市品质的提升，形成能全面适应与促进新时期城市经济与民生升级的空间载体。

二、打造武汉“城市升级版”的重大意义

打造“城市升级版”是武汉尊重城市发展规律，立足资源禀赋，围绕国家中心城市建设、世界城市建设发展目标和战略定位，推进城市规划、城市建设与城市管理的重大转变，着力提升武汉城市功能和品质、充分彰显城市特色的重大工程，对推动经济社会可持续发展，加快大武汉复兴，推进全国区域协调发展都具有重大的战略意义。

（一）打造城市升级版是武汉立足自身禀赋与实际，推进武汉经济社会协调可持续发展的必然要求

人类社会发展的实践证明，城市人口的集中化布局、产业的集聚化发展、基础设施和公共服务的集约化提供，为优化社会分工和协作，加快生产力发展和升级，提高城市人居环境提供了有利的条件和平台。因此，武汉城市升级则成为经济升级和民生升级得以顺利实现的空间载体。武汉作为我国中部地区的中心城市，经济总量超万亿，人口过千万，中部崛起、“一带一路”、长江经济带等国家战略赋予武汉重要的城市功能定位。然而，由于武汉历史欠账较多，城市化程度还比较低，城市建设水平还不够高，还不能完全满足人民群众日益增长的物质文化需求。面对新形势新要求，武汉仍然存在规划不合理、城乡发展不协调、交通拥堵、环境污染、文明程度不高、开放水平不够等问题，这也成为阻碍武汉经济社会协调发展，更好地承担国家发展战略的重要因素。为此，只有加快打造城市升级版，做好做优经济和民生的空间载体，才能形成经济、城市、民生三个环节和谐共生、共荣的发展局面，才能进一步推动武汉经济社会协调可持续发展。

（二）打造城市升级版是武汉加快国家中心城市建设，复兴大武汉的必然选择

武汉曾一度“驾乎津门、直逼沪上”，更曾被誉为“东方芝加哥”，但也曾一度被冠以“全国最大的县城”的头衔，在相当长的一段时期内，在城市建设方

面，与大城市和国家中心城市的定位相比，武汉城市建设欠账较多，在城市规划建设、文明、开放及宜居水平方面与北京、上海、广州等先进城市相比差距较大，大于经济差距。2016 年，国务院正式批复支持武汉建设国家中心城市，但国家中心城市必定是居于国家战略要津、体现国家意志、肩负国家使命、引领区域发展、跻身国际竞争领域、代表国家形象的特大型都市，必须是国家组织经济活动和配置资源的中枢，是国家综合交通和信息网络枢纽，是国家科教、文化、创新中心，必须具有国际影响力和竞争力，必须是国家城市体系中综合实力最强的“塔尖城市”。而这一系列功能只能依托城市这个空间载体才能得以实现，打造“城市升级版”也成为武汉加快国家中心城市建设、复兴大武汉的必然选择。

（三）打造城市升级版是武汉承担国家发展战略，推进区域协调发展的题中应有之义

承担国家发展战略，推动区域协调发展，提升国家整体实力需要众多的战略平台作为支撑，武汉地处我国腹地中心，是中部六省唯一的副省级城市，也是国务院批准的国家中心城市，在我国业已形成的中部崛起、长江经济带、一带一路、西部大开发等多层次战略共同推进的发展大格局中，武汉具有承东启西、接南转北的枢纽作用，被誉为“中国经济地理中心”。进一步发挥武汉区位优势，担当国家战略，这已不仅仅是“敢为人先、追求卓越”的武汉人民的心愿，更是国家及全国人民对武汉的寄托。长江中游国家级城市群建设，需要武汉发挥区域核心引领作用；长江经济带协同一体化发展，需要武汉在挺起长江经济带脊梁中发挥更大的支撑作用；认识和引领新常态推动转型发展，需要武汉在创新发展和动能转换上走在全国前列；构建陆海统筹、双向开放新格局，需要武汉凸显战略叠加优势建设内陆地区开放新高地。空间载体的建设质量，直接决定了武汉担当作为的能量大小，为此，要更好地承担一系列的历史重任，必然要求武汉在城市功能升级和城市品质升级中迈开更大的步伐，有更大作为。

三、国内外中心城市发展的一般规律和趋势

鉴于武汉打造“城市升级版”是以国家中心城市和世界城市建设为目标来进行的，因此，对国内外的“中心城市”——东京、伦敦、纽约、北京、上海等城市发展的一般规律和趋势进行深入分析是非常有必要的。

这些中心城市虽然在不同的历史环境、社会经济、城市体系和政治背景中

成长起来，作为中心城市的能级也有所不同，但在其功能演进和城市发展的过程中均存在着一些共同的规律和发展趋势。特别是进入到21世纪，这些城市对未来的理想状态表现出一种不约而同的认知，这种认知在这些城市所编制的面向未来的城市发展愿景规划中得到了充分的体现。比如《悉尼2030规划》提出“建设更加生态化、国际化、网络化的都市”。《纽约2030规划》提出“创造一个更绿色、更美好的城市”，重点谋求居民生活幸福感的提高和城市竞争力的提升。《芝加哥2040规划》中，提出“建设更加宜居与更具竞争力的地区，包括提升全球竞争力、建立宜居社区、营造健康的自然环境、保持多样性和建立协作的城市管治机制”。我国的上海在《上海市城市总体规划(2016—2040)》中也提出建设“迈向卓越的全球城市，打造创新之城、人文之城、生态之城”。

从这些城市的发展愿景中我们可以看到，作为区域、国家乃至世界的中心城市，早已完成了规模的扩张、面积的增加、速度的提升等过程。随着经济发展水平的逐步提高和社会发展的逐步成熟，这些城市更加看重的是以“人”为主体的城市功能的提升和城市品质的提高，更加强调开放、效率、生态、特色、细节，强调人的感受。将这样的城市作为经济与民生的空间载体，才能更大程度地去集聚资源和人才，才能更大程度地去提高城市竞争力，从而发挥区域、国家、乃至世界中心城市的作用。而这正是武汉在打造城市升级版，建设国家中心城市和世界城市的过程中需要不断吸取与学习的经验。

(一)趋向于依托更加网络化的区域腹地促进城市持续发展

历史的经验表明，国内外的中心城市，无一不是经历了从初级孤立的“点”状发展逐步走向“网络”状发展这一过程，通过更加开放及广泛的区域联系和空间整合来增加自身竞争力，最终形成以中心城市为核心的大都市圈、巨型城镇群等。

一是城市与腹地之间形成了有效的分工合作。比如以纽约为中心的美国东北部“波士华”城市群，包括纽约、费城、巴尔的摩、华盛顿等城市，各城市分工合作，紧密地联系在一起。除了核心纽约之外，费城是美国主要的炼油中心和钢铁、造船基地，波士顿是文化教育城市，拥有哈佛大学、麻省理工学院等著名大学，华盛顿是首都。

二是城市与腹地在基础设施、公共设施、环境保护等领域实现一体化发展。比如，东京与东京都市圈的一体化发展很大程度上得益于区域内以东京都为中心、密集分布的轨道交通网络，也得益于在东京都市圈规划中提出的“东京湾的统一协调利用”“推进大区域防灾协作”“致力大气污染的协作对策”“固体废弃物的协作处理”“推进首都圈内信息共享”等多项战略合作政策。又如，北京为了实现与周边区域的协调发展，在交通基础设施、生态保护、城镇化和科教合作等方面，也已经和周边的河北、天津签署了多份合作协议。

(二)趋向于设定更加集约、紧凑与睿智的城市增长路径

中心城市往往是一个国家城镇化水平最高的地区，随着这些城市的城市化水平的提高以及城市化速度的逐渐变缓，过去外延扩张式的城市空间增长模式注定要转为内涵提升式。这些城市更加强调“精明增长”与紧凑发展，强调对公共空间、农业用地和自然景观的充分保护，强调土地的集约高效利用，强调城市空间结构的优化。

一是划定城市增长边界，防止城市无序蔓延。比如伦敦在建设新城的同时，在中心城和新城之间设立了约8~15公里绿环进行隔离。而且专门制定了《绿带法》，依法进行绿化隔离带管理，严格控制开发建设和中心城的增长。北京在2015年最新修订的城市总体规划中也提出，为遏制城市“摊大饼”式发展，划定城市增长边界和生态保护红线，分区制定差别化的管理政策，引导国土空间合理布局。

二是建设独立新城，优化市域空间结构。早在20世纪40年代，伦敦就开始通过在中心城外围建设相对独立的新城，向外疏解伦敦中心城的产业、人口以及部分城市职能，应对不断城市化带来的人口膨胀、交通拥挤、环境污染等大城市病。并且通过《新城法》和其他相关法案从国家政策上明确了这一发展思路。随后，伦敦建设新城的思路也纷纷被世界各国所效仿和借鉴。东京、巴黎等城市均采取在中心城外围建设各具特色且职住平衡的新城的方式，来疏散市中心区高度密集的人口，从而实现更加可持续的发展。

三是设置更高效的城市功能区，支撑产业升级。一方面，这些城市功能区代表了中心城市核心竞争力。比如纽约的曼哈顿、东京的银座，伴随着多年的发展，这些地方已经成为控制全球经济活动的中枢，银行、企业总部、政府及社会机构林立。另一方面，这些城市功能区也在通过职能的转换与升级，来引领城市的发展。比如伴随着首都钢铁集团的搬迁，北京市石景山区提出建设首都休闲娱乐中心区（CRD）的发展战略，打造服务北京，引领全国，面向世界，以三

外人群（外区、外地、外国）为主要服务对象的休闲娱乐消费中心，成功地解决了首钢搬迁后石景山地区城市功能空心化的问题，完美实现了城市功能的转换与升级。

四是充分利用立体空间，满足城市发展对空间的需求。比如东京，随着人地矛盾的不断激化，该城市的公共空间不断向地上、地下延伸，实现土地集约化、混合化以及立体化发展。最为典型的是位于东京核心区占地 11.6 公顷的六本木新城，地上最高 54 层，地下 6 层，整个新城汇集了酒店、住宅、影城、电视台、艺术中心、广场、公园、商业、地铁、公路、人行通道等大量建筑和设施，成为多层次立体的城市公共空间系统。特别是其地下空间，被整体规划为文化娱乐、商业、餐饮、停车场、地下通道、辅助设施与设备等功能空间，做到充分利用。

（三）趋向于建设更加开放的交通枢纽和区域门户

中心城市作为区域物流资源的集散地，便利的交通区位是其社会经济发展必不可少的条件。世界上所有的中心城市无不同时也是一定区域范围内的交通枢纽和门户，对外交通非常发达，并且将多种交通方式叠加交汇的枢纽优势发挥到极致。

一是建设发达的对外交通设施。比如美国的芝加哥是沟通全美经济流转的枢纽。它是美国最大的铁路枢纽，12 条公路干线交汇于此，是州内公路系统的中心，与此同时它也是五大湖地区的重要港口，其城西北的奥黑尔国际机场是美国面积最大、客运最繁忙的机场。依靠良好的区位优势和交通优势，芝加哥的制造业、零售业、服务业得以迅猛的发展，被誉为全球十大最富裕的城市。

二是大力发展枢纽型经济。比如，上海虹桥综合交通枢纽将高速铁路、航空、城际铁路、磁悬浮、城市轨道交通、高速巴士、出租车多种交通方式紧密结合在一起，无论是汇集的交通方式的数量还是规模，在国际上都是前所未有的。而且依托虹桥综合交通枢纽建设的虹桥商务区，推动周边区域城市功能的发展，形成枢纽都市区，大力发展枢纽型经济，为上海承接全球总部经济空间的转移，融入长三角一体化发展，作出了重要的贡献。

（四）趋向于建设更加高效智慧和安全的基础保障

中心城市相对其他城市拥有更为庞大的人口，汇集了更多的大型公共设施，往往承担着重要的国家甚至世界节点的功能，具有较高的城市能级。为了保障这类城市出行的方便性、快捷性，运行的高效性和安全性，对基础设施提出了更高的要求。

一是构建通达便利的交通环境。第一，这些城市通常有较高的城市道路占用面积、人均道路面积和城市路网密度。比如纽约曼哈顿面积不到 70 平方公里，但却拥有 240 多条街道，街道和街道之间的距离只有 100 米左右。第二，这类城市的公共交通往往非常发达，地铁、轻轨是城市公共交通的主体。东京、伦敦、纽约轨道交通承担城市交通客运量的比例分别为 86%、35%、54%。武汉目前仅为 25%左右。东京市中心、伦敦市、纽约市的轨道交通网密度分别高达 1010 米 / 平方公里、740 米 / 平方公里以及 410 米 / 平方公里。武汉目前约为 14 米 / 平方公里。第三，这些中心城市也往往会积极地通过制度约束来应对城市规模较大带来的交通堵塞的困扰。比如伦敦对部分通道、中心区等地区实施高峰期道路拥堵收费，以减轻城市中心区交通压力。我国香港地区对购车者征收 40%~60%的汽车首期登记税，每年按照排量核定牌照并收取牌照费。

二是建设智慧化的基础设施。2009 年，上海在全国率先建设了“城市光网”，2010 年，上海在世博会期间进一步加强了在网络通信基础设施方面的建设，并实验了“智慧城市”在世博安保、智慧交通与便民服务方面的应用。2013 年，广州市政府与广东联通签署了《加快推动“智慧广州”建设战略合作协议》，全面推进通信基础设施建设，打造了以智慧民生为特色的智慧城市建设模式。北京作为全面推进“智慧城市”建设的典型，在应急安全、交通、环保、水务、园林、农业和卫生等多个领域的基础设施信息化建设方面都取得了巨大的进展。

三是打造城市安全保障体系。东京是世界上在城市安全体系建设方面最为成功的中心城市之一。一方面，东京的城市规划充分考虑各类防灾空地和设施的均衡分布，力图把大都市的安全隐患及可能造成的危害降到最低。另一方面，作为自然灾害相对频繁发生的城市，东京通过城市中的各级社会组织的营建以及形式多样的防灾培训，使城市综合防范机制得到进一步强化。另外，世界各国的中心城市也纷纷制定专业规划，应对城市发展中面临的各种可能存在的危险。比如英国伦敦于 2011 年发布的《管理风险和增强韧性规划》，应对持续洪水、干旱和极端高温带来的风险。美国纽约 2013 年发布的《一个更强大、更有韧性的纽约规划》，应对城市面临的洪水及风暴潮的危险。

(五)趋向于构建更加人性化和品质化的城市空间

世界上的中心城市无一不是人才聚集的城市，也正是依靠源源不断的人才资源,才能使得这些城市更加有竞争力。城市空间的优劣直接关系到人们的生活质量和人们对所居住生活城市的归属感。因而,这些城市也越来越注重城市空间的人性化与品质化。

一是建设舒适安全的慢行空间。世界上的中心城市都普遍经历了过度机动车化带来的交通堵塞、环境污染的困境,从而开始对传统的“以车为本”城市规划与建设理念进行反思。“以人为本”的思潮开始成为主流,舒适安全的慢行空间成为各大中心城市所钟爱的对象,也是体现城市品质的重要因素。比如，2003 年韩国首尔将清溪川地区长约 6 公里的高架道路进行拆除，对原有河道进行恢复和环境治理,并结合绿化、广场、步行道、桥梁的建设创造了舒适宜人的滨水步行空间,而这一地区,成为了首尔市民休闲娱乐的好去处。又如著名的波士顿大开挖工程耗资 146 亿美元,拆除 13 公里长的高架路,改为地下隧道,恢复地面绿地和步行空间。

二是以人为本的公共设施。细节能展示一座城市的文明度以及人文关怀的深度,能体现这座城市的最高品质。而以人为本的公共设施则是城市空间中的重要细节。一方面以人为本体现在尊重人的行为习惯上,利用设计科学、布局合理的公共设施来创造适宜舒适公共空间。比如纽约的区划法规规定,每 10 平方米的广场必须配备一个座椅,整个纽约中央公园设有 9000 张左右的长椅,足够多数量设计科学合理的长椅完全满足了市民的需求。另一方面以人为本还体现在在对老弱残障的关怀上。比如东京的公共空间在关怀残疾人等弱势群体的需要方面做得非常精细。东京所有的公共场所都有较完善的无障碍设施,公交车有可以升降轮椅的装置,道口、电梯不仅设有盲文,还有语音提示系统。在东京轨道交通车站,为盲人安装的自动扶梯、电梯和指引刻板以及为残疾人改造的卫生间等设施随处可见。

(六)趋向于探索更加和谐的与生态环境共处方式

良好的生态环境可以为城市吸引更多的高端人才、科学技术和大型企业等资源,为城市的发展创造更多的有利条件,因此良好的生态环境是国家中心城市发展所必备。不可否认,一些中心城市在发展初期对城市环境造成了不同程度的破坏,但随着后工业时代的到来以及可持续发展理念被广泛传播,世界上的中心城市都开始非常重视对环境的保护，都在积极探索更加和谐的与生态环境共处的方式。

一是加大绿化建设力度,促进城市与自然融合发展。比如纽约被誉为“城市森林”,既有中央公园这样大尺度的绿地空间,也有成千上百个小尺度的森林公园。其三分之一的面积都被公园、花园、公共绿地和森林覆盖。伦敦的33个区中,每2~3个区共同负责建造一个规模较大的区级生态公园,免费对外开放,主要用作对公众进行自然教育的科普基地,使公众在游览和学习的过程中逐渐领悟到绿地对城市生活的重要性。墨尔本的城市绿化率达40%以上,共有400多个城市公园,整个城市四季常青,自然风光优美,享有“花园之州”的盛誉。

二是纷纷加大技术创新力度,来预防城市发展对环境的污染。比如20世纪90年末包括美国西雅图、波特兰等城市共同提出的一种低影响开发理念，就是一种提倡在人工系统的开发建设活动中，尽最大可能减少对自然生态系统的冲击和破坏。这种理念以暴雨管理技术为主要依托,目前在国内外众多中心城市中得到广泛的应用。

(七)趋向于彰显更加独特与丰富的城市文化魅力

中心城市对区域、国家乃至世界的影响不仅仅限于其经济方面的影响,还在于其文化的影响。世界上每个中心城市在其发展过程中都极为注重其文化的承续、特色的塑造以及历史的传承,以其独有的城市文化影响与辐射着周边的世界。

一是通过历史街区及建筑的有机更新,展示城市文化底蕴。以东京为例,从20世纪中后期开始,它的城市更新就以城市文化复兴为宗旨,并将城市目标确定为“家园城市”,以期再造魅力故乡。通过几十年的努力,东京着手对各类历史街区与建筑进行保护与更新，创造了一个现代化进程与保护古都风貌同步的神话。

二是通过设立大型文化机构与设施,提高城市文化辐射力。比如,伦敦拥有英国的著名院校——伦敦大学、皇家舞蹈学院、皇家音乐学院、皇家艺术学院和帝国理工学院等。这里还是英国报业的集中地,拥有《泰晤士报》《金融时报》等知名报刊。英国广播公司(BBC)和路透社也设于此。伦敦的大英博物馆建于18世纪,是世界上最大的博物馆,集中了英国和世界各国许多的古代文物。

三是通过开展各种类型的文化活动，增强城市文化影响力。一方面这些城市以体现传统文化和人文品味的公共节庆仪式为契机，强化人们对本市传统文化的体验与认知。比如东京较好地保留着许多传统节庆仪式——新年初一凌晨到寺庙神社的“初诣”、3月初的“花见”、5月中旬神田节、8月中旬山王节、2月回乡祭祖的“盂兰盆”节等。另一方面，这些城市也积极地开展各类现代化国际化的文化活动，与世界沟通与交流。比如在伦敦每天进行着数量超过200个的文化艺术活动，几乎每月都会有一次大型的庆典活动。诺丁山嘉年华已经成为欧洲最大的街头艺术节。

四、武汉打造“城市升级版”的现实基础与薄弱环节

近年来，武汉市作为中国新一轮以大规模城建驱动城市发展的样本，启动了“城建攻坚”“城管革命”等行动计划，策划推进一批枢纽性、功能性、网络化重大基础设施建设。在区域一体化发展、城市空间结构、综合交通枢纽功能、城市基础设施水平、城市环境保护、自然人文特色等方面取得了显著的成就。武汉的城市面貌发生了根本性变化，真正展示了“武汉每天不一样”的城市形象。

特别是2012年启动的《武汉市“城建攻坚”五年行动计划》，城建投入连续5年过千亿元，实施24项工程进行城市建设，构建武汉现代化高品质的“骨架”。建成区面积从2010年的475平方公里达到2015年的553平方公里，增长了16%。各类基础设施的建设规模也逐渐赶超国内一线城市的水平。以加速度求新求变的武汉，正在它8494平方公里的版图上向全世界展示“超大城市”的崛起。这些都为武汉升级为国家中心城市打下了坚实的基础。

然而，随着武汉推进“国家中心城市”乃至“世界城市”目标的提出，对比国内外中心城市的特点以及发展规律和趋势，武汉未来的城市建设与发展决不能仅仅满足于“速度”“规模”和“体量”，更应注重城市内涵的提升与品质的提高，注重开放、效率、质量、生态、特色与细节，注重生活与工作在其中的“人”的感受。不可否认，在这些方面，武汉仍然存在一些不足之处与提升空间。

（一）城市与周边区域合作初见雏形，但武汉的区域辐射能力亟须加强

2007年，国务院批准武汉城市圈成为“资源节约和环境友好型综合配套改革试验区”，以武汉为核心的“1+8”城市群的建设上升到国家战略的层面。2015年，国务院批复同意《长江中游城市群发展规划》，规划提出构建以武汉、长沙、南昌为中心的协调发展格局。2016年9月，《长江经济带发展规划纲要》正式印

发，武汉被规划为区域三大核心极之一，与上海、重庆共同发挥区域核心作用。伴随着多个国家级区域一体化战略的推出，武汉与周边区域合作的整体架构初具雏形。

但我们也看到，武汉与周边区域一体化程度仍然不够深入，与郑州、长沙等其他中部省会城市相比，武汉的近域腹地人口和经济密度普遍偏低，作为中心城市对周边区域的空间辐散能力亟须加强。在武汉城市圈中，武汉一直一城独大，制约了其中心城市功能的发挥，也制约了武汉向更高层级的迈进。在长江中游城市群中，武汉与其他城市的区域网络关联比较弱，作为长江中游地区的龙头和核心城市，其综合实力和水平还不够强大。

因此，武汉城市未来应将重点放在如何做精做强而不仅仅是规模做大上。集中精力进行自身核心功能提升和产业布局的调整，与周边区域的基础设施进行对接，实现公共设施的共建共享，从而真正做到辐射周边。

（二）增量空间快速向外扩张，但内部存量空间仍有待提升

近几年来，武汉城市建设的速度、规模令人瞩目，城市建设用地在数量上和空间上实现了迅猛扩张。城市建设面积从 2010 年的 520 平方公里迅速增加到 2015 年的 694 平方公里。“三镇三城”“1 个中心城区 +6 大新城组群”的大城框架初步形成，“大临空”“大临港”“大车都”“大光谷” 四大产业板块在武汉经济版图上日渐清晰。从 438 米的武汉中心大厦，到 450 米的武汉天地塔楼，到 606 米高的武汉绿地中心，武汉的制高点不断被刷新。

当然，在武汉城市规模越来越大、城市空间快速向外扩张的同时，其内部也有许多需要提升的空间。

从空间结构上来说，1+6 的空间格局还有待巩固加强。大多数新城的相关公共配套设施还较为落后，公共交通体系还不够健全，人口及产业的吸引能力不足。新城距离独立成市还有一定的距离。

从产业布局上来说，各个行政区之间还缺乏有效统筹，还存在一定程度的低水平重复；中心城区原有制造业向外转移的同时，缺少新的具有相当规模和引领城市发展能力的产业集聚区作为替代。

从城市立体空间上来说，在地上空间高度和地下空间深度不断被刷新的同时，地下空间利用在多元化、网络化、系统化、品质化方面还有待提升。

从空间品质上来说，大规模快速度的城市建设和外科手术式的城市更新

也带来了一定程度细节的缺失。城市建设在风貌整体性、文脉延续性方面有所不足，许多建筑、场地、景观在细部设计方面有待加强。公共空间中缺少对老弱病残人士的考虑，盲道等无障碍设施被占用、损毁，残障电梯、残障公厕等管理不够完善。过度机动车化带来城市空间以“车”为本，城市中心地带缺乏安全、通畅、舒适、宜人的慢行空间等。

武汉的超大城市的规模、框架与体量均已形成，未来需要我们将关注重点和工作的重心从如何加快城市的外延扩张向如何加强城市的内涵提升逐渐转变，从如何“做大、做强”向如何“做精、做细”逐步转变。

(三)对外交通枢纽地位逐步巩固，但枢纽的连通性、集成性仍然不够

近年来，武汉全面推进全国性铁路路网中心、国家重要门户机场、长江中游航运中心、高速公路网重要枢纽、国家商贸物流中心的建设，形成辐射全国、联通世界的综合立体交通走廊。铁路建设方面，武汉成为以京汉广、沪汉蓉高铁为骨干的高铁网络的高铁之心。航运建设方面，阳逻港迈入世界内河集装箱港口第一方阵，成为川、渝、陕、豫、湘等省市内外贸集装箱的重要中转港和中西部出海开放门户。航空建设方面，武汉的国际及地区航线和旅客吞吐能力均位居中部第一。

虽然武汉国家交通枢纽的地位在逐步巩固，但作为国家中心城市，其对外交通枢纽的连通性、集成性仍然不够，国家交通枢纽的优势没有得到充分的发挥。真正意义上的米字形高铁网络尚未形成，武汉沿长江至上海一带的沿江高铁仍在规划阶段，西武高铁仍在建设之中，武汉至沈阳、至西安、至贵阳等地的高铁仍需途径郑州或长沙，武汉铁路大通道往西北、东南、东北、西南等方向的能力还不足。另外，武汉的高铁站、机场、港口等铁水公空枢纽的规划布局较为分散，航空港、长江港口、高铁港各自的运作还比较独立，枢纽资源还没有得到充分整合和集成，之间的联运体系还未形成，集成效应远没有发挥出来。

在国家大力推进“一带一路”建设的背景之下，武汉应进一步加大对外交通、特别是跨境对外交通的建设投入，加强交通枢纽的集成性和连通性，提高武汉交通枢纽的国际化程度。

(四)超大城市道路交通骨架逐渐形成，但方便快捷的交通环境还未建立

近几年，武汉以重大项目为引领，城市内部道路交通建设方面取得了卓越的成绩，为迈向国家中心城市及世界城市的目标，提供了坚实的基础。超大道

路交通骨架逐渐形成,市内交通方式日趋多元。“三环六联十三射”的快速路网正在加速构建,联接六大新城组群的快速通道——四环线也正式开工建设。地铁从无到有,连续4年每年开通一条线路,目前运营里程达126公里。公交优先战略也在深入推进,形成“快干支微”的公交网络。且通过城市两千多公里的城市绿道网络的建设,大力鼓励自行车、步行等慢行交通出行。

虽然武汉城市道路交通建设日新月异,但由于机动车“高速度增长、高密度聚集、高强度使用”的“三高”趋势,交通堵塞、停车难等问题仍然较严重,并影响着这座城市运行的效率。根据《2016年武汉市交通发展年度报告》披露,2015年,武汉主城区路网平均车速每小时21.3公里,2016年上半年,轻度以上拥堵时长达7小时。

首先,武汉在道路基础设施的建设方面,仍有提升空间。从总道路长度上来说,武汉与北京、上海、广州等城市的差距虽然逐日缩小但依然存在。2014年底,武汉的道路长度为5143公里,而同年,上海、天津、广州、重庆则分别达到了17797公里、7275公里、7176公里和8531公里。①从路网密度来看,武汉市主城的道路密度仅为4.1公里/平方公里,而在东京23区和内伦敦这一数据分别达到了19公里/平方公里、16公里/平方公里。

其次,武汉的公共交通、轨道交通的建设与北京、上海、广州等城市相比也还存在较大的距离。与国际知名的大都市近70%的公交出行分担率相比,武汉市公交出行比例明显不足。“等车时间长、行车速度慢、乘车环境差”仍是社会公众突出反映的问题。至2014年底,上海、北京、广州、天津、重庆的公交运营线路长度分别达到了23897公里、20776公里、18981公里、14881公里和14986公里,而武汉仅为6006公里(2014年4月数据)。至2014年底,上海、北京的轨道交通运营线路的长度分别为578公里和527公里,而武汉的长度仅为它们的五分之一左右。②

另外,武汉正处于大建设大发展时期,大量的城市道路交通等基建项目正在进行之中,这对城市交通环境也造成了相当的负面影响。

因此,在城市升级的过程中,一是要加大对道路交通设施以及以轨道交

①数据来源于武汉、北京、上海、广州、重庆、天津《统计年鉴2015》。

②数据来源于武汉、北京、上海、广州、重庆、天津《统计年鉴》2015及武汉公交集团官方网站http://www.wuhanbus.com/html/nqsxz.html

通为重要组成部分的公共交通的投入。二是要加强精细化管理，通过各类政策和措施的制定，规范城市交通秩序，引导人们绿色出行，创造高效快捷的交通环境。

（五）市政设施网络初步形成，但设计标准及智慧化程度仍有待提高

武汉借助城建攻坚战，大力推进市政基础设施的建设，城市发展骨架不断拉开，市政基础设施网络初步形成，能源、给排水、通信、防灾、环卫等各类基础设施的建设也在快速推进之中。特别是针对武汉临江滨湖的特点及每年汛期抗洪防涝的压力，实施了排涝治污供水攻坚行动计划，加快了排水干网、污水管网、供水管道等设施的建设，且获批开展全国海绵城市试点。

但做出大量成绩的同时，我们也看到，武汉与国内外其他中心城市相比，各种基础设施的建设仍然有一定的差距。

首先，其规模总量仍然偏低。至 2014 年年底，在供水管网长度、排水管长度、污水处理能力、供气管道长度以及互联网宽带用户数等多个指标方面，武汉仍然较为落后（见表 2）。其次，相关的基础设施还存在着设计标准偏低、智能智慧化水平不够高的问题，信息网络设施建设、信息共享基础设施建设以及对传统基础设施进行智能化改造的建设均有待提高。在应对特大暴雨等城市突发灾害的方面，还存在一定的不足之处。

表 2　2014 年武汉与五大国家中心城市在市政基础设施方面的比较①

	武汉	上海	北京	天津	广州	重庆
供水管网长度（公里）	12058	35068	14994.43	14369	17654	14724
排水管长度（公里）	9102	20972	14289.8	18748	10078	14135
污水处理能力（万立方米／日）	231	788	425	260	471	236
供气管道长度（公里）	7594	26057	20574	16108	8098	17972
互联网宽带用户数（万户）	390.3	672.3	552.7	208.8	645.2	539.7

因此，一方面，武汉以国家中心城市为目标进行瞄准，未来的人口规模仍会进一步增加，相应的基础设施建设仍需加大规模。更为重要的是，要发挥中心城市的功能，需要从提高各类基础设施的设计标准、科技含量与智慧化水平入手，不断提升基础设施的利用效率，为城市的高效安全运行提供保障。

（六）生态环境质量日益改善，但发展与环保之间矛盾依然存在

两型社会建设综合配套改革试验区获批以来，武汉市在促进资源节约，保

①数据来源于武汉、上海、北京、天津、广州、重庆《统计年鉴 2015》《中国城市建设统计年鉴 2015》。

护生态环境方面做了大量的工作。以“碧水”“蓝天”“绿地”三大工程为抓手，以创建国家环保模范城市为目标，着力推进生态环境建设。积极推进水环境治理与保护，着力实施湖泊“三线一路”管理，大力推进水网连通生态修复，在武汉三镇构建武昌大东湖、汉阳六湖、汉口金银湖七湖连通 3 片水网，全市重点湖泊水质明显提升，劣Ⅴ类湖泊比 2010 年减少了 8 个。更加注重空气质量的改善提升，制定出台了《武汉市改善环境空气质量行动计划(2012— 2017)》，建立健全机动车尾气污染防治工作机制，着力加强扬尘污染管理，全市城区空气质量有所好转。全力推进绿化建设，按照“水乡林城，生态武汉”的理念，全面实施“绿满江城”行动，圆满结束了第十届中国(武汉)国际园林博览会的举办工作，湿地保护管理力度明显加大。完成了《武汉市绿道系统建设规划》，提出了“一心、六楔、十带”的绿道网络布局。截至 2015 年底，全市建成区绿化覆盖率达 39.65%，绿地率 34.19%，人均公园绿地面积 11.12 平方米。

但是，由于武汉正处于大建设大发展时期，城市发展建设与生态环境保护之间的矛盾，在一定程度上依然存在。

在大气污染治理方面，尽管采取了一系列措施来试图控制和降低武汉市大气污染物排放总量，但由于汽车、石化行业等工业经济体量的壮大、城市机动车保有量的持续增长以及近几年一直处于高峰期的城市建设，导致污染物新增量过大从而侵蚀了治理成效。

在水环境治理方面，中心城区湖泊港渠纳污现象尚未杜绝，湖泊水质仍然偏低。新城区农业面源污染较严重。污水收集处理设施能力依然不足。另外，虽然目前已经开展了多个水系联通工程，但许多湖泊水系阻隔，水体自净能力、生态修复能力较弱，水体水质改善、水生态功能的修复是一个长期、持续的过程。

在绿化建设方面，一是绿化建设总量仍需提高，据《2013 年中国城市建设统计年鉴》对园林绿化“三大指标”的统计，与其他 19 个副省级及以上城市相比，武汉市人均公园绿地面积列 16 位，建成区绿化覆盖率列 14 位，建成区绿地率列 17 位。二是规划管控刚性不强，在城市建设进程中，绿地让位于重大基础设施、“三旧”(旧城、旧村、旧厂)改造等项目建设的情况比较多，道路高架、地铁等基础设施建设侵占园林绿化现象较严重，部分街旁绿地逐渐消失。三是绿化成果惠民性需要提高。中心城区内“三小绿地”空间分布不足，服务半径不均，绿地覆盖率存在盲区。单位附属绿地、居住小区绿地与公园绿地间的比例失调，老旧社区绿地缺失现象较普遍。主城外围三环线城市生态带、四环线森林防护林带不便于满足市民对绿色福利的需求。

总的来说，在建设国家中心城市、打造城市升级版的过程中，武汉市应该理顺城市发展与生态环境之间关系，更加注重绿色发展与创新驱动，更加注重制度体系建设与政策执行，避免走其他中心城市先污染后治理的老路。

（七）城市历史和人文底蕴较深厚，但城市文化与特色魅力有待凸显

武汉具有 3500 年的建城历史，是国务院 1986 年公布的全国历史文化名城之一，盘龙文化、知音文化、首义文化、楚文化、三国文化、木兰文化、近代工商都会文化等在武汉汇聚。武汉文化设施完备，体育馆、博物馆、美术馆、科技馆、图书馆、影剧院等公共文化场馆的数量和规模均在中部地区名列前茅。各类院校、科研院所等教育机构云集。杂技节、渡江节、旅游节、赛马节、机博会、光博会、农博会、食博会等为代表的文化体育节庆会展活动，在国内外产生了一定的影响。另外，2015 年，武汉被授予了“全国文明城市”的称号。这些都为凸显武汉城市特色，彰显武汉城市文化打下了坚实的基础。

我们也看到，虽然武汉拥有悠久的历史和深厚的人文底蕴，但与国内外其他中心城市相比，在城市特色的塑造和文化魅力的彰显方面，仍然有较大提升空间。

一是相对于丰厚的水资源来说，武汉城市水文化并未得到集中的彰显，滨江滨湖的城市形象在全国范围内并不突出，滨水景观特色还不够鲜明、城市亲水空间还有待提升，与水相关的活动举办频率不够高、影响力还不够深远。二是城市历史文化价值还有待发掘。历史街区及建筑的保护与更新工作还有提升的空间，城市中还缺少如北京前门、上海田子坊、成都宽窄巷子等具有较大规模和国内外影响力、既能代表本地地方文化特色又能体现城市现代生活品质的文化新地标。三是缺乏国内国际知名的文化战略功能区。各类科教文化机构和设施在规模与影响力方面仍有提升空间。国际著名的院校、科研机构数量还不够，国内外知名的报社、电视台、网站等媒体等还比较缺乏。博物馆、图书馆、文化馆等文化设施的规模与等级还有待提高。在国际上有突出影响力的文化活动仍不够多。四是市民的文明意识和文明行为也需要不断地去引导、培植与提升。

总之，武汉具有丰厚的文化与特色底蕴，在国家中心城市的建设与城市升级版的打造过程中，应注重对这些文化及特色资源进行深挖、整合与放大，从而增强城市文化吸引力，提升城市竞争力。

五、武汉市打造“城市升级版”的战略思路

（一）战略思考

1.总体思路

打造“城市升级版”的关键在于对不同阶段武汉城市建设的重新定位，主要体现在以下五个方面：城市功能的重新定位，城市实力的重新定位，城市布局的重新定位，城市基础设施的重新定位，城市生活的重新定位（便利、生态、宜居）。通过重新定位，我们可以再度审视城市的产业结构、基础设施、生活品质等核心要素的现状与目标之间的差距，进而有的放矢地提出城市升级的思路与政策。

依据党的十八大和十八届三中、四中、五中全会及中央城镇化工作会议、中央城市工作会议精神以及市委、市政府提出的武汉社会经济总体战略发展思路，按照中央《关于进一步加强城市规划建设管理工作的若干意见》部署要求，在 2017 年至 2049 年的时间区间内，武汉应当实现两次城市升级版的跨越——国家中心城市版（2030 年）和世界城市版（2049 年）。国家中心城市版的城市建设重点侧重于“硬”——大力提升基础设施建设水平，兼顾“软”——强化价值引领和彰显荆楚文化特质；世界城市版的城市建设重点侧重于“软”——提高城市管理水平和扩大城市知名度和美誉度，兼顾“硬”——积极推进城市更新。

在推进城市升级的过程中，我们要尊重城市发展的内在规律，在坚持以民生为中心，坚持前瞻思维、问题导向的前提要求下，对标国内外国家中心城市和世界城市的发展理念和发展水平，以“三城三中心”——智慧教育创意城、智能制造产业城、大江大湖国际旅游休闲度假城、国际金融交易中心、国际商务会展中心、国际航空及物流中转中心为城市格局定位，统筹规划、建设、管理三大环节，着力补短板、强功能、增特色，大力推进城市功能升级、城市规划布局升级、城市基础设施升级、城市生活品质升级，积极构建现代城市形态，促进城市全面、协调、可持续发展。

2.战略导向

(1)以市民幸福作为城市升级的本质追求。国家中心城市建设依托创新,而创新则源于人的集聚,武汉城市的升级必须依靠全体市民。未来城市的竞争是“人”的竞争,人在哪里,财富就在哪里。因此城市升级的核心与本质追求应该是如何更好的体现“以人为本”,如何让工作和生活在武汉这座城市中的市民们感觉到这是一个美好和幸福的城市。

(2)以品质改善作为城市升级的主要方向。经过 30 年的高速发展,对量的追求、快的追求应该已成为过去,而对品质的追求,应该成为城市的自觉。从武汉城市自身转型发展的态势来看,必须更加强调由城市量的扩张转向城市内涵品质的提升。

(3)以国际化功能提升作为城市升级的主要路径。国家中心城市具备广泛密集的全球网络连通性,是重要的功能节点和中心节点,一个对内对外完全开放的国际化城市,才能增强网络连通性。因此应该将国际化功能的提升作为武汉城市升级的主要路径,将国际化功能的提升作为打造国家中心城市乃至国际化大都市的重要方向。

(4)以创新发展作为城市升级的主要手段。武汉目前与北、上、广等国家中心城市在城市规模、基础设施水平、空间集聚辐射能力等各方面仍然有一定的距离。因此唯有在相关领域采取创新发展战略,从城市发展理念、到相关技术、到相关制度等各方面进行全面创新,才能充分发挥武汉城市的后发优势,实现弯道超车,实现国家中心城市的建设目标。

(二)武汉市打造城市升级版的阶段性目标

1.升级到“国家中心城市”阶段,武汉城市升级版的目标定位

国家中心城市,是居于国家战略要津、体现国家意志、肩负国家使命、引领区域发展、跻身国际竞争领域、代表国家形象的特大型都市。国家中心城市侧重于其在国内的影响力,在全国具备引领、辐射、集散功能,这种功能表现在政治、经济、文化、对外交流等多方面,是《全国城镇体系规划纲要》中提出的位于中国城镇体系中最高位置的城市。

因此,升级到国家中心城市阶段,武汉城市建设的愿景目标应定位为:“构建起现代城市主体骨架与人本内核”。

具体目标是:

(1)空间布局系统协调。根据城市开放发展的特点,至2030年,以实际服务人口(包括常住人口、半年以下暂住人口、跨市域通勤人口、短期游客等)1800万人的合理需求,预留公共服务设施和基础设施的保障能力。按照"1+6"城市空间格局体系规划,基本形成"主城+新城组群""主城区为核、多轴多心"的总体构架。新城区、开发区(功能区)公共服务能级得到有效提升,形成规模适度、职住平衡、特色鲜明的现代化生态新城。都市发展区(3261平方公里)按照20%的比例确定"战略性留白",为城市未来升级预留发展空间。

(2)综合交通体系完备。建设以城市环线、快速放射线、过江通道为骨架,主干路、次干路、支路为基础,功能明确、层次分明、结构合理的城市道路网;打造全球最大的内陆"轴辐式"铁水公空多式联运中心,提升枢纽承载能力、网络辐射能力、衔接转换能力,以全国性铁路路网中心、长江中游航运中心、国际门户枢纽机场、全国公路路网重要枢纽为目标,将武汉建设成为中部走向世界、世界走进中部的国际交通门户。到2030年,港口吞吐能力达到5.5亿吨,集装箱吞吐能力达到1000万标箱,航空港旅客吞吐能力9000万人次以上,货邮吞吐能力超过300万吨。

(3)基础设施提档升级。到2030年,智慧城市、地铁城市、公交都市、快速路网、街区网络、蓝绿网络、海绵城市、地下空间、综合管廊等市政基础设施重点示范区域和重点项目建设完成。80%城区面积实现"海绵化",全市大气质量显著改善,境内水体严重污染问题彻底消除。历史风俗风貌展示区、演艺区、时尚创意区、大学之城核心区、文化科技融合发展区等一批特色文化功能单元初步成形,打造以琴台—龟北区域为核心,以武昌古城—环东湖、沙湖和汉口沿江—张公堤园博园为支撑的"一核两带"文化功能空间格局。根据多元文化背景和习俗,建设若干外籍人士聚居街区,以国际化标准建设教育、医疗、文化娱乐等服务设施,建设国际文化风情街区和国际化商务楼宇。到2030年外国驻汉领事馆达到30个以上,驻汉外国商会达到100家以上。

(4)绿色便利宜居生活彰显。到2030年,确保生态用地占都市发展区面积(3261平方公里)的近60%(1814平方公里),与伦敦、中国香港水平相当。建设2200公里绿道慢行网络,其中主城区城市绿道450公里,网络密度不低于1公里/平方公里;郊野绿道1750公里,由中心城区向外放射。全市建成区绿地率达到35.8%,绿化覆盖率41%,人均公园绿地面积达到12平方米,林阴路推广率达到 78%。加快湿地保护与修复,建成 10 个湿地自然保护区、湿地公园。建设以综合交通枢纽为节点,轨道交通为骨干,常规公共交通为补充,出租车、轮渡、公共自行车等多种方式协调发展的市区交通体系。公共交通占机动化出行比例超过 70%,公交场站 500 米覆盖率达到 100%。菜场、学校、医院、商场布局合理,围绕社区形成“10 分钟生活圈”。

2.升级为“世界城市”阶段,城市升级版的目标定位

世界城市,是指那些有较强经济实力,优越的地理位置,良好的服务功能,超群的科技实力,跨国公司和金融总部聚集,和全世界大多数国家发生经济、政治、科技和文化交流关系,有着全球性影响的国际一流都市。

成为世界城市必须具备三个特征:一是拥有雄厚的经济实力,位列世界经济、贸易、金融中心之一,对世界经济有相当竞争力和影响力;二是经济运行完全按国际惯例,并有很高的办事效率;三是第三产业高度发达,综合服务功能强。还必须具有三个特点:一是除了城市本身的人口面积外,还要有向外延伸的广泛空间即经济区域——大城市连绵区;二是除了城市据有跨国公司总部外,还要有庞大的企业集团、中介组织和相当的资产存量、要素存量和内外贸易额;三是除了城市的一般基础设施外,还要有显示现代化的公用事业、商住楼群和生态环境。

因此,升级到世界城市阶段,武汉城市建设的愿景目标应定位为:“打造出具有‘智慧精工高产出,优质休闲慢生活’的品质城市。”

重点目标:

(1)实现可持续化的城市有机更新。以产业转移和地下空间的深度开发满足城市发展的土地资源需求,在加强历史文化保护基础上建立起渐进式的有机更新模式,实现空间利用向紧凑集约型、功能复合型、低碳高效型转变。以优化市域空间体系,推动产业经济、公共服务、生态保护和基础设施建设的城乡协调发展为基础,面向大都市圈统筹布局各类经济资源,实现跨区域基础设施和生态环境共建共享。

(2)建成国际旅游休闲度假及文化发展中心。突出武汉大江大湖地域特色,整合城市自然和人文资源,围绕长江和汉江两岸、东湖生态旅游风景区、汤逊湖及梁子湖旅游度假区、木兰旅游度假区等建设综合型旅游休闲度假区,按国际标准,提升城市多元休闲和旅游服务功能。以中山大道和昙华林为核心,

建设全球时尚创意产业中心。提升城市公共文化体育服务功能，到 2049 年，全市每 10 万人拥有 5~10 个演出场馆，8~10 个美术馆和画廊，2 个以上各类博物馆和 5 个以上大中型图书馆，2~5 个运动健身中心和大中型体育场馆。

(3)成为亚太地区重要国际门户及移民融合之城。强化“一带一路”投资贸易的交易功能，推动国际金融和产业投资的联动，以王家墩中央商务区、长江滨江商务集聚带组成的金融商务集聚区，作为武汉国际金融中心的核心承载区，提升中国(武汉)自由贸易试验区和金融商务集聚区的全球化资源配置能力和综合服务能力。扩大天河国际机场设施规模，构建起全球航空运输网络，网络覆盖度达到国际大型枢纽机场水平，到 2049 年，年客运量达到 1 亿人左右，旅客中转率、国际客流比例分别达到 20%和 40%。扩大外国留学生、外国专家和外国人才来汉交流和移民的规模，外籍人口占全市人口比例达到 8%。争取 10~20 个国际组织机构落户武汉，每年举办大型国际会议及国际级专业展览 100 次以上。

六、打造“武汉城市升级版”的主要政策建议

城市功能品质如何大幅提升、城市特色如何充分彰显、城市发展方式如何转变，是城市能否顺利升级的关键。城市升级，不仅仅局限于城市物理空间和外在形象的重塑与优化，还包括城市内在功能的改造与提升，更关乎城市文化底蕴和精神气质的积淀和锻造。通过提供更加高效、便捷、智慧、绿色、健康的高品质现代化生活，将吸引更多人才、资本、技术等高端要素集聚，进而提升城市的“人格魅力”。

因此，围绕武汉市打造城市升级版，我们提出七个升级的大方向，作为今后政策措施的重点考量。

(一)影响力升级：建设集聚辐射功能突出的国际化枢纽城市

“枢纽城市”是以对外综合交通枢纽建设为重要切入点，以枢纽型经济建设为重要内容，引导区域人才、资源的集聚与扩散，并引领周边腹地区域发展的城市建设模式。作为国家重要的综合交通枢纽城市和国家明确定位的长江经济带中的超大城市，武汉市在未来的区域发展中都将发挥更为关键的引领作用。武汉应抢抓“一带一路”、长江经济带建设等国家战略机遇，充分发挥综合交通体系优势，大力发展枢纽型经济，将枢纽资源转化为城市升级的新抓手。

建设国际性交通枢纽中心。加密汉新欧国际班列,增开铁海联运和国际直达航线,完善通达太平洋、印度洋和欧亚的国际贸易大通道,拓展武汉近海近洋航线,提升连接三大洲、三大洋的节点功能。加强与周边省份合作,培育国际航线客源,大力发展中转业务,努力构建我国重要的航空客运中转站和航空货运中转站。打造长江中游航运中心,不断优化航线管理,实行水运集装箱全中转模式,对接长江中游主要港口城市,开通"中三角省际集装箱公共班轮"航线,促进和带动黄石、金口、汉南、武穴等港口运营,打造武汉、岳阳、九江"中三角"城市间互联互通新平台。

加强交通枢纽的连通性与集成性。以货运物流"无缝化"、运输服务"一体化"为目标,大力发展多式联运,推进铁水公空枢纽相对集中、高效联结,尽快打通连接枢纽的"最后一公里"。策划推进高铁进空港、铁路进港口、公路货站和物流园区等工程,有效减少货物装卸、转运、倒载次数,把武汉打造成多式联运的中部支点。完善多式联运海关中心功能,在武汉水运口岸(阳逻港)和武汉铁路口岸(中心站)分别设立监管区。

以天河机场为核心策划建设综合交通枢纽经济区,发展枢纽型经济。依托天河机场,策划建设集航空、高铁、城铁、地铁、公路客货运、城市公交等多种交通方式于一体的国际化综合交通枢纽,实现换乘模式的多元化聚集。以此为核心,在临空经济区建设的基础上,建设面向长江经济带、服务全中国、连接全世界的枢纽型经济区。大力发展高端会议展览、总部经济、跨国贸易、临空制造等枢纽型经济;建立以枢纽为中心的信息体系、服务体系、流动体系;抓住用好"一带一路"、长江经济带等国家战略机遇,在枢纽经济政策、自主创新平台建设、口岸过境通关免签等方面,提供政策倾斜与支持。

开展深入的区域合作,发挥长江经济带区域网络中的核心枢纽功能。作为中国经济的新支撑带,长江经济带被寄予厚望,武汉地处"龙腰",其承东启西、引领中部的枢纽作用十分关键。一方面,武汉要充分发挥内陆经济开放高地的优势和经济枢纽的作用,主动接受下游长三角产业辐射,加强与上游成渝城市群经济合作,承上启下,促进全流域联动发展。这需要武汉集中精力进行自身核心功能提升和产业布局的调整, 将重点放在如何做精做强而不仅仅是规模做大上。另一方面,武汉也要在开展与周边区域的深入合作,实现与周边区域基础设施的对接和公共设施的共建共享以及生态保护、城镇化等领域的一体化发展。

（二）空间升级：探索更加集约高效的紧凑城市

“紧凑城市”是指城市规划建设中主张以紧凑的城市形态有效遏制城市蔓延，保护郊区开敞空间、减少能源消耗，并为人们创造多样化、充满活力的城市生活的城市形态。随着城镇化的进一步推进，预计到2020年，武汉市常住人口将达到1200万人左右。人口集聚对城市的空间承载力将带来最直接的挑战。低密度无限扩张的蔓延模式已无法适应如武汉这类超大型城市的发展，只有严格限定城市增长边界、优化城市空间结构、建设更高效的城市功能区、大幅度地提高城市建设密度、强化城市功能混合，才能真正有效地实现可持续发展。

以法律的手段锁定城市发展边界。好大喜功摊大饼的城市发展模式已难以为继，但处在转型发展的过渡期，短期思维和行为惯式难免会造成各级政府在城市开发过程中打发展边界的“擦边球”。对武汉市来说，目前的当务之急是科学划定水体保护线、绿地系统线、基础设施建设控制线、历史文化保护线、永久基本农田保护线和生态红线，明确城区永久性开发边界、主城永久性增长边界，基本生态永久性保护边界、城市历史文化永久性保护边界等，并通过一系列的配套措施和法律手段对其进行严格锁定。

优化空间格局与产业布局。面对日益紧张的土地资源对武汉城市发展的约束，必须加快推进武汉现有空间内涵的不断提升。一是加快六大新城各类配套设施建设，突出新城定位与产业特色，增强其人口及产业吸引力，促进新城尽快独立成市，真正实现“1+6”的城市空间格局。二是实现产业集聚区的优化升级。加大对各行政区产业的统筹布局，积极引进一批世界著名企业、科研机构、国际组织、商业协会等，集中力量积极培育一批有相当规模和国际影响力的中央商务区、文化创意园区、高科技园区等具有创新效应的产业集聚区。加快构建若干对外交往的平台，积极申报建设自贸区，加快构建外国领事馆区，探索建设包括世界一流大学分校的国际大学城。

强化功能复合和立体空间的利用。国家中心城市的建设不可避免地伴随着交通、环境、人口、就业等压力。这就要求在城市化发展中，规划者必须不断地提高城市土地的混合使用和集约开发程度，充分利用立体空间。一是在城市建设特别是6大新城建设中要鼓励“居住＋商业”“轨道交通用地＋商业、办公、居住”等土地混合利用类型,促进土地与交通的协调发展,减少城市通勤量。二是保证各大地块的交通、购物、休憩、教育、医疗等各种设施的有效、充分配置和配套。三是充分利用立体空间特别是地下空间,在城市中心区形成系统化、网络化、多元化、人性化的地上地下空间系统。四是提升城市路网密度,树立“窄马路、密路网、小街区”的城市道路布局理念,打通城市的封闭空间、断头路,充分挖掘城市道路潜力。在新建住宅中推广街区制,原则上不再建设封闭住宅小区。

(三)交通升级:建设便捷高效大容量的公交都市

“公交都市”是以城市公共交通运输为主体、多种交通方式协调运转,交通与城市发展相适应并有效支持和引导城市可持续发展的城市发展模式,是一种受资源、环境等条件约束下的最佳城市建设形态。建设公交都市,能有效缓解城市交通过度机动化、交通拥堵、停车难等交通顽疾。因此,打造便捷、高效、舒适的公交都市,是武汉市创造方便快捷出行环境,实现交通升级的重要突破口。

优化公交出行的硬件支撑。在继续加大对武汉市道路基础设施投入的基础之上,着重加大对武汉市公共交通特别是轨道交通基础设施的投入,各项指标向国内外中心城市看齐,建设高效、完善、多层次的公交系统。努力提高公交服务效率和水平。制定每年度的轨道交通建设目标,加快推进轨道交通建设。打造一批以对外交通设施、轨道交通站点为核心的公交枢纽,鼓励公交枢纽复合开发,加快公交枢纽场站建设,通过枢纽建设加强各种交通方式的整合,增强枢纽的客流喂给和疏散功能,树立枢纽在公共交通体系中的核心地位。借鉴国外 P+R 模式,在远郊轨道交通站点周边、大型公交枢纽节点附近建设大型停车场或者停车楼,实现公共交通与私家车的换乘。推动公交专用道连续、成网,构建城市公交快速通勤系统。

打造公交优先的制度环境。探索采用多种手段调控小汽车的使用,鼓励和引导公交出行。对小汽车购买、使用和通行采取引导和限制措施,以减少城市中心区的汽车流量,缓解中心区的交通拥堵。采用区域差别化的停车策略,分区域制定停车对策,中心城区交通繁忙地区,不应提供充足的停车设施,同时采取必要的高额停车收费策略。扩大城市中心地区步行街区范围,只允许公交车进入。严格执法,确保公交专用道公交专用权和路口优先权。

推进互联网＋公交融合发展。积极推进城市公共交通与移动互联网深度融合，大力推进大数据、云计算、移动互联网技术在城市公交出行信息服务领域的应用，推动智慧型综合出行信息服务系统建设。互联网企业和交通运输企业携手开拓的“互联网巴士”，也是一种解决城市交通拥堵的新途径。互联网巴士为定制路线，采用的是专属车道，站少直达，这样可有效的节约时间，确保准时到达；多采用新能源巴士，有利于节能环保；每一位乘客都有专属的座位，不再蜷缩在拥挤的公交或者地铁上；加之为乘客购买商业保险，为乘客的安全出行保驾护航。如今，北京、上海、深圳，已经有多家互联网巴士公司进入当地公交市场，为都市白领的上下班、周边游等集约化出行提供整体解决方案。

优化城市慢行交通系统，将自行车纳入公共交通领域。随着对健康生活方式的提倡以及城市绿道的拓展，步行、自行车慢速出行方式，近年来得到了市民的更多关注。而且自行车在现有的公共交通系统中具有不可替代的特殊地位，可以解决市民公交出行中“最后一公里”的问题。因此，武汉市应积极落实中心城区和新城区慢行交通及绿道系统规划，推进主城4级自行车道骑行网络建设，在充分保证慢行网络密度和路权的基础上，力争实现中心城区既有道路慢行系统规模和出行空间“只增不减”、机动车出行空间“只减不增”，新建道路慢行空间与机动车空间同步增长，废止或完善不利于自行车出行的交通管理规定，给予自行车交通更多的路权，从而提高步行、自行车、公共交通等绿色交通方式的分担率。加强轨道站点及大型公共建筑周边300~500米范围内步行设施及引导标识的规划建设，构建“轨道/公交＋慢行”的交通出行模式。

（四）设施升级：建设高效智能特色鲜明的智慧城市

“智慧城市”是以大系统整合的、物理空间和网络空间交互的、使得城市的管理更加精细、城市的环境更加和谐、城市的生活更加宜居的城市创新发展模式。在新型城市化建设的大背景下，建设智慧城市已经成为我国提高设施利用效率、解决城市发展难题、实现城市可持续发展不可逆转的潮流。而基础设施的智能化与智慧化建设是智慧城市建设的重要组成部分。

建设特色鲜明的智慧城市。“智慧城市”建设是一个复杂的系统工程。根据国际既有的智慧城市建设内涵，大致包涵经济、政务、交通、就业、教育、医疗、环境、能源等多重领域。但尚无城市可以实现全领域覆盖，而在应用方向上呈现多元化的特征。武汉市在建设智慧城市的时候应充分认识到其建设的长期性和复杂性，充分考虑武汉的资源禀赋、经济水平、产业基础、信息化水平、市民素质等各种因素，科学选择智慧城市应用领域的切入点和侧重点，结合武汉城市升级过程中面临或即将面临的重大课题为解决导向，近期建议可重点突出经济、交通、市政、环保、城管等领域的智慧应用。

着力建设高效优质的信息化基础设施。城市光网基础设施是“智慧城市”的关键所在。通过高速宽带建设迅速带动武汉信息化竞争力，加快武汉智慧城市建设的进程。因此，要大力建设高效优质的信息化基础设施，大力推进包括有线宽带、无线宽带、城市物联网等在内的信息网络设施，和包括云计算平台、信息安全服务平台以及测试中心等在内的信息共享基础设施建设。相关各项建设指标加速追赶国内外中心城市，以高效、完善的信息化基础设施网络支撑并带动各类智能化设施、智慧化项目的建设与应用。

创新打造智能化的专项工程。在继续加大对各类基础设施投入的同时，将智能技术与设施的建设紧密结合，对水、电、气、热管网以及道路、桥梁、车站、机场等传统基础设施进行感知化与智能化建设。并将其创新应用于城市生活与工作之中。加强基于城市管理综合信息云平台的“智慧城管”、基于一体化交通综合管理系统的“智能交通”、基于电力综合管理系统的“智能电网”等工程的建设。积极打造基于城市安全防灾管理系统的“智能应急安全”、基于环保管理系统的“智能环保”、基于住宅与社区管理系统的“智能家庭”等专项工程。用智能技术整合设施资源，挖掘既有设施的利用潜力，实现对既有设施的高效管理和利用。

（五）环境升级：建设绿色宜居的生态城市

“生态城市”是一个经济发展、社会进步、生态保护三者保持高度和谐，技术和自然达到充分融合，城乡环境清洁、优美、舒适，从而能最大限度促使城镇文明程度不断提高的稳定、协调与永续发展的自然和人工环境复合系统。作为国家两型社会建设改革试验区、国家低碳试点城市，武汉市一直致力于生态环境保护和生态文明建设。升级为生态城市，不仅仅意味着城市生态环境的优化，更要求人与生态之间的关系更加协调、健康、可持续。

培育生态文化。向发达国家看齐，从民众观念入手，提高全民生态保护意识。把建设生态文明纳入国民教育体系，增加义务教育阶段的生态保护与自然实践课程比重。增强全社会绿色发展、绿色消费、绿色生活意识，引导人们争做

“大自然的守法公民”。倡导绿色生活方式。引导人们的消费行为符合生态文明建设要求，引导居民积极参与并逐步形成主动进行垃圾分类的生活习惯。

量质并举提升城镇园林绿化品质。一是更加注重城市绿地总量的提升。通过合理规划、盘活存量、增大密度等方式有序增加城市绿量。严格保护现有绿地在城市建设过程中不受侵蚀。可探索绿地建设与现代都市农业、旅游度假、文化休闲、体育运动的复合化发展，形成山、水、绿交融的生态空间。二是更加注重绿化建设亲民、便民、惠民水平的提升，针对目前武汉城区特别是中心城区土地资源极为紧张、小区游园及街头绿地占比过低等问题，积极引导和鼓励各社区结合城市更新、旧城改造等，加强零星空地的改造和利用，见缝插绿，建设一批距离市民居住地更为便利的身边的小型街区花园、街角公园、绿色步道等，同时设置相应的休闲和运动设施。

完善最严格的环境保护制度。将环境保护作为城市升级中绝对不可触碰的底线。加快对现有环境法规的修订和完善，进一步制定与最严格的环境保护制度相适应的新法律法规。围绕生态环境红线进一步优化武汉国土空间开发格局和经济发展布局，充分发挥环境红线和环境标准对城市升级的倒逼作用。加快实施垃圾强制性分类制度。对城镇居民个人以鼓励为主，对城镇范围内责任主体明确的公共机构和企业，强制其进行垃圾分类。

加大环境保护创新力度。采用最新的理念、技术与机制对武汉的生态环境进行严格保护。联合高校与科研单位，积极开展环保技术创新，探索应对城市大建设大发展时期空气污染、噪音污染以及水污染的政策创新，加大城市之间区域之间在环境保护领域的合作机制创新。

（六）文化升级：建设底蕴深厚品味非凡的人文城市

“人文城市”源于 2014 年发布的《国家新型城镇化规划》中对我国未来城市建设的要求，是“历史底蕴深厚、时代特色鲜明的人文魅力空间”。它是未来城市发展的战略主题及前进方向，即城市发展的目的，不单是人口增加，也不单是财富聚集，而在于是否提供了一种“有价值、有意义、有梦想”的生活方式。城市的文化底蕴和文化积淀，可以涵养人、塑造人，在潜移默化中提升公众素质和文明程度，营造良好的社会风尚，提升城市的魅力值。实现城市发展从“经济城市”向“人文城市”的转型，是武汉城市升级的点睛之笔。

强化“大江大湖大武汉”的城市形象与文化特色。一是将与水相关的空间建设成为武汉最具魅力和代表性的空间。充分利用现有水资源，增加亲水空间的数量，并对其进行优化，将滨水空间与公共文化空间相结合，打造文化新地标，构建独具特色魅力的水环境。二是将与水相关的活动打造成为武汉最具活力和代表性的活动。比如丰富与扩展与水相关的各类旅游线路和旅游产品。比如结合滨水空间举办各类公众文化活动、生态教育活动等，并使其成为武汉的传统。又如开展各类与水相关的论坛、研讨会、博览会等。

尊重和珍惜城市的历史文脉。努力使武汉的现代与传统、国际化与本土化的关系达到一个较好的平衡。一是对于武汉的历史文化建筑，应采取保护性修复和保护性开发相结合的方式,焕发其新的生命力，结合武昌、汉口、汉阳老城区内的历史文化建筑与街区的有机更新与活化利用，依托昙华林、黎黄陂路、归元寺、汉口租界区等区域，打造有一定规模与较大国内外影响力、既能反映武汉文化特色又能体现武汉现代生活品质的文化新地标。二是在旧城改造之中推崇渐进式的城市更新与针灸式的城市复苏，避免外科手术式的大拆大建。提倡城市织补，将新建筑群织入城市的肌理之中，使它成为城市中不可或缺的一部分。三是要对汉剧、汉绣等代表武汉地方文化的非物质文化遗产以及历史记忆、社会生活等非物质要素加大保护，并结合文创产业的建设对其进行放大与弘扬。

提升公共空间的文化艺术内涵。一方面要对这些空间进行重点的城市设计，提升公共空间在空间形态、重要建筑界面等方面的设计水平，塑造高品质且特色鲜明的空间环境。另一方面也要对公共空间中的公共艺术进行提升，通过提高其文化艺术内涵体现武汉特色、讲述武汉故事，通过与新技术的结合提升公共艺术与公众之间的交互性水平。

打造充满人文关怀的城市细节。在武汉的城市升级过程中，需要认真审视城市设计、建设与管理中的细节问题，大处着眼，小处点睛，难处着力，细处传情。特别要充分考虑残疾人、老年人、儿童、孕妇等弱势群体的诉求，加大无障碍设施的设计、建设及建后管理，让每个群体都能在城市之中感受到充满善意的细节与人文关怀。

塑造城市精神，增进城市认同。一是加大对武汉城市精神特质的提炼与宣传，塑造城市形象品牌。制作各类宣传片、广告语、城市口号，设计与其相关的城市 logo。在城市窗口或门户地区，在各类主流媒体进行展示。二是树立现代城市管理理念，以高标准高质量的文明城市建设为基础，推动城市管理科学化、精细化、法制化，倡导市民讲秩序、守规矩、共文明，自觉爱护自己的城市，全面提升城市形象和品质。三是修订市民公约、村规民约、学生守则、行业规范，在日常治理中培植和提升主流价值观，以武汉人特质塑造武汉核心竞争力。如此，更好地彰显武汉精神，提升武汉的文化自信。

扩大城市文化影响力，建设多元包容的国际文化名城。一方面通过完善公共设施和公共场所的多语种服务体系，在外籍人士聚集区建成功能完善的国际化社区，建设国际文化风情街区和国际商务楼宇，引入国际化的科研机构与高等院校，提升现有文化设施的规模和国际影响力，打造国际化文化空间载体。另一方面也要经常举办具有国内外影响力的大型文化活动。比如结合水环境的建设与水文化的打造，积极申办策划“武汉国际环水骑行大赛”“国际滨水音乐节”等一系列国际性的滨水活动。主动融入世界文化，在与外来优秀文化的碰撞、互动中，打造城市文化的新亮点。

(七)安全升级：打造具有强大综合防护能力的韧性城市

“韧性城市”，是指在慢性压力和急性事件冲击的影响下，城市或城市系统能够消化、吸收外界干扰，并保持原有主要特征、结构和关键功能，且不危及城市中长期持续发展。随着武汉城市功能与地位的日益升级，武汉越来越需要提高自身的韧性，应对发展中各种不确定因素与事件，建设一个以人为本的安全城市。

系统研判武汉城市安全与防灾问题及趋势。针对武汉市的自然资源、地理条件、空间状况、气候变化、社会局势等多方面的特征，系统梳理武汉在城市发展与升级过程中可能面临的城市灾害。对暴雨洪灾与防灾、城市地铁交通系统安全与防灾、城市地下空间安全与防灾、城市供水水源的安全与防灾、城市开发高强度地区的安全与防灾、大型公共活动场所和老城区的安全与防灾等方面进行重点关注。

加快韧性城市的系统构建。加快推进全面、系统的武汉安全与防灾问题的研究与相关规划编制。推进各类配套设施的建设，特别应重视应急避难场所的建设，提高建筑的防灾等级。构建及时有效的城市应急、应变系统和社会管制机制，依托现代信息技术，构建完备的防灾与预警系统。加强城市中各级防灾社会组织的营建以及形式多样的防灾培训，有效开展城市安全宣传教育，增加市民安全意识。增加武汉在城市灾害发生之后的应对手段,增强城市韧性。

全面推进海绵城市建设。武汉优于水也忧于水,丰富的水资源是武汉市引以为傲的生态资本,与水相关的暴雨洪涝灾害也是目前武汉城市灾害防治中重要的关注对象。武汉应以“海绵城市”试点建设为契机,全面统筹推进海绵城市建设,推进海绵城市融入整个城市规划设计与建设的各环节,切实提高城市整体防洪排涝能力,努力减少洪涝灾害对生产、生活带来的不利影响。

课题组成员:王　珺　袁云光　万　伟　叶传忠　袁　圆

长江经济带三个“超大城市”基本情况比较

聂佩进 叶传忠 骆 严

在中国近代史上，武汉是一座辉煌、光荣和具有重大历史意义的伟大城市，其江湖地位曾“驾乎津门、直逼沪上”。改革开放后一段时间，武汉城市地位快速下滑，跌落出全国前十，以至于时任市长李宪生在2003年全国两会上发出了“武汉在哪里？”的呼吁。也正是从2003年开始，国家提出“中部崛起”战略，武汉开始了复兴之路，城市地位逐步回升，从国内外各种城市排名来看，武汉已毫无疑问地挤进全国前十，并且有些排名进入全国前五名。武汉城市地位回升，也获得了国家领导人的肯定和支持，明确支持武汉建设国家中心城市，希望武汉在中部崛起和长江经济带战略中发挥核心作用。

2016年9月正式印发的《长江经济带发展规划纲要》，明确武汉与上海、重庆同为超大城市，这是武汉城市地位回升的又一重大利好，体现的是新时期党和国家对武汉在国家战略中地位和功能的新定位，是全国人民在共筑中国梦征程中对武汉力量的新期待，需要武汉在长江经济带等一系列国家战略中有新作为和新贡献。虽然武汉荣列超大城市，且从发展现状看，武汉有自身的科教、人才、物流等优势，但在经济规模、城市功能等方面更多的是差距，作为一直努力走在复兴路上的武汉来讲，认清差距、补齐短板、学习先进尤为重要。

从大城市发展规律及各种城市排名来看，衡量城市地位的指标主要集中在人口规模、经济实力、创新能力、城市功能等方面，有鉴于此，我们选取城市定位、规模、结构、资源配置能力、创新能力等五个方面对三个超大城市进行了比较分析，作为“超大城市”系列研究的开篇之作。

一、三市“城市定位”的比较

武汉、重庆、上海同时被定位为长江经济带引领辐射各自所在区域发展的核心城市，在推动长江经济带协调发展的过程中，各自功能独特且不可替代，但上海需引领长江三角洲城市群发展成为具有全球影响力的世界级城市群，重庆要引领长江上游城市群发展成为具有国际竞争力的国家级城市群，武汉则与南昌、长沙等中心城市共同引领长江中游城市群发展成为具有一定国际

表 1 武汉、重庆、上海城市定位比较

	武汉	重庆	上海
国务院关于城市总体规划的批复	湖北省省会，国家历史文化名城，我国中部地区的中心城市，全国重要的工业基地、科教基地和综合交通枢纽	我国重要的中心城市之一，国家历史文化名城，长江上游地区经济中心，国家重要的现代制造业基地，西南地区综合交通枢纽	我国直辖市之一，全国重要的经济中心。将上海建设成为经济繁荣、社会文明、环境优美的“国际大都市”，国际经济、金融、贸易、航运中心之一
长江经济带发展规划	确立长江经济带“一轴、两翼、三极、多点”的发展新格局，以长江黄金水道为依托，发挥上海、武汉、重庆超大城市的核心作用，构建沿江绿色发展轴，推动经济由沿海溯江而上梯度发展。长江三角洲、长江中游和成渝三个城市群，充分发挥中心城市的辐射作用，打造长江经济带的三大增长极		
国家城市群发展规划	长江中游城市群发展成我国经济增长与转型升级的重要引擎和具有一定国际竞争力的现代化城市群。强化武汉、长沙、南昌的中心城市地位，引领带动武汉城市圈、环长株潭城市群、环鄱阳湖城市群协调互动发展	成渝城市群以建设具有国际竞争力的国家级城市群为目标。提升重庆核心功能，围绕建成国家中心城市，强化重庆大都市区西部开发开放战略支撑和长江经济带西部中心枢纽载体功能，充分发挥长江上游地区经济中心、金融中心、商贸物流中心、科技创新中心、航运中心的作用	长江三角洲城市群以上海建设全球城市为引领，建设成为具有全球影响力的世界级城市群；提升上海全球城市功能，按照打造世界级城市群核心城市的要求，加快提升上海核心竞争力和综合服务功能，加快建设具有全球影响力的科技创新中心，引领长三角城市群一体化发展
城市“十三五”发展定位	建设具有全球影响力的产业创新中心，率先全面建成小康社会；全力打造经济、城市、民生“三个升级版”，基本形成具有武汉特色的特大中心城市治理体系，基本形成国家中心城市框架体系，巩固综合经济实力全国城市第一方阵地位，力争进入第一梯队，中国中部中心地位进一步凸显	建设城乡统筹发展的国家中心城市，加快建设国家重要现代制造业基地；加快建设国内重要功能性金融中心；加快建设西部创新中心；加快建设内陆开放高地。充分发挥西部开发开放战略支撑功能和长江经济带西部中心枢纽功能，基本建成长江上游地区经济中心	当好全国改革开放排头兵、创新发展先行者；形成具有全球影响力的科技创新中心基本框架，基本建成具有全球资源配置能力的国际经济、金融、贸易、航运四个中心和社会主义现代化国际大都市

竞争力的现代化城市群。同时，重庆、上海为直辖市，武汉仅为副省级省会城市。重庆、上海同为国家中心城市，而武汉仅为中部中心城市。可见，武汉城市功能定位与上海、重庆比较仍有较大提升空间（见表1）。

全面深化改革是我国在新时期，为实现中华民族伟大复兴的中国梦而做

表2　武汉、重庆、上海承担的部分国家重大改革试点任务

改革试点	武汉	重庆	上海
全国综合配套改革试验区	2007年12月全国资源节约型和环境友好型社会建设综合配套改革试验区（武汉城市圈）	2007年6月全国统筹城乡综合配套改革试验区（重庆市）	2005年6月上海浦东新区综合配套改革试点（全国第1个）
国家自主创新示范区	2009年12月武汉东湖国家自主创新示范区（第2个）	2016年7月重庆高新技术产业开发区（第17个）	2011年3月上海张江国家自主创新示范区（第3个）
自由贸易区	2016年8月中国（湖北）自由贸易试验区武汉片区（第3批）	2016年8月中国（重庆）自由贸易试验区（第3批）	2013年8月中国（上海）自由贸易试验区（第1个）
国家全面创新改革试验区	2015年9月	——	2015年9月
国家级新区	正在申报（武汉长江新区）	2010年5月重庆两江新区（第3个）	1990年5月上海浦东新区（第1个）
科技金融改革创新示范区	2015年7月武汉城市圈科技金融改革创新试验区（全国首个科技金融创新试验区，以武汉市为主体）	——	——
开放型经济新体制综合试点试验地区	2016年5月武汉城市圈	2016年5月重庆两江新区	——
跨境电子商务综合试验区	——	2016年1月	2016年1月
国家创新型城市试点	2014年9月（《国务院关于依托黄金水道推动长江经济带发展的指导意见》中明确）	——	——
国家服务贸易创新发展试点	2016年2月（武汉市）	2016年2月（重庆两江新区）	2016年2月（上海市）
国家市场采购贸易试点	2016年9月（汉口北国际商贸交易中心）	——	——
国家新型城镇化综合试点	2014年12月（武汉市）	2014年12月（重庆主城区）	——

出的重大战略部署，改革试点任务在不同区域的部署对推进全局性改革具有示范、突破、带动作用，武汉作为中央明确定位的“超大城市”，目前正在推进实施几十项国家级改革试点任务，并在两型社会、创新、新型城镇化等众多领域取得了瞩目的阶段性成果，为创新驱动发展奠定了良好的基础(见表 2)。

二、三市“规模”指标比较

(一)人口规模比较

目前武汉人口规模不占优势，常住人口刚超过 1000 万人，上海人口规模是武汉的 2.4 倍，重庆接近武汉的 3 倍，但武汉未来有很大扩展空间。一是人口变化趋势上，武汉持续平稳增长有利于人口规模不断扩大，而上海已发展到拐点。二是人口密度上武汉有很大发展空间，上海约为武汉的 3 倍，如果武汉达到上海目前水平，人口规模将超过 3000 万人。三是人口迁移上武汉一直保持净流入，重庆人口则是净流出。四是人口吸引力上，以幼儿园、小学生数量变化作为重要指标，武汉 2016 年学前教育入园规模将突破 10 万人，同比增加 17%，9.68 万名小学新生入学，同比增加 5%，五年后武汉中小学人数将比现在多 52 万人。因此，相较于上海、重庆，武汉人口平稳增长、发展空间大、持续净流入、青少年人口增速快等发展趋势都将推动武汉人口规模不断跃上新台阶(见图 1、图 2 和图 3)。

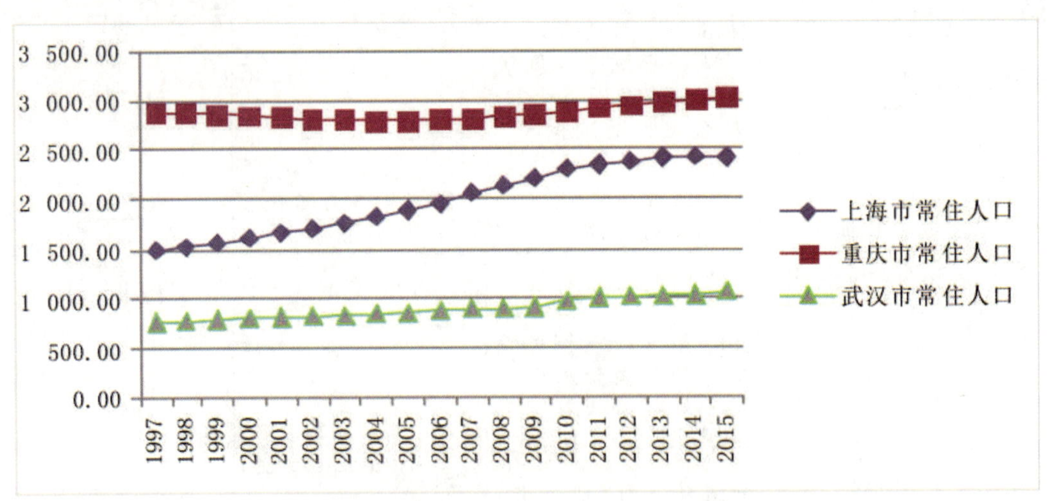

图 1 上海、重庆、武汉人口变化趋势比较(1997—2015)

(二)行政面积和经济规模比较

从行政面积看，重庆面积最大，达到 8.24 万平方公里，大约相当于 13 个上

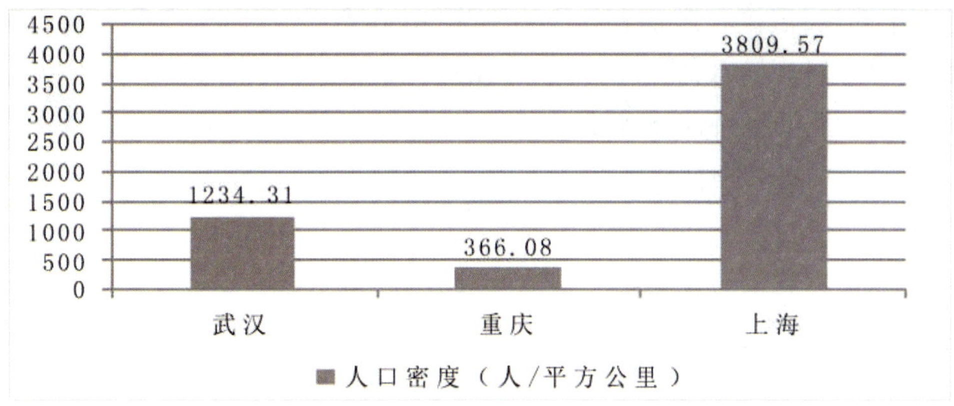

图 2　上海、重庆、武汉人口密度比较(2015 年)

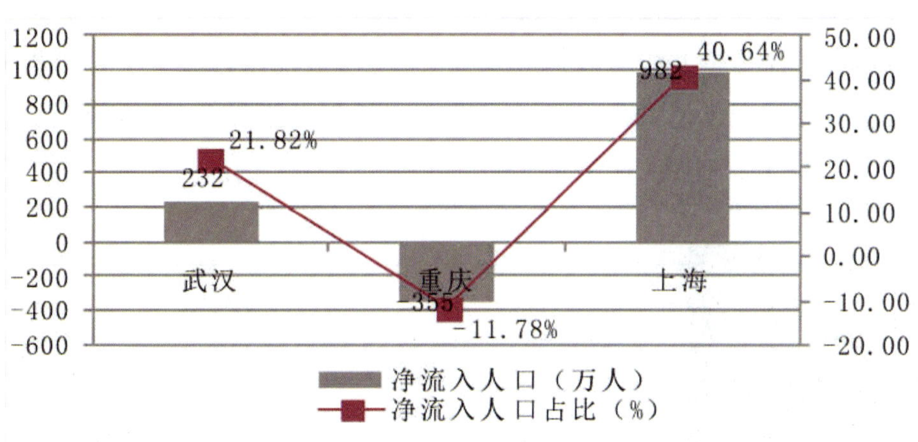

图 3　上海、重庆、武汉净流入人口比较

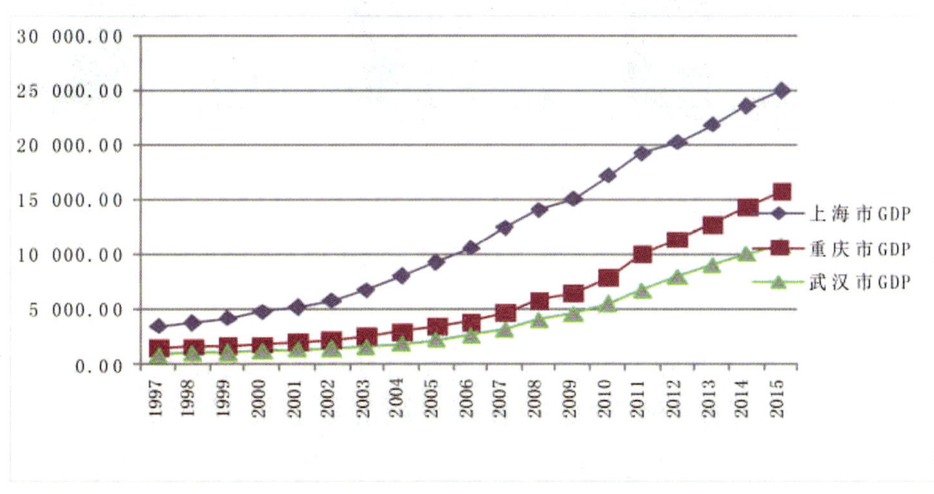

图 4　上海、重庆、武汉 GDP 变化趋势比较(1997—2015)　　(单位:亿元)

海、9.5 个武汉；武汉行政面积比上海多出 2000 多平方公里，但武汉建成区面积最小。从经济规模看，武汉已经迈入 GDP 万亿俱乐部，但与上海、重庆差距还较大，随着大武汉复兴，武汉将加大追赶步伐，逐步缩小差距（见图 4）。

三、三市“结构”指标比较

（一）经济结构（“三驾马车”）比较

投资、出口和消费是拉动一个区域经济增长的“三驾马车”，三者间的结构关系也反映着经济发展质量。通过对投资率、消费率和出口依存度 3 个指标进行比较，可以发现：重庆是典型的投资驱动发展型经济，上海是消费和出口双轮驱动型经济，武汉则介于上海和重庆之间，投资率仍高达 70.84%，经济发展对投资的依赖性仍然较高；但是武汉的消费率在三市中是最高的，消费对武汉经济贡献较大；武汉最大的劣势是对外开放，出口依存度仅为 8.6%，比重庆还低 13.13 个百分点。未来武汉经济转型的方向是进一步降低对投资的依赖，加大对外开放力度，提高出口对经济增长的贡献（见图 5）。

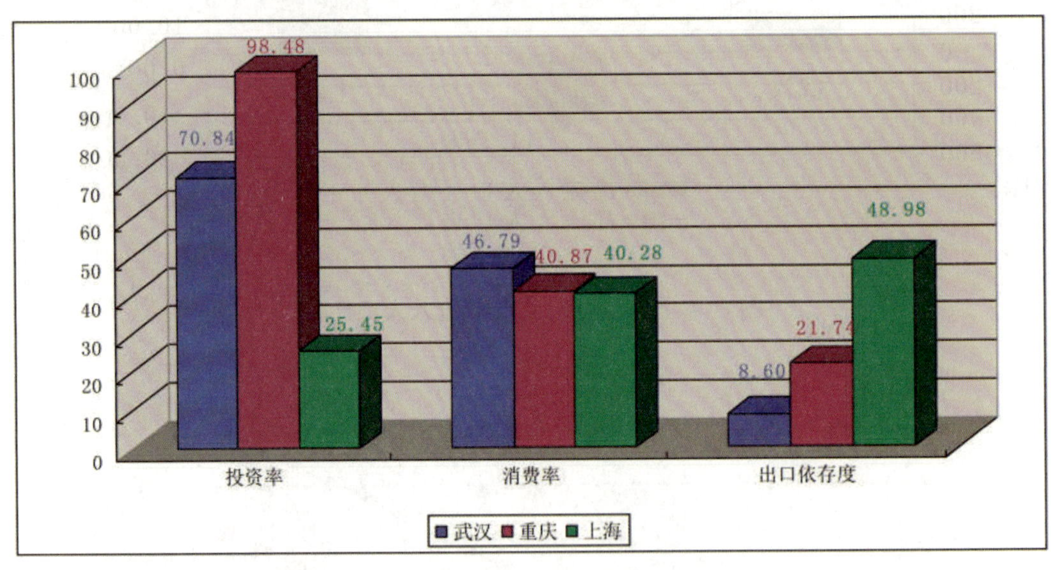

图 5　上海、重庆、武汉投资、出口、消费三者结构关系　（单位：%）

（二）所有制结构比较

城市经济体的所有制结构由三部分构成，分别是公有制经济、民营经济和外资经济，三者之间的比例关系能反映一个城市的经济质量、市场活力和对外开放度等方面，从三者占地区生产总值的比重来分析，可以得出：

武汉和上海都是公有制经济占半壁江山的城市，重庆是民营经济占半壁江山的城市。上海是开放的国际性大都市,而武汉和重庆属于内陆型城市。上海的所有制结构更加合理和谐,武汉和重庆的所有制结构矛盾更为突出。武汉要加大国企改革力度,降低国有经济比重,同时大力发展民营经济和外资经济,搞活整个城市经济(见图 6)。

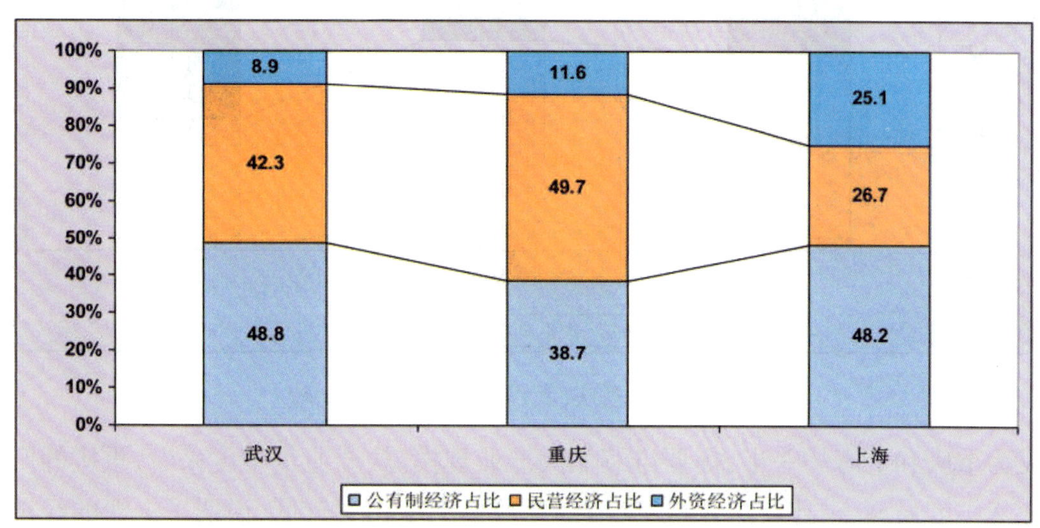

图 6 上海、重庆、武汉所有制结构比较 (单位:%)

(三)产业结构比较

1.三次产业结构比较

从三次产业结构来看,上海已经迈入了“后工业化社会”,服务业占比达到 67.8%;武汉和重庆还处于“工业化中后期”,第二产业占比都维持在 45%左右,服务业占比刚超过第二产业占比。重庆还是一座三农包袱较重的城市,尚有大片的农村地区和大量的农村人口,农业占比还高达 7.3%,城镇化的道路还很漫长。总体来看,武汉和重庆的三次产业结构较为相似,上海的三次产业结构“一枝独大”,服务经济成为上海的主导经济(见图 7)。

2.排名前五的制造行业比较

三市的共性产业是汽车制造、电子信息制造和装备制造,不同的是上海第 1 名是电子信息制造,武汉和重庆的第 1 名是汽车制造。食品烟草是武汉的特色优势产业,消费品行业是重庆的特色优势产业,上海的特色优势产业则是石油化工及精细化工制造和精品钢材制造。

从产业规模来看,武汉产业规模远小于重庆和上海,武汉五大产业总产值

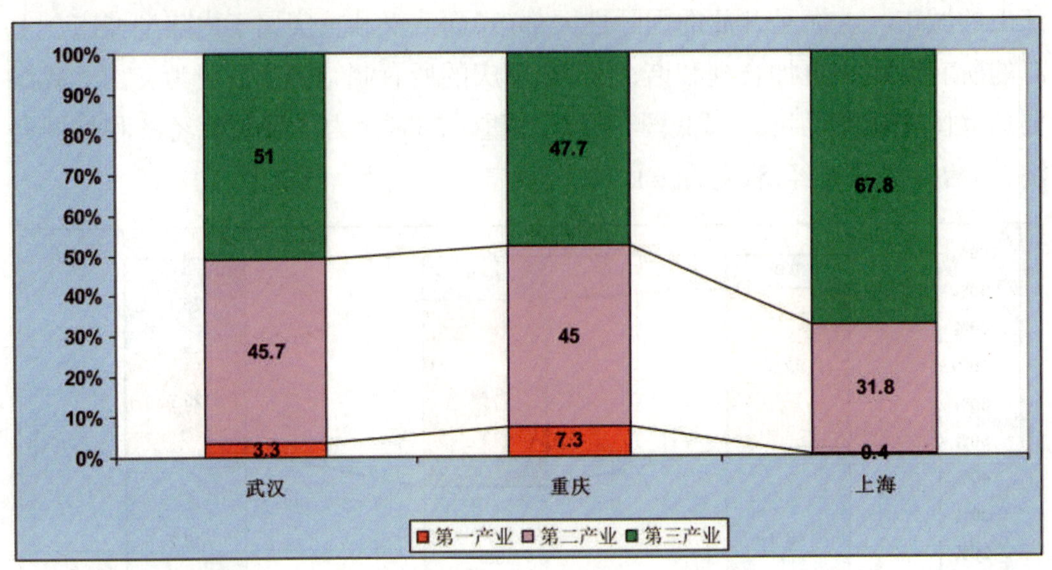

图 7 上海、重庆、武汉三次产业结构比较

仅为重庆和上海的一半，需要继续做大产业规模。从产业集中度来看，重庆的产业集中度最高，占比超过 8 成；上海的产业集中度相对较低，说明了上海的经济增长点更多。武汉产业集中度高上海近 10 个百分点，要实现工业倍增，还需要大力发展新兴产业，培育更多增长点（见表 3）。

表 3 上海、重庆、武汉排名前五的制造行业比较 （单位：亿元）

	武汉	行业产值及占比	重庆	行业产值及占比	上海	行业产值及占比
第 1 名	汽车及零部件	2869.16（22.84%）	汽车制造业	4707.87（21.99%）	电子信息产品制造业	6159.55（19.84%）
第 2 名	电子信息制造	1904.89（15.16%）	电子制造业	4075.56（19.04%）	汽车制造业	5168.22（16.65%）
第 3 名	装备制造	1803.90（14.36%）	装备制造业	3390.73（15.84%）	成套设备制造业	4001.94（12.89%）
第 4 名	食品烟草	1520.24（12.1%）	消费品行业	3275.73（15.3%）	石油化工及精细化工制造业	3375.31（10.87%）
第 5 名	能源及环保业	1026.09（8.17%）	材料行业	2910.73（13.6%）	精品钢材制造业	1159.53（3.73%）
	合计	9124.28（72.62%）		18360.62（85.78%）		19864.55（63.98%）

注：行业产值及占比指的是行业产值占规模以上工业总产值的比重。

3.排名前五的服务行业比较

三市的共性产业是金融业、批发零售业和房地产业，其中重庆和上海的第1名都是金融业，武汉第1名是批发零售业，体现了武汉作为商贸重镇的传统优势。武汉要发挥优势，继续做大做强批发零售业，同时尽快补上金融业短板，优化产业结构。

从产业规模来看，五大产业增加值之和比重庆少1323亿元，仅是上海的24.37%。武汉要大力发展服务经济，提升城市服务功能，做大产业规模。从产业集中度来看，上海的产业集中度最高，服务业发展水平更高，服务能力更强。武汉产业集中度还比重庆低2个多点，要建设国家中心城市和超大城市，有必要进一步提高产业集中度，提升城市服务功能（见表4）。

表4　上海、重庆、武汉排名前五的服务行业比较　（单位：亿元）

	武汉	增加值及占比	重庆	增加值及占比	上海	增加值及占比
第1名	批发零售	994.05（17.87%）	金融业	1410.18（18.81%）	金融业	4052.23（23.96%）
第2名	金融业	937.49（16.85%）	批发零售	1345.38（17.94%）	批发零售	3826.42（22.62%）
第3名	房地产	641.47（11.53%）	房地产	827.35（11.04%）	信息产业	2747.64（16.24%）
第4名	交通运输仓储和邮政	455.28（8.18%）	交通运输仓储和邮政	761.31（10.15%）	房地产业	1696.02（10.03%）
第5名	住宿餐饮	349.13（6.28%）	住宿餐饮	355.76（4.75%）	旅游业	1535.64（9.08%）
	合计	3377.42（60.7%）		4699.98（62.69%）		13857.95（81.93%）

注：增加值及占比指的是本行业增加值占服务业增加值的比重。

四、三市资源配置能力比较

（一）总部经济比较

武汉总部经济发展明显弱于上海，这不仅表明武汉对资源的集聚能力还较弱，也间接说明武汉在基础设施、服务环境、商务设施、研发能力、开放程度等一系列吸引500强企业总部入驻的指标还处于较低水平。武汉有必要加快优化发展环境，吸引500强企业总部的入驻，以提升城市自身及区域经济发展在税收供应、产业聚集、消费带动、资本放大等诸多方面的外溢效应，增强城市影响力和辐射力(见图 8)。

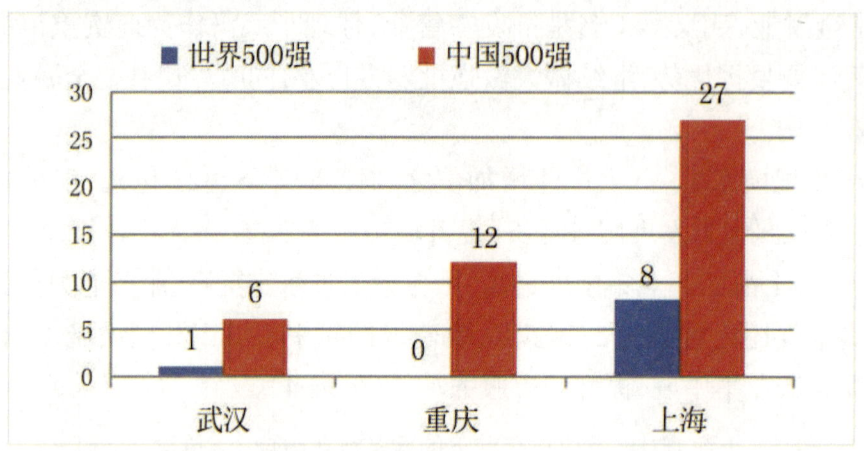

图 8　2015 年上海、重庆、武汉 500 强企业总部数量　(单位:家)

总部在武汉的世界 500 强企业[②]仅东风汽车公司 1 家，重庆则无世界 500 强企业总部入驻，上海为 8 家，且涵盖面较广，包括汽车制造、金融、能源、保险、钢铁、房地产、航运等领域(见表 5)。

表 5　上海、重庆、武汉世界 500 强企业名单

	武汉	重庆	上海
企业名称	1.东风汽车集团	无	1.上海汽车集团股份有限公司 2.交通银行 3.上海浦东发展银行股份有限公司 4.中国华信能源有限公司 5.中国太平洋保险(集团)股份有限公司 6.宝钢集团有限公司 7.绿地控股集团有限公司 8.中国远洋海运集团有限公司

同时，相关研究显示，武汉总部经济发展综合能力全国排名第八，位列中部第一，重庆与武汉不相上下，但是近年来重庆总部经济发展速度很快，从 2009 年的 14 名跃升至 2014 年的第 10 名。上海总部经济综合发展能力遥遥领先。

(二)要素市场比较

上海要素市场在整体水平上要明显高出武汉、重庆一个层级，全国性要素

②来源于美国《财富》杂志发布的 2016 年“世界 500 强企业”名单。

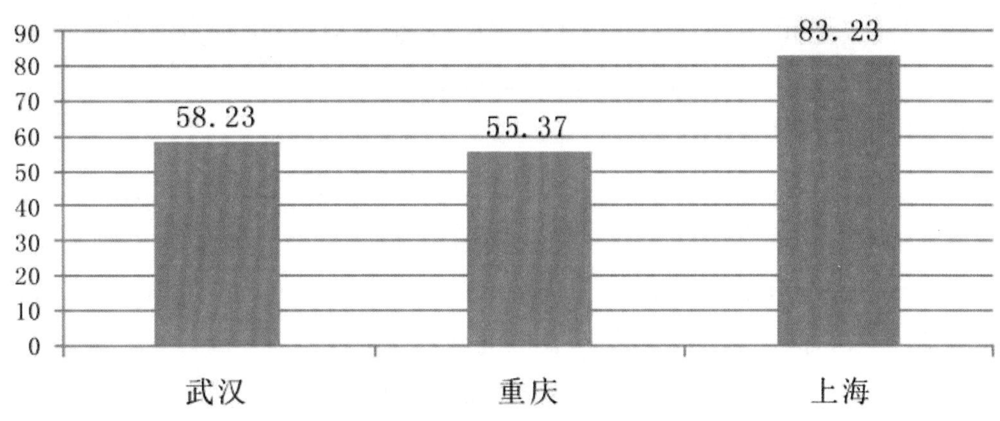

图9　2014年上海、重庆、武汉总部经济综合发展能力得分

数据来源:《中国总部经济发展报告(2014—2015)》,科学文献出版社。

市场数量遥遥领先。武汉尽管要素市场数量较多,但皆为区域性要素市场,而全国性要素市场还是空白,无论是交易规模、交易品种、交易范围,还是资金活跃程度都较为有限。不过近年来,武汉各类要素市场快速集聚,涵盖领域不断拓展,充分展现出下一步打造全方位、多层次、全要素的服务中部乃至全国的要素集聚交易中心的巨大潜能。

表6　上海、重庆、武汉要素市场比较

武汉	重庆	上海
1.武汉金融资产交易所 2.武汉农村综合产权交易所 3.武汉知识产权交易所 4.武汉城市矿产交易所 5.武汉航运交易所 6.华中石油化工交易中心 7.陆羽国际茶业交易中心 8.民商大宗商品交易中心 9.光谷联合产权交易所 10.武汉股权托管交易中心 11.武汉农畜产品交易所 12.华中文化产权交易所 13.湖北环境资源交易所 14.湖北碳排放权交易中心 15.国际矿业权交易中心	1.重庆联合产权交易所 2.重庆农村土地交易所 3.重庆药品交易所 4.重庆农畜产品交易所 5.重庆股份转让中心 6.重庆航运交易所 7.重庆文化产权交易中心 8.重庆外滩摩配电子交易所 9.重庆再生资源交易中心 10.重庆土特产品交易中心	1.中国金融期货交易所 2.上海证券交易所 3.上海期货交易所 4.上海黄金交易所 5.上海航运交易所 6.上海石油交易所 7.上海股权托管交易中心 8.上海环境能源交易所 9.上海文化产权交易所 10.上海钻石交易所 11.上海联合产权交易所 12.上海联合矿权交易所 13.上海知识产权交易中心

近年来,武汉要素市场发展较为迅猛,特别是东湖自主创新示范区借“一带一路”建设的东风,全力推动要素交易市场发展,其中,武汉股权托管交易中心挂牌企业已达496家,托管企业1225家,展示板企业1847家,帮助企业实

现融资 165.18 亿元,在区域性股权市场中排名全国第一;金融资产交易所交易产品达到 26 个,业务交易量累计超过 8000 亿元(见表 6)。

(三)金融集聚比较

武汉金融中心功能与重庆、上海比较处于弱势,但发展势头较为迅猛,区域金融中心的"聚集效应"正加快凸显。从金融领域运作情况看,上海无论在存款余额、贷款余额方面都明显处于优势,总量上武汉在三个城市中处于末位。但武汉在人均储蓄存款方面与重庆比较有较明显优势。

表 7 上海、重庆、武汉金融运作状况(2015 年)

类型	武汉	重庆	上海
金融机构本外币存款余额(亿元)	16268.71	25160.11	73882.45
金融机构本外币贷款余额(亿元)	14463.40	20630.69	47915.81
人均储蓄存款(元)	52069	32486	87720

注:数据主要来源于武汉、重庆、上海 2015 年统计年鉴,重庆、上海人均储蓄存款数据来源于《城市竞争力蓝皮书》。

从金融中心指数看,武汉在三个城市中同样处于弱势,武汉的金融中心指数仅排在全国城市的第 12 位,重庆第 9 位,上海则高居榜首(见图 10)。

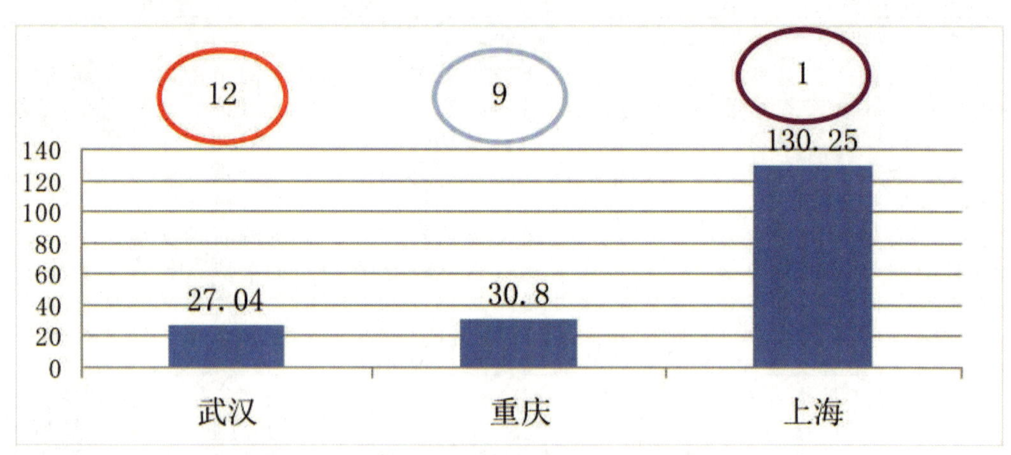

图 10 上海、重庆、武汉金融中心指数比较

注:数据来源于综合开发研究院(中国·深圳)发布的第五期 CDI 中国金融中心指数(CDI·CFCI)。

近年来,武汉金融"聚集效应"也在加快凸显,特别是由于武汉地处中部地区,具备四通八达的区位优势,同时地质灾害少,安全性高,人才储备丰富,众多金融机构后台中心争相入驻，截至 2015 年，武汉已有 33 家金融机构后台中心入驻，超越上海而称冠全国。同时，总部设在武汉的金融机构达到 22 家。

(四)运输物流比较

“九省通衢”的武汉依托铁路的运输功能突出，但由于受区位特点、经济发展阶段等因素的影响，公路、水运、民航等方面的枢纽功能还未能得到充分的发挥，需要进一步强化对人流、物流的集聚和疏散效应(见表 8)。

表 8　2014 年上海、重庆、武汉综合交通枢纽功能比较

	客运量(万人)	旅客周转量(亿人公里)	货运量(万吨)	货物周转量(亿吨公里)
武汉	28145	1091	48531	3026
重庆	70056	726	97287	2589
上海	17560	1427	90341	18691

数据来源：武汉、重庆、上海 2015 年统计年鉴。

客运方面，武汉依托铁路的客运量最高，相当于重庆与上海的总和。公路则是重庆最高，占到重庆客运总量的 90%以上。民航则是上海最高，是武汉的 4 倍以上(见表 9)。

表 9　2014 年上海、重庆、武汉不同运输方式客运量比较　(单位：万人)

	铁路	公路	水运	民航
武汉	14299	12748	——	1098
重庆	4057	63630	712	1657
上海	9194	3754	90	4522

数据来源：武汉、重庆、上海《2015 年统计年鉴》。

货运方面，武汉仍然是以铁路的货运量最高，上海依托铁路的货运量最少，仅为上海市货运总量的 0.6%。公路则是重庆最高，占到重庆货运总量的 80%以上。上海在水运方面遥遥领先，武汉水运则略低于重庆。民航货运量上海最高，而武汉只有 10 万吨，仅为上海的 2.8%(见表 10)。

表 10　2014 年上海、重庆、武汉不同运输方式货运量比较　(单位：万吨)

	铁路	公路	水运	民航
武汉	7686	28083	12751	10
重庆	1952	81206	14117	12
上海	549	42848	46583	361

上海定位国际航运中心，武汉为长江中游航运中心，重庆则是长江上游航

运中心,从港口集装箱运输量看,上海远高于武汉和重庆(见表11)。

表11　上海、重庆、武汉港口集装箱运输量比较表　　(单位:万TEU)

		武汉	重庆	上海
港口集装箱运输量	2014年	100.5	89.66	3528.2
	2015年	105.6	109.26	3653.7

从武汉港口集装箱运输量看，近几年一直保持快速增长的势头,2014年,武汉港口集装箱吞吐量突破100万TEU大关，迈入世界内河集装箱港口第一方阵,可与杜伊斯堡、芝加哥、莫斯科、蒙特利尔等主要内河港口的集装箱运量比肩。随着长江中游航运中心建设,武汉港口还将继续“加速跑”,近期,首个陆地港将在襄阳建成并投入使用;临港经济区和航运产业特区建设、四大航运服务支撑平台等将强力推进,预计到2020年,武汉港口集装箱吞吐量将突破500万TEU,展现出巨大的发展潜力(见图11)。

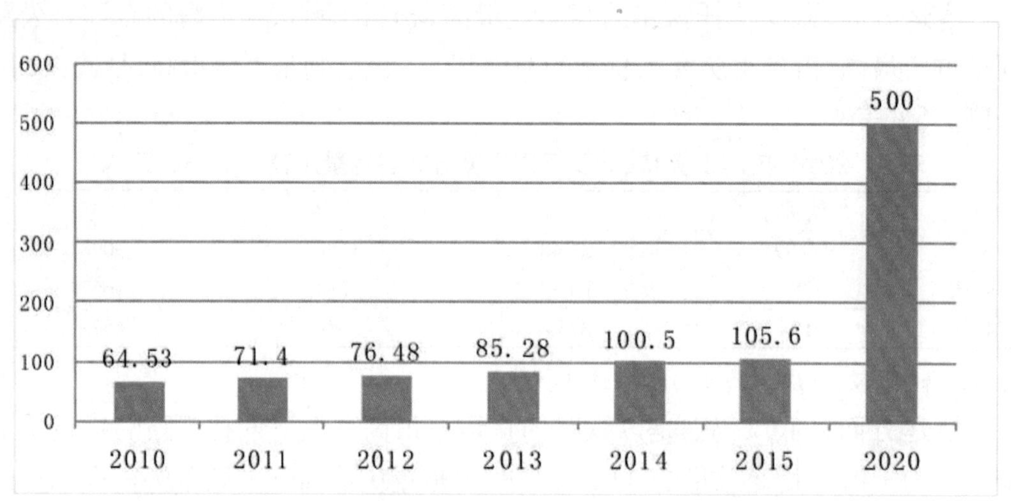

图11　武汉港口集装箱运输量增长状况　　(单位:万TEU)

五、三市创新能力比较

创新是城市发展的核心动力,武汉科教资源优势明显,表现为普通高校、国家工程技术中心、大学生人数的数量均领先,东湖国家自主创新示范区已形成品牌。但创新产出与经济效益方面仍为短板,专利产出量少、技术成果转化不够、高新技术企业数量少、高新技术产业增速不快。因此,武汉在科教优势转化为经济优势、提升创新能力方面仍有很大潜能。

(一)高校及科研院所比较

武汉的高校、科研院所资源优势明显,高等院校数量居全国第二,仅次于北京;国家实验室、国家重点实验室、国家级工程技术研究中心等科研院所也较多;大学生人数居全国第一。但是两院院士的数量,上海几乎为武汉的3倍。武汉作为全国科教中心,创新的基础资源丰富,但在吸引高端人才、集聚创新要素方面仍有很大发挥空间(见表12)。

表12 上海、重庆、武汉普通高校及科研院所基本数据比较①

对比指标	普通高校		国家实验室	国家重点实验室	国家级工程技术研究中心	两院院士
	数量	在校生②				
单位	所	万人	个	个	个	人
武汉	82	95.68	1	21	28	68
重庆	64	71.66	0	8	10	13
上海	67	51.16	1	23	4	176③

(二)研发投入及专利产出比较

武汉研发投入与专利产出相较于上海差距较大,相较于重庆则具有一定优势。上海各项指标均领先,R&D经费约为重庆的3.8倍、武汉的3倍,而且R&D经费占GDP比重2011年起一直保持在3.1%水平;发明专利申请量、授权量也约为武汉的3倍;技术合同成交额约为武汉的1.7倍。武汉研发投入虽逐年增长,2015年已突破3%的GDP占比,但专利产出与技术成果转化运用方面仍是短板,发明专利申请量低于重庆,授权量的增速远低于上海。武汉的科教优势尚未充分转化为经济优势(见表13)。

表13 上海、重庆、武汉研发投入及专利发明情况比较

对比指标	研发投入		发明专利				技术市场合同成交额(亿元)
	R&D经费(亿元)	GDP占比(%)	申请(件)	增长(%)	授权(件)	增长(%)	
武汉	303(2014年)	2.9(2014年)	15077	27	6003	33	405.30
重庆	240	1.53	35086	–	–	–	145.70
上海	925	3.7	46976	20	17601	51.5	707.99

数据来源:武汉、重庆、上海2015年统计公报。

①武汉、重庆数据来源于2015年统计公报,上海数据来源于上海市科学技术委员会官方网站。

②在校生包括在校本科及大专生。

③上海176名院士中,生命医药领域院士约占三分之一。

(三)高新技术产业比较

从高新技术企业数量来看,上海拥有高新技术企业 6071 家,是武汉的 3.6 倍,市场主体数量与活跃程度更高。从高新技术产业产值来看,武汉高新技术产业增加值 2235.65 亿元,增长 10.1%,相比之下,重庆高新技术产业增加值增速更快,比武汉高 9.3 个百分点,追赶之势明显(见表 14)。

表 14　上海、重庆、武汉高新技术产业比较

对比指标	高新技术企业数量	高新技术产业产值		高新技术产业增加值	
		总量	增长	总量	增长
单位	(家)	(亿元)	(%)	(亿元)	(%)
武汉	1656	7701.41	14.1	2235.65	10.1
重庆	1035	–	12.5	–	19.4
上海	6071	–	–	–	–

注:武汉、上海数据来源于 2015 年统计公报,重庆数据来源于 2015 年统计公报与重庆市统计局《2015 年重庆经济运行情况分析》。

(四)国家自主创新示范区的比较

武汉东湖国家自主创新示范区相较于上海、重庆而言,成立时间早、发展较为成熟,规划面积、营业收入、从业人员都较为领先,特色产业优势明显,已形成品牌效应(见表 15)。

表 15　上海、重庆、武汉国家自主创新示范区的比较(2014 年)

对比指标	获批时间	规划面积	一区多园	营业收入	从业人员	主导产业
单位	年	平方公里	个	亿元	万人	
武汉东湖国家自主创新示范区	2009(第 2 个)	120	8	8526	44.96	光电子信息产业为主导,大力发展生物、节能环保、高端装备制造、现代服务业等
上海张江国家自主创新示范区	2011(第 3 个)	42.1	18	3125	–	石墨烯新材料、电子信息、生物医药、装备制造、高技术服务、现代商贸物流等
重庆高新技术产业开发区	2016(第 17 个)	73	5	3125	23.99	信息技术、生物医药、文化创意、低碳环保等为主导

六、相关建议

（一）更加增强人口集聚功能，同时注重提高人口质量，吸引更多创新创业人才、高层次产业人才

武汉要成为与上海比肩的名副其实的超大城市，首先要在人口规模上实现突破，人口规模要达到上海的80%左右，而不是现在仅上海50%的水平。按照《武汉2049》提出的1800万人规模的目标，努力实现人口规模倍增。一是要放宽落户条件，吸引更多外来人口落户武汉。武汉要实行与北上深三个城市有差别的人口落户政策，在现有落户政策基础上，进一步放宽门槛；同时在户籍、保障性住房、社保、子女入学等领域深化改革，给予外来人口平等的"市民化"待遇，成为"新武汉人"，打造全国超大城市最容易落户城市、对外来人口最友好城市。二是深入推进"双创"活动，吸引更多年轻人到武汉创新创业。发挥武汉科教和大学生数量优势，加大政府对"双创"支持力度，优化创业环境，破除阻碍和不利于创业的体制机制，提高创业服务效率和水平，将武汉打造成全国一流的"创业之城"。三是推动教育改革和实施人才政策，培养和吸引更多高素质、高层次人才。大力发展职业教育，培养更多高素质的职业技术人才，满足武汉先进制造业和现代服务业发展需求。扩大实施武汉城市合伙人、黄鹤英才计划、光谷3551人才计划等高层次人才计划，在全球范围内招揽产业领军人才、创新创业人才、金融投资人才等，打造高层次人才聚集高地。

（二）更加重视经济量质齐升，坚定推进"万亿倍增"，同时加快经济转型发展

超大城市要有经济实力做后盾，武汉还需要在做大做强上继续努力。一是坚持"倍增"思维，继续推进"工业倍增""市场主体倍增""高新技术企业倍增""GDP万亿倍增"等，力争武汉GDP继续进位争先。二是加快重大功能区建设发展，把东湖高新区、沌口开发区、临空港开发区三大国家级开发区，以及江岸·汉口沿江商务区、江汉·武汉中央商务区、武昌滨江商务区、洪山·杨春湖高铁商务区等七大市级功能区作为开发建设重点，创新项目投资机制和模式，跨域发展。三是进一步优化产业结构，打造先进制造业和现代服务业"双轮驱动"格局。顺应武汉"工业化中后期"发展阶段要求，继续实施"工业倍增"，防止产业空心化，重点发展先进制造业和战略性新兴产业，同时布局无人机、3D打印、智能制造等未来产业。积极发展现代服务业，尤其是金融保险、商贸物流、工程设计、信息服务、旅游等产业，促进"互联网+"发展。

（三）更加推动经济创新发展，盘活存量、搞活机制，建设国家创新型城市

新时代背景下，武汉城市发展要走创新驱动发展之路，积极培育新动能、新空间，通过创新创业，建设国家创新型城市。一是进一步理顺政府和市场关系，加快政府职能转变，促进第三方服务机构蓬勃发展，用好、用足新型研发机构、公共技术平台、行业协会等第三方服务机构在政府与市场间“桥梁”作用，促进“政、产、学、研、用、金、介”各要素的互联互通与资源整合。二是要用好发挥好丰富的科教资源，要通过体制机制创新，让科技资源转化成创新能力、科技成果和产品及服务，让科技资源成为推动经济增长的重要力量。三是构建以企业为主体的创新机制。学习借鉴深圳“6个90%”经验，创造条件让企业成为创新的投资主体、研发主体、交易主体、收益主体，激发企业创新活力和积极性。四是加快新型创新创业平台建设，提升集聚创新要素能力。推动工业技术研究院、孵化器、众创空间、创业咖啡、人才超市等各类信息创新创业平台发展，打造集技术、人才、资金、服务等于一体的综合型创新创业平台。

（四）更加完善超大城市功能，补短板、扬优势，提高全球资源配置能力

武汉已具备“超大城市”外在特征，但超大城市功能还有待提升，尤其是在金融资本、要素交易、对外交往等方面，迫切需要提升以资源配置能力为核心的超大城市功能，在长江中游城市群发展中发挥更大“领头羊”作用。一是加快建设中部地区金融中心，金融是现代经济的血液，更处于产业链条的高端，是城市功能的核心，武汉要加快补上金融短板，采取差异化发展路径，建设以科技金融为重点的全国性专业金融中心及金融后台服务基地，鼓励发展民间金融、互联网金融，打造一批特色产业金融服务链条；大力发展要素交易市场，争取在大宗商品、碳金融、航运指数、技术产权、文化产权等领域设立全国性的交易中心，形成武汉价格和武汉指数。二是构建国际性综合交通枢纽，进一步加强交通枢纽基础建设，推动第二机场、长江航运中心、阳逻港口、汉阳火车站等建设，尽快补上航空运输和水运的短板，推进智慧交通基础设施建设，提高交通信息化、智能化水平；进一步扩大对外交通能力，提高汉欧班列、江海直达能力，增加国际航线和航班。三是增强区域辐射带动能力，打造总部经济，通过企业内部在地理上的分工带动城市间经济合作；推动武汉城市圈一体化和长江中游城市群、长江经济带的协调发展，发挥武汉作为核心城市的核心作用。

作者单位：武汉发展战略研究院

武汉、武汉城市圈、长江中游城市群三者间协同发展研究

武汉发展战略研究院课题组

随着国家重大战略纲领性文件《长江经济带发展规划纲要》将武汉与上海、重庆列为“超大城市”,重点打造长江三角洲城市群、长江中游城市群、成渝城市群为三大增长极,武汉、武汉城市圈、长江中游城市群再次备受瞩目。从区域发展视角,三者环环相扣、相互依存,无论是单个城市还是整个城市群的发展都需要建立在协同发展基础上。因此有必要借鉴国内外核心城市与城市群互动发展经验,审视武汉、武汉城市圈、长江中游城市群协同发展现状与存在的问题,提出有针对性的对策建议,推进武汉、武汉城市圈、长江中游城市群三者协同发展。

一、核心城市与城市群互动发展的经验与启示

全球化和信息化发展背景下,核心城市积极发挥区域增长极作用,广泛参与国际经济分工,成为国际经济体系的重要环节。目前,我国城市群仍处于快速发展阶段, 依托政府自上而下积极培育和建设核心城市对城市群的形成发展具有重大促进意义。

城市群是一定城镇密集区域内具有相当数量的不同性质、类型和等级规模的城市,依托一定的自然环境条件,以一个或两个超大或特大城市作为地区经济的核心,借助现代化的交通工具和综合运输网的通达性以及高度发达的信息网络,发生与发展着城市个体之间的内在联系,共同构成一个相对完整的城市“集合体”。也就是说城市群必须需具备两个特点:第一,至少有一个核心城市,并且对群内其他城市有较强辐射作用;第二,群内不同等级和规模

城市之间有多层级结构性，且在自然和人文等各方面能够形成互补发展的密切联系。

(一)城市群发展至少有 1 个核心城市做龙头，发挥引领、带动作用

1.作用机理

增长极理论认为，经济增长通常是从一个或数个“增长极”逐渐向其他部门或地区传导。“增长极”最早由法国经济学家佛朗索瓦·佩鲁(Francqis Perroux)提出，在经济意义上指推进型公司或产业集群，在地理意义上指优先发展起来的地理区位或空间单元。佩鲁指出“增长极”一般具有成熟的主导产业、创新能力和优越的区位条件，一旦形成将会从技术创新和扩散、资本输出和产业集聚等方面对区域发展形成扩散效应和乘数效应。核心城市是区域极化发展的产物，在城市群中充当增长极角色，是城市群形成和发展的必要条件。

2.案例经验

美国、日本、法国、意大利、巴西等许多国家均将增长极理论应用于区域发展中，为城市群形成作出了极大贡献。以美国为例，美国幅员辽阔，自然条件复杂多样，两百多年的工业发展史造就了典型的非均衡经济格局。20 世纪 20 年代，美国西部和西南部落后地区主要以能源资源开发为主。到五六十年代，受到经济结构性调整影响，传统工业区域经济遭遇重创，分布了全国近 80%的贫困县，和中国当前的内陆城市问题有许多相似之处。为推进落后区域经济转型，美国以改善基础设施条件、发挥山区优势为目标制定阿巴拉契亚山山区规划，大量投资公路、铁路和水运等交通基础设施，发展区域经济增长极，投资建设增长极的医疗、卫生、教育、环保和职业培训等社会保障体系，为吸引人才，增加投资和就业创造条件。日本在面对不均衡问题时采用类似的措施，一方面限制大都市无限制增长，另一方面培养区域增长极，据点式开发并进行大规模基础设施建设，这些措施在平衡区域经济上起到了有效的作用。当今世界知名的城市群有以纽约为中心的美国东北部大西洋沿岸城市群、以芝加哥为中心的北美五湖城市群、以东京为中心的日本太平洋沿岸城市群、以伦敦为核心的英国城市群、以巴黎为中心的欧洲西部城市群和以上海为核心的长三角城市群。每个城市群都有一个或多个核心城市，核心城市与城市群融合互动发展，共同促进区域经济繁荣。

3.启示

核心城市在城市群中发挥绝对主导作用是区域经济发展的一般规律。城市群建设应遵循城镇化和城市群发展的客观规律,优先培育和发展核心城市,通过人才吸引、产业优化、基础设施和社会保障体系建设等一系列措施强化核心城市主导功能,进一步打破行政壁垒、发展交通信息网络,营造一个开放自由的市场环境,以实现城市间生产要素的自由流动和资源高效配置。

（二）核心城市是具有强大服务功能的服务型城市，能辐射和服务整个城市群

1.作用机理

1957 年,瑞典经济学家缪尔达尔发表《经济理论和不发达地区》,提出地理上的二元经济结构,指出生产要素在区域间流动的“回波效应”和“扩散效应”。其中,回波效应是生产要素由落后地区向发达地区流动,扩散效应是当集聚成本增加时生产要素又会从发达地区向外疏散，集聚扩散是核心城市作用于城市群的基本路径。

地理学家陆大道院士通过“点轴理论”解释了核心城市的辐射原理,认为经济的空间移动和扩散是通过“点”对区域的作用和“轴”对经济的扩展来共同完成的。随着交通干线的建立,人流和物流易于聚集,生产和运输成本降低,形成有利的区位条件和投资环境。使交通干线连接点形成增长点,即核心城市。使交通沿线成为增长轴,即城市群(带)。核心城市对于整个区域的带动作用表现在各发展轴上确定重点发展的中心城市即增长极,通过“点”的发展逐步推移和扩散到下一级的“点”直至整个发展轴。

作为城市群的发展引擎,核心城市具有强大的服务功能,包括:(1)人流、物流、信息流的集散中心。商品、资金、信息等向核心城市集聚和扩散是城市发展的必然规律,也是实现城市与区域间联系的方式。(2)行政和企业的管理中心。核心城市的管理功能主要表现在两个方面:一是我国体制决定了区域的行政管理中心(政府所在地)多数都具有相当强的经济和文化职能,并多数位于交通条件较好的核心城市；二是企业、公司等机构的管理部门多位于核心城市,以便于信息的沟通和生产的组织。(3)各类服务中心。核心城市具备较为完善的基础设施,如交通便利、通信先进等,还拥有为生产、社会服务的较高层次的中介咨询和文化娱乐活动。(4)区域创新中心。在我国,科研和大中院校等的

高科技研究和教育机构多位于核心城市，各种新思想、新观念在这里传播快、易于被接受，并在此基础上进行综合和创新，因此，核心城市一般也是区域创新的源泉和创新观念传播的基地。

2.案例经验

世界城市发展的历史表明，核心城市发展必然带动区域城市化发展和城市群的生成。19世纪末20世纪初，随着世界经济增长重心向美国转移，在美国东北沿波士顿至华盛顿一线出现了规模巨大的城市群；20世纪60—70年代，世界经济向亚太地区转移，日本经济崛起，产生了东海岸城市群。与此相对应，20世纪初的纽约、20世纪60—70年代的东京成为了核心城市最具特色的两个代表。而在我国已经初具规模的三大城市群中，上海无疑是最能体现核心城市作用的典型。

3.启示

回波和扩散效应分别对应着核心城市的集聚和扩散效应，一般情况下回波效应强于扩散效应，也就是说核心城市的扩散作用在特定阶段是“低效率”的。因此，为避免累积性差异加剧回波效应，政府一方面可积极培养核心城市发展成熟，另一方面应该采取必要的区域政策来刺激和引导落后地区发展，将区际差异控制在良性幅度之内。

（三）核心城市与城市群其他城市互补发展，都受益于城市群一体化

1.作用机理

城市群形成不是若干城市在一定空间范围内的自然布局和简单组合，而是一个自组织过程。城市群能够成“群”的关键在于城市群的系统性、结构性和交互性。只有满足优势互补和互惠互利的基本前提，城市间开放合作才有可能实现，进而充分发挥城市群的规模效应、集聚效应和协同效应。

2.案例经验

波士华是美国最大的城市群，其制造业产值占全国的30%，是国内最大的生产基地，同时在贸易、金融、运输和科技等方面都表现突出，被称为“美国经济地理的枢纽”。波士华城市群经过长期演化发展，目前已成为一个成熟的跨州际的巨型城市群。在波士华城市群内部各城市均有各自的个性特征和优势产业部门，如核心城市纽约定位于综合性大都市，经济贡献突出表现在金融、贸易、管理和外汇等服务功能上；费城作为第二大城市，经济结构多样化，制造

业、航运业和铁路交通较为发达，是美国东岸重要的炼油中心、钢铁和造船中心；波士顿定位于历史文化名城和科技之城，聚集哈佛大学和麻省理工等顶尖高校，是仅次于硅谷的全美微电子技术中心；华盛顿定位于政治中心，以印刷出版、食品工业和化妆品为主，同时旅游业发达。通过合理布局区域内产业结构，核心城市纽约与其他城市形成了完整的地域分工格局和产业链，促使波士华城市群得以完整和协调发展。

与波士华城市群发展现状相比，国内京津冀城市群则存在诸多问题。京津冀城市群在国内占据重要地位，但核心城市北京与其他城市发展存在严重失衡。一方面，区域差距的加大使非核心城市间的恶性竞争，各自为政的低水平重复建设和无序竞争，导致区际分工弱化和结构趋同，反过来又引发新一轮的更加激烈的竞争，造成大量的资源浪费，整体经济效益下降。另一方面，经济落后地区不仅个人收入偏低、群众生活困难，而且城镇建设、基础设施和基础产业、文教卫生等发展所需的资金严重短缺，进一步加剧了发展的不平衡，使落后地区的经济发展陷入了一种恶性循环之中。这种发展模式恶化了北京与周边城市的经济关系，也扭曲了北京的城市职能，加剧了首都的资源供给紧张和环境负荷加重的局面。

3.启示

波士华城市群和京津冀城市发展经验表明，区域内合理的产业结构、分工格局和协调对城市群发展影响至关重要。中心城市以其科技、资本和产业的优势，在产业结构调整中起着先导创新作用，通过合理的产业结构调整，既成功增强了中心城市的实力和地位，也使周围地区获得发展契机；其他城市则可以依托自身突出优势，从制造业、文化产业、交通物流和生态发展等各方面着手制定差异化定位，以提高城市群资源配置效率，配合核心城市一体化发展，最终实现一体化战略目标。

（四）核心城市借助小城市群平台作用于大城市群（都市带），核心城市发挥连续作用呈波浪外推

1.作用机理

梯度理论认为，梯度转移是通过多层次城市系统扩展开来，包括局部范围与大范围扩展两种形式。当“增长极”无法充分满足自身和市场需求时将在局部范围内扩展，回波扩散效应按距离远近由发源地向经济联系比较密切的邻

近城市转移,此时的增长极作用效应具有鲜明的地缘连续性;大范围的扩展则是指创新活动由发源地按全国行政区域城市系统顺序蛙跳式地向广大地区扩展。这时决定转移去向的就不是距离远近,而是接受新事物能力的差距,而梯度划分正是这种差距的反映。只有处在第二梯度的城市才有能力很快接受并消化发源于第一梯度的创新产业部门或创新产品，才有能力把这些产品更广泛、更深入地销售到它们各自控制的市场中。同理,以后随着产品生命的成熟与老化,它们的生产还会依次向第三梯度、第四梯度上的城市转移,甚至还会由城市向乡镇、农村转移。农村地区的许多创新也往往是先反馈到城市系统中,然后通过这个系统,扩展到全国有需要的地区。

2.案例经验

我国城市群大多是在省会城市圈基础上发展起来的，遵从先局部扩展再大范围扩展的发展模式。省会城市优先与相邻城市发生作用，形成城市圈系统。随着知识溢出增长,核心城市作用效应再逐层推进、向外延展,呈波浪式外推。然而目前,我国中西部省份存在省内发展极化问题,如湖北武汉、安徽合肥、陕西西安等省会城市在省内一家独大现象较为突出,一定程度上阻碍了省会城市的进阶发展。

3.启示

城市圈是省会城市进阶发展的重要基石,没有系统完善的城市圈支撑,省会城市的辐射作用难以进一步扩展。在城市群建设中,核心城市应遵循城市群发展的梯度原则,重视城市圈建设发展、优化区域资源配置、合理布局产业分工,促进核心城市、城市圈和城市群协同发展。

二、武汉、武汉城市圈、长江中游城市群协同发展的现状与问题

(一)武汉是城市群核心城市,但对区域发展的带动作用不够明显

国家对武汉“超大城市”的定位取决于武汉在长江中游城市群的地位。武汉首先是1+8城市圈的核心城市。城市圈以武汉为圆心,覆盖黄石、鄂州、黄冈、孝感、咸宁、仙桃、天门、潜江周边8个城市,在产业布局、基础设施建设、城乡发展、市场建设和生态环境保护“五个一体化”的总体规划中均能体现以武汉为核心的发展路径。其次是长江中游城市群重要的中心城市。长江中游城市群是以武汉城市圈、环长株潭城市群、环鄱阳湖城市群为主体形成的特大型城市群,《长江中游城市群发展规划》明确要强化武汉、长沙、南昌的中心城市地

位，相较于长沙、南昌，武汉在经济体量、交通区位、科教资源、历史文化等方面更占优势，能胜任城市群的“主中心”地位。另外还是长江经济带上发挥“龙腰”作用的支点城市。2016年发布的《长江经济带发展规划纲要》，在重点布局三大城市群的基础上，确立了上海、重庆、武汉的“超大城市”地位，武汉作为长江中游唯一超大城市，其核心城市地位与国家战略地位更加凸显，在城市功能、产业与人才集聚等方面将展示出更大潜力，未来将成为中国脊梁上的世界城市。

但从区域发展视角审视，武汉作为核心城市的辐射、带动作用明显不足。武汉核心城市的地位日益凸显，但无论是发挥“支点”作用、建设“超大城市”，还是复兴大武汉，都应以区域发展为基础，以整个长江中游城市群作为发展腹地，夯实长江中游城市群整体建设才能实现武汉发展。但目前武汉长期“一城独大”，对周边中小城市的资源溢出效应不明显，“一强众弱”而非“一核多强”的局面，不利于城市圈融合发展；在长江中游城市群发展上，武汉首位度最高，并未与长沙、南昌、合肥形成多中心协调发展格局，城市群一体化发展不成熟、协同性较差，在政策资源、产业布局、优势人才等方面表现出竞争性大于合作性的趋势。

（二）武汉城市圈一体化有进展，但“一强众弱”导致融合发展较慢

1.武汉城市圈的基本情况

武汉城市圈从2002年发展至今，面积约为湖北省全省面积的三分之一，集中了省内一半的人口、六成以上的GDP总量，不仅是湖北经济发展的核心区域，也是中部崛起的重要战略支点。城市圈先后于2007年被国务院正式批准为“两型社会综合配套改革试验区”，2014年《武汉城市圈区域发展规划（2013—2020年）》获国家发改委批复，城市圈一体化建设有了更具体的行动指南。根据《规划》，武汉城市圈将重点构建“一核一带三区四轴”区域发展格局和“一环两翼”区域保护格局，到2020年，第三产业增加值、高技术产业增加值、研发经费占地区生产总值比重，将分别达到49.0%、20%和3.1%（见图1）。

2.发展现状：武汉城市圈一体化进程不断推进

武汉城市圈的建设，涉及工业、交通、教育、金融、旅游等诸多领域。目前城市圈一体化进程已取得一定成效。一是交通一体化已基本搭建。武咸、武黄、武冈城铁已陆续通车。同时打造“1小时交通圈”，已建成以武汉为中心枢纽、环城市圈快速路等构成的“一环十三射四联线”公路主骨架网，汉孝、青郑、汉蔡、汉

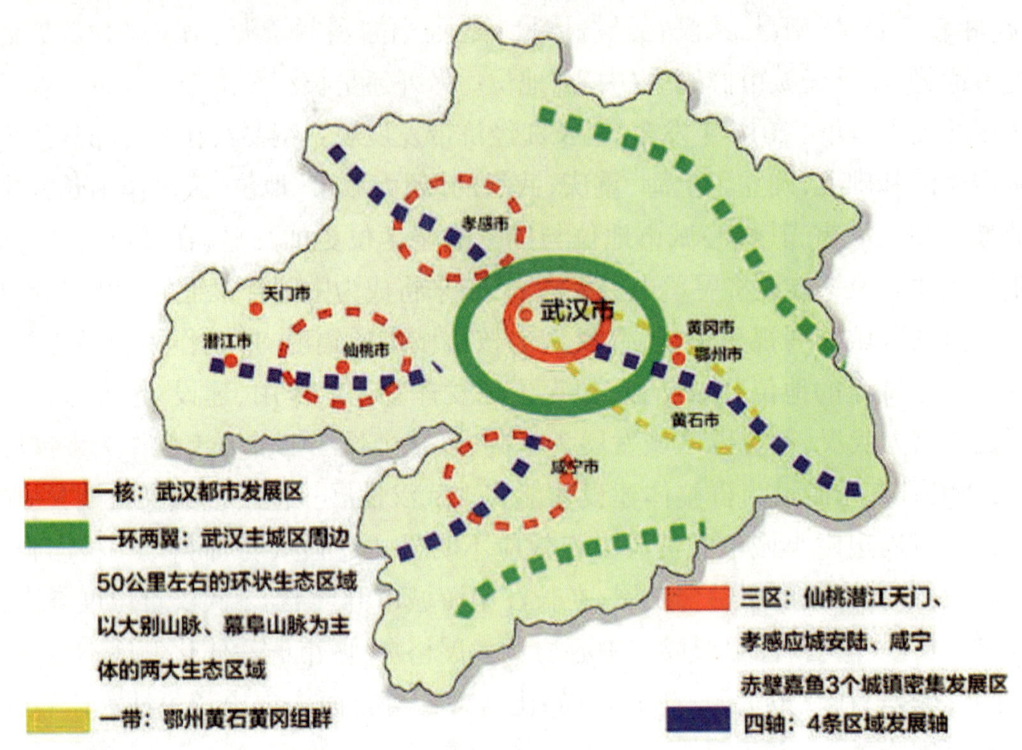

图 1 《武汉城市圈区域发展规划(2013—2020 年)》中的区域发展布局图

洪、汉英、汉麻、和左 7 条高速出口公路全部通车，从武汉开车到圈内 8 城市，均不超过 2 小时。二是通信一体化实现破冰。武汉、黄石、鄂州、孝感和咸宁固话已率先统一资费，居民互相打电话按市话收费。三是公共服务一体化加速推进。持有一张城市圈图书馆图书证，任一城市居民，都可在武汉图书馆借书看书。大型科学、试验仪器实现共享，2013 年已有上万次交流。四是产业逐渐向周边城市辐射，全面启动武汉城市圈建设以来，武汉在其他 8 市投资的工业项目达 550 多个，总额 180 多亿元。"中国光谷·孝感产业园""中国光谷·仙桃产业园"等 20 余个园区建设积极推进。①

3.存在问题：武汉城市圈"一强众弱"，九城融合发展较慢

相较于上海大都市圈、北京城市圈、珠三角城市圈等发展已较为成熟的城市圈，目前武汉城市圈尚属内生型、发育型、"一强众弱"式城市圈。城市圈主要依靠内部资源发展，与外部省市间交流较弱，基础设施、交通网络、产业布局、公共服务等方面的融合性较弱，武汉作为核心城市，还处于资源集聚阶段，对城市

①资料来源：《武汉城市圈区域发展规划获批复》《湖北日报》2014 年 2 月 14 日第 9 版。

圈还未形成资源外溢，辐射与带动效应不明显。

一是城市间的经济社会整体实力差距较大。武汉作为城市圈的核心城市，经济发展水平较高，城市功能较完善，居民生活水平较高，对人才与资本吸引力较高。具体而言，经济实力对比上，武汉 GDP 已跨入万亿俱乐部，而其他城市中 GDP 超过千亿的仅有黄石、孝感、黄冈 3 个城市。对比已发展较为成熟的长三角城市圈，除龙头城市上海外，苏州、杭州、无锡、常州、南京、嘉兴、宁波、南通等均为经济重镇，进一步暴露出武汉城市圈经济结构严重不均衡。另外，在人口、地方财政支出、社会消费品零售额、外商投资等具体指标上，城市圈内其他城市与武汉也属于不同数量级，差距很大。"一强众弱"局面不利于提升城市圈的整体竞争力（见表 1）。

表 1　武汉 1+8 城市圈内城市的主要经济、社会指标比较（2014 年）

指标	土地面积（平方公里）	常住人口（万人）	地区生产总值（亿元）	地方财政支出（亿元）	城镇居民人均可支配收入（元）	社会消费品零售总额（亿元）	实际外商直接投资（万美元）
武汉	8494	1033.80	10069.48	1175.10	33270	4369.32	485755
黄石	4583	244.92	1218.56	152.97	25208	514.08	55000
鄂州	1594	105.88	686.64	75.65	22763	227.84	31061
孝感	8910	486.13	1354.72	253.18	23491	678.16	21094
黄冈	17446	626.25	1477.15	344.66	20729	701.26	8689
咸宁	9861	248.92	964.25	176.97	21591	356.05	5880
仙桃	2538	118.49	552.27	59.56	22503	230.85	8971
潜江	2004	95.44	540.22	51.27	22609	148.00	5390
天门	2622	129.16	401.86	54.36	20622	228.08	3812

数据来源：湖北统计年鉴 2015 年。

二是城市圈内部分产业同质化竞争明显。9 个城市产业发展虽有分工但不具体，部分产业存在同质化竞争。比较 9 个城市"十三五规划"中的产业布局与规划，城市圈内各市在产业发展上自成体系，各自为政，产业链不长、产业关联度不高，导致互补性较弱且缺乏战略协同。尤其高新技术产业布局基本与武汉三大战略性新兴产业保持一致，都想竞争成为武汉高新技术产业转移的首选之地。对比珠三角城市圈产业结构，除深圳 IT、广州汽车之外，其他中小城市已形成各具特色的产业集群，例如顺德家电、佛山陶瓷、中山灯饰、虎门服装，"一镇一产业"避免了千镇一貌的同质化竞争，实现结构互补并协同发展，成为推动区域经济发展的强有力支撑(见表 2)。

三是基础设施一体化仍要加强。城市圈内部各城市之间、与外部省市间交通通达性比较薄弱,交通基础设施建设仍要不断完善。虽然目前已建成“1 小时

表 2　9 个城市“十三五规划”中的产业布局与发展规划

武汉	(一)战略性新兴产业:聚焦信息技术,生命健康,智能装备三大产业;培育壮大新材料产业,新能源产业,节能环保产业。(二)提升发展先进制造业:以汽车及零部件、钢铁、石化、装备制造、烟草食品、家电轻工等支柱产业为重点,推动支柱产业高端化。(三)建设高端功能集聚的现代服务业中心:国家物流枢纽,中部金融中心,国家级会展中心,设计之都,国家商贸中心,国家旅游中心城市,科技服务,航运服务,汽车服务等。(四)大力发展现代都市农业
黄石	培育黑色金属、有色金属、电子信息 3 个千亿元产业集群,装备制造、生命健康、整车和汽车零部件 3 个 500 亿产业集群,新型建材、新能源、纺织服装、精细化工 4 个 200 亿元产业集群,实现规模以上工业企业突破 1300 家,打造全国重要的电子信息产业基地、特钢和铜产品精深加工基地、生命健康产业基地、节能环保产业基地和区域性先进制造业中心
鄂州	(一)突破性发展现代服务业。(二)加速发展先进制造业,建设湖北重要的智能制造基地。(三)大力推进农业现代化
黄冈	(一)做强做大现代工业:培育发展生物医药、新能源、新材料等战略性新兴产业,壮大提升食品饮料、纺织服装、建筑建材、机械电子等主导产业。(二)大力发展旅游、商贸物流业、电子商务、金融业等现代服务业。(三)努力实现农业现代化。(四)推进产业融合发展
孝感	(一)提高工业综合竞争力:(1)改造提升传统产业:食品饮料产业,纺织服装产业,盐磷化工产业,纸塑制品产业,建筑材料产业,金属制品产业。(2)高新技术和战略性新兴产业:高端装备制造产业,新一代信息技术产业,新材料产业,生物医药产业,新能源产业,节能环保产业。(二)加快发展现代农业。(三)打造区域性现代服务业中心:现代物流业,金融服务业,科技服务业,商贸服务业,电子商务,软件和信息服务业,物联网
咸宁	(一)推进农业现代化。(二)构建新型工业体系,以纺织服装、机电制造、冶金建材、食品饮料、汽车零部件等为重点,实施传统产业改造升级行动;培育新能源、新材料、现代信息技术、生物医药、高端装备制造、节能环保等新兴产业。(三)提升服务业发展水平,旅游业、展金融服务、现代物流、电子商务、中介服务、科技服务、商务咨询、研发设计等行业
仙桃	(一)推进优势产业集群发展:食品产业,非织造布产业,汽车零部件产业,电子信息产业。(二)推动新兴产业倍增发展:生物医药产业,新能源与新材料产业,装备制造产业。(三)积极推进农业现代化。(四)推动现代服务业跨越式发展:现代物流业,金融服务业,电子商务,商贸服务业,旅游业,通用航空产业等
天门	(一)支柱产业提质工程:纺织服装产业、生物医药产业,机电汽配产业,食品加工业。(二)新兴产业培育:发展新能源、新材料等产业。(三)现代农业。(四)现代服务业:电子商务,商贸物流等
潜江	(一)改造提升化工产业、食品产业、服装产业,冶金机械、油气开采五大传统产业。(二)加快发展新材料、生物医药等战略性新兴产业。(三)大力发展现代农业。(四)突破性发展现代服务业:商贸物流、电子商务等

交通圈”,但相比长三角、珠三角,武汉城市圈在基础设施一体化方面还有差距,例如武汉到黄石快速路至今仍未联通,直接导致黄石规划对接武汉光谷的产业走廊受阻,工矿资源无法有效利用。

武汉在城市圈乃至整个湖北省以“独大”“独强”地位长期存在,目前“1+8”城市圈的发展还存在城市发展差距较大、产业互补性较差、基础设施建设不完善等问题。如果上述状况长期得不到改善,不仅会导致“1+8”城市圈竞争力下降,其带动作用和凝聚力下降,还会直接影响到武汉国家中心城市建设与超大城市建设和长江中游城市群发展。

(三)长江中游城市群处于起步阶段,一体化、协同性较差,各自为政现象严重

1.长江中游城市群基本情况

根据 2015 年 4 月发布的《长江中游城市群发展规划》,长江中游城市群是以湖北武汉城市圈、湖南环长株潭城市群、江西环鄱阳湖城市群为主体形成的特大型城市群,规划范围包括 3 省 31 市,国土面积约 31.7 万平方公里,2014 年地区生产总值 6 万亿元,年末总人口 1.21 亿人,湖北武汉城市圈、湖南环长株潭城市群、江西环鄱阳湖城市群分别约占全国的 3.3%、8.8%、8.8%。长江中游城市群承东启西、连南接北,是长江经济带的重要组成部分,也是实施促进中部地区崛起战略、全方位深化改革开放和推进新型城镇化的重点区域,在我国区域发展格局中占有重要地位(见图 2)。

2.发展现状:城市群处于初步发展阶段,政府积极推进

长江中游城市群处于发展初期,现阶段主要由省市政府协同推进。2012 年“长江中游城市群三省会商会议”在武汉召开并签署合作协议框架。2013 年“长江中游城市群四省会城市首届会商会”在武汉召开并签署《武汉共识》,此后三次会商会分别签署《长沙宣言》《合肥纲要》《南昌行动》,不断完善合作机制顶层设计,携手推进产业发展、交通设施、市场机制、环境保护、公共服务等重点领域一体化发展。城市群一体化建设上,首先是基础设施互联互通,目前高速公路、高铁和动车基本能互相衔接,武汉到长沙高铁 1 小时 20 分,武汉到南昌的动车 1 小时 30 分,南昌到长沙高铁 1 小时 30 分,基本形成了“一个半小时”的经济圈。[①]其次是公共服务共建共享正从省内走向省际,部分城市已实现住

①秦尊文:大武汉复兴必须牢牢抓住“长江中游城市群”建设,荆楚网 http://news.hexun.com/2016-07-18/185017739.html.

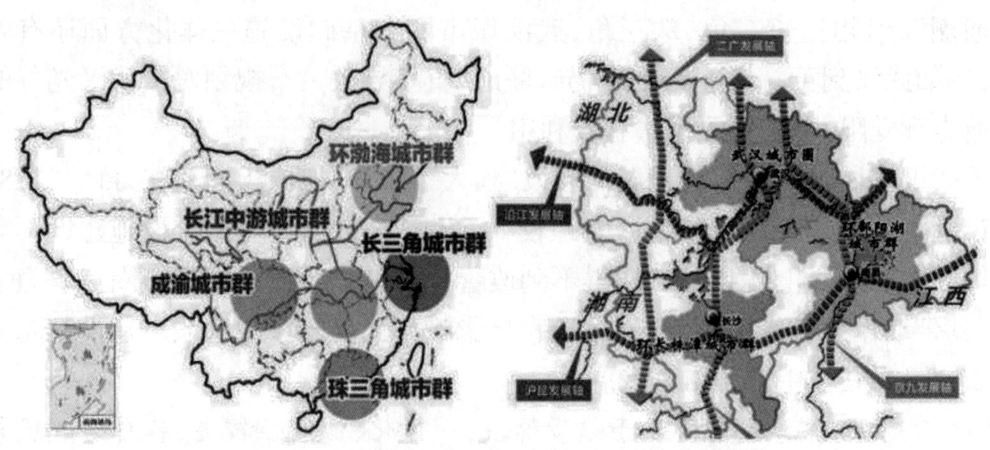

图 2　长江中游城市群居位图

房、医疗、教育共享，四省会城市已实现公积金异地缴存、互认互贷，湖北省黄梅县和江西省九江市已实现医保卡异地结算等。再次是以旅游产业为突破口推进产业合作，已签署《长江中游城市群旅游产业合作发展协议》，并联合打造“长江中游城市群旅游年卡”，整合城市群内旅游资源。

3.存在问题：长江中游城市群一体化发展机制还有待完善

一是行政分割、各自为政现象仍存在。长江中游城市群跨越湖北、湖南、江西三省，涵盖武汉城市圈、长株潭城市群和环鄱阳湖城市群三大城市圈（群），行政分割严重阻碍了“三圈（群）融合”与各地区间的经济合作。行政分割首先表现在市场一体化程度较低，各城市不同的市场准入条件导致地方贸易壁垒与保护主义严重，难以建立全区域统一开放、公平竞争的共同市场，产品、要素和资源的自由流通受阻。其次体现在公共服务一体化程度较弱，户籍、住房、医疗、教育等领域不同政策适用标准使社会管理体制改革困难重重。而且不同省、市之间相互竞争激烈，争资源、争人才、争政策，合作意识与机制尚未形成，各自为政、自成一体，给城市群的一体化发展带来巨大挑战。

二是城市群整体实力较弱，内部发展不均衡。长江中游城市群与国内主要城市群相比，土地面积最大，约为珠江三角洲的 6 倍，总人口也仅次于长江三角洲。但土地和人口优势并未转化为经济优势，长江中游城市群 2014 年平均经济密度约为 1892 万元 / 平方公里，相比 2013 年沿海三大城市群的珠三角、长三角、京津冀已分别达到 9820 万元 / 平方公里、5608 万元 / 平方公里、2865 万元 / 平方公里，长江中游城市群实力差距较大。另外城市群内发展不均衡，武汉首位度最高，与长沙、南昌、合肥相比各项指标均位列第一，尚未与其他三个中心城市以及城市群形成均衡发展态势。而且除省会城市较强外，其他城市实力不够，尤其是中小城市与沿海城市群差距甚大（见表 3 和表 4）。

表 3　三大城市群主要经济指标对比（2013 年）

	土地面积（万平方公里）	年末总人口（万人）	地区生产总值（亿元）	公共财政预算收入（亿元）	社会消费品零售额（亿元）	实际外商直接投资（亿美元）	中心城市
长江三角洲	21.1	15852.6	118332.4	14474.9	44074.0	612.0	上海 南京 杭州
珠江三角洲	5.4	5715.0	53060.4	4669.1	18933.0	230.6	广州 深圳
京津冀	21.7	10919.6	62172.1	8035.8	23362.2	—	北京 天津

数据来源：《中国区域经济统计年鉴 2014 年》。

表 4　四个省会城市主要指标首位度情况（2015 年）

指标	武汉	长沙	南昌	合肥	最高与最低的差值
常住人口（万人）	1060.77	743.18	530.29	779	530.48
地区生产总值（亿元）	10905.60	8510.13	4000.01	5660.27	6905.59
一般公共预算收入（亿元）	2231.67	718.95	389.22	—	1842.45
固定资产投资（亿元）	7725.26	6363.29	—	6153.35	1571.91
社会消费品零售总额（亿元）	5102.24	3690.59	1662.87	2183.65	3439.37
外贸进出口总额（亿美元）	280.72	129.53	114.64	203.38	166.08

数据来源：武汉、长沙、南昌、合肥 2015 年国民经济和社会发展统计公报。

三是产业结构和空间布局不合理，产业结构化趋同。长江中游城市群还处于起步阶段，城市群内的产业格局还较为混乱，同质性和竞争性还远远大于互补性和合作性。产业发展存在结构矛盾、传统产业比重高、战略性新兴产业发展难度大、区域间产业结构趋同化等多元化的复杂问题。湘、鄂、赣三省在千亿元支柱产业类别上有近半重合。以制造业为例，根据 2011 年湘鄂赣 39 个工业大类的数据计算得出省际产业机构相似系数，湖北与江西制造业结构相似数是 0.64，湖北与湖南制造业结构相似系数是 0.77，江西与湖南制造业结构相似系数是 0.85。产业结构相似度较高，同质竞争又缺乏沟通，易导致城市群内部的恶性竞争与损耗，已成为城市群产业协同发展的症结点。

四是城乡区域发展不平衡。城市群目前既有像武汉、长沙这样的特大型城市，面临着人口拥挤、交通堵塞、负载沉重的城市病，同时广大农村地区发展比较落后，尽管常住人口城镇化率已经有55%左右，但户籍人口城镇化率只有32%左右，而珠三角2014年城镇化率已高达84.12%。城乡差距较大，中心城市资源尚未向周边城乡辐射，不利于城市群协同发展。

长江中游城市群在我国区域发展中占有举足轻重地位，尤其在长江经济带这一国家战略下再次受到瞩目。城市群内各省市积极推进城市群一体化建设，在政府合作、基础设施建设、公共服务、产业合作方面已初显成效。但仍存在诸多问题，尤其与沿海三大城市群相比，行政分割仍存在、整体实力较弱、产业结构趋同化、城乡区域发展不平衡等严重制约城市群一体化进程，亟待提高“融合度”，形成中部经济新增长极，提升整体实力。

根据上述三方面分析表明，武汉、武汉城市圈、长江中游城市群三者间有互动合作，但总体上协同性、一致性较差。武汉作为中部核心城市，与1+8城市圈、长江中游城市群关系紧密，三者之间不断推进融合，但从区域发展视角审视，目前协同性较差，武汉作为核心城市辐射、带动作用有待发挥，城市圈与城市群一体化进程有待进一步深入。

三、武汉在城市圈和城市群中发挥核心作用的条件和潜力

（一）武汉城市的战略定位

国家给武汉的定位。武汉市是湖北省省会，国家历史文化名城，我国中部地区的中心城市，全国重要的工业基地、科教基地和综合交通枢纽。2010年3月，国家批复武汉城市总体规划，武汉在全国发展布局中的功能定位由“我国中部重要的中心城市”上升为“我国中部地区的中心城市”。2012年5月，国务院提出大力支持把武汉建设成为国家中心城市。

武汉自身肩负的使命和责任。近年来，武汉接连被提升到国家发展战略层面，承担着促进中部地区崛起、推进“两型”社会建设综合配套改革试验和建设东湖国家自主创新示范区三大国家战略任务，充分体现了武汉在国家发展大格局中的重要地位和作用，对推动全国走出区域协调、创新驱动、资源节约、环境友好型发展道路具有示范意义。2011年，武汉市第十二次党代会提出，将武汉建设成为立足中部、面向全国、走向世界的国家中心城市，即首次提出建设

国家中心城市。2013年2月,长江中游的主要省会城市武汉、长沙、南昌、合肥,签署了“武汉共识”,将联手打造以长江中游城市群为依托的中国经济增长“第四极”。武汉在国家中部崛起的战略部署下,积极争取政策优惠,发展城市群对周边地区的辐射带动作用,推动区域经济的跨越式增长。2013年11月,武汉市发改委发布《2012—2013年武汉国家中心城市建设发展报告》,武汉市拟分三阶段打造国家中心城市。2014年国务院政府工作报告将长江经济带建设上升为国家战略,提出“要依托黄金水道推动长江经济带发展,打造中国经济新支撑带”。作为长江中游重要的节点城市武汉,将借力长江经济带建设实现创新驱动和产业转型升级。

(二)武汉是综合实力最强的中部地区超大城市

国家历史文化名城。武汉是全国第一批历史文化名城之一,是有3500年历史的文明古城,是全国建成最早的特大城市。公元前4世纪,春秋战国时期,武汉属楚国管辖;清末洋务运动,使武汉成为近代中国重要的经济中心而蜚声中外;近代的武汉作为中国民主革命的发祥地,几度成为全国政治中心;民国时期被誉为“东方芝加哥”。而现在武汉是“中国优秀旅游城市”,市内遍布有名胜古迹399处,革命纪念地103处,全国重点文物保护单位13处,5A级旅游景区3家,4A级景区15家。

经济实力不断增强。武汉经济实力不断增强,奠定了建设国家中心城市的基础条件。近年来,武汉地区生产总值进入全国副省级城市第一方阵,在全国省会城市中排名上升,占全国经济的比重逐步提高。2015年,武汉地区生产总值达到10905.6亿元,在全国15个副省级城市中排名第三,成为GDP万亿俱乐部中唯一的中部城市,遥遥领先于长江中游城市群其他城市,同时形成了进位和超越态势,建设国家中心城市有较强的综合经济实力基础。从目前国家布局来看,北京、天津、上海、广州、重庆、成都6大国家中心城市,分别对应着北方中心、东部中心、南方中心、西部中心,唯有蓬勃发展的中部空缺。在中部有实力成为国家中心城市的候选者,唯有超大城市武汉。

中部地区的中心城市。武汉是我国中部开发最早的地区,早在2010年,国务院就批复武汉市为中部地区的区域中心城市。2015年中国城市GDP(经济总量)100强排名中,武汉以11000亿元成为中部地区中唯一一个排名前十的城市,并位居全国第八名。2016年9月,《长江经济带发展规划纲要》明确武汉为超大城市、区域中心城市、长江中游航运中心、内陆开放型经济高地。

全国重要的工业基地。武汉是中国重要的工业基地，拥有钢铁、汽车、光电子、化工、冶金、纺织、制造、医药等完整的工业体系。全市拥有规模以上工业企业 2304 户。产值过 100 亿元的企业 15 户，过 10 亿元的企业 109 户。

表 5 武汉市工业分布板块

所属区域	行业板块
东西湖区	以东西湖区为主体，发挥武汉大城市大进大出的服务功能，将目前分散的小物流集中，依托江汉平原丰富的农产品资源，重点发展食品加工和农副产品深加工板块
硚口区	用汉正街的品牌和汉正街的市场需求，以硚口区为主体，连通江北民营工业园和东西湖区，积极发展日用消费品加工，形成小商品大产业的都市型工业板块
武汉经济技术开发区	以武汉经济开发区为主体，拓展汉阳、蔡甸区，形成以汽车及零部件、显示器等消费类电子产品为主体的制造板块
青山区	以青山区为主体重点发展钢铁制造、石油化工、环保三大产业，并跨江与新洲、阳逻联手，深度拓展发电、水泥和环保产业板块
东湖高新技术产业开发区	以东湖开发区为主体，拓展洪山和江夏区，形成以光电子、医药为主体的高新技术产业制造板块

武汉高举工业强市大旗，发力集聚一批参与全球竞争的企业和产业集群。相比 2015 年，武汉工业投资增幅 42%，位居全国副省级城市第一位，2016 年，武汉再次按下工业倍增“加速键”，挑战增幅 50%，力争工业总产值突破 2 万亿元，传统支柱产业向 2000 亿元至 4000 亿元迈进，新一代信息技术等战略新兴产业集群加快成形。光电子及生物、汽车及机电、钢铁化工及装备、食品轻工四大工业板块雄峙中国（见表 5）。

（三）武汉科技人才优势突出，创新创业成为经济增长新动能

全国重要的科教基地。截至 2014 年，在汉高等院校 98 所；其中普通高校和本科院校数量仅次于北京位居中国第二，教育部直属全国重点大学数量居全国第三，在校大学生和研究生总数 107.26 万人，居世界第一。在 2016 年中国大学排行榜 700 强中，湖北省有 7 所高校跻身全国 100 强，10 所高校进入全国 200 强。丰富的科技和人才资源为企业的研发、核心技术攻关、武汉城市发展提供了关键性的智力支撑，也使武汉频频受到国家政策的青睐。

创新创业助力弯道超越。2009 年 12 月，继北京中关村之后，国务院批准武汉东湖高新区为国家第二家自主创新示范区；2010 年，武汉市获批成为国家创

新型试点城市。在“大众创业，万众创新”的创新创业浪潮中，武汉各区众创空间、新型孵化器如雨后春笋般涌现，目前武汉市拥有14家国家级众创空间，10家市级众创空间。《2016年中国创新创业报告》显示，中国创新创业发展已形成华北、华东、华南、中部和西部五大创业中心，武汉成为中部创业中心的核心。《2016中国大陆最宜创业城市榜单》中武汉位列第七，被认为是中国中部创业中心。中国互联网协会、工业和信息化部信息中心发布2016年中国互联网企业100强，武汉企业卷皮、盛天首次进榜。卷皮、盛天、斗鱼、宁美国度、铃空游戏、两点十分、极验验证、深度科技、车来了、停哪儿、秀宝软件、智能鸟等，从智能停车到VR/AR，武汉创新创业企业带来了新技术、新产业、新业态，成为支撑武汉经济增长的新动能。2016年3月，国务院关于同意开展服务贸易创新发展试点的批复中，武汉是唯一入选的中部城市，并将享受到政策、税收、财政、海关方面的优惠。

（四）武汉是全国综合交通枢纽，即将成为中部金融中心

得天独厚的区位优势。武汉是长江中游城市群中唯一紧邻长江的省会城市。在航运上，充分借助长江黄金水道优势。在铁路上，沿京广线经济纵轴和沿长江经济横轴在武汉贯通汇集，形成关键铁路枢纽。在航空上，拥有中部地区保税区最多航线和开放平台的武汉，具有更强大的航空运输力。这种集水、陆、空为一体的多枢纽交通区位优势，将成为武汉率先实现中部崛起的重要途径。2015年天河机场旅客吞吐量位居中国中部第一，是华中地区唯一可直飞世界四大洲的机场，拥有飞往39个国际城市的直达航线，数量位居中部第一。武汉将成为全国四大铁路主枢纽、高速公路骨干节点、长江中游航运中心、全国门户机场，九省通衢豪迈挺进九州通衢。

武汉将成中部金融中心。2015年5月，《武汉区域金融中心建设总体规划（2014—2030）》显示，武汉金融将形成“一心、两核、资本谷”的空间结构。汉正街将依托独有的历史文化底蕴，全面建成汉正街国际金融中心区；长江以北形成以武汉中央商务区—建设大道综合金融聚集区为核心、与二七国际企业总部商务区相互联动的金融聚集区；长江以南形成以华中金融城总部金融聚集区为核心，与武昌滨江商务区相互联动的金融聚集区；光谷将变身金融“资本谷”，全面建成全国性专业金融中心，形成以科技金融为核心功能的产业金融及要素市场创新示范区。2020年，武汉将全面建成中部金融中心；力争到2030

年，形成与武汉建设国家中心城市相匹配的全国性金融中心。根据综合开发研究院（中国·深圳）第六期发布的中国金融中心指数显示，2015 年武汉地区生产总值位列中部第一，金融业增加值占地区生产总值突破 7%，武汉金融中心竞争力在全国前十大区域性金融中心列第八位，居中部地区首位。

四、推进武汉、武汉城市圈、长江中游城市群协同发展的新思路和新举措

（一）新思路

推进武汉、武汉城市圈、长江中游城市群三者协同发展，要厘清三者间关系，明确各自定位，通过制度安排和引导市场发挥基础性和决定性作用，最终实现三者协调发展，具体而言就是要“明确一个核心城市，做强一个‘二传手’，建立一套协同发展机制，构建一个开放公平的区域大市场”。

明确一个核心城市。明确将武汉定位为武汉城市群和长江中游城市群中首屈一指的核心城市，其城市地位要高于长沙和南昌，武汉要有作为核心城市的担当和责任意识，主动作为，积极发挥核心城市的核心功能和作用。武汉要打造成中部地区国际交往门户、中部地区现代服务业中心、中部地区创新创业中心、长江中游城市群的资源配置中心、长江文明传承创新中心。

做强一个“二传手”。武汉城市圈要成为武汉和长江中游城市群之间的“二传手”，作为桥梁和纽带，更好地支撑和支持武汉发挥核心作用，让武汉核心功能借助武汉城市圈辐射到整个长江中游城市群。要实现上述目的，武汉城市圈要进一步做大做强，成为一个有实力有影响力的“二传手”。

建立一套协同发展机制。三者协同发展需要有一套很好的协调机制，包括城镇联动发展机制、产业协同发展机制、城乡统筹发展机制、跨区域环保机制、公共服务共享机制等，借助机制来协调政府间行为，引导市场主体行为。

构建一个开放公平的区域大市场。三者协同发展的最终目标是实现区域经济社会发展的一体化，而这首先要有市场的一体化，通过构建一个开放公平的区域一体化市场，来促进经济及社会发展的一体化。关键工作在于进一步简政放权，清理阻碍要素合理流动的地方性政策法规，打破区域性市场壁垒，实施统一的市场准入制度和标准，推动劳动力、资本、技术等要素跨区域流动和优化配置。健全知识产权保护机制。推动社会信用体系建设，扩大信息资源开放共享，提高基础设施网络化、一体化服务水平。

要践行武汉、武汉城市圈和长江中游城市群三者协同发展的新思路，必须

坚持如下基本原则：

1.坚持差别定位、合理分工

武汉、武汉城市圈和长江中游城市群三者间要取得各自定位和分工，“1+8”城市圈的9个城市以及长江中游城市群的3个城市圈和31个城市也要找准自身地位和分工，定位要体现特色和优势，实现互补合作发展，实现1+1>2,而不仅仅是一个区域“大拼盘”。

2.坚持政府引导、市场主导。区域一体化需要“有为政府”“有效市场”

中部地区市场一体化程度较低,城市圈发展处于初期阶段,需要政府引导和大力推动,但从长远来看,最终要靠市场力量才能实现区域真正一体化,为此在城乡、产业、基础设施、生态文明、公共服务等方面都必须坚持市场主导,切实发挥市场力量和企业作用。

3.坚持改革创新、制度突破

区域一体化需要克服区域行政藩篱、地方保护主义、区域过度竞争、民营经济发展滞后等一系列难题,要的是破旧立新,只有靠改革创新,才能树立新规则,找到一条新道路,尤其需要实现制度上的突破,如户籍制度、土地制度、市场准入制度等方面。

4.坚持顾全大局、利益协调

三者协同发展需要从根本上解决利益分配问题，建立一套行之有效的利益共享机制,调动每个城市积极性和主动性,而不能仅仅是武汉一头热;作为龙头城市,武汉是区域一体化的最大受益者,要从长远发展着眼,主动舍小利见大义,以牺牲和隐忍精神推动武汉城市圈和长江中游城市群的一体化。

(二)新举措

1.发挥武汉核心城市带动和辐射功能的新举措

第一,加快把武汉打造成为长江中游城市群发展的“引爆区”。任何一个城市群的崛起,都必须有一个核心增长极和战略引爆区。武汉作为中部地区唯一的副省级城市、中部地区中心城市,理应发挥上海之于“长三角”、广州和深圳之于“珠三角”、天津之于“环渤海”的功能,以武汉的“核聚变”和“核裂变”引爆长江中游城市群建设、助推长江中游城市群发展。武汉要尽快确立武汉建设国家中心城市的框架,谋划和实施一批重大战略性、引领性项目,进一步提升武汉在全国城市中的排名和定位。

第二，建设长江中游城市群的资源配置中心。在资源配置中市场起决定性作用的条件下，长江中游城市群需要一个能够自行完成各要素配置的中心市场，武汉应该站在区域发展的高度，承担起生产要素的配置功能，成为人流、物流、资金流、信息流的核心枢纽。建设全国人才资本高地。要培养人才、引进人才、留住人才，更要加快人才资源向人才资本的转化，在推动地区产业结构不断优化升级的过程中实现人才优势与发展趋势的良性耦合。建设国家商贸物流中心。武汉依托长江中游城市群和中部地区腹地资源，努力成为国内乃至全球相关领域供应链的整合者，打造辐射全国、面向国际的复合型商贸物流中心。建设区域金融中心。着力提升在非上市公司股权交易、以土地流转为基础的农村资本交易、碳金融交易、物流与供应链金融、航运金融、科技金融、金融信息支持与交易等方面的功能，形成服务中部、辐射全国、联网全球的金融资本中心。建设区域管理决策中心。未来武汉重点要强调共享和应用的理念，建好政府的数据开放平台，在区域范围内提高存储、管理、维护、挖掘、分析、分享、利用大量数据的能力，帮助管理决策，建成区域管理决策中心。

第三，建设中部地区国际交往门户。在交通网络体系的构建中体现核心地位，完善和强化武汉对外辐射通道，在长江中游城市群国际化、全球化总体进程中，起到对接外部市场的枢纽功能和门户作用。一是建设长江中游航运中心。依托长江黄金水道，加强流域协作，鼓励武汉新港“一大五小”主要关联港口差异化发展，打造全流域黄金水道。二是建设全国铁路主枢纽。巩固提升武汉铁路枢纽地位，加快铁路路网的全面建设覆盖，拓展高铁辐射圈，加速形成以武汉为中心、通达武汉城市圈内半小时、湖北省和中部地区主要城市两小时、全国主要城市四至五小时以及全国广大区域八小时的全方位交通圈层，加快实现武汉与全国主要大中城市间的客运高速化出行。三是建设中部国际航空运输枢纽。武汉要积极争取国家航权领域各类试点，加快国际客运市场拓展，完善“干支”结合的航线网络，加强机场客货集疏运系统建设，培育国际客流转运中心和货邮分拨中心，大力发展通用航空产业。四是建设面向全球的综合交通门户。积极推进东西湖和阳逻港保税物流中心建设，争取尽快设立保税港区、自由贸易试验区和开展离岸金融试点，打造内陆型开放经济高地。

第四，建设中部地区现代服务业中心。核心城市在城市圈的作用主要体现在服务功能上。武汉作为中部地区服务业最发达的城市，要立志建成中部地区现代服务业中心。重点发展现代物流、金融保险、中介信息、商务会展等，推进生产性服务业与制造业的融合，形成商品和要素市场的交易与定价中心。鼓励发展工程设计、工业设计、数字动漫、网络游戏、广告设计、文化传媒等，实现创意性服务业的特色化、创新型、引领式发展。大力发展电子商务、商业贸易、文化旅游等，促进生活性服务业的繁荣，打造区域时尚消费中心。

第五，建设中部地区创新创业中心。创新创业将是未来推动经济发展的主要推动力，也是实现经济由要素驱动向创新驱动的必由之路。武汉要依托自身科技、人才、产业等方面的综合优势，建设中部地区创新创业中心，引领中部地区经济转型发展。加快推进武汉全面创新改革试验区的各项试点工作，加快建设具有全球影响力的产业创新中心和具有强大带动力的创新型城市建设，积极实施“十大计划”，让创新成为武汉的核心竞争力和最突出的城市特质。在全国率先建成创新体系健全、创新资源集聚、创新效率高、辐射面广和引领示范作用强的国家创新型城市，把武汉打造成知识创新的策源地、技术创新的枢纽地、创新要素的集聚地、创新创业的圆梦地。

第六，建设长江文明传承创新中心。长江中游城市群拥有的最宝贵的资源是长江，塑造和提升一个城市、一个地区的知名度和影响力，文化是最强大的力量，生态是有力的屏障，武汉在长江文明中的地位决定了其保护、传承、创新的重任。建设全国重要的国际性文化名城。将“长江文明”打造成为武汉的文化标识，将“汉派文化”发展成为武汉的形象代言，以文化作为密切联系长江中游城市群的重要纽带，提升文化功能，传扬文化气息，将武汉建设成为全国重要的国际性文化名城。

2.做强做大武汉城市圈“二传手”功能的新举措

第一，以同城化理念做实武汉城市圈。武汉城市圈是环绕武汉的紧密层，是武汉中心辐射的主要拓展区，武汉在这一区域范围内具备绝对的实力和较强的控制力。基于地理的整体性、文化的同源性和经济的互助性，武汉城市圈更容易形成规划统一、操作可控、利益共享的一体化发展格局。推进武汉市的四大工业板块在城市圈范围内布局，通过空间的整合形成一体化的经济圈，“大临空”板块向孝感拓展，“大临港”板块向黄冈拓展，“大光谷”板块向鄂州、黄石拓展，“大车都”向仙桃拓展。将武汉城市圈建成我国内陆地区最具实力、最富活力的增长极之一。

第二,加快培育武汉城市圈次中心城市。武汉城市圈内武汉一支独大、次中心城市缺乏呼应能力及承载能力。为此,必须大力支持宜昌、荆州、黄冈、黄石等次中心城市加快做大经济总量,提升武汉引领次中心城市、次中心城市支撑武汉的区域协调发展水平。明确城市圈内各层级城市功能定位,形成覆盖全域、功能共享、错位发展、整体提升的城镇发展格局。

第三,大力提升武汉城市圈的发展水平。快速提高一体化水平,加快推进圈域基础设施、产业协作、要素市场、城乡发展、生态建设“五个一体化”,推进科技、教育、文化、卫生、劳动保障、旅游、体育、信息等“九个联合体”建设,实现更高程度、更高层级的融合发展。进一步发挥两型发展引领功能,树立生态文明理念,加快转变经济发展方式,加快各类生态环保示范区建设,走全面、协调、可持续发展之路,提升城市圈永续发展能力。努力提高国际化程度,大力推进国际合作平台建设,在技术合作、企业投资、文化交流等方面,与法国、美国、韩国、日本等开展深入合作。

3.促进武汉、武汉城市圈和长江中游城市群协同发展的新举措

第一,推动建立中央领衔的联动协调机制。长江经济带建设涉及多级政府管理部门,行政协调任务十分繁重,推动建立中央领衔的联动协调机制显得尤为重要。一是要突破传统体制制约,协调各省市的发展规划与政策法规,推动建立中央领衔的一体化管理机制。二是要建立健全不同地区不同层次政府部门间的沟通协商机制,消除地方性贸易保护主义倾向,建立统一的市场准入条件与质量技术标准,为各地区间的经济合作创造条件。三是要按照“政府引导、企业主体、社会参与”的原则,探索建立一套统一、开放的市场体系。四是要从战略层面与整体角度出发,建立城市群内公正的利益分配与补偿机制,妥善处理整体与局部利益,协调各地区间的利益分配。

第二,探索建立互利共赢的市场化合作政策体系。一是探索建立城市群内横向利益分配机制,对跨地区投资与产业转移、资源开发与利用、生态环境保护与治理、生产要素流动与交易、重要产品生产与流通等方面的利益分享或补偿形成合理的政策安排与规范的制度设计。二是建立共同协商沟通机制,健全地区间常规性联系制度,互通信息,举办经贸洽谈、项目推介发布会,为地区间的经济合作创造条件。三是探索建立多种形式的区域合作平台,推动发展“飞地经济”“共建园区”等合作模式,促进开放合作从以项目为主体的“交换式合作”

转向着眼于共同发展的“交融式合作”。

第三，进一步打造一体化的大交通体系。积极推进省际ETC系统结算和清分建设，实现高速公路管理的省际对接；以武汉高铁站为枢纽，尽快建成联结武汉、长沙、南昌的高铁环线，启动武汉—九江、长沙—南昌等城际铁路建设，打造“2小时城际交通圈”，实现高速铁路和城际轨道交通网之间的无缝衔接，推动3个子城市群之间的空间整合和一体化进程，逐步形成以武汉、长沙、南昌为核心，以武汉—岳阳—长沙—南昌—九江—武汉环状快速铁路网为骨架的网络式一体化城市群空间格局；加快长江沿线对接和岳阳、武汉、黄石、九江等港口群建设，依托长江黄金水道推进城市群一体化。

第四，加快建设开放公平的区域大市场。长江中游城市群的市场一体化程度还较低，未来要通过打破地方保护、行业垄断、审批障碍等关键环节，促进各类市场要素和产品服务在长江中游城市群无障碍公平流动和交易。当前关键是推动要素市场的公平统一，在人才、土地、资本、技术等市场建立统一的规则，取消存在于各地的歧视性政策和不公平制度。加大政府审批制改革，推动政府职能转变，由管理型政府向服务型转变。

课题组成员：聂佩进　骆　严　简真强　沈　明

改革开放篇

Reform and Opening up to the Word

加快武汉自由贸易试验区建设的对策建议

袁云光　胡爽平

2016 年 8 月，党中央、国务院决定，在辽宁、浙江、河南、湖北、重庆、四川、陕西新设立 7 个自贸试验区。湖北成为第三批获批的自由贸易试验区，其中武汉片区物理空间定在东湖高新区，这为武汉进一步加快对外开放和经济发展提供了难得的历史机遇。需要突出武汉特色，深入推进以开放促改革、促创新、促发展，依托武汉自由贸易试验片区建设，把武汉建设成为内陆地区开放高地，为武汉经济发展注入新动力、增添新活力、拓展新空间。

一、加快武汉自由贸易试验片区建设的重大意义

国家对湖北自贸区建设的整体定位是：有序承接产业转移，建设一批战略性新兴产业和高技术产业基地，发挥湖北在实施中部崛起战略和推进长江经济带建设中的示范作用，实现贸易便利化、投资自由化、监管法治化，打造国际一流的营商环境。

（一）有利于弥补武汉经济发展最大短板

湖北省在谋划“十三五”发展时，明确提出要重点补齐对外开放、体制机制、思想观念、创新文化、金融支撑等方面的发展短板。武汉市经济社会发展最大的短板也正是对外开放不够。2015 年武汉进出口总额 280.72 亿美元，排在 15 个副省级城市的第 11 位，与 GDP 排位在武汉后面的成都 396 亿美元、南京 532 亿美元、杭州 665 亿美元都有不小的差距。即便在中部地区，郑州进出口总额达到 570.30 亿美元，是武汉的一倍多。武汉企业进入国际市场谋发展的不多，除东风集团、武钢、烽火、长飞、中冶南方、大桥局、中建三局等少数企业有国际业

务外,大多数企业没有进入国际市场。2015 年武汉企业百强中,拥有海外资产的企业数为 21 家,国际市场"试水"求发展的脚步迈不开,影响到企业的发展规模、发展水平、知名度和影响力。

武汉历史上的辉煌主要是源于对外开放。19 世纪后期到 20 世纪 30 年代,开埠通商把武汉推到了国际贸易的前沿,使武汉成为广大中西部地区和国际市场接轨的连接点,武汉对外贸易额连续 42 年仅次于上海,位居全国第二,有 18 年位居第三,对外贸易额占到全国的 10%。商贸的繁荣有力带动了金融业的发展,众多外国银行纷纷来汉发展,到 1920 年,汉口沿江一带聚集了 20 家外国银行和众多的国内银行,武汉成为内地最大的金融中心。商贸的繁荣也有力促进了武汉工业化的进程,使武汉成为和上海、天津并列的中国三大制造业中心之一,确立了武汉在全国工业版图中的领先地位。武汉在近代历史上成为全国重要的经济、贸易、金融中心,基本确立了大武汉全国性中心城市地位。

复兴大武汉更有赖于对外开放。复兴大武汉首要的是要复兴武汉的开放水平,自贸区是对外开放的重要平台,切实抓好自贸区的建设,有利于提升武汉的开放水平,是助力大武汉复兴的重要支撑。

(二)有利于武汉推进全面深化改革工作

近年来,武汉承担着两型社会建设、自主创新、新型城镇化等一系列国家试点示范任务,目前,国家中心城市建设、"一带一路"、长江经济带、长江中游城市群、全面创新改革试验区、自贸试验区等多重国家重大战略叠加武汉。武汉在推进改革试验方面做出了大的努力,取得了较大成效。但与中央需要武汉形成一批在全国可复制、可推广试点经验的要求相比,与沿海发达城市社会化、市场化程度较高的治理体系相比,与企业、百姓的期望相比仍有较大差距,武汉经济发展软环境、思想解放程度、国际化视野、投资透明度、政府服务质量和城市治理水平与适应经济社会发展的需要仍有较大差距。

我国改革开放的经验表明,以开放倒逼改革、以开放促改革是一条重要经验。自贸区试验的核心是制度创新,要求建立与国际高标准投资贸易规则接轨的制度框架,促进新常态下经济转型发展的制度供给,形成适应发展开放型经济和健全现代市场体系的制度体系。因此,下大力气抓好自贸区建设,有利于武汉全面深化改革工作,有利于形成引进来、走出去、集聚高端要素、促进转型发展的制度环境。

(三)有利于武汉集聚全球创新要素资源

武汉是科教大市,科教实力雄厚,科技资源丰富。多年来,武汉一直致力于科教兴市,致力于将科教优势转化为经济发展优势,也取得了显著成绩。但总体来看,城市创新能力仍有待提高,科技成果转化慢、高新技术产业国际化程度不高、科研教育国际交流不足等问题依然存在。此次国家批复湖北自贸区建设的定位中,唯一特别强调要建设一批战略性新兴产业和高技术产业基地,这是湖北自贸区建设最大的特色,也是一个高标准高要求的定位。

随着全球化进程的加速,世界经济发展的主要动力由资源驱动、资本驱动向创新驱动转变。创新能力的高低成为国家发展竞争的决定因素。科技全球化是经济全球化的产物,是经济全球化的核心,以其独特方式影响着经济全球化的深度和广度,主导了经济全球化中的世界分工秩序与竞争格局。科技全球化使得科学技术交流与传播的范围、速度、规模都达到空前水平,加快了科学技术的扩散速度;不同国家的研究机构之间的界限日益模糊,实验室、大学、企业之间正在按照市场需求实行项目重组;虚拟实验室的出现突破了地域的界限,使得一些重大的研发项目在全球范围开展,成为主流趋势;跨国公司为了开拓世界市场,不断推进其研究开发活动的全球化;科技人才、科技资本的全球化流动日益频繁。因此,下大力气抓好自贸区建设,有利于武汉依托和发挥科教资源优势,积极参与到科技全球化的进程中,集聚国际创新要素资源,促进高新技术产业和战略性新兴产业发展壮大,促进产业向中高端转型发展。

二、加快武汉自由贸易试验片区建设的政策建议

要以对外开放的主动赢得经济发展的主动和国际竞争的主动,进一步创造和分享全球化红利,在突出创新特色、构建创新制度、推动区域联动发展等方面形成可复制、可推广的经验。

(一)推进“双自”联动,展现创新特色魅力

立足武汉自贸片区与东湖自主创新示范区有机一体,互为支撑,真正形成改革开放的合力和创新转型的红利,形成自贸区建设的武汉优势和武汉特色。

构筑产业创新高地。将自贸试验区打造成具有创新示范和带动作用的区域性创新平台,利用这个平台既“引进来”又“走出去”,更多引进全球资源做大做强武汉优势产业,建设一批战略性新兴产业和高新技术产业基地,成长一批具有全国乃至全球竞争力的支柱产业和领军企业,成为全球重要的信息技术、

智能制造、生物健康等产业基地,成为全球高新技术产业的重要贸易枢纽,为武汉建设国家产业创新中心和国家先进制造业中心提供强大支撑。鼓励武汉企业探索建设境外产业园区。

推进“双自”联动制度创新。推进自贸区制度创新与科技创新有效叠加,深度融合,大力推进开放式创新,建设武汉离岸创新高地。促进提升跨境研发活动,加强与海外科技机构合作,完善知识产权保护制度,制定自贸区保税研发政策,降低创新企业研发成本,重点推进与硅谷、芝加哥共建研发中心和合作园区;促进创新资本跨境流动,探索推进科技金融融合创新,吸引国际新型金融服务机构入驻,打造武汉国际“天使之城”;促进武汉海外人才离岸创新创业基地建设,深入实施“城市合伙人”计划,优化出入境便利化政策,放宽国外高层次科技创新人才工作许可,建立海外引智工作基地,打造国际人才自由港,真正使武汉成为全球创新人才集聚高地。

(二)推进区域联动,提升核心引领作用

利用好多重国家战略在武汉叠加的黄金机遇,衔接好国家中部崛起、长江经济带、“一带一路”等重大发展战略,为促进武汉自贸片区建设,搭建好发展平台,发挥好示范作用。

建设国际运输大通道,搭建好设施联通平台。充分发挥铁水公空的区位交通优势,大力推进汉新欧铁路、江海直达等功能性项目建设,重点加大铁路枢纽、港口、空港建设力度,加快建设长江中游航运中心、国际门户枢纽机场,打造全球最大的内陆地区铁水公空多式联运中心,加快确立国际交通枢纽地位。加强与上海国际航运中心、重庆长江上游航运中心、南京区域性航运物流中心以及浙江舟山江海联运服务中心的联动,建立长江航运交易信息平台,实现信息共享和发展长江航运电子商务支付结算;把阳逻港打造成为以集装箱江海直达为主的外向型主枢纽港口,完成以武汉为中心辐射内陆区域的联运网络,构建具有典型示范效应和影响力的联动大通道。积极开辟面向新兴市场的海空物流通道,构筑立体式物流网络。

畅通贸易领域,搭建好国际贸易公共服务平台。积极发展跨境电子商务等新型贸易模式,集聚国内外大型电商平台、跨国采购商、供应链集成商,推动设立跨境电子商务综合试验区,建设全国性跨境电商集散中心、运营中心和供应链管理中心。

整合各类国际口岸功能，整体融入自贸区高效通关平台。推动综合保税区、保税物流中心、出口加工区等紧密衔接武汉自贸区的创新试验，不断提升各类国际口岸功能；积极推进与襄阳、宜昌自贸片区的错位竞争、差异化发展和协调发展；积极推进口岸开放创新政策向周边地区延伸，在更大范围内推行“口岸直放”等区域便捷通关政策；加强与沿海沿边尤其是长江经济带口岸通关协作，构建大通关综合服务体系。

（三）创新体制机制，营造一流发展环境

推动自贸区建设的核心在于改革现有体制机制，武汉应在投资、贸易、金融、事中事后监管等方面大胆探索，为自贸区建设打造国际一流的营商环境。

推进投资管理体制改革。切实推行准入前国民待遇加负面清单投资管理制度，降低外资准入门槛，优化简化事前准入，强化事中事后监管；搭建集资金管理、法律服务、信息服务等于一体的对外投资合作服务平台，提高境外投资的便利化程度；鼓励企业以参股、控股、并购等形式参与境外投资。

推进贸易方式转变。创新口岸监管服务模式，培育新型贸易方式，建立整合物流、贸易、结算等功能的运营中心；进一步扩大服务业开放，开展服务贸易政策先行先试，切实降低对外资和民营资本的准入门槛，加快我市现代物流、商贸会展、金融保险、航运服务、专业服务、教育培训、文化服务以及社会服务等服务业领域的对外开放；集聚跨国公司总部和营运中心、研发中心等，推动货物贸易向服务贸易、离岸贸易等高端贸易功能升级。

着力推动金融创新。大力发展口岸金融服务体系，在跨境人民币业务、支付结算、外汇管理、科技金融等领域寻求突破；以深化产业与金融融合为主线，挖掘金融创新新模式，打造科技金融、绿色金融、物流金融、后台金融与民生金融等新业态；加快推动金融服务业对符合条件的民营资本和外资金融机构开放，推进各类金融机构创新更多直接服务于国际贸易、高端制造业、中小微企业和大众创业的金融服务产品；大力推进科技保险和再保险试验，积极推进企业债券、企业不良资产证券化市场建设。

推进监管法制化。积极推动行政管理体制改革，政府主动简政放权，在投资、贸易、创新等领域，尽快形成与国际高标准相衔接的基本制度框架；深化特殊监管区域的优化改革，探索向自贸区实行优先放权和差异性放权，探索实践“一线放开、二线安全高效管住、区内自由”的监管模式，推进通航通关、检验检疫、选择性征税等方面体制机制创新；建立健全以社会信用体系为核心的事中事后监管体系，完善企业信用信息公示系统；建立集中统一的市场监管执法机构和综合行政执法机构。

(四)补齐开放短板，打造内陆开放高地

武汉作为超大城市，首先要在补齐开放短板上下足功夫，积极融入全球城市网络，全面提升国际交往便利度和交流合作紧密度，为创建一流自贸区奠定坚实基础。

提升国际交往水平。争取更多领事机构、国际性组织、国际商会协会和国际经贸促进机构落户武汉；策划和承办更多高层次国际会议会展和高水平国际赛事；积极拓展友城交流合作，广泛开展民间对外交往，建立对外交往使者制度。

优化国际发展环境。推行国际规则、国际惯例、国际标识，改善国际语言环境，建设国际学校、国际医院、国际社区、国际购物中心等，打造多元包容的国际环境。

建设国际文化名城。开展城市形象“全球营销”行动，拓展武汉历史文化遗产和历史文化名城的国际影响，扩大国际文化交流，构建长江文明博物馆集群，建设世界大河文化名城，提升武汉知名度和美誉度。

作者单位：武汉发展战略研究院

供给侧结构性改革的武汉思考

胡爽平

全面提升全要素生产力，打造经济发展的新动力，将成为武汉应对经济发展新问题，并推动经济长期稳定发展的一个核心问题。因此，抓住供给侧进行理性思考，找准武汉面临的改革困境，着力加强供给侧结构性改革，是武汉经济进入新发展阶段的必然选择。

一、需要厘清的几个理论问题

当前，讨论供给侧结构性改革成了中国经济、公共决策、人民日常生活的热点议题，实施供给侧结构性改革成了当下应对经济下行压力和实现经济转型健康发展的重要途径。然而，正确理解供给侧结构性改革的深刻内涵，消除各种理论误解，是展开供给侧结构性改革的首要前提。

（一）供给侧结构性改革不是西方供给主义的简单照搬

我国供给侧结构性改革的理论虽源于西方供给学派，却不能简单地用供给学派理论来理解。西方供给学派是随着经济实践发展变化而产生的，二战后，许多西方国家依据凯恩斯理论对经济进行了需求管理，并取得了较大成效。但人为扩大需求，却导致了很长一段时间的“滞胀”局面。面对困境，美国总统里根选择了新供给主义，主张放松供给约束，由政府主导减税，让企业发挥活力。这一主张让美国较快地走出了经济滞胀，并为其后 20 多年的繁荣奠定了基础。新供给主义经济学认为，“供给不能自动创造需求”的原因不全在于分配机制缺陷或需求不足，而在于供给结构和新供给周期。他们认为，完整的经济周期分形成、扩张、成熟和老化四个阶段。在前两个阶段，新供给能自动创造新需求，且新的供给和需求相互促进，经济得到快速增长；进入后两个阶段，原始投入不能及时回收报酬，供给自动创造需求的过程就会中断，老供给不能创造需求,新的供给尚未产生,经济陷入萧条。总之,任何主流技术和产业,迟早都会进入供给成熟和老化阶段,若经济中太多行业处于供给老化阶段,其经济增速必然下滑。此时,无论通过财政或货币政策刺激总需求,还是通过计划手段增加或抑制老供给,都不能从根本上解决技术周期和供给老化问题。即使在新供给形成、扩张和成熟阶段,供给也可能不创造需求,那可能是因为有高税收、高利率等在间接约束供给,或者有新政策管制、垄断等在直接约束供给,甚至是人口生育限制、土地产权限制、金融抑制等抑制供给。因此,不应人为扩大旧产业和旧经济的总需求,而应为市场释放新供给创造条件,引导新供给创造新需求,减税、降低融资成本、放松管制、反垄断以及解除制度对人口、土地、资本、技术等要素供给抑制就成为新供给主义的核心改革主张。

新供给学派理论和主张有一定的合理性，但也存在一些局限，主要表现在:一是主张减少国家干预,支持私有化改革,但在经济政策上,又主张利用国家干预来刺激供给。二是竭力主张减税,夸大降低边际税率的作用,认为大幅度减税能刺激就业、个人储蓄和企业投资,抑制通货膨胀。然而大幅减税可能会加剧通货膨胀,扩大贫富差距,抑制普通劳动者的劳动积极性和生产效率。三是所强调的减税、放松管制等均是供给侧结构性改革的方法之一,但由于特殊的国情和经济发展所处的特定阶段，我国所面临的问题比以往任何时期都更加复杂,供给学派等理论观点并不能直接适用。目前我国经济的基本情况跟发达国家完全不一样,我们的基本问题不是滞胀,我们的增长速度仍居世界前列,供给还有很多空缺,群众的很多基本需求还没有得到满足,内部还有很多相对比较落后、增长潜力非常大的地区,生产了大量百姓暂时不需要的产品,钢铁、水泥等行业面临全面产能过剩的问题。从国情出发,我们可以将供给侧结构性改革理解为从提高供给质量出发,用改革的方法推进结构调整,矫正要素配置扭曲,扩大有效供给,提高全要素生产率,促进供需平衡和结构优化,更好满足广大人民群众的需要,促进经济社会持续健康发展。

(二)供给侧结构性改革并不意味着要摒弃需求管理政策

当下有一种论断指出,“三驾马车”已不再重要,供给侧结构性改革能解决当下中国遇到的所有经济难题。供给侧结构性改革真的能取代“三驾马车”吗?当然不能。经济学的供求是双方的一种平衡关系，供给和需求没有严格的界线。供给侧强调重新改变资源配置来提升效益,并没有排斥需求。供给侧方面的改革最终也是在创造需求，也是在解决需求的问题。比如，减产能、兼并重组实际上是调整供给结构，把不需要的供给减下去，同时创造市场需求。总的来说，解决供给问题的同时，也是创造新的需求，而且这种新的需求更可靠、更实在、更具有可持续性。同时，很多扩大需求措施本身也是通过增加供给的措施来实现的。可见，供给和需求不是非此即彼的关系，两者互为条件，相互转化，两手都得抓，但主次可以分明。供给侧结构性改革是针对我国经济发展的现状做出的理性选择，目前我国的供求矛盾既来源于供给侧，也来源于需求侧，经济周期性矛盾和结构性矛盾并存，但主要矛盾已转向结构性矛盾。转向供给侧改革后只是意味着要更加强调不要纯粹靠刺激需求来拉动经济增长，不要光做需求的文章。因此，必须在适度扩大总需求和调整需求结构的同时，着力加强供给侧结构性改革，把改善供给结构作为我们的主攻方向，实现由低水平供需平衡向高水平供需平衡跃升。经济新常态下，武汉既有经济总量扩张的任务，又有经济增长的质量和效率整体提高的目标，我们必须重新审视宏观经济管理政策，既不能单纯强调需求管理，也不能唯供给是从，只有把供给侧的改革与需求侧的改革结合起来，不同政策配合使用，在扩大总需求的同时，从解决结构性矛盾入手，加强供给侧的结构性改革，才能真正改善新常态下的经济发展状况。

（三）供给侧结构性改革内容并不是简单地增加生产或供给

有人认为我国供给侧结构性改革即增加生产或者商品供给，这种理解也是片面的。因为，第一，马克思主义政治经济学认为，社会经济发展的生产、分配、交换和消费等四个环节之间存在着相互联系、相互制约的对立统一关系，但生产是起支配作用的，社会生产过程的性质和特点决定了经济发展的性质和特点。因此，必须始终重视生产在经济社会发展过程中的决定性作用，同时又要高度重视分配、交换和消费对生产的巨大反作用。从这一基本原理出发，才能充分认识供给侧结构性改革的丰富内涵和重要意义。第二，供给一定能创造需求吗？新供给学派认为即使在新供给形成、扩张和成熟阶段，供给也不一定能创造需求。政治经济学家马尔萨斯也提出只有当需求等于有效需求，供给才可以决定价格。但需求不等于有效需求时，价格是由供求关系决定的。然而，现实中的需求往往不一定是有效需求，因此在一般情况下，简单的供给不一定就能创造需求，而只有当供给对当前生产力和效率有所突破时，即有所创新时，才可以创造需求。所以，供给侧结构性改革的核心不在于供给本身，而在于供给的方式和内容，即通过创新达到对生产力和效率的突破来创造需求。第三，简单地增加生产或商品供给往往会加剧产能过剩，而化解产能过剩恰恰是我们推进供给侧结构性改革所要解决的主要问题之一。第四，促使经济健康稳定增长有两种方法，一要增加生产要素的投入数量，二要提高全要素生产率。对于武汉市来说，推进供给侧结构性改革，不仅需要通过增加劳动和资本的供给来促进经济的发展，更重要的是要通过要素质量的提升来提高全要素生产率，从而推动经济的可持续发展。第五，供给侧结构性改革作为新时期我国的一项重要的改革任务，包含了丰富的内容，有针对主体的改革、有针对要素的改革、有针对结构的改革等等，远不像有的人理解的只是增加生产和供给那么简单。

（四）供给侧结构性改革是一个长期艰巨的过程

从一般意义上来说，需求侧的改革通过宏观经济政策扩大各类投资，可直接形成对经济的拉动效应，一般 3~6 个月便可收到较明显的效果；而供给侧的改革偏重于结构调整，提供有效供给，然后才能创造出潜在的需求，而这一过程是一个需要经过投资、建设、供应、购买、消费、认知、认同的阶段，需要经过长期反复的市场试验才能得以见效，这必然需要经历一个较长的验证过程。同时，我们也应看到，在供给侧方面，不仅存在产业结构、技术创新能力、在价值链中的地位等长期经济变量，也存在产品库存、过剩产能、产品质量等短期经济变量；在需求侧方面，“三驾马车”不仅具有短期经济效应，也可以产生长期经济效果。从这一点看，供给侧结构性改革不仅需要面对长期难题，而且也要解决短期问题，是一项较为复杂的历史任务。再从现实中来看，供给侧结构性改革在中国其实由来已久，1978 年改革开放正是供给侧的一次变革，如推行联产承包责任制、发展乡镇企业等等，不仅极大调动了人民的劳动积极性和市场主体创造性，也极大推动了经济快速增长，而且迅速改变了中国经济结构。近两年，以简政放权为市场主体松绑，以降低税负为中小企业轻身，以“负面清单”划清政府市场界限，都表明这方面改革力度在不断加大。但是，供给侧结构性改革会面临最大的现实挑战，那就是会触动许多人的既得利益，见效也可能是缓慢的。比如去产能，降成本，解放更多农村劳动力，加快土地流转，深化国企改革等，说起来容易，如果真正实施，每一项都是一个非常复杂的问题，需要调动多种资源,集结多方力量。所以说,为供给侧结构性改革开药方是很容易的,关键是改革措施要落地,要见效果,就不那么容易了。总之,供给侧结构性改革在短期内也许不会给经济增速带来明显变化,但可以肯定的是,在增长的韧性和可持续性方面将会不断产生积极效果,促进经济结构调整从量变到质变,逐步实现转型升级的预期目标,这正是我们所期待的。

二、需要面对的几个现实问题

在厘清理论的同时,我们始终要坚持问题导向,才能在实施改革时做到有的放矢。当前武汉的供给侧方面至少存在以下五大方面的问题,并对当前经济下滑、投资减速、价格下跌和效益下滑等产生了较大影响。

(一)供给侧产业结构协调度不高

武汉市产业结构协调度不高的问题长期以来没有得到有效改善,在很大程度上制约着经济发展。一是在产业形态上,武汉正处于工业化中期向后期发展的过渡阶段,这个阶段第二产业占比应该明显下降,但 2000—2014 年的 15 年间,武汉第二产业占比仅下降 3.2 个百分点。虽然第三产业发展有所加快,但发展空间和强度还远远不够。二是在产业构成上,武汉产业总体偏重,低附加值产业比重偏高,高端产业产能严重不足,绿色环保、高附加值、比较优势强的产业比重偏低,中低端产业产能过剩问题突出。国家划定的 30 多个制造业门类,武汉均已涵盖,虽然总量和规模都很大,但优势仍不突出,主要表现在:产业关联度不高,影响力不大,带动作用不强;龙头企业的市场占有率不高,配套协作的企业网络不太完善;大多数技术水平不够成熟,市场扩张能力有限;节能减排的压力严峻,等等。由于这些因素的制约,当前武汉主要的支柱产业中钢铁产业不及首钢、包钢等,汽车产业不及上海、广州、长春等;高新技术产业优势仍不突出。在供给不足的同时,武汉市生铁产能从 1978 年 318.6 万吨到 2014 年 1637.15 万吨,钢铁产能从 1978 年 126 万吨扩大到 2014 年的 1725.5 万吨,对 GDP、税收、利润的无限制追求,造成产能大量过剩,企业盈利水平下降。三是在产业区域构成上,新城区为了缓解就业压力,鼓励发展劳动密集型产业和工业建筑业,导致农业、现代服务业等领域产业效率低下。因此,需要通过供给侧结构性改革,化解产能过剩,促进产业结构优化升级,提高产业效率。

(二)供给侧要素投入结构不合理

供给投入主要有五项:劳动力、自然资源、资本、创新力量、制度体制安排。

从武汉情况看,前三项在经济发展过程中投入较多,且已发挥作用;但经济发展进入新常态,需要更多强调的是后两项——科技创新和制度创新,而武汉在技术、人才、信息等高端要素投入方面还明显不足,长期要素投入结构不合理,导致武汉经济发展面临两大难题:一是供给成本逐渐增高。近年来,武汉资源供给紧张问题越来越突出, 土地取得成本和使用成本都在提高, 企业仓储用地、劳动力价格、资金使用成本逐年提高,中小企业短期借贷利率偏高等,使得企业生产经营成本不断提高。随着工业化、城镇化进程不断推进,企业在经营过程中,面临的土地、劳动力、原材料等要素成本将不断上升,最终将削弱实体经济企业的盈利能力,高成本成为了供给侧最致命的硬伤。同时也会导致资源能源消耗过多、环境恶化、中低端产业比重偏大等问题。二是创新能力不足。2015年,武汉市R&D经费投入强度仅为3%,而同期北京市达到5.95%,如果供给过度依赖资源而不是依靠科技,一方面会造成产能过剩,产品不好卖;另一方面会造成整个社会创新能力滞后。目前,武汉市具有较多的科技资源,在光电子等高新技术行业进展较快,但多数企业缺乏创新意识,技术创新活动普遍维持在对低端技术研发上,或停留在粗放型增长模式上,大多数行业发展依赖初级资源的低成本使用。因此,必须通过供给侧结构性改革,优化要素投入结构,加快转变经济增长方式。

(三)需求侧投资与消费关系不协调

需求侧投资和消费的不协调必然会影响到供给结构的平衡。就经济发展的驱动力看,武汉需求侧呈现出投资过旺、消费不足的状况,经济的高速增长主要是靠投资拉动的。近10年来,武汉市社会投资率比例逐年增高,2005年为46.67%,2010年攀升到67.43%,2014年仍保持69.54%的高水平, 平均每年提高2.3%。2005年投资对经济增长的贡献为61.48%,2014年达到98.29%。与此相反,社会消费率却在逐年下降,2004年49.91%,2014年下降到43.39%。(见表1)从深层次看,投资过度对消费形成的强力挤压,使消费的作用难以发挥,严重影响市场的容纳度和企业的正常生产经营。在经济基础薄弱时, 加大投资,为经济发展打好基础是完全必要的,但是长期依靠投资来拉动经济,而最终消费率低,结果是投资在当前和将来都缺乏可靠的最终消费市场支撑,高投资将难以为继,造成投资和消费的比重严重失衡。因此,需要通过供给侧结构性改革,改革投资与消费结构不协调问题。

表 1　2005—2014 年武汉消费、投资对 GDP 贡献率与拉动率

	2005 年	2006 年	2007 年	2008 年	2009 年	2010 年	2011 年	2012 年	2013 年	2014 年
GDP(亿元)	2261.2	2679.3	3209.5	4115.5	4620.9	5565.9	6762.2	8003.8	9051.3	10069.5
社会消费品零售额(亿元)	1128.6	1293.3	1518.3	1850.1	2164.1	2570.4	3031.8	3467.4	3878.6	4369.3
全社会固定资产投资(亿元)	1055.2	1325.4	1732.8	2252.1	3001.1	3753.2	4255.2	5031.3	6002.0	7002.9
消费对经济贡献率(%)	34.95	39.38	42.44	36.62	62.14	42.99	38.57	35.08	39.26	48.19
消费对经济拉动率(%)	7.04	7.28	8.40	10.34	8.79	8.81	8.29	6.44	5.14	5.41
社会消费率(%)	49.91	48.27	47.31	44.95	46.83	46.18	44.83	43.32	42.85	43.39
社会投资率(%)	46.67	49.47	53.99	54.72	64.95	67.43	62.93	62.86	66.31	69.54
固投对 GDP 贡献率(%)	61.48	64.62	76.85	57.31	148.2	79.58	41.96	62.51	92.67	98.29
固投对 GDP 拉动率(%)	12.37	11.95	15.20	16.17	18.19	16.27	9.01	11.47	12.13	11.04

资料来源:历年武汉市统计年鉴。

（四）供给侧产出结构质量偏低

供给侧产出结构不平衡，质量偏低也是影响武汉经济发展的一个重要原因。一方面，和全国面临的问题一样，武汉面向低收入群体为主的供给体系，没有及时跟上中等收入群体迅速扩大而变化了的消费结构。消费在升级，市场越来越呈现高质量、多样化、高层次的消费需求，过去供给体系能适应模仿型排浪式消费，但满足多样化、个性化消费的能力相对比较差，总量上产能没有问题，但结构上存在着花色、品种、规格、安全性等满足不了消费需求这样一些问题，所以消费流向了国外的现象越来越多，人们涌向国外进行采购，所采购的物品已从奢侈品扩展到日常生活用品，而与此同时是我们大量服装和电子企业在倒闭，消费者的相关行为已经开始倒逼企业改革。另一方面，产业品牌发展不够。比如，武汉主要制造业的产品在国内市场中没有优势或绝对优势，市场占有率与国内许多城市相比过低。武汉制造业拥有的中国名牌产品 10 个，但与同级城市中，成都、沈阳、大连工业产品拥有中国名牌超过 20 个，青岛拥有 68 个。武汉轿车企业在国内销量排名长期没有进入前 5 名，甚至不如地方轿车企业例如奇瑞、吉利。武汉制造业产品进入国际市场也不多，在国际市场中占据主导地位的更少。此外，生产环境不堪重负，养老、医疗、教育、社会保障等公共产品和服务供给严重不足等问题也严重影响了整个武汉市的供给质量。

（五）供给侧管理相对经济发展滞后

长期的需求管理思维定式，武汉政府在供给侧方面的供给管理和供给政策还没有随经济发展形势的变化而转变，政府存在着既越位又缺位的现象，在一定程度上制约了经济的发展。一方面，政府职能转变不到位，越位现象较多。首先是国有部分的强大与市场经济是不相融的，虽然近年来武汉市正着力推进混合所有制改革，但国有独资、绝对控股和相对控股在国有企业中的占比仍达到 71.2%，要创造所谓的公平竞争环境是不可能的。其次是政府放权不够，很多事情都需要审批，不仅影响了市场效率，还可能滋生寻租、腐败。此外，多种门类的多项补贴贴息奖励返还，对招商引资有一定的作用，但也保护了落后，还可能影响企业的创新动力。第三就是金融市场不自由。企业家的一个想法要变成产品，要形成市场，需要大量的投资，还需要很长的时间。如果金融不自由的话，创新就得不到很好的资源支持。比如说信贷资金，国有企业拿到信贷资金的成本比民营企业要低大致一半。另一方面,政府监管不到位,监管力度不大。政府缺位导致产品买起来不放心、消费者不敢买,表面上看这是对产品的信心问题,实际上凸显出政府监管不到位的问题。

三、需要选择的发展方向

真正把“供给侧结构性改革”落到实处,取决于政府能否下决心“自我革命”,以供给侧结构性改革作为一条主线,采取一系列改革举措整体发力,创造新供给,满足新需求,提高经济增长质量和效益。

(一)加快调整供给产业结构

供给侧结构改性革的目的是最终要实现产业结构优化升级,那么,未来的改革过程中,武汉的产业结构必然面临着重大调整。一要加大产业内部结构调整力度,加快去库存速度,对过剩行业在削减产能方面要有实质性操作,通过传统产业的技术改造、资产重组,使其继续发挥作用,同时,还要特别注意这些重化工业行业中主要还是国有企业,除了在一定程度上涉及减产能和稳增长之间的矛盾,还有人的问题和债务的问题需要解决。二要加快现代服务业发展,特别需要重视新兴的生产性服务业和生活性服务业发展,继续强化服务业良好的发展趋势。三要加大培育新兴力量,加快战略性新兴产业发展,需要政府在看准大方向的前提下有所作为,要更加积极地淘汰一批落后产能,通过淘汰落后产能来推进新产能的进入,逐步替代传统产业的衰减。四要提倡精致生产和服务,解决人们对中高端产品和高品质服务的迫切需求。从整体来讲,无论是制造业还是服务业,武汉的精细化程度还比较低,这方面的潜力还很大。因此,不管是行业的龙头企业,还是刚刚起步的中小微企业,都要以用户为中心做好产品和服务,以满足用户的刚需以及解决他的痛点。

(二)大力优化供给主体结构

优化供给主体结构,就要从优化政府供给结构和市场供给结构两方面着手,从而实现供求良性循环和经济持续发展。一是政府要为企业经营创业活动“松绑”“减负”。在现代市场经济中,政府的作用是非常巨大的,不可或缺的;但职能要转变,角色要调整,功能要变化,应当把简政放权、转变职能、提供服务、满足升级的需求作为工作目标。结合当前企业的实际情况,应以“负面清单”原则取向,以自贸区为标杆,大胆尝试,进一步简政放权,降低门槛、减少准入控制,同时改革监管方式,优化服务,最大程度地减少社会交易成本,为企业创造高标准法治化经营环境。要进一步放宽准入,加快行政性垄断行业改革,在行政性垄断问题比较突出的基础行业中,切实放宽准入,引入竞争。大力推进国有企业改革,推动混合所有制经济发展,要逐步取消国有企业的各种特权,主张国有企业要从经营性领域逐渐退出,让国有企业按照市场的要求去选择国有企业的管理者,同时要对国有企业加强监督。在减税、金融改革等方面,努力帮助企业降低成本,提高企业发展能力,增加有效供给。二要建立企业家激励机制,加快激发微观经济活力。企业家敢于创新,从而使得资源得到有效的配置。因此,要最大限度地激发企业家精神,吸引社会资源创造新供给,并让新供给创造新需求。为了刺激新供给,让新供给创造新的需求,应大幅降低企业生产经营成本,打破生产销售僵局,营造一个企业家能够有创新、创业激情的激励机制和环境,让市场效应传导给企业,让企业主动去增加有效供给,以需求倒逼供给升级。此外,还要充分调动私人资本和个人消费,通过"大众创业、万众创新"和私人资本市场化运营激发市场发展活力。

(三)全力挖掘技术创新动力

在要素投入一定的条件下,经济增长中全要素生产率的贡献是生产效率的决定因素。在全要素生产率中,技术创新是核心的经济增长动力,因此,真正能够有效提高社会生产率的创新才是供给侧结构性改革的核心,要用最新的科学技术去改造生产关系。面对新一轮生产力革命("第三次产业革命")的挑战,武汉应大力实施创新驱动战略,有效建设创新型城市。从中长期来看,武汉需要在高端技术领域靠原始、自主创新艰难前行,在中高端依靠全面开放和引进、消化吸收再创新与集成创新结合,最终建成创新型城市。为力求主动,必须积极深化科技体制改革,完善支持自主创新和成果转化的政策体系,引导各类创新主体加大研发投入,调动社会各方面参与和推动自主创新的积极性;要完善以企业为主体、市场为导向、产学研结合的技术创新体系,使企业成为创新主体,并享有创新带来的市场收益,为技术创新带来持续动力;要通过优化技术创新,为传统企业技术改造提供支持,降低过剩产能和无效产能,提高经济发展的质量和技术含量,弥补劳动力和资本对经济增长贡献力的减弱;加强创新型人才队伍建设,重视培养引进高科技领军人才;加快培育有利于创新的环境,培育创新文化,保护创新热情,宽容创新挫折,形成有利于创新的全社会氛围,多元化支持从发展基础科研、实施国家科技重大项目到促进科技成果产业化各个方面的自主创新，提升创新绩效。

（四）提高财税服务实体经济效率

长期大量的财政与货币政策刺激可能会削弱经济的自我循环能力，但适当的刺激可以在短期内吸收部分过剩产能。从现实中来看，企业的税负成本的确较高，尤其是最近几年取消了税收优惠政策，实际税负出现上涨。此外，现在的税收结构中，大量的是间接税、流转税，主要是向生产经营环节征税，包括消费税都是向企业生产环节征税，直接征收的税很少，对企业特别是小微企业和制造业影响很大，对创业、增加就业不利。因此，近期可加大特定企业的税收减免优惠力度，为中小微企业、科技型企业、走出去的企业松绑减负。此外，需要完善税制，规范非税收收入，进一步理顺政府间收入划分，改进转移支付制度。如发放贷款要放到一些能增加就业和居民消费的地方，而不是其他支出。同时，可加大财政对特定产业的扶持力度，成立财政引导发展基金用于支持、奖励重点产业领域企业的发展。要不断提升金融支持实体经济能力，降低贷款利率，缓解企业融资难问题，鼓励金融机构将资金投向有效供给不足的产业。在直接融资领域，增加直接融资比例，扩展企业融资渠道，可通过发展股权众筹、股权与产权交易市场等，逐步提高直接融资的比例，构建多层次的资本市场，在政策性融资机制创新中构建多层次、广覆盖、可持续的开发性金融、农村金融、绿色金融、科技金融等服务体系，结合互联网金融，合理满足企业在不同规模、不同阶段下的融资需求；在间接融资领域，正确疏导民间资本进入间接融资渠道，进一步降低融资成本。

（五）加大提供公共必需品

供给侧结构性改革的根本出发点和落脚点是增进人民福祉，因此，改革一方面要充分发挥市场能动性，避免政府部门过度调控和不正当介入；但另一方面又要加大投入，尽可能多地给百姓提供他们最需要的公共产品。首先，政府应重点改善交通、能源、通信和其他有助于企业生存和发展，有利于产业升级和经济增长的公共设施。其次，要加大政府财政支出力度，主要是加大在政府公共服务方面的支出，特别是增加具有民生保障的公共投资，刺激和引导居民消费。只有加大在教育文化、医疗卫生、社会保障等领域的投资，才能将原本挤占消费空间的消费能力释放出来。政府消费支出要更多地向农村和革命老区的倾斜，不断缩小公共服务的城乡差距和地区间差距；要深化医疗卫生体制和教育体制改革，提高政府在医疗卫生领域支出，扩大基本医疗的保障覆盖范围;要加大对社会保障的投入,尤其是对城乡养老保险、新型农村合作医疗和最低生活保障的财政支持;进一步增加教育经费支出,提高其占GDP和政府财政支出比例,有效降低居民教育负担;加大公共养老服务的支出,缓解居民养老的负担。再次,要提供良好的生态产品。随着人民生活水平的提高,消费结构正在由“吃穿住行用”需求向“学乐康安美”需求升级,其中健康和美丽需求需要由良好的生态环境来满足。好的生态环境正日益成为公共产品,日益成为民生的重要组成部分。然而,现实中雾霾、水污染、土壤污染等日益成为人民群众反映强烈的问题。大力改善生态环境,提供良好的生态产品,是绿色发展的本质要求,也是我们通过供给侧结构性改革提高全要素生产率的重要内涵。

作者单位:武汉发展战略研究院

武汉市引进和集聚创业投资人研究报告

聂佩进　骆　严

近几年来，武汉通过实施“黄鹤英才计划”“城市合伙人计划”、“黄鹤英才（专项）计划”等重大人才工程，推动全民创业和大众创业、万众创新活动；同时，大力推进简政放权，改革商事登记制度、科技管理体制，加快金融创新，大幅优化了武汉的创新创业环境，注入了创新创业激情，武汉也成为十大“全国最佳创业城市”之一。但是，与北京、上海、广州、深圳、杭州等其他最佳创业城市相比，武汉仍然存在明显“短板”，那就是创业投资人数量不足，对创新创业的资金支撑作用不够。创业投资人对推动创新创业极其重要，是掌握创新创业“生死门”钥匙的人，一座真正的创业城市，必然也是一座创业投资人集聚、活跃和大放异彩的城市。

未来一个时期，基于对武汉自身问题的清醒认识，借鉴和学习发达创业城市的经验，如何加快引进和集聚创业投资人将是武汉人才工作需要关注的重点。研究报告将武汉与国内发达创业城市北京、上海、深圳和杭州 4 个城市进行了深入对比，指出了武汉在创业投资规模、创业项目、创业投资环境、创业投资人等方面存在的问题，最后提出了引进和聚集创业投资人的相关建议。

一、武汉与北京、上海、深圳、杭州创业投资的比较分析

（一）创业投资机构的比较

对创业者而言，创投机构能解决“第一笔钱”的生死难题；对企业和产业发展而言，创投机构则发挥着“做大做强”催化剂的作用。以武汉东湖高新区为例，截至 2014 年底，培育和引进了包括华工创投、东湖创投、省高投、硅谷天

堂、清华启迪、深创投、达晨创投、赛伯乐、联系创投、长江创投等风险投资、股权投资等各类投资机构超过 400 家，资本总量超过 300 亿元，带动其他社会投资超 500 亿元。

与北京、上海、深圳、杭州等一线创业城市相比，武汉各类创投机构实力较弱、差距明显。“2015 年中国天使投资机构 30 强”，北京有 18 家，上海有 6 家，深圳有 3 家，而武汉 0 家，北京优势明显。“2015 年中国创业投资机构 20 强”，北京、深圳和上海分别有 8 家、5 家和 4 家入选，武汉 0 家。“2015 年中国创业投资机构本土 20 强”，深圳 10 家、北京 5 家、杭州 2 家，武汉的省高投 1 家入围，位列第 19 名。在“2015 年中国私募股权投资机构 20 强和本土 20 强”名单中，武汉没有一家入围，同样与北京、深圳、上海等差距巨大(见表1、表2和表3)。

表 1　2015 年中国天使投资机构 30 强

排名	机构名称	总部地址	排名	机构名称	总部地址
1	真格基金	北京	6	洪泰基金	北京
2	创新工场	北京	7	英诺天使基金	北京
3	险峰华兴	北京	8	阿米巴资本	上海
4	联想之星	北京	9	九合创投	北京
5	隆领投资	厦门	10	梅花天使创投	北京
以下排序按机构名称拼音顺序排列(11-30)					
11	安芙兰资本	北京	21	明势资本	北京
12	创新谷投资	深圳	22	启迪之星投资	北京
13	创业工场	北京	23	青山资本	北京
14	创业接力基金	上海	24	青松基金	深圳
15	德迅投资	深圳	25	清流资本	北京
16	丰厚资本	北京	26	易一天使投资	重庆
17	风云天使基金	北京	27	银杏谷投资	杭州
18	荷多投资	上海	28	娱乐工场	北京
19	联想乐基金	北京	29	中路资本	上海
20	零一创投	上海	30	紫辉创投	上海
北京 18 家；上海 6 家；深圳 3 家；杭州 1 家；重庆 1 家；厦门 1 家					

数据来源：清科研究中心。

表 2　2015 年中国创业投资机构 20 强和本土 20 强

排名	机构名称	总部地址	排名	机构名称	总部地址
2015 中国创业投资机构 20 强					
1	达晨创投	深圳	11	联创永宣	北京

（续表 2）

排名	机构名称	总部地址	排名	机构名称	总部地址
2	深圳创新投	深圳	12	元禾控股	苏州
3	红杉资本中国基金	北京	13	同创伟业	深圳
4	经纬中国	北京	14	启明创投	上海
5	IDG 资本	北京	15	软银中国	上海
6	毅达资本	南京	16	基石资本	深圳
7	蓝驰创投	北京	17	赛伯乐投资集团 tuan 团	北京
8	君联资本	北京	18	赛富投资基金	中国香港
9	东方富海	深圳	19	今日资本	上海
10	北极光创投	北京	20	纪源资本	上海
2015 中国本土创业投资机构 20 强					
1	达晨创投	深圳	11	创东方投资	深圳
2	深圳创新投	深圳	12	顺为资本	北京
3	毅达资本	南京	13	松禾资本	深圳
4	君联资本	北京	14	浙商创投	杭州
5	东方富海	深圳	15	华睿投资	杭州
6	联创永宣	北京	16	天图资本	深圳
7	元禾控股	苏州	17	富坤创投	深圳
8	同创伟业	深圳	18	华创资本	北京
9	基石资本	深圳	19	湖北高投	武汉
10	高榕资本	北京	20	启赋资本	深圳

表 3　2015 年中国私募股权投资机构 20 强和本土 20 强

排名	机构名称	总部地址	排名	机构名称	总部地址
2015 中国私募股权投资机构 20 强					
1	九鼎投资	北京	11	金浦产业投资	上海
2	中信产业基金	北京	12	腾讯产业共赢基金	深圳
3	复星资本	上海	13	光大控股	中国香港
4	鼎晖投资	中国香港	14	华平投资	北京
5	KKR	中国香港	15	阿里资本	杭州
6	建银国际	中国香港	16	天星资本	北京
7	中金佳成	北京	17	硅谷天堂	北京
8	海通开元	上海	18	国开金融	北京
9	弘毅投资	北京	19	金石投资	北京
10	高瓴资本	中国香港	20	百度投资	北京
2015 中国本土私募股权投资机构 20 强					
1	九鼎投资	北京	11	天星资本	北京

(续表 3)

排名	机构名称	总部地址	排名	机构名称	总部地址
2	中信产业基金	北京	12	硅谷天堂	北京
3	复星资本	上海	13	国开金融	北京
4	鼎晖投资	中国香港	14	金石投资	北京
5	中金佳成	北京	15	百度投资	北京
6	海通开元	上海	16	平安创新资本	深圳
7	弘毅投资	北京	17	招商局资本	深圳
8	金浦产业投资	上海	18	中植资本	北京
9	腾讯产业共赢基金	深圳	19	鼎锋资产	上海
10	阿里资本	杭州	20	苏州国发	苏州

(二)股权众筹平台的比较

随着“大众创业、万众创新”等创业浪潮兴起,股权众筹已进入创业者和投资人的视线。2011 年天使汇的成立,拉开了中国国内股权众筹行业序幕;2015 年开始,京东、阿里、360 等行业巨头也纷纷开始布局股权众筹。截至 2015 年底,中国股权众筹平台 141 家,累计成功众筹项目数达 2338 个,累计成功众筹金额近百亿元。股权众筹平台的地域分布中,截至 2015 年底,北京以 38 家居首,上海、深圳、杭州紧随其后。

相比之下,武汉股权众筹平台则数量较少。全国股权众筹平台多聚集在创业企业大量扎堆的城市,一线城市创业项目资源丰富,创新生态环境良好,创业成功率大大提高,对创业资本需求多,因此股权众筹平台更易在这些城市集聚。

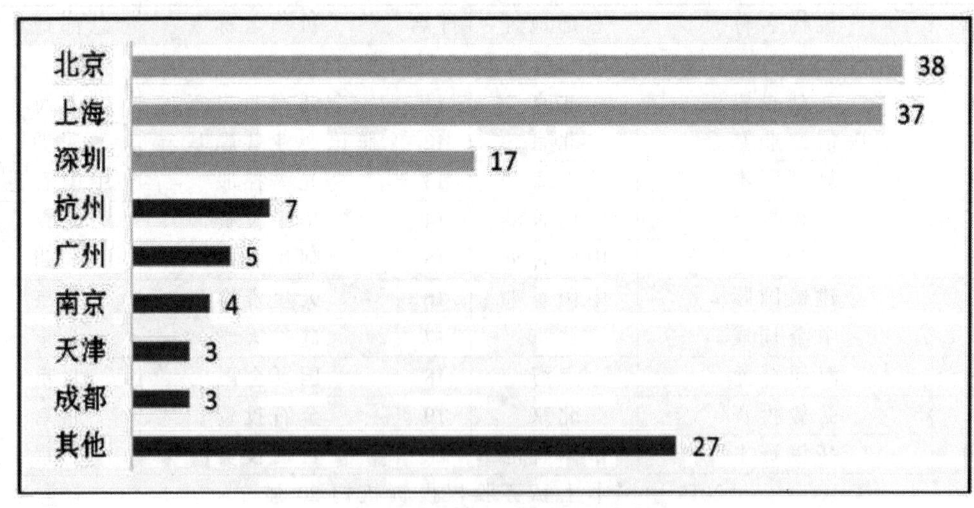

图 1　股权众筹平台地域分布图

(三)创投资金的比较

北京、上海、深圳一线城市在投资项目与投资资金上占绝对优势。根据相关统计数据,2016 年第一季度, 北京获得 145 起投资, 涉及投资金额 58.42 亿美元;上海获得 90 起投资,投资金额为 38.60 亿美元;深圳获得投资 61 起,投资金额为 14.40 亿美元。北、上、深三地投资项目总和占全国创业投资事件的 57.7%,投资总金额占全国总金额的 60.5%,紧随其后的是浙江、江苏以及广东(除深圳外)(见图 2 和图 3)。

湖北创业投资项目仅为 13 起,列第 8 位,占全国创业投资项目的 2.54%,

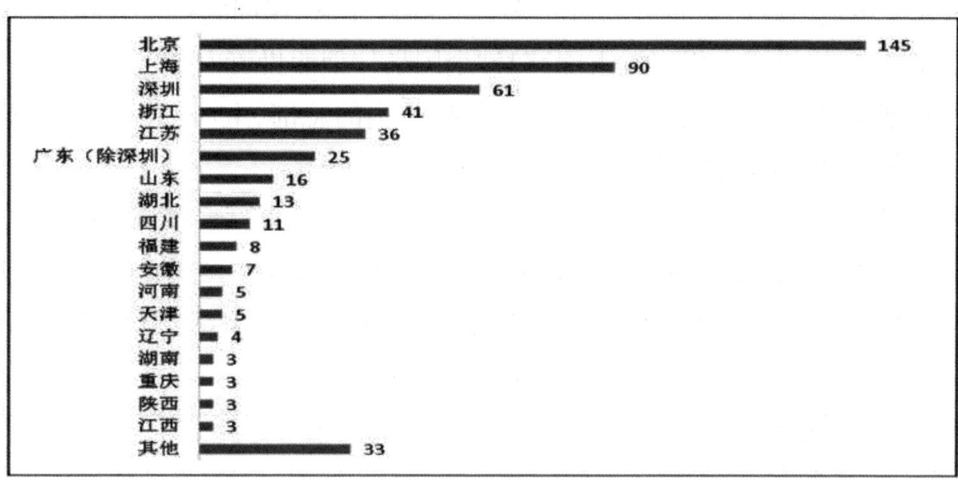

图 2 2016 年第一季度中国创业投资市场地域投资分布(按案例数,起)

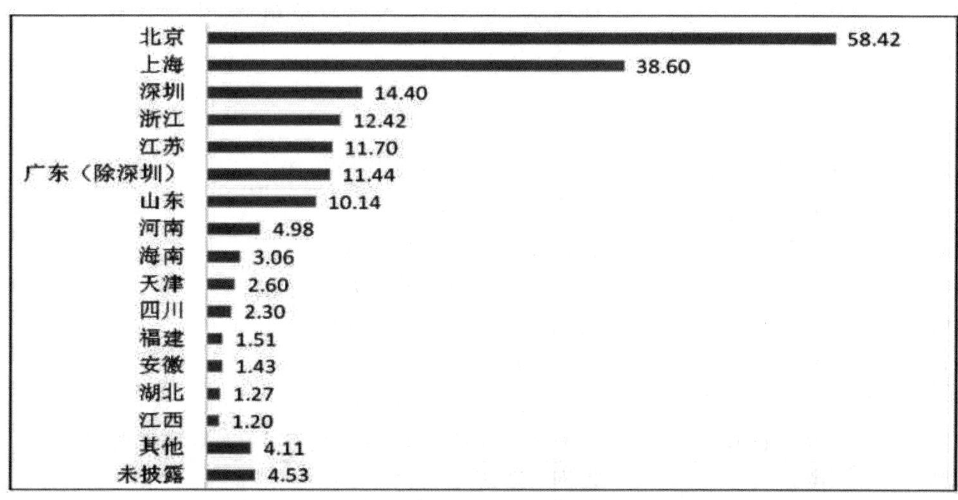

图 3 2016 年第一季度中国创业投资市场地域投资分布(按金额,亿美元)

创业投资总金额为 1.27 亿美元,列第 15 位,占全国总金额的 0.69%。

相比之下,武汉市作为湖北创业投资的重要组成部分,虽然也有一定成效,例如,截至 2016 年一季度,光谷风险投资基金运营效果良好,基金总规模 5.7 亿元,已出资 2.7 亿元参股设立 14 家子基金,子基金累计对外投资 80 个项目,投资总额 6.21 亿元。但是,武汉在投资项目案例数量与投资金额上,与北京、上海、深圳、杭州相差较远,尤其在投资金额上,与位居第一名的北京 381 亿人民币(58.42 亿美元)差距很大。

(四)创业投资人的比较

武汉本地活跃的投资人为数不多,与上海、北京、深圳的投资人相比,实力差距甚远,武汉投资人仍未有人能跻身"全国最佳创业投资人 50 强"。另外,有实力的创业投资人并未选择武汉作为创投机构的总部,上海、北京、深圳对创业投资人的吸引力较强,武汉创业投资环境有待提升。

根据《福布斯》评选的 2014 中国最佳创业投资人 50 强,软银中国资本执行主管合伙人薛村禾名列第一,今日资本总裁徐新列次席,之前连续多年蝉联榜首的红杉资本中国基金的创始人沈南鹏位居第三。对知名投资人所属机构

表 4 武汉本地活跃投资人(2015 年 12 月)

投资人	所属投资机构	主要投资领域
詹凯	东湖天使基金	移动互联网、医疗健康、金融、硬件、电子商务
朱自芳	东科创星	智能制造、环保、生物技术与医疗器械、光电子
陈小力	武汉科创	信息技术、新材料、先进装备制造、生物医药
李玮	德迅投资	互联网、移动互联网、电商、应用和游戏等
廖敏	达晨创投	新材料、现代农业、电子信息、节能环保等
孙超	创大天使	移动互联网、企业服务等
李柯	赛伯乐投资	云计算、大数据和智慧城市等
杨蓬	华汇创投	TMT、消费升级等
郑浩	东湖创投	信息技术、医药、制造、金融
刘菁	华工创投	信息技术、生物医药、新材料等
刘敏	深创投	游戏动漫、视频网站、影视演艺等
张宜	湖北高投	新材料、电子信息等
王利杰	PreAngel 镭厉资本	旅游、教育、SNS 社交网络、电商、工具软件等
万宇	六禾创投	在线教育、科技驱动的消费产品以及数据服务
王罡	魔量资本	互联网、移动互联网、文化娱乐体育
龚华	创新谷	互联网、移动互联网

数据来源:猎聘网发布的《年终钜献:2015 年武汉创业指南》。

的总部进行分析，中国的排名前 40 家创业投资机构分别为上海 16 家、北京 12 家、深圳 7 家、香港 4 家、杭州 1 家，国内实力较强的创业投资人基本上选择在上海、北京、深圳、杭州落户（见表 4 和表 5）。

表 5　福布斯评 2014 中国最佳创业投资人 50 强

排名	投资人	名称	总部地址	排名	投资人	名称	总部地址
1	薛村禾	软银中国资本	上海	26	雷军	顺为基金	北京
2	徐新	今日资本	上海	27	计越	红杉资本	北京
3	沈南鹏	红杉资本中国基金	北京	28	肖冰	达晨创投	深圳
4	冯涛	永宣投资	上海	29	郑伟鹤	同创伟业	深圳
5	阎焱	赛富投资基金	北京	30	罗飞	松禾资本	深圳
6	靳海涛	深圳创新投	深圳	31	肖水龙	创东方投资	深圳
7	陈镇洪	天泉投资	香港	32	卓福民	纪源资本	上海
8	符绩勋	纪源资本	上海	33	林欣禾	DCM	美国
9	汝林琪	华盈创投	上海	34	李宏玮	纪源资本	上海
10	章苏阳	IDG 资本	美国	35	徐小平	真格基金	北京
11	周全	IDG 资本	美国	36	邓锋	北极光创投	北京
12	邵俊	德同资本	上海	37	邱子磊	崇德投资	香港
13	熊晓鸽	IDG 资本	美国	38	宗佩民	华睿投资管理	杭州
14	陈玮	东方富海	深圳	39	甘剑平	启明创投	上海
15	龚挺	海纳亚洲	美国	40	杨飞	IDG	美国
16	钟晓林	江南资本	上海	41	陈友忠	智基创投	上海
17	刘芹	晨兴资本	香港	42	曹嘉泰	戈壁投资	上海
18	王刚	维思资本	上海	43	童士豪	纪源资本	上海
19	姚继平	普凯投资	上海	44	叶东	青云创投	北京
20	李基培	兰馨亚洲	香港	45	李家庆	君联资本	北京
21	陈浩	君联资本	北京	46	卢蓉	DCM	美国
22	张颖	经纬创投	美国	47	张维	基石资本	深圳
23	周逵	红杉资本	北京	48	徐传陞	经纬创投	美国
24	刘二海	君联资本	北京	49	李建光	IDG 资本	美国
25	羊东	赛富投资基金	北京	50	田立新	德同资本	上海

数据来源:福布斯中文网。

（五）政府引导基金的比较

截至 2015 年 12 月底，国内共成立 780 支政府引导基金，基金规模达 21834.47 亿元。其中，基金设立数量最多的是地市级政府设立的引导基金，共有 417 支基金，基金规模 8243 亿元。从政府引导基金的区域分布来看，近年来北京、上海、江苏、深圳等 VC/PE 发展较好城市的政府引导基金发展势头强劲。北京 88 支政府引导基金，居各地区之首，湖北位列第八，有 35 支，不足北京的一半(见表 5)。

从“2014 年中国政府引导基金 20 强”名单来看，北京 5 支基金位居第一，上海 4 支、杭州 3 支紧随其后，武汉政府引导基金没有一支入围，与北京、上海、杭州差距明显(见表 6)。

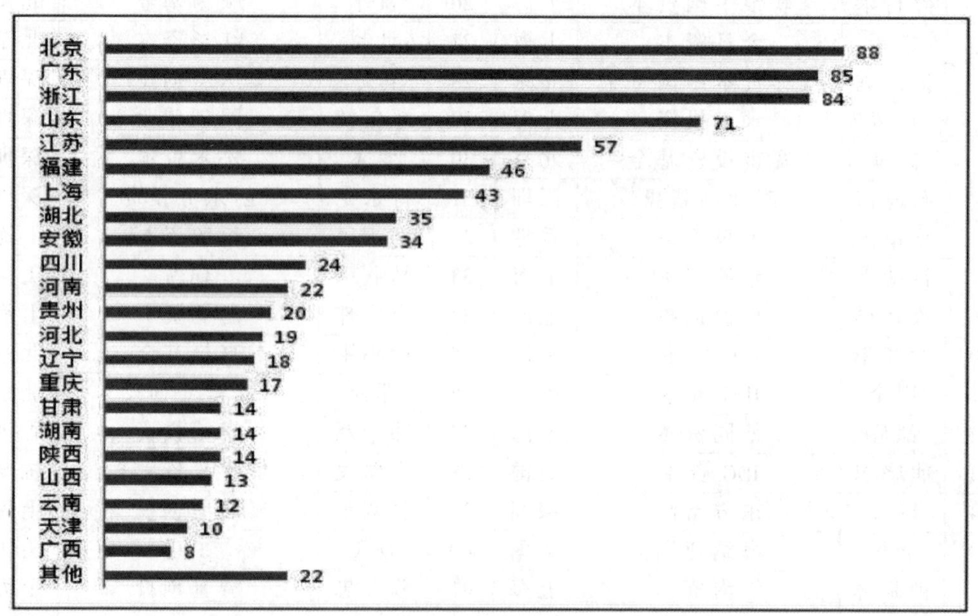

图 4　截至 2015 年底政府引导基金地域分布情况(按基金数量，支)

表 6　2014 年中国政府引导基金 20 强及其城市分布

排名	机构名称	所在城市
1	科技型中小企业创业投资引导基金	北京
2	中关村创业投资引导基金	北京
3	上海市创业投资引导基金	上海
4	海淀区创业投资引导基金	北京
5	浙江省创业风险投资引导基金	杭州
6	青岛市市级创业投资引导基金	青岛
7	厦门创业投资引导基金	厦门
8	宁波市创业投资引导基金	宁波
9	北京市中小企业创业投资引导基金	北京
10	深圳市创业投资引导基金	深圳
11	重庆科技创业风险投资引导基金	重庆

(续表6)

排名	机构名称	所在城市
12	杭州市产业发展投资基金	杭州
13	上海嘉定创业投资引导基金	上海
14	湖南创业投资引导基金	长沙
15	北京战略性新兴产业创业投资引导基金	北京
16	杭州市创业投资引导基金	杭州
17	海南省创业投资引导基金	海口
18	浦东新区创业投资引导基金	上海
19	贵州省创业投资引导基金	贵阳
20	上海市杨浦区创业投资引导基金	上海

注:资料来源于清科研究中心

(六)创业投资政策的比较

北京、上海、杭州在创业投资政策,尤其是股权投资基金方面政策较为完善,包括资金支持与奖励、税费优惠、人才政策、政务环境、机制完善等方面。相比之下,武汉出台专门针对创业投资的统一、全面的政策较少。

综上分析,北京、上海、深圳一线城市仍为主要的投资地域,在投资项目与投资资金上占绝对优势。(1)北京主要优势在于高校科研院所资源丰富、政府

表7 创业投资政策对比

城市	要素	政策内容
北京	政策名称	《关于促进股权投资基金业发展的意见》
	工商管理	对股权基金或管理企业给予工商注册登记的便利,符合条件的股权投资基金或管理企业可在企业名称中使用“基金”或“投资基金”
	税收优惠	(1)合伙制股权基金和合伙制管理企业不作为所得税纳税主体,采取“先分后税”方式,由合伙人分别缴纳个人所得税或企业所得税。 (2)合伙制股权基金的普通合伙人,其行为符合下列条件之一的,不征收营业税:以无形资产、不动产投资入股,参与接受投资方利润分配,共同承担投资风险;股权转让。 (3)管理企业内部人员共同出资设立的,与所管理股权基金形成共同投资关系的合伙制企业,享受本意见有关税收政策。 (4)市政府给予股权基金或管理企业有关人员的奖励,依法免征个人所得税
	用地租房支持	在金融街建设PE中心大厦,鼓励有条件的区县建设PE大厦,吸引和聚集本市股权基金及管理企业入驻发展,在购租房补贴上,参照金融企业给予支持
	政务服务	股权投资基金服务中心为股权基金及管理企业提供高效便捷的“一站式”服务

(续表7)

城市	要素	政策内容
上海	政策名称	《关于加快上海创业投资发展若干意见的通知》
	资金支持	(1) 市财政连续三年每年新增安排市战略性新兴产业发展专项资金10亿元,专项用于补充上海市创业投资引导基金。 (2)吸引境外专业机构组建人民币创业投资基金。 (3)鼓励国有产业集团参与设立创业投资企业。 (4)经政府相关部门认定的天使投资企业,可参照创业投资企业享受政府相应鼓励政策。 (5)丰富创业投资企业募集资金渠道
	空间布局	打造上海创业投资基金和孵化器集聚区,让投资人、创业团队、基金管理人形成规模集聚效应
	机制完善	(1)建立创业投资与政府专项对接机制。 (2)探索建立早期创投奖励和风险补偿机制。 (3)人才培养机制,加快创业投资人才队伍引进和培养。制定实施创业投资人才专项工作计划,加大创业投资人才的培养、引进和使用力度
	政务环境	(1)做好创业投资企业备案管理工作。 (2)加强创业投资与金融机构、市场的联动
深圳	政策名称	《关于促进股权投资基金业发展的若干规定》 《关于进一步支持股权投资基金业发展有关事项的通知》
	工商管理	市各有关部门对股权投资基金、股权投资基金管理企业以及私募证券投资基金管理企业,给予工商注册登记的便利
	税收政策	(1)合伙制股权投资基金和合伙制股权投资基金管理企业不作为所得税纳税主体,采取"先分后税"方式,由合伙人分别缴纳个人所得税或企业所得税。 (2)股权投资基金、股权投资基金管理企业采取股权投资方式投资于未上市中小高新技术企业2年以上(含2年),凡符合《国家税务总局关于实施创业投资企业所得税优惠问题的通知》(国税发〔2009〕87号)规定条件的,可按其对中小高新技术企业投资额的70%抵扣企业的应纳税所得额
	资金奖励	(1)以公司制形式设立的股权投资基金,根据其注册资本的规模,给予一次性落户奖励:注册资本达5亿元的,奖励500万元;注册资本达15亿元的,奖励1000万元;注册资本达30亿元的,奖励1500万元。 (2) 股权投资基金投资于本市的企业或项目, 可根据其对我市经济贡献,按其退出后形成地方财力的30%给予一次性奖励,但单笔奖励最高不超过300万元。 (3)股权投资基金、股权投资基金管理企业因业务发展需要新购置自用办公用房,可按购房价格的1.5%给予一次性补贴,但最高补贴金额不超过500万元。享受补贴的办公用房10年内不得对外租售。 (4) 股权投资基金、股权投资基金管理企业新租赁自用办公用房的,给予连续3年的租房补贴,补贴标准为房屋租金市场指导价的30%,补贴总额不超过100万元

(续表7)

城市	要素	政策内容
深圳	资金奖励	(1)对我市符合《若干规定》相关规定的股权投资基金管理企业,自本通知实施之日起,前2年按照营业收入形成地方财力的100%给予奖励,后3年按照营业收入形成地方财力的50%给予奖励;新注册成立的股权投资基金管理企业,按照其营业收入形成地方财力之日起计算。 (2)对我市符合《若干规定》相关规定的股权投资基金、股权投资基金管理企业,自本通知实施之日起或自获利年度起,前2年按照企业所得形成地方财力的100%给予奖励,后3年按照企业所得形成地方财力的50%给予奖励
	人才政策	股权投资基金、股权投资基金管理企业以及私募证券投资基金管理企业的高级管理人员,经市人力资源保障部门认定符合条件的,可享受我市关于人才引进、人才奖励、配偶就业、子女教育、医疗保障等方面的相关政策
	政务环境	股权投资基金、股权投资基金管理企业以及私募证券投资基金管理企业纳入我市大企业便利直通车服务范围,并按相关规定为其提供优质、便利的服务
杭州	政策名称	《关于印发促进杭州市股权投资业发展实施办法的通知》
	资金奖励	(1)开办费奖励。 委托型股权投资企业,对在杭企业直接股权投资额达到2500万元的,给予一次性30万元的奖励。奖励资金可由股权投资企业与其所托股权投资管理企业按各50%的比例分享。…… (2)投资追加奖励。 股权投资企业,自成立起2年内对在杭企业直接股权投资额达到其注册资本(出资金额)30%(含)以上的,给予追加奖励:(1)注册资本(出资金额)2亿元(含)以上,给予50万元的奖励;…… (3)办公用房补助
	税费政策	(1)以有限合伙形式设立的股权投资企业、股权投资管理企业可采取"先分后税"的方式,其经营所得和其他所得,按照国家有关税收规定,由合伙人分别缴纳所得税。 (2)合伙制企业的普通合伙人,符合下列条件之一的,不征收营业税:以无形资产、不动产投资入股,参与接受投资方利润分配,共同承担投资风险;对所投资项目进行股权转让。 (3)股权投资管理企业缴纳房产税、城镇土地使用税、水利建设专项资金确有困难的,报经地税部门批准后,可酌情给予减免

支持力度较强,而且已形成自生长式的创业生态圈,孕育的百度、新浪、网易等大批成功的上市公司又反哺带动了当地的创业产业发展。(2)上海主要优势在于,作为国际金融中心,拥有健全的金融制度、资本制度和优良的融资环境,在吸引优势资本与优势投资人方面具有先天优势。(3)深圳主要优势在于,"创新

之城”“创客之城”所产生的巨大项目供给，对创业投资人形成了巨大吸引力。(4)杭州主要优势在于，依托互联网领域形成的优势产业创业与创业氛围，投资人“最看好杭州的互联网基因”。

相比之下，武汉在创新创业氛围、金融制度、资本制度以及融资环境等方面与北京、上海、深圳、杭州仍存在差距，导致武汉的创投机构、股权众筹平台、创投资金、创业投资人、政府引导基金等方面在数量、质量、实力上仍存在较大差距，对于投资人的吸引力仍显不足。

二、武汉创业投资发展存在的问题

(一)武汉创业投资规模较小，与国内一线创业城市差距巨大

北京、上海、深圳作为吸引创业投资的一线城市，2016 年一季度，北、上、深三地投资项目总和占全国创业投资项目的 57.5%，投资总金额占全国总金额的 60.5%。湖北创业投资项目仅为 13 起，列第 8 位，占全国创业投资事件的 2.54%，创业投资总金额为 1.27 亿美元，列第 15 位，占全国总金额的 0.69%。武汉创业投资成功项目数量较少，投资规模不大，远远落后于北京、上海和深圳，这与武汉在“全国城市年轻指数”排名第六、中国大学之城的定位不符。武汉创业投资规模较小，武汉产业结构与创投机构热衷投资的产业不一致，创投机构最热衷的六大行业是互联网、电子信息、IT、生物医药、制造业和金融，而武汉仅在光电子信息领域有优势，而其他行业在全国缺乏竞争力，无法对创业投资形成强有力的吸引力。同时，强大的金融业是支撑创业投资的根本力量，无论是资金募集、项目甄别还是投资人才，创业投资都严重依托现代金融体系，没有完善的金融作为依托，创业投资活动难以为继。武汉金融业不发达也是造成创业投资做不大的重要原因。

(二)武汉创业项目质量不高，对创业投资的吸引力较弱

北京、上海、深圳、杭州等城市的创业者中，相当一部分人是辞职创业、二次创业，创业经验丰富，创业项目质量较高，较受资本市场青睐，项目市场估值较高。深圳的腾讯、华为，杭州的阿里巴巴等企业在某种程度上成为了创业者的“黄埔军校”，从这些知名互联网企业中走出了很多创业者。反观武汉，创业者中主要是大学生创业，创业项目质量较低，项目市场估值远低于北京、深圳和杭州等城市。到 2015 年底，武汉“青桐汇”正式路演项目超过 500 个，获得融资的项目仅 52 项，拿到钱的项目仅在 10%左右。武汉投资领域专家判断，“东

湖高新区集聚了股权投资机构 500 多家，真正拿出真金白银投资创业项目的不会超过 10%”。

(三)武汉缺乏本土知名投资人,优秀企业家兼做投资人的意识不高

知名创业投资人是一面旗帜,能引领和推动一个城市创业投资的发展。北京有雷军、许小平、柳传志、沈南鹏、阎焱等知名投资人,上海有薛村禾、徐新、钟晓林等知名投资人,深圳则有靳海涛、陈玮、肖冰、罗飞等知名投资人,在知名投资人的带动下,北京、上海、深圳、杭州等城市都形成了浓厚的创业投资氛围,也吸引着更多的“有钱人”投身于创业投资领域。武汉创业投资人群体规模较小,缺乏知名度高、领袖型的创业投资人。武汉光谷创业咖啡的创始人李儒雄,算是武汉较为知名的创业投资人,但是其资金规模较小,更多的是提供创业服务。同时,武汉本地优秀企业家兼做创业投资人的意识不高,对创业投资人缺少了解和热情，没有成长起来像小米创始人雷军那样既做实业又做投资的复合型企业家。

(四)武汉创业投资环境有待提高,缺乏创新性高、竞争力强的政策

创业投资机构的聚集与创业投资环境息息相关,尤其在制度环境上,是制约创业投资机构发展以及创业投资人聚集的关键因素，武汉在这方面还有明显不足。一是武汉创业投资政策体系不健全,扶持政策优势不突出,对创业投资者最为关心的投资风险补偿机制、投资退出机制、投资人个人所得税返还等方面缺乏连贯性制度保障;武汉对创业投资的扶持政策还处于跟学阶段,缺乏创新、有竞争优势的好政策,在区域竞争中没有形成政策高地。二是武汉创业投资氛围还有差距,创业投资人的圈子文化不浓,长江天使汇等创业投资协会影响力较弱。三是创业投资人才短缺,创业投资人才往往是需要具备经济、风险分析、法律、专业知识于一身的综合型高级管理人才,而武汉这方面的人才储备严重不足。四是金融业不发达,对创业投资支撑能力较差。北京、上海、深圳发达的金融业不仅为创业投资提供融资支持,更提供了大量优秀投资人才,而这方面恰好是武汉的短板。

(五)武汉国有创投基金发展不充分,对创投发展的引导和推动力不足

在创业投资发展初期,国有投资平台(公司)的作用很突出,能引导和推动创业投资市场发展。深圳在 1990 年就成立了全国第一家风险投资机构——南山创业投资基金,带动了深圳创投发展;后来成立的深创投、高新投成为国内

创投界的佼佼者，为深圳创投产业发展作出了巨大贡献。上海的创业投资也形成了本土资金、政府资金、外资三足鼎立的局面，政府资金成立的投资平台成为创投市场上的一支重要力量。武汉国有创业投资平台成立时间较晚，仅市科技局、市国资公司设立了国有创投引导资金，资金规模不到 10 亿元，对推动武汉大众创业、万众创新的作用还未充分发挥。

（六）武汉创业投资领域天使投资发展滞后，初创企业 A 轮融资难度大

对初创企业而言，获得第一笔天使投资至关重要，而武汉天使投资发展相对滞后，初创企业 A 轮融资面临着较北京、上海、深圳等城市更大的困难，导致武汉部分初创企业出走武汉，选择去 A 轮融资机会更多的北京、上海和深圳等创业城市。如诞生于武汉的 PPlive，由于受制于武汉融资环境不佳，最终选择离开武汉落户于上海。武汉没有成长起很多知名的优秀创业型企业，也与天使投资发展滞后有关，创业市场瞬息万变，谁能首先拿到天使投资，谁就能抢占“风口”，就获得先发优势。武汉创业企业难以获得天使投资 A 轮投资，也让更多优质创业企业丧失了发展机会，造成优质创业项目流失外地。

三、武汉加快引进和集聚创业投资人的对策建议

（一）建设武汉市天使投资发展平台，培育和引进天使投资人

充分发挥武汉市现有的创业平台优势，增强天使投资吸纳功能，引进和培育一批知名天使投资人。一是大力发展“孵化 + 天使”模式。北京的车库咖啡、联想之星、3W 咖啡、创新工场、微软加速器等各类孵化器，往往设立有天使基金，兼具天使投资功能，如联想之星，除了为创业者提供创业孵化外，同时配有一支 4 亿元人民币的天使投资基金。武汉的众创空间、创业基地等孵化器功能较为单一，大部分仅提供创业孵化服务，缺乏天使投资功能。武汉政府要支持各类孵化器延伸服务链条，补齐天使投资短板，发挥国有投资平台杠杆作用，引导社会资本进入孵化器充当天使投资人，从而提高孵化器的孵化能力。二是引导名人成为天使投资者。天使投资平均额度下降、成功回报率高，不断吸引着“有钱人”加入到天使投资中来，近年来许多娱乐明星等公众人物也纷纷加入天使投资行列。如香港艺人曾志伟与张巍合资 100 万元天使基金投资“山城往事”重庆火锅。大陆歌手胡海泉投资土曼科技，以及黄晓明、任泉与李冰冰联手成立 StarVC，参与投资垂直文化娱乐社交平台“星云”。武汉要顺应个人担当天使投资人的趋势，鼓励和支持有“闲钱”的名人、文化人结合自身的专业特

长，从事本领域的创业投资。如武汉高校众多，大学知名教授既有专业知识，又有一定的财力，应将大学教授与大学生创业有机结合起来，鼓励和支持大学教授针对大学生创业项目开展天使投资。三是支持发展股权众筹，在武汉先行先试，开展股权众筹融资服务试点，积极向国家争取公募股权众筹牌照，打造互联网股权众筹平台，吸引社会普通投资者以及闲散资金参与创业投资。

（二）出台优惠力度更大的创投机构或天使投资人落户政策

武汉创投发展的综合环境不如北京、上海、深圳等一线创业城市，必须要在最显而易见的优惠政策上打造“亮点”，形成武汉核心竞争力。一是提高外来创业投资机构落户武汉的财政资金奖励，北京、深圳、杭州等城市对外来创投机构落户或新成立的创投机构都给予最高1500万元的财政奖励。武汉在整个创投环境竞争力弱于上述城市的情形下，只有提供更富有竞争力的奖励政策，才能吸引更多创业投资机构来汉落户。建议对照外地城市的奖励政策，增强激励性，在每个档次上比外地城市提高100万元奖励。二是出台更优惠的企业税收优惠和个人所得税优惠。对比外地城市，对创业投资机构的企业税收优惠提高至5年免征，3年减半，对创业投资人的个人所得税全面征收返还。三是提高创投机构投资武汉创业项目的奖励额度和风险补偿额度，做大风险补偿基金，重点加大对天使投资进行创业项目A轮投资的风险补偿。

（三）鼓励和支持武汉成功的民营企业家开展创业投资业务

创业投资是有钱人的“游戏”，更是成功企业家创造价值、回报社会的一条重要途径。武汉要充分重视、引导和挖掘民营企业家这一宝藏，鼓励和引导更多的民营企业家参与到创业投资中来。一是积极邀请民营企业家参与大学生创业大赛、创业项目路演、项目和资金对接洽谈会等双创活动，增加民营企业家对双创活动的参与度和知晓度，为民营企业家开展创投业务提供基础和氛围。二是为民营企业家创立投资基金提供支持，从工商注册、人才推荐、办公用房补贴、财税支持等方面给予扶持。三是要积极引导推进地方民营创业投资人与国内外专业创业投资企业的合作，这不仅可以拓宽地方创业投资资本的来源，而且能学习并引进国外较为先进的管理模式和运作机制。四是创新现有创业投资企业融资方式，开展投贷联动业务，加强创业投资企业与银行、证券、信托等金融机构的合作，加大对创投企业及被投资企业的金融支持力度；同时，积极鼓励非银行金融机构、上市公司或其他公司参与对创业企业的购并活动。

(四)进一步发挥国有投资基金的推动和促进作用

深化对国有投资平台的改革,突破体制机制障碍,支持国有投资平台开展创投业务,发挥国有投资平台的引导和杠杆作用,与民间投资一起壮大创业投资规模。一是进一步做大国有投资基金规模,由政府设立总规模 10 亿元的天使投资母基金,等比例募集社会资本设立天使子基金;鼓励和支持武汉市属国有企业设立创业投资基金,推动企业多元化经营。二是深化国有投资平台(基金)改革,核心是实现国有投资平台市场化企业化运作,取消对国有投资平台在投资地方面的限制,允许国有投资平台在全国范围内自由选择投资项目;改革国有投资平台考核机制,由年度考核、单个项目考核转变为中长期考核和多项目综合平衡考核。针对创业投资的高风险性,出台国有投资平台及负责人投资失败免责条款,只要是遵循了投资决策程序、不存在徇私舞弊、假公济私的违法行为,投资项目失败不予追究责任。三是提高国有投资平台投资水平,大力引进优秀创业投资人才,建立一支专业化的投资评估、决策及后续跟踪服务队伍,建立一套科学、有活力的国有投资平台管理和激励制度。

(五)进一步开展双创活动,提高双创成果质量

只有好的项目才能吸引来更多的创投机构和资金。当前武汉正大力推动“双创”活动,涌现出了海量的双创项目,但双创项目质量参差不齐,高质量、能迅速市场化的项目还较少,未来要采取综合措施,提高双创成果质量,多出好项目。一是重点支持高新技术产业和新兴服务业两大领域的双创活动。高新技术产业和新兴服务业是创业的热土,更是创投投资的重点领域。只有这两大领域发展得好,才能产生更多的优秀创业项目,也才能吸引更多的创业投资机构和投资人的关注和下注。未来武汉要把双创活动的重点放在电子信息、生命健康、无人机、3D 打印等高新技术行业以及互联网 + 服务、创意设计、文化娱乐等新兴服务业领域。二是加强对大学生为主体的青年创业者的创业辅导,提高初创企业存活率。支持创业学院建设,加大对创业导师团活动的资助力度,组织开展更多的创业辅导班、创业训练营等活动。三是提高各类创业孵化器服务水平,延伸孵化器服务链,提供创业辅导、场地供给、技术指导、投资服务一条龙服务。提高孵化器从业人员业务素质,建立一支专业互补的学习型队伍,多借

助外脑开展综合创业服务。

(六)发展创投中介服务,优化创投发展环境

创投的良性发展需要其他服务行业的配合与支持，尤其要大力发展创投中介服务,为创投寻找项目、评估项目、投资项目等提供专业化服务。一是建立具有权威性和专业性的咨询机构。由政府负责主导,经济、金融等行业的专家组成,负责对投资的项目开展严格、规范的评估,旨在减小创业投资的风险;加快会计师事务所、律师事务所、猎头公司等服务型中介机构的发展,为创业投资的顺利开展提供会计、审计、法律咨询、人员招聘等强大的后盾支持。二是建立一个统一的创业投资信息网,负责国内外创业和创投信息的收集、整理、分析、统计、提供和交流。免费为创业者和投资者提供信息咨询服务,在创业者和投资者之间架起信息沟通、经验交流、技术合作的桥梁。三是发挥“长江天使汇”、中部天使投资联盟等天使投资俱乐部、创业投资协会等社会中介作用,开展投资人高端论坛、项目对接活动等,聚集国内外知名创业投资人来汉投资。四是培育创业投资专业人才。依托高等院校、社会机构开展创业投资培训,培养既懂科技又懂金融的复合型投资管理人才,通过实施黄鹤英才(现代服务)计划,选拔培养一批优秀的金融投资人才。五是推动股权市场交易,进一步增强武汉股权托管交易中心服务和融资能力,建立股权交易场外交易市场;采取上市奖励补贴等方式,支持科技型企业在主板、创业板、新三板、四板上市。

作者单位:武汉发展战略研究院

2016企业100强分析报告

武汉企业联合会
武汉企业家协会　联合课题组
武汉发展战略研究院

按照国际通行做法，遵循企业自愿申报原则，依据惯例对申报企业按照2015年度营业收入进行排序，得出2016武汉企业100强名单。借助2011—2016企业100强发展数据，不仅对2016企业100强运行特征进行分析，更对整个“十二五”时期武汉企业100强的发展进行了回顾总结，指出了企业100强在规模实力、发展质量、结构调整、动力转化、国际化等方面取得的显著成绩，也指出了武汉企业100强，尤其是2016企业100强在转型发展、经营成本、民企融资等方面存在较大困难，从政府和企业两个角度，提出了促进企业100强健康发展的对策建议。

一、2016武汉企业100强运行特征

（一）武汉企业100强实力持续壮大，增长速度步入新常态

2016武汉企业100强入围门槛提高至25.94亿元，维持了持续上升态势，较2015企业100强提高了2.31亿元，是2011企业100强的2.46倍。“十二五”期间年均增速19.76%，但入围门槛的增速却呈下降趋势，2014—2016三届的增速都低于“十二五”平均水平，尤其是2016企业100强增速跌破了两位数，仅为9.78%。从营业收入和资产总额2个规模指标来看，绝对数基本保持了上升趋势，2016企业100强的营业收入和资产总额分别达到18955.09亿元和28995.54亿元，是2011企业100强的1.61倍和2.01倍，但增速差别较大，2016企业100强的资产总额仍保持了快速增长，同比增长18.72%，是“十二五”期间的最高速，比2015届高出了近10个百分点；营业收入的增速则出现

大幅下滑,2015 和 2016 两届企业 100 强营业收入增速都很低,其中 2016 企业 100 强增速仅为 3.04%(见图 1 和表 1)。

从武汉企业 100 强过百亿元企业发展情况来看，百亿元企业数量不断增加,从 2011 企业 100 强的 17 家增加至 2016 企业 100 强的 31 家;同期,百亿元企业营业收入也从 9336.50 亿元增加至 15833.85 亿元,年均增速 11.14%。虽然百亿元企业营业收入实现了大幅增加，但百亿元企业营业收入占企业 100 强的比重维持在 79~84%之间,变化不大,说明百亿元企业营业收入的增长基本与企业 100 强平均水平同步，但最近 2 届百亿元企业的平均营业收入却是下降的,2016 企业 100 强百亿元企业平均营业收入为 510.77 亿元,较 2015 届降低了 12.3 亿元(见表 2)。

可见,经济步入新常态,武汉企业 100 强也感受到了转型压力,尽管企业 100 强的规模还在持续扩大,但增速却明显放缓,未来保持“中高速”增长的可能性更大。企业 100 强要从追求规模转向追求质量，着力提升企业市场竞争力,打造百年品牌企业。

(二)武汉企业 100 强经济效益有所回升,社会效益接近翻番

从武汉企业 100 强经济效益指标来看,利润总额一直稳步提升,人均利润围绕 20 万元上下波动,平均资产利润率和平均销售利润率实现触底反弹。分指标看，利润总额从 2011 企业 100 强的 509.11 亿元增加至 2016 企业 100 强的 764.99 亿元,年均增长 8.49%,其中 2016 企业 100 强同比增长 5.06%,较平

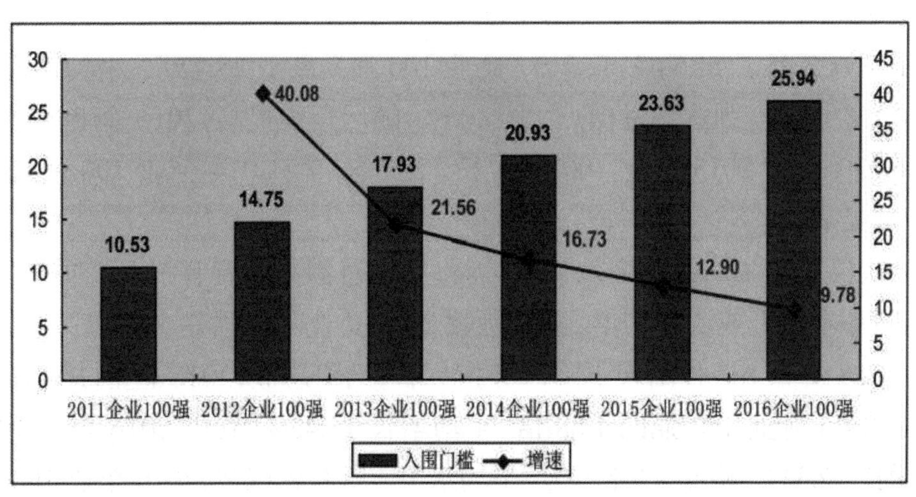

图 1　武汉企业 100 强入围门槛变动情况　(单位:亿元;%)

表 1　武汉企业 100 强营业收入和资产总额发展情况

	2011 企业 100 强	2012 企业 100 强	2013 企业 100 强	2014 企业 100 强	2015 企业 100 强	2016 企业 100 强
营业收入总额（亿元）	11764.70	14669.39	14606.70	17444.51	18395.85	18955.09
增速（%）	-	24.69	-0.43	19.43	5.45	3.04
资产总额（亿元）	14450.37	16561.54	18947.38	22461.26	24423.91	28995.54
增速（%）	-	14.61	14.41	18.55	8.74	18.72

表 2　武汉企业 100 强过百亿元企业发展情况

	企业数量（家）	营业收入（亿元）	百亿企业营业收入占比（%）	平均营业收入（亿元）
2011 企业 100 强过百亿元企业	17	9336.5	79.36	549.21
2012 企业 100 强过百亿元企业	22	12197.56	83.15	554.43
2013 企业 100 强过百亿元企业	23	11704.2	80.13	508.88
2014 企业 100 强过百亿元企业	26	14348.05	82.25	551.85
2015 企业 100 强过百亿元企业	29	15168.9	82.46	523.07
2016 企业 100 强过百亿元企业	31	15833.85	83.53	510.77

均水平低 3.43 个百分点。2015 企业 100 强人均利润达到“十二五”期间最高水平，为 23.95 万元，2016 企业 100 强出现较大下滑，降至 19.87 万元，同比下降 17.04%。平均资产利润率，2013 企业 100 强为 6.99%，是“十二五”期间最低水平，从 2014 企业 100 强开始逐步回升，2016 企业 100 强达到 8.77%，较 2015 企业 100 强提高了 14.64%，较 2013 企业 100 强提高了 25.47%。平均销售利润率，2014 企业 100 强达到最低点，为 5.05%，随后逐步提高，2016 企业 100 强提高至 6.03%，较 2015 企业 100 强增长 12.29%，较 2014 企业 100 强增长了 19.41%（见表 3）。

从武汉企业 100 强社会效益指标看，纳税总额和所有者权益 2 项在“十二五”期间基本接近或实现倍增，员工总数 2015 企业 100 强是个拐点，之前一直增加，2016 企业 100 强出现下降。分指标看，纳税总额，2016 企业 100 强纳税总额是 2011 企业 100 强的 1.88 倍，年均增长 13.42%，其中 2016 企业 100 强同比增长 12.34%，略低于“十二五”平均水平。所有者权益，2016 企业 100 强所有者权益是 2011 企业 100 强的 2.05 倍，年均增长 15.41%，其中 2016 企业 100

强同比增长 15.50%，略高于“十二五”平均水平。员工总数，从 2011 企业 100 强的 94.91 万人持续增长至 2015 企业 100 强的 110.58 万人，增长了 15.69 万人，年均增长 3.92 万人；2016 企业 100 强员工总数则出现了下降，较 2015 企业 100 强减少了 3.89 万人（见表 3）。

从总体看，武汉企业 100 强社会效益要好于经济效益，社会效益的增幅要快于经济效益，这得益于企业 100 强中国有企业占主体。但从企业可持续发展角度而言，要更加注重提高经济效益和市场竞争力。

表 3　武汉企业 100 强经济效益和社会效益指标发展情况

一级指标	二级指标	2011 企业 100 强	2012 企业 100 强	2013 企业 100 强	2014 企业 100 强	2015 企业 100 强	2016 企业 100 强
社会效益	员工总数（万人）	94.91	101.06	104.17	109.45	110.58	106.69
	纳税总额（亿元）	860.25	1031.54	1114.83	1289.03	1436.95	1614.28
	所有者权益（亿元）	4666.01	5306.59	6223.59	7289.84	8271.81	9553.67
经济效益	利润总额（亿元）	509.11	587.07	541.36	646.71	728.13	764.99
	人均利润（万元）	19.46	22.83	19.65	22.05	23.95	19.87
	平均资产利润率（%）	7.99	9.28	6.99	7.6	7.65	8.77
	平均销售利润率（%）	6.29	6.01	5.42	5.05	5.37	6.03

（三）武汉企业 100 强产业结构调整成效显著，产业迈向中高端

武汉市积极推动“三去一降一补”为主要内容的供给侧结构性改革，通过制度供给、业态升级、兼并重组，2016 武汉企业 100 强结构状况进一步优化。制造业企业、建筑业企业和服务业企业的比值从 2011 企业 100 强的 42∶18∶40 转变为 2016 企业 100 强的 28∶27∶45；服务业企业从 2011 企业 100 强的 40 家增加至 2016 企业 100 强的 45 家，增加了 5 家，增长了 12.5%，服务业企业占比最高，数量呈增长态势；制造业企业从 42 家下降至 28 家，共减少了 14 家，降幅达到 33.3%，年均降幅为 7.79%；建筑业企业从 2011 年 18 家增加至 27 家，增长了 50%，年均增加 3 家，年均增速为 8.45%。制造业企业、建筑业企业和服务业企业的数量此消彼长，是武汉城市发展阶段和产业结构优化在企业 100 强中的反映，制造业与建筑业将继续经历结构调整和业态升级，进而为服务业的进一步发展创造更宽广的发展空间。

从具体行业来看，2016 武汉企业 100 强的制造业企业主要分布在 9 大行

业，即汽车及零部件、机械及装备制造、光电子、生物医药、钢铁、食品及烟草、石化、家电、化学等行业，其中机械及装备制造和光电子领域的企业100强最多，两者共计12家，占制造业企业的43%。首先，服务业企业主要分布于7大行业，即商贸、金融保险、工程设计、能源生产及供给、房地产、交通运输及物流、电信服务等行业，其中商贸业有15家，占服务业企业的33.3%；其次，金融保险和工程设计，分别有7家和6家。企业100强行业分布反映了武汉的优势产业和主导产业，清晰描绘出了武汉产业优化路径，汽车、光电子、装备制造、生物医药等为代表的先进制造业和金融保险、工程设计等为代表的现代服务业的大发展推动了武汉产业迈向中高端水平（见图2和表4）。

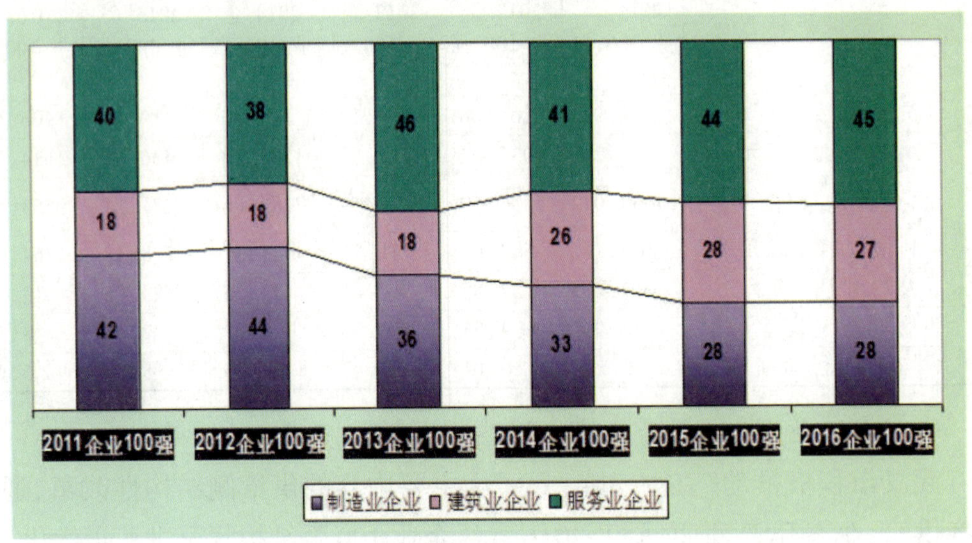

图2　武汉企业100强产业结构图　（单位：家）

表4　武汉企业100强具体行业分布

所属产业	具体行业	企业数量/家
制造业	机械及装备制造	7
	光电子	5
	食品及烟草	3
	汽车及零部件	3
	家电	3
	生物医药	2
	钢铁制造	2
	石化	2
	化学	1

（续表 4）

所属产业	具体行业	企业数量 / 家
建筑业	建筑业	27
服务业	商贸	15
	金融保险	8
	工程设计	6
	能源生产及供给	5
	房地产	4
	交通运输及物流	4
	电信	3

（四）武汉企业 100 强所有制结构相对稳定，混合所有制成为发展方向

武汉企业 100 强中国有及集体企业、民营企业和外资企业的比值由 2011 企业 100 强的 58：39：3 转变为 2016 企业 100 强的 61：34：5，企业 100 强所有制结构格局未发生根本变化。整个“十二五”期间，国有企业数量基本维持在 60 家左右，民营企业则在 35 家上下波动，外资企业数量一直未突破个位数。就 2016 企业 100 强而言，国有企业仍占据了 61%的高比例；外资企业数量有小幅波动，有 5 家，外资经济发展不足是武汉短板，未来外资经济发展的空间还很大。2016 与 2015 企业 100 强相比，民营企业减少了 1 家，国有企业增加了 2 家，外资企业减少了 1 家，反映了民营企业更容易受到宏观经济环境的影响（见图 3）。

混合所有制经济成为国企改革和所有制结构调整的一个重要方向，企业严

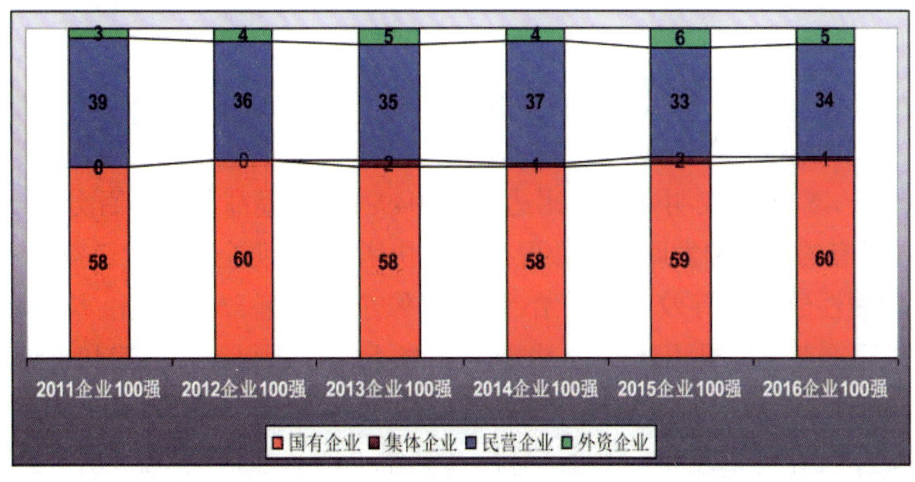

图 3　武汉企业 100 强所有制结构图　（单位：家）

格的所有制界限被打破，各种所有制共存的混合所有制企业将越来越多，而实现混合所有制的方式则主要是兼并重组、参股、控股等。从 2016 武汉企业 100 强看，参与并购重组的企业 100 强达到 12 家，共发起了 50 项并购重组；企业 100 强中有控股子公司达到 76 家，被控股的子公司数量达到 1681 家；企业 100 强中有参股公司的达到 67 家，被参股的企业数量达到 611 家，有越来越多的企业走向了混合所有制道路。

（五）武汉企业 100 强创新投入力度加大，动力转换步伐加快

在动力转换的经济调整期，武汉企业通过创新研发，向市场投放消费导向的新产品是 2016 武汉企业 100 强的一大亮点。100 强企业是各个行业的领军企业，技术上占据优势，创新能力领先，对研发更加重视，经费投入更足，多数企业通过体制创新、技术突破、产品升级正走向一条破解外需紧缩、内需乏力的制胜之路。

从研发投入来看，武汉企业 100 强各项研发投入指标都在持续增长，并且增幅较快，体现了企业 100 强对科技研发的重视和走创新驱动发展的决心。2016 企业 100 强有研发经费开支的企业数量变动不大，有 70 家企业有研发经费开支，研发经费总额达到 325.34 亿元，同比增长 7.6%，是 2011 企业 100 强的 1.61 倍，“十二五”期间年均增速为 9.99%；企业平均研发经费 4.65 亿元，同比增长 4.5%，是 2011 企业 100 强的 1.57 倍，“十二五”期间年均增速为 9.38%；平均人均研发经费 4.57 万元，同比增长 29.5%，是 2011 企业 100 强的 2.15 倍，“十二五”期间年均增速为 16.50%；平均研发经费占营业收入比重为 1.99%，同比增长 6.99%（见表 5）。

从企业拥有专利情况看，2016 企业 100 强拥有专利的企业数达 60 家，与 2015 年持平；共拥有专利 32734 项，同比增长 30.46%，其中发明专利 6974 项，同比增长 45.78%；发明专利占比达到 30.04%，同比提高了 1 个百分点。企业 100 强拥有的专利和发明专利数保持了较快增速，表明企业研发经费投入转换成了应用性成果和有效产品供给，特别是像东风汽车、人福药业、长飞光纤等行业领军企业不断推出新产品，并且在市场上快速赢得客户信赖和支持，说明创新绝不是“口号”，而是实实在在的市场回报。研发投入带来发明专利，也带来了科技创新成果的同步增加，有利于企业长远良性发展（见表 5）。

武汉企业 100 强还积极参与行业标准制定，以增强在行业中的主导性竞

争优势。从 2016 企业 100 强参与行业标准制定情况看，共有 45 家企业，同比多出 7 家企业，参与了 8612 项国内或国际行业标准制定，其中参与国内标准制定 8580 项，占 99.6%；参与国际标准制定 32 项。中南电力设计院有限公司、凌云科技集团有限责任公司、中铁大桥局集团有限公司 3 家企业排在前 3 名，其中，中南电力设计院有限公司和凌云科技集团有限责任公司各参与了 3403 项标准制定，占总量的 79%；中铁大桥局集团有限公司与长飞光纤光缆股份有限公司参与的国际标准制定最多，分别达到了 13 项和 7 项，占总量的 63%。从总体看，在光电子信息、工程设计、生物医药、电力技术等领域武汉企业有较强的标准制定能力，正逐渐成为国内和国际所属行业标准的引领和主导制定者。

表 5 武汉企业 100 强科技创新情况

一级指标	二级指标	2011 企业 100 强	2012 企业 100 强	2013 企业 100 强	2014 企业 100 强	2015 企业 100 强	2016 企业 100 强
研发经费状况	有研发经费开支的企业数（家）	68	74	71	68	68	70
	研发经费总额（亿元）	202.11	216.37	236.61	275.05	302.46	325.34
	平均研发经费（亿元）	2.97	2.92	3.33	4.05	4.45	4.65
	平均人均研发经费（万元）	2.13	2.76	2.92	3.05	3.53	4.57
	平均研发经费占营业收入比重（%）	1.92	2.04	1.97	1.98	1.86	1.99
专利状况	拥有专利企业数（家）	—	63	65	57	60	60
	专利（项）	—	10848	14927	20909	25092	32734
	发明专利（项）	—	3431	2940	3967	4784	6974
	发明专利占比（%）	—	30.2	28.71	34.51	29	30.04

（六）武汉企业 100 强国际化水平逐步提升，直面国际市场严峻形势

国际化是企业做大做强的必然选择，既是企业开拓世界市场的需要，也是融入全球产业价值链，在与同行的合作和竞争中崛起的必然选择。特别是在国家“一带一路”战略指引下，武汉市企业积极在沿线国家扩大产能输出和开展劳务合作，企业 100 强“走出去”的广度和深度都有所增加。

在海外收入方面，海外收入总额从 2011 企业 100 强的 297.27 亿元增加至 2016 企业 100 强的 701.63 亿元，“十二五”期间年均增速为 18.74%，其中 2016 企业 100 强增速仅为 0.96%，海外收入出现了停滞；同期，平均海外收入从 9.29

亿元增加至 2016 企业 100 强的 22.63 亿元，“十二五”期间年均增速为 19.49%，其中 2016 企业 100 强增速降为 4.19%。从海外资产方面看，拥有海外资产的企业数有所下降，由 2015 企业 100 强的 24 家降至 2016 企业 100 强的 21 家，海外资产总额在 2015 之前保持了高速增长，但 2016 企业 100 强增速仅为 4.36%，也出现了大幅下滑；平均海外资产从 2015 企业 100 强的 23.39 亿元增加到 2016 企业 100 强的 27.9 亿元，增幅为 19.3%；拥有海外员工的企业数从 17 家增加至 21 家；海外员工数量，2016 企业 100 强共有 10683 人，下降 16.45%；平均海外员工从 609 人降为 509 人，降幅为 16.42%。

从整个“十二五”期间来看，武汉企业 100 强“走出去”成绩喜人，海外收入总额实现了翻番，海外资产增长了 3 倍多，海外员工人数则翻了两番。但是 2016 企业 100 强“走出去”困难重重，各项指标都出现了大幅下滑，国际市场环境不容乐观。

表 6 武汉企业 100 强国际化情况

一级指标	二级指标	2011 企业 100 强	2012 企业 100 强	2013 企业 100 强	2014 企业 100 强	2015 企业 100 强	2016 企业 100 强
海外收入状况	拥有海外收入的企业（家）	32	34	32	33	32	31
	海外收入总额（亿元）	297.27	300.45	428.78	659.7	694.93	701.63
	平均海外收入（亿元）	9.29	8.84	13.40	19.99	21.72	22.63
	平均海外收入占比（%）	11.02	6.30	8.96	7.46	7.70	9.01
海外资产状况	拥有海外资产的企业（家）	—	14	17	17	24	21
	海外资产总额（亿元）	—	176.30	263.19	479.06	561.46	585.96
	平均海外资产（亿元）	—	12.59	15.48	28.18	23.39	27.90
海外员工状况	拥有海外员工的企业（家）	—	17	16	17	21	21
	海外员工总数（人）	—	2510	3229	10866	12786	10683
	平均海外人员数（人）	—	148	202	640	609	509

二、武汉企业 100 强发展中的突出问题

（一）企业经营状况不佳，转型发展的动力不足

2015 年以来，国内经济下行压力加大，实体经济发展困难，全年 GDP 增速仅为 6.9%，为 1990 年以来的最低增速。受宏观环境影响，武汉经济增速也回落

至 8.8%，尤其是大企业的发展步履维艰，武汉企业 100 强中两成企业资产“缩水”，三成企业营业收入出现负增长，近四成企业净利润同比回落。武钢、武烟等重点企业去产能、去库存压力较大，产值持续下滑，武商、中百、中商等武汉三大商业巨头零售额均出现负增长。在外部环境总体偏紧和内部经营状况不佳的情况下，部分企业持续缩减用工需求，投资扩张意愿减弱，储备项目的数量同比减少，工业投资出现负增长，一些企业叫停了海外投资项目；企业技改投资同比下滑，研发投入增长缓慢，2016 企业 100 强研发费用共计投入 325 亿元，相比深圳华为一家公司年研发投入超过 1000 亿元，虽然过去几年武汉市企业 100 强科技创新力度有所加大，但仍然很不够，政府对创新的扶持力度也不够，大部分企业依然没有走出以创新驱动发展的新路。

（二）企业经营成本攀升，盈利能力下降

近年来，武汉人工成本大幅增长，社保基数每年调增，土地、租金费用连年增多，企业成本压力越来越大，诸多企业经营困难，盈利空间不断压缩。虽然中央多次号召对企业“减负”，但“雷声大、雨点小”，落实到位、真正惠及企业的就更少了。实行“营改增”后，建筑业企业、服务业企业的税费负担反而更重了。武汉企业 100 强中，建筑业企业颇多，这类问题比较突出。由于“营改增”后管理更加规范，建筑企业在购买原材料、农民工招聘等环节不仅面临价格上涨，有的还将本该供应商纳的税转嫁给建筑企业，使企业税款和支出增加，有的建筑企业在“营改增”以后税负增加了 40%左右。另外，建筑业企业垫资建设，尤其是大型工程，资金需求量巨大，社会融资成本高，增加了企业成本压力，进一步压缩了企业盈利空间。

（三）民企准入难问题突出，融资难融资贵依然存在

近年来，武汉民间投资和民营企业发展势头良好，武汉企业 100 强中民营企业已占 1/3，从政策上来看，很多领域都对民资民企开放，但是实际上民企准入难问题仍然突出。例如很多 PPP 项目，很多民企想参与也有能力参与，但很多 PPP 项目就是为国有企业“量身定做”的，人为设置障碍，把民企排除在外，形成不平等竞争。虽然百强企业中的一些民企规模大、实力强，但是融资难融资贵问题依然存在，向银行贷款一是手续繁多，融资慢；二是要提供抵押，很多企业可供抵押物并不多；三是贷款的额度难以满足企业的要求。除了短期信贷以外，其它融资渠道对民营企业开放的程度更低，银行融资不够，就被迫转向

社会融资,使得融资成本陡增。政府虽在积极搭建投融资平台,但僧多粥少,难以从根本上解决民营企业融资难问题。

(四)行政效率不高,企业有效对接本地市场的机制亟待完善

近年来,武汉扎实推进“行政审批 3.0”改革,最大限度地缩小审批、核准、备案范围,提升政府行政效能。但是企业投资项目审批前置条件依然较多,虽然武汉严格规定了审批期限,但由于前期工作和要件编制依然繁琐,需要反复沟通、修改和对接,企业申报项目耗时长,有的项目超过 200 天。目前江苏已提出实现企业投资项目从立项到开工 50 天获批, 武汉应该在审批环节提高效率。另外,武汉正处于大建设、大发展的攻坚期,城建项目、政府采购项目都较多,但是武汉很多优势企业难以有机会入围相关的建设和采购项目,甚至有的企业在业界领先,拥有诸多技术专利,却只能向外发展,无法分得武汉城市建设和城市发展的“蛋糕”,政府应该拿出硬招,不断引导本地企业与本地市场对接,提高本地优势产品在基础设施建设、政府采购等领域的市场份额。

三、促进武汉企业 100 强健康发展的对策建议

(一)政府角度

1.消除隐形壁垒,营造更加公平的政策环境

一是公平对待各类所有制市场主体。针对企业经营领域中存在的隐形壁垒和经营活动中遭遇的隐形门槛,政府部门应积极引导并率先垂范,营造更加公平的政策环境,给予国有企业、民营企业以及其他企业平等的创业生存和发展待遇。尽快取消对民营企业发展的限制性、歧视性规定,简化工商登记手续,制止乱摊派、乱收费、乱集资,破除地区分割、行业壁垒,在税收、土地使用、企业开办、进出口等方面,消除不利于民营经济发展的限制。

二是进一步降低准入门槛。打破行业垄断,打破所有制界限,引入市场机制,鼓励和保障各类投资主体平等参与投资经营,不人为设置障碍;凡法律没有明令禁止的,都允许民营企业生产经营;鼓励民营资本以 PPP 模式参与市政基础设施建设,进一步降低行业资质、企业规模、建设经验等要求,使民营企业有机会平等参与基础设施建设。

2.拓宽融资渠道,缓解民营企业的融资困难

一是推动金融机构创新服务。引导各类金融机构在贷款政策、贷款利率上将民营企业与其他企业同等对待,在条件审查、办理程序上更加灵活便利。鼓

励金融机构积极创新金融产品，充分运用个人生产资料、财产所有权、财产使用权、企业经营权、知识产权、持有的股权、承包经营权以及其他可用于担保、抵押质押的财产或权益进行抵（质）押并经公证机关办理公证，赋予强制执行等措施，扩大贷款范围和规模。

二是加大对民营企业财政支持力度。对民营企业投资经营高新技术、基础设施和公益项目，通过安排财政贴息、投资补贴、设立担保基金和提供风险投资支持等形式，予以鼓励。建立公共产品的合理价格机制，采取价格补偿和财政补偿相结合的方法，保证民间资本或其他社会资本投资基础设施建设和项目的合理回报。做大市中小企业发展专项资金规模，提高专项资金资助额度，重点解决中小企业的资金问题。发挥武汉市战略性新兴产业发展引导基金等基金的作用，降低门槛，引导和支持基金更多地投向民营企业。

三是拓宽民营企业融资渠道。积极试点金融机构依法持有企业股权，探索金融机构由债主变股东的实现办法。支持有条件的民营企业发行企业债券，直接通过企业债券融资。积极培育和扶持优质民营企业在主板、创业板、新三板上市，直接通过上市融资。聚集担保、评估、抵押质押登记、征信查询等为中小企业及个体工商户提供融资服务的“一站式”综合机构，使民间融资信用公开化。

3.提高服务企业能力，组织企业抱团取暖

一是发挥行业协会等组织服务企业功能。更好地发挥行业协会、商会的桥梁和纽带作用，不断探索更好发挥这些社会组织联系政府、企业、市场之间中介作用的新方式、新办法，切实起到协助政府、扶助企业的作用。及时掌握了解企业需要并居中联系，为有需要的企业在信息上互通有无，在经营上穿针引线，鼓励企业团结上下游企业和同行企业，壮大整体实力，增强抵御下行风险的能力，实现抱团取暖、共同发展。

二是构建民营企业服务体系。多方努力为企业打造系统化、专业化的服务体系，特别是引导带动社会专业服务和民间中介服务，共同构筑多主体、多层次、全方位的民营企业服务体系，为民营经济提供创业辅导、政策咨询、管理诊断、市场信息、投资指南、资产评估、技术援助、科技教育等方面的服务。

4.深化国企业改革，提高国有企业竞争力

一是健全现代企业制度。坚持政企分开、政资分开、所有权与经营权分离，在企业中坚持激励机制和约束机制相结合，健全公司法人治理结构，加快现代企业制度建设，监理规范的法人治理结构，形成权责明确、运转协调、有效制衡的决策执行监督体系。

二是创新国有资产管理体制。坚持以管资本为主，厘清国有企业的监管思路，加快监督机构职能转变，转变监管方式，完善监管体制，提升监管效能。健全落实分类监管考核机制，加强国企内部外部监督，有效防止国有资产流失，确保实现国有资产保值增值。

三是优化国有资本布局结构。以对接城市发展战略，服务“三个升级版”、助推创新型城市和国家中心城市建设为导向，进一步优化国有企业的资本布局结构，提高国资的配置和运行效率，增强国有经济在武汉经济社会发展中的引导力、服务保障力和影响力。

5.支持企业创新发展，参与建设国家创新型城市和国家中心城市

一是加快集聚各类创新要素。通过实施产业创新能力倍增、创新型企业培育、大学之城、“创谷”、城市合伙人、天使之城、优化创新环境等计划，加速产业创新人才和创新资本、创新平台载体、创新型企业、创新环境等综合创新要素向优秀企业集聚，加快形成新的发展动力，实现企业创新驱动发展。

二是推动高新技术企业集群发展。实施高新技术产业倍增计划，积极打造创新型企业集聚共生的集群，构建产业链、创新链紧密协同的高新技术产业的集群，壮大制造业与服务业融合发展的新产业集群，拓展高新技术产业集聚发展新空间，推动高新技术产业集群化发展，争取5家以上高新技术企业进入中国企业500强。

三是支持百强企业参与国家中心城市建设。准确把握国内外发展大势，遵循经济社会、科技产业等发展规律，清醒认识武汉所处的历史方位和阶段性特征，重点围绕发展目标、功能定位、建设路径和支撑项目等，谋划推进新一轮国家中心城市建设。发挥百强企业龙头作用，在引领产业发展、实施重大项目建设、促进重点科技攻关等方面，引导和支持百强企业发挥更大作用，更好服务于国家中心城市建设。

（二）企业角度

1.企业要重视人才和研发，以创新引领企业发展

一是大力培养和吸引创新人才。对接武汉“城市合伙人”计划，引进企业急

需的国内外一流人才。积极同高校和职业院所建立起定向人才培养体系,同时通过企业自身力量,系统培养企业创新领军人才和创新团队。制定合理的人才激励机制,确保人才合理晋升和流动,为企业创新营造良好氛围。

二是持续不断地加大研发投入。企业应根据自身情况,灵活运用企业收入固定比例、企业创新基金、政府创新资助等多种方式,为保障基础创新提供足够的资金支持。

三是有效整合外部创新资源。企业应当充分利用武汉优势科教资源,既可以通过产学研联合创新的方式,加强与高校、科研院所的合作,也可以与社会服务机构、政府、大企业、产业联盟进行多种合作方式,共同开展共性技术研发和重大项目攻关,提高企业技术创新能力。

2.企业要加大内部挖掘潜力,千方百计降成本

一是推行精细化管理。坚持企业管理现代化创新,建立优质的企业管理团队,在科学的企业管理理念指导下,从生产经营过程全面实现各项管理细化和规范化,形成精简工作内容和流程,提高企业各职员的沟通能力和配合能力,提升员工的工作质量,实现企业管理的全面升级,从而降低企业管理成本。

二是对生产或服务流程进行信息化改造。借助互联网+技术,对企业生产流程、上下游供应链、服务模式等进行信息化改造,大幅提高企业信息化和智能化水平,减少对劳动力的依赖,从而降低企业的劳动力支出。

三是有效降低企业财务成本。尝试股权众筹融资,探索发行公司债券、企业债券、短期融资券、中期票据、定向融资工具等债务融资工具,积极争取在主板、三板、四板市场直接融资。

3.企业要自我进行转型升级,不断提质增效

一是进行技术改造升级。传统制造业企业要瞄准国际同行标杆,坚持"小步快走",用新一代信息技术推进技术改造,全面提高产品技术、工艺装备、能效环保等水平。同时要整合生产要素,提升全要素生产效率。淘汰落后,创新模式,提升资本质量与增值能力。

二是推行智能制造。智能制造是实现资源精益再配置,推动装备制造行业转型升级的关键,企业100强中的制造业企业应当加快智能制造的步伐,首先建设智能车间,通过设备、生产线及工艺的智能化升级,提高车间的柔性化生产能力,打造智能制造的硬实力。其次建设数字化企业,通过以客户价值为牵

引的核心业务流程的纵向集成，优化内部资源配置，消除职能壁垒，大幅提升运营效率，打造智能制造的软实力。

三是积极发展新兴业态。企业应当根据产业的发展趋势，深刻领会供给侧结构性改革的内涵，紧抓主营业务产业链和价值链的高端环节，与企业主营业务的产业链紧密结合寻找相匹配的新兴产业和业态，通过加大投入和模式创新，培育企业新的增长点和新的竞争力。

4.企业要积极开拓进取，争取更大发展空间

一是抢抓"一带一路"国家战略机遇，加快走向国际市场。企业走出去要采取本地化策略，在尊重东道国文化习俗，熟悉东道国的法律法规的基础上，深入研究当地市场的消费者需求，充分利用当地的科技人才、自然资源等，实现企业本地化。强化走出去的风险控制，在参与"一带一路"建设的过程中，企业要加强与国家有关部门衔接和对海外市场的国别研究，进一步提高对动荡国家局势和政策的识别和掌控能力，提高企业防范风险和危机化解能力。注重品牌形象建设。以优质产品和服务质量为基础，注重品牌形象建设。此外，应当运用适当的营销手段，结合企业产品特点，扩大宣传，进一步提高企业的知名度和影响力。

二是优势企业要加快兼并重组，促进多元发展。并购整合是优秀企业实现快速发展的重要手段。优势企业要根据自己企业的发展情况，围绕提升质量效益推进兼并重组，优先兼并下游企业、产业链定位与自身相互补充的企业，通过兼并整合完善自身产业链条。优势企业要积极与行业龙头企业、创新型领军企业开展跨区域、跨所有制重组组建战略联盟，整合企业资源，实现优势互补，积极推进海外兼并重组，在更大范围、更广领域和更高层次整合资源，积极参与全球经济合作竞争。

三是民营企业要积极参与国企改革，力争进入更多垄断行业。民营企业要抓住国有企业改革机遇和政府鼓励民营企业参与国企改革的政策东风，大胆介入国企改革，依托国企的优势资源壮大自己。民营企业可以通过购买、兼并、租赁、托管、参股等多种方式，参与国有企业及非国有企业结构调整和资产重组。

课题组成员：朱　卫　施　雯　付　兴　吴　怡　张云龙　聂佩进

武汉市民间投资发展研究报告

武汉市工商业联合会
武汉发展战略研究院　联合课题组

一、武汉市民间投资的发展背景分析

投资是拉动经济增长的"三驾马车"之首,民间投资又是投资的重中之重,对于促进经济发展、调整产业结构、增加居民收入、繁荣城乡市场、扩大社会就业、促进和谐稳定等具有极其重要的作用,也是一个地区市场开放程度的反映。然而,2016 年以来,我国民间投资增速大幅下降,引起决策层高度重视,引发社会各界密切关注。

激活民间投资,成为当前经济工作的重中之重。为此,国务院连出"重拳",狠抓各地落实促进民间投资健康发展。2016 年 5 月 4 日,国务院常务会议罕见通过决议,对促进民间投资政策落实情况开展专项督查,要求尽快激发民间投资的活力。2016 年 5 月 12 日,国家发改委召开新闻发布会,提出稳定民间投资的七项措施。2016 年 5 月 14 日媒体报道,银监会要求银行自查促进民间投资工作并要在 2016 年 5 月 20 日就执行结果做出汇报。5 月下旬,国务院派出 9 个专项督查组,对包括湖北省在内的 18 个省(区、市)进行了为期 10 天的民间投资专项督查,中央统战部和全国工商联奔赴湖北等地进行了调研,并要求地方政府加强对本地区民间投资政策落实的第三方评估。2016 年 6 月 22 日召开的国务院常务会议听取了民间投资政策落实专项督查工作汇报,要求以不断深化改革调动民间投资积极性。2016 年 7 月 4 日发布了《国务院办公厅关于进一步做好民间投资有关工作的通知》,从督查整改落实、深化简政放权、营造公平竞争市场环境、缓解融资难融资贵、降低企业成本负担等方面作出了具体部署。

武汉市近年来民间投资增速下滑,2016年1—6月，全市民间资本投资1878.57亿元,占全社会固定投资54.04%,同比下降3.3%。为进一步发挥工商联管理和服务非公有制经济的助手作用，根据全国工商联的要求和万勇市长的指示精神,受武汉市人民政府委托,市工商联决定以市政府《关于进一步鼓励和引导民间投资健康发展的实施意见（以下简称《意见》)》(武政〔2013〕27号)为主线,重点聚焦在与非公有制经济发展关系较为紧密的基础设施建设、社会公用事业、战略新兴产业和金融服务四大投资领域,围绕投资信心、行业准入、融资情况、政府作为、投资环境、民企能力等六个方面进行了深入调研,联合武汉发展战略研究院共同开展全市民间投资第三方评估工作。评估工作采取座谈、实地调查和问卷调查等方法,共组织了14场座谈会(其中6场政府职能部门座谈会、8场民营企业家座谈会),分别赴江岸、江汉、武昌、东西湖、江夏等区进行了调研,先后涉及发改、经信、金融等23个职能部门,走访了100多家民营企业,发放了1000份调查问卷(回收有效问卷309份),充分掌握了大量的第一手资料。在对资料进行分析、对反映出的问题充分讨论和论证的基础上,形成了本评估报告。

二、近年来民间投资发展取得的成绩

近年来,武汉民间投资发展速度较快，投资总量逐渐攀升,投资类型多元化,政府支持力度持续增大,在全市经济社会持续快速发展支撑作用愈发重要。

(一)民间投资规模质量效益不断提升

一是民间投资快速增长。2015年,全市民间投资4340.99亿元,占全社会固定投资的56.2%,比2010年的43.1%提高13.1个百分点。“十二五”期间,全市累计完成民间投资16485.27亿元,是“十一五”的3.57倍。2016年以来,面对经济下行压力，全市民间资本投资同比略有下降，但东西湖区则不降反增,2016年1—4月,民间投资占全社会固定资产投资的比重达到80.9%,同比增长27%。二是民间投资对GDP增长的动力作用增强。2015年,全市民营经济实现增加值4620.40亿元,是2010年的2倍,占全市GDP的42.4%。三是民间投资领域不断拓展延伸。2015年，全市民间投资中工业（44.3%）和房地产业(41.5%)占比最高,合计占比85.8%。服务业民间投资增长迅速,2015年生活性服务业民间投资占全部生活性服务业投资的比重达到33.1%。四是民营企业市场主体增加迅猛。2015年，全市民营企业市场主体注册户数28.3万户，占市场主体的90%以上，同比增长20.94%，远高于其他市场主体增速(见图1)。

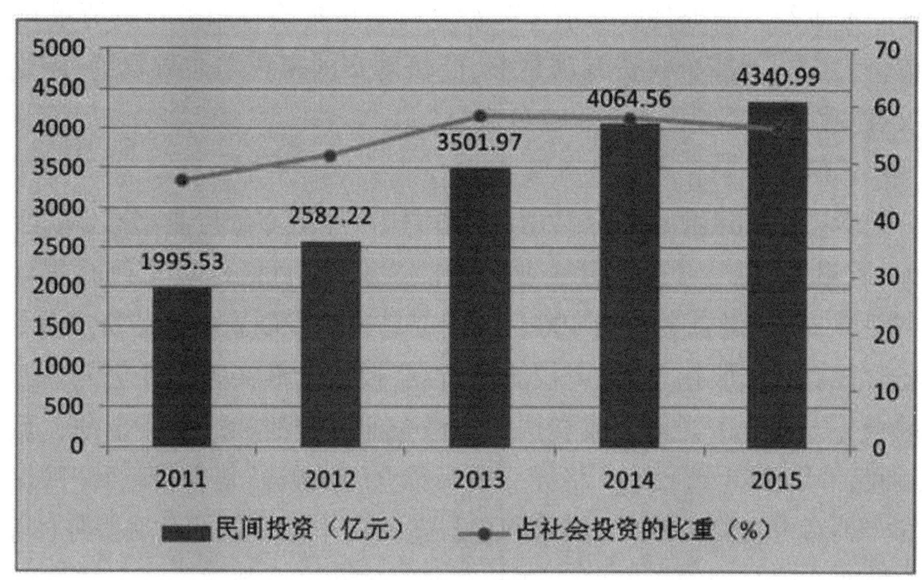

图1 “十二五”时期武汉市民间投资及比重

(二)民间投资结构转型步伐加快

一是重点鼓励和引导民间投资进入基础设施建设、社会事业、金融业等薄弱领域，强调各类市场主体平等竞争和各领域民间投资的普惠制，市场活力得到有效释放。二是设立战略性新兴产业引导基金，引导社会资金重点支持全市战略性新兴产业发展。截至目前，全市引导基金筹集落实资金47.6亿元，参股设立子基金65只，子基金规模125.78亿元，子基金累计投资项目337个。三是鼓励社会资本进入公共服务领域，对外发布鼓励社会投资项目清单，包括基础设施、生态环境、社会发展等三大类38项，总投资1011.6亿元。2014年，市发改委和工商联联合组织召开鼓励社会投资项目推介会，港口码头、轨道交通、环保、文化、卫生等多个领域的150多家企业和商会代表现场与市直相关单位交流对接，超过50%的项目达成合作意向。

(三)民间投资政策环境不断优化

一是法制环境不断优化。2014年出台了《关于全市清理中介领域及民间投资发展领域地方性法规、政府规章和规范性文件的工作方案》，市法院、检察院、公安局主动联系市工商联先后组织开展四轮清理工作，共清理民间投资方面的各类规范性文件 3196 件，修订废止 27 件。二是收费管理规范化。落实涉企收费目录清单制度，制定《涉企行政事业性收费标准目录清单》《实行政府定价管理的涉企经营服务性收费清单》《涉企行政审批前置服务收费清单》3 个目录清单。大力开展涉企收费专项整治，严格落实国家和湖北省取消、停征和免征行政事业性收费政策，为企业减负 22 亿元。

（四）民间资本融资环境有所改善

一是多渠道搭建融资平台。2015 年 6 月，市经信委分行业、分区域组织“融资服务行”银企对接，开展民营企业融资洽谈会暨“百亿送贷”行动，累计举办 60 余场活动，协调融资金额约 400 亿元。二是进一步创新融资信贷产品。积极开展经营权、债权、股权、知识产权质押贷款，授信金额突破 100 亿元。三是创新金融服务方式。市经信委成立扶持小微企业资金池和过桥资金池，截至目前，分别已筹集 1.88 亿元和 1 亿元。积极推介“惠融通”集合贷款和“助保贷”，全面推广小额贷款保证保险。四是积极打造面向小微企业的金融服务体系。支持卓尔控股有限公司等 6 家民营企业发起筹建武汉众邦银行。汉口银行纳入国家“投贷联动”试点。五是支持企业上市融资。成功支持 18 家民营企业上市融资，占全市上市企业数（62 家）的 29%。抢抓“新三板”试点机遇，“新三板”挂牌企业 173 家。

（五）财政资金支持力度逐步加强

一是加大财政支持力度。2013 年起，市财政每年新增市中小企业（民营经济）发展专项资金 3000 万元，2015 年达 2.15 亿元，主要用于实施应急转贷及贷款贴息等投资融资支持、公益培训及创业辅导等公共服务、两化融合“双推工程”及“腾计划”、中小企业成长工程、民营企业家领军人才培育等。2016 年，整合统筹各类财政专项资金 28.48 亿元，运用市场手段引导和服务民营企业转型升级、加快发展。二是积极争取国家财政资金，先后争取国家专项建设基金 41.13 亿元，对人福医药公司抗癌新药项目、九州通公司电商平台项目、高德红外新型 WQ 系统项目等 20 家民营企业投资项目给予资金支持。

（六）民间投资政务服务水平不断提升

一是深化行政审批体制改革。目前，市级实施行政审批事项减少到 160 项，审批时限为 5 个工作日以内的事项占比约 50%，审批环节在 3 个以下的、审批不收费的事项占比达到90%以上，是全国同类城市中保留审批事项最少的城市之一。

二是积极创新服务方式。每年均将民间投资重大项目纳入市绩效目标管理和绿色通道,按月调度,按季通报。2015年,市政府成立投资工作委员会,建立每月“十企”座谈(协调)月例会,由市长亲自调度协调。目前已经组织包括民营企业在内的50余家实体经济企业参与座谈,民营企业提出的困难和问题得到及时的解决。2016年,市经信委实施精准服务企业工程,促进中小企业民营经济成长。

三是加强社会信用体系建设。2016年3月,市政府出台社会信用体系建设规划和信用目录,建立诚信“红黑榜”发布制度,基本建成独立运行的市信用信息公共服务平台,并归集信用信息1718万条,“信用武汉”网成功上线,初步实现信用信息发布和查询。2016年4月,武汉市纳入国家创建社会信用体系建设示范城市。

三、当前武汉市民间投资存在的主要问题

民间投资作为武汉市经济社会发展的重要部分，占全社会投资比重超过50%,但2013—2015年,武汉市民间投资增速和占比双双下降,给全市经济社会发展带来了巨大的压力。民间投资存在哪些痛点和难点，促进民间投资政策遭遇哪些“走样”和“梗阻”？通过发放调查问卷,开展企业调研、专题座谈等,深入一线、深入基层,广泛听取了各方意见建议,初步查清了武汉民间投资存在的主要问题及其症结所在。总体来看,民间投资增速回落既有老矛盾,又有新问题,既有市场需求变化和投资空间压缩的影响,又有政策落实和体制机制原因,还有企业自身发展的因素。

归结起来,主要是六个方面的问题,即:信心不足、准入限制、融资困难、待遇不公、政府不作为、环境不优、能力不足。“能投的不敢投,想投的投不了”,乃是目前多数民营企业家们的“焦虑”所在。近年来经济下行压力大,市场疲软,部分行业产能过剩，导致民企投资信心不足，形成了对看不清看不准形势的“不敢投”,部分行业准入受限的“不能投”,项目融资受冷遇的“没钱投”,国民待遇不公的“无处投”,政府不作为以致得不到政策和要素支持的“不愿投”,投资环境不优导致看得见市场、进不去、没钱赚的“没法投”,企业能力不足、盲目跟风的“不会投”等“七不投”现象。

(一)民企投资信心不足,导致民间资本“不敢投”

近期,从国家到武汉市地方,都高度关注如何促进民间投资健康发展,但民企投资信心不足的问题仍然存在。

一是经济下行,企业经营风险加大。市场预期不乐观、经济下行压力大、部分行业产能过剩的大环境,让民企的信心陷入低迷。再之,从年初开始的去产能、去库存等供给侧结构性改革,进一步导致钢铁、煤炭等一些传统制造行业开始全面收缩,企业经营和债务危机都开始不断出现,随着这些问题在产业链上的蔓延,进一步打击了民营企业的投资意愿。调查问卷显示, 51.4%认为影响民间投资的主要因素是投资信心不足,40.1%认为其投资力度下降的原因是投资信心不足。在对东西湖、江夏、江汉等区进行调研时,很多企业家深感无奈:“不死足矣,哪谈投资”,明确表明对投资缺乏信心。

二是民营企业家普遍缺乏安全感。调研中,部分企业表示担心未来出现公私合并等现象,出于对资产的保护,已有部分企业家选择了移民,将资产转移出国。

(二)行业准入限制严重,导致民间资本“不能投”

近年来,国家大力出台相关文件促进民营经济发展,但“玻璃门、弹簧门、旋转门”现象仍然大量存在。调查问卷结果显示,不足一半(48.9%)的民企认为“玻璃门、弹簧门、旋转门”的问题有一定改善,71.3%的民企认为当前垄断行业的准入和改革进展一般。

一是行业准入门槛高,民企被挡在外。座谈中,武昌区民企反映,目前民营医院仍然参照 1994 年的旧标准,准入标准早已时过境迁。武汉市民企投资停车场项目频遭“玻璃门”现象,明明已经出台了促进民间投资进入公共停车场建设的相关文件,企业却找不到相关负责部门。在房地产领域,武汉市民企也常遇到实施拆迁后拿不到地的窘况。养老领域门槛设置较高,民企涉足艰难,特别是消防要求很严,选址艰难,用电价格按工业用地标准收取,偏高。

二是行业资质门槛高,民企利润微薄。武汉市历有重视招大商的传统“喜好”,纳入政府部门项目库的项目多具“大、高、长”(项目金额大,资质要求高,投资回报周期长)的特点。因此,中小民营企业常被这些设置的门槛“卡在门外”。调研中,企业家反映目前市政工程资质的门槛要求高,多为国企量身定做,许多工程要有 2 个以上的工程经历,对创新型企业发展不利。即便民企能参与其中，也是国企分包下来的项目，民企很难获取理想利润。民营资本投入基础设施领域的相关政策不配套，难以获取合理收益。据了解，民企虽有意投资武汉市的停车场建设，但无一家成功，因目前是武汉市城投（国企）在独揽停车场项目建设，武汉光谷的一家高新技术企业——武汉无线飞翔科技有限公司开发的“停哪儿”智慧停车项目曾获全国大奖，却始终拿不下来。

（三）民企融资极其困难，导致民间资本“没钱投”

民间投资发展需要良好的金融环境，但是民营企业融资难是民间投资近些年来愈发难以解决的问题，尤其是中小民营企业。问卷显示，42.4%的民企认为武汉市金融服务水平有待改善，半数以上民企（56.4%）反映融资困难，其中17.8%的民企认为融资非常困难。在调研中发现，参与座谈的多数企业均会倾吐融资困难的苦衷。

一是民企难从银行融资。目前，银行对借贷风险控制的要求非常高，导致民企从银行这个渠道融资较为困难。同时，银行抽贷、断贷、压贷、骗贷等现象比较严重。调查问卷显示，21%的民企认为银行根本不愿放贷，47.3%认为银行贷款手续繁琐。调研中，房地产企业反映，银行明确表明不考虑武汉市三环以外项目的贷款。银行也直言，不给武汉市从事服装、钢贸、食品等传统产业的民企放贷。武汉市荣德地板、飘飘食品、大枫纸业、斯达日化等曾经很有实力的民营企业因此导致资金链断裂，陷入困境。老通城、蔡林记等中华老字号均遭遇融资困难。要彻底解决，还需从金融机构“去垄断、去暴利”入手。

二是民营担保行业的发展一直步履艰难。伴随着宏观经济下行，民营融资担保行业所面临的业务量萎缩、代偿率高等问题持续发酵。近期受 P2P 公司影响，民营担保业遭遇重挫。多重困境之下，越来越多的武汉市民营融资担保机构选择了主动摘牌退出融资担保行业，呈现“关门停产”“一人感冒，全家吃药”的景况。据悉，在江岸区座谈时，有企业反映，银行公开发文不与民营担保公司合作，目前武汉市 299 家担保公司中，只有 50 家左右还在运营。

三是政府投资门槛高，政策落实不到位。目前，扶持民营担保公司的相关优惠政策（免税）取消了，中央将此权限下放到湖北省，但省里并无动作。同时，政府对民企融资的支持力度也不大，调研了解到，武汉市扬子江客车、菱电汽车电子有限公司曾获得国家开发银行的授信资金，需要国资委担保，但因国资委不予担保导致企业无法获得这批资金。“新三板”投资市场门槛设置较高，往往需要 500 万元的开户资金，大大减少了民企投资者的机会。同时，民间投资需达 1 亿元以上，方能享受到优惠政策。政府母基金引导社会子基金参股，1 亿元的门槛设置过高，民企多半规模偏小，基金支持难以受益。

(四)民企国民待遇不公，导致民间资本“无处投”

改革开放以来，国企与民企就一直存在着种种矛盾和问题，国企与民企在经济社会中所受的待遇相差较大，民企无法获取公正的国民待遇，部分行业民企仍然无法与国企在同一平台上竞争。

一是国企垄断了武汉市主要行业。目前，武汉市的战略性产业领域没有民企主导，汽车、电力、电信、石油化工、教育、医疗等主要产业领域被国企高度垄断，难觅民营企业身影，唯有在服装、餐饮等领域，民企引领行业发展。问卷显示，市政建设、电力、电信等行业垄断最为严重。调研中发现，武汉市作为全国海绵城市建设试点城市，目前没有一家民企能参与海绵城市项目建设，如龙源集团、大禹阀门等武汉市水治理龙头企业都没有机会参与项目投标。武汉市的电力行业国企高度垄断，尤其是新城区供电公司下属的多数企业多为国企。

二是国民竞争不公平。有些政府职能部门公开直言：如果是国企，可以大力支持，但对民企不行。目前武汉市保障性住房（廉租房、公租房）和棚户区改造建设，主要是国企参与，民营房地产企业拿地难，无法与国企竞争，呈现“国进民退”趋势。在武昌、江岸等教育强区调研了解到，目前民办教育机构前置审批多、效率低下，教师职称评定通道狭窄，师资培养力度不够。武汉市的 PPP 项目多被国企垄断，民企很难中标。问卷显示，26.3%的民企认为在 PPP 项目中含金量不高，预期收益不明。调研得知，在污泥处理的报价上，虽然武汉路德公司（民企）与湖北华新水泥（国企）可以获得同一价位（180 元 / 吨），但是该 PPP 项目（武汉市城排公司负责）却要求路德公司包运费，而华新水泥不用。究其原因，民间资本相比于国有资本，处于弱势群体，即便出资比例相当，国企却拥有更多隐形权利，更大话语权。按照相关规定，武汉市农贸市场的新、改建项目均可享受政府补贴，在江夏区江南锚链厂搬迁后的旧厂改造成农贸市场（区政府十件实事之一）的过程中，政府只对参与项目的国企提供补贴，而民企没有。

(五)政府不作为现象普遍，导致民间资本“不愿投”

通过调查问卷和民企座谈，一些干部不作为、不会为、乱作为的现象依然普遍，“亲”“清”变味，有些相关政府职能部门的管理服务还有缺失疏漏、监管不力等问题，严重影响了民间投资积极性。

一是“门好进、脸好看、事不办”。从调查问卷情况看，多数民企（73.8%）认为当前官员懒政、不作为、不主动服务等不“亲”现象有所改善，仍有17.7%的民企认为没有变化，甚至有8.2%的民企认为不“亲”现象更严重。虽然，当前一些干部的办事态度有所好转，却怕承担责任，一些可办可不办的，现在就基本不办了。调研中了解，东西湖区249个有意愿投资的项目就有156个没有办成，项目投资成功率不足四成。从问卷反映来看，多数民企认为不“亲”的主要原因是政企沟通交流渠道不畅，怕交往过界惹麻烦，有多一事不如少一事的想法。

二是不愿意服务更不愿意主动服务民营企业。调查问卷显示，多数民企（68.6%）认为当前官员贪心私心、以权谋私等对企业不“清”的现象有所改善，27.2%的民企认为没有变化，还有3.4%的民企认为不“清”现象更严重。民营企业家纷纷抱怨，如果基层公务人员没有服务企业的热情，我们的投资信心何在？现在官商“勾肩搭背”少了，但“谈商色变”普遍。座谈中，有位民营企业家感慨万分，“原来政府官员是担心砖头掉下来会砸死人，现在是担心树叶掉下来会砸死人”。从问卷反映来看，多数民企认为不“亲”的原因主要是受不良社会风气影响、政府主导资源配置的权力过大、个别党政官员个人素质差等。

三是政策落实难。目前政策落实出现一大怪象：一些控制性政策往往一出台就会立马执行，但利好政策出台后迟迟不能兑现，没有细则，不利于企业操作。问卷显示，接近一半的民企（47.2%）认为当前已出台的促进民间投资的配套政策、实施细则在保障和激发民间投资效果和含金量一般，有39.2%认为效果很好，含金量很高。且政策落实的主要障碍是融资门槛较高，基层具体办事机构观念未扭转，对政策的执行不到位。相关政策落实不到位的主要原因是与行业主管部门利益相冲突（倾向国有企业等），相关政策执行部门办事不力，政策时效性短等。国家虽鼓励民间资本投资医院，但现行医保政策却对民营医院不尽合理，武昌区不少民营医院抱怨，医院新开一年后才能运行医保，导致不少病人因无法使用医保转而选择公立医院。湖北和润联公司近几年来，医疗投资达10亿元，但注册都在外地。

四是项目兑现缺乏信用。招商引资时，地方政府为了完成招商考核指标，把企业奉为座上宾，项目投产后普遍不兑现承诺，“新官不理旧账”问题较突出。目前，国家将很多产业扶持资金改为专项基金后，原产业扶持政策无法兑现,新的政策又没有到位。调研获悉,武汉市经信委就有 8 亿元的基金在“睡大觉”,而江夏区有 5700 万元专项资金至今难以投资。

(六)民间投资环境不优,导致民间资本“没法投”

在对民企的调查和相关座谈中,深刻感到武汉民企认为本地投资环境堪忧。问卷显示,与其他城市相比,近半成民企(47.7%)认为在武汉的投资回报率一般。

一是成本高、负担重,影响投资意愿。近年来,民营企业资金、人力、水电气等各种成本居高不下,民间投资意愿不足。座谈中,武汉国美一负责人称其企业用工成本不断上涨,社保缴纳占到工资总额的 30%以上,企业用工负担加重。目前,土地价格持续上涨,问卷显示,近 30%的民企反映在武汉投资最大的困难是拿地难。同时反映企业第三方认证审核、水电气等市政公共服务部门收费过高且无统一标准。

二是审批环节多、时限长。虽然,国家大力推进“放管服”改革,取消下放了很多审批事项,大力精简了办事程序和环节,总体向好。从问卷结果看,过半(51.3%)企业认为政府部门的办事效率较以前有较大改善。但目前办企业、搞投资的制度成本依然较高,审批事项仍然繁琐、周期偏长。问卷显示,七成以上(71.3%)的企业认为当前行政审批简政放只是有所改善或无变化,往往是“等手续办好,商机早失了”。近七成(66.9%)企业反映从签定投资意向协议到项目资金落地需 1 ~ 2 年。调研中,江夏区反映目前农耕地批转时间太长。一民营企业家在座谈会上抱怨,变更一个董事会需多部门审批,耗时达半年之久。武汉市房地产民企反映,土地整理及规划报建等相关手续繁琐,项目周期太长。

三是政企信息不对称。民营企业扶持政策存在“碎片化”现象,缺乏统一的信息平台,容易使民企一时难以寻觅新的投资领域。在江夏调研时获悉,武汉市海波钢结构工程有限公司有 10 亿 ~ 20 亿元的投资意愿,却因信息不对称,难以实施推进。同时,有些政策不明确,座谈中,一些有意投资养老院项目的民企疑惑,集体土地能否建养老院、农家乐能否建养老院、流转土地能否办养老院、公建民营如何放开,这些均无明确的政策解释。目前,有的项目审批标准还不统一,互为前置条件,影响了企业正常经营。在江岸区座谈时,一位民企女老板大吐苦水:因其企业名称带有“投资”二字,导致企业注册、变更事项相关手续一律被叫停,其他扩展业务也无法正常开展。原因是国家为了控制“P2P”跑路风险，逐渐收紧了监管，导致一些民企无故受牵连。

四是政策配套不够。政策相互“掐架”，缺乏协同性、配套性、操作性。座谈中，有房地产企业反映，规划与测绘部门的计算方式不一致，影响项目验收和办证。多年来，国家出台了一系列支持民间投资的政策，但有些没有完全落实，有些法律法规缺乏配套细则，没有相应的协调配套措施，实际执行中没有把实惠落到民企身上。例如，支持民营资本进入基础设施投资的相关政策不配套，民企无法获得合理的收益。关于城改项目，武汉市职能部门只有框架，具体操作、如何办理，没有细则。目前尚无民间投资的专门统计，不利于工作开展。

(七)企业自身能力不足，导致民间资本“不会投”

一是实力不足。从民营企业自身看，企业规模偏小，竞争能力不强。企业资金实力不足，抵御风险的能力也较弱。人才资源短缺、内部治理结构不完善等问题依然没有根本解决。要说民营企业投资意愿不强，其实是民营企业想要投资的，政策不允许民间投资进入，或者说给出的价格不合适，比如石油开采、电信等垄断行业。政府在鼓励社会资本投入这些领域时，必须以市场的价格来吸引社会资本，否则亏本买卖社会资本肯定不会做。

二是转型能力不足。在企业自身发展方面，面对部分产业产能过剩的大背景，一些中小企业缺乏转型升级准备。据悉，武汉市大多民企面对转型升级，很是纠结，抱有“不转是等死，转得不好可能就是找死”的心态，确因不少民企还不具备适应转型的能力。

三是小富即安的思想依然存在。调研了解，很多民企没有长远的发展眼光，往往是赚快钱，多存有“拐一把就走”的心态。

四、促进民间投资健康发展的对策建议

(一)加大宣传引导，提振民间投资信心

在宏观经济形势下行背景下，“信心比黄金重要”“办法总比困难多”。针对民营企业家的迷茫、忧虑和不安，积极用正新闻、正能量来化解不安，增强民间投资信心。

一是配合中央唱响中国经济光明论。积极宣传中央政府及中央媒体对中国经济的正面评价和正面新闻，用武汉发展事实反驳中国经济崩溃论，营造积极向上的经济发展主流，提振发展信心，稳定和改善市场预期。

二是加强政策解读和宣传。对中央出台的关于民间投资的新政策、新指示、新精神,武汉市相关部门要第一时间解读、第一时间传达。政策解读和宣传要走出办公室,进园区、进企业。健全完善武汉市政策发布和政策解读的信息公开机制,要让民营企业无障碍、零距离接触最新政策。通过政策解读和宣传,让民营企业感受到政府的信心、决心、关心和扶持力度。

三是增强政府服务的主动性。当前是民营企业的困难期,政府各部门要多下企业了解民营企业的困难,及时回应民营企业需求,要与民营企业共患难,多做一些雪中送炭之举。深入推进"放管服"改革,积极总结推广政府管理服务中的好做法、好经验,严惩懒政惰政。

(二)放宽行业准入,打造公平竞争环境

对民营企业而言,最大的不公是身份不同带来的市场地位不平等,在市场行业准入、市场要素资源配置、政府政策扶持等方面迟迟得不到"国民待遇",尤其是行业准入因企而异,民营企业往往想投而不能投、不敢投,空有一腔热血,实则"报国无门"。

一是解放思想、转变观念,切实将民营企业视为市场主体大家庭中的平等一员。政府各部门及工作人员要尊重民营经济为武汉经济社会民生发展作出的巨大贡献,看到民营经济的力量和正在发挥的巨大作用,改变传统思维中对国有企业和外资企业的迷信和偏好,重视草根经济的力量,真正从观念上、态度上和行动上平等对待民营企业。

二是进一步降低市政基建领域进入门槛,大力吸引民间资本以 PPP 模式参与基础设施建设。政府在推出 PPP 项目或国企混合所有制改革项目的同时,应配套相关实施细则,在招投标环节,适度降低对行业资质、企业规模、参与重大基建项目的建设经验等要求,让更多的民营企业有机会平等参与基建项目招投标,"敢于"和"放心"进入该领域投资,真正得到改革红利。进一步规范市政基建领域,严禁层层分包,规定市政基建领域民间资本投资占比不能低于 30%。

三是进一步降低教育、医疗等行政性垄断行业以及电力、燃气、水务等自然垄断行业的准入门槛。破除垄断,最好的办法是增加市场供给,扩大市场竞争。政府部门要加大简政放权力度,降低民间资本进入教育、医疗行业的行业资质、建筑面积、投入额度等要求,同时加强对民办学校和民办医院的监管。对电力、燃气、水务等自然垄断行业,政府要打开大门,允许和鼓励民间资本进入,民营资本可以参股、入股,甚至控股电力、燃气等国有企业。推动国资委等相关部门研究提出促进混合所有制经济发展的路径、方式和时间表。

(三)推动金融创新,畅通民企融资渠道

融资难、融资贵是一直困扰民营经济发展的一大难题,在当前经济下行压力下,民营企业融资难的问题更为突出,部分民营企业因资金链断掉而导致部分项目流产,甚至是企业破产倒闭。要解决这一老大难问题,根本的还是要不断推动金融创新。

一是加强与四大行及担保机构的沟通与合作,鼓励和支持四大行提高向民营企业发放贷款的比例。武汉金融部门及经济部门要加强与四大行及担保机构的合作,发挥财政资金引导作用,对四大行发放给民营企业的贷款资金给予一定奖励,同时做大风险资金池,给予银行贷款更多保障。着力解决银行与民营企业间的信息不对称问题,政府部门要发挥桥梁纽带作用,建立健全优质民营企业数据库,定期向银行推介优质民营企业,同时积极开展民营企业信用评级试点工作,提升全市民营企业的守信意识和信用等级。降低企业融资成本,支持金融机构在有效管控风险的前提下,落实好无还本续贷、循环贷款等流动资金贷款还款方式创新,降低民营企业“过桥”融资成本。

二是强化对市属金融机构的监管和考核,引导市属金融机构向民营企业发放更多贷款。支持汉口银行、武汉农村商业银行等市属银行大力开展小额贷款业务,将小额贷款业务作为绩效考核的重要内容,考核结果作为企业领导干部履职和奖金发放依据。建立银行与重点民营企业定期联络和帮扶机制,为民营企业解决资金或财务问题。

三是推动金融领域创新、拓展融资渠道,采取综合措施为民营企业解困。积极试点金融机构依法持有企业股权,探索金融机构由债主变股东的实现办法。支持有条件的民营企业发行企业债券,直接通过企业债融资。积极培育和扶持优质民营企业在新三板上市,直接通过上市融资。学习温州经验,建立民间借贷登记服务中心。聚集担保、评估、抵质押登记、征信查询等为中小企业及个体工商户提供融资服务的“一站式”综合机构,使民间融资信用公开化。做大市中小企业发展专项资金规模,提高专项资金资助额度,重点解决中小企业的资金问题。发挥武汉市战略性新兴产业发展引导基金等基金的作用,降低门槛,引导和支持基金更多地投向民营企业。

（四）激发担当精神，优化民间投资环境

民间投资环境不优是制约民间投资发展的一个重要原因，除了对民间资本的制度性歧视外，部分政府工作人员不作为乱作为、政策配套和延续性差、企业税费负担重等都是造成民间投资环境不优的因素。努力营造一流的民间投资创业环境，为加快民企转型升级提供关键保障。

一是进一步简政放权，提高项目审批效率。探索投资项目审批首问负责制，为项目单位提供实实在在的便利。借鉴自贸区“负面清单管理模式”，全面推行民间投资非禁即入原则，鼓励民间投资主体以多种方式投资市政建设、社会事业、金融服务及垄断行业等。精简投资审批流程，严格依法设定、实施、清理、规范行政审批事项，推进“阳光审批”“网上审批”。推进政府管理由注重事先审批转为注重事中、事后监管。减少项目核准的前置条件，对核准、备案实行标准化、信息化管理，加快建立“项目核准备案管理在线运行系统”，完善企业信用信息体系，扩大企业投资项目“诚信备案”范围。

二是规范政府行政行为，完善政策配套举措。加大对政府部分工作人员不作为乱作为的监督检查和行政处罚，改变某些政府部门中“不求有功，但求无过”的政治生态，加大对不作为的惩罚力度。加强政策环境建设，对中央出台的关于扶持民营经济发展的政策，要做到第一时间学习解读、第一时间出地方配套政策和实施细则、第一时间让民营企业知晓。强化政策延续性和稳定性，对涉及民营经济的优惠政策要有连续性，政府部门要重诺守信，维护政府公信力。

三是想方设法为企业减负，让企业“轻装前进”。切实落实中央关于降低企业社保费的精神和要求，尽快降低武汉市民营企业上缴社保费率。进一步清理民营企业各项不合理行政性收费，进一步降低制度性交易成本。完善“三证合一、一照一码”登记制度改革，积极探索推进“五证合一、一照一码”登记制度改革，进一步方便企业落户。强化“多评合一”的中介服务新模式，降低可行性报告、环评报告、消防安全监测等方面的费用。

（五）加快转型升级，增强民企竞争能力

“打铁还需自身硬”。在经济下行压力下，民营企业更应该加强自身能力建设，向精细化管理、严格成本控制、加大创新力度等领域要效益，化危为机，变压力为动力，促进民企转型升级、提质增效。

一是切实加大创新研发投入,坚定走创新驱动发展之路。顺应国家推进供给侧结构改革之机,抓住居民消费结构升级机遇,加强对消费者需求的研究和对产品和服务升级的研发投入,用新产品、优质品、高档品来开拓市场。对民营制造企业,重点是引入新技术、新工艺来提升制造水平;对民营服务业企业,重点是开展商业模式、新兴业态、销售渠道等方面创新,提高运营效率。

二是以优化管理为核心,有效降低企业运营成本。以规范化、流程化、信息化为目标,促进民营企业管理升级。借助互联网 + 相关技术,推动以信息化、智能化为特征的智能制造,促进供应链管理创新。推动民营企业管理"去家族化",鼓励职业经理人发展,培养职业化管理队伍。学习借鉴日本企业精细化管理经验,推动武汉民营企业自觉发起自我管理革命,实现企业管理上的提档升级。

三是以引进和激励人才为重点,进一步优化人才政策。对年纳税额达一定规模的企业, 政府提供一定数量的经济适用房指标由企业主导分配给企业高端人才。提高人才奖励政策的执行效率,改变目前经济适用房申办效率低的现状,避免陷入房子申请赶不上房价增长的窘境;增加中小企业引进高级人才个人所得税的返还额,探索企业高管、高级人才购房或者买车时,用个人所得税冲抵购房或购车款。用高薪和事业平台来吸引和留住中高端人才,用培训和服务来提高员工素质,通过提高劳动生产率来获取市场竞争力。

(六)强化领导协调,营造"清""亲"政商关系

民营经济的发展需要政府部门的坚强领导, 在顶层设计及制度上为民营经济把好舵,同时也需要完善的企业服务网络体系为其提供贴心服务。

一是加强对民营经济发展的领导, 完善市领导定期联系企业制度和重点民企直通车制度。提高"市中小企业和民营经济发展领导小组"的地位,增强"领导小组"在全市经济工作中的话语权,成为维护民营企业合法权益的代言人和吹鼓手。进一步完善市领导定期联系企业制度和重点民企直通车制度,让更多的民营企业家有直面决策者的机会,实现零距离沟通,更好地让民营企业家掌握最新政策动态和反映最迫切需要解决的问题。

二是发挥市工商联、市企业家协会等的监督、引导和教育作用,营造"清""亲"交融、良性互动的新型政商关系,市工商联、市企业家协会等机构要充分发挥联系企业、服务发展的功能和作用,通过定期或不定期地举办民营企业家

座谈会、联谊会、研讨会、经验交流会、项目对接会等活动,加强民营企业家之间的交流、沟通与合作,促进民营企业家抱团取暖、合作共赢。优化全市营商环境,净化政治生态,营造亲商、重商、安商、扶商的良好氛围。

三是加强对民营企业领导人的教育和培训,提升民营企业家的综合素质和强烈的发展意识。鼓励民营品牌的创立和培养。发挥财政资金作用,采取高级研修、深造培训和集中轮训相结合的方式,通过举办 EMBA 研修班、开展职业经理人培训与认证、组织专题讲座和出国培训等,加强对民营企业家队伍的培养。

武汉市工商业联合会课题组:李记泽 王光宇 孙天华 耿仲煊
武汉发展战略研究院课题组:杜 涛 袁云光 聂佩进 梁圣蓉 韩阳龙

突破多式联运瓶颈
助推长江中游航运中心建设

刘艺璇 胡爽平

武汉建设国家中心城市，需要更加主动地承担起长江经济带战略赋予武汉建设长江中游航运中心和引领长江中游城市群发展的重任。依托长江黄金水道开发开放，大力发展多式联运，充分发挥铁水公空交通优势，并通过高效率、现代化的运输组织模式，进一步增强各种运输方式的组合优势，实现资源的高效整合和运输的无缝衔接，不仅有利于武汉打造全国货运分拨综合物流成本最低、配送时间最短的城市，也是加快实现发展动力转换、促进经济转型升级的重要路径，更是武汉建设国家向东向西开放的战略联接点、推动长江经济带与"一带一路"联动发展的战略枢纽、成为面向全球的内陆开放高地的必然要求。

一、多式联运发展背景及现实意义

(一)港口发展正处于功能提升的转型阶段

随着技术和理念的革新，港口在现代运输体系下的功能和角色不断延伸，从最初的接卸、存储拓展到中转运输、货物增值、信息服务等功能，体现着对运输和贸易服务的提升。全球化、联盟化持续深化，尤其是多式联运的普及不再是被动地改造，而是主动控制，通过对信息的掌控，开启并推动了港口企业的横向发展。港口自身成为供应链的核心，从而对整体供应链产生影响，让港口功能不断向更高级转变。

进入21世纪以后，我国港口的吞吐量始终保持快速上升趋势，无论是货物吞吐量还是集装箱吞吐量都居于世界第一位。但与国际先进港口相比，我国多数港口整体功能水平较差,经营业务单一,依然以货物装卸、存储以及运输为主,对于港口物流服务、信息化服务等功能还处于探索阶段,相应的金融或保险业务缺乏,港口服务还处于较低水平。多数港口依然将吞吐量作为主要发展目标,不重视与其他港口的合作,不惜降价与其他港口争夺货源,尽管吞吐量增加,但港口所获利润却没有增加。国外经济较为发达的国家基本实现了海铁联运,但我国港口在集装箱运输上依然要依靠公路与内河, 很少通过铁路完成运输,影响港口发展的同时,也限制了内地经济发展。

"一带一路"战略背景下,整个运输系统的重心逐渐转移到内陆地区,港口作为其中的一个重要环节,正发挥其主观能动性,积极地将服务范围拓展到内陆地区,由此产生了"无水港"和"陆港",从而造就了港口在运输体系下的新角色和新功能,为我国港口转型升级、港口经济繁荣发展带来了重大机遇。

(二)多式联运为港口经济发展提供有力支撑

多式联运是推动航运业供给侧改革的关键。航运业在市场变化形势下自身变革不足,供给老化的特征越发凸显,供给时效性、供给价格、供给碎片化无法适应当前市场需求, 诸多船型当前日租金仅为市场高点的 1/10, 甚至是 1/20,航运企业境况窘迫,面临运力过剩和需求不足双重压力的冲击。多式联运的本质是资源整合,跟航运业供给侧改革"去产能""调结构"的实质是相通的,有助于航运企业转型升级,由航运承运人向多式联运经营主体角色转变,拓展服务范围,创新服务模式。

多式联运是提高综合运输服务能力的核心。随着国际贸易向内陆地区延伸,要融入全球供应链的物流网络格局,不能仅仅依靠单一的港口模式,必须提高铁路在内陆干线运输当中的作用,解决运输资源配置不合理、各种运输方式衔接不畅的结构性矛盾。多式联运以物流大通道的建设为依托,鼓励跨运输方式和跨区域的协同合作,有利于促进多种运输方式无缝衔接,进一步降低物流成本,有利于提供全程供应链解决方案和一站式服务,提高全球性的综合物流服务能力。

多式联运有助于拓展港口经济圈,促进港产城融合。多式联运以港口城市为依托,以广阔的水陆双向腹地为市场,以发达的贸易、物流、金融、信息等服务业为支撑,具有很强的区域商贸物流集聚能力和资源要素配置能力,是港口经济圈的基础支撑, 直接影响到港口经济圈的圈层结构和港口经济运行质量效率。建设多式联运枢纽港，有利于促进港口经济圈圈层联动，提升港口经济圈线性辐射，做实港口经济圈产业支撑，将港口腹地城市的产品运输出去，带动腹地经济发展，提升港口经济圈的区域影响力。

（三）国家政策导向为多式联运发展带来重大机遇

我国多式联运还处于起步阶段，目前仅在小范围内应用，诸多标准和法规缺位，联合运输基础不完备，发展比较缓慢，其中，铁水联运仅约占港口集装箱运输量的 2%，而西方发达国家高达 29%。随着“一带一路”国家战略的实施，多式联运尤其是集装箱多式联运的发展迎来了历史性契机。从 2014 年开始，有关多式联运的政策密集发布。2014 年 9 月国务院发布的《物流业中长期发展规划（2014—2020）》中，第一项重点工程就是多式联运工程。2015 年 7 月，交通运输部、国家发改委发布《关于开展多式联运示范工程的通知》，将视角提高到整个社会物流，打通公路、铁路以及水路的运输环节，以期提高整个社会的物流效率，进而降低物流成本。2016 年 4 月，海关总署发布的《2016 年海关落实“一带一路”建设战略规划重点工作》中明确表示，将继续支持在国家多式联运重要物流节点设立海关多式联运监管中心，选定试点海关启动多式联运试点工作。2016 年 3 月，国家发改委下发的《关于加强物流短板建设，促进有效投资和居民消费的若干意见》指出，加强多式联运转运设施建设，提升货物中转效率。2016 年 6 月，交通运输部办公厅与国家发展改革委办公厅联合公布了全国首批 16 个多式联运示范工程项目，标志着多式联运正式步入实质性的发展阶段。

（四）率先发展多式联运，助推武汉建设长江航运中心和国家中心城市

长江经济带战略的最大看点是长江这条黄金水道，而目前这条黄金水道的黄金价值远远没有被挖掘。长江的水量为莱茵河的 6 倍，但运输量仅为莱茵河的 1/6。最根本的原因还在运输组织方式上，江海联运、铁水联运、公水联运、水水联运等多式联运体系还没有有效形成。

在内陆沿边开放深入推进的背景下，依托港口建设，大力发展对接海内外、服务中西部的多式联运物流网络体系，对于武汉融入丝绸之路经济带，更好助推长江经济带发展具有重要战略意义。国务院发布《关于依托黄金水道推动长江经济带发展的指导意见》，明确了武汉长江中游航运中心地位。在国家、省的支持下，武汉正在积极推进国家中心城市建设，打造全球最大的内陆“轴

辐式”铁水公空多式联运中心、建设现代化国际性综合交通中心是事关全局的重要战略任务。

武汉市正在积极提升港口功能，加快补齐铁水联运、江海联运和空水联运等发展短板，努力完善港口经济圈集疏运网络体系和服务。2016 年 6 月，武汉市推进“一带一路战略、长江经济带战略”集装箱铁水联运示范工程入选全国首批 16 个多式联运示范工程项目。项目将围绕集疏运体系建设、运输组织创新、作业流程优化、多式联运信息共享、技术装备创新应用和标准规范统一等重点任务展开先行先试，打造“三点一廊、东西贯通”的多式联运示范线路，建成引领长江中游、服务全国和辐射欧亚的国家多式联运中心。

二、国外多式联运发展的经验与启示

自 20 世纪 80 年代以来，欧美国家大力发展多式联运，其在运输业中已占有非常重要的地位，美国多式联运占到铁路总收入的近 1/4，加拿大多式联运量占社会总运量 80%，德国、荷兰等以其著名港口和高效的多式联运体系而闻名。作为多式联运的先驱，欧美国家积累了丰富的经验，值得我们借鉴。

（一）健全的政策法规是多式联运发展的有力保障

政策法规健全完善，政府主动引导和服务企业，注重多部门协同推进，不断完善多式联运的政策法规体系，在法规支持、规划引导、财政补贴、税费优惠、市场准入、公平竞争等领域采取综合政策手段。美国 20 世纪 80 年代通过了一系列鼓励发展多式联运的法案，消除或部分消除多式联运的操作限制，如《交错运输法案》力图解除公路铁路联运业中的管制。面对铁路公司在与公路运输竞争中每况愈下的经营状况，美国和加拿大制定了放松对运输业的管制政策，推进铁路公司的民营化，鼓励各种运输方式之间的竞争，保证了运输服务的高质量和低成本。德国、荷兰等国对铁、水、公路集装箱运输价格采取政府不干预政策，由托运、承运企业之间根据市场需求及运量大小等协商解决。

（二）完善的集疏运体系是多式联运发展的强大支撑

交通基础设施功能完善，各种运输方式、场站规划布局合理。美国不仅交通基础设施发达，而且由专用线、枢纽和终端节点组成的多式联运集疏运体系相当完善。加拿大拥有 5 万多公里的铁路网络，一端联接港口，另一端联接整个北美内陆铁路网，主要城市都设有中转站。欧洲港口大都规划建设公路集疏运通道、专用铁路服务中心和内河集疏运码头。莱茵河两岸，公路、铁路平行发展，各自发挥自身的优势并依靠市场调节，相互竞争，密切合作。巴塞罗那在港口和机场之间建有大型物流基地，其设施和功能为双方共享，整合利用了海港和空港的运输资源，提高了综合物流效率和能力。

（三）市场主体集聚是多式联运服务能力提升的核心要素

美国目前拥有4.5万家多式联运企业，包括多式联运营销公司、货运代理、无船承运人、拼装业者、经纪公司、第三方物流公司、货主协会等，这些企业均可签发“联运提单”，提供全程联运服务，成为整个多式联运链条的组织者、协调者和控制者。加拿大多式联运企业，大都是国际多式联运经营人，作为进出口货物的收货人、发货人，签发运输单证，帮助客户清关、结算、指导包装，提供信用保证等业务，把运输成本降到最低。

（四）完备的标准体系是多式联运高效运作的必要条件

多式联运发达的国家都高度重视多式联运标准体系建设。美国联邦运输法典中，对涉及COFC/TOFC系统、滚装运输系统以及标准化运载单元、快速转运设施设备等，均规定了详细的技术标准。美国铁路运输交换服务中，通过美国铁路协会的交互规则和技术标准保障各公司的机车车辆及其部件的互换性、兼容性。加拿大全面推广国际标准，铁路、港口、卡车、仓储设备及配送中心等设施围绕国际集装箱运输标准，形成了与之相匹配的设备标准体系，实现了各类机具、设施对运输的高效快速作业。

（五）新技术和信息化是多式联运迅速发展的重要因素

注重新技术的开发利用。加拿大在货物运输中开展驮背运输（公路挂车置于铁路平车上），解决了缺乏大型起重设备的矛盾。为发展铁路双层集装箱运输，美国提出“双层列车净距改善计划”，开展特定铁路通道的净空改造。先进的交通信息网络极大提高了运输作业效率和运输方式转换效率。法兰克福的集装箱装上汽车以后，港口通过电子信息网络就可知道该集装箱何时到达港口，从而安排航运班次。荷兰铁路、水路、公路都是通过EDI国际集装箱信息网络系统，提供共享各方的集装箱多式联运信息。加拿大海关电子信息交换系统已实现与各有关单位的数据交换，可在货物到达前对货物票单进行审验。鹿特丹港CST集装箱近海码头采用计算机集中控制，存有汽车司机、车号、集装箱箱号等各类信息，确保集装箱进出码头安全、准确、迅速。

(六)绿色低碳逐渐成为多式联运发展新趋势

随着运输方式的经济性和环保性要求日益提高，德国等国家积极推进低碳型多式联运模式，主要目标是减少公路运输对环境的污染，实现绿色运输。低碳型多式联运的主线长距离运输是采用铁路、水运运输的方式，只有将货物从发货地运送至最近的铁路货运站之前以及当货物抵达距离收货地最近的铁路货运站后的本地集散运输才采用公路运输，并且尽可能缩短本地集散运输的距离。这一模式在港口与内陆间的运输方面发挥了明显的作用，是未来多式联运发展的方向和趋势。

三、武汉发展多式联运的基础条件和制约因素

(一)武汉发展多式联运的基础条件

武汉位于国家规划的“五纵五横”综合运输走廊的中心，是长江经济带、丝绸之路经济带的交汇点，是全国四大铁路枢纽城市之一、六大区域性航空中心之一、长江中游航运中心、高速公路网重要节点城市，是全国为数不多的集铁、水、公、空为一体，且各种交通方式均较为发达的全国性综合交通枢纽城市。目前，武汉港口集装箱运输量已经达到 106.23 万 TEU。货物周转量从 1995 年的 751.6 亿吨公里到 2015 年的 2951.92 亿吨公里，增长了近 4 倍，特别是近五年来增长速度非常快(见图 1)。得天独厚的区位和综合交通优势为武汉发展多式联运提供了有力条件和坚实基础。

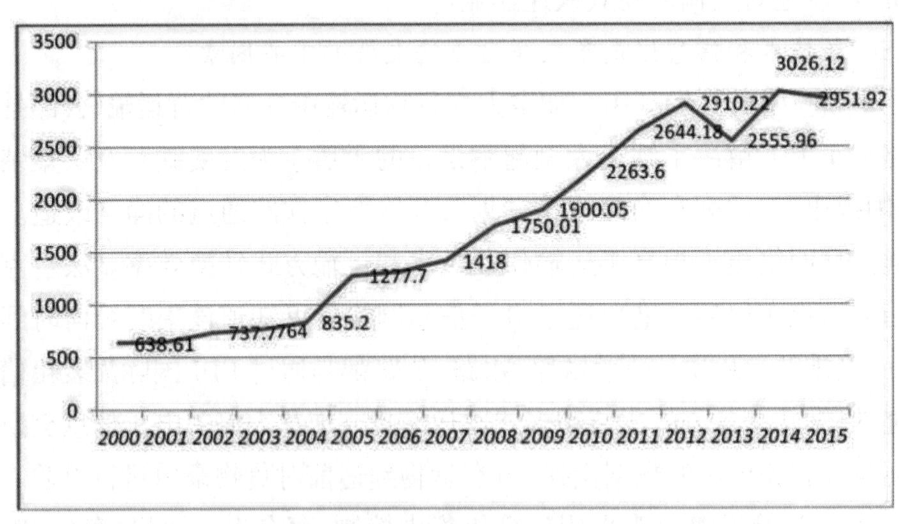

图 1 2000—2015 年武汉货运周转量图 (单位:亿吨公里)

“十二五”期间，武汉多式联运发展迅速。三大火车站实现多种运输方式的

立体换乘,天河机场三期即将建成,长江中游航运中心加快建设,以港口、铁路、航空三大节点为中心的多式联运体系雏形初现。武汉在中部地区率先成立物流局,统筹铁水公空多种运输方式,内联外通,逐步构筑中部物流大格局。“汉新欧”“中远海运号”“泸汉台”以及武汉至东盟国家等多条多式联运线路开通运营。2016 年 3 月国务院正式批复设立武汉新港空港综合保税区,2016 年 4 月海关总署批准湖北省在武汉建设多式联运海关监管中心。2016 年 6 月集装箱铁水联运工程入选全国首批多式联运示范工程项目,目前正在积极推动中。

(二)武汉发展多式联运的制约因素

武汉开展多式联运起步较晚,虽然取得了一些初步进展,但总体来看依然还存在很多亟需完善的方面。

1.多式联运基础设施建设滞后

长江中游航运中心建设处于起步阶段。2015 年武汉港口集装箱运输量为 106.23 万 TEU,与上游重庆基本持平,但与上海、深圳、南京、宁波等港口相比依然有较大差距。港区建设缓慢,后方集疏运能力不能适应前方装卸能力的要求,港口后方公路运力严重不足,压港、压货、压船常常发生,严重拖延货物运输时效(见表 1)。港口腹地经济支撑不足,港产城一体化格局尚未形成。武汉设有二级铁路口岸,但目前铁路集装箱中心站的口岸配套设施还不完善。阳逻港与吴家山中心站距离较远,阳逻港至江北铁路一直没有修通,导致铁路集装箱进入阳逻港只能靠公路接驳,转运费用高。吴家山铁路中心站、阳逻港、滠口货物等三大枢纽没有有效的衔接。此外,机场枢纽作用发挥不够,天河机场货物吞吐量全国排名第 17 位,不到郑州的一半,机场与港口、铁路、公路的联运体系还没有建成。

表 1 2015 年主要城市港口集装箱吞吐量、航空货物吞吐量

	上海	深圳	成都	重庆	天津	南京	郑州	长沙	宁波	武汉
航空货物吞吐量(万吨)	370.9	101.4	55.7	32.1	21.7	32.6	40.3	12.2		15.5
港口集装箱吞吐量(万 ETU)	3654	2420		109	1411	293			2063	106

2.运输组织效率不高

多式联运的价值在于充分发挥各种运输方式的比较优势,通过有机组合,实现成本和效率最优化。目前,武汉各种运输方式的组织能力落后,没有充分发挥各自的比较优势,导致联运效率偏低。从运输量来看,武汉集疏运方式主要是公路,占总运输量的 57.86%。武汉具有良好的铁水空基础,但铁路、水上、航空的运输优势没有被挖掘出来,大量浪费铁路和水路长距离运输资源,不仅影响了整个系统的集疏运效率, 也加重了公路运输的负担, 造成城市交通拥堵、环境污染等问题。各种运输方式的联动机制尚未建立,各运输方式间缺乏有效衔接,往往仅从自身着手,没有置身于整个综合运输网络中考虑,运输脱节的问题突出, 短驳、搬倒、装卸、配送成本较高, 多式联运的成本优势没有得到体现。

3.技术创新、信息化、标准化水平偏低

武汉现代化多式运输手段落后,集装箱运输的技术含量较低,运输设施能力不足,尤其是铁路、港口能力紧张,内陆集装箱中转站缺乏,装卸设备技术水平低,作业设备和设施简陋,通关和物流相关服务跟不上。移动互联网、物流网、大数据的应用还处于起步阶段,EDI 系统有待进一步开发利用,各种运输方式之间缺少信息交换、共享的通道和平台,不同地区、不同管理部门条线分割、信息化建设自成体系,发展水平参差不齐,难以实现实时的数据交换和信息共享。标准化程度也不高,集装箱标准化、运载单元标准化、运输、仓储、装卸和搬运等物流环节的标准化建设还是空白,不利于提高运输效率和效益。

4.跨区域跨部门协调难度较大

目前, 针对多式联运这种新运输组织方式, 缺乏统一的交通运输管理机构,管理部门缺乏协调合作。目前,水运和公路运输由交通部管理,民航由民航总局管理,铁路由铁道部管理,不同运输方式的主管部门间的权利与责任相互交叉,彼此间又缺乏协调合作,不能形成统一的多式联运网络体系。支持多式联运的政策法规缺位,政府还没有放松对各个运输环节的价格控制,各部门出于自身利益的考量,采取限制性措施导致恶性竞争,或是盲目投资造成重复建设。此外,各地地方政府存在各自为政、分工不明、政策差异、多度竞争等诸多问题,不同地区的监管部门之间也缺乏合作和协调,如不同关区之间中转手续繁杂、单证的流转效率低,这些都不利于多式联运跨区域发展。

5.市场主体和专业人才缺乏

发展多式联运需要一批能够凭借其网络化的经营格局, 为货主提供迅速快捷、高效高质的门到门运输服务的运输代理企业。武汉单一代理和运输经营本地化的倾向严重，运输代理企业规模偏小，缺乏跨地区、跨行业的、具有规模优势的多式联运承运人，各运输代理企业之间缺乏商业行为上的支持，难以构建全球性的代理网络，无法从整体上打造成本和效率优势。此外，多式联运是一项系统工程，其对从业人员的专业素质要求是很高的，而目前武汉运输领域存在物流专业人才匮乏、管理水平较低的问题，缺乏一大批熟悉业务、具有多学科、综合管理能力的物流管理人员和专业技术人员。

四、武汉大力发展多式联运，需要把握五大核心要求

围绕挺起长江经济带脊梁、在全国发展大格局中发挥战略支撑作用，武汉要立足“天元之位”，加快全国综合交通枢纽示范城市建设，提升枢纽承载能力、网络辐射能力、衔接转换能力，构筑通达全球的海陆空国际大通道，打造全球最大的内陆“轴辐式”多式联运中心，充分体现以下五大核心要求，着力发挥多式联运的优势和潜力，实现多式联运促进港口升级、经济升级、城市升级的战略目标。

一是系统集成、整体优化。随着内河、江海航道、货运铁路、沿江公路等交通网络的不断完善，整个多式联运呈现出由点到线、由线到面的网络化、系统化格局。要充分体现多式联运的网络经济特性，必须要促使不同运输方式之间技术特性匹配、量能匹配和链网延伸，运输组织的成本结构整体优化，从而产生协同效应、获取范围经济，直接促进最优物流方案的决策，使得整个运输链条更加科学高效。

二是信息对接、标准匹配。多式联运对多种运输方式的集成必然要求各种运输方式之间实现全天候的信息对接，要以实现多式联运参与者信息共享为目标，建设集各种运输方式、各类多式联运枢纽节点以及海关、检验检疫等基础公共数据于一体的多式联运公共信息平台，促进整个联运系统信息高速流动。多式联运是一个高度标准化的运输系统，系统内的各种设施设备必须围绕一定的技术标准和作业标准进行配置和协作。标准的制定和推行需要满足多式联运各参与者的利益要求，需要在兼容性带来的高效率和市场需求的多样化之间寻求平衡。

三是无缝衔接、高效运行。不同运输方式之间的无缝、高效衔接则是发展多式联运的关键。这就要求各种运输方式之间的协作和衔接要恰到好处，端

对端的全程物流服务成为一种常态，时间节约、空间缩短、损耗降低，从而提高综合效率。因此在规划和建设各运输方式基础设施时，就应该设计合理的运输节点，加强运输基础设施之间的衔接，满足国际标准集装箱多式联运发展的需求。

四是精细管理、全程服务。多式联运提供的是全程运输，强调一体化服务，涉及的流程和环节多元复杂，运输链条上各个环节之间需要高度协同配合，因此流程设计、设备配置、人员配备、信息反馈等都必须做到精细化，精心设计运力调配、装卸载、中转、运输及质量保护、运行监控等重要节点，实行精细化的规划、分析、控制和操作，提供全程供应链解决方案和综合物流服务，全面提升一体化运作能力。

五是港城融合、腹地支撑。港口的腹地决定着港口的规模和货物的吞吐量，武汉要把握经济结构调整、产业转型升级、区域互动发展对多式联运的迫切要求，充分利用得天独厚的水陆空交通区位优势，依托以港口为核心的多式联运中心建设，不断强化整个港口的聚合力和集散力，抓好港口腹地拓展，有序延伸辐射范围，有效整合和利用周边资源，积极打造临港经济带，产业带动力和经济影响力逐渐覆盖整个华中地区和长江流域。

五、武汉打造内陆“轴辐式”多式联运中心的主要路径和具体措施

（一）探索实行多式联运集中管理，统筹协调部门之间的权利和利益分配，充分发挥政府规范和服务职能

多式联运体系通常是跨越了传统的自然地理界限和原有的行政区划范围，涉及多地、多个行政主体，属于较为典型的区域间公共项目，既要落实国家在顶层设计、统筹规划方面的重大部署，地方政府也要主动承担起规范、协调、引导和促进的作用。

一是政府层面形成部门合力。加强交通运输主管部门的统一组织和领导，把道路运输、水路运输的各方资源率先整合起来，同时积极主动与属地铁路、民航、邮政行业主管机构进行沟通协调。依托物流局，加快健全多式联运规划统筹工作机制，把重点放在解决各种运输方式间条块分割、政出多门、多头管理、资源浪费等问题，实行多式联运的集中统一管理。

二是强化政策配套。紧跟国家、省的相关政策法规，抓紧出台地方配套政策，从构建综合交通运输体系的角度统筹，规范多式联运的经营主体、操作程

序、责任划分、保险赔偿等,为全程联运组织创造良好的法律环境,促进多式联运在基础设施建设、运行及管理等方面综合效益最大化。

三是实施补贴制度,鼓励企业向多式联运转型。对多式联运中转站进行资金补助,对开展多式联运的企业给予补贴或税收减免,主要对运输企业从单一公路货运向多式联运模式转变中的经济损失给予补偿。

四是适时放松对运输业的管制。推动运输体制改革和运输政策调整,进一步放开市场,对各种运输方式尝试私有化和民营化改造,逐渐放松对运价、线路、货类等的经营管制,探索形成有利于多式联运发展的定价和价格调节体系。

(二)超前规划合理布局基础设施,加强综合性枢纽和集疏运通道建设,构建有效覆盖的现代化多式联运网络

轴幅式多式联运网络体系下,货物先由各节点运至枢纽中心站,再依据目的站进行集中运输,必须高度重视综合性的枢纽中心节点和与之能力相匹配的集疏运通道建设,从而将点线有机结合,形成有效覆盖的运输网络。

一是加强整体规划布局,设立专项资金,加大力度推动多式联运枢纽建设,优化现有港口、铁路集装箱中心站等站场建设布局,完善集装箱堆存、转运等配套设施和功能。

二是构建完善公路集疏运网络体系。沿江重点建设江北快速路、江南快速路,垂江重点建设疏港公路,打通串联起新港主要港区,并通过省道、国道辐射内陆。

三是构建完善铁路集疏运网络体系。依托国家铁路骨干网络和武汉铁路集装箱中心站,加快建设江南、江北沿江主干铁路及香炉山集装箱、林四房货场、北湖工业站、金口等四大铁路场站,积极推进通港铁路专用线建设,将铁路延伸到港,建设吴家山铁路中心站到阳逻港的铁路专线,借用阳逻电厂专用线增设铁路支线到武湖港区。

四是加强机场与港口的通道建设,争取作为全国“空地联运”试点城市,谋划阳逻港至天河机场、鄂州顺丰机场快速通道,同步策划建设第二机场、国家航空货运中心及其武汉港的货运通道。

五是规划建设合理的运输节点。在不影响码头作业效率的基础上,尽可能地靠近港口集装箱码头和泊位设计合理的公路换装点、内河换装点和铁路换

装点，同时充分考虑外贸集装箱的运输特点，按照国际集装箱多式联运要求建设。

（三）大力引进培育多式联运经营主体，鼓励运输技术和组织模式创新，提升物流运输集并能力

多式联运关键在组织模式创新、标准规范创新，真正打破传统方式、分区域、分环节的运输生产组织形态，形成完整的运输组织链条，最终实现“一次托运、一份单证、一个费率、一次保险、一个平台、一个多式联运经营人全程服务”。

一是加快培育多式联运经营人。鼓励有实力的铁路、公路、水路、航空货运等企业拓展服务链条，加快向多式联运经营人转变；引导传统货运企业跨运输方式协同协作，以资本融合、产品开发、资源共享、网络共建等为纽带，组建各种形式的多式联运经营主体，协同开展多式联运业务。

二是鼓励改进运输技术。加快铁路货运高速、重载方面的研究，促进铁路双层集装箱运输的发展。例如，依托武汉发达的高铁路网，仿效法国“高铁邮政专列”，率先探索高铁参与多式联运的技术突破。

三是优化运输组织模式。通过运输方式的合理分工、运输资源的高效配置和不同运输方式的有效衔接，在保证货物流向合理和运输质量的前提下，以适宜的运输环节、较佳的运输线路、较低的运输排耗、低廉的运输费用使货物运至目的地。

四是营造良好的市场环境。制定和完善多式联运经营行为及服务规范，建立健全运输企业信用保障制度，完善质量信誉考核体系，大力发展货运代理业，完善货运中介代理制度，推进多式联运市场的规范有序发展。

（四）整合完善多式联运服务平台功能，对接湖北自贸区改革试验任务，增强武汉开放型经济优势

建设可满足各种运输方式的货物通关、保税、换装、仓储、中转、集拼、配送等需求的多式联运功能服务平台，完善综合交通运输体系，突破物流发展瓶颈，提升对外贸易服务能力，大力发展外向型经济，对积极融入“一带一路”具有重要作用。

一是依托获批的武汉多式联运海关监管中心，按“两区”模式建设，即在武汉水运口岸（阳逻港）和武汉铁路口岸（中心站）分别设立监管区，形成“前港后站、一体运作”的水铁联运模式，政府加大补贴支持力度，对中心站到港口的铁

路运输实行免费使用,加强与沿海沿边口岸通关协作,提升多式联运货物通关效率。

二是依托获批的武汉新港空港综合保税区,推进两园区一体化运营,东西湖园区通过铁路和汉江青锋码头,采取水上集装箱快巴短驳运输模式,与阳逻港快捷有效衔接,构建铁、水、公、空四位一体口岸联动的服务平台,打造多式联运外向型经济物流大通道。

三是探讨吴家山铁路中心站和阳逻港共同出资成立法人实体,将汉欧国际班列、汉欧国际物流园与滠口铁路集装箱货运场站、阳逻集装箱核心港、阳逻综合保税物流园等核心资源进行整合,按照市场化方式打造共建共享的超大型物流基地,提升物流集并能力,形成多式联运一体化操作平台及集群优势。

(五)加强与国内外多式联运枢纽和节点的全方位联系,推动跨区域的信息平台和标准体系建设,打造跨区域国际物流大通道

多式联运强调合作比竞争重要,鼓励物流大通道上跨运输方式和跨区域的企业间联合开展示范项目,打破区域间壁垒、加强区域间联系、协调区域间行动、统筹区域间利益,构建完善跨区域、多层级、多主体共同参与的多式联运发展合作机制。

一是加强与其他交通枢纽城市、国际多式联运重要节点城市的联系,努力构建以推进区域协作为目标,多层级、多主体共同参与的跨区域协调机制。依托武汉港务集团的出资方上海国际港务集团、上港集团物流有限公司的资源优势、资本联系,加强与上海航运中心联系,融入海上丝绸之路大通道。提升与重庆长江上游航运中心的联运能力,加强“汉新欧”和“渝新欧”国际铁路联运的资源整合,打通欧亚大通道,主动参与丝绸之路沿线合作。

二是建立跨区域的多式联运公共信息平台。打破运输组织之间的信息、服务壁垒,建设跨区域多式联运公共信息平台,充分利用大数据、云计算和移动互联网等现代技术促进运输、仓储、配送等物流相关环节与多式联运承运人、海关、国检、口岸等相关部门之间的数据信息实时共享和互联互通。推广应用电子数据交换(EDI)技术,促进航班、车次、汽运、货流、单证、箱号等电子数据的自动交换,适应和满足多式联运信息查询、业务受理、全过程追踪等需求。

三是共同推进多式联运标准体系建设。联合其他城市,争取国家主管部门支持,发挥企业的骨干作用,共同探讨研究制定统一标准,推进多式联运货

运枢纽设施、换装设备标准,切实推进多式联运载运工具、装载单元以及转运工具等设施设备的通用化,提高专业化作业水平,组织研究论证不同运输方式的货物分类标准,推进实现多式联运单证的标准化,并推动标准体系与国际接轨。

（六）拓展港口经济辐射圈层,提升港城综合服务功能,推动港产城有机融合协调发展

构建港产城统一的空间网络,以城兴港,以港带城,增强港区对外辐射力度和影响力,引导沿线区域的资源开发、货物流通、产业结构调整、招商引资及横向经济联合,推动港区内部居住、服务、产业、绿地等功能和空间的有机融合,提升港口的产业带动功能和城市综合服务功能。

一是大力发展港口经济。通过大力发展多式联运有效推动航运业和港口转型升级,加快促进装备制造、现代物流、出口加工、航运服务、信息服务、金融服务等临港产业发展,构建交通运输大通道,提升武汉对武汉城市圈、湖北省、长江中游城市群等直接腹地的商贸物流集聚能力和资源要素配置能力,提高区域范围内的产品运输效率和港口腹地的产业支撑力度,带动港口经济繁荣发展。

二是推动港口腹地向“一带一路”拓展。构筑海陆空立体式、横贯式多式联运物流体系,提高港口内陆空间和海外空间的通达性,提升武汉联接三大洲、三大洋的节点功能,完善对拓展腹地的服务功能,推动工程设计、装备制造、电子信息等优势产业走出去,积极参与“一带一路”沿线地区交通、通信、能源等基础设施建设和能源资源合作,增强武汉开放型经济新优势。

三是构建内外联通的公共交通网络。完善临港地区对外交通体系中的快速干道网络,形成货运快速直达、区内重要区域客货分流的格局。加强对外客货运网络规划建设,增强港区与中心城区、周边省市地区之间的通达性。推进各功能区之间的公交网络建设,规划联接临港主城区和产业区、港区到市区的轨道交通和有轨电车等公共交通体系。依托港区综合客运交通枢纽,开发城市综合体,推动周边区域的居住、办公、商业、娱乐和休闲等功能的协同发展,完善宜居宜业的综合服务功能。

作者单位:武汉发展战略研究院

“一带一路”的武汉思考

胡爽平 刘艺璇

“一带一路”战略是谋划“大格局”的“大智慧”，其战略意义和作用对世界、对中国来说已无须赘述。眼下，从国家到地方都在积极对接“一带一路”，武汉作为中部地区重镇，理应抢抓这一机遇主动作为。因此，应深度思考，正确把握武汉市情，既立足现实又放眼未来，既有特色又有重点，既要充满希望又要防患未然，加快推进武汉融入“一带一路“建设。

一、不拘泥历史路径，立足基础放眼发展

“一带一路”战略自提出以来，从学术界到政府部门一直都在热烈讨论和认真研究，特别是落实到与地区发展相结合的探索和实施时，或论证和挖掘与古丝绸之路的历史渊源，或解读国家战略、方针、政策的具体实施范围——对于该地区是不是“一带一路”发展战略中的重点城市、节点城市、沿线港口、产业基地和合作平台等，给予了高度重视。事实上，在新的发展时期，各地区在参与“一带一路”建设时，不必纠结于历史的渊源和地域的限定。因为，“一带一路”战略的提出，是中央为了顺应世界多极化、经济全球化、文化多样化、社会信息化的潮流，为国家经济社会发展确立的一个大战略方向，该战略巧妙地借用了“古丝绸之路”这样一个历史符号，将国家的战略构想赋予其中：对外，旨在致力于维护全球自由贸易体系和开放型世界经济，推动沿线各国实现经济政策协调，开展更大范围、更高水平、更深层次的区域合作，共同打造开放、包容、均衡、普惠的区域经济合作架构；对内，旨在全方位推进中国与沿线国家和地区的务实合作，促进国内经济要素有序自由流动、资源高效配置和市场深度融合，推动地区协调发展。国家发展改革委、外交部和商务部联合发布的《推动共建丝绸之路经济带和21世纪海上丝绸之路的愿景与行动》中也明确指出，

“一带一路”相关的国家基于但不限于古代丝绸之路的范围，各国和国际、地区组织均可参与，让共建成果惠及更广泛的区域。可见，这一战略构想提供的是一种共同发展的战略机遇，没有固定的地域范围限制，各地区完全可以根据这一总的战略意图，结合自己的优势，寻找发展切入点。

因此，在参与这一战略时，有历史渊源和政策支持固然好，但武汉不必纠结于与“古丝绸之路”有多少历史渊源和联系，也不必纠结于国家关于“一带一路”的规划和政策中是否被提到过，我们只需立足武汉的发展基础、现实的发展状况和未来需要努力的方向，大胆创新找准突破点，创造条件参与“一带一路”建设。

二、依托优势，重点打造对外名片

国家实施“一带一路”战略构想，开展合作的形式和内容是多种多样，但是，没有成功经验可资借鉴，具有很强挑战性。因此，在实施上，我们不主张全面开弓，必须找准突破口。从目前现实来看，武汉应抓住优越的区位交通和丰富的科教资源这两大绝对优势作为重点突破口，着重打造“综合交通枢纽”和“人才培育基地”，为武汉全面融入国家发展大战略打造两张闪亮的名片。

一是依托区位交通优势，打造“综合交通枢纽”名片，拓宽交通物流通道，打造国际性综合交通枢纽。武汉是国家经济地理中心，方圆 1200 公里可覆盖全国 90%的 GDP 和 85%的人口。水运方面，拥有“江海直达”班轮航线和多条国际国内集装箱运输班轮航线；公路、铁路方面，九省通衢，高铁布局在 5 小时内可到达国内的主要城市；航空方面，已成为中部地区拥有国际航线最多的城市。武汉应依托这一绝对优势，借助“一带一路”战略构想主动作为，让“天元之位”跃升为交通核心枢纽。目前，“汉欧国际班列”和“江海直达”已承担了武汉参与“一带一路”战略决策的先行者和开路先锋。截至 2016 年 4 月，汉欧班列货运总量在中欧班列中位居第二、回程货运量及货运量增幅位居第一，可达“一带一路”多个国家，受到了沿线国家和城市及中外客户的一致好评，发展势头良好。“江海直达”已开通了直达日本、韩国、东南亚各国及港澳台等地区的货运航线。随着货运集散能力越来越强，吸引力越来越大，武汉新港正在成为中西部地区的“出海口”和沿海地区向内的“转运口”。“汉欧国际班列”和“江海直达”为武汉参与“一带一路”提供了很好的交流方式，因此要充分发挥武汉的铁水公空的绝对区位交通优势布局国际大通道，抢抓“丝路”契机。一方面大力推动国际运输通道大发展，重点加大港口、空港建设力度，增加往东北亚方向、东盟方向的东北通道和西南通道铁路运输，提升汉欧国际货运班列国际化、市场化水平，加快武汉长江中游航运中心建设，大力发展多式联运等综合运输方式，加快确立国际交通枢纽地位；另一方面大力推动物流业提档升级，加快引进国内外物流、货运代理、金融服务等管理型、运营型总部，形成集办公、采购、结算、电子商务等功能于一体的综合性物流总部集聚区。

二是依托科教资源优势，打造“人才培育基地”名片，拓宽文化交流通道，打造人才高地。武汉是全国第二大智力密集区和第三大科技教育中心，2015 年末，武汉拥有高等院校 82 所，在校大学生达到 106.95 万人，科研机构和科技创新平台众多，科教资源丰富、潜力巨大。武汉应发挥教育大市的绝对优势，以人才培育为突破口和着力点，吸引留学生和培育外向型人才，开展文化交流，发展经贸合作。一方面，做到人才“引进来”。目前，在汉留学生有很大比例来自“一带一路”沿线国家。这些留学生是来自“一带一路”沿线的文化使者，他们如同天然管道，将中外政治、经贸、文化联结在一起。因此，可增加“一带一路”沿线国家招生比例，充分利用在汉高校的优势学科，针对“一带一路”沿线国家留学生对医学、工程、经济类专业的青睐，制定个性化的培养方案。建立完善、有效的海外留学生校企合作制度，高校与相关单位可建立定点、对口、定期安排留学生赴企业进行参观调研实习的机制，从技术、管理、人才等各方面展示在汉企业的优秀科技成果和经济优势。另一方面，做到人才“走出去”。战略一经制定，落实就需要人才和队伍，武汉参与“一带一路”战略，需要各种人才去实施。从近期看，参与“一带一路”有三类人才的准备与培养工作是必不可少：第一是语言类人才——精通“一带一路”沿线国家和地区的语言的人才。第二是经贸投资人才——能把握经贸机会、开发投资项目的经贸投资人才。第三是技术与管理人才——实施与推进项目与产业发展的各类的技术与管理人才。武汉作为教育大市，为武汉、为国家培养人才义不容辞。应尽快根据“一带一路”战略需要，在现有基础的院校开设相应的专业和方向，重点投入扩充规模。比如语言类可开设沿线国家和地区使用的语言专业；产业技术类可有针对性地开设自然资源开发利用、通信、交通运输、路桥建设、旅游资源开发及导游等专业；管理类可开设涉及外交、法律、会计、咨询等专业。同时，要加强与相关国家和地区的文化教育交流，加大双边或多边联合培育力度和规模。

三、着眼需求，大胆创新合作项目

“一带一路”是宏大叙事，是国家战略，但战略要落地，最终还是需要从小处着手，从需求着手。“一带一路”发展战略目前还处于初级探索阶段，不同国家的需求是个性化和多样化的，作为地方战略，武汉应根据沿线地区需求，结合本地区实际，实施空间差异化，在具体操作上大胆创新、先试先行，寻找合作意愿明确、合作条件成熟、合作意义显著的关键领域先行推进。

从总体需求来看，大数据发现，基础设施、贸易、金融投资位列“一带一路”沿线国家希望与我国合作项目的前三甲。亿赞普数据研究发现沿线老百姓对基础设施类的实际需求前 3 位分别为公路、铁路和通信。其原因是，交通能够拉动贸易，对未来发展起到关键作用，而通信可以降低资费，加强沟通。基于“一带一路”人们的意愿，武汉可以从三个方面展开：一是单纯商品贸易，让“一带一路”国家居民更加便利地接触并享受物美价廉的武汉制造；二是大型工程，如港口、桥梁、水电、船舶、高铁等，有效实现互利共赢。三是金融创新，大力发展口岸金融服务体系，推动跨境投融资创新。

从产业需求来看，国家信息中心和亿赞普大数据公司通过分析“一带一路”民众在互联网上留下的各种痕迹，用模型判断出 48%的人选择“中国制造”，排在第二和第三的分别为美食和文化。在制造业方面，“一带一路”很多国家制造业水平还处于比较初级的阶段，缺乏完整的产业链，劳动力充足且成本较低。让制造业走出去，让大型企业，如东风等进驻“一带一路”沿线国家。武汉的某些产业也可考虑产业转移，虽然会让经济阵痛，但通过传统制造业转型，把公司总部和研发中心留在武汉，推动“制”造业向“智”造业转型，会给经济发展带来新的活力。在农业方面，“一带一路”沿线不缺丰富的农业资源，缺的是各国资源的互补。例如哈萨克斯坦盛产小麦，生产的高筋面粉正是我们需要的优质食品材料，而我国的酵母、种子在中亚地区非常受欢迎，武汉市也有知名酵母生产公司和优质农业公司，可以促进农业资源互补。在旅游业方面，2014 年沿线各国有超过 1130 万人次的游客来华旅游。武汉有丰富的旅游资源，可通过深化与“一带一路”国家和地区文化、旅游的交流与合作，逐步形成以旅游促交流、以旅游拓市场、以旅游促贸易的良性互动局面。

从地区需求来看，中亚地区有扩大能源资源等领域的投资合作需求，可加强与中亚国家冶金、建材、机械装备、新能源和农业等领域的投资合作；与俄罗斯可加强空间技术、资源精深加工（例如木材）、旅游等领域的合作；与蒙古可加强农业、轻纺等领域的合作；与以波兰、罗马尼亚、匈牙利和白俄罗斯为代表的中东欧地区可加强装备制造、高铁、汽车及零部件、高端装备制造、新能源等领域的合作；与以巴基斯坦为代表的南亚地区可加强基础设施、能源、汽车、机械电子、通信、金融和农业等领域的合作；与以马来西亚为代表的东南亚地区可加强转移劳动密集型产业、机械装备、建材、进口水果贸易等方面的合作；与西亚地区可加强资源深加工、设施农业等领域的合作。

四、扩大开放，加强内外合作同赢

武汉作为中部大市，但一直以来对外开放程度却不是很高，新阶段可充分利用“一带一路”战略带来的新机遇，进一步扩大对外开放，以国际和国内两个方向突破进一步发展的资源约束，加强与周边国家和地区开展多方合作。

加强国内开放合作，促进内部的互联互通。参与“一带一路”不是一省一地的事情，而是区域整体的发展战略，从目前情况看，在参与“一带一路”战略上，武汉与相关省市的互联互通工作有必要抓紧展开。一是建立与内陆重点城市的协调合作机制。长期以来，中西部地区内陆重点城市对外经贸发展水平不高，面对即将到来的发展机遇，短期内，这些地区仍将面临准备不足的局面。武汉可以通过加强与中西部地区对接工作，抓住与内陆重点城市产业结构互补性强的特点，全面深化各个领域的对接合作，实现互利共赢。二是探索与沿边省区共建产业园区的机制。对接广东、福建等外贸大省既有的海外营商渠道，可以在一定程度上减少开拓国际市场的时间和成本。加强与沿边省区的合作，充分发挥产业优势，利用边境省区对外口岸的地理特点，强强联合，探索共建合作产业园区，扩大武汉的产能，带动边境地区的发展，共同参与到“一带一路”的大战略中。三是加强长江中游城市群的合作共赢，将中部几个大的城市群紧密结合，互通有无，达到共同发展的和谐局面。

加大国际开放合作，建设成中部地区对外开放高地。“一带一路”沿线国家和地区数量众多，经济发展水平、社会政治发展水平、宗教文化特征等差别很大，由于开放的承受能力不同，选择怎样的合作模式能够有利于双方的发展，需要量身订制。“一带一路”战略提供了一个对外合作良好的契机，武汉应当主动作为，率先实现转型，努力在新层次上来统筹好对外开放与自身经济发展之间的关系。应加快转变对外开放的观念，不能总是把对外开放作为一种外部的刺激与推力，停留在追随者的位置上，而要把对外开放作为一种机制制度化，从而形成独特的吸引力和影响力。当前，武汉应努力优化对外开放的模式，应从主要参照国际经济惯例来调整内部的经济运行的开放模式转向更多地考虑协调对外开放与国民经济发展之间的关系的开放模式，应主要注重三个方面：一是以改进国民福利为导向，以武汉本地区居民的消费水平为主要目标，进而拉动整个经济的持续增长；二是重心在于借助无形资源，更多地是利用无形资源来改善资源的配置效率；三是增强自身影响，注重双向交流，在交往中不再以接受外部影响为主，应增强自身影响力走出去。

五、认清形势，正视问题防范风险

参与“一带一路”建设的意义和作用已无需再多说，开展合作的前景是广阔的。但现在对“一带一路”的论证似乎大多停留在抽象层面，存在的问题和风险是我们参与“一带一路”建设必须正视的，很多具体问题都需要我们认真面对和解决。

一是安全风险需要防范。“一带一路”沿线国家主要分布在中亚、东南亚、南亚、中东欧和西亚、北非等地区，各国经济发展极不平衡，在法律体系、政治体制、民族宗教等方面存在较大差异，地缘环境和社会形势复杂敏感，互信不足，这给武汉参与“一带一路”建设产生了不利的影响。一是争端带来的不利影响。南海和东海海洋权益争端凸显的背景下，不少周边国家对中国的戒心上升，特别是越南、菲律宾和日本对中国敌对情绪增强。二是有关国家内部政局变化构成挑战。欧亚大陆是国际安全形势最为复杂的区域，大国在这一地区角逐异常激烈。在可预见的未来中东局势依然动荡不定，非传统安全问题将更加突出，恐怖活动与毒品走私问题将变得更加猖獗。中亚大国面临领导人更迭，政局稳定存在诸多变数，上述因素对在该区域内开展经贸合作构成巨大挑战。

二是经营风险不可小视。“一带一路”涵盖的国家多为发展中国家和新兴经济体，经营环境相对不稳定，投资风险比较高。世界经济论坛发布的《2015 年全球营商环境报告》显示，在全球 189 个国家和地区中，中亚、南亚以及西亚主要国家均排在 100 名之后，其营商环境和能产生的经济效益还有待深入论证。第一，向西开放，都路途遥远，沿途很多地区地理条件恶劣，人口稀少。现在一提“一带一路”就免不了谈沿线总人口约 44 亿人，经济总量约 21 万亿美元，分别约占全球的 63%和 29%。这显然是简单地把欧亚大陆人口加在一起的结果，没有考虑具体路线和发展情况。第二,“一带一路”沿线国家中,高收入国家只有 15 个,上中等收入国家 18 个,下中等收入和低收入国家有 23 个,如印度、孟加拉和巴基斯坦,这些国家虽然人口众多,但国内基础设施极端落后,大部分人民生活水平较低,市场规模很小,短期内通过发展经济带能产生的经济效益非常有限。第三,沿途国家大多为发展中国家,其中不少国家行政效率低下,会直接影响通关效率与营运成本。第四,沿途一些国家如俄罗斯与我国铁路轨距不同,列车行驶到边界需要换车,这势必增加运输时间,提高营运成本。

三是制度风险必须正视。“一带一路”国家的投资环境及管理体制差异较大,这一区域存在由不同国家主导的多个次区域经济合作组织。各国投资的法律基础、市场准入规则以及标准千差万别。目前虽然我国已同 100 多个国家签署了双边投资保护协定和税收协定(安排),但还未形成有效的跨境税收管理体制,缺少完善的实施细则,所以企业被迫重复纳税的现象时有发生,这不仅加大了企业经营成本,也提高了其投资风险。近年来,我国境外投资项目屡屡受挫的一个重要原因便是缺少对当地规则及标准的了解, 不熟悉国外商业习惯和法律环境,按照国内通行的、不规范的操作模式开展对外投资,导致项目难以中标或半途折戟,造成了较大经济损失。因此,我们必须认真分析对待,采取有针对性的举措,以保证投资效率。

六、尖刀突破,增强实力整体推进

“一带一路”方略不是权宜之计,打铁还要自身硬,要参与“一带一路”建设,首要的是做好自己的事。参与“一带一路”建设,不仅要重视关键产业、行业、企业的打造,还要重视整体功能的增强和完善,以确保武汉建立起有雄厚基础的、可持续发展的健康大体系。

一是建立健全体制机制。武汉加强与中国周边国家和地区经贸合作需要多个部门的通力合作,因此,需要建立健全体制机制,加强商贸、科技、文化、教育、旅游、金融等部门之间政策、资源的统筹协调,建立部门联席会议制度、重大项目和重大活动会商制度,形成开放合力,不断提高经贸合作水平。制定相关法律法规,加强对外投入和经营的管理,从制度上保证这一轮对外开放有序进行。

二是全方位打造口岸经济高地。要大力提升口岸能级,建立空港、陆港、水港口岸协同运作机制。加快建设武汉自贸区,推进先行先试改革。学习借鉴上海等自贸区的经验,研究有利于全面深化改革、扩大对外开放的制度成果,进一步深化东湖高新区先行先试改革。做大做强海关特殊监管区。充分发挥海关特殊监管区域连接内外两个市场、统筹两种资源的重要作用,从产业、贸易、功能、监管、管理体制等方面进行优化创新。全面扩充特殊监管区职能,探索推进海关特殊监管区域类型、存量、政策、管理等方面的整合,使各个区域分而不散、协调互动。

三要鼓励民营资本参与。“一带一路”建设不完全依靠国家背景或国企参与的大工程、大项目,还应当考虑如何激活民间和社会力量,靠体制外的能量来激活“一带一路”的拓展。可推广公私合作伙伴关系模式,发挥民间力量。“一带一路”的战略要能顺利实施,更多要依靠公私合力的伙伴方式,既有政府主导的领域,也要有更多的民间动力,或是政府私人机构联手。既要善用中国的民间力量,也要发挥沿线国家的民间力量。民营资本应当成为这一轮对外开放的重要力量,第一线的商人、企业家、投资家,他们充满活力,对国家战略最敏锐,投入更有针对性,对投资效果更加敏感,他们的力量发挥得越大,对于“一带一路”的推动作用就越大。

四要发挥民间团体作用。要充分发挥行业协会、商会等行业组织在“一带一路”建设中的“桥梁”和平台作用。发挥行业组织的作用,统筹促进企业间的沟通与合作,形成“整舰出海”的局面。组织企业到海外发展,在重大问题上行业协会作为行业内企业联合的代表,与国外政府、行业组织和企业进行协商谈判,帮助企业解决在海外发展中遇到的问题,为企业在海外发展中塑造良好形象出谋划策。

五是营造良好的城市环境。武汉要构筑对外开放的高地,需要另辟蹊径,转变发展方式以适应新的竞争局面,要从过去单纯追求产业和资本规模扩展转到对政府管理水平、城市建设、社会和谐发展、区域社会文化等软环境的重视与建设上来。为对外开放营造干净整洁的市容环境、舒适宜居的生活环境、丰富和谐的文化氛围,全面提升城市形象,使城市环境成为提升对外开放的吸引点之一。

作者单位:武汉发展战略研究院

新型城镇化背景下东湖新技术开发区向综合新城转型的思考

刘艺璇

国家推进新一轮城镇化建设，关键是在大城市周边培育和发展中小城市，重点是实现居住与就业、产业与城市功能、产业化与城市化的融合，以开发区为载体的具有系统整体性和功能独立性的城市综合功能改造成为推进城镇化进程的新思路和新路径。本文研究分析了国家级开发区向综合新城转型的重要意义和主要目标，并总结借鉴了国内外开发区产城融合发展的有益经验，重点针对东湖新技术开发区向现代化城市综合功能区转型过程中面临的制约问题提出了相关建议，希望其成为武汉推进国家新型城镇化试点建设的示范和亮点。

一、国家级开发区向综合新城转型的重要意义和主要目标

（一）国家级开发区向综合新城转型的重要意义

国家级开发区向综合新城转型是突破自身发展制约的必然选择。经过30年的建设，国家级开发区已经成为我国经济发展最快、吸引外资最多、投资环境最优、技术水平最高的现代化产业集聚园区，是我国工业化、城镇化、国际化的重要平台和载体，也是国家重要的高新技术研发与成果转化基地。同时，我国开发区发展面临规模扩张带来的土地、能源、人力资源、生态环境等约束。传统开发区聚焦产业项目而忽视城市发展，带来了居住人口空心化、职工早进晚出交通流量大、生产生活配套服务严重不足等一系列问题。面对产业集聚与城市功能高度融合的现代产业发展新趋势，开发区必须走产城融合道路，不断提高城市功能、服务功能和保障功能，合理安排产业、城镇和生态三大空间，统筹

布局新城中心、产业布局、基础设施配套和生态环境保护等各类空间要素，实现产业发展与城市建设良性互动。

国家级开发区向综合新城转型是城市空间拓展的主要载体。城市空间拓展是在经济社会发展到一定程度，城市空间容量不断扩大化的过程，也是城市自我发展和完善的结果，其直接结果为城市人口规模的集中、城市用地规模的扩大、城市经济总量的增长以及固定资产投资的增加。城市空间拓展在集聚和扩散两种力量的作用下主要表现为以母城挖填建设为主的旧城改造和以空间平面向外扩张为主的新区开发两种形式。在旧城拆迁难度加大和改造成本增加的情况下，针对城市空间扩张过程中郊区蔓延问题，以精明增长、新城市主义等规划理念为导向、以国家级开发区为载体的具有系统整体性和功能独立性的新区开发成为解决大城市问题以及城市复兴与区域开发的重要手段。

国家级开发区向综合新城转型是推进新型城镇化建设的重要路径。我国近年来城镇化发展迅速，“土地财政”驱使下的城镇快速扩张，一方面导致基础设施建设和公共服务提供无法满足城镇发展需要，造成城市无序发展；另一方面也催生也了众多“鬼城”“睡城”和“空城”。因此，在国家新一轮城镇化建设过程中，居住与就业、产业与城市功能、产业化与城市化的融合理念，是实现“产城一体化”的关键。《国家新型城镇化规划(2014—2020年)》明确提出，要加强现有开发区城市功能改造，推动单一生产功能向城市综合功能转型。据此，出台《关于促进具备条件的开发区向城市综合功能区转型的指导意见》并提出：加快推动开发区城市功能改造，到2020年实现开发区功能明显优化，产业竞争力明显提升，土地利用效率明显提高，公共服务和社会管理效能明显改善，集聚和吸纳人口能力明显增强，使具备条件的开发区成为产城融合、集约紧凑、功能完善、生态良好、管理高效的现代化城市综合功能区。

(二)国家级开发区向综合新城转型的主要目标

国家级开发区向综合新城转型要促进三个层面的融合。一是宏观层面，实现城市与开发区互动融合。作为城市总体结构的重要组成部分，开发区与城市之间既保持一定的独立性，又在功能与空间上密切联系，互动发展。二是中观层面，开发区内部实现生产与生活功能融合。开发区逐渐由以生产制造为主转向制造和服务并行发展，生产空间与生活空间的联系愈加紧密，更加注重生产与生活功能的匹配发展，强化与城市功能的契合，更加注重产业设施、居住设施、配套服务设施等在园区及周边范围的合理布局。三是微观层面，实现人与环境的协调融合。开发区逐渐由“功能主义”向“人本主义”回归，更加关注人的能动性，注重从人的自身需求出发，从细微化服务入手，使在开发区生活的人群享受到与城市居民一样的品质服务和宜居环境。

国家级开发区向综合新城转型要体现四个方面的要求。一是功能定位与城市整体总体发展目标相协调。开发区功能定位要依托城市的整体规划要求，分析城市欠缺或尚未完善的功能及城市的饱和功能，加强对城市产业、企业和产品的合作、配套和改造，带动城市产业结构升级。二是城市功能与主导产业要求相适应。城市空间结构、基础设施和服务功能的确定应当充分考虑开发区的主导产业、就业结构、人才需求，推动经济活动在功能和空间上重组，推动信息交换、人才交流、服务共享以及加强区域空间的互动联系，实现合理的要素流通。三是确保用地布局与总体规划相统一。应在开发区产业用地与产业选择之间架构桥梁，结合现有国家城市用地标准与城市总体规划，合理规划开发区的产业用地、居住用地和服务用地。四是遵循可持续发展原则，在提升产业和城市发展的同时，要考虑到“人与人”“人与自然”“人与社会”的和谐发展。

国家级开发区向综合新城转型要实现五大功能目标。一是产业高效。产业始终是产城融合发展的重要物质基础，开发区产业发展应升级低效、落后的生产作业方式，改造传统产业，着力发展高新技术产业，提升自主创新能力，促进生产高效进行。二是职住均衡。实现人口的定居，就业结构与居住结构的均衡，满足不同层次的就业人群的住房需求，并注重住宅区域内绿化及景观设置。三是服务完善。随着开发区产业转型升级，必然要引进高素质就业人群，面临更高层次的社会服务需求，在生活服务设施配套不断完善的基础上，还需要进一步提升基础教育、医疗、文化体育等公共服务质量。四是交通便捷。通过城市空间结构的优化和功能的空间融合，减少区内不必要的交通联系，有效缓解交通拥堵，建立以公共交通为主导的交通组织形式，畅通开发区与主城区的交通联系，提高城市运行效率和整体功能。五是生态宜居。提升环境综合治理及环境监督管理能力，严格项目的环境准入，大力发展两型产业，构建绿色生态空间，为新城建设预留绿地，努力构建生产清洁、生态文明、环境宜居的绿色新城。

二、国内外高技术园区或新区推进产城融合的经验借鉴

本部分在选择国内外高科技园区或国家级新区时，充分考虑影响力、代表性、独创性和借鉴性，分析总结其在推进产城融合方面的有益经验，例如：美国硅谷和台湾新竹科学工业园是世界一流科学园向科学城转变的典范；浦东新区的建设是伴随四个国家级开发区的开发而推进的，已经成为上海市第二大的行政区；天津滨海新区在规划建设生态城市和培育特色小城镇等方面积累了丰富经验；深圳前海承载着“特区中的特区”“珠三角的曼哈顿”等诸多期望；重庆两江新区在统筹城乡综合配套改革试验中取得一系列积极进展和可复制的经验；成都天府新区在探索和创新跨区域行政管理体制方面成效显著，等。

（一）美国硅谷

2000 年的互联网泡沫破裂对硅谷产生了深刻影响，除经济危机冲击之外，硅谷还面临着土地资源短缺、交通拥挤和环境污染等问题。为应对危机和诸多治理挑战，政府、企业等决策部门开始日益聚焦于硅谷所在的加利福尼亚的大海湾地区，并在制度层面上成立了湾区委员会负责管理协调整个海湾的事务。尽管之前，硅谷的发展路径在文化和经济上都不同于旧金山附近的城市，但是在经历互联网泡沫破灭之后，硅谷与旧金山之间实现更大程度的一体化和连通性的经济与政治意愿开始出现并不断推进。硅谷决策部门提出了“创新栖息地计划”，在地理空间上强调融入更大范围的海湾地区，由此形成一个规模更大、竞争力更强的高科技产业区。在政府规划引导下，尤其是在旧金山市政府力图将旧金山打造成为全球创新中心的背景下，创业公司、孵化器和生态系统的附属机构大规模地在旧金山地区集聚。产城融合的新实践使整个海湾地区日益成为一个规模巨大的知识生态系统，由此推动了硅谷就业、收入和人口的又一次增长。

（二）台湾新竹科学工业园

台湾新竹科学工业园是 1980 年由台湾当局主导成立的台湾第一家高科技产业园区。新竹在建园之初即确立了“高科技化、学院化、社区化、国际化”的建设方针，强调园区不仅要重视生产空间“量”的扩张，还要重视生产、生活、生态一体化发展，致力于花园式的研发、生产与生活空间的塑造。制定科学园发展规划时，明确了园区内工业、住宅、商业、休闲娱乐、科研教育等功能区划和不同功能区的土地利用规划，并且规定了园区宿舍和高级公寓、科研教育机

构、商业服务设施的建设要求和管理办法。2000 年以后,新竹进入去工业化和再产业化的新阶段,并由此产生了明显的空间溢出效应,兼并了其周围的新竹市、新竹县和苗栗县的产业园,作为它的卫星城和要素基地,将其邻近的多个城市纳入到一个城市区。各中心之间形成了明确的职能分工,一方面有利于专业化的发展,另一方面在产城融合深入发展的背景下,推动着科学园由单一的高技术增长极向多中心城市区域演变。

(三)上海浦东新区

浦东新区建立了新区政府和功能区并存的体制模式,直观表现为:开发办与三区两县——管委会——新区政府 + 功能区 + 街道(镇)。浦东新区探索实行开发区“大管委会”体制,并逐步转化成为“小政府,大社会”的行政管理模式。浦东开发从某种意义上说是伴随着开发区的开发而推进的,在经济发展、城市化建设、社区管理、社会事业发展等领域实现了“区镇联合”发展、同步发展。新区层面,大市政、大配套为重点开发区域产城融合提供了基础条件和环境。浦东的开发从一开始就是朝着全面推进城市化的目标前进的,初期首先建立了四个各具特色功能的国家级开发区, 这四个国家级开发区把浦东新区变成为一个大的开发区。开发区层面,产城同步规划、同步实施。以金桥园区为例,早在开发初期制定的战略规划中,就超前提出了在工业园区中预留配套生活区的规划思路, 由此成为全国开发区的首创, 并奠定了金桥产城融合的基础。街镇层面,主动调整发展重点和发展方向,为产城融合发展创造了较大空间。随着浦东开发的不断深入,经济建设的任务主要依靠重点开发区来承担,镇(乡)的主要任务产生了变化,成为一个依托开发区、服务开发区,主要为开发区提供配套服务的角色。

(四)天津滨海新区

1994 年天津市委市政府决定开发滨海地区时,直接借用了市政府的权威,设立了市滨海新区领导小组,下设办公室,开发主体为三个功能区和三个行政区。2000 年撤销滨海新区领导小组和办公室,成立滨海新区工委、管委会,专门负责新区的规划、产业布局和基础设施建设等,增加了统筹的力度。滨海新区上升为国家发展战略之后,天津市委市政府批准建立了滨海规划分局、土地分局、统计分局、环保分局等市属职能部门驻新区的分支机构,还下放给新区土地整备权和土地出让收益的支配权, 进一步增强了滨海新区的资源配置和经济管理职能。滨海新区坚持在开发开放过程中,不断解决区域之间、城乡之间、经济社会之间发展的不平衡问题,推动核心区与南北"两翼"、港口与城市、功能区与街镇协同发展;大力实施强街强镇战略,加快以人为本的新型城镇化建设,完善农村基础设施投入长效机制,培育一批特色小城镇;全方位推进绿色城市建设,从海绵城市、社会管理再到生态指标体系,中新天津生态城的一系列成型经验具备了在全国推广的基础。

(五)深圳前海新区

作为国际资本进入中国的"桥头堡"和高端服务业的聚集区,前海被视为"特区中的特区",已成为我国国家级开发区中开放程度最高、体制机制最新、先行先试空间最广、支持保障措施最优的开发区。前海管理局作为深圳市政府直属派出机构,是实行企业化管理但不以营利为目的履行相应行政管理和公共服务职责的法定机构,负责前海深港合作区的开发建设、运营管理、招商引资、制度创新、综合协调等工作。前海将规划用地面积 14.92 平方公里划分成 22 个单元进行规划开发,按照"想好了、想清楚了再去做,没有想好宁愿先沉下心来放一放,也不要盲目去做"的思路,确保每一块土地能够最好发挥效用。前海将详规、蓝图、平面设计等多种规划进行综合,只制定一个综合规划,并严格按照规划实施。前海在规划时"尝试缝合城市与自然",实施产城融合、智慧城市、绿色低碳等规划策略,充分注重地下空间的开发,地下空间最多能够达到负六层。根据规划,建成后的前海,每 100 米都能看到绿树成阴,每 200 米能够解决无缝连接的交通问题,每 500 米能够解决娱乐休闲,每 1000 米能够解决医疗、教育等方面需求。

(六)重庆两江新区

两江新区涉及到江北区、渝北区、北碚区三个行政区部分区域及北部新区、两路寸滩保税港区、两江工业园区等功能经济区。两江新区采取"1+3"的管理体制,所谓"1"是指两江新区管委会具体负责两江新区的"统一协调、统一政策、统一规划、统一宣传、统一口径"等工作;而"3"则是指在开发任务上,两江新区管委会会同江北、渝北、北碚三个行政区,实施"1+3"的开发模式,平行推进。在开发平台上,采取"三拖一"模式,即北部新区、两路寸滩保税港区、两江工业开发区等三个平台共同拉动两江新区发展。两江新区管理委员会被赋予在直管区域的行政审批、行政处罚等行政管理权;市级管理部门在两江新区设立的有关直属机构或者派出机构负责规划范围内的相应行政管理工作；江北区、北碚区和渝北区分别负责两江新区直管区域内的其他行政和社会事务管理。两江新区坚持把开发开放过程与城乡统筹和改善民生紧密结合，坚持制造园、研发园、物流园、家园、生态园“五园合一”的方式，规划建设一批功能各异、主题鲜明的城市组团，配套完善水电气讯污等公共服务设施，社会管理和社会事业发展速度不逊色于经济的发展。

（七）成都天府新区

天府新区主要采用“统一领导、统一规划、分市实施”的行政管理模式，目前暂由四川省发展改革委代行四川天府新区管委会办公室职责，并组建临时工作机构。成都市设立四川省成都天府新区成都片区管理委员会，行使市级经济管理权限，对直管区实施“托管”，实行经济管理和社会管理相统一的管理模式。天府新区规划中，特别强调不能让新区成为‘卧城’。天府新区“组团布局”共计 35 个产城单元，在产城单元内合理布局产业面积，同时避免“前厂后住”这种封闭式的城市区间构架出现。通过合理规划，实现每平方公里容纳 1 万人，每个产城单位共计容纳 25 万人左右的人口规模。同时努力做到基础设施建设先行、环境保护先行、公共配套服务先行，单元内的居民可以在步行或 30 分钟车程范围内，实现生产和生活的统筹。按照规划，2025 年天府新区将实现“再造一个产业成都”的目标。

三、东湖新技术开发区产城融合现状及主要问题

（一）东湖新技术开发区加快向综合新城转变

1.发展空间加快拓展

东湖新技术开发区 1988 年成立时，尚无独立管辖范围，仅依托洪山区和武昌区建设珞瑜路、珞狮路、广八路、八一路连成的近十公里科技一条街。1991 年，国务院正式批准武汉东湖新技术开发区为国家级高新技术产业开发区，划定了 22.4 平方公里管辖范围，并赋予东湖新技术开发区相当于沿海经济特区的优惠政策。从 1999 到 2010 年间，东湖新技术开发区先后进行了六次托管，实际管辖面积扩大到 518 平方公里。2011 年《东湖国家自主创新示范区总体规划》中提出了东湖新技术开发区“东进南扩”的空间发展战略。为了加快实现这一格局，一方面通过政府主导的“巨型项目”来引导资本流向，将东湖新技术开发区管委会由鲁巷中心向东迁移十余公里至光谷中心，将管委会自行投资建设的首条地铁确定为东西走向，以加强东湖新技术开发区与江夏区之间的互动，推动“大光谷”板块的形成；另一方面，武汉市积极推动域外资本对本地大型工业企业进行改制重组，在使后者重新获得发展机遇的同时，推动位于主城区的这些企业向东湖新技术开发区搬迁，如促成央企航天科技集团、中国兵器集团以及法国阿尔斯通公司分别重组长江动力集团、武汉重型机床集团、武汉锅炉股份公司，将其在三环内主城区的厂址整体搬迁至东湖新技术开发区佛祖岭产业园。

2.科技新城逐渐崛起

《东湖国家自主创新示范区总体规划(2011—2020)》将东湖新技术开发区定位为“武汉东部公共服务中心，集产、学、研、居、服务功能为一体的创新型科技新城”。按照“产城联动、产城融合”原则，制定完善新城发展战略，逐层落实“大光谷板块”综合规划。《光谷中心城总体城市设计》《光谷中心城控制性详细规划》《光谷中心城地下空间布局规划》《示范区公共服务设施专项规划》等系列规划正在加快推进。东湖新技术开发区坚持生产、生活、生态的有机统一与和谐发展，光谷生物城、未来科技城、光电子信息产业园、现代服务业园、智能制造产业园、中华科技产业园、光谷中心城等八大专业园区竞相发展，综合配套服务能力不断提升，逐渐由单一的产业园区向产城融合、特色鲜明的科技新城转变。对外对内交通设施进一步提升，轨道交通、光谷火车站、白浒山港区等加快建设，联接中心城区的对外大通道格局基本形成。公共配套设施不断完善，规划和设计区内供水系统、能源供应系统、排水系统、污水处理与排放系统，水、电、气等市政设施重点项目设施建设加快。至 2015 年底，东湖新技术开发区总人口已接近 100 万人(不包括 80 万名在校大学生)。

3.现代服务业繁荣兴起

2006 年，光谷步行街动工开建，逐步发展为武汉的商业中心、文化中心和旅游中心，光谷不仅是只有厂房的工业园区，更是一个现代化的时尚之都。位于东湖高新区的关山村紧跟城市的现代化进程，不仅实现了新型农村的现代化，还开创了城市新农村发展集体产业经济的新模式，其投资建设的鲁巷广场是东湖新技术开发区的第一个商业综合体，商业已经成为关山村的最大支柱。2008 年中国光谷创意产业基地正式挂牌成立，目前已聚集有湖北省 60%动漫企业和 70%游戏企业。市政府大力推进金融后台服务区“光谷金融港”建设，力争打造国内最大的金融后台服务中心。2012 年 4 月,《武汉东湖国家自主创新示范区现代服务业综合试点实施方案》获得国家批复。2013 年 7 月,东湖新技术开发区“光谷现代服务业园建设管理办公室”正式成立。30 年间,现代服务业从无到有,并一跃成为东湖新技术开发区重点培育的先导型产业和社会经济发展的重要支柱,无论在整体比重还是内涵结构上都经历了显著变化:产业年收入突破千亿元,企业近 8000 家,从业人数约 15 万人。

4.社会事业全面发展

经过多年发展,东湖新技术开发区教育、文化、卫生、社会保障、住房及社会事务管理等基本公共服务体系进一步完善。一方面,通过分级服务体系全覆盖,保障全域公共服务需求,社会事业投入持续加大,建立和完善多层次教育体系,推进养老和医疗事业发展,卫生服务体系基本完善,公共服务的能力和水平大幅提升。另一方面,引进高品质服务,妥善解决各类居民住房、医疗、子女入学等后顾之忧,同时形成具有国际影响力和标志性的高端服务功能集聚,提升居民精神文化素养,营造良好的公共文明氛围,文化服务内容极大丰富,目前已引进光谷同济、省人民医院东院、市三医院光谷院区等多所三甲医院,武汉小学光谷分校、光谷外校、华师一光谷分校等全国重点中小学教育资源,承办 WTA 武汉网球公开赛等国际体育运动赛事,开展“光谷音乐节”“光谷体育文化节”等公共文化活动。

5.管理体制不断完善

东湖新技术开发区多年来坚持开拓创新,不断深化改革,以自我革命的勇气和颠覆式思路,大力推进政府职能转变和创新政务服务。2015 年 3 月,《东湖国家自主创新示范区条例》正式实施,以法规形式固化了高新区 30 年改革创新经验,全面清理高新区各项管理制度和政策,完善了创新创业、产业发展、知识产权、科技金融、对外开放、人才等六大领域的政策体系。进一步加快政府职能由“行政管理”向“公共服务”转变,规范权力公开透明运行,设立政务服务局,将 9 个职能部门 86 项行政审批事项 26 枚印章整体划转至政务服务局。武汉市直部门如国税、地税、人社等 5 个分局将审批职能归并整合,成立审批科,整建制进驻光谷公共服务中心。建立“园区服务企业,抓产业、抓发展;街道服务群众,抓民生、抓稳定;机关服务基层,提高办事效率”的“三条线”服务体系,出台行政审批权力清单、园区服务企业清单、街道服务百姓清单等“三个清单”。

(二)东湖新技术开发区产城融合存在的主要问题

1.全域规划缺乏统筹,空间布局失衡

东湖新技术开发区建设从起点上缺乏顶层设计和全域规划理念，最初集中建设区位于武汉市三环线附近,主要包括关南和关东科技园区,后期产业空间的发展受到严重制约,空间得不到就近落实,因此选择分散式发展,逐步向远离城市中心的远郊区发展,东湖新技术开发区由集中布局的“城中型”逐渐演变为“一区多园”的“扩散型”。“一区多园”的空间格局,虽然进一步拓展了园区规模,有利于创新空间结构和产业功能互补,但也存在低水平重复、区域功能混杂、空间无序状态、管理分散等问题。空间布局的分散导致产业园区、居住区和服务区等空间规划难度加大，东湖新技术开发区各片区之间空间联系不足,基础设施共享困难、交通通勤距离拉大、产业之间关联度降低、全要素协同缺位、资源配置低效。“产城融合”强调土地的综合利用属性,在目前的土地管理模式下,土地功能转换机制不灵活,公用设施、服务业用地、交通设施、公共绿地等生活配套用地受限,不利于实施职住平衡规划。

2.战略性要素制约加剧

“十三五”时期是东湖新技术开发区经济社会快速发展的关键时期,但是该区在资源、资金和人才等战略性要素的配置和生态环境硬约束方面处于更加紧迫的局面。用地零碎化和拥挤化现象并存,导致东湖新技术开发区产业扩张过程中的用地低效和土地有效供给严重不足的困境。东湖新技术开发区生态用地、公共绿化用地、公共设施用地所占比例较大,生态环保要求严格,城市开发和建设、产业发展空间受到一定程度限制。高新区内高校学生、外来务工人员的持续增加对高新区基础设施、资源环境、社会发展和公共服务的压力进一步加大。人口结构性矛盾将更加显现,产业发展与新城建设所需的高层次、高学历、高技术人才十分紧缺,现有高端技术创新人才储备不足,技术创新能力水平不高,相比较于北京、上海、深圳等发达地区,高层次人才队伍中的拔尖人才和领军人物尤其匮乏。人才引进政策力度远远不够,存在政策操作主体不明确、条款不细化、不容易把握、引进人才门槛较高、优惠幅度较低等问题,难以对高端人才产生吸引力。同时,由于人才保障体系落后,受工资待遇、职业发展前景等方面的影响,引进人才和本土人才流失问题严重。

3.服务经济发展滞后,产居功能偏构

现代服务业发展相对滞后，不论是生产性服务业还是生活性服务业综合实力均较弱。中关村的研发、技术服务业和文化创意产业发展迅速,在全国率先实现了向高技术服务业转型。2014 年,中关村现代服务业实现收入 2.3 万亿元,占示范区总收入的 63.5%。相比之下,东湖新技术开发区现代服务业发展差距较大,2014 年实现收入 2179 亿元,占比仅 25.6%,与全球制造业服务化和研发服务外包的趋势不相适应，生产性服务业严重滞后已成为制约东湖新技术开发区创新产业发展的“短板”。东湖新技术开发区的产生原因和政策机制使其天然地重视产业扩张功能而忽略城市其他功能，以至于城市功能结构演变迟滞,不单单延缓了区内产业结构升级进程,其就近“摊大饼”式地发展大片连续工业区的圈层扩张模式强化了东湖新技术开发区对主城区服务设施的依赖。东湖新技术开发区内相应的城市功能和社会管理功能匮乏,生产服务性需求难以得到满足,高端服务业进入缓慢,产居功能严重失调。职工只能频繁往返于东湖新技术开发区与主城之间才能通过主城区良好的生活配套设施来维系自身的社会需求,当前的交通承载力无法满足大量潮汐式人流的需求,进出东湖新技术开发区的交通障碍成为发展瓶颈。

4.行政管理体制冲突,经济社会职能失调

当前,东湖新技术开发区在实施“一区多园”方面还处于探索和过渡阶段,由于“一区多园”的分布格局与原有高新区内实行的特殊管理体制不相一致,新的管理机构与原管理机构之间、省市区三级园区管理机构之间、各园区管委会之间等将产生一些责权利冲突等新问题，如何超越行政界限，跨越管理空间,解决不同责权机构的责权冲突,协调政府职权和实现利益均衡,是当前东湖新技术开发区“一区多园”体制创新面临的难题。以“小政府、大社会”为主导的单一经济功能的东湖新技术开发区管理模式，难以覆盖在向城市综合管理模式升级过程中衍生出的庞杂的社会管理和服务需求。东湖新技术开发区社会发展虽然取得了长足进展，但公共服务能力仍与人民需求和城市发展的要求不相适应。未来东湖新技术开发区城市建设将继续扩容,人流、物流、商流、交通流的持续增加,对高新区城市管理水平和治理能力提出了较高的要求。而当开发区管理体制向开发区与行政区体制合一转化时，经济发展的管理模式与社会管理模式之间的体制内冲突和矛盾也逐渐凸显，社会事务处理量激增与其职责边界扩张使得管委会体制“行政复归”压力愈发显著，以市场需求和企业需求为导向的“变通”文化被“规范化”行政流程取代，开发区自主性和创造性可能受到限制。

四、加快推动东湖新技术开发区向现代化城市综合功能区转型的若干建议

(一)推动实施东湖新技术开发区全域空间规划，提高土地利用集约度，强化功能用地适度混合

在东湖新技术开发区向城市多元功能转型过程中，土地需求范围扩大，不再仅集中在工业用地上，居住和商业用地占比势必增加，对于土地本就紧张的东湖新技术开发区而言，兼顾土地利用总量与全域规划的契合性十分重要。推动东湖新技术开发区由低强度用地模式向集约高效用地模式转变，由用地占比工业独大向工业、商贸、人居用地均衡转变，在工业园区范围内适当规划居住用地、配套设施用地和公共服务设施用地，并在政策和规划上给予倾斜。按照生产空间集约高效、生活空间宜居适度、生态空间山清水秀的原则，节约集约利用土地资源，加快专业园区和城市功能区建设，统筹规划专业园区内产业集聚区、人口集聚区、综合服务区、生态保护区等内在功能分区，促进产业集聚发展，重视生态空间开发利用，完善公共设施配套，促进大学校区、科技园区与城市社区融合发展，促进片区之间的链式互补协同，实现园区资源和基础设施的全域统筹。合理预估各区块聚集效应、用地强度和产出绩效，提高规划用地的兼容性，对每一块建设用地应从多种用途来考虑，保证功能用地主导地位的同时，兼顾其他功能的有机融合，并加强对各种功能在不同发展阶段的预见性安排，使其具有适应多种可能变化的弹性。整体规划若干产城一体单元，每个单元内部都有产业、住宅小区、城市公共服务设施等，各单元之间通过细密的路网连接在一起，并预留适当的城市发展空间，这样既能保证城市功能的完善，又能满足居民的生活需求，从而避免功能区出现过大的人流。

(二)高标准超前布局基础设施，贯穿以人为本的城市建设理念，打造符合可持续发展理念的生态新城

东湖新技术开发区由于其拥有相对独立的未开发空间，与老城区更新改造日益艰难相比，在基础设施规划设计方面更容易体现精明增长、紧凑城市的理念，规避城市外延扩张导致的一系列“大城市病”，因此要遵循绿色循环低碳

的理念，按照百年标准规划建设城市交通、能源、供排水、供热、污水、垃圾处理等基础设施，并预留未来建设空间。大力推行以公共交通为导向的TOD开发模式，统筹规划公共交通体系与道路系统，形成等级完备的网络化道路布局，适度超前建设地铁、轻轨等大运量的公共交通设施，合理布局换乘枢纽设施，按照中等城市的建设标准提高东湖新技术开发区路网密度和人均道路面积，加强东湖新技术开发区与主城区、东湖新技术开发区与相邻城市之间的交通联系，同时要逐渐从只重视运输效率的“以车为本”模式向“以人为本”转变，满足居民步行、自行车等其他通行方式的需要。科学规划综合开发地下空间，高标准建设地下商业设施、地下公共交通走廊、地下公共服务空间、管线共同沟、景观绿化和人防工程等各系统建设，注重地下空间特色的打造及与地面空间的功能互动，实现地面地下一体化、步行体系一体化、基础设施的一体化，公共服务等设施的一体化建设与维护。推动“无线光谷”建设，超前布局信息基础设施，提高无线网络覆盖水平，加快“光谷云村”、大数据产业园建设，拓展云计算在政务、商务和民生等领域的应用，充分运用新一代信息技术，推进社会各方参与的开放型数据建设与共享，实现城市建设和管理信息数据的共享与应用。

（三）大力发展第三产业，推动东湖新技术开发区与主城区间的资源要素流动，提升东湖新技术开发区综合服务功能

东湖新技术开发区城市功能演化与经济结构调整相辅相成，要实现经济发展和社会发展同步，必须摆脱狭隘的产业功能思维，致力经济结构升级，重构区内城市建设和社会发展复合功能，特别是聚焦在“商贸—生活”服务功能设施的配置和完善，以多元化功能体系实现对工业导向单一功能的深层置换。推动东湖新技术开发区与城市良性互动过程中要特别重视第三产业的发展，依托园区现有产业基础，以推进行业应用和融合为主要方式，以培育新业态、新模式为主要动力，大力发展工程设计、科技服务、数字内容、电子商务、软件与信息服务等领域，布局智慧物流、位置服务、互联网金融等新业态，推动现代服务业多元化、规模化、高端化发展，将东湖新技术开发区打造成为现代服务业创新发展高地，有效推动要素资源的自由流动，增强东湖新技术开发区与主城区的产业联系和互补。适当超前配置公共服务资源，加快社会服务要素集聚，构建多层次的社会公共服务供应体系，将配套的公共服务设施按照不同等级和服务范围进行布局，加大光谷基础和职业技能教育、养老、医疗、卫生、文

化等社会事业的建设力度,提升公共服务人才的素质,完善公共服务的体制机制建设,增强东湖新技术开发区在社会保障体系、公共安全和基础组织保障方面的能力,提升东湖新技术开发区综合服务功能和生活品质。

(四)强化社会管理和公共服务职能,创新"一区多园"管理体制,探索推行多元主体协同治理模式

为了使东湖新技术开发区继续承担经济先行区职能的同时,进一步提高公共服务供给能力和管理水平,需要大力探索建立兼具规范性灵活性、有效履行经济和服务职能的东湖新技术开发区管理体制。随着市场运行机制的逐步完善,应该进一步弱化政府机构对高新区的行政管制,以法律的形式明确市场主体的权益与责任、政府公共管理与社会服务的行为规范以及高新区的独立运行体制,明确东湖新技术开发区不仅是经济体制改革的实验区,也是行政体制改革的实验区。在政府机构设置方面,应允许东湖新技术开发区设置与普通行政区不同的政府机构,构建与时俱进的柔性组织结构,整体谋划高新区产业发展和专业园建设,明确各个园区功能定位,保证东湖新技术开发区政府机构精简、高效。建立风险共担与收益共享的利益共同体。创新组织形态,构成股东会、董事会、总经理和各部门之间相互协调且相互制约的关系。从高新区主体的利益出发,充分调动各方积极性和主动性,在紧密的互动与严格的监管机制下,形成合理有效的政府治理结构。构建由政府和高新区入驻企业联合组成的高新区管理机构股东会,形成高新区自治体的决策机构。尝试引入经理负责制,负责高新区的具体执行工作,将高新区决策权与执行权分离。积极探索政府主导下的协同治理模式,实现政府对企业、高校与科研机构、社会中介组织和公民组织的引导,促进社会共识的实现,实现协同治理。

作者单位:武汉发展战略研究院

产 业 发 展 篇

Industrial development

依托产业创新驱动
构建武汉创新型产业体系

武汉发展战略研究院课题组

武汉建成有全球影响力的产业创新中心、具有强大带动力的国家创新型城市,最核心的是要有创新型产业体系为支撑,迭代产业体系的核心是战略性新兴产业,做大做强战略性新兴产业可以带动支柱产业转型升级,引导未来产业谋篇布局。武汉要从企业、园区、平台、体制四个方面入手,打造以战略性新兴产业为核心的创新型产业体系。

一、明确目标、补齐短板,打造以战略性新兴产业为核心的创新型产业体系

迭代产业体系的核心是战略性新兴产业, 做大做强战略性新兴产业可以带动支柱产业转型升级,引导未来产业谋篇布局。明确武汉国家先进制造业中心、战略性新兴产业基地、全球有影响力的产业创新中心的目标定位,补齐战略性新兴产业在科技创新能力、生产方式和商业模式创新、行业龙头企业三方面的短板,打造以三大战略性新兴产业为核心的创新型产业体系。

一是产业体系要服务于国家中心城市建设, 能代表国家参与国际产业竞争。武汉的城市定位是国家中心城市和世界城市,与之相对应的,产业体系也必须是国家级和世界级的。作为产业体系的核心, 战略性新兴产业要首先崛起,打造成武汉未来的支柱产业、国内有竞争力的优势产业、国际上有影响力的拳头产业, 支撑武汉建成国家先进制造业中心和有全球影响力的产业创新中心。目标确定之后,政府部门要有战略定力,咬定青山不放松,不达目标誓不罢休。全市财力、物力、人力、政策等资源要素要向三大战略性新兴产业倾斜,

营造最有利于三大战略性新兴产业发展的市场环境和政务环境。

二是鼓励和支持企业拥抱“互联网 +”时代，开展生产方式和商业模式创新。互联网 + 是一场革命，会改变，甚至颠覆其他行业。战略性新兴产业要主动去 + 互联网，而不能坐等着被互联网 +。加快发展智能制造，运用大数据、云计算、物联网、3D 打印、传感技术、智能机器人等新技术，逐步转变传统的大规模生产为规模化定制生产、柔性生产、智能生产。加快推进智能制造试点，支持长飞集团、烽火通讯、华星光电等企业开展管理创新、组织创新、商业模式创新，对企业建立黑灯工厂、数字车间、产业技术联盟等给予扶持。坚定不移地加快发展新技术、新产业、新业态、新模式等“四新”经济以及基于互联网的分享经济。

三是实施领军企业计划，培养和引进一批战略性新兴产业龙头企业。坚持设施配套全球领先、运行机制与国际接轨的标准，在三大战略性新兴产业培育、引进一批具有全球影响力的行业领军企业，支持领军企业建设高水平研发机构，加速吸引集聚全球创新人才，积极“走出去”在国际市场上锤炼和提升竞争力。同时实施科技“小巨人”计划，打造一批创新能力强、市场占有率高、价值品牌高的行业细分领域的“小巨人”企业和行业“隐形冠军”，为培育行业领军企业储备梯队力量。

四是积极谋划布局未来产业，抢占未来产业发展制高点。未来产业充满高度的不确定性，投资未来产业风险高，但也收益大，城市间的竞争不在当下，而在于未来。发展未来产业要充分尊重市场和企业家的选择，政府部门的责任就是为未来产业发展提供环境和养分。根据科技和产业前沿发展趋势，重点聚焦人工智能、无人机、无人驾驶汽车、3D 打印、基因工程、可穿戴设备等领域，设立未来产业发展基金引导社会资本持续投入，推进新型技术和新兴产品的研发突破和产业化应用，抢占发展制高点，塑造未来产业竞争力。

二、推动工业园转型升级、创新发展，打造新型产业集聚区

全面推进“大光谷、大车都、大临空、大临港”四大板块建设，重点培育新型工业园产业集聚区，中心城区工业园重点发展科技服务业，新城区工业园大力打造工业示范区。积极探索工业园区发展新模式，推进工业园区体制机制改革，打造市场化的智慧创新型工业园区。

一是探索工业园发展新模式，打造智慧创新型园区。借鉴深圳天安云谷、深圳湾等都市创新“智慧园区”经验，打造以云计算、互联网、IC设计、软件与信息服务业等新兴产业为主体的新兴产业综合工业园区。积极引进科技地产商参与智慧创新型园区开发，开辟工业园区运营新模式——产业地产模式，强调科技创新与商业、文化、地区经济、城市发展的完美融合，实现工业园区提档升级。

二是优化中心城区工业园产业结构，重点发展科技服务业。顺应中心城区城市化深度发展趋势，着力破解中心城区工业园发展空间约束、基础设施配套建设滞后等难题，全力构建战略性新兴产业为先导、高新技术产业为重点、现代服务业和文化创意产业为支撑的现代产业体系，形成城市功能和生态环境相协调的都市型产业园区。

三是拓展新城工业园区发展空间，创建新型工业示范园区。大力实施工业“倍增计划”，以大光谷地区、中国车城、临空经济区、临港产业区为增长极，建设新型工业化示范园区，打造未来工业发展主战场。积极推动新城工业园区成为招商引资、产业集群推动城市发展的火车头。借助项目融资、BT、垫资、引资撬动资金杠杆，积极引进适应建设国家中心城市需要、带动中部发展的重大项目，立足长远建设现代产业体系。

四是推进工业园区体制机制改革，加快其市场化运作。积极推动工业园区市场化运作，打破身份界限，推行干部聘用制，人事管理由“身份管理”向“岗位管理”转变，逐步形成人员能进能出、职务能上能下、待遇能升能降的选人用人机制，对工业园区工作人员实行聘任制和市场薪酬制。

三、深化创新平台体制机制改革，提升平台综合创新能力

各类创新平台是促进科技研发和成果转化的载体，更是建设新兴产业体系的重要支撑。要围绕提升平台综合创新能力这一核心，突破体制机制障碍，打开高校和国企两扇门，构建国际化科技研发合作交流平台，同时积极发挥企业的市场主体作用，让企业成为中国智造的领导者。

一是超常规布局创新载体，提升集聚创新要素能力。明确工研院独立法人地位，减少行政干预，深化工研院的市场化和企业化，打造工研院集科研、孵化、投资、成果转化等功能于一体的创新链。从更深层次、更高位势、更广范围深化科技孵化器、众创空间、创业咖啡、创谷等创新载体科技创新和体制机制创新，给予高端人才、技术研发和创新创业最大的自由度，形成独树一帜的创新生态系统，培育武汉最核心的竞争力，助推武汉成为具有全球影响力的创新创业中心。

二是打开高校和国企“两扇门”，构建高层次的科研平台、公共技术平台和创新资源共享平台。进一步简化高校内部成果转化审批程序，探索“三权”改革备案制；建立市场化科技成果确权、定价、交易新机制，鼓励高校院所将专利技术等知识产权通过技术产权交易平台公开挂牌交易，加快技术成果转化的步伐。加快国有企业体制机制创新，支持国企加大新技术、新产品、新工艺的研究开发，支持国企开展国际技术并购，深化国际创新交流合作。

三是搭建国际化科技研发合作交流平台，集聚创新要素。积极构建国际科技商务平台，引入全球科技研发机构，鼓励高新技术龙头企业和各类科研机构广泛利用全球创新资源开展研发工作，支持“走出去”战略，在国外设立联合创新中心。搭建国际创新合作交流平台、中小企业交流平台、科技创新成果展示平台和供需双方交易平台，促进国内外科技创新要素在武汉集聚，促进国际科技创新合作交流。

四是激活市场主体，让企业成为创新创业的主力。建立以企业为主体、市场为导向、产学研紧密结合的科技创新体系，充分发挥企业在自主创新中的主观能动性。积极推动企业成为技术创新决策、研发投入、科研组织和成果转化的主体，发挥企业在创新目标提出、资源配置和组织实施过程中的主导作用。提升企业增强技术研发和创新管理“硬软”两种能力，支持各类企业创新发展，建立企业主导的产学研用协同创新机制。

四、创新改革体制机制，充分释放全社会创新活力

创新体制机制，核心在于通过政府有效“放”“管”，让“市场之手”激活产业创新活力。辅之以技术、资金、人才、政策四位一体的创新要素集聚，抢占技术制高点，构建多层次资本支撑体系，实施“城市合伙人”等人才计划，推进东湖高新区“一区多园”政策惠及全市，从而加快新兴产业体系构建。

一是理顺政府与市场的关系，发挥企业的“主力军”作用。政府要切实做到简政放权，避免“统得过多、管得过死”，对冲了市场效率，要做到“四放”——放松管制、放开市场、放活主体、放宽政策。进一步强化市场资源配置优势，突出企业主体地位，以企业需求为“指挥棒”，政策制定与实施，要吸收企业参与、反映企业需求、把握企业痛点，真正解决企业实际问题。形成以企业为主体、市场为导向、产学研紧密结合的产业创新体系，让“雪中送炭”成为政府服务企业的新常态。

二是加快政府职能转变，促进第三方服务机构蓬勃发展。转变政府职能，加快向第三方服务机构让渡服务职能。通过降低准入门槛、完善评估机制、健全监管体系，“放活”“管好”第三方服务机构，实现权力“放得出”，第三方“接得住”。用好、用足新型研发机构、公共技术平台、行业协会等第三方服务机构在政府与市场间“桥梁”作用，促进“政、产、学、研、用、金、介”各要素的互联互通与资源整合，助力产业转型升级。

三是设立改革创新“容错免责”机制，为改革创新者解除“后顾之忧”。通过“容错免责”机制破除不敢、不愿的体制障碍，将创新改革纳入法制化轨道，为创新改革者提供激励与保障。建立健全以产业创新为导向的政府考核评价机制，考核结果作为奖励和晋升的重要依据。设立创新改革奖项，对做出重大成绩的个人和组织给予奖励。对作出重大决策、推进改革创新、落实重大项目等方面敢闯敢试但不存在违法情形的，给予容错免责。

四是深化财政专项资金改革，撬动和放大社会资本。整合全市各类支持企业发展的专项资金，按照竞争性和非竞争性的划分标准，“一分为二”分类管理和使用。对于竞争性领域适宜作股权投资的财政专项资金，由无偿补助改为股权投入，实行基金化运作，吸引世界前十、国内顶尖的基金管理团队来汉，提高基金运作水平，全面撬动银行、保险、证券、股权基金等资本市场各种要素资源。对用于非竞争性领域的财政专项资金，统一在市级层面统筹分配使用。大力发展科技金融，重点成立再担保中心，支持中小型企业发展；建立企业互保金，支持大型骨干企业发展；发展壮大创投引导基金，扩大战略性新兴产业投资规模。

课题组成员：朱　卫　袁云光　聂佩进　骆　严　简真强

关于调整优化武汉市产业结构促进产业升级的建议

袁云光 简真强

加快产业结构调整优化升级是转变经济发展方式的战略重点和主要抓手。当前,武汉经济正处于加快发展的重要机遇期和战略转型期,促进产业结构调整优化升级既是当前经济工作的重中之重,也是事关武汉发展大局的长远之策。要适应和引领经济发展新常态,必须通过创新驱动产业结构优化升级,构建以现代服务业为主导、以战略性新兴产业为先导、以现代农业为基础、以"四新"经济为引领、以创新创业为主要动力的现代产业体系,塑造武汉经济转型发展新优势。

"十三五"时期,武汉要打造经济发展"升级版",建设具有强大带动力的创新型城市、国家中心城市,实现经济总量万亿倍增,必须把产业结构优化升级作为关键举措和长远之策。为此,提出如下建议:

一、做强存量,推进新技术新业态改造传统优势产业

不断深化供给侧结构性改革,结合武汉市传统产业的特点,做好"三去一降一补"工作。加快调整产业结构,为新兴产业发展腾出空间,提高全要素生产率,通过技术改造、运用互联网+理念推动传统产业优化升级。

一是加大供给侧结构性改革,深度调整产业结构。制定结构调整基准底线,建立企业基本数据库,探索建立产业存量调整筛选诊断、差别化政策引导、清单动态调整等机制,运用正向激励和反向倒逼相结合、政策引导与社会服务相结合等方式,推动产业结构的快速调整。减少无效和低端供给,扩大有效和中高端供给,加快淘汰落后产能,为新兴产业发展腾出空间。

二是借力“互联网+”，推动传统产业转型升级。加快技术改造推动传统产业优化升级的步伐，做优传统产业存量。加快钢铁、石油化工、汽车零部件、船舶、装备制造等重化产业向中高端转型升级，促进绿色食品、轻工及家电制造业提升发展水平。引导传统产业运用“互联网+”等现代理念转型升级，扩展制造业价值链，推进制造和服务相互融合，加快发展服务于先进制造业的生产性服务业，实现传统产业由大到强、由低端向中高端的转变。

二、做优增量，加快构建现代产业体系

2015 年，武汉战略性新兴产业占规上工业产值比重 15%左右，占 GDP 比重在 7%左右，而深圳战略性新兴产业已经占 GDP 的 37%。“十三五”时期，武汉要抓紧做优做大增量，加快推进战略性新兴产业成为支柱产业，加快规划布局未来产业。把握大数据、云计算、平台经济、移动互联网等新一代信息通信技术发展新趋势，积极培育新产业、新技术、新模式、新业态，促进现代服务业、战略新兴产业、未来产业融合发展。

一是集聚全方位要素，打造战略性新兴产业基地。聚焦重点、聚集资源、聚合政策，做大做强信息技术、生命健康、智能制造等战略新兴产业规模，建成若干新兴产业集群，积极引进新兴产业龙头企业，做大全市战略性新兴产业发展基金规模，在新能源汽车、新型航天、新材料、新能源、节能环保等新兴产业发展中有新的突破，打造全国重要的战略性新兴产业基地。

二是瞄准科技和产业发展前沿，加快布局未来产业。加快推进虚拟技术（可穿戴设备、虚拟现实和现实增强）、智能技术（人工智能、智能汽车、智能家电、智能船舶）、基因技术（基因工程、基因药物、人工器官、人工细胞）、微系统技术（智能芯片、生物芯片）、新能源动力、新复合材料等新兴技术、新兴产品的研发和产业化发展，抢占未来产业发展的制高点。

三、做大现代服务业，打造转型发展新引擎

2015 年，武汉服务业占比 51%，比全国平均水平 50.5%仅高 0.5 个百分点。“十三五”时期，我国产业结构将加速从制造业为主转向以服务业为主，从“制造经济”向“服务经济”过渡步伐将明显加快。武汉要把突出发展现代服务业作为产业结构升级的主攻方向，以建设服务区域、面向全国、辐射全球的生产性服务业中心为目标，以高端要素集聚、产业融合发展、服务功能升级为导向，推动服务业创新、集聚、升级发展。

一是对接新信息技术，构建特色服务业中心。积极引入互联网＋新信息技术，加快推进现代服务业发展。巩固提升商贸、会展、旅游、教育、医疗、养老等服务业优势，建立一批立足中部、服务全国、辐射亚太、面向世界的特色服务业中心。加快建成全国重要的商贸物流中心、会展中心、科技服务中心、工程设计中心、区域金融中心、现代化教育中心、医疗卫生服务中心和中部时尚消费中心。

二是加快推进服务业重大项目，打造服务业集聚区。着力培育和引进跨国公司地区总部、长江经济带民营企业总部和功能性机构，让总部经济成为带动区域经济增长和产业转型升级的强劲引擎。加快建设二七国际企业总部区、华中金融城、华人华侨创新创业中心、周大福金融中心、武汉·珠宝谷（一期）、越秀国际金融汇、武汉汽车主题公园等服务业重大项目。

三是争取布局一批生产要素交易市场项目，大力提升经济集聚功能。设想在中部地区武汉市建设全国性大数据交易中心、碳排放权交易市场及碳金融中心、建设全国综合性期货交易所、建设全国知识产权与专利交易中心、建设全国文化产权交易所，打通这些生产要素的地区性交易平台，形成全国性交易中心，确立中部地区崛起的功能地位。

四、提档升级创新平台，抢占产业升级制高点

持续推进创新驱动发展、经济转型升级战略，把提高自主创新能力作为调整产业结构、转变经济发展方式、提高竞争力的中心环节，积极搭建各类创新平台，使其成为科技研发和成果转化的载体和新兴产业体系的重要支撑。

一是积极推动工研院创新发展，打造创新新载体。明确工研院独立企业法人地位，减少大学和行政机构的干预。引入社会资本，推动工研院股权多元化，建立现代管理制度，不断深化工研院的市场化和企业化，打造工研院集科研、孵化、投资、成果转化等功能于一体的创新链。

二是超常规布局创新载体，提升创新载体转型升级。积极推动传统孵化器转换升级，转换“二房东”角色，从仅提供物业服务转变为提供社会资本、专业团队、科技金融、商务中介等多层次服务平台，构筑初创企业、成长型企业、上市企业共成长的孵化体系。从更深层次、更高位势、更广范围深化众创空间、创业咖啡等创新载体科技创新和体制机制创新，给予高端人才、技术研发和创新创业最大的自由度，形成独树一帜的创新生态系统。积极推动“创谷”众创孵化载体的建设，打造集孵化、企业、金融、人才、智慧等服务领域的“创谷”平台。

三是打造创新园区“升级版”，推进新型产业集聚区建设。积极谋划全市新一轮创新园区建设，实现创新空间环境的优化、企业服务内容的拓展、五链（产业链、创新链、人才链、资金链、政策链）统筹机制的完善。着力破解中心城区工业园发展空间约束、基础设施配套建设滞后等难题，全力构建战略性新兴产业为先导、高新技术产业为重点、现代服务业和文化创意产业为支撑的现代产业体系。积极推动新城区新型工业化示范园区建设，打造未来新兴产业发展主战场，积极引进适应建设国家中心城市需要、带动中部发展的重大项目，立足长远建设现代产业体系。

作者单位：武汉发展战略研究院

武汉市高新技术产业园区创新发展路径及对策探究

杜 涛 万 伟

一、我国高新区发展模式分析

高新区成功发展的典型模式大致有以下四类:一是主要依托区位优势条件发展的园区。代表园区有中关村科技园、上海张江高新区、深圳高新区、台湾新竹科学园区等;二是主要依托科技人才资源发展的园区。代表园区有西安高新区、武汉东湖新技术开发区、美国硅谷、印度班加罗尔软件园等;三是主要依托制造业的升级发展的园区。代表园区有东莞松山湖高新区、苏州高新区、济宁高新区、北海高新区等;四是主要依托特色自然资源发展的园区。代表园区有包头稀土高新区、泰州医药高新区等。

现阶段,无论是哪类成功模式,均离不开高新园区创新整合发展的主线。创新资源整合是从产业集群向创新集群提升的关键。科技园区多数起步于所在城市的大专院校和科研单位聚集的区域,但是在很长时间里,企业、大学和科研院所的联系不是很紧密,关键还是一些体制没有突破,如果不突破体制障碍,创新资源的整合就会受到阻碍。创新资源的整合,就是要推动产学研结合的体系建设。在创新集群内部,创新主体之间的关联、互动和竞合是创新体系的一个根本标志。目前科技园区是很多企业聚集起来的,这种聚集不等于是创新集群,很多企业之间是没有关联的,而且很多企业的聚集只是一个物理空间的聚集,这种聚集还没有产生出它应该产生的创新集群效应。所以,科技园区要推动相关企业的聚集、产业链的聚集发展,促进园区之间的关联性越来越紧密,园区间的互动能够提升科技园区的创新能力。

二、武汉市高新技术产业园区发展现状

(一)"一区多园"格局基本形成

自 2014 年武汉市出台《关于依托东湖国家自主创新示范区开展"一区多园"试点工作的实施意见》以来,以武汉东湖新技术开发区为支点,在武汉市其他各区打造高新技术专业园,形成"一区多园"格局,各园政策享受武汉东湖新技术开发区的"光谷待遇"。根据试点规划,未来武汉各城区都将结合自身特色,构建高新产业专业园,重点培育一个细分产业,主要为光电子信息、先进装备制造、新材料、高技术服务业、生物医药、节能环保、新能源与新能源汽车、现代农业等战略性新兴产业,与光谷优势互补。首批入围试点的 7 个高新园区是:江岸区的黄浦科技园、岱家山科技创业城;江汉区的江汉经济开发区、华中互联网金融产业基地;洪山区的南湖创意产业园;东西湖区的海峡高新园;江夏区的庙山园等。这 7 个园区总面积近 20 平方公里。这些园区聚集企业 1468 家,其中高新企业上百家,年总产值约 500 亿元。各区已设立或新设立的专业园,均可申报,在申请认定国家高新技术企业时,可直接通过东湖新技术开发区的高新技术企业认定工作站,能大大缩短申报时间,提高效率。

(二)园区资源配置不够科学合理

武汉市高新技术产业主体均集中在武汉东湖新技术开发区、武汉经济技术开发区,形成"江南强,江北弱"的产业发展态势。从四大板块的发展来看,大光谷、大车都依托良好的产业优势,高新技术产业发展较好。但大临港、大临空的高新技术产业发展不足,交通优势也未能充分发挥,创新要素流通不够,导致高新技术产业空间规模偏小、分布偏散,产业空间与研发空间未能有机整合,园区创新资源未能高效集聚,空间多元化、产业一体化发展格局尚未形成。

三、武汉市高新技术产业园区发展原则

(一)坚持规划先行、创新发展理念,突出科学和可持续发展

从概念规划、总体规划到指导性详细规划、控制性详细规划和重点地段城市设计以及相配套的规划技术规定,在园区建设起步之前,必须形成一套完整的规划体系。

概念规划确定园区的长远目标及宏观控制指标。总体规划确定园区的性质、规模、土地利用结构和总体布局,确定园区的交通体系,基础设施标准和规模,环境保护和综合防灾体系及措施,园区发展形态和总体艺术布局,园区开

发建设的各项技术经济指标,综合平衡各项专业规划。指导性详细规划确定各分区域功能开发的指导性技术指标和要求。控制性详细规划确定各功能地块的控制性技术指标和要求。城市设计确定园区重要地段的景观和建筑及其外部环境的建设控制指标和要求。规划管理技术规定明确项日建设的具体的技术要求。规划体系的制定,对于园区的开发建设和城市发展,无论是在宏观指导还是在具体操作实施方面,都可以提供科学的技术和法律依据。

同时,规划设计思路需要体现科学性和前瞻性,做到规划设计始终超前于开发建设。一是要将园区开发和周边地区城镇发展整体考量,统一纳入规划体系中,力求城镇详细规划的覆盖率达到 100%,为园区的持续、有序发展奠定基础。二是坚持从园区发展的长远利益和需要出发, 编制发展规划, 并留有发展余地。在土地利用上,应安排大量的预留地供目前不可预见的发展使用;在道路交通方面,预留轨道交通的发展用地和线路空间,主要干道交叉口预留建设立交的余地;在基础设施方面,从规划、标准及地下管线的铺设等,都必须考虑园区长期发展的需要。

(二)明确园区定位、强化产业导向,创新园区差异特色化发展

对工业园区进行准确定位是培育产业集群和保障园区不偏离健康发展方向的前提。对于工业园区的定位不能就园区论园区, 应遵循区域产业发展规律,在对市场需求和本地区域发展条件进行充分调查和分析的基础上,以发挥区域独特优势、强化区域分工协作、促进园区专业化发展为原则,把全市工业园区作为一个产业集群系统进行整体规划布局, 突出各工业园区的主导产业和发展重点,构建合理的产业发展梯度,建立合作分工、统筹兼顾的产业体系。

同时,应当进一步深化产业链上下游企业配套协作和专业分工,健全基础设施、人力资源与信息服务等产业配套服务体系,增强园区对产业集聚发展的吸引力和服务能力,引导产业向特色强、集约水平高、集聚效应大的园区集中,促进产业集群化发展。强化三次产业链中各产业相互融合,以现代服务业的发展推动三次产业的融合互动,形成和完善跨工业园区的产业链和价值链。

(三)规范建设标准、整合园区资源,实现园区产城融合发展

上一轮的城镇化建设中,以政府为依托、以政策为导向、整合各方资源,实现城市地域空间和人口规模的跳跃性增长及产业结构转型, 出现了一大片的工业区、开发区和新城区,但增长模式单一,开发趋同,过度开发、土地浪费、基

础配套落后等问题,形成单一产业区和“卧城”“睡城”和“空城”等现象,造成有产无城、有城无产的局面。产城融合一体化模式是解决以上问题的最佳方式,即把产业和城市看作一个良性互动的有机整体,可以把一个组团式区域看作一个复合型城区,除了产业功能外,再加入相关的城市服务功能,使其基础配套设施齐全,有文化设施、娱乐设施、生活设施等。以政府为主导,把产业集聚区规划建设纳入城市整体建设序列,抓好规划的总体性、统筹性和连续性,坚持在思路上一起谋划、在措施上一起推进、在效果上一起体现,促使城镇功能完善。

充分依托工业园区建设带动城镇化发展,工业园区需与周边地区、与中心城市发生物质、信息等交流,因此,基础设施就成为工业园区与外界交流的载体。工业园区的基础设施有硬件基础设施和公共服务平台两大部分。硬件基础设施既包括一般的硬件基础设施,如所谓的“九通一平一厂一站”,即通供水、排水、电网、公路、铁路、通信、供热、供气和雨污管网,达到场平,建立固废处理场和消防站,同时也包括与产业相关的硬件基础设施。公共服务平台主要包括科技服务、金融服务和教育服务。工业园区基础设施水平越高,与外界的交流能力越强,就能更好地与外界产生联动效应,从而推动自身发展。同时,工业园区的基础设施也会带动周边农村、城镇的发展。因此,各工业园区从建立之初就应致力于高标准、高起点的基础设施建设。商务部在国家级经济技术开发区综合发展评价研究中,采用了综合经济实力、基础设施配套能力、经营成本、人力资源及社会责任、环境保护与节能减排、技术创新环境、管理体制建设、发展与效率指数这八项评价指标,基础设施配套在工业园区建设和发展中的重要性可见一斑。

（四）强调生态环保、促进绿色安全,推动园区智能化转型发展

《中国制造 2025》提出在制造强国建设中要坚持可持续发展,构建绿色制造体系,走生态文明的发展道路。工业园区建设要严格按照新型工业化的内涵要求,努力构建高效、清洁、低碳、循环的绿色制造体系和安全生产管理体系。从源头抓起,在产业方向、入驻企业和项目选择上,科学决策、从严把关,可结合负面清单制度,从绿色安全制造的要求出发,制定适合本园区的负面清单。要积极采取“五个一批”(调一批、转一批、退一批、控一批、禁一批)的政策调控手段,对不符合环保标准的园区企业通过差额税费等方式,使其退出。以钢铁、

有色、化工、建材、轻工、印染等传统制造业为主导产业的园区必须加强绿色化改造，以园区为单位，加强污染治理集中处理设施建设，大力发展循环经济。严格加强工业园区安全生产管理，健全安全应急响应机制，对于从事有毒有害危化品生产、存储的园区，要制定一些强制性标准，保障企业正常生产和人民生命财产安全。

促进"互联网+"新业态发展。加速培育工业互联网新产品，在示范园区率先开展面向重点领域的工业云、工业大数据、物联网创新应用试点，培育基于互联网的个性化定制、众包设计、云制造等新型制造模式，推动形成基于消费需求动态感知的研发、制造、服务新方式，发展在线监控诊断、远程维护、融资租赁、全生命周期管理等新业务。鼓励和支持工业园区建设"大数据、大支撑、大安全"的公共服务平台，为未来智能化园区中企业、工厂、设备、产品、服务与人之间的互联互通提供支撑。

顺应制造业发展数字化网络化智能化趋势，工业园区要加快光纤网、移动通信网和无线局域网的部署和建设，实现信息网络宽带升级，完善无线传感网、行业云及大数据平台等新型应用基础设施，建设工业园区工业数据中心，推动低时延、高可靠、广覆盖的工业互联网建设。可以选取有条件的示范园区，率先开展智能园区建设试点，通过试点示范，不断总结经验，进一步推动工业园区向智能化方向发展。

四、武汉市高新技术产业园区发展路径分析

（一）完善科技园区的政策环境

良好的政策环境是创新资源集聚和高效利用的前提，是高新园区快速、健康、协调发展的根本保证。各高新园区要加快制度建设，尽快完善各项有利于创新创业的政策和配套措施；进一步加大财税优惠政策力度；要切实制定和落实知识产权保护措施；积极争取政府采购等，使创新行为得到充分的激励，创新成果得到牢靠的保护。

（二）大力推动集群式创新行为

创新集群的灵魂是企业之间的集群式创新。各高新园区要扶持龙头企业，培育科技中小企业，使两类企业发挥各自的创新优势；加大引导资金的投入和社会资本的引进，使创新得以长期、持续展开；大力引进和培养高端创新人才，使园区创新源泉永不枯竭；鼓励和引导园区内外的产学研合作，使各类创新主

体形成一个利益共同体；组建多种产业联盟和技术联盟，使园区打破共性技术的壁垒。

（三）鼓励基于技术创新的产业联盟

有条件的高新园区要建立基于多种目的的产业联盟，重点推动由大企业发起成立，以制定行业标准为基本手段的产业化前联盟，为进入新兴产业做好准备；推动围绕龙头企业、以推进产业化进程为核心的产业化过程中的联盟和以中小企业为主、以开拓共同市场为目的的产业成熟阶段的联盟。通过产业联盟横向维护良好的竞争生态，纵向整合产业链和产业资源，为形成产业集群、创新集群奠定重要基础。

（四）搭建创新公共技术平台

依托高新园区和高技术产业基地，为创新集群的企业自主创新搭建公共技术平台。如国家重点实验室、国家工程技术中心、检验测试平台、开放式实验室、专业服务体系等，提升产业技术的竞争能力；组织企业和研究机构共同对重大引进技术进行消化、吸收和再创新，集中力量支持若干产业集群实现产业链的升级。

（五）形成产学研联动发展的支撑网络

促进各类产学研联盟组织的发展，形成企业孵化器、大学科技园、留学人员创业园为主体的创新集群服务网络；建立对国家863计划、科技支撑计划等重大科技计划的产业化引导工作的全方位支持体系。

五、发展对策建议

（一）强化政产学研用相结合

坚持以企业为主体，市场为导向，政府加强引导，深化政产学研用的结合，建设和集聚一批高新技术服务平台，充分发挥各工业园区对全市高新技术产业发展的重大引擎作用。一是加快技术平台建设。优先在园区布局、建设一批重大科技创新平台，充分发挥已建重大科技创新平台的作用，为园区产业发展提供公共技术服务。鼓励和支持区内企业特别是龙头骨干企业牵头成立产业技术创新战略联盟，率先建设企业研究院、重点实验室和博士后工作站等研发机构，争取在更多优势领域创建更多的国家工程技术研究中心和国家重点实验室等国家级研发机构。二是加强科技交流合作。进一步深化以企业为主体的产学研合作，重点引进一批著名跨国公司、高等院校和研究机构来汉设立研究中心或分支机构。支持园区企业与国内外著名高校和科研机构共建一批研发机构。引进和转化一批重大科技成果项目，进一步提高产学研合作层次和水平。三是加强关键技术研究。围绕新建、改建园区,积极培育发展战略性新兴产业,促进传统产业改造提升,组织实施一批重大科技专项和重大科技成果推广工程,积极争取国家重大科技专项项目落户武汉,重点加强存储器、商业航天、高端装备制造、新型显示及智能终端、光通信、新能源汽车和智能网联汽车等领域的关键技术研究，力争在战略高技术产业领域掌握一批具有国内外影响力的创新成果和核心技术,培育一批战略性新兴产品。

(二)强化战略性新兴产业培育

要把握当今世界科技发展新趋势,结合武汉自身产业优势、创新能力和市场需求、重点选择存储器产业、商业航天产业、智能制造产业、新能源汽车和智能网联汽车产业、新型显示及智能终端产业、光通信产业、节能环保产业、生命健康产业等重点领域和主导产业，打造武汉高新技术产业的引领示范园区板块,使其成为全市高新技术产业化的技术源头和战略性新兴产业的培育基地。一是着力发展总部经济。要重点引进和集聚民营企业总部、上市公司总部、跨国公司和大企业大集团研发总部,促进总部经济与科技创新深度融合,促进总部经济与高新技术产业深度融合，促进总部经济与高新园区城市化建设深度融合。二是积极培育新兴产业。紧跟世界科技创新和产业发展前沿,积极培育和发展高端装备制造、存储器、商业航天、新能源和智能网联汽车等战略性新兴产业,加快提升武汉高新园区产业的整体技术水平和发展能级,努力缩小与国内外先进高新园区的差距,加快形成新的经济增长点。三是构筑创新产业集群。推动由大企业大集团牵头、以中小企业为基础、以开拓共同市场为途径、实现协同发展为目的高新园区产业联盟,构筑一批以科技创新资源驱动、各种生产要素和创新资源集聚、产业链优势企业集聚的创新型产业集群。

(三)强化科技孵化体系构建

要通过为科技创业提供种子资金、工作场地、科研条件和科技金融等各种优质创业服务途径,加快构筑较为完善的科技创业孵化体系。一是加快孵化体系建设。鼓励和支持高新园区以“企业化、专业化、产业化、国际化”为方向,加快创业苗圃、科技企业孵化器、科技企业加速器、大学科技园、创谷等各类创业服务机构的建设,进一步扩大科技创业孵化规模。二是增强科技孵化能力。继续按照职业化要求，不断优化孵化器自身组织构架，不断增强服务能力；支持孵化器建设公共技术平台，实施“创业导师＋创业辅导员＋创业联络员”和“创业导师+创业投资+专业孵化”孵化行动，增强技术服务能力；加强孵化器与金融机构、创业投资机构的合作，进一步拓展在孵企业融资渠道，积极鼓励和吸引创业投资机构投向处于种子期和初创期的在孵企业和高新技术产业化项目，不断提升投融资服务能力。

（四）强化科技服务机构建设

高新园区要充分发挥市场主导和政府引导的作用，大力发展共性技术、服务外包、金融服务、现代物流、工业设计等高技术服务业，形成先进制造业与高技术服务业“双轮”驱动的新型产业体系。一是加快集聚科技服务机构。高新园区要通过优化和调整空间布局，引进和集聚一批技术标准、基础数据、科学仪器等公共科技机构，集聚一批技术经纪、技术咨询、技术转移和专利代理等中介服务机构，构筑一条龙高水平服务的科技服务体系。二是促进科技金融结合。推进高新园区内企业在中小企业版和创业版上市，大力发展股权投资。鼓励在高新园区设立科技银行、创业投资引导基金，引导和鼓励创业投资投向高新园区内初创期的高新技术企业，把高新园区打造成为科技和金融相结合的示范区。

（五）强化创新人才引进培养

高新园区要坚持以人为本、鼓励创新、宽容失败的文化理念。进一步加大激励力度，积极组织实施国家和省、市各类人才计划，瞄准国际技术前沿，花大气力引进国际高端人才特别是重点引进高水平海外留学归国人员和团队到武汉市高新园区创新创业。继续实施武汉“黄鹤英才计划”、东湖新技术开发区“3551”人才计划和重点科技创新团队等人才计划，以高新园区为主体，支持引进和培育战略性新兴产业领域的学科带头人、科技领军人才和高层次创业人才，加大力度支持具有发展潜力的中青年优秀人才和高水平创新团队。同时，要不断完善引人、用人和育人机制，落实好人才配套的各项政策，制定人才激励措施，确保人才引得进、留得住、用得好。

（六）强化创新政策环境引导

科技创新、高端产业和城市功能融合发展是高新园区的重要发展趋势。高新园区在实现科技创新和经济高产出的同时，应积极发展现代服务业。一是加强基础设施建设。要适时优化和调整园区规划，突出城市基础设施建设，强化信息、法规、配套、物流、资金、人才、技术、网络平台等服务，加快提升城市功能，促进高新园区的城市化进程。二是营造优良人居环境。要加强居住环境、健身休闲、生态环境、教育学习和医疗服务等配套环境的建设，进一步完善和提升城市化功能，实现高端产业和城市功能的深度融合，成为自然环境和人文环境俱佳的工作和生活的理想之地。

作者单位：武汉发展战略研究院

武汉高新技术产业基地规划建设研究

武汉发展战略研究院课题组

高新技术产业基地作为创新单元，是高新技术产业发展的重要载体，是高新技术创新活动的集聚区，高新技术成果转化的示范区，高新技术改造提升传统产业的辐射区，高新技术产业制度创新的试验区，是推动区域经济发展的重要力量。谋划高新技术产业基地的新建和改造，是培育区域经济新增长点、增强区域核心竞争力和国际产业地位的重要举措。

一、发展环境

（一）高新技术产业基地的内涵及特征分析

高新技术产业的主要特点有：知识和技术密集、科技人员的比重大、资源能量消耗少、附加值高、研究开发的投资大、工业增长率高等。高新技术产业的智力性、创新性、战略性和环境污染少等优势，对社会和经济的发展具有极为重要的意义。高新技术产业基地是高新技术以及社会经济发展到一定阶段的产物，相对于高新技术产业开发区，高新技术产业基地内的高新技术产业化程度更高，高新技术企业更加规模化，高新技术产业更加集群化。与传统产业基地相比，高新技术产业基地是指在高新技术产业领域中已初步形成产业集聚优势和具备一定的技术资源、生产条件和市场空间，以重点发展具有鲜明特色、竞争力强的高新技术产业为目标，逐步形成大规模生产能力和高水平研究与开发能力的高新技术产业集群。

高新技术产业基地（以下简称“基地”）兼具“高新技术”和“特色产业”双重属性，基地的高度专业化、高关联性、较强地域性以及高创新性、高风险性等基本属性和特征决定着基地演化的模式和方向，其能有效发挥产业先导和技术扩散作用、担当区域经济创新源，并具备较强的产业区域示范效应。

(二)世界高新技术产业最新发展态势

世界科技正进入空前的创新密集时代，一些重要的科学问题和关键技术正发生或正在孕育着革命性突破，以电子技术、信息技术、生物技术、新材料技术、新能源技术、海洋工程技术、空间技术等为代表的高新技术产业正在蓬勃发展，一场以绿色、健康、智能和可持续发展为特征的技术革命和产业革命呼之欲出。为抢占未来发展的制高点，主要发达国家和地区纷纷调整科技和创新战略，加大清洁能源、生物、环保、网络等新兴产业的投入力度，采取特殊政策吸引高端人才，全球创新竞争空前激烈。其中，德国的高新技术产业主要集中在环保、信息、生物、能源和新材料等领域。韩国确立重点发展的高新技术产业有微电子、机电一体化、新材料、精细化工、生物工程、光学和航空航天工业。台湾则在发展高新技术产业过程中，逐步形成了集成电路、电脑及外设、通信、光电、精密机械、生物技术等支柱产业。

(三)国内先进城市高新技术产业基地建设情况

从目前我国高新技术产业基地的发展历程来看，高新技术产业基地的形成与发展一般经历三个阶段:孕育期、成长期、成熟期。在各个发展阶段，高新技术产业基地有着不同的动力机制。在孕育期，是基于区域异质的关键资源和能力的市场甄别机制。在成长期，是基于分工协作和产品链、价值链完善的形成机制。在成熟期，是基于知识交流及创新网络形成的强化机制。高新技术产业基地的成熟以创新网络的形成为标志，目前我国高新技术产业基地的建设和发展已经步入成熟期。从整体而言，中国的高新技术产业规模已居世界前列。信息技术、电子商务、生物科技等高新技术广泛应用于产业发展，为促进经济发展方式转变和产业结构调整作出了重要贡献。东部地区高新技术产业进一步向高端延伸，中西部地区高新技术产业规模快速增长，产业空间的合理格局逐步形成，产业创新实力明显增强。产业研发投入逐年提高。高速铁路、超级计算机等一批关键技术取得重大突破并实现产业化。华为、联想等一批具有较强创新力的高新技术企业正在快速发展且产业国际化水平进一步提高。

目前，随着电子信息技术、生物技术、新能源、航天等一批新兴产业蓬勃发展，一批高新技术产业基地不断建成，如福州正在打造形成信息产业国家高技术产业基地、国家级软件产业基地、生物新医药产业基地、动漫文化创意产业基地、蓝色海洋新兴产业基地、海峡西岸高新技术产业合作交流基地和特种陶瓷产业基地等七大产业基地。四川省新增了广元国家先进电子产品及配套材料产业化基地、成都(阿坝)中药现代化科技产业基地、现代畜牧产业基地、凉山现代烟草产业去基地化、川南川东天然气高端化工基地。江苏省的特色产业基地集中分布在电子信息、光机电一体化、新材料、生物医药等四大高新技术产业领域,在地理上已经基本形成沿长江分布的格局,其发展已步入快车道。

(四)武汉建设高新技术产业基地的重要意义

一是落实国家创新驱动发展战略和建设创新型城市的迫切需要。从党的十八大报告明确提出实施创新驱动发展战略，到东湖国家自主创新示范区建设，再到国家创新型城市试点建设,层层叠加的国家战略迫切需要武汉市加快战略性新兴产业发展。2015年,武汉市获批国家全面创新改革试验区,要"加快建设具有全球影响力的产业创新中心",而"做大做强以光电子信息、生命健康、智能制造为代表的战略性新兴产业",就是全面创新改革试验建设的"主战场"。作为国家创新驱动战略实施的重要载体和聚焦区域,高新技术产业基地建设,是实施创新驱动战略,加快创新型城市建设的"活力源"和"发动机",有助于加速整合各种资源实现集成创新,打造具有竞争力的产业集群和创新集群,培育和发展一批高新技术优势产业集群,切实增强区域竞争力和国际竞争力。

二是提升全市高新技术产业区域辐射带动功能的重要途径。"一带一路"战略和以武汉为主体的湖北自贸区获批将助推基地企业和项目"走出去、引进来"。"一带一路"建设以及自贸区的发展,将开创全新的市场空间与合作模式,可在多个层面助推武汉市高新技术产业基地的建设和发展。武汉是"一带一路"战略和长江经济带的重要节点城市,也是我国的超大城市和中部地区的中心城市,武汉是获批的湖北自贸区的主体部分。这些战略定位将有利于武汉积聚更多的区域产业资源,进一步拓展区域发展空间。建设高新技术产业基地,能够进一步助推高新技术产业区域辐射和产业带动功能的提升，加速基地产业发展的区域间合作和交流;有助于对接长三角、珠三角、北部湾,有利于服务"一带一路"战略,对接中国—东盟自由贸易区。

二、发展现状

(一)发展基础

1.高新技术产业产值保持高速增长

武汉市高新技术产业产值逐年增加。近5年来,全市高新技术产业产值从

3448.91 亿元增长到 7701.41 亿元，增长近 120%，累计高新技术企业从 513 家增长到 1656 家，增长近 3 倍。高新技术产业增加值占 GDP 比重从 15.9%增长到 20.5%，提高了 5 个百分点。

武汉市高新技术产业集群化发展态势初显。目前，全市高新技术产业主要集中在电子信息、先进制造和新材料 3 大主导领域。武汉市高新技术产业地域高度集中，主要集中在东湖新技术开发区、武汉经济技术开发区。近年来，高新技术产业通过在基地、园区的聚集辐射，全市已基本形成了以东湖新技术开发区为核心，以武汉经济技术开发区、各科技园区、孵化器等为支撑的高新技术产业聚集区域。

2.高新技术产业研发实力全国领先

武汉市科技研发实力位居全国前列。目前，全市国家(重点)实验室、国家工程(技术)研究中心和国家企业技术中心已达 82 家；国家高新技术产业化基地已达到 29 个；现已建设包括武汉东湖新技术创业中心等 25 个国家级科技企业孵化器、DEMO 咖啡创新孵化器等 27 个省级科技企业孵化器、武汉海容基科技企业孵化器等 17 个市级科技企业孵化器，孵化场地面积和孵化器质量均位居同等城市前列；"十二五"期间，新增工业技术研究院 10 家，新增企业研发中心、工程技术研究中心、产业技术创新战略联盟、临床医学研究中心、技术转移示范机构、农业科技专家大院等市级科技创新平台 245 个。

武汉自主创新能力显著增强。"十二五"期间，累计获得国家级科技奖励 154 项、省级科技奖励 1224 项，其中国家科技进步奖特等奖 3 项、一等奖 7 项。涌现了一批具有国际、国内领先水平的自主创新成果，武汉大学的"天然高分子改性材料及应用"获安塞姆佩恩奖(世界化学大奖)，烽火通信在国际上首创"TS-SEED 光纤技术体系"，国家首次批准使用的第二代基因测序诊断产品在汉问世，国内首创的磁悬浮激光器在汉诞生等。技术交易更加活跃，2015 年武汉技术合同成交额达到 405.3 亿元，位列同类城市第二。光纤光缆、光电器件、光传输的研发实力处于全国先进水平。东湖示范区在全国高新区综合排名上升到第 3 位，知识创造和技术创新能力上升到第 2 位。

3.高新技术产业人才集聚优势明显

武汉在校大学生数、高等院校数、每万名常住人口科研人员数等指标均居全国前列。目前，全市在校大学生居全国第一，共拥有 87 所高校，仅次于北京，排前十名的学科总数 60 个左右，居全国第三。

“十二五”期间，武汉两院院士新增13人，达到68人。通过大力实施“光谷人才计划”，截至2015年底，东湖新技术开发区已聚集269名国家“千人计划”专家，增长4.4倍；聚集1000余名“3551光谷人才计划”入选者，增长5.65倍，聚集了3000多个海内外人才团队，40000多名硕士以上人才，成为中部人才高地。

4.高新技术产业多维发展空间形成

经过大规模的工业园区建设，武汉目前已经形成了国家级、省级、市级的工业平台体系。其中包括武汉东湖国家自主创新示范区、武汉经济技术开发区、武汉临空港经济技术开发区等3个国家级开发区，蔡甸工业倍增发展区、江夏工业倍增发展区、黄陂工业倍增发展区、新洲工业倍增发展区等4个工业倍增发展区（省级开发区），硚口汉正街都市工业园、汉阳黄金口都市工业园、青山工人村都市工业园、洪山青菱都市工业园等7个中心城区市级都市工业园。

新建了一批科技创新、产业创新空间。武汉已经启动建设的7个“创谷”，其中，沌口“南太子湖创新谷”“光谷移动互联创谷”已有企业、科研机构入驻，洪山区“联想星空·智慧谷”，汉阳区“龙阳湖健康谷”、东西湖“金银潭梦想特区”、硚口区“汉江湾·云谷”“江夏阳光创谷”已在加紧规划建设或局部开放。

（二）发展不足

1.能级问题——产业增长较快，但与先进地区差距较大

武汉高新技术产业尽管经历了多年的高速增长，但与北京、上海、深圳等城市相比，依然有很大的差距，2015年武汉高新技术产业的产值虽然达到7700亿元，同期深圳的产值1.7万亿元；截至2015年底，深圳市高新技术企业5524家，而武汉这一数字为1656家，不到深圳的三分之一。同时，与深圳相比，武汉市缺乏华为、中兴通讯等具有国际影响力的高新技术龙头企业。

2.结构问题——核心产业发展较好，“未来”产业发展不足

2014年，工业高新技术产值在八大领域中呈现“五增三降”格局。其中，下降的是新能源与高效节能、环境保护和其他等三个领域，其高新产值分别为52.01亿元、142.76亿元、84.61亿元，同比下降12.7%、10.3%、3.0%。发展绿色GDP，提高经济发展效益和质量，高新技术产业是主力，但武汉市在新能源与高效节能、环境保护这两个“未来”产业领域的基础尚显薄弱。

3.空间问题——地区发展不均衡,空间资源配置不够科学

武汉市高新技术产业主要集中在东湖新技术开发区、武汉经济技术开发区,呈现"南强北弱"。从四大板块的发展来看,大光谷、大车都依托良好的产业优势高新技术产业发展较好,但大临港、大临空高新技术产业发展不足,交通优势未能充分发挥,创新要素流通不够,导致高新技术产业空间规模小、分布散,产业空间与研发空间彼此割裂,空间多元供给格局尚未形成。

三、总体思路

(一)指导思想

以贯彻落实武汉市委十二届十次、十一次全会精神,加快推进新一轮国家中心城市建设为契机,紧紧把握国家系统推进全面创新改革试验、建设国家创新型城市等重大历史机遇,以提升高新技术产业发展能级为目标,以技术创新为核心,以融合创新为路径,以整合提升产业国际竞争力为重点,围绕产业链部署创新链、配置资源链、强化人才链、完善政策链,大力实施差异化竞争发展战略,集聚发展存储器、商业航天、新能源汽车和智联网汽车、光通信、生命健康、智能制造、新型显示及智能终端、节能环保等具竞争优势的高新技术产业基地,实现全市高新技术产业集聚化、高端化、国际化发展,提升区域辐射和示范功能,打造武汉高新技术产业发展升级版。

(二)基本原则

1.技术引领、创新驱动

坚持把创新摆在高新技术产业基地发展的核心位置,充分发挥武汉高校、科研机构、国家重点实验室的科技研发综合实力,推进产学研合作,共建创新合作平台,突破一批重点领域关键共性技术。完善有利于创新的制度环境,积极营造宽容氛围,培养创业潮流,鼓励勇于挑战、富有活力的团队来高新技术产业基地创业,推动创业成果的就地产业化。

2.企业主体、政府引导

充分发挥基地企业的主体地位,提升其自主创新能力和产品竞争力。政府要在基地整体规划基础设施建设、科技支撑体系、政策扶持措施等方面发挥主导作用,营造良好环境。

3.区域合作、共建共享

利用国家赋予先行先试的机遇,发挥武汉区位和政策优势,抢抓国家中心城市、超大城市、国家自主创新基地、长江经济带建设等重大国家战略,打破地

理分散格局，扩大周边功能合作空间，推动武汉高新技术产业基地之间、基地与国内外高新技术产业基地间的合作交流与资源共享，深入推进多层次、多领域的协同融合发展。

4.产城融合、多元供给

坚持以产促城、以城兴产、产城融合，实现产业与城市功能融合、空间整合。在“1+6”城市空间结构的基础上，构建适应产业发展需求的高新技术产业空间体系，形成大中小不同层次、不同规模、不同形态的产业空间，实现土地、空间的多元供给。

（三）总体发展目标

力争在未来5—10年，以创新能力提升为动力，以赢得创新优势和实现创新示范为目标，围绕信息技术、生命健康、智能装备等战略性新兴产业，加快培育一批国际前列、特色鲜明、优势突出、示范性强的高新技术产业基地，形成突显差异化竞争优势的200平方公里的高新技术产业基地集群，使其成为武汉高新技术产业国际化示范、自主创新示范、新型工业化示范的排头兵。

（四）战略选择：实施差异化竞争发展战略

差异化是一种资源优化配置战略，也是竞争优势的一个重要来源。它是通过集中、协同配置企业（园区）的有限资源，培育自身特色，发展出与竞争对手不同的差异化竞争优势的资源优化配置战略。只有突破面面俱到、自成体系、简单模仿等传统的资源配置方式，方能获取差异化竞争优势。根据武汉高新技术产业的发展现状，宜实施差异化竞争发展战略。

改扩建200平方公里高新技术产业基地，实施差异化竞争发展战略的方向和路径是：通过高度集中配置武汉高新技术产业现有的研发、技术、人才等优势存量资源，加速优势资源整合集聚，提高资源效用发挥的协同性，并与国内其他地区高新技术产业错位发展，形成差异化竞争优势。建设八大各具竞争优势的高新技术产业基地，打造升级版的武汉高新技术产业集群，鲜明展示武汉高新技术产业发展的竞争优势和发展个性，打造形成国际化、自主创新、新型工业化三大竞争优势领域高新技术产业发展示范平台。

一是大力打造武汉高新技术产业国际化示范平台。抢抓大型重点项目落户武汉的重大机遇，新建国家存储器产业基地、国家商业航天产业基地、新能源汽车和智能网联汽车产业基地，力争在存储器产业、商业航天产业、新能源汽车和智能网联汽车产业三大领域的某些关键环节上取得突破，形成独特优势，发挥国际化示范效应。

二是大力打造武汉高新技术产业自主创新示范平台。实施创新驱动战略，加快国家创新型城市试点建设，改扩建光通信产业基地、生命健康产业基地，力争在光通信产业和生命健康产业两大领域的某些关键环节上取得突破，形成独特优势，发挥自主创新示范效应。

三是大力打造武汉高新技术产业新型工业化示范平台。大力实施《武汉制造 2025 行动纲要》，加快实现全面建成国家先进制造业中心的战略目标，改扩建智能制造产业基地、新型显示及智能终端产业基地、节能环保产业基地，力争在智能制造产业、新型显示及智能终端产业、节能环保产业三大领域的某些关键环节上取得突破，形成独特优势，发挥新型工业化示范效应。

四、主要内容

（一）建设发展模式

围绕建设具有强大带动力的国家创新型城市的总体目标，以空间模式创新支撑高新技术产业发展，整体按照“三级、多群”的空间模式进行优化布局。坚持“产业集群化、空间集聚化、土地集约化”的规划理念，打造形成若干具有差异化竞争优势的高新技术产业基地，每个高新技术产业基地按照“核心板块(主导产业重点功能园区)+ 支撑园区（创谷、科技园、工业园等特色园区）+ 产业创新点（研发中心、孵化器、重点企业等）”的空间发展模式三级梯度叠加组成，核心板块在明确产业主导方向后，积极推进产业垂直整合，以集群发展的思路优化产业结构，将支撑园区和产业创新点建设成为核心板块的重要补充，形成完善的相关产业链配套体系和产业集群核心竞争力，大大降低在全国乃至全球范围产业发展的可复制、可替代性，三者共同构成武汉实施“创新驱动战略”差异化发展的新格局。同时，核心板块、支撑园区和创新点通过便捷的交通网络、信息网络，实现物流、人才流、资金流、技术流等产业要素的全流通。

（二）空间布局体系

学习借鉴国内外城市高新技术产业发展经验和空间发展模式，结合武汉高新技术产业的现实基础，按照“全域统筹、层次清晰、重点突出、配套完善”的布局原则，规划未来 5 ~ 10 年，武汉市将依托现有的高新技术产业板块化布局，形成八大高新技术产业基地，每个基地由 1 个核心板块、若干支撑园区和多个产业创新点共同构成，总体形成“8+25+N”的高新技术产业空间布局体系。

其中，产业核心板块是以大型企业、重点项目为依托，突出主导产业发展，工业用地具有一定规模，产业形态呈现集群化发展的核心空间；特色产业园区是支撑产业核心板块发展，产业选择具有一定特色的创谷或科技园区；产业创新点是加速科技成果转化、激发新兴产业形成的科技研发中心、产业研发中心、产业孵化器、重点企业等。各类产业空间单元之间通过多元交通系统、智慧基础设施进行互联互通，规划新建或改造约200平方公里高新技术产业基地。

（三）主要建设内容

规划新建或改造八（3+2+3）大优势高新技术产业基地组群，整个基地组群由“8个核心板块(主导产业重点功能园区)+N个支撑园区（创谷、科技园、工业园等特色园区）+N个产业创新点（研发中心、孵化器、重点企业等）”梯度叠加形成。

重点新建三大世界级高新技术产业基地：国家存储器产业基地、商业航天国家高技术产业基地、新能源汽车和智能网联汽车产业基地；改扩建两大国家高新技术产业自主创新示范基地：光通信产业基地、生命健康产业基地；改扩建三大新型工业化示范基地：智能制造产业基地、新型显示及智能终端产业基地、节能环保产业基地。

1.新建三大世界级高新技术产业基地

顺应以信息技术、空间技术、新能源技术、生物技术等为代表的高新技术产业蓬勃发展趋势，重点新建三大世界级高新技术产业基地：国家存储器产业基地、国家商业航天产业基地、新能源汽车和智能网联汽车产业基地，打造武汉市高新技术产业国际化板块。

（1）国家存储器产业基地。

主导产业及目标：以芯片制造环节为突破口，集存储器产品设计、技术研发、晶圆生产与测试、销售于一体，预计到2020年形成月产能30万片的生产规模，填补我国主流存储器领域的空白，满足国内外大数据应用和物联网市场对存储器产品的巨大需求。力争到2020年，实现年产值600亿元。

创新能力建设：加快推进国家先进半导体存储器工程技术中心建设，建设大规模下一代存储器工艺平台，合作研发先进工艺技术，突破存储器产业发展技术瓶颈，打造先进存储器工艺技术开发平台、半导体存储器测试服务平台、国产设备和材料验证与应用示范平台。

重点企业及项目：依托武汉新芯、高德红外、709所、天喻信息等重点企业，加快武汉新芯3D NAND Flash芯片、高德红外MEMS芯片、光通信芯片等重点项目建设。依托长江存储科技有限责任公司,加快每月 100 万片芯片的项目建设。重点依托武汉新芯集成电路制造有限公司,加快 NOR 闪存、CMOS 影像感测器芯片、65 纳米浮栅型闪存、高端代码型闪存产品及未来 3D 闪存产业化项目建设。

(2)商业航天国家高技术产业基地。

主导产业及目标:以新一代航天发射及应用为核心,打造航天运载火箭及发射服务、卫星平台及载荷、空间信息应用服务、航天地面设备及制造等四大主导产业。力争到 2020 年,实现年产值 300 亿元。

创新能力建设:加快推进地球空间信息国家级技术开发中心和工程技术中心等创新平台建设,着力突破地球空间信息、新一代航天发射与应用等领域核心关键技术。加快北斗卫星导航芯片、北斗高精度应用终端、各类卫星应用数据库、软件及终端产品研发及产业化;加快推进航空测量与遥感测绘、导航定位与位置服务、地理信息系统与应用服务等产业链发展。

重点企业及项目:重点依托航天科工集团,积极推进商业航天运载与发射运控系统项目、全球移动互联网项目(天基互联网、低轨卫星移动通信产业孵化)、全球移动物联网项目(天基物联网、天基物联网产业链)、地球空间信息云项目、卫星导航应用与位置服务等重点项目建设。重点依托凌云集团、卓尔集团、武汉直升机、武汉智能鸟、武大卓越等重点企业,加快通用航空产业园、航空俱乐部、中国公务机产业创新中心等项目建设。依托北斗导航、立得空间、华正空间、武大吉奥等重点企业,加快低轨宽带卫星、低轨窄带卫星、空间信息应用及车联网、船联网、光谷北斗东南亚地面接收站、三江航天高新技术产业基地等项目建设。

(3)新能源汽车和智能网联汽车产业基地。

主导产业及目标:重点发展锂离子动力电池、燃料电池、驱动电机、电池控制系统、电机控制系统等新能源汽车核心零部件。加快新能源汽车研发机构建设和自主品牌新能源乘用车、客车、专用车的研发与产业化。推动光谷光电子信息产业与交通、汽车产业的融合,加快智能车载终端、信息化平台技术等的开发和应用,建设智能网联汽车基础数据交互平台,推动实施智能汽车试点示范运营项目。在未来 5 年,实现新能源汽车产业的规模化发展,较大提升新能源汽车产业整体技术创新水平, 建成我国重要的新能源乘用车研发生产基地和车用动力电池生产制造基地。力争到 2020 年,基地新能源汽车产值达到 200

亿元,智能网联汽车产业产值突破 3600 亿元。

创新能力建设:加快新能源汽车及智能汽车国家级制造业创新中心建设,组建新能源整车国家工程实验室。重点依托武汉新能源汽车工业技术研究院、武汉地质资源环境工业技术研究院有限公司,加快建设新能源汽车关键技术产业化平台,重点开展新能源汽车动力电池、氢储能、电机和电控等领域核心关键技术攻关。以工信部、湖北省合作的“基于宽带移动互联网的智能汽车与智慧交通应用示范”项目建设为依托,推动构建 4.5G/5G、智能汽车与智能交通融合发展的产业生态,研发一批智能汽车与智慧交通关键技术和产品,逐步建成国际一流的智能网联汽车创新试验示范区,将有望为国家制定智能网联汽车行业政策法规和技术标准提供支持。

重点企业及项目:重点依托东风汽车、东风扬子江、上汽通用、武汉客车厂、武汉九通、上汽通用、东风雷诺等重点企业,加快已引进的雷诺、江淮、比亚迪、南京金龙等新能源整车项目建设步伐,组建新能源整车国家工程实验室。重点依托中原电子、武汉理通宇新源、雷米、中冶南方、东风电动电机等企业,加快电池、电机、电控等新能源汽车关键零部件生产线建设。未来 5 年,将开展智能驾驶、智慧路网、绿色用车、便捷停车、交通状态智慧管理等多个智联网汽车应用示范项目。

2.改扩建两大国家级高新技术产业自主创新示范基地

认真贯彻实施国家创新驱动战略,大力发展战略新兴产业,通过改造提升,改扩建两大国家高新技术产业自主创新示范基地:光通信产业基地、生命健康产业基地,打造武汉高新技术产业自主创新示范板块。

(1)光通信产业基地。

主导产业及目标:加快突破大尺寸光纤预制棒制备、光通信器件基础材料提纯等核心技术,重点发展光纤材料,新一代长距传输光纤光缆、预制棒、拉丝塔、光纤激光器等关键产品和配套件。重点支持超高速率、超大容量、超长距离光传送网设备的研发和产业化,发展光传送网设备、光接入设备、光通信元器件、移动通信基站等光通信设备。力争到 2020 年,光通信产业基地产业产值突破 3000 亿元。

创新能力建设:争取在汉设立光电子国家制造业创新中心、光纤光缆制备制造国家工程技术研究中心等创新平台,着力突破光通信设备、5G 移动通信等领域核心关键技术。

重点企业及项目：重点依托长飞、烽火、安凯电缆、锐科光纤、烽火藤仓等重点企业，加快长飞光纤材料产业园，烽火科技光纤预制棒等重点项目建设。依托烽火通信、武汉虹信、长江通信、日电光通信等重点企业，加快超高速率、超大容量、超长距离光传送网设备的研发和产业化、华为研发基地等项目建设。依托武汉虹信、凡谷电子，加快烽火 5G 移动通信产业化等重点项目建设。

(2)生命健康产业基地。

主导产业及目标：在基因工程药(重组蛋白、治疗性抗体、疫苗等)、血液制品、高端化学药制剂等领域，重点发展靶向性、高选择性、新作用机理的抗肿瘤药物及心脑血管药物、糖尿病药物、单克隆抗体等免疫系统药物、抗超级细菌感染药物等重大创新药物，推动高端药品研发和产业化。大力发展新型疫苗与诊断试剂、生物制药，加快市场潜力大、临床价值高的国外专利到期药品仿制。力争到 2020 年，生命健康产业基地实现产值 3000 亿元。

创新能力建设：创建国家级药物研发平台、医疗器械协同创新平台、国家级基因信息库、生物样本库、天然化合物库和超算中心，争取华中区域药品审评中心落户武汉，积极推进武汉国家生物安全实验室、质子治疗科学工程中心建设，重点突破基因测序、干细胞与再生医学、分子靶向治疗、仿生科技、生物育种、癌前病变早期分子干预、肿瘤细胞免疫治疗、细胞组织工程体外培养和移植、基因重组疫苗构建、人源化细胞构建、大规模细胞培养、大规模纯化等关键技术。

重点企业及项目：重点依托人福医药、启瑞药业、翰宇药业、邦伦医药科技、凯莱英制药等企业，推进人福普克医药产品出口生产基地二期、启瑞药业二期扩产项目、翰宇药业多肽药物生产基地、邦伦医药冻干粉针剂产业园、凯莱英绿色连锁反应制药项目等扩建和新建项目。依托人福医药、喜康生物、费森尤斯卡比、海特生物等重点医药企业，加快人福抗癌新药及人用疫苗产业化基地、喜康生物模块化工厂、费森尤斯卡比抗体药物生产基地、海特科技园等重点项目建设。联合古巴生物技术与医药集团，加快光谷生物城中古生物产品转化中心暨产业化基地共建项目建设。依托马应龙、健民药业、同济现代、台湾天明制药等重点医药企业，加快建设马应龙研发生产基地、武汉健民现代医药生产基地、同济现代医药生产基地项目、台湾天明现代中药生产基地等项目。

3.改扩建三大新型工业化示范基地

按照工业化与信息化深度融合的要求，突出传统产业转型升级，通过改造提升，改扩建三大新型工业化示范基地：智能制造产业基地、新型显示及智能终端产业基地、节能环保产业基地，打造武汉高新技术产业新型工业化示范板块。

（1）智能制造产业基地。

主导产业及目标：以高端技术创新提升产业能级，支持若干专业化科技型企业开展数控机床的智能化改造，大力开展制造工艺优化研究，重点发展自动化控制系统、智能成套设备、高档数控机床。重点发展智能仪器仪表、精密轴承、精密齿轮、液压气动密封基础元件及系统、新一代数控系统、精密减速器、伺服电机系统。推动 3D 打印在消费电子、汽车制造、生物医药生物医疗等领域的高端应用以及 3D 打印在个性化消费产品、文化创意产业等领域的广泛应用。力争到 2020 年，基地智能制造产业产值达到 4000 亿元。

创新能力建设：建设智能机器人国家研究中心等创新平台，重点开展智能控制系统、精密减速机、伺服驱动器和电机、控制器等智能制造领域核心关键技术攻关。加快突破 3D 打印材料、3D 打印激光器等领域核心关键技术攻关。

重点企业及项目：依托奋进智能、汉迪、华中数控、格力电器、精华减速机、华大电机、登奇机电、欧亚捷福、德宝机电等优势企业，加快东湖机器人产业园、蔡甸机器人产业园、格力智能装备产业园、新兴重工等重点项目建设。依托华科三维、滨湖机电，加快 3D 打印产业化基地项目、金运激光中国标准化 3D 打印云工厂等项目建设。依托华中数控、武重集团，加快智能装备产业园、武重数字化车间等项目建设。依托武船集团、青山船厂、武桥重工，加快发展智能海工装备及高技术船舶。

（2）新型显示及智能终端产业基地。

主导产业及目标：建成世界领先的中小尺寸面板生产基地，在高世代面板上取得突破，加强液晶、玻璃基板、靶材与特气、驱动 IC 等关键配套及原材料的研发生产和项目引进，扩大 LED 外延芯片研发、设计、生产、封装、测试能力。积极发展智能手机、移动平板、智能穿戴、智能电视、智能车载显示、智慧家居产品等智能终端。加强新型显示与智能终端的配套，重点发展印刷电路板、彩色滤光片、偏光片、激光片、显示模组、主板零部件等产品。力争到 2020 年，新型显示及智能终端产业基地产值突破 3000 亿元。

创新能力建设：重点培育薄膜场效应晶体管、硅基液晶、新一代有机发光液晶面板三大显示技术，突破大尺寸玻璃基板、高分辨率低温多晶硅彩色滤光片等基础材料和零部件制备技术。

重点企业及项目:依托天马微电子、华星光电,加快发展天马第六代 LTPS、华星光电 OLED 等新建、扩建项目。依托联想、中兴、奇宏电子等重点企业,加快联想 MIDH 武汉生产基地和运营中心,中兴通讯智能终端研发基地,奇宏光电科技园等项目建设。依托沃格光电,新建 TFT-LCD 玻璃薄化生产线 36 条、ITO 镀膜生产线 10 条及玻璃精加工研发中心,加快建设武汉沃格光电研发制造中心。

(3)节能环保产业基地。

主导产业及目标:重点发展水污染防治与循环利用、大气污染防治与相关综合利用、固体废弃物回收处理与综合利用、环境监测技术与装备、新型环境友好材料与产品、新兴环保节能服务业等细分产业领域。推动工业污水、市政污水、污泥处理,城市生活污水脱氮除磷深度处理、重金属废水处理、高浓度难降解有机废水处理、煤炭提质加工清洁利用,挥发性有机物(VOCs)治理、恶臭气体和餐饮油烟治理、机动车尾气净化,医疗垃圾、工业危险废弃物、餐厨垃圾无害化处理等技术与装备的研发与应用以及污染物、环境质量在线连续监测和遥感遥测等技术与仪器设备,重金属、生物毒性等在线连续监测仪器及快速检测设备,余热发电或制冷、生物质发电、节能电机及变频装置、智能电网基础设施设备及智能化终端等装备和产品的研发与制造。未来 5 年,将形成较为完善的节能环保产业链。力争到 2020 年,节能环保产业基地实现产值 1000 亿元。

创新能力建设:加快国家废液燃烧和热能利用工程技术研究中心、国家高含水固体废弃物处理及资源化利用工程技术研究中心、国家环境污染电子束处理研究中心、废弃电器电子产品处理高新技术产业化示范基地等节能环保创新平台建设,推动水污染防治与循环利用、大气污染防治与相关综合利用、固体废弃物回收处理与综合利用、环境监测等领域技术与装备的研发和产业化发展。

重点企业及项目:推进湖北中煤华中地新能源研究开发中心、凯迪新能源装备制造、三川德清环保产业研发及中试基地项目落地。依托格林美,加大废旧电池、报废电子电器、报废汽车与稀有金属废弃物等“城市矿产”的循环利用与循环再造产品的研究和产业化。依托中钢安环院的研发技术,改造提升烟气脱硫基地。依托武汉中建三局“绿色建筑产业园”,重点打造 PC 构件厂、中建临时设施制造厂、产品研发中心。以武钢金资、武钢重工等为重点，打造冶炼废渣综合利用、冶金设备再制造产业集群。

五、保障措施

加快武汉高新技术产业基地建设，事关全局、影响长远，是一个战略性的重大举措，必须创新机制体制，采取强有力的政策支持加以推进。

（一）深化体制机制改革，激发基地创新源动力

优化政府对市场主体的监管模式。简化基地初创企业监管程序，探索事中事后监管模式。探索围绕投资、创新创业、生产经营、高技术服务等领域，在基地试行分批逐步取消和调整行政审批等事项。鼓励基地建设相关的高校院所将知识产权通过技术产权交易平台公开挂牌交易，鼓励基地国有企业与科研院所开展柔性合作；提升基地公共技术服务功能。将基地建成武汉高新技术产业发展的引领区和示范区，形成以大企业和龙头企业为核心的高新技术产业配套体系，带动上下游产品的发展，延伸高新技术产业链；推进基地建设相关的工研院独立企业法人体制机制建设，将工研院打造成为集科研、孵化、投资、成果转化等功能于一体的新型研发机构。给予基地高端人才、技术研发和创新创业最大的自由度。

（二）健全产业创新体系，提升基地技术持续创新能力

完善以企业为主体的产业技术创新机制。大力支持基地企业创建研发机构，大力推行科研项目经费后补助、后奖励。引导相关中小科技型企业向高校、科研院所和中介机构购买服务，开展产学研深度合作。鼓励基地企业参与和主持制定产品国际标准与行业标准。大力支持企业充分利用云计算、物联网、大数据等现代信息技术，深入推进互联网与高新技术产业的跨界融合与集成创新；健全以市场为导向的产学研用协同创新机制。建立基地高新技术产业知识产权申请绿色通道，加强专利联盟、专利池和技术标准联盟建设。搭建基地科技创新资源开放共享平台，加强共性技术支撑平台与技术交易平台建设。鼓励八大优势产业基地在高新技术产业重点细分领域取得定价权、标准权等国际话语权，在核心、关键、共性和前沿技术上取得突破。加快基地产业技术创新战略联盟建设，形成有效协同的基地高新技术产业创新网络。

（三）加强财税金融支持，强化基地建设资金保障

加强基地建设的财政支持。建议财政专项资金重点向高新技术产业基地倾斜，设立市级财政专项基金，对新建、改建基地的公共服务设施和基础设施

予以支持，帮助新建基地起步。改革财政资金资助方式，在市科技研发资金中专设基地科技和金融结合计划，发挥专项资金的引导和放大作用。引导创业投资机构投资初创期、成长期的八大基地企业；完善税收优惠政策。进一步落实国家在战略性新兴产业、高新技术企业、新产品新技术研发、节能环保、创新创业等方面的税收优惠政策，优化促进高新技术产业发展的地方税优惠政策。深入推进营业税改增值税改革。

（四）强化高端人才培育，打造基地人才建设新高地

创新基地重大功能区的人事管理制度。推行基地干部聘用制，形成人员能进能出、职务能上能下、待遇能升能降的市场化选人用人机制，对基地特色园区工作人员实行聘任制和市场薪酬制。完善产业人才激励机制。健全科研机构、高校与企业科技创新人才的双向流动激励机制，进一步完善人才柔性流动政策，完善科技人员创业股权激励机制，为基地创新创业人才提供项目孵化、财政资助、融资担保、创业辅导等定向促进服务及其他“一站式”便捷服务。探索建立科技成果转化经纪人、科技保险经纪人、科技融资租赁经纪人等制度；加强对世界水平的科学家、科技领军人才、工程师和高水平创新团队的引进培育，引导高校和科研院所专业技术人员通过兼职、挂职、参与项目合作等方式到基地相关企业开展创新创业活动。鼓励基地企业高技能人才开展技术攻关、技术革新、发明创造等创新活动。

（五）促进开放协同发展，增强基地产业国际竞争力

推进国际产业合作基地建设。重点围绕生命健康产业基地、能源汽车和智能网联汽车产业基地的建设，打造一批高层次国际产业合作基地。重点吸引跨国公司和世界500强企业在基地设立地区总部和功能性机构。鼓励外资参与基地企业兼并重组，支持基地民营企业与海外跨国公司开展合资合作。提高企业跨国经营能力。鼓励有条件的基地企业通过海外参股、并购、建立战略联盟等形式提高全球资源整合能力与全球化服务水平，围绕智能制造、新型显示及智能终端、节能环保三大新型工业化示范基地的建设，引导企业以“一带一路”沿线国家主要节点城市和港口为重点，建立境外生产加工基地。有序推动与长江中上游地区的产业合作，高水平建设一批产业合作平台，协同建设产业转移示范区。

(六)实施三大空间引擎工程,推动产业要素快速集聚

按照促进产业链、创新链、资源链、人才链、政策链“五链合一”的原则,实施创新空间培育、智慧园区建设、综合配套提升三大引擎工程,不断优化产业发展环境,提升产业创新能力,加速产业要素流动。实施“创新空间培育工程”,以“创谷计划”为引领,积极推进科技企业孵化器、高新技术企业研发中心、工业技术研究院等重大科技工程建设。实施“智慧园区建设工程”,充分利用现有信息化基础设施,推进 4C(计算机、通信、消费电子、内容)融合,建设标准智能楼宇,构建政务信息化服务平台。实施“综合配套提升工程”,围绕企业和人才的多元化需求,引入知识产权、法律、金融、会计、现代物流、创业投资等生产性服务机构,配套人才公寓、幼儿园、学校、社康、文体、餐饮等生活性服务设施,实现工作、学习、生活三位一体。

课题负责人:杜　涛
课题组成员:万　伟　袁云光　韩阳龙
主要执笔人:杜　涛　万　伟

全面实施营改增与武汉相关产业发展研究

武汉发展战略研究院课题组

自 2016 年 5 月 1 日起,建筑业、房地产业、金融业、生活服务业全部纳入"营改增"试点,标志着我国全面进入"营改增"时代。全面实施营改增,是财税改革的突破口,也是供给侧改革的重要措施,将对全市经济社会发展的各个方面产生巨大影响。由于不同产业的增值税抵扣规则不一、不同城市的产业结构差别较大,所以营改增对各地产业发展影响不尽相同。课题组选取武汉市金融业、房地产业、建筑业、物流业、生活服务业等五个产业,分析营改增的影响并给出应对之策。

一、全面实施营改增的意义和作用

(一)全面实施营改增,有利于推动产业结构转型升级,促进经济持续健康发展

全面实施营改增,将实现增值税对货物和服务的全覆盖,打通二、三产业增值税抵扣链条。增值税抵扣机制,将促进服务业优化经营模式、加快设备更新、扩大业务需求、提升议价能力,大大增强服务业的自我发展能力和市场竞争力;将有利于激发企业将研发、设计、营销等内部服务环节从制造类主业中剥离出来,推动生产要素向现代服务业加速集聚,将有力地支持产业结构的转型升级。

(二)全面实施营改增,有利于减轻企业税负,增强企业活力

李克强总理在 2016 年政府工作报告中指出,全面实施营改增,确保所有行业税负只减不增。预计全年营改增降低企业税负达 5000 亿元。其中,武汉

市降低企业税负 120 亿元以上。减轻企业税负，使企业在生产、流通、服务等各个环节都能分享改革红利，有利于鼓励创新创业，加大研发投入，推动内部改革，加强内部管理，注重与上下游企业的分工协作，促进企业转型升级与发展壮大。

（三）全面实施营改增，有利于形成公平的市场环境，推动税源建设的可持续发展

全面实施营改增，增值税将形成一个“环环征收、层层抵扣”的链条，促使上下游产业之间相互监督，为了进行进项税抵扣，每个增值税纳税人都会积极索取增值税专用发票，隐瞒交易造成的偷漏税行为会相应减少，有助于形成一个税控的良性循环，形成公平市场竞争环境，提高政府税收征管能力和税源的可持续发展。

（四）全面实施营改增，有利于促进就业，推动社会和谐发展

服务业是就业的最大容纳器，全面营改增促进了服务业的发展，进而将大大增强全社会的就业水平。尤其是中小企业税负减轻较多，活力不断增强，将在活跃市场、创造就业、改善民生方面发挥更重要的作用。武汉拥有 100 多万名在校大学生，促进就业是经济社会发展的重要环节，全面实施营改增，是武汉促进就业、构建和谐社会的重要内容。

二、武汉市营改增相关产业的实施情况及分析

（一）房地产业

房地产业的税目征收范围主要包括销售不动产和不动产租赁服务两个方面，2015 年武汉按照行业分，房地产业增加值为 641.47 亿元[①]，较 2014 年增长 8.8%，增速仅次于金融业，位居第二。（见图 1）税收方面[②]，2016 年前七个月，房地产业缴纳国内增值税累计 198701 万元，在第三产业中仅次于批发零售业位居第二。尤其是进入今年以来，武汉房地产业发展势头迅猛，对于武汉经济的发展和税收具有深远的意义。

以武汉地产开发投资集团有限公司（后简称武汉地产集团）为例。武汉地产集团成立至今已有 38 年，是武汉市重要的城市建设投融资平台。截至 2016 年 6 月，集团总资产为 962 亿元，净资产为 291 亿元，所属二级公司 16 家，以

①武汉统计信息网，http://www.whtj.gov.cn/details.aspx?id=2830

②《武汉市国税收入快报》（2016 年 7 月）。

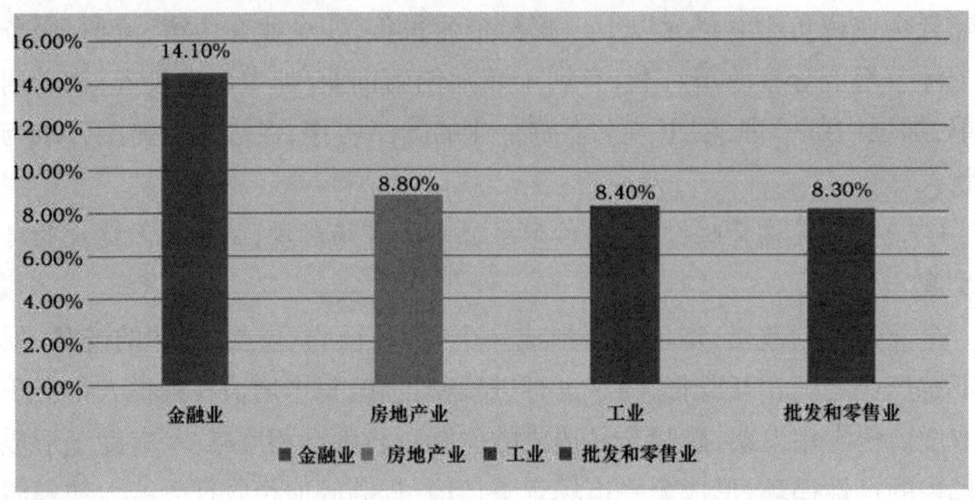

图 1　2015 年武汉地区生产总值增速(按行业分)

市政基础设施建设、公益性公共建筑建设、房地产开发、保障房建设及土地储备为主营业务，是具备较强品牌影响力的区域国有大型企业集团。

本次营改增对于武汉地产集团房地产业的直接影响主要有以下三个方面。一是市政基础设施建设项目。当前，地产集团主要承担着东湖绿道、中山大道综合改造、超级杯体育场等项目，对于提升武汉市城市功能和形象具有重要的意义。二是传统的房地产开发业务，“十二五”期间，地产集团累计销售面积 240 万平方米，营业收入年复合增长率达 29%。其中影响最大是武汉市城中村改造项目和基础设施配套服务。三是租赁项目。

由于我国房地产业具有项目周期长、资金投入大等特点，此次调研的武汉地产集团在过渡期内尚未有相应的财报数据来反映营改增对于企业的影响。虽然根据计算，小规模纳税人减轻了一些税负，一般纳税人在获得足够的可抵扣的进项税额后也会降低税负，但是在座谈中我们发现，过渡期内武汉地产集团的税负有所上升。主要有以下几个原因：一是短期内面临税负上升。主要是因为改革后税率由 5%上升至 11%，地产集团上下游企业还未完全准备好，同时房地产项目往往时间上跨度较大，造成了抵扣困难。二是经营成本的增加。主要表现在材料、人工和费用成本的上升，其中人力成本不断上升且无法进行抵扣。三是市政基础设施行业的特殊性。作为主要承担城市建设任务的地产集团来说，城市建设由于其带有的公益性，在此次营改增中属于规定上比较模糊的地带，虽然行业本身没有任何税负负担，但是却要缴纳税收，同时由于是遵守的属地缴纳的原则，使得项目所在地和地产集团所在地会出现比较大的矛盾，如果在本地预缴，那么在地产集团转包的过程中每一次都要缴纳3%的增值税，这就加剧了结算矛盾的尖锐化。四是城中村改造项目税负增加明显。此次营改增政策规定，购地成本可以在卖价中抵扣，从表面看对于房地产企业来说是有利的，但是由于城中村改造项目特殊的公益性，使得城中村改造用地的挂牌成本和现实成本相差较大，毛地的挂牌价几乎与市场价接近，但是在销售中，房价无法同商品房一样可以随着地价水涨船高，使得城中村改造成本居高不下，同时，城中村的配套基础设施费用从2009年后属于行政事业收费，不能在此次营改增中用于抵扣，这对于新项目影响很大，增加了地产集团的负担。

营改增虽然短时期内提高了房地产企业的成本，同时给房地产业带来了一些积极方面的影响，第一，打通了上下游产业链，随着武汉市房地产业的增长趋势加快，促进武汉地产集团平稳健康发展。第二，有利于规范房地产业上下游企业之间的交易和税收相互影响关系，加强了税收的监督力度，为了最大化降低企业成本，房地产企业税收征收将逐步走向规范。

房地产业在营改增上也面临着困难与问题。一是难以适应统一的税收政策，由于我国房地产行业区域发展极度不平衡，“营改增”的宏观调控对于每个地区的影响程度不一致，对于处于高速发展期的武汉来说，企业适应“营改增”的水平相对较低，企业运行和经营必然遭受一系列打击和挑战，而在上海这样的发展程度较高的城市，营改增试点两年后大部分企业都实现了“减负”的目标。二是房地产企业投资主体多元化发展，不同资本结构和融资结构的企业面临税制改革时产生的风险和困难也不尽相同。三是资金相对短缺，营改增实施后，房地产企业成本增加，相应会影响企业的现金流，再加上项目周期长的特点，房地产企业必然面临资金困难局面，由此可能引发更严重的行业问题。

（二）建筑业

建筑业主要提供的是建筑服务，包括工程服务、安装服务、修缮服务、装饰服务和其他建筑服务。2015年武汉市建筑业增加值为906.98亿元[①]，较2014年增长7.1%。其中增加值仅次于工业与批发和零售业，位居行业第三，增速仅次于金融业、房地产业、工业、批发和零售业之后，位居第五（见图2）。

①武汉统计信息网，http://www.whtj.gov.cn/details.aspx?id=2830

税收方面①,2016年前七个月,建筑业缴纳国内增值税累计87082万元,在第二产业中仅次于制造业(1521436万元)和电力、燃气及水的生产和供应业(138137万元),位居第三。在此次营改增中,通过计算,建筑业小规模纳税人的税负减轻了营业额的0.087%。建筑业一般纳税人的税负由3%上升至11%,同样大量可抵扣项目降低了税负,只要当进项可抵扣金额大于营业收入的71%的时候,一般纳税人的税负就会降低。

以武钢现代城市服务(武汉)集团有限公司(以下简称“武钢城市服务集团”)为例,武钢现代城市服务(武汉)集团有限公司是于2012年8月在武钢后勤集团公司基础上组建的,集团下属分、子公司和合资公司14家,产业范围涵盖房产经营、物业经营管理和建筑服务等城市服务领域,现有职工2500余人,资产总额16.65亿元、净资产10.73亿元,其中建筑服务主要包括工程服务、安装服务、园林绿化服务等业务。

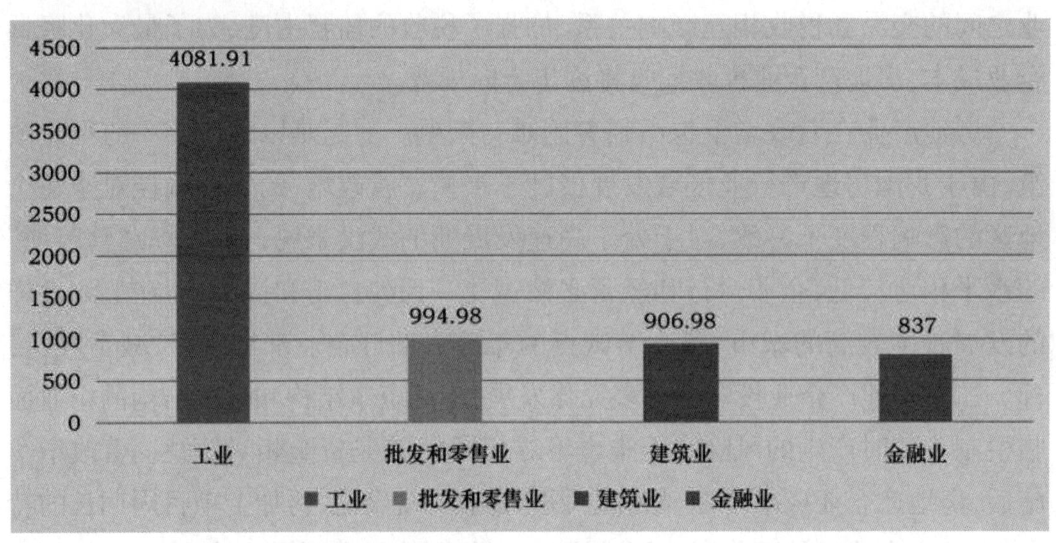

图2 2015年武汉地区生产总值(按行业分)(单位:亿元)

本次营改增对于武钢城市服务集团建筑服务的直接影响业务主要有以下两个方面。第一,以清包工方式提供的建筑服务、为甲供工程提供的建筑服务及为建筑工程老项目(即《建筑工程施工许可证》注明的合同开工日期在2016年4月30日前)提供的建筑服务。第二,2016年5月1日后发生不动产在建工程,其进项税额分两年从销项税额中抵扣,第一年抵扣比例为60%,第二年抵

①《武汉市国税收入快报》(2016年7月)。

扣比例为40%。

全面推行营改增,对金融业的发展将产生一定影响,对武汉城市服务集团建筑安装服务中的老项目来说,由于均选择使用简易计税方法(3%),这一部分以取得全部价款和价外费用扣除支付的分包款后的余额为销售额缴纳增值税,可以看出在营业收入不变的情况下,税负有轻微的减少。(见表1)

对建安工程服务的新工程来说,税负涨幅较大(见表2)。我们可以看出,建筑安装服务义务在增值税政策下,税负和营业税相比增加了一倍多,达到了38.79万元。主要原因一是短时间内税率过高。对于武钢城市服务集团来说,其建筑业务因采取一般计税方法,税率从3%上升至11%,提高的幅度过大,特别是营改增初期,可抵扣的成本比例偏低,短时间内不能体现营改增带来的税负减少效应,带来暂时的税负加重。二是抵扣不足。成本上升带来的压力不断提高,原材料中砂石、混凝土和钢材等大多只能取得3%进项税抵扣,而其他建筑材料大部分从中小上游企业或者个人等小规模纳税人中购买,而在营改增初期,这些小规模纳税人往往不能提供增值税发票,因此不能抵扣的部分较多,同

表1　武汉城市服务集团子公司建筑安装服务(老项目)"营改增"计算表

(2016年5—9月)　(单位:万元)

营业税政策(1)		增值税政策(2)		对比测算(2)-(1) 应交税费减少
营业税①	13.55	销项税额③	0	-0.43
附加税费②	1.36	应交增值税④ 附加税费⑤	13.16 1.32	
应交税费合计 ①+②	14.91	应交税费合计 ④+⑤	14.47	

表2　武汉城市服务集团子公司建筑安装服务"营改增"计算表

(2016年5—9月)　(单位:万元)

营业税政策(1)		增值税政策(2)		对比测算(2)-(1) 应交税费减少
营业税①	16.43	销项税额③	54.27	20.72
附加税费②	1.64	进项税额④ 附加税费⑤	19.01 3.53	
应交税费合计 ①+②	18.07	应交税费合计 ③-④+⑤	38.79	

时人力成本不能抵扣,建筑业人工成本占比比较高,对建筑业这种劳动密集型产业来说,在劳动力价格越来越高的今天,还是一个比较大的负担。

在案例研究中, 营改增给武钢城市服务集团的建筑业带来了一些积极的影响。一是营改增避免了重复征税,这解决了多年以来困扰武汉建筑业企业的"顽疾",减轻了建筑企业的负担。二是便于建筑企业及时更新设备,提高企业自身的技术水平。对于武钢城市服务集团来说,在 2016 年 5 月 1 号以后发生设备购买可以分两年从进项税额中抵扣,设备成本会得到显著的降低,同时新的装备更新会大大提高自身的工作效率,也在一定程度上会降低人力、物力成本。三是建筑业的销项税成为了其他企业的进项税,为其他企业节税,减少了下游企业的税负,也将带动建筑业及其上下游产业链健康发展。

建筑业在营改增中也面临着一些困难与问题。一是固定资产更新慢。虽然在营改增后,对于需要大量固定资产的建筑业是一个利好,但是这些设备一般的使用年限较长,折旧年限一般在十年左右,如果运转正常,企业不会再进行更新,这就没有此类抵扣项,因此在前两年不动产抵扣之后,企业的实际税负会增加。二是集团模式下带来的挑战。很多建筑业企业存在规模小、资质不高的子公司,许多工程从竞标到分包都由集团公司统一分配,每个公司都具有法人资格,那么必须独立缴纳税款,从而影响集团公司的现金流,增加了各级公司增值税管理的复杂性。同时统一采购原材料也会造成子公司无法将集团公司提供的原料进行抵扣,更加长了增值税流转周期。 三是行业"潜规则"带来的法律风险。营改增初期必将进一步规范行业行为, 但是同时会存在法律风险,在建筑业现在的社会背景当中,违法分包、挂靠、虚假交易、虚开发票已经成为了业界默认的"潜规则",这些潜规则在营改增的影响下必将给行业带来潜在法律风险。

(三)金融业

2015 年,武汉市金融业增加值 837.5 亿元,同比增长 14.1%,占 GDP 比重 7.7%,全行业纳税占地方税收的 9.9%。武汉建设国家中心城市,未来需要更活跃的金融市场和更畅通的融资渠道, 金融业将迎来新一轮高速发展的机遇,将有利于地方综合经济实力的提升,也将进一步加大金融业对地方税的贡献力度。

全面推行营改增,对金融业的发展将产生一定影响,尤其在过渡期,金融业税负会有所提高。以武汉市某一地方银行为例（见表 3），2016 年 5—6 月应纳增值税额 6478 万元，测算营业税模式下应纳税额为 4200 万元，税负增加 2278 万元，涨幅达 54.23%；2016 年 7—9 月，该行应纳增值税 9890 万元，测算营业税模式下应纳税额为 6200 万元，税负增加 3690 万元，涨幅接近 60%。营改增后该行税负大幅提升，主要因为一是适用税率由 5%提升至 6%（实际税率为 5.66%），税率提高；二是相较于营业税阶段，金融服务增值税的计税范围有大幅增加，对于金融企业影响极大，如金融商品持有期间（含到期）利息收入、货币资金投资所取得的固定或保本收益都需缴纳增值税；三是对于人力密集型的金融企业来说，可以抵扣的进项税额非常有限，如果不存在购置不动产、系统改造等大额进项税，仅凭办公用品和日常费用想要抵消计税范围增加所带来的影响，难度较大①。

表 3 2016 年 5—9 月武汉某地方银行营改增后税负变化情况

时间	应纳增值税额（万元）	测算的应纳营业税额（万元）	税负增长率（%）
2016 年 5—6 月	6478	4200	54.23
2016 年 7—9 月	9890	6200	59.52

通过案例我们得知金融业营改增目前导致企业税负有较大幅度增加，从长远来看，有利于金融业的创新发展。对银行业来说，一是营改增鼓励银行业务创新转型。比如，明确提出在手续费及佣金业务进行进项税额抵扣时不允许抵扣与贷款相关的价外费用的进项税额，鼓励银行业创新发展高附加值中间业务；将融资性售后回租利息收入由原融资租赁税目纳入到贷款服务范围，税率由 17%降为 6%，鼓励租赁业务创新，助力实体经济发展。二是推动银行提升管理水平。因为相对于营业税，增值税下的计税规则要更加复杂，相关惩罚性的约束机制的设计，发挥了激励银行业提升内部管理水平的作用。此外，营改增允许商业银行抵扣业务外包缴纳的增值税进项税额，也有利于推动商业银行将部分标准化程度较高的非核心业务外包给外部专业机构，从而能够更专注核心业务发展和运营管理。

①经测算，在收入总额不变的情况下，获得可抵扣的各项支出与收入之比大于 11.67%时，营改增后银行税负减少；小于 11.67%时，营改增后银行税负增加。该银行的实际数据是：获得可抵扣的各项支出与收入之比仅在 2%左右，远小于 11.67%，银行税负将由于可抵扣的进项税偏少导致税负增加。

但是在过渡期,营改增还是给金融业带来了一定挑战。一是营改增后金融业企业计税系统的改造成本会远高于其他行业;二是企业的内控难度会进一步加大;三是随着利率市场化的不断加速,商业银行定价机制日益灵活,银行业竞争也日趋白热化,增值税向下转嫁就需要提高价格,必将面临客户流失的风险,而如果为了留住客户降低价格,则又面临利差收窄甚至亏损的风险,产品定价成为银行业发展的挑战;四是在试点方案中,金融商品持有、信用卡透支、买入返售、票据贴现、转贷、押汇、罚息等业务都要全额纳税,这就意味着商业银行与相关的下游工业企业的增值税链条仍未被打通,下游企业仍面临重复征税问题,金融业对实体经济的带动作用不能有效发挥,也制约了金融业的进一步发展。

(四)物流业

2015 年,武汉市物流业增加值超过 1000 亿元,占 GDP 比重超过 10%。作为国家商贸物流中心,“十三五”时期,武汉将继续推进国家物流枢纽建设,巩固物流业地位,力争到 2020 年,物流业增加值达到 2000 亿元。实施营改增后,由于运输及物流辅助服务业等税率调整幅度较大,很多物流企业税负上升,对物流业发展产生了一定影响。

以武汉市某一知名航运物流企业为例,2016 年 1—9 月运输收入同比增加 6.7%,但应交增值税同比增长 30.3%。且该企业通过测算,营改增后 6000 吨级散货单船实际税率增加了 2.85 个百分点。主要原因一是运输企业税率设置偏高;二是企业可抵扣的项目主要为购置运输工具和燃油、修理费所含的进项税,抵扣项目偏少,特别是运输工具购置成本高、使用年限长,不可能频繁购置,可抵扣的进项税少;三是企业购船周期没有可遵循的规律性,存在增量固定资产使用期内增值税额缴纳不均衡:即在增量固定资产投入使用的初期,进项税额足够大,在增量固定资产进项税额全部抵扣完毕后,在没有新船购入没有足够的进项税额可以抵扣的情况下,企业缴纳的增值税增加,可抵扣不均衡;四是在物料、配件采购中,目前所选的服务商大多是小规模纳税人,开具的普通增值税发票不能进行抵扣,增加企业经营成本。

营改增提高了航运物流企业整体成本,但是也有一些正向影响:一是由于经营成本上升,自然人船东或小规模船公司无法取得一般纳税人增值税开票资格,势必实行公司化运作或采取挂靠经营模式,有利于推动长江航运的组织化进程;二是有利于有船公司利用自身优势吸引个体船东,扩大规模,统一经营,将规模优势转化为竞争优势。同理,对于物流全行业来说,营改增也有利于全行业的整合,化零为整,增强行业实力。三是营改增改变了原先每流转一次都要全额纳一次税的格局,更是突破了长期以来物流行业出于节税而考虑的做大做全的经营模式。促使部分运输及物流企业将一部分服务(诸如研发、设计等)与主业务相分离,成为运作更高效的独立单位。实施营改增,充分鼓励了物流企业进行设备更新与技术更进,引导物流业从劳动密集型向技术密集型转变,在一定时期内势必会推动物流业的发展和进步。

物流业在营改增过程中也面临着困难与问题。一是由于税率设置过高和可抵扣项目过少,在过渡期内,物流业企业税负会有大幅增加,有关研究显示,营改增后,有些物流企业缴税翻了一番,利润空间变小。二是物流业各环节税目不统一、税率不相同,增值税抵扣链条并未彻底打通,严重阻碍了现代物流业的一体化运作模式。此外,在现实经营活动中,由于物流业各环节往往联系紧密,各项业务前后关联,有关物流运输业务与物流辅助服务有时更是难以区分,人为划分的方式不仅不贴合现代物流发展的实际,也在加大税务部门管理难度的同时提高了征收成本。三是增值税的固定资产抵扣机制有利于倒逼企业的转型升级,但是物流企业本身的特性决定了其固定资产的更新周期较长,当企业一次性购入大量固定资产之后,在相当长的一段时间内几乎都不会再有新的设备更新,这部分进项一旦抵扣完毕,短期内可抵扣进项势必不足,其税负将大幅上涨,不利于企业财务的稳定发展。

(五)生活服务业

武汉市本轮营改增的企业纳税人有 9.8 万户,其中生活服务业企业户数占 56.3%。生活服务业大多是小企业,属于小规模纳税人,对于小规模纳税人来说,营改增之前,缴纳营业税的税率是 5%,营改增之后,增值税的征收率降为 3%,税率下降了 40%,是营改增的最大收益者。减少企业税负,促进了相关产业发展,激发了大众创业激情,也促进了中小企业持续健康发展。

从一般纳税人来看,税率从 5%提高到实际 5.66%,但大量可抵扣项目及免税规定降低了税负。以一武汉市内规模较大的快餐企业为例,营改增以后公司加强采购业务税务筹划,要求供应商统一开具增值税发票,保证进项税额“应抵尽抵”,充分降低增值税负,并合理安排原料结算时间,相应地减少了税收。

如表4,2016年5—9月获得进项税额460.24亿元,经过抵扣,在9月末还形成了留抵税额169万元,应交税费减少了近452亿元。

表4　某快餐企业2016年5—9月税收

营业税政策(1)		增值税政策(2)		对比测算(2)-(1) 应交税费减少
营业税①	257.32	销项税额③	291.31	
附加税费②	25.73	进项税额④	460.24	-451.99
应交税费合计 ①+②	283.06	应交税费合计 ③-④	-168.93	

以武汉长江航运旅游业务为例,这家企业主要从事游船业务,游船业务按旅游业由原来营业税税率5%提高为增值税税率6%,虽然税率增加,但资产构建项目以及大部分成本可取得增值税发票,获得抵扣,总体税负有所降低。很多旅游企业也涉及餐饮、住宿、不动产经营租赁等业务,这些业务在营改增后税负都有所降低,所以旅游行业整体税负均略有降低。

从案例来看,营改增后生活服务业整体税负有所下降,但生活服务业面临着经营者分散、单店规模小、直接面对最终消费者的特点,行业特点致使该行业的进货价格很难核算,比如餐饮行业,由于原材料繁多,食物制作过程复杂且变化多,就很难详细地计算进项价格,因此也难以计算增值部分,没法抵扣。另外,由于生活性服务的需求者是消费者,不使用增值税专用发票,对于发票需求较少,营改增对生活服务业中小企业的影响也可能不像理论预测的那样显著。如果按照3%征收增值税,中小企业税负与现有的营业税相比较理应有所下降,但是小规模纳税人无法自行使用增值税专用发票,也对税负的降低有一定影响。

三、以营改增为契机推动产业结构调整

(一)加大金融业的创新发展力度

以营改增为契机,加快推进金融业业态创新、平台创新、产品创新,积极推进企业内部系统改造和管理升级,提升金融业整体实力,打造中部金融中心。积极推进科技金融改革,加快创新型要素市场建设工作,积极推进国家投贷联动试点工作,争取民营银行设立工作取得突破。

（二）加快物流业的提档升级

以营改增为契机，积极引导物流业行业整合、设备更新与提档升级，加快物流业从劳动密集型向技术密集型转变。大力建设物流基础设施，推进“一港、六园、八中心”建设，加快新港空港综合保税区建设，促进武汉物流交易所和大宗商品交易所建设，积极申报中国（武汉）跨境电商电子商务综合试验区。

（三）加速建筑业市场的规范化建设

完善建筑业的抵扣链条，率先在中部和全国范围内建立国有建筑材料集团公司和统一的农民工劳务输出公司，为建筑业统一提供可以进行抵扣的原料和票据，降低人工成本，逐步扩大影响力，吸引中部甚至全国的建筑企业来武汉建立总部机构，推动武汉市建筑业健康快速发展。

（四）科学引导房地产业健康发展

以新型城镇化建设为重要契机，逐步形成房地产业和城镇化互动、互促发展的新模式，吸引更多的人口来武汉安家置业，科学运用各种政策手段进行适时调控，合理把握和实施调控土地投放量，确保土地供给的有序性、渐进性，切实优化房地产行业发展环境。

（五）稳步发展生活服务业

生活服务业是营改增收益面最广的行业，尤其是餐饮、住宿、旅游、娱乐等行业。积极发展本地特色餐饮，规范餐饮业进货渠道；打造国家旅游中心城市，培育一批彰显武汉地方特色的旅游产品；积极发展家庭服务、养老医疗服务、健康管理等服务业，打造中部公共服务中心。

（六）提升发展服务外包

营改增有利于建立服务企业之间的联系与合作，推动服务业专业化分工和组织协调，以营改增为契机，大力发展服务外包，认定和培育一批服务外包示范园区、企业和人才实训基地，做大做强光谷软件园、中部慧谷等服务外包基地，培育一批服务外包特色骨干企业和培训机构，建设服务外包集聚区，打造一批服务外包知名品牌，促进我市服务外包业发展。

（七）推进制造业主辅分离和战略性新兴产业发展

推进大型制造企业主动剥离研发、设计等生产性服务业，让企业可以聚焦主业，推进分工和专业化，更加有效地提升生产率，支持产业结构转型升级。新兴产业概念新、产品新、商业模式新，扩张速度相对较快，合作伙伴、先进设备的需求较多，增值税的抵扣机制更能有效降低企业税负，大力发展以信息技术、智能制造、生命健康为支柱的战略性新兴产业，建设具有核心竞争优势的制造强市。

四、对营改增下武汉市相关产业发展的对策建议

全面营改增之后，武汉相关产业发展会有一个短暂的阵痛期，对此武汉要有一个充分的心理预期和心理准备，同时要从企业、地方政府和中央政府三个层面积极谋划，坚持加快发展，积极争取政策，科学规避和抵消营改增对产业发展不利影响，顺势促进产业结构的调整优化，在“十三五”期间全力打造“经济升级版”。

（一）地方政府层面：先行先试，做好服务

以发展市场、服务企业为宗旨，武汉市政府应积极向中央政府，申请在武汉开展前瞻性、整体性和系统性改革的先行先试，充分发挥地方政府职能，研究制定适合武汉市相关产业营改增改革的具体政策和措施，有序引导相关产业平稳过渡，在“十三五”期间建立完善的现代化市场秩序。

1.积极申请财税改革先行先试

以系统推进武汉建设全面改革试验区为契机，重点突破营改增中相关产业发展的难点问题。适当降低一般纳税人认定标准。目前增值税一般纳税人认定标准为年营业收入 500 万元以上，标准较高，可考虑向中央政府建议适度降低纳税人认定标准，让更多企业纳入到一般纳税人的范围，增加取得专票的渠道，降低成本和税负。统一降低税负增长过快行业的税率。针对比如房地产业、交通运输业的税率增加过高的问题以及服务业中存在的税目过多和税率差别较大的问题，建议对交通运输业、房地产业和现代服务业统一降低按照 6%征收。完善企业身份认定和开票信息。建议国税部门进一步明确开具增值税专用发票应当出具的身份证明资质以及界定由此造成的善意虚开增值税专票的责任，同时在国税部门开票系统中完善企业开票信息，提高税务部门工作效率。尽快出台过渡期针对性政策。武汉市应当加快对营改增过渡期内相关产业的研究，积极向中央政府反映相关行业在改革过程中遇到的新问题。一方面积极申请营业税政策平移。另一方面要明确营改增的政策范围，对一些此次营改增规定模糊的地带，尽快单独制定政策进行确定。对不同产业实行结构性补贴政策。积极落实“降成本”政策，对受到营改增影响而税负有所增加的行业，向国

家申请适当的财政补贴，降低企业税负。

2.做好武汉经济的服务人

打造国际国内一流的商务环境，增值税属于流转税，其背后是企业对于生产经营地点的自由选择，是资本的自由流动，税基的流动性较大。优良的地区发展环境会吸引更多更好的企业入驻。只有武汉的商务环境好了，各类社会资本才会“蜂拥而至”，才能助推经济快速发展。需要武汉进一步推动政务改革，优化以简政放权为核心的政务环境；加快文化五城建设，提高人文魅力；加强生态环境、居住环境、城市环境优化升级，打造宜居武汉；对标香港、深圳等发达城市，建设自由、公平、开放的一流市场发展环境。二是坚持深入推进“双创”活动，培育更多的“独角兽”和“小巨人”。企业是市场主体，也是纳税主体。武汉要大力推进“武汉城市合伙人计划”和“创谷”计划，把武汉打造成梦想家的乐园、创业者的家园。三是集聚更多人口，在相应条件下，只有一定规模的人口才能创造出一定规模的财富。武汉要树立全新的人口观念，继续推进户籍制度改革，进一步放宽落户标准，吸引更多人到武汉就业创业。

3.健全现代市场体系

以武汉积极建设国家中心城市和挺起“长江经济带的脊梁”为发展契机，规范完善区域性要素市场，加快形成统一开放、竞争有序的市场体系。

4.加强政策宣讲与培训

积极推行“互联网+政务服务”，以实施“智慧政府”为契机，在全社会加大对营改增的宣传和学习研究力度，以举办政策宣讲会、财务人员培训班等方式，督促国税和地税部门尽快让企业掌握好、运用好税改政策，早日实现结构性减负的目的。另一方面，加强与国税、地税、发改委、经信委、商务局等部门的沟通合作，全力保证国税、地税部门在过渡期间宣传、系统升级和业务平稳交接，形成党政领导、税务主责、部门合作、社会协同、公众参与的税收共治格局。

(二)企业层面：积极面对，加快发展

坚持发展为第一要务，武汉市相关企业坚持现金流和税负两条主线，科学应对营改增带来的负面影响，加强企业管理和有效控制成本，加快内部学习培训，抢抓机遇，拓展产业发展新空间。

1.坚持做大做强

企业要正视面对营改增带来的机遇和挑战，坚持发展为第一要务，坚持去库存和产业提质增效，增强企业活力和竞争力，做大做强主业。涉及行业多的企业要推行业务板块分类管理，整合企业资源，优化资源配置。例如房地产业要积极筹备新项目应对营改增，加快推进附加值高、抵扣项多的精装修房，提高行业的收益率。

2.加强采购业务管控

降低税率上升带来的影响，以房地产业、现代服务业和建筑业为代表的相关行业应当积极在内部采购环节通过供应商选择和比价机制，尽可能取得上游客户增值税专用发票，保证应抵尽抵；对于不能提供专用发票的客户，要求适当降价来减少成本。

3.严格经营活动的现金流规划管理

企业应当整体考虑营改增对收入、成本和总税负的影响，通过改变营销模式，改变收入确认方式、转变成本投入模式、加强税负核算管理来完善现金流规划管理。

4.落实企业内部培训和学习

进一步加强“营改增”政策的学习及宣传，特别是增值税抵扣政策，逐层落实到财务人员及经办业务人员知晓；财务部门应切实为业务部门取得增值税专票提供帮助；完善办税流程，及时认证增值税专用发票，按规定进行申报抵扣。持续关注营改增后续政策出台，动态监控营改增税负变动原因，积极同政府部门沟通并争取超税负财政返还政策。

课题负责人：吴　怡

课题组成员：朱　卫　袁云光　吴　怡　付　兴　叶传忠　聂佩进

战略思考篇

Strategic Thinking

关于武汉“城市合伙人计划”的实践与建议

袁云光

科技创新是驱动世界经济和社会大发展、大变革的核心动力。为此，党中央明确提出：要实施创新驱动发展战略，以全球视野谋划和推动创新，打造社会生产力和综合国力的战略支撑。创新驱动成为经济新常态下转型发展的核心战略。

创新驱动实质上是人才驱动。创新实力的比拼，归根结底是创新人才的竞争。2015 年 7 月，武汉市创造性提出实施“城市合伙人计划”，要在全球招贤纳士，让创业者和投资人在武汉结成“命运共同体”“奋斗共同体”，以产业创新领军人才为重点，铸就城市创新脊梁；实施“摇篮工程”，全力支持青年人放飞梦想；续写知音传奇，建设“天使之城”。用最好的资源、最优的政策、最多的投入，全方位、全体系、全区域、全领域推进全面创新改革，加快建设国家创新型城市。本文就“城市合伙人计划”的内涵与任务、武汉人才集聚的现状与问题进行研究，并就武汉依托“城市合伙人计划”实现高端人才集聚提出对策建议。

一、武汉“城市合伙人计划”的内涵和主要任务

（一）武汉城市合伙人

所谓“城市合伙人”，就是突破传统人才政策的体制机制障碍，从经济学和法学领域“合伙人”概念出发，借鉴“合伙人”制度中“权责明确、利益共享”的原则，寻找二者平等合作、互利共赢的着力点。同时，将社会多元共治理念延伸到人才工作的体制机制创新上来，通过建立创新领军人才共同参与创新决策、创新执行的体制机制，将城市与人紧密地结合在一起，结成休戚与共的“命运共

同体”。

武汉市为了适应创新型时代的客观要求，以建立创新型城市为目标，把热爱这座城市并关心这座城市建设与发展的各类顶尖人才、创新创业领军人才及团队集聚在一起，结成荣辱与共的奋斗共同体，组成肝胆相照的城市合伙人。以知识智慧、能力水平、管理经验、资金财富作为投资资产，进行“合伙投资”，共同参与城市建设与管理，共享城市建设红利，共同创业，共担风险，共创未来。

（二）武汉“城市合伙人计划”

所谓“城市合伙人计划”，就是充分发挥人才和资本在构建城市未来发展的产业和创新体系中的支撑作用，着力健全政策体系、完善体制机制、培育创新文化、营造良好环境，大力引进聚集创新创业者和创业投资人，通过结成“奋斗共同体”和“利益共同体”，把武汉建成全国最具影响力的人才聚集高地、创业投资高度活跃的天使之城、开放包容高效的创新创业中心。最核心目标就是放眼全球，建设海外人才离岸创新创业基地，大力引进国际顶尖人才、海外归国人才来汉创新创业。让武汉成为人才来去最自由、落户最便利、创业最宽松、生活最舒适的地方，打造国际人才自由港。

武汉创新委成立了“城市合伙人计划”专委会专项推进计划。2015 年 9 月武汉市正式出台了《武汉“城市合伙人”计划行动方案》，提出了武汉“城市合伙人”的认定标准、政策清单和服务工作实施办法。

主要政策包括：针对武汉重点发展的信息技术、生命健康、智能制造等三大战略性新兴产业，重点引进产业领军人才，优先引进知名创业投资人，广泛支持优秀青年科技人才和大学生创新创业人才等三类“城市合伙人”。放宽落户限制，一张绿卡管引才，高端人才落户免审，即来即办；对知名创业投资人投资给予财政性奖励补贴、风险补贴和住房补贴；建设青年创业公寓、创业社区，建立创业休学制度，为大学生落户设立社区公共户；完善人才荣誉制度等举措。采取特殊政策，设立 10 亿元天使投资母基金，最高给予创业创新项目 1 亿元项目资金资助。力争 5 年内，引进聚集 10 名国内外顶尖人才、1000 名产业领军人才以及 100 名知名创业投资人、1000 名各类天使投资人，培育集聚 20 万名青年研发创业人才，努力把武汉建成全国最具影响力的产业人才聚集高地、创业投资高度活跃的天使之城、开放包容高效的创新创业中心。

（三）武汉“城市合伙人计划”的主要任务

以开放、多元、包容的胸怀，创造良好法治、人文、营商环境，建设全国低成本创新创业中心，让武汉成为创新乐园、创业家园。

1.以产业创新领军人才为重点，铸就城市创新脊梁

放眼全球，大力引进国际顶尖人才、科学家、海外归国人才来汉创新创业。培养一批又一批青年才俊，涌现武汉的乔布斯、马云、马化腾。打造国际人才自由港，建设海外人才离岸创业基地，让武汉成为人才来去最自由、落户最便利、创业最宽松、生活最舒适的地方。

2.实施“摇篮工程”，支持青年人放飞梦想

目前武汉拥有130万名大学生，数量居全球之最，是一座朝气蓬勃、富有活力的城市。要设法把他们留在武汉创新创业。让青年人在武汉放飞青春、成就梦想，与这个城市共成长、同发展，让他们用自己的智慧和双手，使这座城市变得更美好。未来3年，为创新创业大学毕业生提供1万套以上公租房;制定投资补助奖励等专项政策，鼓励引导各类社会主体，建设总规模20万方以上各类青年创业公寓、创业社区。重点支持获得A轮以上投资的创业企业，引进高管团队和技术精英，给予其薪酬50%的补贴。设立“社区公共户”，建立统一落户管理平台，为大学毕业生落户提供最大便利。进一步强化激励机制，推动科技人员更自由地创新创业，让最优秀最聪明的青年人都致力于发明创造、创新创业，让武汉成为放飞梦想的摇篮。

3.续写知音传奇，建设“天使之城”

今天的创新，比以往任何时候都离不开科技金融，需要资金链对创新链和人才链的支撑。积极创造条件、建设平台，为创业者和投资人牵线搭桥，让他们在知音故里相遇相知，续写高山流水佳话。扮演好最大天使投资人角色。发挥政府引导基金作用，等比例募集社会资本设立天使子基金，对处于萌芽期的产业、初创期的企业，政府领投、共担风险、原值退出，不与创新创业者分利争利。大力培育和引进天使投资人，支持组建“长江天使汇”等天使投资俱乐部，把武汉建成天使投资最活跃的“天使之城”。完善鼓励天使、风投、股权投资、并购等基金发展的政策，争取全市创投资本规模3年达到1000亿元以上，各类创投机构500家以上，创业企业年募集资金300亿元以上。大力发展多层次资本市场。支持科技型企业在主板、创业板、新三板上市。加快发展四板市场，探索发

展五板市场，设立众筹金融交易所，鼓励支持众筹发展。改变财政专项资金“九龙治水”格局。把各部门、各方面的财力整合起来，通过“资金变基金”、利用金融工具等方式，实现资金杠杆多级放大，力争3年市、区两级战略性新兴产业引导母基金总规模达到200亿元。

二、影响武汉人才集聚的关键因素分析

清华大学启迪创新研究院发布的《2015中国城市创新创业环境评价研究报告》显示，2014年城市创新创业环境武汉排名第八，创新创业环境评分与北京、上海以及深圳、广州等城市相差甚远。影响人才集聚的主要因素包括经济水平、产业层级、领军人物、政策环境等四个方面。

（一）经济水平对人才集聚的影响分析

经济发展水平是促进人才聚集目标实现的重要因素。中国人才科学研究院于2014年公布的《中国人才集聚报告》中显示，江浙沪地区作为引领中国经济高速发展的代表，各项人才聚集度测算指标均排名靠前，成为人才流动和聚集的热门目的地。武汉市人均收入在全国同类型城市中排名比较靠后，这种经济状况不足以吸引国内外优秀人才。地区经济水平对人才的直接影响表现为收入水平。武汉市人才服务中心发布《2014年度武汉地区高校毕业生薪酬调查研究报告》显示，2014年武汉高校本科毕业生人均年工资收入为45663元，在就业城市选择上，仅有35%的大学生愿意留在武汉。

（二）产业层次对人才集聚的影响分析

高新技术产业是各类人才的集聚中心，并且随着产业竞争力的增强，这种人才吸引作用还会逐步加速。20世纪90年代硅谷确立了其在高科技产业集群中的龙头地位，各类人才纷至沓来。武汉市战略性新兴产业规模只有深圳的十分之三、天津的二分之一、广州的五分之三。武汉高新技术企业多处于产业链下游，具备国际国内竞争优势的企业相对较少，缺少像华为、中兴、华大基因、光启那样的龙头企业，很多企业开发市场的能力不足，薪酬水平也没有竞争力，对高素质人才缺乏吸引力。

（三）领军人物对人才集聚的影响分析

领军人物具有强吸引力，能形成巨大的人才磁力场。美国著名物理学家费米团队聚集了著名的华人科学家杨振宁、吴建雄；英国卡文迪实验室教授汤姆生和卢瑟夫团队聚集了17位诺贝尔奖获得者。武汉缺乏具有世界一流水平的

顶尖科学家和领军人才。尽管武汉拥有两院院士61人,但与上海的165人、南京的82人等相比还有差距。武汉市缺乏如马化腾、马云、李彦宏等具有国际化竞争力的有利于科技创新的企业家。一批有望成为领军人物的人才不断流失,如小米创始人雷军、PPTV创始人姚欣、360周鸿祎等,他们都曾求学于武汉,但是最终都离开了武汉。

(四)政策环境对人才集聚的影响分析

武汉市近几年出台了多项人才政策,加大对高层次人才吸引力度,但相关政策不规范、不衔接、难落实,开发利用高端人才智力资源的能力不足,人才生活保障不够等是目前人才政策制定和落实中亟待破解的难题。同时,文化的包容性、宽容性,对人才聚集包括投资人、企业家、科技人才的事业发展具有十分重要的决定作用。创新创业离不开社会环境的滋养,长期以来,创新的意识不强,社会上对创新的鼓励不足,对创新失败缺乏宽容的气氛,是创新人才凝聚力不强的因素之一。

三、武汉与深圳高层次人才政策比较与借鉴

深圳作为全国首屈一指的创新型城市,其吸引、培育、集聚创新人才的路径和办法有什么高招和窍门,“他山之石”的经验精髓值得武汉借鉴。

(一)深圳集聚高端人才的主要政策措施

一是通过政策创新面向全球集聚创新人才。深圳坚持将创新放在与改革开放同等重要的位置,加强创新体系顶层设计,以制度创新、政策创新推动创新型城市建设。先后出台自主创新“33条”、创新驱动发展“1+10”文件等一系列政策措施,从财税、金融、人才、土地、知识产权保护等各个方面,全方位支持创新,形成了覆盖创新全过程的政策链。落实省“珠江人才计划”,实施引进海外高层次人才“孔雀计划”,举办了13次国际人才交流大会,制定出台高层次专业人才“1+6”文件、人才安居工程等政策措施,累计引进境外专家98万人次,“珠江人才计划”创新团队24个、“孔雀计划”创新团队59个、“千人计划”人才115名、“海归”人才近5万人。在2014年陈嘉庚青年科学奖5名得主中,有2人来自深圳;在福布斯“2014中美创新人物”中国10人名单中,深圳占5席。

二是通过优势产业、龙头企业和高端项目吸引人才。积极参与中微子实验国际合作项目、欧盟地平线2020研发计划、国际基因组计划、国际植物组学研究等国际大科技计划,微软、英特尔、甲骨文、三星等一批跨国公司研发中心落

户深圳。支持企业在全球布局研发机构。深圳的大型企业、高新技术企业基本上都建有工程技术中心、企业技术中心、实验室等技术平台，既能转化引进技术，也能向社会和企业输出技术。企业间形成研发联盟，其核心技术能力具有高度互补性，通过联合开发解决生产技术难题。深圳高新技术龙头企业和各类科研机构广泛利用全球创新资源为深圳产业化升级服务。比如华为、中兴在英国、瑞典、法国、德国、美国设立研究中心；清华大学深圳研究院先后设立了“北美创新创业中心”“欧洲中心”和“俄罗斯创新中心”。近三年来深圳企业在境外新设投资200万美元以上的研发企业近90家，华为、中兴分别累计在全球布局了47个和18个研发中心。通过国际合作交流，大力引进一批具有国际视野、通晓国际规则的海外高层次人才，加大创新创业人才和创新科研团队引进力度，优先引进培养一批科技领军人才和学科带头人。

三是通过促进大众创业、万众创新培育人才。深圳不断强化创新、创业、创投、创客“四创联动”综合创新体系，构建创新生态链，全面激发大众创业、万众创新活力，成为首个国家创新型城市和国家自主创新示范区。2015年，战略目标提升为“建成现代化国际化创新型城市”，努力打造国际创客中心、创业之都、创投之都。深圳定期举办中美青年创客大赛、创客市集等系列活动，出台青少年创新专项计划，拓展小微企业、海内外创客、青年学生创新创业新空间。目前，深圳超过一成的市民都在创业，其中过半拥有公司；全市创客超过1000人，5年引进6万多名留学生，创办智慧型科技创业企业3300家，年产值过亿元的有30多家。

四是借助虚拟大学园引进大学研发机构培养人才。深圳通过建设虚拟大学园，引进了全国各地的高校研发机构，推动了技术转移和成果转化。成员院校采取和企业共建联合研究室、联合技术中心等模式，以任务带学科、带产业、带人才，产学研各界发挥各自在产业链对应环节的研发优势，联合研究、联合攻关，使企业尤其是中小企业可参与到技术研发整个过程，提高了原始创新能力，培养了专业人才。

五是健全集聚人才、激发人才创新创业活力的体制机制。深圳重点推进了服务、奖励、创业、宜居、评价等方面的改革，破除不利于企业发展、人才成长的体制机制障碍，构建与国际接轨、有利于激发创新活力的人性化政策和体制机制。建立科研机构、高效创新人才向企业流动的机制。加快完善对科研机构和高校科技人员的职务发明创造实施期权、技术入股、股权、分红权等多种形式的激励机制。不断加大人才投入力度,完善和规范人才服务工作流程,努力打造“一站式”人才服务模式。开辟高层次人才服务“绿色通道”,通过实施人才安居工程等多种手段,及时为各类人才提供住房、出入境、落户、子女入学、配偶就业等服务。积极开展人才市场化和社会化服务,鼓励社会力量投资建设人才创新创业服务平台,更好满足企业和人才的实际需求,真正形成引才、聚才、尊才、用才的良好氛围。

(二)深圳集聚创新人才的启示

“六个 90%”打造了创新深圳:深圳 90%的创新型企业是本土企业、90%的研发人员在企业、90%的科研投入来源于企业、90%的专利产生于企业、90%的研发机构建在企业、90%的重大科技项目发明专利来源于龙头企业，这充分体现了企业在深圳研发体系中的主体地位。武汉实施“城市合伙人计划”实现各类人才高度聚集也必须树立以企业为主体的创新意识，按照武汉建设全面创新改革试验区的总体要求,深化武汉人才发展体制机制改革,把握科技人才和产业领军人才成长规律,聚焦引进培养、使用评价、分配激励、环境营造等重点环节,突出国际化、高端化、市场化、法制化,探索集聚高端人才的有效举措,完善有利于高层次人才发展的创新环境。

四、依托“城市合伙人计划”实现高端人才集聚的对策建议

(一)叠加全面创新改革试验区和东湖国家自主创新示范区的联动优势,探索协同开放的人才制度

强化东湖国家自主创新示范区对人才体制机制改革先行先试的引领作用,创新更具吸引力和竞争力的人才来汉创新创业。

创新人才培育模式。以政府引导、企业协同及高校培养的三位一体的人才特区建设为发展模式,实现武汉人才科学配置和效用最大化。推动高校人才培养模式改革。推进部分高校转型为应用技术型高校,推行毕业证书与职业资格证书对接,制定高技能人才与工程技术人才职业发展贯通办法;推广校企联合培养,支持校企联合培养、定向招生或合作办学,建立产业需求导向的学科专业结构和创业就业导向的教育模式,建设一批工程创新训练中心、创新创业实训基地和创业学院,加强人才创新创业实践能力培训;支持武汉高校与国外知名大学在汉联合创办新型大学,引入国外教学模式和经验,开辟武汉创新型人

才培养的“试验田”；支持社会主体兴办创新创业教育培训机构。建设一批高校创业孵化基地，打造环高校产业带、环高校众创圈，推广“创新在高校、创业在园区”发展模式，促进产学研深度对接融合，有效承接高校科教成果落地转化。

创新重大功能区和工业园区人事管理制度。探索在全市重大功能区实施市场化、企业化的人事管理制度。打破身份界限，推行干部聘用制，人事管理由“身份管理”向“岗位管理”转变，逐步形成人员能进能出、职务能上能下、待遇能升能降的市场化选人用人机制，对重大功能区和工业园区工作人员实行聘任制和市场薪酬制。

大力实施“楚才回家”工程。推进事业单位孵化器改造，鼓励国有孵化器引入专业团队管理运营。

（二）健全人才“引进来、走出去、强起来、优起来”政策措施，打造国际人才自由港

探索建立海外人才离岸创新创业基地。创新人才汇聚流动机制，接入全球创新人才网络，构建地区协调、国际接轨的海内外人才流动政策，让国际国内高层次创新人才在武汉高度聚集、深度融合。探索建立海外人才离岸创新创业基地，加大海外人才引进渠道和平台建设力度，建立多层次的离岸创业服务支持系统，探索可复制、可推广的离岸创业托管模式，为海外人才营造开放、便利的创业营商环境。吸引国际孵化器入驻武汉。

大力推动实施“天使助力工程”。通过加强国际交流合作，建立全球人才招聘网络，搭建起用人单位与海外人才之间的对接平台。吸引国内外 500 强企业、行业龙头企业在汉设立实验室、企业技术研究院、研发中心等各类研发机构。建立武汉与东京、伦敦、波士顿等世界级创新城市的研发交流与合作平台，深入推进武汉与芝加哥、光谷与硅谷的“双城双谷”的合作，加快中法武汉生态示范城建设。完善科技人才和团队生活工作设施。建设一批国际社区、国际医院、国际学校、国际体育文化和休闲娱乐设施。探索建立国际科技合作联盟、国际科技合作基地、国际科技产业合作园区，有效对接全球高端创新资源。

（三）围绕信息技术、生命健康、智能制造三大优势战略新兴产业延伸人才链，让创新、创业、创富有机结合

深入推进人才制度市场化改革。以财富效应激发聪明才智。重点围绕武汉科技产业重大需求，在信息技术、生命健康、智能制造等优势产业领域，激活科

技人才存量，扩大科技人才增量。加大引进高层次外国专家和高端紧缺人才力度，引进一大批熟悉国际化市场运作、能够带动武汉市新兴学科、新兴产业发展的科技创新人才和产业领军人才。链接全球创新“尖峰”城市，引进一流研发机构。通过城市合伙人计划探索实行技术入股形成现金收益后再纳税的办法，设立股权激励代持专项资金等。

改革人才评价机制。将科技人员研发具有市场发展前景和应用价值的高新技术并成功实现转化和产业化的业绩纳入专业技术职称评审范围。在职称评审中加大技术转让项目数、技术交易额、专利的指标权重；参与国际、国家、行业标准制（修）定工作可作为申报专业技术资格的业绩成果条件之一；建立海外产业领军人才高级专业技术职称特殊评审机制，探索建立企业首席技师制度；对获得国家、省、市相关科技奖励的人员，可以破格申报相关专业技术职称。

（四）营造鼓励创新宽容失败的创新创业环境，建设创新文化魅力之都

以实施“城市合伙人计划”为契机，探索推行政府为失败买单的政策体系，为改革创新者解除“后顾之忧”。通过“容错免责”机制破除不敢干事、不愿干事的体制障碍，将创新改革纳入法制化轨道，为创新改革者提供激励与保障。研究出台《武汉市改革创新促进条例》。设立创新改革奖项，对做出重大成绩的个人和组织给予奖励。将创新改革工作纳入全市各级政府部门绩效考核，考核结果作为奖励和晋升的重要依据。对作出重大决策、推进改革创新、落实重大项目等方面敢闯敢试，创新改革工作未达到预期效果，有失误而不违法的，给予容错免责，免于追究有关人员的责任。

（五）健全优化创新创业服务体系，形成主体多元、形式多样、内容丰富的创新创业生态

鼓励社会力量为创新活动提供市场化的专业服务，促进第三方服务机构蓬勃发展，大力发展市场化、专业化科技服务业，打造具有国际竞争力的科技服务业集群。通过降低准入门槛、完善评估机制、健全监管体系，“放活”“管好”第三方服务机构，实现权力“放得出”，第三方“接得住”。用好、用足新型研发机构、公共技术平台、行业协会等第三方服务机构在政府与市场间“桥梁”作用，促进“政、产、学、研、用、金、介”各要素的互联互通与资源整合。优化第三方服务机构发展环境。进一步推动政府职能转变，加快向第三方服务机构让渡服务

职能，支持行业协会健康发展，协会会长由会员单位选举产生，禁止领导干部退休后到行业协会任职。新建一站式、全流程、专业化的人才发展政策和生活服务信息综合门户网站，建立市场化机构运营、政府机构监管的运作模式，提供便捷高效、精准细致的综合服务。

作者系武汉发展战略研究院副院长、研究员

武汉市人才政策评估报告

聂佩进　付　兴　骆　严

一、人才政策评估背景、对象与方法

(一)评估背景

人才是经济社会发展的第一资源。集聚各方面优秀人才,最大限度地激发人才创新创造创业的活力,是城市发展的核心战略问题。近年来,武汉市围绕着“引才、留才、用才”以及鼓励人才创新创业,出台并实施了一系列人才资助与服务政策,为武汉市人才集聚、经济社会发展起到了明显推动作用。2015 年,武汉又提出了“城市合伙人计划”,致力于与城市合伙人结成利益共同体、奋斗共同体,共同将武汉打造成梦想家的乐园,这对武汉人才工作提出了更高要求。但现实问题不容忽视,武汉在人才创新创业环境建设、人才引进与培养资助力度、高端人才政策服务等方面还存在一些不足,与北京、上海、广州、深圳等城市相比还存在一定差距。科学地对人才政策进行评估,根据评估结果对人才政策进行调整和优化,将有利于完善“引才、留才、用人”环境,最大程度地发挥人才资源的贡献,更好地服务于武汉建设全面创新改革试验区、国家创新型城市和国家中心城市。

(二)评估对象

共梳理了武汉市近期出台的 35 项人才扶持政策,根据不同的标准,可以对人才政策进行不同的分类:

按政策内容划分,资金支持类 20 项,人才服务类 15 项;

从政策出处看,市委组织部人才办 6 项,市人社局 13 项,市科技局 8 项,市经信委 2 项,市公安局 1 项,市教育局 1 项,市卫计委 1 项,东湖新技术开发区 3 项,人社局、科技局和人才办是人才政策的主要供给部门;

从扶持对象来看，针对高层次人才的政策 13 项，针对海外留学生的人才政策 1 项，针对外籍人才的政策 4 项，针对青年人才（含大学生及研究生）的政策 4 项，针对平台及机构的政策 5 项，针对创新创业的人才政策 9 项，针对高层次人才的政策最多，其次是针对创新创业者的政策，最少的是针对海外留学生的政策。

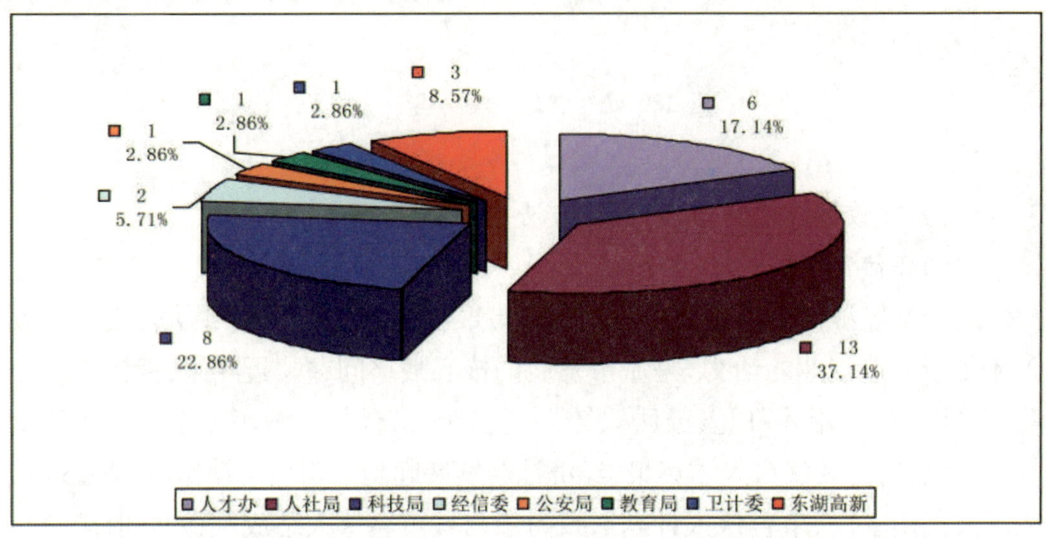

图 1　武汉人才政策部门出处构成　（单位：项）

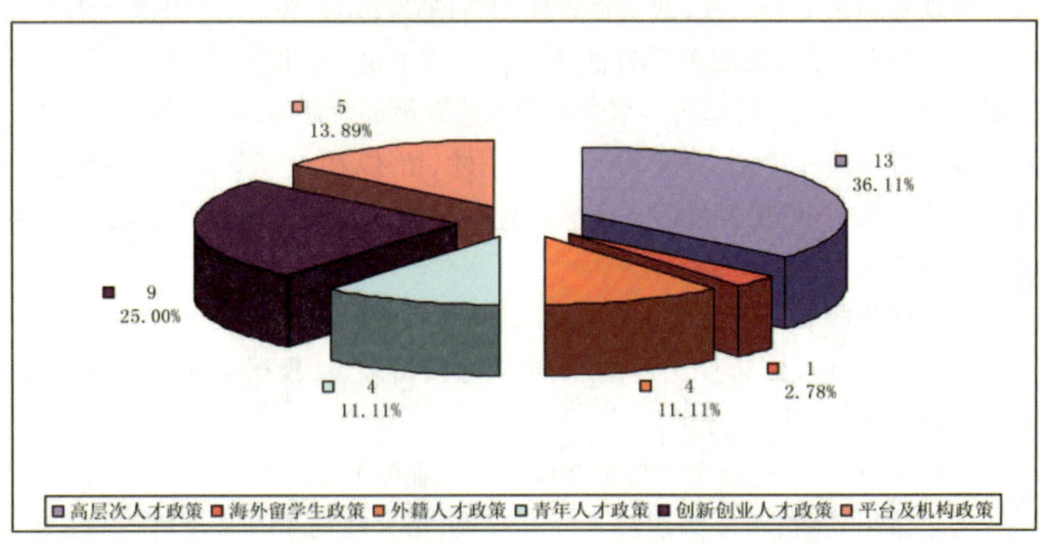

图 2　按照扶持对象分类的人才政策构成　（单位：项）

(三)评估方法

1.方法介绍

综合运用文献法、问卷调查法、专家座谈法等科学方法,搜集人才评估所需要的数据和资料,掌握第一手权威信息,为开展人才政策科学评估提供基础和保障。

表1 人才政策评估方法简介表

方法	目的	工作内容
文献法	搜集武汉本地人才政策、外地人才政策及经验、政策评估报告样本	1.收集整理了武汉市近期出台的各类人才政策35项 2.以深圳为坐标和榜样,重点搜集了深圳市出台的引才、留才、用才政策 3.搜集了部分政策评估报告样本,包括《国内航空运输价格改革政策评估报告》《2015年度中国房地产政策评估》《教育规划纲要贯彻落实情况总体评估报告》等
问卷调查法	了解各类人才及企事业单位对武汉人才政策满意度	1.有针对性地将调查对象划分为企业类和人才类,分别设计调查问卷:“武汉市人才政策评估项目调查问卷(企业类)”与“武汉市人才政策评估项目调查问卷(人才类)” 2.企业类问卷调查共收到有效问卷532份,其中信息技术行业的企业占比最高,占比为21.05%,其次是生命健康行业和智能制造,占比分别达到13.53%和13.16% 3.人才类问卷调查共收到有效问卷482份,其中男性322人,占66.8%,女性160人,占33.2%;高级职称者占30.71%,中级职称者占33.61%;海外留学生占22.82%;海外归国人才占19.5%;在汉创业人才占38.17%
专家座谈法	听取人才、企业代表、政府部门负责人等利益相关方对武汉人才政策看法和评判	1.是向特定对象发放座谈会提纲,由座谈对象填写座谈会提纲,共回收25份座谈会提纲 2.走访市委组织部人才处、市人社局、市科技局等部门,听取人才政策制定部门对人才政策执行情况的评价和意见 3.组织了一场由高、中、低各层次人才参加的座谈会,听取各类人才对武汉人才政策的看法及评价

2.评估流程

整个评估流程从方案制定开始,以报告素材收集为核心,通过部门自评报告、问卷调查、座谈会和专家评估四种途径获取素材,对素材进行加工处理和深度分析,形成人才政策评估报告,以评估报告结果为参考和借鉴,政府部门可以进一步优化调整人才政策,更好地发挥人才政策吸引人才、培养人才和促进城市发展的作用。

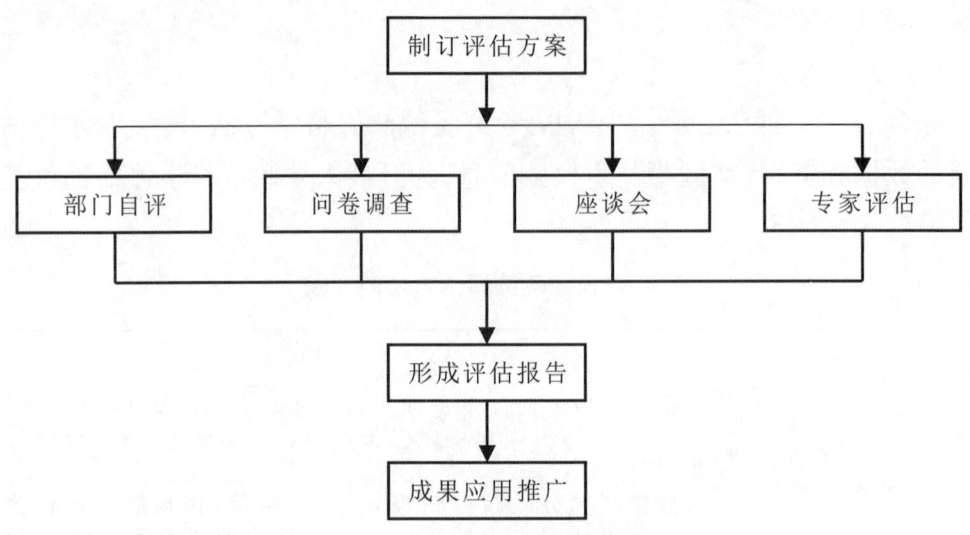

图3 人才政策评估流程图

二、人才政策正面效果评估

(一)人才政策体系较为健全,兼顾到了高、中、低不同层次人群需求,为武汉市集聚、培育各类人才起到了重要作用

针对高层次人才的政策有“黄鹤英才(专项)计划”“3551 光谷人才”“创新岗位特聘专家计划”“十百千人才工程”等以及服务高层次人才的子女教育、就业、住房等政策;针对中层人才的有博士后项目、海外留学人员项目、青年科技晨光计划等,服务于青年人才的有青桐计划、高校毕业生小额贷款政策、全民创业专项等。人才政策执行基本覆盖了不同层次人群,人才政策针对不同人群的主要需求,以激发不同层次人才的创新创业积极性、解决他们的后顾之忧为目标,都发挥了重要作用。为激发中介机构的招才引才积极性,出台了“对重点人力资源服务机构和引才单位实施引才奖励的办法”“武汉东湖新技术开发区引进人才奖励办法”等。

(二)人才政策宣传渠道多元,覆盖面较广,权威的官方宣传渠道提高了人才对政策的接触和认知程度

问卷调查显示,企业和个人获取人才政策的渠道包括政府网站 / 微信公众号 / 微博、其它机构网站 / 微信公众号 / 微博、网络新闻、电视、报纸、文件 / 通知 / 宣传册、宣讲会 / 培训会、电话咨询、他人告知等多种途径,渠道多元,基本覆盖了主要信息流通方式,能最大限度的宣传扩散政策。数据显示企业和个人

表 2　武汉市人才政策按扶持对象分类

人才政策类别		政策名称
高层次人才政策	资金支持政策	黄鹤英才计划、黄鹤英才（专项）计划、十百千人才工程、创新岗位特聘专家计划、创新人才开发资金政策、3551 光谷人才计划
	人才服务政策	高层次人才服务“绿色通道”、高层次人才综合服务平台、企业家人才享受相关待遇的若干意见、高层次人才居住证管理办法、高层次人才就医及子女入学办法、海外高层次人才社会保险工作办法及签证居留手续办理办法
中等层次人才政策	资金支持政策	各类专家选拔管理政策、博士生资助经费使用政策、留学人员科技活动经费资助政策、高新技术产业科技创新团队培养计划、青年科技晨光计划
中等层次人才政策	人才服务政策	博士后管理工作办法、企业博士后科研工作站与“黄鹤英才计划”人选合作的办法
青年人才政策	资金支持政策	青桐计划、高校毕业生小额担保贷款政策、全民创业专项、知识产权发展专项资金
	人才服务政策	大学生就业见习基地管理办法、放宽在我市就业创业高校毕业生落户条件的政策、完善科技企业孵化器人才服务功能的打造创新创业人才孵化基地的意见
创新创业扶持政策		科技创业天使投资基金管理办法、优秀创业项目扶持资金管理办法、东湖新技术开发区创业投资引导基金管理办法、科技创新券管理办法、高校科研机构职务科技成果使用处置和收益管理改革意见
人才服务机构的政策		对重点人力资源服务机构和引才单位实施引才奖励的办法、武汉东湖新技术开发区引进人才奖励办法

运用“政府网站/微信公众号/微博”的方式获得政策信息占比为 75.09%和 49.17%，运用“文件/通知/宣传册”的方式占比为 29.43%和 31.67%，说明政府

表 3　企业和个人了解人才政策的途径（单位：%）

	企业	人才
政府网站/微信公众号/微博	75.09	49.17
其他机构网站/微信公众号/微博	41.89	19.58
网络新闻	30.57	35.83
电视	19.25	10.83
报纸	19.25	10.83
文件/通知/宣传册	29.43	31.67
宣讲会/培训会	24.53	17.92
电话咨询	10.19	2.5
他人告知	16.6	26.67
其他途径	4.15	3.75

对政策宣传解读较为权威，由官方途径获得信息更能得到企业和个人的青睐。

（三）人才政策执行过程严格遵循公开公正公平原则，企业和个人均对我市人才政策执行的透明度和公平性感到比较满意

我市人才政策执行都有一套严格的流程和资格审查，人才资助项目的最终结果会上网公示，接受社会监督，所以人才政策执行过程相对公开公正公平，这也被大部分企事业单位和各类人才所认可。从调查结果看，无论是企事业单位还是人才个人，都有超过60%的受访对象认为执行过程“比较公平”，且企事业调查对象的公平感要高于人才个人的公平感，前者31.2%的调查对象认为执行过程“公平”，而人才个人的这一比例为19.09%。认为“不公平”的都是少数。在座谈会上时，大部分的与会人员也都认为人才政策执行过程比较公平。

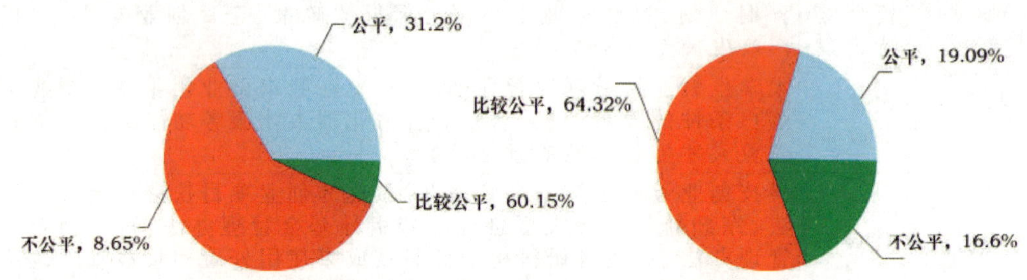

图4 人才政策申报过程中的公平感(左图为企业类，右图为人才个人类)

由于政策执行的过程透明度高、公平性强，企事业单位及个人对人才政策的满意度较高。调查显示，受资助的企业和人才对人才政策总体上较为满意。企业对政策持“非常满意”和“满意”态度的达到69.82%，“不满意”的仅有1.51%；人才个人对政策持“非常满意”和“满意”态度的为47.5%，“不满意”的为5.83%。

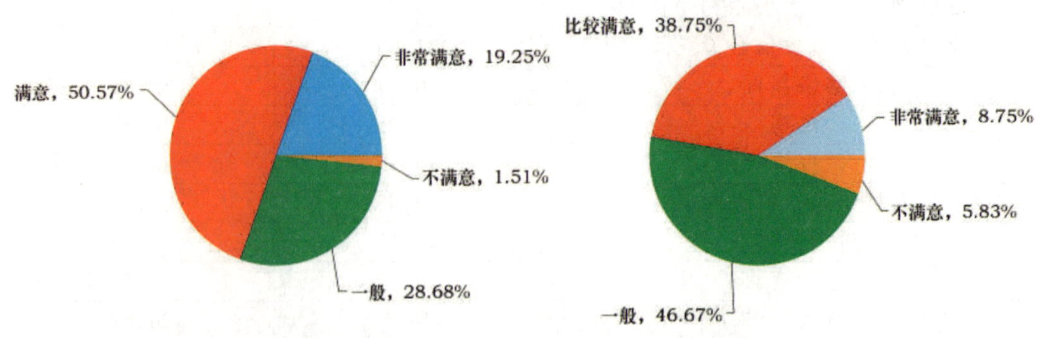

图5 人才政策的整体满意度(左图为企业类，右图为人才个人类)

（四）人才政策能够根据需求及时调整，推动资金支持方式和人才服务体系不断完善，更好解决了人才的“痛点”

1.资金支持方式不断创新

资金支持是人才引进和发展的重要手段，目前，在武汉市的人才政策中，资金支持力度和方式上都有了较大的改善。

由财政无偿补助方式转变为财政无偿资助和市场化有偿股权投资相结合。《武汉东湖新技术开发区创业投资引导基金管理暂行办法》将以前单纯的财政无偿补助方式，变为财政无偿资助和市场化有偿股权投资相结合，更加有利于促进财政资金的有效利用和人才的长远发展。

优惠低价回购股权。“光谷人才基金”在投资时设计了优惠的回购方案，回购成本远低于市场化12%~15%的融资成本。2015年，第八批“3551光谷人才计划”入选人才和创业企业在新的资助方式下，共计79家企业(包括2个百人项目)获得了人才办和光谷人才基金的资助和投资，其中人才办无偿资助9020万元，光谷人才基金股权投资10500万元，共计19520万元。

基金实行股权投资。科技创业天使投资基金项目，形成了科创天使基金、青桐坚果、汇博永道、资环天使等4支天使基金，总规模已经达到5亿元人民币，截至2015年末，基金已完成投资决策表决的项目有39个，完成投资项目27个，累计投资金额5910万元，全部以股权方式投资于初创期和种子期科技型企业。

2.人才服务机制不断完善

建立人才服务协调机制。市委人才办成立了服务协调小组，明确服务责任主体、细化具体职责要求、建立协调运转机制、定期召开协调会议，研究解决具体问题，形成人才服务工作合力。制定服务联办机制，形成标准工作流程。

不断拓展服务范围。例如，高层次人才服务“绿色通道”政策，将服务事项从12项拓展到23项，提供涵盖创业、安居、教育、医疗、出入境等多方面服务内容，基本上形成了从工作到生活的全过程、贴身式服务模式。再例如，线上服务与线下服务同时进行，建设“武汉黄鹤英才网”；指派专人或组建服务（技术）团队，为引进的海外高层次人才创新创业提供市场、融资、生产、管理等全方位、零距离服务；建立高层次人才“一对一”跟踪服务机制，对于创新创业过程中存在困难的，由人才服务专员给予相应的疏导和支持。

以扩大交流来服务人才。组织开展人才沙龙、学术论坛、培训讲座、家庭联谊等活动,加强与人才、专家的沟通联系,丰富高层次人才精神文化生活,营造学习交流和创新创业氛围。组织活动采取定期与不定期相结合、集中与分类相结合、政府与社会相结合的方式,全方位扩大人才之间、人才与企业之间、人才与政府之间的交流,了解人才的真正需求,满足差异化的人才需求。

(五)人才政策对创新创业的支持力度不断加大,为双创活动营造了一流服务环境,激发了青年群体的创新创业激情

1.创新创业环境日益改善

出台《关于进一步完善科技企业孵化器人才功能打造创新创业人才孵化基地的若干意见》,完善"创业苗圃 + 孵化器 + 加速器"全链条孵化体系,为人才创新创业营造良好环境,全市孵化场地总面积920万平方米,其中,国家级孵化器22家,省级孵化器49家,市级孵化器69家,孵化器数量和质量在副省级城市中排名第一。创新创业活动也丰富多彩,创新创业氛围日益浓厚,创新创业比赛、论坛等活动接连不断,2013年以来,实现"天天有咖啡、周周有路演、月月青桐汇"。

2.创业资金资助额度不断提升

出台全民创业专项资金扶持政策,市财政自2008年起每年从新增税收中增列5000万元,设立专项资金,通过以奖代补方式,激励各区大力推进全民创业工作。再例如,出台优秀创业项目扶持资金政策,2011年至今,共扶持优秀创业项目316个,扶持金额6796万元。另外,对市级全民创业基地扶持补助,对全民创业"十佳"奖励金额高达860万元。

3.创新创业成绩突出

创新方面,重点支持科技创新团队培养。例如,高新技术产业科技创新团队培养计划已安排扶持资金900万元,资助创新团队45个,完成发明专利100多项,很多研究成果已在企业中运用。创业方面,"青桐计划"共安排资金9197.3万元,已建成大学生创业特区72家,已建和在建的众创空间数量达到108家,累计举办青桐汇34期,532个大学生创业项目进行路演,促成60余笔天使投资,总额达8.5亿元。目前全市各类创新载体中共有在孵企业7472家,大学生创业企业2200家,三年来,新增创业企业超过4000家,其中大学生创业企业2000家。

（六）人才政策为武汉吸引和聚集了一大批人才，培养了一大批创新型企业，提升了武汉科技实力和爱才、重才形象

1.加速了人才集聚和成长

引进了一大批海内外高层次人才，例如黄鹤英才计划，截至2014年底，已资助人才项目68个。"3551光谷人才计划"已聚集3000多个海内外人才团队，269名国家"千人计划"专家，133名湖北省"百人计划"专家，1000余名"3551光谷人才计划"入选者，出现了一批以肖国华、刘靖峰、欧阳晨曦、蔡新元等为代表的海归创业精英。

支持本地优秀人才成长，例如，"黄鹤英才（专项）计划"自2013以来已选拔培养两批共计495名本地优秀创新创业人才，资助资金6000余万元。"青年科技晨光计划"，实施22年以来，累计投入科技经费6800多万元，依托单位匹配资金超过1.8亿，累计实施项目887项（人），争取了500多项国家科技计划项目，争取国家科技资金3.8亿余元。

2.促进了一大批科技型企业成长

"3551光谷人才计划"，产生了7家上市企业，27家成功登陆新三板，高功率光纤激光器、光纤飞秒激光器、用稻米生产人血清白蛋白等重大创新成果也相继在3551人才企业诞生。晨光学者利用晨光计划的成果建立了华中数控、武汉吉奥、卓越科技等一批创新能力强的高新技术企业。

人才政策还促进了企业的良性成长，根据调查问卷结果显示，受资助企业近三年的营业额与纳税额均有明显增长，其中营业额平均增长率在10%~20%的占比为31.58%，20%以上的占比为26.69%。纳税额平均增长率在10%~20%

表4 受资助企业的营业额与纳税额增长情况调查

增长率	企业近三年营业额的平均增长率		企业近三年的研发投入的平均增长率		企业近三年纳税额的平均增长率	
	数量（家）	占比（%）	数量（家）	占比（%）	数量（家）	占比（%）
<=0	16	3.01	16	3.01	24	4.51
0 ~ 10%	206	38.72	184	34.59	252	47.37
10% ~ 20%	168	31.58	164	30.83	168	31.58
20% ~ 30%	78	14.66	68	12.78	52	9.77
>=30%	64	12.03	64	12.03	36	6.77
不适用	–	–	36	6.77	–	–

的占比为31.58%,20%以上的为16.54%。

3.武汉对人才的吸引力逐步提升

问卷调查结果显示,90%以上的企业与人才对武汉市“成才、引才、用才、留才”环境是满意的。而且受访者中,愿意介绍朋友来汉就业的比例高达59.75%,其中非常愿意的占比为19.5%,光谷“人才特区”的品牌知名度正在不断扩大。

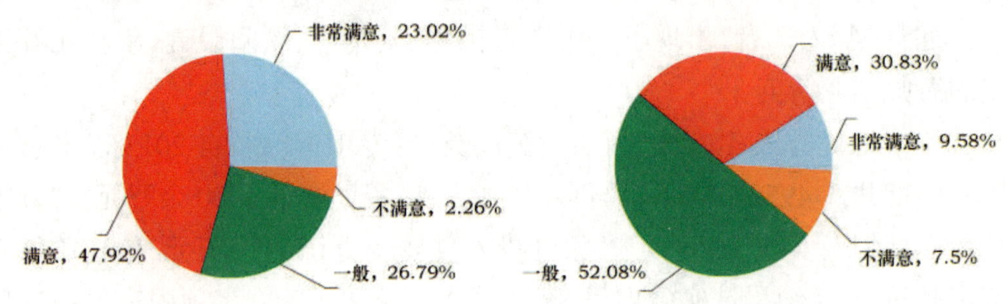

图6 对武汉市“成才、引才、用才、留才”环境的整体满意度调查
(左图为企业类,右图为人才个人类)

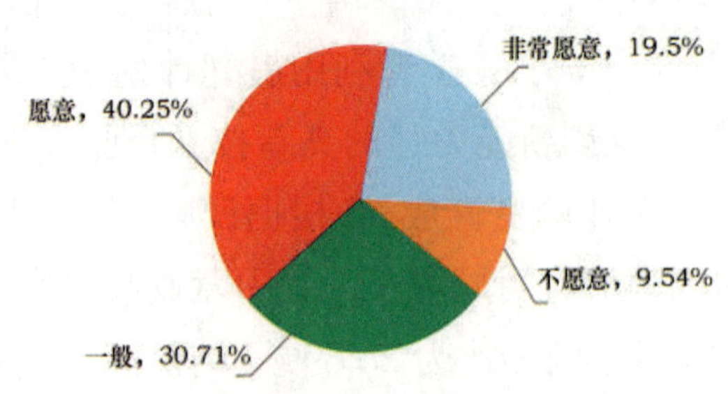

图7 对是否愿意介绍您的朋友来武汉创业或就业的调查(人才个人类)

三、人才政策存在问题剖析

(一)政出多门、申请过程涉及多个部门,缺乏统一发布和宣传平台,导致部分政策精准性较差、知晓度较低

1.政出多门、申请过程要与多个部门打交道

35项人才政策的制定主体包括8个政府部门。人才项目申请中涉及2~4个部门为常态,其中涉及3个部门的占比高达30%以上。部分受访者表示,不同部门要求不同,申请一次要跑多趟,浪费时间及精力、降低了申请精准性。各

部门之间的职能衔接不紧密、责任意识不够,容易给人才造成一种“有优惠、难获得”的感受。

表5 人才项目申请过程中涉及政府部门数量的调查

选项	面向企业问卷		面向人才个人问卷	
	小计(家)	占比(%)	小计(人)	占比(%)
1个	72	13.53	98	20.33
2个	160	30.08	166	34.44
3个	182	34.21	152	31.54
4个及以上	118	22.18	66	13.69
有效问卷	532	-	482	-

2.政策宣传存在诸多问题

一是缺乏统一宣传平台。多数受访者认为,目前政策较分散,缺乏一个人才政策宣传与管理的综合性网络平台,不利于及时、有效、精准地获取政策,政策可达性较弱。二是部分政策宣传覆盖面较窄。一些企业和人才对部分政策知晓不多,了解不深入、不全面。三是宣传力度不够。在面向人才的调查问卷中,高达60.58%的占比认为需要加大宣传力度;较多受访者也认为,政府要主动宣传,多在网络和电视等媒体上公告,多举办培训会。

表6 对政策的宣传是否到位的调查

选项	面向企业问卷		面向人才个人问卷	
	小计(家)	占比(%)	小计(人)	占比(%)
很到位	102	19.17	52	10.79
比较到位	256	48.12	138	28.63
需加大宣传力度	174	32.71	292	60.58
有效问卷	532	-	482	-

(二)部分政策实施过程门槛较高、程序太多、费时较长、效率较低,程序繁琐稀释了政策善意

1.门槛较高

一是调查问卷结果显示,11.28%的企业和10.37%的人才认为条件太多,要求太高,政策不能落实。二是访谈中,受访者直接将武汉“黄鹤英才计划”与深圳“孔雀计划”对比,深圳的无需集中评审,符合条件即可直接认定并得到资助;而武汉要专家集中评审后才能最终确定人选。受访者认为武汉“黄鹤英才”

条件多、步骤多，对人才要求过于苛刻，显得诚意不足。

表7　在人才服务类项目申报过程感受如何的调查

选项	面向企业问卷		面向人才个人问卷	
	小计（家）	占比（%）	小计（人）	占比（%）
流程便捷，政策落实到位	226	42.48	88	18.26
流程复杂，享受政策较难	246	46.24	148	30.71
条件太多，政策不能落实	60	11.28	50	10.37
未申报，不适用	0	0	196	40.66
有效问卷	532	-	482	-

2.费时较长

一是调查问卷显示，人才政策从申报到落实的周期较长，资助类政策一般要6个月甚至一年才能落实，1个月内落实的仅占比2%～3%；服务类政策一般要3个月以上时间，1周内落实的仅占比2%～8%。二是访谈中，大部分受访者表示申报周期过长，一般要大半年时间，迫切希望政府部门能缩短申报周期。

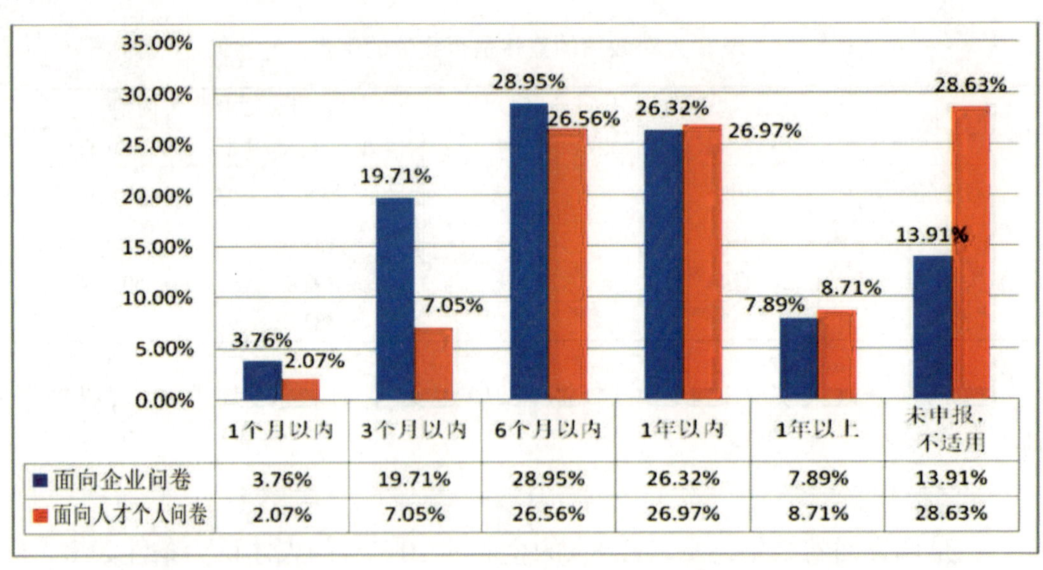

图8　人才资助类项目从申报到政策落实一般历时多长的调查

3.效率较低

一是流程不够便捷，根据调查问卷结果，46.24%的企业和30.71%的人才都

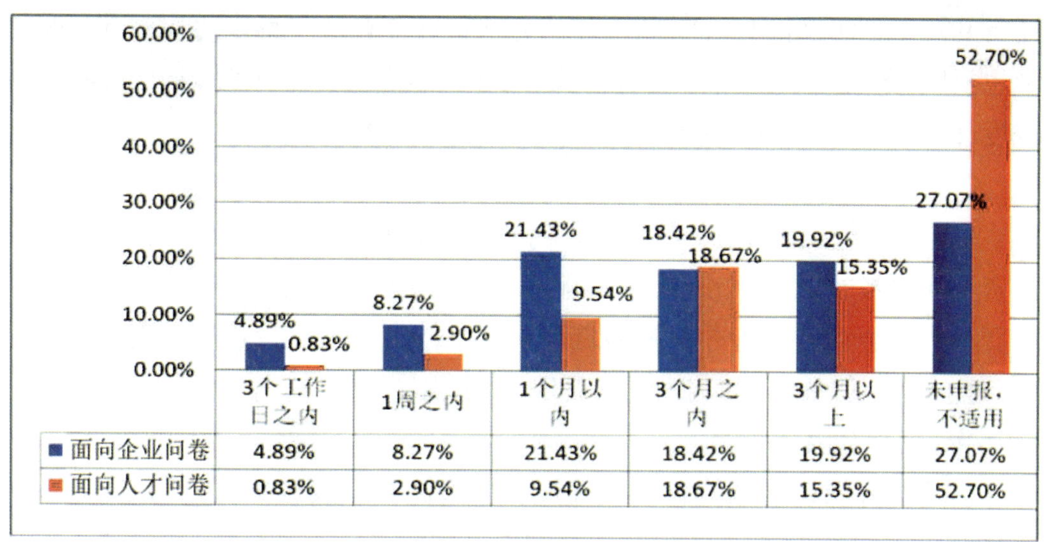

图 9　人才服务类项目从申报到政策落实一般历时多长的调查

认为流程复杂,享受政策较难。二是申报材料填写标准不够明确,部分受访者希望政府部门最好能提供模板,提高申报效率。三是纸质版申报材料成本高、缺乏效率,受访者建议今后多采用网络申报与管理方式。四是政府部门的一些自评报告也反映了同样问题,认为一些人才政策服务对象多、资格认定繁杂、流程耗时较长,建议全面采用网上审批,提升效率,缩短政策兑现时间。

(三)政策落实过程中,资金到位较慢、难以落实到个人、后续配套较弱,大部分人才对此表示不满

1.政策资金到位较慢

调查结果显示,56.77%的企业和35.27%的人才认为项目资金落实时间长,

表 8　人才资助类项目资金落实情况如何

选项	面向企业问卷		面向人才个人问卷	
	小计(家)	占比(%)	小计(人)	占比(%)
全部及时落实	178	33.46	90	18.67
落实,但时间长	302	56.77	170	35.27
部分落实,有拖欠	52	9.77	58	12.03
未申报,不适用	0	0	164	34.02
有效问卷	532	-	482	-

还有 9.77%的企业和 12.03%的人才认为项目资金有拖欠难以落实。部分受访者也反映，部分项目经费落实时间长、人才政策资金到位太慢，不仅影响项目进度，而且挫伤企业和人才创新创业的积极性，不利于留住人才。

2.政策难以落实到个人

一是“科技支持计划”项目执行中，资助资金打到用人单位，落到人才个人的资金往往被“大打折扣”，人才多有怨言。二是《武汉市科技创业天使投资基金暨种子基金管理暂行办法》的自评报告中指出，由于投资奖励资金无法落实，对于投资管理团队的奖励无法兑现，一定程度上影响经营团队的积极性。

3.后续配套服务较弱

一是部分受访者认为针对人才成长中期的帮扶及政策支持力度不够，相比之下，北上广给优秀人才后续配套的资金则较多。二是《武汉市科技人才培育计划——高新技术产业科技创新团队培养计划》的自评报告中也指出，对结题项目中较为优秀的人才和项目，缺少滚动资助政策及后续资助经费，直接影响到其项目与市场对接的进程。

(四)政策结构偏离人才结构，政策偏重“高大上”人才，对青年人才支持不够，不利于形成促进创新创业的多层次人才体系

1.对“高大上”人才过于偏重

一是在对人才政策有失公平原因的问卷调查中，39.13%企业认为过于偏向大型企业和高端人才，高达 77.5%的人才认为资助与服务过于偏向高端人

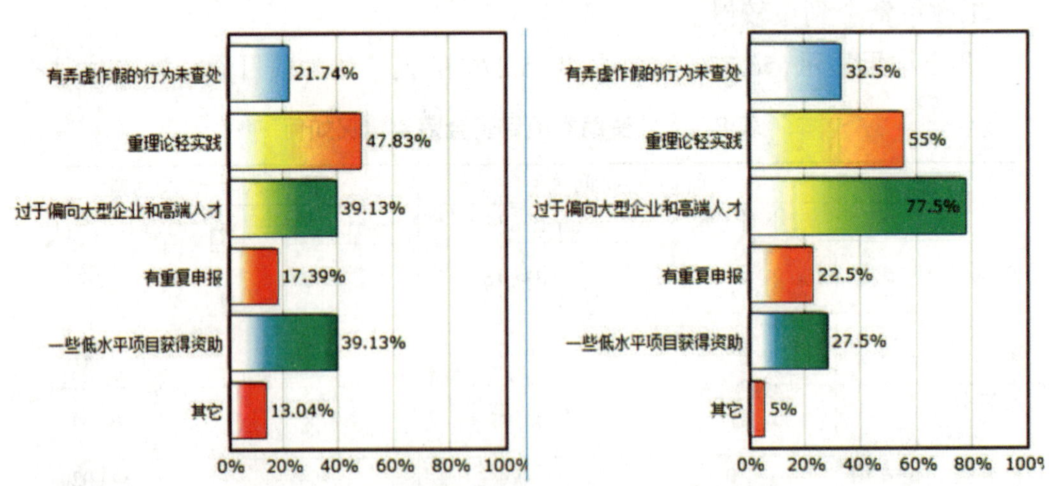

图 10 人才政策有失公平原因的调查(左图为企业类，右图为人才个人类)

才，有失公平。二是访谈中，较多受访者都比较关注此问题，普遍认为武汉人才政策主要针对高端人才，大学生和基础型人才易被忽视，而“海龟”和“土鳖”同样可以发挥人才优势，“土鳖”更接地气，发展空间更大，但长期以来却不被重视。三是部分受访者希望能出台一些针对企业中普通人才的支持政策，作为企业的中坚力量，留住他们，企业才能实实在在地把各项工作做好。

2.缺乏对大学毕业生的普惠性政策

一是深圳为本科、硕士、博士就业者分别提供6000元/人、9000元/人、12000元/人的无门槛、全覆盖的租房补贴，而武汉缺乏同类政策。二是武汉对博士的资助采取项目申报制，每年仅有50%左右的博士能够申请到资助项目，还不能做到普惠制全覆盖。三是多数受访者表示，不但要重视外来高层次人才，更应该重视培养、选拔本地人才，关心本地人才的实际需求，通过政策把本地毕业大学生留住。

表9　获得过的人才政策资助

选项	面向企业问卷		面向人才个人问卷	
	小计（家）	占比（%）	小计（人）	占比（%）
黄鹤英才计划	78	14.66	40	8.30
黄鹤英才（专项）计划	92	17.29	64	13.28
3551光谷人才计划	156	29.32	74	15.35
十百千人才工程	50	9.40	28	5.81
博士生资助项目	84	15.79	40	8.30
突出贡献中青专家/重点领域优秀人才	56	10.53	14	2.90
留学人员科技经费资助	64	12.03	28	5.81
创新人才开发资金支持	84	15.79	28	5.81
创新岗位特聘专家津贴	54	10.15	2	0.41
科技人才培育计划	50	9.40	16	3.32
青桐计划/孵化器政策支持	36	6.77	12	2.49
科技创业天使投资基金暨种子基金	24	4.51	0	0
优秀创业项目扶持资金	74	13.91	12	2.49
全民创业专项资金	28	5.26	4	0.83
东湖开发区创业投资引导基金	16	3.01	6	1.24
其它人才资助项目	14	2.63	20	4.15
暂未申报	108	20.30	232	48.13
有效问卷	532	–	482	–

3.对基础型青年人才的支持力度不够

对青年人才项目资助额度较低，青年科技晨光计划的资金额度仅 10 万元,不足以支撑创新研发;对博士的资助也仅为每月 1000～2000 元;大学生创业的补助只有 5000 元。对青年人才的服务更加缺乏,武汉市 15 项人才服务类政策中有 9 项都服务于高层次人才,对基础型青年人才缺乏专门的配套政策。

(五)部分政策活跃度与利用率较低,成为僵尸政策或类僵尸政策,表明部分政策的供给与需求存在“错配”现象

1.项目类政策中,部分政策活跃度较低

企业使用过的政策中,占比低至 5%左右的政策有 3 项,即“东湖开发区创业投资引导基金”“科技创业天使投资基金暨种子基金”“全民创业专项资金”。面向人才的问卷中,有 48.13%的人才未享受过资助,占比低于 3%的政策有 6 项。

2.服务类政策中,也显示部分政策活跃度较低

企业使用过的政策中,占比低至 5%左右的政策有 4 项,即“海内外高层次人才子女入学”“科技企业孵化器人才服务政策”“重点人才就医”“外籍高层次人才办理签证及居留”。面向人才的问卷中,高达 68.46%的人才暂未享受服务,低至 3%以下的政策有 2 项,分别为“海内外高层次人才子女入学”“博士后工作站 / 博士后津贴及安家补助”。

表 10　获得过的人才政策服务

选项	面向企业问卷		面向人才问卷	
	小计(家)	占比(%)	小计(人)	占比(%)
高层次人才服务“绿色通道”	61	11.47	36	7.47
人才居住证 / 高层次人才居住证	64	12.03	38	7.88
博士后工作站 / 博士后津贴及安家补助	50	9.40	12	2.49
高校毕业生 / 留学回国 / 在汉创业者落户	54	10.15	56	11.62
外籍高层次人才办理签证及居留	31	5.83	16	3.32
海内外高层次人才子女入学	24	4.51	4	0.83
重点人才就医	29	5.45	34	7.05
科技企业孵化器人才服务政策	27	5.08	22	4.56
其它人才服务政策	6	1.13	14	2.90
暂未享受	207	38.91	330	68.46
有效问卷	532	-	482	-

3.部分政策“先天不足”,现实落地较难

例如,《武汉市高层次人才综合服务平台管理办法(试行)》的自评报告指

出，政策设计过于理想化，在现实的实行过程中很难逐项将政策落地。同样，在访谈中，有受访企业认为，政策制定有时不考虑企业的实际情况，未针对企业人才需求引进专业性人才，应多走访调研，制定多层次的人才政策，开展人才培养、引进共建工作，满足不同层次企业和人才的实际需求。

四、进一步调整优化人才政策的建议

（一）建议针对不同人才政策的评估结果，巩固加强一批、整合归并一批、优化完善一批、废止清理一批

一是巩固加强一批人才满意、实施效果显著的好政策。黄鹤英才（专项）计划、3551 光谷人才计划、市突出贡献中青年专家项目、市政府专项津贴政策、创新岗位特聘专家政策、高层次人才服务“绿色通道”、博士生及博士后资助政策等，口碑好、影响广、效果好，值得巩固加强，更好地发挥好这类人才政策的作用。

二是优化完善一批有瑕疵、有不满意见的人才政策。(1)部分政策出台的时间较早，定的资助标准较低，建议对政策进行修订，重点提高资助额度，如青年科技晨光计划、博士生资助项目、市各类专家选拔管理办法；(2)部分政策有效期即将截止，后续政策还未出台，建议尽快根据政策实行情况和最新发展要求出台后续政策，如《武汉市科技创业天使投资基金暨种子基金管理暂行办法》《武汉市知识产权发展专项资金使用管理办法》的有效期即将截止。(3)部分政策申报流程复杂、条件太苛刻，建议简化申报流程、减少申报条件，如黄鹤英才计划、高校毕业生小额担保贷款政策、科技创新券管理办法、高层次人才服务“绿色通道”。(4)降低高校毕业生落户门槛，将政策对象扩大至专科毕业生、高职毕业生以及优秀外来农民工。

三是整合归并一批有重合或从属关系的人才政策。(1)建议将《武汉市创新人才开发资金管理办法（试行）》和《高新技术产业科技创新团队培养计划》合二为一，因为两者的扶持对象都是从事创新活动的领军人才或创新团队。(2)建议将《武汉东湖新技术开发区引进人才奖励办法（试行）》作为子项融合进《武汉东湖新技术开发区“3551 光谷人才计划”暂行办法》。(3)建议将《武汉市高层次人才居住证管理暂行办法》《武汉市海外高层次人才社会保险工作暂行办法》《武汉市关于外籍高层次人才办理签证及居留手续有关事项的通知》《关于海内外高层次人才子女入学的政策》《关于重点人才就医的政策》等 5 个

政策全部融合进《武汉市高层次人才服务"绿色通道"管理办法(试行)》,因为前 5 个政策都是《绿色通道管理办法》的内容之一。

四是废止一批活跃度低、实施效果差、可替代性强的人才政策。(1)建议废止"十百千人才工程",原因有二:一是"十百千"缺乏物质激励,对人才吸引力下降,政策实施效果较差;二是"十百千"评选对象与"市有突出贡献青年专家"和"市政府津贴专家"的对象高度重合,而"十百千"的影响力又远不及其他两项政策。(2)建议废止《高校毕业生小额担保贷款实施办法》,原因是银行执行意愿低、申报程序繁琐、政策执行效果很差,2015 年仅贷出了 50 万元。

(二)建议适度加大对青年人才的引进和扶持力度,建立起一支有归属感、认同感的本土化精英人才队伍

一是建议优化《关于博士生资助经费使用管理工作的具体实施意见》,将"择优"对博士生资助改为普惠制,扩大为对全体在汉博士生的无偿资助;将原来每月 1000 ~ 2000 元的生活资助调整为每月 1500 元。

二是建议将《武汉市青年科技晨光计划》的单个项目支持额度由目前的 10 万元提高至 30 万元,将明年 40 个名额扩大到 60 个。

三是建议加大对博士后的资助力度。将《武汉市博士后管理工作实施办法(试行)》规定的给予在站博士后研究人员每人 10 万元的科研项目启动经费提高至 20 万元;将原规定对出站博士后,与设站单位签订 3 年以上聘用合同的,可申请总额不超过 20 万元的安家补助,补助金额提高至 30 万元。

四是建议将《武汉市全民创业专项资金管理办法》中对大学生创业的补贴金额由原先的 5000 元提高至 2 万元。

五是建议将《武汉大学生就业见习基地管理办法》中规定的财政给予每人每月 500 元的标准提高至 1000 元。

(三)建议提高部分人才政策的含金量和荣誉感,进一步增加政策实施效果和对人才的吸引力

一是建议将《关于加强武汉市各类专家选拔管理工作的意见》中对人才奖励的额度,将对"武汉市有突出贡献中青年专家"的奖励额度由原来的每人 2 万元提高至 5 万元,将对享受市政府专项津贴人员的奖励额度由原先的每人 1 万元提高至 3 万元。

二是建议将《武汉市科技人才培育计划——高新技术产业科技创新团队

培养计划》中对创新团队的支持额度由每个项目 20 万元提高至 50 万元。

三是建议恢复高级专家休假疗养制度，每年从黄鹤英才计划、3551 光谷人才计划、创新岗位特聘专家、市有突出贡献中青年专家等人才中选择当年度成绩特别突出的专家 30 名，由市委组织部统一组织专家去外地休假疗养。

四是建议建立首席科学家制度，在市区两级政府及市直部门设立首席科学家岗位，从城市合伙人、黄河英才计划、3551 光谷人才计划等入选人才中遴选符合条件的人才担任首席科学家，参与政府重大经济、产业等政策的制定。

（四）建议综合运用多种引才、留才、用才方法，不拘一格招揽和培养优秀人才

一是建议降低人才政策中的“项目化”，让人才政策回归人才本身，让人才资助资金和服务更多地落到人才本身，而不是项目上。将人才资助资金更多的用于引才、育才两方面，重点用于支持人才国际交流、学术研讨、知识培训以及改善生活居住条件等方面。

二是建议多借助人才中介来招揽人才。政府与人才之间存在信息不对称问题，并且政府亲自上场招揽人才存在效率不高、成本很高的劣势，而市场化的猎头公司正好可以弥补政府的短板。建议通过与知名猎头公司结成战略合作联盟的方式，或者是项目合作方式，借助专业化猎头公司的力量从全球招揽高层次人才。

三是建议将招才引才的主会场办到北京、上海以及美国、欧洲、日本。国际上高端人才主要集中在美国、欧洲、日本等发达国家，我国人才高地也在北上广深。武汉招才引才要亲临第一线，与人才亲密接触，把工作做到人才的家门口去。建议今后高层次人才招聘会不再在武汉举办，直接在北京、上海以及美国、欧洲、日本举办。

四是建议借鉴“武汉市政府国际咨询顾问团”的运作模式，在“黄鹤英才计划”中增加一个内容：从黄鹤英才中选取 20 名代表组成“武汉市政府高端咨询顾问团”，每年 3 月份召开“武汉市政府高端咨询顾问团”会议，就科技创新、产业发展、城市建设等问题问计于“黄鹤英才”。

五是建议发挥好“武汉海外高层次人才联谊会”作用，优先支持“黄鹤英才（专项）计划”及“3551 光谷人才计划”等高层次人才入会，定期开展各类联谊活动。建议每年定期组织“武汉高层次人才出国交流活动”，给高层次人才更多与

国际同行交流的机会。

（五）建议设立“武汉市人才之家”作为人才政策统一发布宣传平台，提高人才政策易得性、可读性

一是建立统一的人才政策发布和宣传平台。借鉴深圳建立“深圳人才工作网”作为人才工作对外服务统一窗口的办法，建立全市统一的人才发布和宣传互联网平台，暂取名为“武汉市人才之家”，同步开通微信、微博等移动互联网平台，开发“武汉市人才之家 APP”。

二是设立专人专岗负责人才政策的上传和维护。在市委组织部人才处、市人社局、市科技局、市经信局等人才工作主要部门设立人才工作网管员岗位，专人专岗负责人才政策上传及维护工作。将武汉市已经发布的跟人才有关的各类政策梳理分类后统一上传于“人才之家”，以后新出台的人才政策都统一在“人才之家”发布。

三是加大对“武汉市人才之家”的宣传力度。向全国各地人才推广介绍“武汉市人才之家”网站及 APP，将“人才之家”打造成最具权威、最具知名度的人才政策公布宣传渠道。各类人才可以通过“人才之家”这一个端口查询和了解武汉市出台的所有人才扶持政策，提高人才政策的可得性和可读性。

作者单位：武汉发展战略研究院

新经济背景下
提升创新力的几点思考

叶传忠

我国经济发展到今天，正面临转型的阵痛期，再让传统动能继续保持过去那样的高增长，不符合经济规律，新的发展形势孕育并呼唤着新动能的不断壮大，创新驱动成为迎接并推动新经济发展的题中应有之义。党中央提出创新、协调、绿色、开放、共享五大发展理念，创新被列在首位，可见创新对我国新一轮经济社会发展具有至关重要的作用。那么，如何推动新技术、新产业、新业态加快成长，以体制机制创新促进分享经济发展，建设共享平台，做大高技术产业、现代服务业等新兴产业集群，打造动力强劲的新引擎，重塑产业链、供应链、价值链，改造提升传统动能，成为创新驱动发展的热门话题。

一、对新经济内涵与特征的理解

新经济是在人类社会发展的某个阶段中，一定区域的人们在面对新形势，立足新环境，为追求新发展而出现的一种阶段性特征较为明显的，但发展相对持续、快速、健康的经济形态。当然，新旧经济追求的目的可以相同，简单地说，都是为了提升产业和经济竞争力，占领未来发展制高点，新旧经济可以在一个阶段中长期共同存在，但是在具体的发展形态和组织模式上应该是有所区别的，甚至是大相径庭的，新经济是一种动态的概念。我国当前所说的“新经济”，则是我国面对错综复杂的国际环境和艰巨繁重的国内经济社会发展任务，积极主动适应经济发展新常态，为实现中华民族伟大复兴的中国梦而需要的一种新的经济形态。

相对于“旧经济”，这种“新经济”大致具备以下几个方面的具体特征：

具有新的发展动能。从原先的较为单纯的依靠传统动能驱动过渡到传统动能与新动能共同发力的状态，除了投资、消费、出口等以外，知识、信息、技术创新、人力资源等因素在推动经济发展方面的贡献将不断凸显，使得新经济的发展动能更加丰富和强劲。

可以克服原有的困难。受人口、生态资源及全球竞争日益激烈等因素影响，“旧经济”无法克服我国经济发展不平衡、不协调、不可持续的问题。而新经济创新、协调、绿色、开放、共享的特性，将在很大程度上改变旧经济所带来的负面问题。同时，在现阶段，我国经济正面临着外需不旺、内需不足等阶段性难题，而原有的经济增长模式很难克服这样的困难。

可能会产生新的资源运作方式。新经济必然需要新产业、新技术、新业态的支撑，而国家大力推进供给侧结构性改革，去产能、去库存、去杠杆、降成本、补短板，将为新经济的发展提供较为合适的发展空间，有助于产生新的资源运作方式。在新经济时代，可能知识经济、虚拟经济和网络经济的特征会十分凸显，但新经济绝不是仅仅包括知识经济、虚拟经济和网络经济，而是传统产业与知识经济、虚拟经济和网络经济的全面结合。

有利于助推经济发展到一个新的高度。新经济可以助推经济发展的质量和效益明显提高，有利于我国成功跨越中等收入陷阱，全面建成小康社会，提升我国在全球经济发展中的战略地位和贡献力、影响力，有利于实现中华民族伟大复兴的中国梦。

二、在新经济框架下对创新的几点认识

总体而言，我国的“新经济”目前还处在一个起步阶段，还不能有十足的把握去定性它去规划设计其该如何发展，但在新经济的发展过程中，“创新”无疑成为推动发展的最强音。但是，从过去乃至当前很长一段时间来看，我们习惯于依靠有形生产要素投入，强调量的集聚而忽视质的提升，习惯于重技术导向而轻市场需求以及不利于创新的社会人文环境等等，都将为创新驱动新经济发展带来重重阻碍，为此有必要对创新及其生态系统的培养进行重新认识。

（一）要实现创新力的提升，需要一套完整的创新生态系统作为支撑

创新生态系统除包括人才、企业、大学、科研院所、金融投资机构、中介服

务机构和地方政府等重要因素外，与地理环境、基础设施、服务的社会化水平、商业运作模式、政府规模与水平、教育结构和居民受教育状况、历史文化背景、法律环境及社会观念等等内容也存在密切关联。从全球创新力较强地方的发展经验来看，除了丰富的创新人才，完善的风险投资体系、高效的产学结合方式，也被公认是其成功的重要因素。但必须承认，每一个单独的创新要素，都只不过是成功的一个充分条件而已，完整的创新生态体系才能孕育强大的创新力。

（二）创新要素的机械拼凑，不一定能带来创新能力的大幅度提升

通过补充创新要素来实现创新能力的提升并不一定可行，必须要实现各要素间能量的有机整合。如通过组建新的研究平台，实现既能培养人才、留住技术，又能通过与企业的合作培育创新动力源的愿望经常落空。现实中往往会出现各利益团体过于在乎自身利益而缺乏战略眼光的问题，企业之间、企业与研究院所之间无法真正实现携手合作、互助共赢，致使创新要素无法得到有效整合，创新的产业链条在某一环节断裂，从根本上影响了创新产业的良性发展。

（三）创新文化很关键，即一套能够激发各要素积极地为创新活动服务的制度文化体系是不可或缺的

要实现各创新要素的能量整合，需要一个运转高效的文化环境为基础。例如公司的生产结构是开放的，人才流动频繁，法律环境宽松，风险投资活跃，宽容失败等等。这些看似都有利于创新，但之所以会有如此结果，还得归功于其背后的制度文化体系。在创新生态系统中，那些看不见的因素，如习惯、制度、文化、纽带则显得更加重要，而这些看不见的因素恰恰是最难以模仿和复制的。

（四）充足且有效的研发投入对创新很重要，多元化、多层次的投资进入体系和灵活的投资退出机制，是持续创新的重要保障

创新投入如果单纯由政府或银行承担，往往数量有限，且风险太大，必须形成一套外部能吸引投资，内部能降低风险，且具备突出的激励和约束作用的风险投资机制，并让企业担当研发投入的主体。另外，由于风险资金一般不追求持股分红，而主要是通过转让股权来实现增值，设计好风险基金的退出机

制,对保证创新投入的可持续是很重要的。

(五) 不要忽视中小企业对创新的贡献, 而应重视其功能并给予必要的支持

许多创新不是发生在拥有雄厚技术和资金的大企业, 而是产生在那些看上去既无技术又缺资金的中小企业。因此,需要进一步鼓励创新,积极扶持中小企业的发展,特别是政府在大小企业的发展机会、政策扶持上不应“抓大放小”,在具体的支持政策中,应该有具体的针对中小企业成长的内容。

(六)虽然自由的市场环境对创新具有决定性作用,但只要政府职能定位合理,可大有所为

创新环境的培育与创新能力的提升离不开政府的作为,当然,政府的作用主要是间接的,而非直接的。如军事采购、基础设施建设、大学与研究机构投资等,政府都功不可没。另外,出台严格的专利制度、建立行业标准、放宽技术移民政策、贷款担保、保护中小企业、税收优惠等,都对创新环境优化意义重大。

(七)在创新过程中,并非只有正式的组织、制度才是有效的,一些非正式的组织、非制度化的规则往往有意想不到的效果

咖啡馆、俱乐部、餐厅、健身房、展示会等为人们的交流提供了便利,人们到那里去结识新朋友,了解新动向,找到新资金,学习新知识,理解新政策,众多的合作与投资就是在这样非正式的场合、通过非正式的协议得以实现。但要注意,这里的自由不是散漫和无序,而是一种从细节上体现以人为本的非正式“制度”,但又没有上升到真律或规章制度的层面上,只是类似于民间约定俗成的形式。

(八)国际化水平的提升是必要的,只有具备足够优化的国际化大环境,才能集聚国际顶尖的创新资源

开放、多元的国际化环境,不仅可以带来丰富的技术移民,更可以带来其对全球市场的理解和不同环境中的知识。

三、创新助力新经济发展的几点建议

(一)加快构建以市场为导向、企业为主体、产学研深度结合的创新体系,切实推动创新由“两张皮”向“利益共同体”转变

至今,创新中的“两张皮”现象仍然没有得到很好的改观,为此,造就一批

敢于承担创新研究风险，又能分享创新研究成果的科研团队与企业集群，让企业与创新团队真正成为承担风险和享受收益的共同体尤为重要。

（二）加快形成多层次、高效率的资本市场体系，助力创新产业从“资金洼地”向“吸金沃土”华丽变身

在加大政府创新资金投入的同时，还要大力发展以风险投资为重点的科技金融，推动各类金融机构和社会资本向创新领域集聚，致力打造多元化、多层次的资金支持体系和灵活有效的风险投资退出机制。

（三）加快打造开放自由、敢于创新、诚信合作的创新文化氛围，并使其内化为“无意识和自觉服从”的当然率则

创新不仅包括科学技术，而且还包括行为模式、思维模式、交往模式等各个层面，创新文化看似空洞，但却是创新活动的微观基础。坚持对外对内开放，鼓励多元文化、人才的并存与交流，培养“开放自由”但却强调“诚信合作”的文化基因。立足长远，进一步优化大中小学的教育模式和研究机构的研究模式，形成勇于创新、敢冒风险的创新精神，甚至允许在对创新利益追求上的“适度贪婪”，让创新真正成为人们的自觉行为。政府、企业、社会，包括创新人才自身，要进一步淡化甚至摒弃“以成败论英雄”的观念，在舆论上为创新松绑，形成鼓励创新、支持创新的社会氛围。以平常心面对创新人才的流动，频繁的流动也是知识与思想高速扩散与融合的一种方式，提升创新中心自身的吸引力才是根本。

（四）合理定位政府职能，让政府切实成为创新生态系统优化的重要推手

政府应恪守“有所为，有所不为”的理念，在出台产学研合作、创新活动保护与激励、创新中政府行为的规则制定等方面充分发挥应有的功能。转变“短期不见效就放弃”的观念，在以经济增长为主的政府考核机制内，避免对创新活动的过度干预。

（五）加快优化创新所需的硬件、软件环境，打造具有国际竞争力和吸引力的“创新创业乐园”

好环境是支撑创新可持续发展的必要环节，纵观全球，但凡创新能力强、创新产业发展良好的国家与地区，无不拥有成熟、高效、人性化的创新环境。加大创新的基础设施建设，同时完善图书馆、公共信息网络等公用设施建设，提

升培训、继续教育、企业家进修等无形服务能力。鼓励人力资源、技术转移、会计、税务、法律、咨询、猎头公司等各类中介组织积极作为。

作者单位:武汉发展战略研究院

以建设“老年友好型城市”为契机加快补齐养老人才短板

武汉发展战略研究院课题组

当前和今后武汉经济社会发展面临的一个巨大挑战就是人口深度老龄化，相对于建设老年友好型基础设施，养老人才是最大的短板，这块短板若补不上，建设老年宜居社区、老年友好型城市都将成为一句空话。

一、武汉市养老人才领域存在的突出问题

（一）总量不足，难以满足巨大的养老需求

截至2015年底，武汉市60岁以上老年人有164万人，其中高龄、失能半失能老人有近30万人，如果按照护理员和老人1∶4的标准匹配（国际公认规则是1∶3），需要7万多名护理员，而目前全市持证护理员不到1万人，缺口达6万多人。同时，养老管理、医疗保健、护理康复、营养调配、心理咨询等人才缺口也较大，难以适应日益严峻的老龄化趋势和多样化的养老需求。

（二）质量不高，难以提供专业化养老服务

随着失能、失智老人增多，老人需求多样化、复杂化程度增加，对服务人员提出了更高专业技能要求，然而目前的从业人员现状是，以“4050”甚至“60”人员为主，以女性居多，来源主体是农村进城务工人员和城镇下岗人员；学历不高或未接受过专业教育和培训。另外，护理行业标准不够规范，培训机构数量不足、质量不高，难以提供专业化、高质量、高标准的养老服务人才。

（三）收入不佳，难以招揽和留住人才

武汉养老护理人员劳动时间长、劳动强度大、职业风险高，但其收入比家政、月嫂却差一大截。由于社会认同和工资待遇低、发展空间小，难招到人，更难

留住人,人员流动十分频繁。有培训机构数据显示,护理专业学生到岗第一年的流失率达到 30%,第二年 50%,第三年 70%甚至更高。

(四)挖掘不够,难以充分利用社会存量资源

如果能充分激活“6070”老人发挥余热投入到养老服务中,采取“小老”帮“大老”模式,结成帮扶对象互助养老,既可缓解从业人员短缺困境,又能丰富年轻老人的业余生活,但这部分年轻老年人尚未充分参与到养老事业中。另外,养老领域的社会公益组织和志愿者,存在服务单一、服务机制不健全、管理机制不合理等问题,缺乏足够的社会认可与激励。

二、外地养老人才建设和使用的亮点和启示

一是以医养结合服务模式统领养老人才队伍建设。目前,青岛已基本形成了“医中有养、养中有医、医联结合、养医签约、两院一体、居家巡诊”六种医养结合类型,全方位、多层次地满足了老年人需求,将服务内容由基本生活照料向康复护理、精神慰藉、法律援助、紧急救援等方面延伸,初步实现了医、养、康、护一条龙服务。通过医养结合多种模式的运转,有效地整合了养老护理队伍,组成了一支适应老龄社会发展的由全科医生、专业康复医生、护士、护理人员等组成的养老护理队伍,基本实现城乡困难老年人居家养老服务全覆盖。

二是以养老实训基地带动人才培养。成都市出台了《关于推进养老服务人才培养工作的通知》《促进养老服务人才就业工作的具体措施》,引导和鼓励职业院校通过实行单独招生、增加招生计划等,逐步扩大养老服务专业人才的培养规模。依托职业院校和养老机构重点建设一批养老服务实训基地。明确到 2020 年,全市中职学校养老服务相关专业达到 20 个,在校生学历教育规模 5000 人以上,各级各类短期培训及在职培训达 5000 人以上。

三是发挥存量人才资源作用弥补专业人才不足。一方面是对 60 ~ 70 岁的年轻老人的利用。南京有“时间银行”,年轻老人当前的服务可以储存起来作为自己未来获得养老服务的权利。上海有“老伙伴结对计划”“友好睦邻点”,鼓励老人之间相互帮扶。另一方面是对老年人家属的培训,上海有对老人家属进行护理技能培训的资助项目,老人家属接受培训后可以更好地照顾老人,尤其是失能老人。再一方面是组织利用志愿者和义工,这方面上海做得最好,值得武汉学习。

四是吸引专业技术人才进入养老行业。南京和上海养老领域政府购买服

务进行得很彻底，也很成熟，大部分社区养老服务都由第三方社会组织来提供,社会组织的员工更加专业化、年轻化。再就是南京和上海都大力推动智能养老,一大批互联网技术人才也进入养老行业,如上海的“爱照护老年人公益发展中心”就是由一群年轻海外留学归国人才创建,依托互联网技术发展智能养老;南京依托社会组织建设养老服务网,搭建老年消费数据平台,整合家政、物业、餐饮、物流等社会资源。

三、补齐武汉市养老人才短板的主攻方向和重要举措

(一)创新社会化养老运营机制和模式,吸引凝聚养老人才

建立能盈利可持续的社会化养老模式。社会化养老机构的第一目标是“活下去”,只有建立一套能够持续盈利的商业运作模式,广大养老机构或养老社会组织才能繁荣壮大,吸引和留住人才,养老产业也才能健康发展。上海、成都两市在养老领域找到了政府和市场的平衡点,政府出政策、给场地、购买养老服务,市场一方则组织人力提供服务、开拓养老市场、发展养老产业。武汉要吸引更多的人才进入养老行业,需要建立一套能盈利可持续的社会化养老模式。

探索智能化、网络化的人才管理模式。建立养老人才信息平台,将全市零散的护理人员资源整合上网,不仅能使老年人便捷、有效地寻求护理服务,也为护理员提供更多择业机会,增加经济收入。同时,通过网络平台来整合康复医师、理疗师、心理医师等人才资源上网。

(二)更好发挥政府作用,全方位保障养老人才

建立多层次制度保障。实行养老从业人员培训补贴、公益性岗位补贴和社保补贴制度，建立工资及社会福利待遇与专业技能等级、从业年限等挂钩制度。支持外来养老人才融入武汉,给予外来养老人才市民待遇。安排专门用于培养养老人才队伍的财政预算,鼓励社会资本、慈善捐助机构资助养老人才教育和培训。规范养老就业市场,大幅提高劳动合同签约率和社会保险参保率,严厉处理拖欠职工工资、无偿加班等问题。

提高养老从业人员社会地位。转变观念,营造尊老、敬老、爱老、助老的社会氛围,引导全社会对养老产业、养老人才的尊重与认同。每年开展养老行业人才评选活动,大力宣传获奖者,并给予一定的社会名誉、地位和资金奖励。组织媒体多报道养老服务人才的爱心与奉献。帮助养老人才树立职业荣誉感。

（三）激活社会存量人力资源，解决养老人才短缺问题

发挥年轻老人余热。对 60～70 岁的年轻老人合理加以引导，制定出台退休人员从事养老服务的鼓励办法，将退休老人进入养老行业制度化，通过“养老时间储蓄银行”或直接发放补贴等多种方式鼓励年轻老人发挥余热，进行代际养老服务互换。倡导邻里互助，鼓励老人之间相互养老。

挖掘老年人家属力量。实施失能老人家属培训计划，为失能老人家属提供免费培训，培训合格后发放资质证书，既可以服务亲人，未来也可以进入养老服务市场服务他人。

激活志愿者和义工潜力。鼓励和支持年轻人，尤其是医疗机构人员、在校学生等参与助老志愿者活动，加强对志愿者的组织和调配，形成社区养老中心与志愿者组织的稳定合作关系。

（四）推行“专业教育＋实训基地”培养模式，全面提升养老人才质量

大力推动养老人才职业教育。优化职业院校养老服务专业结构与布局，建设一批养老服务实训基地，健全养老服务队伍岗前、岗中培训与进修体系，通过政府主导、机构培训、专家指导的模式，不断扩大各级各类短期培训及在职培训人员规模。

优化养老人才结构。大力发展养老社会组织，通过社会组织输入年轻从业者，有效解决养老人才队伍老化问题。提高医护人员、康复医师、康复理疗师、心理医生、专业护理人、互联网人才等专业养老人才的比重，推动养老人才专业化水平。

课题组成员：朱 卫 聂佩进 骆 严 胡爽平 叶传忠

武汉市生态文明制度体系研究

武汉发展战略研究院课题组

制度建设,是推进生态文明建设的核心。中共十八届三中全会将加快生态文明制度建设作为全面深化改革的重要内容之一提出，武汉市作为两型社会建设综合配套改革的排头兵,有责任且有义务,率先探索出一条可复制、可推广的制度化生态文明之路。武汉市生态文明制度体系的构建,要以强化体制改革、制度规范和法治保障为重点,立足于经济社会运行的全周期、全过程,使各类有利于资源节约和环境友好的政策做法成为系统化、法制化、常态化的制度环节,切实实现源头严防、过程严管、后果严惩。

一、构建生态文明制度体系的背景和意义

中共十八届三中全会确立了生态文明制度建设在全面深化改革总体部署中的地位,提出“建设生态文明,必须建立系统完整的生态文明制度体系,用制度保护生态环境”,并表示到2020年基本建成生态文明制度体系。生态文明制度体系建设的提出，标志着中国生态文明建设从理论探索进入到制度实践的新阶段。

(一)生态文明制度体系的内涵

生态文明制度体系是以保障生态文明建设为主要内容的制度体系。生态文明制度是指以生态环境的建设和保护为目的,调整人、社会、自然之间相互关系的规范准则的总称。生态文明制度体系是指一切有利于促进、保障生态文明的各种制度或行为规则构成的有机联系的统一整体。建立系统完整的生态文明制度体系,既是全面深化改革的重要内容,又是加强生态文明建设的核心内容。生态环境具有整体性、复杂性的特征,不仅仅是生态环境问题,还涉及经济、政治、文化、社会各个领域,靠单一的制度无法解决问题,必须将生态文明

建设的方方面面纳入依靠制度建设的轨道，形成体现整体性和系统性的制度体系。

生态文明制度体系是由不同种类的行为规范构成。根据调整对象和调整方法的不同,《中共中央关于全面深化改革若干重大问题的决定》将生态文明制度体系划分为源头保护制度、损害赔偿制度、责任追究制度、环境治理和生态修复制度等四个主要组成部分,涵盖了生态文明建设的各个方面和全过程。源头保护制度,即在全社会制定或形成一切有利于从源头上保护、保障自然生态系统的规定和规则体系,包括国土空间开发保护制度、环境资源产权制度和用途管制制度。损害赔偿制度是一项环境民事责任制度,即对自然资源的使用进行付费,对生态系统的损害、破坏进行重建及其引起的成本与费用得以赔偿的制度,根本在于解决对生态环境公共利益损害、生态环境健康损害和间接财产损害的问题,包括资源有偿使用制度、生态补偿制度、环境损害赔偿制度。责任追究制度是指在使用自然资源过程中对生态系统造成损害、破坏或损失的行为,依法追究当事人责任的制度,包括生态文明考核评价制度和生态环境保护责任追究制度。环境治理与生态修复制度主要指对生态环境停止人为干扰,依靠政府、企业、市民的配合,采取自然或人工相结合的方式,使遭到破坏、损害的生态环境逐步恢复,是生态环境系统功能持续有效发挥的重要保障,包括生态环境治理制度和生态修复制度。

生态文明制度体系是由不同层次的行为规范构成。宪法中关于生态文明的规定在生态文明制度体系中处于最高的位阶,具有最高的法律效力,但我国现行宪法中还没有明确规定生态文明建设的法律地位。全国人大及其常委会制定的涉及生态文明建设的法律是基本的法律制度，构成了生态文明制度体系的主干,也为相关行政法规和地方性法规的制定提供了重要依据,但目前我国法律体系中缺乏一部能够体现综合生态系统的生态文明基本法。国务院制定的生态文明行政法规是重要组成部分，包括对全国人大及其常委会颁布的法律制定的实施细则、实施条例以及对还没有纳入全国人大常委会立法规划或立法暂时还不成熟但又亟须予以规范的先行制定的管理规范。地方性法规中关于生态文明建设的规定对保证宪法、法律和行政法规中关于生态文明建设的规定在本行政区域内的有效实施发挥了重要作用。其他相关政策、纪律、行业内部规则中有关生态文明建设的规定是生态文明制度体系的重要补充。

生态文明制度体系是系统完整的有机整体。“建立系统完整的生态文明制度体系”，是从生态文明制度构成的角度提出的整体性要求，不是简单的制度堆砌，而必须是系统、完整的制度的有机集合。“系统”指的是制度与制度之间的有机联系和协同配合，“完整” 指的是制度要涵盖生态文明的各方面和全过程，从源头到过程直至后果，都要有全方位的、严格的制度保障，切实做到源头严防、过程严管、后果严惩。建设生态文明制度必须按照系统性要求进行，依据生态系统内在的高度多样性和复杂性规律，建立完整的制度体系。

生态文明制度体系是客观法则和主观属性的有机统一。尽管生态文明制度体系的形成也是由客观经济规律和经济关系决定的，但从生态文明制度体系的建设过程来讲，它又离不开人的意志、主观能动性、意识形态、文化传统的作用，它是客观法则和主观属性的有机统一。我国正处于体制改革和社会转型时期，社会主义制度还需要不断自我完善和发展，这就决定了我国生态文明制度体系必然跟其他制度体系一样具有稳定性与变动性、阶段性与连续性、现实性与前瞻性相统一的特点，这一体系也必然是动态的、开放的、发展的，必然随着中国经济社会的发展和法治国家的建设不断发展完善。

（二）我国生态文明制度历程回顾

党的十一届三中全会以后，我国进入了改革阶段，资源环境管理体制也在改革开放思路的指导下开始了全面革新。经历了三十多年改革，我国对资源环境问题的认识越来越深刻，资源环境管理体制从无到有，从蹒跚学步的初步确立阶段到积极学习探索的可持续阶段，到结合我国实际提出自己的理论创新的科学发展阶段，到党的十八大报告把生态文明建设放在事关全面建成小康社会的战略地位，再到党的十八届三中全会《中共中央关于全面深化改革若干重大问题的决定》提出建立系统完整的生态文明制度体系，中共中央、国务院印发《生态文明体制改革总体方案》，我国生态文明制度建设逐渐迈向成熟。

1.资源管理和环境保护体系初步确立（1978—1992 年）

1978—1992 年是我国资源环境改革的起步阶段。1978 年和 1982 年我国分别颁布了第三部和第四部《中华人民共和国宪法》，确立了资源保护和合理使用的法律地位，增加了一些合理开发利用自然资源的条款，明确提出保护环境是社会主义现代化建设的重要组成部分，确立了环境保护的基本国策，并初步确立了环境保护的管理体系和法律法规体系。1979 年五届人大十一次常委会通过新中国的第一部环境保护基本法——《中华人民共和国环境保护法(试行)》,我国的环境保护工作开始走上法制化轨道。1983—1984 年召开了第二次全国环境保护会议,确立环境保护是我国现代化建设中的一项基本国策,提出“经济建设、城乡建设和环境建设同步规划、同步实施、同步发展”,实现“经济效益、社会效益与环境效益的统一”的方针,确定了“预防为主、防治结合、综合治理”“谁污染谁治理”“强化环境管理”的环境政策,并且提出了到 20 世纪末的环保战略目标,这次会议在我国环境保护发展史上具有重大意义,标志着我国环境保护工作进入发展阶段。1984 年国务院正式发布了《中华人民共和国资源税条例(草案)》,资源从绝对公有、无偿授予到有偿转让,资源管理从原来的计划体制逐步转向市场体制,资源开采从无偿到有偿,标志着资源税在我国的正式建立。1986 年六届全国人大常委会第十五次会议通过并公布了《中华人民共和国矿产资源法》,“税费并存”的制度从此以法律的形式确立了下来。同时为了加强环境的定量管理,20 世纪 80 年代颁布了一批具有规范性的环境质量标准、污染物排放标准、环保基础标准和环保方法标准。

2.可持续发展逐渐成为共识(1992—2004 年)

1992 年到 2004 年是我国认识和实践可持续发展的阶段。1992 年联合国召开环境与发展大会以来，可持续发展成为全世界普遍认同的一个经济社会发展的基本方略和指导思想。1994 年国务院通过了《中国 21 世纪议程——中国 21 世纪人口、环境与发展白皮书》,标志着我国的环境保护开始走向可持续发展阶段。1996 年通过《“九五”国民经济和社会发展计划和 2010 年远景目标规划纲要》明确提出实施可持续发展战略,党的十五大、十六大也将可持续发展列为重大战略决策。在可持续发展战略思想指导下,我国的环境体制改革进一步深化,确立了走可持续发展的环境保护道路,形成了清洁生产、循环经济、绿色核算、协调发展等新的解决环境问题的对策,完善了环境保护的法律法规体系和管理体系，我国的环境保护工作迈上了新台阶。党中央从 1999 年到 2003 年共召开了五次中央人口资源环境工作座谈会,期间,资源管理法律体系更趋完善,资源产权改革也从“转让使用权”阶段发展到“可交易”阶段,第二代完全的“有偿开发”资源税制产生,资源管理进一步走向市场化。

3.以科学发展观为指导的生态文明建设大力推进(2004—2013 年)

党的十六大提出了“树立和落实科学发展观、构建社会主义和谐社会”的重大战略思想,十六届三中全会更明确地提出了“坚持以人为本,树立全面协调可持续的发展观”,中共中央十六届五中全会提出“建设资源节约型与环境友好型社会”的目标。这些战略决策表明,我国环境与发展的关系从此开始发生重大变化,环境容量成为区域布局的重要依据,环境管理成为结构调整的重要手段,环境标准成为市场准入的重要条件,环境成本成为价格形成机制的重要因素,这些重大变化,标志着环境保护成为优化经济增长的重要内容。2004 年开始,财政部和国家税务总局联合下发一系列通知,对相关矿产资源和盐的资源税进行调整,自此,我国资源税费管理体制改革开始轰轰烈烈地展开。2005 年 12 月《国务院关于落实科学发展观加强环境保护的决定》出台,把环境保护重要性提到前所未有的高度,掀开了用科学发展观看环境问题的序幕。2006 年第六次全国环保大会的召开标志着我国环境保护理念升级到一个新的高度,环境改革工作也开始进入了一个新的阶段。2012 年 11 月,党的十八大报告提出大力推进生态文明建设,并把生态文明建设放在事关全面建成小康社会的战略地位,纳入建设我国特色社会主义总体布局。

4.建设系统完整的生态文明制度体系(2013 年至今)

2013 年 5 月,习近平总书记在中央政治局第六次集体学习时的讲话中就强调:“保护生态环境必须依靠制度、依靠法治。只有实行最严格的制度、最严密的法治,才能为生态文明建设提供可靠的保障”。2013 年 11 月,十八届三中全会通过《中共中央关于全面深化改革若干重大问题的决定》,《决定》要求“加快生态文明制度建设,建立系统完整的生态文明制度体系,用制度保护生态环境”。《决定》提出“要健全自然资源资产产权制度和用途管制制度,划定生态保护红线,实行资源有偿使用制度和生态补偿制度,改革生态环境保护管理体制”。2015 年 9 月,中共中央、国务院印发了《生态文明体制改革总体方案》,提出到 2020 年,构建起由自然资源资产产权制度、国土空间开发保护制度、空间规划体系、资源总量管理和全面节约制度、资源有偿使用和生态补偿制度、环境治理体系、环境治理和生态保护市场体系、生态文明绩效评价考核和责任追究制度等八项制度构成的生态文明制度体系。自此,我国生态文明建设从理论探索进入到制度实践的新阶段。

（三）构建生态文明制度体系的重要意义

1.构建生态文明制度体系是应对日益严峻的生态挑战的现实要求

目前我国资源约束趋紧、环境污染严重、生态系统退化的形势十分严峻，并呈现明显的结构型、压缩型、复合型特征，成为制约经济持续健康发展的重大矛盾、人民生活质量提高的重大障碍和中华民族永续发展的重大隐患。武汉作为传统老工业基地，产业结构偏重，能源资源消耗量大，严重灰霾现象日益常态化。随着工业化、城镇化的加快推进，资源环境压力势必进一步加大，主要污染物总量减排任务艰巨，改善大气和湖泊水体质量任重道远。迫切需要建设严格的生态文明制度体系，从源头保护自然资源，对资源环境利用过程中的人类行为进行约束和规范，通过严厉的惩罚及追责制度对造成较大生态环境损失的政府、企业及个人形成强大震慑力，为解决生态环境领域的深层次矛盾和问题提供制度保障。

2.构建生态文明制度体系是应对生态文明建设复杂性的客观要求

自然生态是一个有机的整体，牵一发而动全身，生态环境问题的表现形式复杂多样、成因复杂、相关主体多元，大气污染、土壤退化、生态破坏、农业污染、工业污染、生活污染等等，靠单一的制度无法解决问题，需要有系统完整的制度体系来保障。各项制度的完善以及制度之间的协调配合是生态文明建设得以正常推进和达到预期目标的根本保证。武汉市在探索人口资源环境可持续发展、两型社会建设、低碳试点城市建设等基础上建立了一些生态环境管理制度，在生态环境治理方面发挥了一定的作用，但由于不够系统和完善，已不能适应生态文明建设发展的需要。加快构建生态文明制度体系，可以充分发挥生态文明制度的整体功效，通过顶层设计和规划，统筹考虑制度体系中的各个因素，促进各有分工、互不冲突又相互联系的各项制度的协调配合，从而实现制度实行的最佳效果。

3.构建生态文明制度体系是实现生态文明建设有法可依的必要保障

良好的生态环境是生态文明的硬实力，先进的制度体系是生态文明的软实力。制度的先进性，在一定程度上代表了生态文明水平的高低，生态文明制度在生态文明建设的四大任务中居于核心地位。生态文明制度体系包括涉及生态文明建设的各种法律、法规、章程、纪律等行为规范，是一个包括目标体系、行为规则、考核办法、奖惩机制等在内所有制度的总和。使生态文明建设“有法可依”,是推进国家治理体系和治理能力现代化的重要环节。加强生态文明制度体系建设一方面可以将生态文明理念制度化，并通过一定的奖惩措施将其转化为社会实践,落实到具体的行动中,另一方面也可以为生态文明建设提供规范和监督、约束力量,从而通过约束个体行为,达到维护全社会的整体利益和长远利益的目的。

4.构建生态文明制度体系是两型社会建设纵深推进的核心内容

推进“两型社会”建设,是生态文明建设的重要内容和有效途径,建设生态文明,实质上就是要建设以资源环境承载力为基础、以自然规律为准则、以可持续发展为目标的资源节约型、环境友好型社会。2007 年,国家批准武汉城市圈设立“资源节约型与环境友好型社会建设综合配套改革试验区”,率先在全国把“两型社会”建设作为推进生态文明建设的突破口,坚持以绿色发展、低碳发展、循环发展为导向,扎实推进试验区的规划、建设、改革、管理等各项工作,初步形成了政策法规和“两型”标准体系。当前,“两型社会”改革建设进入纵深推进阶段,要推进生态文明建设,率先建成两型社会,重点要深化体制机制改革创新,用法治引领两型,用制度规范发展,率先探索并积累成功经验,构建系统完整的生态文明制度体系，对中西部地区面临类似情况的城市发挥示范推广作用。

5.构建生态文明制度体系是贯彻落实“五位一体”总体布局的重要支撑

党的十八大对我国经济社会发展作出了“五位一体”总体布局,将生态文明建设与经济、政治、文化、社会建设并列,提出了建设“美丽中国”的发展新目标。生态文明建设贯穿融通经济建设、政治建设、文化建设、社会建设的各个方面和过程。“五大建设”在要素构成、组织结构、典型特征和评价体系等方面存在诸多差异,加强生态文明制度建设,可以从顶层设计的角度,把生态文明理念落到其他四大建设的推进过程中，把人与自然和谐发展的生态文明理念融入、贯彻于生产、生活的全领域,实现生态环境和经济社会发展协调统一。武汉必须把生态文明建设放在突出地位,加快构建生态文明制度体系，以完善城市综合功能为重点,强化城市软实力建设,加快构建有利于节约资源和保护环境的空间格局、产业结构、生产方式、生活方式。

二、武汉市生态文明制度体系建设进展

近年来,武汉市按照"源头严防、过程严管、后果严惩"的总体要求,着力健全法律法规,切实创新体制机制,用制度保护生态环境,为全市生态文明制度体系的建立和完善,奠定了一定的基础。

(一)建立空间规划体系,空间开发保护制度逐步完善

以空间规划为基础, 强化国土空间开发保护制度, 有利于解决因无序开发、过度开发、分散开发导致的生态空间占用不合理、生态破坏、环境污染等问题。近年来,武汉市着力完善国土空间开发保护制度,切实加强规划在城市生态空间格局和生态文明理念方面的引导作用,经过最新一轮修编完成的《武汉市城市总体规划》提出了"1+6"城市发展新格局和"两环六楔""两网交融"的生态新框架,并在第 45 届国际规划大会上凭借其贯彻体现的生态、低碳、人居理念获得了"全球杰出贡献奖"。公布的《武汉都市发展区 1∶2000 基本生态控制线规划》, 使武汉成为继深圳之后全国第二座划定生态控制线的城市。目前,《武汉市全域生态框架保护规划》已获得原则性通过,全市基本生态控制线范围基本划定。《武汉 2049 远景发展战略》提出了城市发展"底线"理念。《武汉市主体功能区规划》编制稳步推进,首次把全市划分为主城功能优化开发区域、城镇化重点开发区域、生态涵养限制开发区域、禁止开发区四类主体功能区,并将其作为统领武汉未来发展全局的规划蓝图和布局总图。

(二)健全产权制度,环境治理和生态保护的市场体系初步建立

创新产权制度、健全市场机制是推进生态文明建设的重要基础和必然要求。近年来,武汉市积极探索、先行先试,在产权制度、资源有偿使用制度以及生态补偿制度等领域进行了一系列有效尝试。积极推进了碳排放权交易机制建设,成立了中部地区首个碳排放交易中心,在光谷联交所实质性开展了自愿碳交易。探索资源有偿使用制度,着力推进排污权交易机制建设,在东湖高新区开展排污权交易试点,2014 年以来,共开展了 2 次排污权交易,累计成交主要污染物排污权 598 吨,总成交金额 548 万元。深化资源性产品价格改革,落实完善了成品油价格形成机制,完成了非居民天然气价格改革。同时,全市在资源有偿使用和生态补偿制度方面也进行了积极探索, 落实了湿地自然保护区生态补偿机制,制定了湿地生态补偿细化方案和资金管理办法,完成了补偿对象的调查摸底、登记造册、公示,兑现了市级生态补偿资金。落实了生态公益

林补偿,制定了《武汉市森林生态效益补偿资金管理办法》,其补偿资金已拨付到各区。

(三)健全环境治理体系,资源总量管理和全面节约制度全面推进

近年来武汉市不断加强环境治理,着力完善对于水、湿地、天然林等自然资源的保护制度和资源循环利用制度,切实实行最严格的耕地保护、土地集约节约和水资源管理制度,若干领域的顶层设计打造出独具特色的武汉模式。在资源保护和环境治理领域,相继出台了《武汉市改善空气质量行动计划》《武汉市湖泊保护条例》《武汉市水资源保护条例》《武汉市湿地自然保护区条例》《武汉市关于实行最严格水资源管理制度的意见》《武汉市湖泊整治管理办法》《武汉市森林资源管理办法》等多部地方性条例、法规。着力强化水生态文明的顶层设计,建立了覆盖市、区两级的"三条红线"控制指标体系,在全国率先成立湖泊管理局,166个湖泊推行"湖长制",为全国其他地区水资源保护、利用和管理制度的建立提供了经验借鉴。在资源循环利用及能源集约节约领域,武汉市首次为循环经济立法——出台了《武汉市实施〈中华人民共和国循环经济促进法〉办法》,并陆续出台了《加快推进武汉市大宗固体废弃物资源综合利用三年行动方案》等政策法规,先后颁布实施了《武汉市节能监察办法》《武汉市主要污染物排污权有偿使用和交易管理暂行办法》等一系列开创性政策、法规、规划。

(四)完善监督管理,生态文明绩效评价考核和责任追究制度不断健全

近年来武汉市着力推进环境保护管理体制建设,围绕生态文明的考评制度和责任追究制度,积极推进生态文明制度体系的建立健全。强化了节能减排目标责任制,提高生态文明指标在政府绩效考核中的权重,探索推行领导干部生态环境终身责任制。完善环保责任体系,制定了《武汉市环境保护管理职责规定》《武汉市环保局系统工作人员问责暂行办法》,并出台了《武汉市改善空气质量行动计划实施情况考核评价办法(试行)》《武汉市实行最严格水资源管理制度考核办法》等生态文明相关考评政策,将考核目标任务与考核责任单位、责任人直接挂钩的体制机制逐步建立。

然而,武汉市在生态文明制度建设方面仍然存在着一系列的问题和不足:一是环境产权制度仍不明晰,排污权、碳排放权交易制度仍处于起步阶段,生态补偿机制仍处于探索阶段,有利于资源节约、环境保护的价格体系也

仍未形成；二是环境保护与治理的体制机制仍待完善，实践中边治理边污染、重经济轻环保以及环境、发展“两张皮”现象仍然存在，环境执法成本高、违法成本低的现象尚未从制度上充分解决，资源环境监管制度仍然有待完善；三是监督管理和考核评价机制与生态文明的发展要求仍存在一定距离，生态环保指标在现行领导干部政绩考核体系中所占权重依然较低，以 GDP 为主导的发展观尚未从根本上发生改变。这些问题和不足我们必须高度重视，认真面对，切实解决。

三、武汉市构建生态文明制度体系的总体要求

（一）总体要求

充分认识加快推进生态文明建设的极端重要性和紧迫性，切实增强责任感和使命感，以邓小平理论、“三个代表”重要思想、科学发展观为指导，全面贯彻党的十八大和十八届二中、三中、四中全会精神，深入贯彻习近平总书记系列重要讲话精神，认真落实党中央、国务院的决策部署，坚持以人为本、依法推进，坚持节约资源和保护环境的基本国策，把生态文明建设放在突出的战略位置，融入经济建设、政治建设、文化建设、社会建设各方面和全过程，协同推进新型工业化、信息化、城镇化、农业现代化和绿色化。以建立系统完整的生态文明制度体系为目标，以提高人民群众环境生活品质为主旨，围绕实现用制度保护生态环境，实行最严格的源头保护制度、损害赔偿制度、责任追究制度，加快推进产业发展结构优化、城市空间结构优化、能源消费结构优化、政绩考核结构优化，全面促进资源节约利用，加大自然生态系统和环境保护力度，积极打造资源节约型、环境友好型社会和生态江城的典范，共建共享生态文明的大江大湖大武汉。

（二）基本原则

坚持把生态文明制度体系建设与两型社会建设改革试验紧密结合、统筹推进。资源节约、环境友好，既是两型社会的本质特征，也是生态文明建设的内在要求，两者的建设初衷完全一致，具有内在统一性，生态文明建设与两型社会建设都要求进一步加强生态文明制度体系建设。要充分运用武汉作为两型社会建设综合配套改革试验区的先行先试权，选择试点先行先试，总结有效做法，创新方式方法，探索实践经验，提炼推广模式，以点带面，有序推动生态文明制度体系不断完善。

坚持加强顶层设计与鼓励基层探索相结合的工作方式和方法。一方面,着眼长远,加强生态文明制度体系建设的顶层设计,运用系统论的方法,从全局的角度统筹规划,对生态文明制度体系涉及的各方面、各层次、各要素充分考虑相关性和互适性,形成符合武汉未来发展战略和目标,能够被不同主体共同接受和遵守的生态文明制度体系。另一方面,立足当前,鼓励基层着力探索解决对经济社会可持续发展制约性强、群众反映强烈的突出问题,坚持先易后难、以小带大、循序渐进的工作方法,瞄准重点领域关键环节,争取在基层工作中摸索出值得推广的模式和经验。

坚持保护优先、绿色发展,努力实现在发展中保护、在保护中发展。经济社会发展必须建立在资源得到高效循环利用、生态环境受到严格保护的基础上,与生态文明建设相协调,形成节约资源和保护环境的空间格局、产业结构、生产方式,要坚持把绿色发展、循环发展、低碳发展作为基本途径,坚持把节约优先、保护优先、自然恢复为主作为基本方针,建立系统完整的生态文明制度体系,保障并促进经济效益与环境效益互利共赢、生活质量与环境质量同步改善。

坚持围绕进一步彰显“大江、大湖、大武汉”的独特生态魅力建设具有武汉特色的生态文明制度体系。倍加珍惜武汉所拥有的丰厚山水禀赋资源,充分发挥“敢为人先、追求卓越”的武汉精神,在生态文明制度体系建设中进一步凸显对滨江滨湖、水资源丰富、群山纵横等武汉生态特色的保护,建设生态江城,培育弘扬武汉独有的生态文化,从制度体系上保障武汉生态特色的永续传承。

(三)阶段性目标

到 2020 年,基本形成自然资源资产产权制度、国土空间开发保护制度、空间规划体系、资源总量管理和全面节约制度、资源有偿使用和生态补偿制度、环境治理体系、环境治理和生态保护市场体系、生态文明绩效评价考核和责任追究制度等构成的产权清晰、多元参与、激励约束并重、系统完整的生态文明制度体系,形成有利于资源节约、环境保护和生态文明的制度安排和利益导向。生态经济发展壮大,生态环境持续改善,生态文化传播弘扬,国土空间开发格局不断优化,生态产业体系基本建立,资源环境约束有效缓解,生态市建设初现雏形,滨江滨湖城市特色更加鲜明,基本形成节约能源资源和保护生态环境的产业结构、增长方式、消费模式,逐步走上生产发展、生活富裕、生态良好的文明发展之路，形成在长江中游地区可复制、可推广的武汉生态文明建设模式，切实承担起在全国同类城市先行示范的作用和责任。

到 2030 年，源头预防、过程控制、损害赔偿、责任追究的生态文明制度体系全面确立，自然资源资产产权和用途管制、生态保护红线、生态补偿、生态环境保护治理体制等关键制度得到顺利执行并取得良好成效，积极创建国家级生态文明城市，提升生态文明建设成果，达到国家级生态市建设标准，成为名副其实的全国生态文明建设示范市。

四、武汉市生态文明制度体系的总体框架

（一）生态文明制度的分类

以表现形式来看，生态文明制度体系可以分为正式制度和非正式制度。正式制度，指的是有明文法律法规、政策规章等作为支撑的、具有明确的约束力、强制力和导向性的生态文明制度。非正式制度，是指生态文明意识、观念、风俗、习惯、伦理等一系列发挥潜在作用的、以道德自觉性为主要驱动力的制度。

以作用方式来看，部分制度发挥的是强制性的约束作用，例如对于落后产能的强制性淘汰制度、限制机动车出行、对环境破坏者的责任追究制度等等。部分制度是发挥选择性作用，通过设定一定的节能环保目标和市场化途径，让市场主体做出选择，如排污权、碳排放权交易等制度。还有一部分制度，是通过价格、税收以及宣传教育等手段，引导各类主体选择更加生态文明的生产生活方式，如鼓励消费者购买节能产品、鼓励企业使用节能环保装备等。

以约束主体来看，生态文明制度需要对政府、企业和公众等各类主体的责任和义务作出不同的要求。第一类是决策和责任制度，主要指综合评价、目标体系、考核办法、奖惩机制、空间规划、责任追究、管理体制等针对各级政府的决策者的制度。第二类是执行和管理制度，包括有偿使用、补偿赔偿、市场交易、执法监管、资源产权、用途管制、生态红线等针对全社会各类当事主体的制度。第三类是道德和自律制度，即宣传教育、生态意识培育、合理消费等针对全社会成员的一系列无形制度。

以作用阶段来看，生态文明制度在环境保护的源头、过程以及结果阶段都应发挥相应的作用。在源头阶段，生态文明制度是判定各类与生态相关行为“可为”与“不可为”“合规”与“不合规”“合法”与“非法”的基础，如通过自然资源产权、用途管制以及生态红线等制度，明确资源环境的开发原则和开发底

线，行为边界的明确将在最大程度上预防人类生产生活对资源的滥用和对环境的破坏。在生产、流通、消费等经济活动过程中，生态文明制度将进一步发挥约束、规范和调节各类社会主体行为方式的作用，如资源有偿使用、污染者付费、生态补偿、污染物总量控制等。在生态破坏行为发生后，责任追究和损害赔偿机制以及生态环境的补救修复制度将发挥积极作用，同时也将进一步发挥源头威慑作用，从而进一步影响决策行为。

(二)武汉市生态文明制度体系框架

根据上述分析，我们认为，一个完整的、系统的、有机的生态文明制度体系，必须符合三个要求。其一，是必须强化多元参与，明确政府、企业、公众等各类社会主体对于生态文明建设的责任与义务，并充分调动、发挥各自的主观能

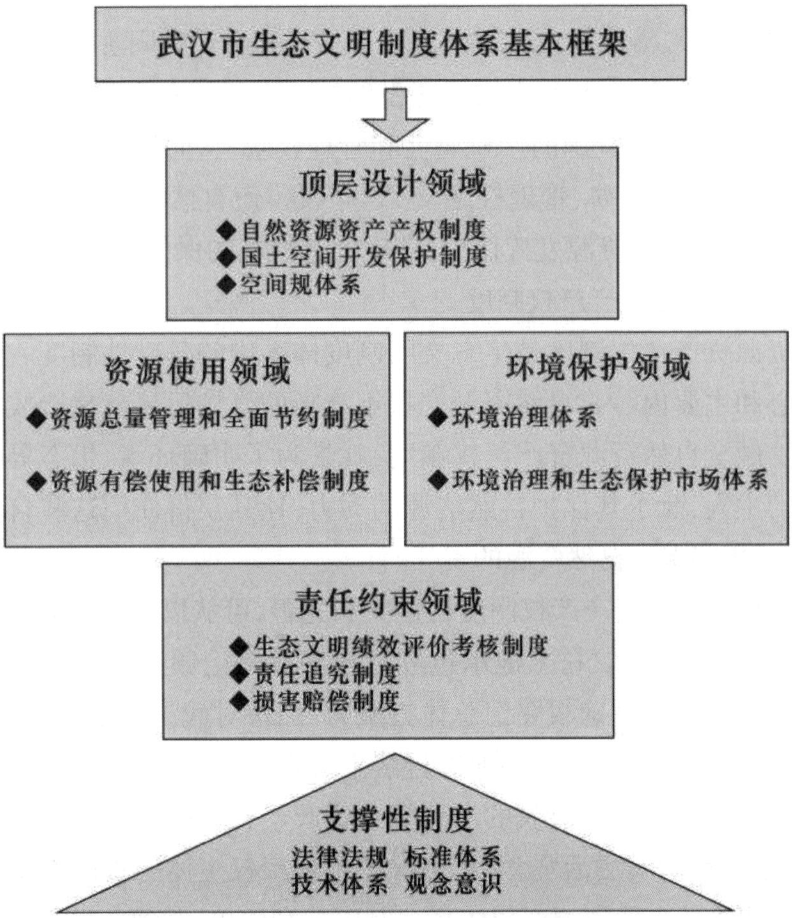

武汉市生态文明制度体系基本框架

顶层设计领域
◆自然资源资产产权制度
◆国土空间开发保护制度
◆空间规体系

资源使用领域
◆资源总量管理和全面节约制度
◆资源有偿使用和生态补偿制度

环境保护领域
◆环境治理体系
◆环境治理和生态保护市场体系

责任约束领域
◆生态文明绩效评价考核制度
◆责任追究制度
◆损害赔偿制度

支撑性制度
法律法规 标准体系
技术体系 观念意识

图 1 武汉市生态文明制度体系基本框架

动性,在生产、生活过程中自觉践行生态文明的要求,合理开发、利用、保护自然资源和生态环境,使生态文明建设成为人人有责、共建共享的过程。其二,是必须做到激励约束并重,做好不同制度间的衔接与搭配,灵活运用制度的刚性与弹性。其三,是必须立足于生态文明建设的全过程,切实实现"源头严防、过程严管、后果严惩"。重点构建起由自然资源资产产权制度、国土空间开发保护制度、空间规划体系、资源总量管理和全面节约制度、资源有偿使用和生态补偿制度、环境治理体系、环境治理和生态保护市场体系、生态文明绩效评价考核和责任追究制度、损害赔偿制度等构成的系统完整的生态文明制度体系。综上,武汉市可依照图 1,由上至下地对生态文明制度体系进行完善与充实。

五、武汉市生态文明制度体系的主要内容

(一)健全自然资源资产产权制度

生态文明建设,涉及土地、山林、湖泊等一系列自然空间主体。如何保护好并利用好这些生态资源,是生态文明建设的核心内容。完善自然资源资产产权制度,就是要明确自然资源的产权属性和管理权限,从而解决自然资源所有者不到位、所有权边界模糊、管理权限交叉等问题,使自然资源成为有偿使用的资源,使有价值的自然资源发挥作用,实现生态财富的保值增值。

1.健全自然资源资产产权制度

自然资源资产产权制度是生态文明制度体系中的基础性制度。产权是所有制的核心和主要内容,自然资源产权不清晰的直接后果就是造成资源的掠夺性使用。健全自然资源资产产权制度,就是为了明确环境、生态等公共自然资源系统的主人,赋予其保护自然资源的动力,让其获得使用这些自然资源利益的同时,承担起保护自然资源的责任。

武汉市自然资源资产产权制度的建立和完善,可从以下几个方面入手。一是以不动产统一登记、农村土地承包经营权确权登记颁证为突破口,形成《武汉市自然生态空间统一确权登记总体方案》,加快对武汉市市域范围内江河、湖泊、森林、山岭、荒地、滩涂、湿地等自然生态空间进行统一的确权登记,形成归属清晰、权责明确、监管有效的自然资源资产产权制度。推进确权登记法治化,在实践中注重落实法治观念,严格保护各种产权主体的资产不受侵权。二是建立权责明确的自然资源产权体系。制定权利清单,明确各类自然资源产权主体权利,处理好所有权与使用权的关系。创新自然资源全民所有权和集体所

有权的实现形式。除生态功能重要的外,可推动所有权和使用权相分离,明确占有、使用、收益、处分等权利归属关系和权责,适度扩大使用权的出让、转让、出租、抵押、担保、入股等权能。完善各类自然资源资产交易平台的功能。

2.健全自然资源资产管理体制

在我国,自然资源有的属于全民所有,有的属于农村集体所有。属于集体所有的自然资源如何利用,是政府监管的对象,所有者与管理者是分开的。但是属于全民所有的自然资源的资产权益由谁来代表,却没有明确的界定。在实际操作中,往往是由各级政府的行政管理部门行使所有者代表的职能,即所谓集裁判员、运动员于一身。因此在自然资源管理中造成了政府行政监管的目标难以实现等许多突出的问题。另外,自然资源资产管理职能分散,各部门分片管、分行业管,职能交叉重叠,部门相互掣肘,导致管理碎片化、系统性缺失等问题突出,既阻碍了相关资源的科学有效配置,也不利于开展统一协调和监督管理,降低了市场和政府两方面的效率。

武汉市应贯彻落实国家层面对于自然资源资产管理体制的改革措施,健全自然资源资产管理体制。按照所有者和管理者分开以及一件事由一个部门管理的思路,落实和行使好全民所有自然资源资产所有权。一方面,要整合地方的自然资源管理职能,建立武汉市专门的自然资源资产管理部门,统一行使全民所有自然资源资产所有者的权利和职责,负责全民所有自然资源的出让等。另一方面,也要成立专门的对自然资源进行统一监管的部门,完善自然资源监管体制。管理部门主要负责监管自然资源资产的数量、范围和用途,落实自然资源资产所有权人的权益,监管部门主要负责自然资源的保护与修复,两部门相互独立、相互配合、相互监督。另外,还要健全自然资源监管的社会制衡机制,及时公布环境信息,健全举报制度,全面实施环保举报投诉热线畅通工程,让公众、媒体、非政府组织等社会力量参与进来。

(二)建立国土空间开发保护制度

国土空间开发保护制度和空间规划体系,体现了一个地方的资源利用方式、生态保护程度和经济发展方式。由于长期经济增长中“贪大求全”、开发强度过大,不少地区资源和空间利用方式十分粗放,空间规划也不尽合理,产生了大量生态环境问题。以空间规划为基础、以用途管制为主要手段的国土空间开发保护制度,意在解决因无序开发、过度开发、分散开发导致的优质耕地和生态空间占用过多、生态破坏、环境污染等问题，保障以国土空间为载体的生态文明建设顺利实施。

1.实施主体功能区制度

主体功能区制度是从大尺度空间范围确定各地区的主体功能定位的一种制度安排，是国土空间开发的依据、区域政策制定实施的基础单元、空间规划的重要基础、国家管理国土空间开发的统一平台。

武汉市应进一步贯彻落实主体功能区制度，加快出台《武汉市主体功能区规划》，全面落实国家、省、市三级主体功能区规划。建立健全有利于形成主体功能区的法规规章、体制机制和政策体系。发挥主体功能区规划统领全局的作用，按照主城功能优化开发区域、城镇化重点开发区域、生态涵养限制开发区域、禁止开发区四类划分方式，实行不同功能区空间开发管控制度，对不同主体功能区实行差别化财政、投资、产业、土地、人口、环境考核等政策。

2.健全自然资源用途管制制度

自然资源用途管制制度是国家对国土空间内的自然资源按照生活空间、生产空间、生态空间等用途或功能进行监管，表明一定国土空间里自然资源无论所有者是谁，都要按照用途管制规则进行开发，不能随意改变用途。主要是为了保障森林、草地、水体、湿地和滩涂等生态空间不缩小，甚至扩大生态空间面积。

武汉市应坚决落实自然资源用途管制制度。对市域空间内的自然资源按照自然资源属性、使用用途和环境功能采取相应方式的监管，按照用途管制的规则进行开发。严格落实耕地用途管制，落实节约用地制度，研究出台《武汉市建设用地节约集约利用标准》等制度，强化土地利用总体规划和年度计划管控，对新城区加强土地用途转用许可管理。对永久基本农田实施严格的永久保护，对新增建设用地占用耕地规模实行总量控制，完善新增建设用地批后管理体制机制。划定并严守生态红线，落实《武汉市全域生态框架保护规划》，加快推进《武汉市基本生态控制线保护条例》立法工作，积极探索完善基本生态控制线管理配套政策，制定基本生态控制线管理规定实施细则等。研究生态区建设实施机制，对生态区域的原住民安置模式、土地流转、资金筹措等方面提出配套的政策机制。修订《武汉市湖泊保护条例》，研究制定《武汉市山体保护条例》,严格实施湿地自然保护区总体规划。完善覆盖全市国土空间的监测系统,动态监测国土空间变化。

(三)建立完善的空间规划体系

法律确定原则,规划划定界限。法律只能确定哪种自然空间必须实行用途管制,哪类国土空间必须限制开发或禁止开发,但具体边界必须通过空间规划来划定和落实。因此,建立形成定位清晰、功能互补、统一衔接且符合市场经济原则的空间规划体系是非常有必要的。

一方面,武汉市要加快推进"多规合一",将主体功能区规划、城乡规划、土地规划、生态环境规划等规划进行对接。明确生产空间、生活空间、生态空间的开发管制界限,严格界定武汉都市区发展边界,明确居住区、工业区、城市建成区、农村居民点、基本农田以及林地、水面、湿地等生态空间的边界,划定全市域基本生态控制线、湖泊保护红线、湿地保护红线、山体保护红线等生态红线,加强对城市地下空间的统筹规划,使用途管制有规可依。另一方面,探索规范化的规划编制程序,扩大社会参与,增强规划的科学性和透明度。成立由专业人员和有关方面代表组成的规划评议委员会对规划成果进行论证,鼓励武汉市民对规划执行进行监督,对违反规划的开发建设行为进行举报。

(四)完善资源总量管理和全面节约制度

资源是经济社会发展的战略保障。我国虽然是资源大国,但并不是资源强国,长期以来资源利用粗放,使用浪费较多,节约集约利用程度较低。拼资源、拼消耗的发展模式,不仅经济难以持续,更会造成严重的生态环境问题。构建资源节约型社会,必须构建覆盖土地、水资源、能源等各类资源的总量管理和全面节约制度,同时通过制度提升资源循环化利用水平。

1.完善最严格的耕地保护制度和土地节约集约利用制度

城镇化是我国现阶段的重要发展特征,保护耕地是城镇化发展的基础和前提,节约集约用地是推进城镇化转型发展的关键和核心任务。完善最严格的耕地保护制度和土地节约集约利用制度,是新型城镇化过程中城乡生态可持续发展、社会和谐、空间优化的重要保障。

一方面,武汉市要继续完善基本农田保护制度,划定永久基本农田红线,将基本农田落地到户、上图入库,实行严格保护。完善耕地占补平衡制度,对新增建设用地占用耕地规模实行总量控制,严格实行耕地占一补一、先补后占、占优补优，确保全市耕地总量和基本农田面积不减少、质量有提高、建设用地总规模不突破。另一方面，要贯彻落实国家、省下达的《关于促进节约集约用地的通知》《关于实行最严格节约集约用地制度的通知》，研究出台《武汉市建设用地节约集约利用标准》等制度，提高土地利用效率。实施建设用地总量控制和减量化管理，建立节约集约用地激励和约束机制，调整结构，盘活存量，合理安排土地利用年度计划。完善新增建设用地批后管理体制机制。

2.完善最严格的水资源管理制度

武汉市拥有丰富的水资源。近年来，由于城市建设的强大张力作用，恣意开发、任意排污、随意填湖等事件屡有发生。利用和保护好水资源成为武汉市的机遇与挑战。保障水资源的可持续发展，需要进一步完善和落实最严格的水资源管理制度。

以优化水资源配置、节约并保护好水资源为主线，武汉市水资源管理制度建设主要围绕以下内容展开。一是健全用水总量控制制度。贯彻市县两级取用水总量控制指标体系。严禁开采深层地下水，控制开采浅层地下水，加强地下水动态监测，实行地下水取用水总量控制和水位控制。严格实施规划和建设项目水资源论证制度。二是健全用水效率管理制度。加大对重点大中型企业节水技术改造，推广新节水技术、工艺、设备。运用价格和税收等手段，逐步建立农业灌溉用水量控制和定额管理、高耗水工业企业计划用水和定额管理制度。建立促进非常规水源利用制度，鼓励利用再生水、雨水等，用于市政道路清洗、绿化、消防等。

3.建立能源消费总量管理和节约制度

武汉市以煤炭为主的能源结构和偏重的工业结构决定了其经济的发展对能源和碳排放的需求很大。完成节能降碳的阶段性目标必须依靠更加严格的能源消费总量管理和节约制度。

围绕能耗强度下降与能源消费总量控制的双重目标，武汉市能源消费总量管理和节约制度主要包括以下内容。一是要合理确定全市能源消费总量目标，并分解落实到各行政区和重点用能单位。继续推行节能目标责任制和奖励制。进一步完善能源统计制度。二是要健全重点用能单位节能管理制度，探索实行节能自愿承诺机制，加快出台《武汉市节能量交易管理办法》。三是要完善节能标准体系，及时更新用能产品能效、高耗能行业能耗限额、建筑物能效等标准。健全节能低碳产品和技术装备推广机制，定期发布技术目录。四是要加强低碳发展的制度建设，逐步建立碳排放总量控制制度和分解落实机制，进一步深入开展碳排放交易试点工作，建立温室气体排放数据统计、核算、考核体系，研究建立碳标识、碳认证制度。

4.完善资源循环利用制度

提高资源循环利用水平是当前资源环境约束日益趋紧形势下的重要途径。完善资源循环利用制度，就是要通过一系列激励、约束政策，在全社会层面推动形成高效、便捷、绿色的资源综合利用体系。

循环经济是武汉市两型社会建设的突破口，结合已成形的循环经济发展模式与资源综合利用体系，武汉市可在如下方面进一步强化循环经济发展的制度化基础。一是要加快实行生产者责任延伸制度，推动生产者落实废弃产品回收处理等责任。建立电子废弃物回收网络体系。构筑以生产厂商为主体的定点或上门回收服务、以零售商为中心的回收服务和个体家电回收服务为配套的综合回收网络。出台武汉市《包装废弃物分类回收条例》，明确生产者的包装物回收责任和限期回收利用率指标。二是加快建立垃圾强制分类制度。加快出台武汉市《生活垃圾分类回收标准》，明确生活垃圾的分类方法、分类投放规则。制定再生资源回收目录，对复合包装物、电池、农膜等低值废弃物实行强制回收。三是建立资源再生产品和原料推广使用制度，相关原材料消耗企业要使用一定比例的资源再生产品。完善限制一次性用品使用制度。制定循环经济技术目录，实行政府优先采购、贷款贴息等政策。

（五）健全资源有偿使用和生态补偿制度

由于相关管理制度缺位，我国自然资源及其产品价格普遍偏低、生产开发成本低于社会成本，使得保护生态得不到合理回报。积极探索资源配置更加节约高效的市场化体制机制，系统推进排污许可、企事业单位污染物排放总量控制等制度建设，使资源使用成本、保护成本、损害成本等要素反映到资源使用价格上，建立较为完善的价格形成机制，将使得自然资源的使用和保护行为更加理性。

1.实行资源有偿使用制度

资源有偿使用是指开发利用环境资源的单位和个人应当依法缴纳相应的环境资源税费，以利于环境资源的再生、恢复、整治和养护，以实现环境资源的可持续利用。过去传统的不合理的资源价值观和定价方法,使得"资源无价、原材料低价、产品高价"的生产组织模式十分普遍,既造成环境资源的盲目开发和浪费,又导致了环境质量的急剧下降,更影响到了经济社会的可持续发展能力。现阶段,将资源的价格作为"成本—效益"分析的一个重要因素已成为必然的趋势,武汉市必须加快确立并完善资源有偿使用制度。

一是要深化自然资源及其产品价格改革,凡是能由市场形成价格的都交给市场,形成体现资源稀缺程度、资源利用效率高低、生态环境损害成本和修复效益差异的价格形成机制。加强对自然垄断环节的价格监管,建立定价成本监审制度和价格调整机制,完善价格决策程序和信息公开制度。完善差别化能源价格制度,逐步出台武汉市居民用天然气阶梯气价、非居民用水超定额加价政策。二是要完善土地有偿使用制度,扩大国有土地有偿使用范围,改革完善工业用地供应方式,积极探索通过土地承包经营、出租等方式,健全国有农用地有偿使用制度。三是要加快资源环境税费改革,推进资源税从价计征,将高耗能、高污染产品纳入消费税征收范围,逐步将资源税扩展到占用各种自然生态空间,完善节能环保、新能源、生态建设的税收优惠政策。

2.完善生态补偿机制

生态补偿是以保护生态环境,促进人与自然和谐发展为目的,根据生态系统服务价值、生态保护成本、发展机会成本,运用政府和市场手段,调节生态保护利益相关者之间利益关系的公共制度。武汉在 20 世纪 90 年代末就已经开始推进生态补偿,其在武汉生态环境保护和建设中起着独特的作用,但也存在着补偿领域狭窄、补偿主体与对象模糊、补偿模式单一、补偿资金匮乏、组织管理分散和政策法规体系缺失等等问题,急需对生态补偿的体制机制进行优化。

武汉市必须坚持"谁开发谁保护、谁受益谁补偿"的原则,科学界定生态保护者与受益者权利义务,建立制度化、规范化、多元化的生态环境补偿体系。一是科学划定全市重要生态功能区,研究设立市、区财政生态补偿专项资金,并加大转移支付力度。二是深入开展资源消耗评价等关键技术的科研攻关,研究建立自然资源和生态环境价值评价体系,从自然资源资产、生态服务功能价值、保护与恢复成本等层面进行核算。完善生态保护成效与资金分配挂钩的激励约束机制。逐步建立客观公正的生态环境补偿标准体系,结合深化财税体制改革,完善转移支付制度,归并和规范现有生态保护补偿渠道。积极探索发行

“生态彩票”可行性及路径。三是逐步扩大生态补偿的实施范围。建立湿地自然保护区生态补偿机制，制定森林生态补偿机制，扩大生态公益林补偿范围和补偿标准，加快在滠水河流域、木兰山生态林、梁子湖、沉湖等区域开展生态环境补偿试点工作。四是建立地区间横向生态保护补偿机制，引导生态受益地区与保护地区之间、流域上游与下游之间，通过资金补助、产业转移、人才培训、共建园区等方式实施补偿，加快构建覆盖武汉市域、武汉城市圈乃至长江中游城市群统一、协调的生态补偿体系。

（六）建立健全环境治理体系

目前，武汉市资源环境形势已接近承载力极限，水、大气、土壤等环境问题日益突出。构建以改善环境质量为导向，监管统一、执法严明、多方参与的环境治理体系，就是要从制度根源上，解决污染防治能力弱、监管职能交叉、权责不一致、违法成本过低等问题，形成政府、市场、个人、社会来共同参与环境保护和环境治理的新格局，从而及时预防和有效治理各类环境问题。

1.完善污染物排放许可制

排污许可制广泛应用于环境保护、污染防治以及自然资源保护等领域，其以改善环境质量为目标，以污染总量控制为基础，规定排污单位许可排放污染物的种类、数量、浓度、方式等，并以书面形式确定下来，作为排污单位守法、执法单位执法、社会监督护法依据的一种环境管理制度。

武汉市必须坚持“排污必须许可，无证排污即违法”的原则，加强事前审查和调控力度，加大对申请排污的企业和单位的具体条件与资格的审核，将排污单位排污达标以及满足污染物总量目标要求、“三同时”制度、缴纳排污费、排污申报等作为发证硬性条件。在科学掌握武汉全市域环境容量的基础上，结合环境质量要求，推进排污量的公正分配，并对许可证实行年审制。强化事中动态监督管理，强化环保部门精细化管理能力，不断提高排污监测能力和计量技术，加强对排污情况进行有效、连续的监督。实行严格执法，对于无排污许可证或者违反排污许可证规定排污的行为，及时反馈排污单位令其限期整改，对超过总量排污的单位限期治理，严重超标排放污染物并引发污染事故的单位可收回和吊销《排污许可证》，中止其排污，以维护排污许可证的效力。引入公众参与机制，不仅在相关规章制度制定时强调公众参与，同时逐步实行排污许可过程信息全面公开，并支持、鼓励环保团体的发展及活动，切实把企业和单位的排污情况置于社会公众的监督之下。

2.建立污染防治区域联动机制

近年来,国家密集出台了一系列区域发展重大战略,如建设丝绸之路经济带和 21 世纪海上丝绸之路、依托黄金水道推动长江经济带发展、京津冀一体化发展、建设长江中游城市群等。这些重大区域性战略在促进对内对外开放和区域联动发展的同时,对生态环境保护和可持续发展也提出了更高的要求。在新的开放格局下,各地区乃至各个国家在生产、流通、消费等方面的联系将更加紧密,环境问题成为各方必须共同应对的挑战,生态文明建设也将由各地单打独斗向区域、流域联合治理方向深化和提升。

结合地理特征、污染程度、城市空间分布以及污染物输送规律,以武汉为核心,武汉城市圈为半径,联合长江中游地区,探索实施大气污染防治联防联控协作机制。适时开展环境保护管理体制创新试点,统一规划、统一标准、统一环评、统一监测、统一执法。开展长江中游环境监管和行政执法机构试点,构建流域内相关省级涉水部门参加、多形式的流域水环境保护协作机制和风险预警防控体系。完善突发环境事件应急机制,提高与环境风险程度、污染物种类等相匹配的突发环境事件应急处置能力。

3.建立农村环境治理体制机制

城乡环境治理长期存在着重视程度、资金投入、管理水平上的不平衡。生态文明制度建设必须坚持城乡环境治理体系统一,继续加强城市环境保护和工业污染防治的同时,加大生态环境保护工作对农村地区的覆盖,防止城镇化对农村生态环境的破坏,加大对农村污染防治设施建设和资金投入力度。

武汉市农村环境治理体制机制主要围绕以下几个方面展开。一是要建立以绿色生态为导向的农业补贴制度,加快推进化肥、农药、农膜减量化以及畜禽养殖废弃物资源化和无害化,鼓励生产使用可降解农膜。制定武汉市畜禽规模养殖污染防治规划,划定畜禽养殖禁养区、限养区、发展区。二是要全面提升农村环境卫生管理水平。采取财政和村集体补贴、住户付费、社会资本参与的投入运营机制,加强农村污水和垃圾处理等环保设施建设。采取政府购买服务等多种扶持措施,培育发展各种形式的农业面源污染治理、农村污水垃圾处理市场主体。三是要强化县乡两级政府的环境保护职责,加强环境监管能力建设。财政支农资金的使用要统筹考虑增强农业综合生产能力和防治农村污染。

（七）健全环境治理和生态保护市场体系

环境保护不仅是政府行为，更需要企业等市场化主体的参与。通过构建生态产品的市场体系，提升环境保护行为的经济属性，将改变目前市场主体和市场体系发育滞后、尤其是环保产业对国民经济的贡献率低，环境服务业发育不良、产业层次不高、市场规范不够等问题。

1.培育环境治理和生态保护市场主体

各类节能环保企业既是生态技术研发、运用的主体，也是引领传统生产、生活方式绿色转型的先驱，更是参与各项生态文明市场机制的实践者。积极构建有利于环境治理和生态保护市场主体发展的制度环境，有利于加快形成以市场为主要驱动力的生态文明建设机制。

武汉市一是要采取鼓励发展节能环保产业的体制机制和政策措施，鼓励各类投资进入环保市场。能由政府和社会资本合作开展的环境治理和生态保护事务，都可以吸引社会资本参与建设和运营。二是要积极开展污染第三方治理。通过政府购买服务等方式，加大对环境污染第三方治理的支持力度。加快推进污水垃圾处理设施运营管理单位向独立核算、自主经营的企业转变。三是要组建或改组设立国有资本投资运营公司，推动国有资本加大对环境治理和生态保护等方面的投入。支持生态环境保护领域国有企业实行混合所有制改革。

2.完善生态产权交易机制

生态资源资产化是各项生态产权交易制度的基础。党的十八大以来，有关水资源、主要污染物和温室气体的交易市场正加速建立和完善，生态要素越来越成为和土地、能源资源一样重要的生产要素。目前我国生态产权制度建设尚处在初步探索和试点实践阶段，节能量、碳排放权、排污权和水权四大生态产权交易的立法进程仍严重落后于交易实践，但各地方或组织或自发的交易试点创新层出不穷，为将来建立统一的全国生态产权市场体系提供了好的经验。

武汉市应加快建立健全水权、林权、城市矿产、碳排放权、污染物排放权交易制度。探索建立涵盖所有自然资源产权种类的交易市场，规范交易行为，创造规范、便捷、透明的市场环境。按照全省统一部署开展排污权交易工作，完成重点排污单位排污权初始核定工作，开展主要污染物排放权初始分配及重点企业分配试点研究。结合重点用能单位节能行动和新建项目能评审查，开展项目节能量交易,并逐步改为基于能源消费总量管理下的用能权交易。推广合同能源管理。深化碳排放权交易试点,研究制定全省碳排放权交易总量设定与配额分配方案。探讨全市水权交易试点工作的可行性,谋划试点项目。

3.建立绿色金融体系

要实质性地改善环境问题,不仅要依靠更强有力的末端治理措施,还必须采用一系列经济手段改变资源配置的激励机制,让经济结构、能源结构、交通结构变得更为清洁和绿色。在资源配置中,金融资源配置的激励机制将发挥关键作用。只要资金从污染性行业逐步退出,更多地投向绿色、环保行业,其他资源也将随之优化配置。

一是要打造“绿色信贷”。引导各银行业金融机构对国家、省级生态工业园区及符合节能减排要求的企业、项目,按照“绿色信贷”政策,加大支持力度,支持重点行业、重点领域企业实施节能改造和环保项目建设。从严限制对高耗能、高污染和资源消耗型的企业和项目的信贷投放,协助人行武汉分行、湖北银监局禁止对国家已明确为产能过剩的产业、企业和项目发放贷款。允许银行发行绿色债券,为绿色贷款提供较长期限、较低成本的资金来源。二是要完善多层次资本市场体系,进一步推动低碳型企业发展。积极研究探索发展多种类型碳基金,推动 PPP 模式绿色产业基金发展。引导金融机构在资金结算、国际业务、网银业务、机构理财、供应链融资、现金管理、委托贷款、融资租赁等方面为低碳企业提供一揽子金融服务,建立低风险项目快速审查“绿色通道”。

(八)完善生态文明绩效评价考核和责任追究制度

环保责任不落实、守法成本高、违法成本低等问题,反映了制度对各类主体行为方式的约束不到位。要实现生态文明建设有法必依、有责必究、有错必惩,必须健全体现生态文明要求的经济社会发展评价体系,改革干部考核评价任用制度,加大对各级党政领导干部生态文明建设的问责力度,推进责任终身追究、损害赔偿等制度建设,使各类有利于资源节约和环境友好的政策做法成为系统化、法制化、常态化的制度环节。

1.建立生态环境损害责任终身追究制

长期存在的“唯 GDP 论”的政绩观,片面地以 GDP 为中心,追求牺牲长远利益的“快速增长”,制造出大量低效的 GDP,却付出了高昂的环境代价。特别是众多缺乏科学性与操作性的“拍脑袋”决策,导致在生态环境上造成重大损失，但时隔多年、领导离任，难以追究责任。生态环境损害责任终身追究制，就是要针对领导干部盲目决策造成生态环境严重损害而实行的追责制度，党委与政府决策或执行失误导致的环境损害问题，不论事隔多久，都要追责，由党委与政府自己为错误“买单”。

武汉在下一步的发展中，要进一步弱化以GDP为主的考核，增加政府生态目标考核的约束性指标数量和权重，稳步推行领导干部生态环境终身责任制。制定出台涵盖生态经济建设、生态环境建设、生态制度和文化建设等指标的《武汉市两型社会建设目标体系及考核办法》，把资源消耗、环境损害、生态效益等指标纳入经济社会发展综合评价体系，大幅增加考核权重，强化指标约束。以“治庸问责”推动环境保护与污染治理，实行节能减排不达标“一票否决制”，建立健全“两型社会”建设考核和奖惩制度、督办督查和通报制度。将主要污染物排放总量控制指标、废弃物综合利用指标等环境保护和资源利用目标分解到市、区、开发区等有关部门，实行严格的绩效管理目标考核制度、奖惩制度和环境保护问责制度。研究制定资源环境承载能力监测预警指标体系和技术方法，建立资源环境监测预警数据库和信息技术平台，定期编制资源环境承载能力监测预警报告，对资源消耗和环境容量超过或接近承载能力的地区，实行预警提醒和限制性措施。探索环保工作“党政同责”的实现方式，做实市、区党委的环保责任，充分实现党委对环保的政治、思想、组织领导。以环境审计制度为基础，探索编制自然资源资产负债表，构建土地资源、森林资源、水资源等主要自然资源的实物量核算账户，推动建立健全科学规范的自然资源统计调查制度，努力摸清自然资源资产的“家底”及其变动情况。对领导干部实行自然资源资产行政审计和离任审计，对人为因素造成自然资源资产数量减少的、质量下降的、环境恶化的、污染比较严重的这些问题，要实事求是地界定领导干部应承担的责任。建立倒查机制，对发生重特大突发环境事件，任期内环境质量明显恶化，不顾生态环境盲目决策、造成严重后果，利用职权干预、阻碍环境监管执法的，依法依纪追究有关领导和责任人的责任。

2.实行损害赔偿制度

损害赔偿制度是针对企业和个人违反法律法规、造成生态环境严重破坏而实行的制度。健全环境损害赔偿制度，一方面有助于真实体现企业环境污染造成的经济后果，另一方面有助于内化企业的环境成本，从而强化企业的环境责任,是维护环境公平正义、公众环境权益与社会和谐稳定的重要保证。加快推出并严格执行损害赔偿制度,成为破解因污染损害赔偿范围过窄、环境损害成本过低等不合理现象的有力手段，是提高武汉经济社会可持续发展的题中应有之义。

加快建立损害赔偿制度,对破坏生态环境的行为,要严惩重罚,使违法违规成本显著提高,不仅让违法者掏出足额的真金白银,对造成严重后果的,更是依法追究刑事责任。由单纯依赖行政罚款逐步转化到更加注重损害赔偿,从仅赔偿受害人直接损失到逐步地增加对生态损害的赔偿，从单一的侵权损害赔偿转向多元化的救济机制,建立侵权赔偿、责任保险、社会救助基金相互协调、互为补充的多元化救济机制。探索建立责任保险与损害补偿基金制度,鼓对石化、危险化学品生产经营、危险废物处理处置及其他高环境风险企业,实行强制性责任保险,实现损害赔偿的社会化。完善和细化环境损害赔偿标准,构建赔偿与损害相一致的标准体系。针对环境污染损害的是社会公共利益这一特性,针对直接受害人没有提出赔偿请求的,相关责任部门可以主动作为侵权受害人的代理人向侵害人提出赔偿要求。健全环境损害赔偿方面的法律制度、评估方法和实施机制,对违反环保法律法规的,依法严惩重罚;对造成生态环境损害的,以损害程度等因素依法确定赔偿额度;对造成严重后果的,依法追究刑事责任。

(九)完善生态文明制度的支撑体系

不断推进以法律、标准、技术为核心的支撑体系建设,是健全和完善生态文明制度的有机组成部分，资源环境问题的解决有赖于一系列法律法规的制定和实施，技术负面效应的降低乃至消除也要通过环境友好技术标准的完善和高新技术的开发来实现。

1.强化生态文明法制保障机制

全面清理现行法律法规中与加快推进生态文明建设不相适应的内容,推动最严格的环境法规的修订和完善。完善环保与司法系统联动机制,实现行政处罚和刑事处罚无缝连接。通过强有力的法制建设,为生态文明体制改革的持续、有效推进提供必要的法制保障。

加快制定与最严格的环境保护制度相适应的新法律法规。以新《环境保护法》修订出台为契机,积极协调《武汉市环境保护条例》的全面修订,加快制定《武汉市生态补偿条例》《武汉市生态文明体制改革目标体系及考核办法》《武汉市两型社会建设促进条例》。研究制定《武汉市山体保护办法》,加强山体保护和修复。修订《武汉市湖泊保护条例》,继续加大湖泊保护力度。制定《园林绿化项目建设"以奖代补"资金管理办法》,通过以奖代补,推动相关单位的积极性。

2.进一步完善生态文明标准体系

发挥标准作为监管依据,界定法与非法的作用,强化生态环境监管能力。

配合国家有关部门制定修订一批能耗、水耗、地耗、污染物排放、环境质量等方面的标准,建立与国际接轨、适应我国国情的能效和环保标识认证制度。对于现有的环境技术规范和标准体系,武汉市应积极参与修订,使环境标准与生态文明建设目标做到相互衔接。提高建筑物、道路、桥梁等建设标准,强化节能环保性能,延长使用寿命,提高抗灾能力。强化武汉市环境市场的准入标准,对环境污染严重地区实施更严格的污染物排放标准和质量标准,对环境容量较小、生态环境脆弱、环境风险高的区域要执行污染物特别排放限值。实施能效和排污强度"领跑者"制度,对达到更高标准的先进企业给予奖励。实施绿色消费政策,研究制定绿色建筑和绿色交通的政策体系、标准体系和管理制度。将目前分头设立的环保、节能、节水、循环、低碳、再生、有机等产品统一整合为绿色产品,建立统一的绿色产品标准、认证、标识等体系。

3.构建生态文明技术创新机制

科技是加快生态文明建设的重要驱动力。要从根本上缓解经济发展与资源环境之间的矛盾,必须构建科技含量高、资源消耗低、环境污染少的产业结构,加快推动生产方式绿色化,大幅提高经济绿色化程度,有效降低发展的资源环境代价。

加快建立以企业为主体、市场为导向、产学研相结合的区域生态文明创新体系。武汉市应当充分发挥科教资源优势,突破一批有利于循环、绿色、低碳发展的关键技术,实施一批以绿色、环保、资源节约等为主题的科技项目,建设一批资源节约和环境友好型高新技术和高新产品研发平台,探索一系列有利于生态科技创新产业化的助推机制。同时,深化生态化技术评价和奖励制度改革,将资源生态效益纳入技术创新目标体系,全面提升武汉市生态建设的科技支撑能力,逐步把武汉市建成辐射全国的生态技术研发和产业化中心。

4.强化全社会生态意识与生态文化培育

思路决定高度,观念决定成败。生态文明建设是一项造福当代、事关长远的系统工程,因此,必须大力加强生态文明宣传和生态文化培育。

提高全民生态文明意识。积极培育生态文化、生态道德,使生态文明成为社会主流价值观,成为社会主义核心价值观的重要内容。把生态文明教育作为素质教育的重要内容,纳入国民教育体系和干部教育培训体系。充分发挥新闻媒体作用,树立理性、积极的舆论导向,加强资源环境国情宣传,普及生态文明法律法规、科学知识等,提高公众节约意识、环保意识、生态意识。

培育绿色生活方式。积极倡导健康文明、节俭低碳的行为理念和消费方式。构建崇尚绿色消费的全民参与机制,以绿色消费逐步引导企业对生产技术与工艺的生态化改进。积极引导消费者购买节能与新能源汽车、高能效家电、节水型器具等节能环保低碳产品,减少一次性用品的使用,限制过度包装。大力推广绿色低碳出行,倡导绿色生活和休闲模式,严格限制发展高耗能、高耗水服务业。武汉市党政机关、国有企业要带头厉行勤俭节约。完善政府绿色采购制度。

鼓励公众积极参与。推动生态资源和环境保护信息公开,推进空气、水和土壤环境质量、建设项目环评、环境监管和执法、污染减排、突发环境事件信息公开。健全生态环境举报和反馈制度,健全信息发布、解读和回应机制,保障公众知情权,维护公众环境权益,构建全民参与的社会行动体系。建立环境公益诉讼制度,对污染环境、破坏生态的行为,有关组织可提起公益诉讼。在建设项目立项、实施、后评价等环节,有序增强公众参与程度。引导生态文明建设领域各类社会组织健康有序发展,发挥民间组织和志愿者的积极作用。

六、政策建议

(一)切实加强组织领导

建立生态文明体制改革专项工作联动机制,市委、市政府主要领导任负责人,各部门主要负责人为成员,市发展改革委具体负责与专项工作各成员单位的统筹协调和沟通联络,形成有利于推进生态文明建设的工作格局。各有关部门要按照职责分工,密切协调配合,形成生态文明建设的强大合力。建立生态文明体制改革咨询委员会,充分发挥专家学者的参谋、咨询作用,专题研究武汉市生态文明建设的重大问题,提高生态文明体制改革决策的科学性、合理性。

抓紧制定生态文明体制改革总体方案，深入开展生态文明先行示范区建设，积极探索不同发展阶段、资源环境禀赋、主体功能定位的地区生态文明建设的有效模式。要抓住制约武汉市生态文明建设的瓶颈，在生态文明制度创新方面积极实践，力争取得重大突破。及时总结有效做法和成功经验，完善政策措施，形成有效模式，加大推广力度。

扭转政府唯 GDP 的政绩观，强化生态保护是不能逾越的红线、高压线的概念。高度重视对环保部门执法权扩充和执法独立性的探索。保证环保部门执法的独立性、公开性、公平性和公正性，消除政府部门为了经济发展的政绩而对环境执法的干扰，保证在监管上严格执行环境影响评价指标，让制度的约束作用得到真正的发挥。

（二）建立健全促进生态文明建设的投入机制

调整优化财政支出结构，加大财政向生态文明建设领域的倾斜力度。市区两级政府应当将生态文明建设专项资金纳入财政预算，作为政府公共财政支出的重点予以倾斜，优先安排、逐年增加。对城镇环境基础设施建设、饮用水源保护、环境质量监控、生态示范村镇建设、农业面源污染治理、河道水环境治理等涉及民生的重大公益性生态项目，优先纳入全市经济和社会发展规划，安排落实建设资金和工作经费。积极申请国家和省级专项资金以及世界银行、亚行贷款。参照武汉发展战略性新兴产业基金模式，设立武汉生态文明建设基金。

充分发挥市场机制和政府投入的综合作用，采取财政贴息、投资补助、项目前期经费、政府投资股权收益适度让利等政策措施，引导金融机构创新绿色信贷产品，推动企业发行绿色债券，鼓励对绿色信贷资产实行证券化；完善对节能低碳、生态环保项目的各类担保机制，加大风险补偿力度；设立国有资本投资运营公司，推动国有资本加大对环境治理和生态保护等方面的投入，努力形成政府主导、多元投入、市场推进、社会参与的生态文明建设资金保障体系。

建立有效的资金使用和监管制度，严格落实专款专用、先审后拨和项目公开招投标制度。对资金的使用全过程加强监督，严格执行投资问效、追踪管理。提高资金的使用绩效，对资金使用中出现的违规违纪行为实行责任追究。

（三）强化人才保障机制

充分利用武汉科教资源优势，重点做好生态养护、农林工程、城镇建设、环境监测、污染治理、循环经济、生态文化等方面的工程技术人才，发展低碳经济和循环经济所需求的规划、管理人才，生态文化建设人才等生态文明建设人才的培养和引进工作，努力造就一批高水平的生态科技专家和生态文明建设领军人才。着力优化领导班子和干部队伍的结构，强化对专业型后备干部的培养选拔，努力建设一支思想好、作风正、懂业务、会管理的生态文明建设和管理队伍。积极搭建生态文明建设专业人才的创业平台，重点建设好高新技术产业、现代生态农业、节能环保、低碳经济、循环经济等生态产业人才基地建设，做大做强创业平台，使人才在创业中成长，以人才创业的成果推动生态文明建设。

（四）建立生态文明建设的统计监测体系

坚持问题导向，针对薄弱环节，加强统计监测、执法监督，为推进生态文明建设提供有力保障。

加快建立完整的数据收集和核算系统，完善包括温室气体排放、能源消费等方面的台账记录制度，实现生态文明建设相关环节可监测、可核查和可报告。探索建立包括资源节约、环境保护、创新能力、经济结构等若干维度的生态文明建设评价标准体系，实现对生态文明建设各项任务的科学合理评价。完善环境应急综合指挥系统，加强应急专业队伍建设，定期组织开展应急演练，提高环境灾害及突发事件的应急处置能力。进一步加强生态文明建设相关领域的执法检查力度，切实做到执法必严、违法必究。

课题组成员：骆　卫　袁　圆　答　军　施　雯　丁文珺
王　珺　叶传忠　万　伟　刘艺璇

推进城市有机更新
传承江岸历史文脉

刘艺璇　答　军

城市发展的历史，是一个"发展—衰落—更新—再发展"的新陈代谢过程，城市更新是维持城市存在和发展的重要自我调节机制。在未来5~10年乃至更长的一段时期，我国城镇化将进入以提升质量为主的转型发展新阶段，城市更新不再仅仅是城市功能、空间结构、产业模式等的更新，如何逐步转变城市发展方式、如何注重城市内涵发展、如何提高城市质量和提升城市品质、如何传承历史文脉重塑地方特色成为关系城市更新成败的关键。

一、国内外城市更新的主要模式

国内外旧城改造的经验和教训证明："大拆大建" 是最容易的但不是最佳的，街区风貌、商业业态、社会肌理、居民群体的陡然变化，使群体记忆和历史文化难以延续。成功的城市实践中，最为突出的特点就是对历史建筑的保护、复原和改造利用，充分利用旧城现有的设施，保护文物建筑以及一些即使无历史价值但群众对其寄有特殊感情的建筑，或者具有"场所感""标识性"的历史建筑，兼顾文化传承和功能重塑。总结国内外城市更新实践，主要有以下几种模式。

（一）基于物质环境的更新模式

以英国的考文垂城的商业街改造以及荷兰林巴恩步行街的改造为代表的模式，主要关注于改善购物环境。该模式与单一商业购物街道有一定区别，它在商业街的中部提供一个休憩环境，不仅是购物场所，也是休闲和社会交往的聚集地。

以英国的哈罗新城和瑞典的魏林比商业中心为代表的模式，其特点在于采用岛式布局的交通，由若干个小型广场、步行街、各种特色的建筑群所组成。这种模式是经过统一规划和一次性修建成型的，空间艺术性强，是从建筑群与城市总体空间出发，来塑造新城整体面貌。

上海中心商业区改造模式在物质更新和交通步行化改造的基础上，对土地的利用和商业结构调整进行了有益的探索与实践。这种以商业功能结构的调整和对街区整体环境改善为主，同时改善周边及沿线交通组织、优化土地利用、调整商业模式、改善市政设施等多个方面的改造更新模式，取得了巨大的经济和社会效益。

（二）基于文化传承的更新模式

德国历史文化名城慕尼黑市，拥有大量的文化古迹遗址、壮丽的城市形象和建筑艺术珍品。慕尼黑的改造模式是与古城整体保护构思统一考虑的，充分利用原有的商业街市和城市古建筑遗产，维持了传统商业街道原有的风貌，保护了其艺术魅力。该模式是基于保护历史文化名城风貌总体构想下的产物。它不再是作为商业中心本身，而是作为保护历史文化结构层次的策略，并为“城市现代化”注入了新观念。

近年来，国内对于保护传统的城市空间上也做了许多尝试，例如成都宽窄巷子改造、苏州观前街改造、福建三坊七巷改造、重庆磁器口改造等，这些均是从保护城市文化传统特色和优秀文化古迹的基础上出发，对商业街进行改造更新。以宽窄巷子为例：其核心保护区内本着“只迁不拆”的实施原则，近 40%的建筑被保留下来，按照原有的特征进行修缮，并完善内部设施，剩下近 60%的建筑在保持原有建筑风貌的基础上进行改建，做到“整旧如旧”。环境协调区内原有的大部分建筑予以拆除，纳入到重新开发建设范围内，新开发的建筑风格、尺度与材料与核心保护区保持一致，做到“整新如旧”。

（三）基于建筑保护的更新模式

欧美国家在复兴旧城商业中心的建设实践中，最为突出的特点就是对历史建筑的保护、复原和改造利用。充分利用旧城现有的设施，新建筑风格慎重考虑旧城原建筑风格，保护文物建筑以及一些即使无历史价值但群众对其寄有特殊感情的建筑，或者具有“场所感”“标识性”等的历史建筑。它们一旦被合理地利用,无论对于本地居民还是外来游客,都提供了特殊的文化情趣和城市历史连续性的联想和新鲜感。这种改造更新模式,充分利用了建筑为现代化城市服务,讲究环境质量,并从环境艺术角度来解决城市空间问题。为了挽救遗产和历史,合理地再使用胜过单纯地消极地保护旧建筑,努力把新旧建筑协调起来并灵活使用,重建和修复一些旧建筑为现代化服务,是非常重要的。

(四)基于土地利用的更新模式

日本商业街改造升级的经验,概括为对土地的高强度利用和小规模渐进式的开发。日本土地资源的缺乏,使城市的发展不得不向地下和高层空间拓展。全长6790米的新宿商业中心地下街是其中最著名的街道,地上许多新建大厦都直接通往地下商场,地下街交通体系十分完备,它不仅与东京的另外四个地下街相连通,而且与市内其他地区都有便捷的联系。该模式符合旧城土地资源稀缺的现实情况,从土地资源的利用及对空间的利用方面为旧城商业街区改造提供新思路。

改造后的长沙黄兴南路步行商业街,打破了单一层面、单体建筑的改造模式,是一条集购物、休闲、娱乐、旅游等为一体的“立体阶座式”的综合体建筑群,强大的综合功能和完善的配套服务,使得步行街拥有“城市岛”的综合效应,成为了长沙的城市名片和展示长沙商业繁荣、城市管理的重要载体。

二、江岸历史文化街区有机更新的必要性和基本理念

“十三五”时期,武汉全力打造“城市升级版”,特别强调要加强城市设计,倡导城市修补,加强对城市空间立体性、平面协调性、风貌整体性、文脉延续性等方面的规划和管控,留住城市特有的地域环境、文化特色、建筑风格等“基因”,实现城市的有机更新。

江岸历史文化街区,拥有众多承载着武汉近代商贸史的老建筑,蕴含着太多的历史记忆和独特的社会生态,是汉口的重要发祥地和武汉历史文化的重要组成部分。但是在经济社会快速发展的今天,这些历史悠久的老街区基础设施落后,道路狭窄密集,街巷纵横交错,居住环境、休闲空间、交通组织、安全设施等已难以满足现代人的生活需求和综合环境要求,也达不到现代商业中心的基本功能要求。只有推进城市有机更新,才能复兴历史街区,才能发挥老街区的经济社会价值乃至历史文化价值,实现区位经济最大化,土地资源配置最优化,这既是旧城区焕发新魅力、全面提升城市综合服务功能的迫切需要,更是满足所有武汉人保存历史记忆传承城市文脉的精神诉求。

“十三五”时期，武汉将加快推进汉口历史文化风貌街区保护和利用，改变过去单个历史建筑保护模式转向整个历史街区的保护，形成多点支撑、多级带动、各具特色的历史文化街区复兴格局，优化道路、绿化、水电等基础设施，提升商业价值和历史文化载体功能，力争打造成为集文化底蕴、历史风貌、艺术风尚、国际时尚于一体的重要文化风貌展示窗口。这一有机更新的进程中，需要遵循以下基本理念：

一是传承历史文化精髓。汉口历史文化风貌街区是武汉的精髓。1861 年汉口开埠后，这里是当时华中地区对外开放的江岸，世界知名的重要进出口商埠。这里记录了武汉沧桑巨变的历史，见证了“老汉口”的繁荣与辉煌，彰显了“南北交融、中西荟萃”多元独特的城市魅力，是“敢为人先、追求卓越”武汉精神的重要源泉，也是提升武汉软实力的重要方向。

二是传承优秀商业精神。江岸因商而兴，经久不衰，是武汉商业的发源地，内含的商业精神就是在今天看来也毫不过时。如通过专业化分工和社会化合作打造高水平、低成本的产业链，通过临江近水形成通江达海的交通优势，通过塑造品牌形成路人皆知的广告效应，还有精打细算、薄利多销的经营方式也可以向现代管理和现代营销提升。

三是保护社会人文肌理。老城区因居住和店铺空间狭小，相互商业联系和生活往来较多，形成了笑脸相迎、和睦相处、相互照应、邻里守望的社会习俗和人文特点。这种人与人紧密联系、友好相处的社会人文肌理，对当前江岸建设幸福和谐城区、率先全面建成小康社会有积极意义。

四是保护历史风貌街区。江岸区历史遗存较多，保存着重要的人文信息，其建筑样式、空间格局、街区景观等仍能体现武汉数百年的传统风貌和地方特色。青岛路片、一元路片、“八七”会址片、六合路片、大智路片等都是 2012 年《武汉市主城历史文化与风貌街区体系规划》划定的历史风貌街区，虽然保护要求更加灵活，保护方法更加多样，整治、改建、重建余地可以相对多一些，但主基调毋庸置疑是保护。

三、推进江岸历史文化街区有机更新的主要思路

（一）以历史文脉作为城市有机更新的精神支柱

城市文脉是一个城市诞生和变迁过程中在不同阶段以不同方式留存下的

历史记号,是城市特质的组成部分和城市内涵的精神支撑。城市文脉并不是僵死的标本,而是在历史进程中不断吐故纳新,既是往日辉煌的沉淀,更是未来崛起的基石。尤其在今天文化趋同的背景下,独特的城市文脉和风情风貌显得弥足珍贵,需要备加珍惜,应该成为城市更新的优先着力点。

江岸区蕴含着太多的历史记忆和独特的社会生态，是汉口的重要发祥地和武汉历史文化的重要组成部分。作为一项庞大的社会系统工程,江岸区历史街区改造关系到公众的多项利益,其中,文化传承就是全市市民、特别是武汉文化人的重要关切。至今仍能顽强生存的传统商业模式、街巷空间和千百年来居民的生活习俗,凸显着独特的文化价值,体现着历史赋予武汉这座城市的性格和使命。在城市有机更新加速推进的今天,更要做好保护与传承的工作,延续优秀人文历史基因,焕发城市生机与活力。其中,码头文化可以向开拓创新提升,临江近水的爱好可以向现代水文化提升,“搭白算数”的习俗可以向诚实守信提升,辛勤劳作的传统可以向艰苦奋斗提升,仗义疏财的豪爽可以向助人为乐提升。这些文化的传承和提升需要地域载体、人的延续和必要的社会环境。老城区的更新改造要本着尊重历史、保护文化精髓的原则,不仅是对历史建筑、街道和街区的保护与更新,更要保护与传承城市文脉,注重传统民俗文化的延续。

(二)以文化旅游作为城市有机更新的核心功能

以文化为基础,开发旅游资源,建设历史文化旅游风貌区,打造全市重要的现代服务业集聚区，这是符合全市产业布局和江岸区历史街区改造的正确选择。上海的城隍庙、新天地、田子坊以及北京前门大街、南京夫子庙、成都宽窄巷子等旧城改造都因为突出了文化特色而成为著名旅游景区，巨大的人流同时带来了巨大的商业价值,实现了文化与实体经济的深度融合。汉口租界文化旅游资源是有形历史街区古建筑资源和无形文化内涵资源的综合，在我国与其类似的文化旅游资源数量稀少,具有较高的开发价值。

上海、天津租界文化旅游资源很早就得到了当地旅游业的重视,进行了合理的开发利用,形成了一定程度的经济、社会、环境效益。相对而言,汉口租界文化旅游资源开发程度较低,旅游效益不明显。主要表现在:缺乏整体性和系统性的开发规划,条块分割现象明显,区域内已开发的旅游产品相对独立,缺乏以租界文化旅游资源为核心的旅游主题形象设计,没有全局的大旅游概念;

对汉口租界文化旅游资源的挖掘、研究不深，忽视市场需求变化，管理方式不当，产品形式为静态陈列式的，忽视了其深层的文化内涵的挖掘和动态参与式的高体验性的产品开发；旅游服务建设不足，整体宣传力度不够，在国内外旅游市场上的知名度还不高。

围绕江岸区优秀历史文化、红色文化、民俗文化等资源，提升文化旅游竞争力，主要从以下三方面着手：一是整合旅游资源、注重开发性保护。主动引进具备整体开发实力和经验的开发商，合理、科学、有序地开发旧街土地，提高土地区位价值及商业价值，保护、挖掘、创新原有景观遗址，整合周边旅游资源，强化娱乐休闲功能，打造武汉旅游新的名片。二是推动多方位宣传合作，打造旅游品牌形象。充分发挥政府在旅游宣传促销中的主导地位，建立完善的政企联手、部门联合、上下联动的宣传机制，鼓励新闻媒体积极策划制作旅游宣传节目和栏目，扩大公益性旅游宣传，积极邀请国内外旅游组织、旅行商观光考察，提升“大江滩”“老洋房”“夜汉口”“新江岸”特色旅游品牌影响力。三是要完善旅游设施，提升旅游服务。完善景区内部的交通设施、环保和环卫设施、解说系统、人工建设景观等，景区服务设施要体现以人为本、经济合理的原则，达到对文化旅游资源的充实、展示，整体提高汉口租界文化旅游资源品味的目的。

（三）以创意休闲作为城市有机更新的新型业态

文化导向的城市更新方式在世界范围内兴起，推动了创意产业的兴起，比如纽约SOHO区、北京798艺术区。在城市产业转型升级的进程中，遗留了一批传统街区和优秀建筑，为创意休闲产业发展提供场所空间，历史文化在这里积淀，有利于激发创意灵感。同时创意产业的集聚使老街区焕发生机并成为城市新的风景线，在创造了具有高附加值的文化创意产品、满足了市民个性化需求的同时，更重要的是保护了城市历史文化风貌。

创新发展创意休闲业态，必须集聚具有文化吸引力、感染力的多种元素。一是保护传统街区格局，体现城市肌理，老街建筑按照原始风格修复、还原、新建，增加功能性设施，促进创意休闲商业开发。二是借鉴意大利威尼斯的经验，选择一些参与性、观赏性强的小手工作坊，保留和恢复传统的前店后坊的经营模式，成为独特的旅游资源。三是建设一批特色创意文化街，恢复一批老字号餐馆，引进武汉特色小吃店，提升休闲餐饮业特色和档次。四是不定期举办创意集市，汇聚众多优秀创意卖家，汇集各式创意小物，包含潮流、复古、小众、原创手工创作、现场 DIY 互动体验等创意文化元素，传承“街市”特色商业文化。五是恢复老汉口民俗活动，定期举办文化艺术节，挖掘楚剧、汉剧、汉派说唱等艺术形式，拓展新的演艺空间，以汉口老房子片区为主体打造具有时代特色的汉口戏曲码头风情街。

（四）以滨江风貌作为城市有机更新的景观印象

水是城市的命脉，是发展之本，有水才有城，城市发展必须“量水而行”，以水定城市规划建设。武汉的发展是因水而生、因水而兴，滨江区域是城市的精华，承载着城市历史发展的厚重记忆，代表着城市现代建设的景观印象，滨江区的复兴对城市建设、可持续发展及城市形象具有非常重要的战略作用。在推进滨江城区的有机更新中，要充分体现对长江文明的解读，充分利用滨水资源，塑造滨江城区独特的气质和格局。

目前沿江区域缺乏整体的景观设计，没有充分展现历史风貌和滨江特色，存在传统建筑与现代建筑不和谐的问题，新建筑对租界原有城市风貌带来冲突和影响。尽管规划设计上体现了亲水亲民的主导思想，但还是缺乏武汉的本土特色，尤其在人文内涵的挖掘上还有欠缺，不足以从体验的角度感受深厚的武汉码头文化。

汉口历史风貌区的形象设计必须与其独特文化相吻合：一是联通沿江景观，加密垂直于长江、连接区域腹地的干道，把历史遗迹作为景观节点，通过点和线的连接，使沿江景观串联成面。二是再现码头文化，以沿江亲水区域为载体，建设观景平台、雕塑壁画、风帆木船等，形成沿江并向腹地延伸的景点布局。三是严格控制滨江区域的天际线，无论是按照建设历史风貌区的要求，还是按照山体周边建筑限高的要求，特别是保护龟蛇锁大江——武汉景观印象的要求，不宜布局高层建筑特别是超高层建筑。四是体现“原真性”原则，对目前的民居、店铺、作坊等，以保护、修缮、整改为主，以仿建、重建、新建为辅，避免“拆古迹、建仿古”的现象。特色文化是永不过时的，随着时代的不断进步，人们的高楼情结不断减弱，对历史风貌的喜好不断增强，历史风貌区改造要顺应时代的潮流，经得起历史的检验，着力打造百年经典。

（五）以基础设施作为城市有机更新的必要保障

历史文化街区内的基础设施改造既要保护历史形成的空间格局，又要满足现代生活的要求，相对其他老城区改造难度更大，但也是保障城市更新顺利推进的基本要求和工作重点。要以保护历史文化街区风貌完整性为前提，针对每一处历史文化街区的风貌特色制定相应的改造方案，设施改造时应避免对历史文化街区内建筑、周边环境的破坏，不仅提高居民的生活品质，还要保护好历史文化街区的风貌。

江岸区的历史文化街区具有建筑密集、街巷狭窄、市政基础设施落后等特点，配套设施由于建设年代较早，设施陈旧，改造困难，基础设施有待完善；道路交通系统不够完善，道路网带有租界时代的历史印记，密度较大，宽度很窄，近年来在旧城建成了一些大型建筑、商场等，该区域交通压力不断增大，停车设施严重不足。

在对交通道路、市政设施等更新改造中要特别注意以下方面：一是科学布置各种市政管网。结合街巷宽度与居民日常使用需求次序确定管线种类，在有限的街巷空间内对地下管线合理布局，同时开发地下空间，使能入地的设施尽量在地下规划建设。二是维持街巷肌理。市政设施的建筑体量、高度不能违背保护区的空间尺度要求，宜进行“小型化”设计，其外观要与历史文化街区建筑的改造方案、风格和色彩相衔接，提高街区的环境景观品质。三是加密微循环路网。重点推进实施黎黄陂路（中山大道—沿江大道）、胜利街（天津路—车站路）、鄱阳街（天津路—黎黄陂路）、洞庭街（天津路—车站路）改造等微循环道路新建及改造工程，完善微循环道路系统，提高路网连通性和区域可达性，优化交通出行环境。四是改善慢行交通系统。结合历史街区的文化背景，对旅游、商业、交通等不同功能的道路设计相应的慢行交通空间，借助公共自行车的推广，完善街区内慢行交通系统，提升历史街区慢行交通系统的舒适性和可达性，实现慢行交通的理性回归，保护其合理的活动空间。

作者单位：武汉发展战略研究院

2016年武汉市经济运行情况分析

付 兴

2016年以来，面对错综复杂的外部形势和持续加大的经济下行压力，全市扎实推进供给侧结构性改革，加快全面创新改革试验，保持了经济平稳发展和社会和谐稳定，全年地区生产总值实现11912.61亿元，同比增长7.8%。

一、2016年全市经济运行基本情况

（一）工业经济呈现逐季回暖态势

工业增长逐季回升。一、二、三季度我市规模以上工业增加值增速分别为1.3%、4.3%和5.7%，全年增长5%。创新型经济蓬勃发展。高新技术产业产值实现8446.11亿元，增长12.6%，信息技术、生命健康、智能制造三大战略性新兴产业产值（收入）分别增长19%、19%、17%。先行指标发展向好。货运量增速由负转正；制造业用电量从8月份开始正增长，1–3季度增长2.9%，比上半年加快6.2个百分点。企业效益持续转好。1–8月，全市规模以上工业企业利润总额增长34%，亏损企业亏损额下降36.2%。工业领域供给侧结构性改革成效初显。全面完成化解钢铁行业过剩产能目标任务。

（二）服务经济保持平稳增长

服务业增加值实现6294.94亿元，同比增长9.9%。金融、房地产等现代服务业高速增长。金融、房地产业增加值分别同比增长15.8%和14.8%，工程设计产业产值、生物医药科工贸总收入、旅游业收入、软件和信息服务业收入均超过千亿元。消费市场稳步发展。全市实现社会消费品零售总额5610.59亿元，增长10%。网络零售大幅增长，全市电子商务交易额5137亿元，增长25%，限额以上企业（单位）通过公共网络实现的零售额261.54亿元，增长61.4%，占限上批零业零售额的9.0%。

（三）投资仍然保持高位运行

全市固定资产投资完成 7093.17 亿元，下降 2.6%。基础设施投资增长强劲，房地产投资平稳增长，工业投资大幅下滑，完成 2117.05 亿元，下降 16.3%。但工业发展后劲在不断积蓄，重大项目进展顺利，华星光电、东风雷诺等 5 个投资 50 亿元以上项目投产，数量为近年同期最多；新开工 10 亿元以上项目 17 个，主要有总投资过千亿元的国家存储器基地、过 50 亿元的格力智能装备产业园、金鸿桦烨超薄光电玻璃等项目。

（四）对外开放取得积极进展

全年实际利用外资 85.23 亿美元，增长 16.1%。新引进 50 亿元以上工业项目 5 个，新引进世界 500 强企业 10 家，新引进国内外知名研发机构 23 个。外贸出口完成 905.8 亿元，同比下降 4.1%。开放功能不断增强，中国（湖北）内陆自由贸易试验区成功获批，"武汉多式联运海关监管中心" 和武汉新港空港综合保税区建设加速推进，新开通武汉至迪拜等 5 条国际航线，"汉新欧"开通至法国里昂班列，成立德国、法国、白俄罗斯等办事机构，功能进一步完善。

（五）财税改革收到良好效果

地方一般公共预算收入完成 1322.1 亿元，同比增长 10.1%。"营改增"改革收效明显，预计全年降低企业税负 120 亿元，认真落实中央、省取消、停征行政事业性收费和政府性基金政策，全年预计减轻企业负担 26 亿元。金融市场势头良好，金融机构本外币存款余额 22137.82 亿元，增长 15.3%；金融机构本外币贷款余额 20591.55 亿元，增长 24.8%，比去年同期加快 7.7 个百分点。

（六）社会民生事业持续改善

从 1–10 月的数据来看，全市一般公共预算支出 1154 亿元，其中民生支出 821 亿元，民生支出占比达到 71.2%。教育、医疗卫生、住房保障等领域支出增幅都高于 20%。全年新增城镇就业 18.1 万人，扶持创业 2.66 万人，创业带动就业 12.83 万人，城镇登记失业 2.94%。城乡居民参保率达到 99.55%，社会保险新增参保 46.44 万人次，比 2015 年净增 9.5%。

二、2017 年武汉发展内外形势预测

总体来看，2017 年的宏观经济形势依然严峻复杂，但国内外经济同时呈现复苏态势，积极向好的有利因素也在加速集聚，武汉市内外部的发展环境逐步向好。

（一）国内外经济呈现复苏态势，宏观形势向好

在国际上，据国际货币基金组织预测，2017 年全球经济增长 3.4%，比 2016 年略有提高；其中，发达国家增长 1.8%，新兴经济体增长 4.6%，均较 2016 年略有提高。国内经济运行也稳中有进，随着供给侧改革各项措施的加速落地和多项先行指标的明显好转，2017 年经济形势稳中向好的趋势更为明显。2016 年一、二、三季度国内生产总值增长稳定在 6.7%。1—9 月，规模以上工业增加值增长 6.0%，与上半年持平。1—8 月，规模以上工业企业实现利润总额增长 8.4%，比上半年加快 2.2 个百分点。9 月份，PPI 实现了连续 55 个月以来的首次“转正”，工业生产运行平稳，企业效益明显改善。民间投资近两个月止跌企稳，企业家信心持续增强。

（二）多重国家战略汇集武汉，发展机遇向好

武汉城市战略定位提升。在 2016 年 9 月发布的《长江经济带发展规划纲要》中，武汉与上海、重庆并列，被国家定位为超大城市。在《促进中部地区崛起规划（2016—2025 年）》中，国家首次通过正式文件支持武汉建设国家中心城市。武汉创新战略继续叠加。自武汉获批全面创新改革试验区以来，2016 年 8 月，湖北入选第三批自贸试验区，是唯一定位为战略性新兴产业和高技术产业基地的地区，武汉东湖新技术开发区作为自贸区主体部分成为继上海张江、深圳前海后全国第三个“双自联动”区（国家自主创新示范区、国家自贸试验区）。武汉产业发展战略集聚。近年来全市密集获批 40 多项涉及各大行业的国家级试点示范，2016 年获批中部唯一国家服务贸易创新发展试点。

（三）全市经济发展的积极因素也在不断集聚

2016 年，武汉市面临多项政策性、短期性不利因素的影响，是近年来最困难、增长点最少的一年。但是从实地调研来看，2017 年武汉市汽车等强势产业的拉动作用仍然不会减少，通用、东本等重点汽车产业新增产值仍然会保持在较高水平；石化、钢铁等传统产业也将有所好转，烟草等行业去库存压力逐步减少，将呈现筑底反弹的态势；信息技术、生物医药等新兴产业将保持高速增长。但是，目前城市间的竞争压力持续加大，城市内部新的、大的经济增长点还比较缺乏，并且限购限贷政策的出台也对会武汉市房地产、金融等发展得比较好的行业产生一定影响。在积极因素不断集聚的情况下，经济发展的诸多不确定因素依然存在。

三、把握建设国家中心城市的战略机遇，推动全市经济社会的全面发展

(一)加快推进全面创新改革试验

创新关乎未来发展，也是决定武汉市将来能否在建设国家中心城市竞争中脱颖而出的关键。要紧紧围绕“建设具有全球影响力的产业创新中心”战略目标，聚焦信息技术、生命健康、智能制造三大产业，实施高新技术产业倍增计划、创新能力倍增计划、大学之城计划、创谷计划等建设具有强大带动力的创新型城市“十大计划”，推进产业链、创新链、人才链、资金链、政策链五链统筹，全面推进创新改革试验各项工作，并扎实推进自贸区、“三去一降一补”等其他重点领域改革，精准做好制度供给，确保 2017 年在一些重要领域和关键环节实现突破，取得一批可复制可推广的经验和成果。

(二)加快产业结构优化升级

大力发展服务业，积极研究具体政策措施，认真分析运行情况，解决具体困难。促进占服务业比重较大的交通运输邮政业、商贸物流业、金融业等行业继续回暖发展；注重推进文化、旅游、体育、健康、养老等行业加快发展。加大引进总部经济，抢占总部经济制高点。发展总部经济是国家中心城市产业转型升级的需要。重点引进发展前景好、影响力大的世界及国内各类 500 强企业，支持重大总部经济项目优先落户，吸引跨国公司设立高层级和高端职能的总部经济项目。同时，加快中小服务业企业培育，加大“个转企、小进规”推进力度。

加快推动传统产业向中高端升级。以汽车及零部件、钢铁、石化、装备制造、烟草食品、家电轻工等支柱产业为重点，加快技术改造和技术创新，促进制造业与新一代信息技术深度融合、制造业与服务业有效融合。

培养发展“四新”经济。抢抓全面深化改革试点的机遇，打破体制机制的障碍，引导市场主体加大对新技术、新产业、新业态和新商业模式的探索力度，顺应市场需求升级，加大新供给，创造新需求。优化市场软环境，综合利用财政、税收、金融、人才政策，通过“放管服”，吸引高端人才，促进“四新”经济快速进入成长期。

(三)积极扩大有效投资

投资是提升产业能级和城市功能的开路先锋，武汉市近年来的大发展、大突破，也是得益于一批产业化和功能性大项目的陆续投产和建成。加快促进工业投资恢复增长，加快推进国家存储器基地、国家新能源汽车基地、国家航天

产业基地和智能网联汽车基地等大项目，瞄准“补短板”和先进制造业、现代服务业等重点领域发力，加大对具有技术优势、品牌优势的优质项目招引力度，进一步强化有效固定资产投资项目的储备，真正把投资与产业转型升级紧密结合起来，努力吸引一批位于产业链、技术链、价值链高端的大项目落户，开辟新的经济增长点。提速房地产开发投资，继续推进房地产去库存，密切关注房地产市场调控风向，把控金融风险。保持基础设施投资力度不减。支持民间投资健康发展，为投资持续增长注入后劲和活力。

（四）进一步做好民生保障工作

着力推进民生升级版，进一步改善居民生活质量，提升社会保障水平，切实提高城市公共服务水平。加快提高城乡居民收入，落实国家近期出台的收入分配制度改革系列政策，确保城乡居民收入增速不低于经济增速。千方百计促进就业，做好高校毕业生、农民工、零就业家庭的就业创业工作。继续扩大社会保障覆盖范围，加快养老服务设施建设，加大保障性住房建设力度。深化扩大普惠性学前教育资源、农村教育城市化等五项改革试点，稳妥推进公立医院综合改革，建成一批教育、卫生、文化、体育设施项目。

作者单位：武汉发展战略研究院

提升·分化·压力凸显

——2016年上半年武汉市就业景气指数分析报告

付 兴 简真强

2016年上半年，武汉市就业景气指数为108.69，处于稳定区，与一季度相比，各分项景气指数均呈现回升趋势，全市就业形势总体保持平稳。但与2015年同期相比，就业景气指数略有回落，支撑景气指数的就业扩张能力景气指数相对偏弱，其他5项景气指数运行相对平稳，其中大众创业、重点人群就业、就业服务环境等3个分项景气指数仍处于扩张区内。具体来看，上半年全市就业形势呈现出“三个稳步提升、两个分化加剧、两重压力凸显”的特征。

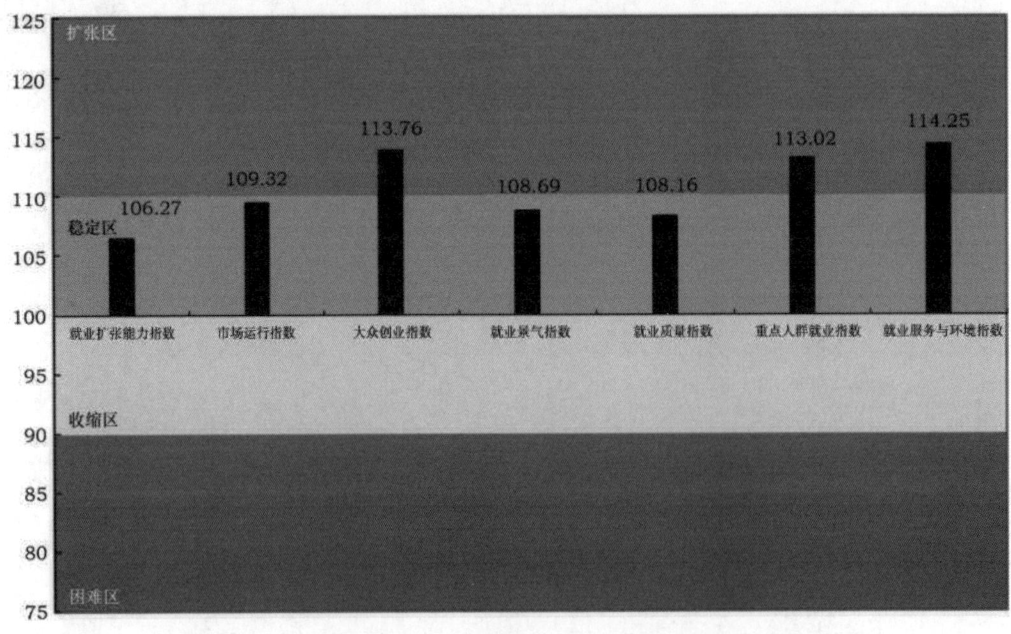

图1　2016年上半年武汉市就业景气指数状态区域情况

表 1　2016 年上半年武汉市人力资源服务机构建设情况

	指标	单位	2015 年	2016 年上半年
人力资源服务机构建设	人力资源服务机构数量	家	403	784
	人力资源服务机构从业人员总数	人	11811	21000
	人力资源服务机构帮助实现就业人数	万人	77.1	41
	人力资源服务机构服务用人单位数	万家	5.36	2.7

一、三个稳步提升

（一）新增就业人数稳步提升

2016 年上半年，全市新增就业 9.87 万人，同比增长 16%，完成全年目标的 61.7%；农村劳动力转移就业 3.65 万人，完成全年目标的 73.04%；登记失业率降至 2.7%，环比下降 0.47 个百分点。积极帮扶离校未就业高校毕业生及城镇就业困难人员实现就业，困难人员就业人数同比增长 5.8%，就业率达到 69%。

（二）大学生创业人数大幅提升

武汉市对大学生创业补贴、创业贷款、创业优惠政策力度不断加大，创业培训、创业交流、创业孵化有效开展，大学生创业积极性高涨。2016 年上半年，武汉市新增创业总人数同比有所回落，但大学生创业新增 848 人，增幅较大，半年新增创业人数与近年来年度新增创业人数基本相同。

（三）就业服务能力逐步提升

人力资源服务业蓬勃发展，国家级人力资源服务产业园项目顺利推进，“江汉智园”即将开园运营，东湖新技术开发区与人力资源服务机构的合作平台也顺利搭建，促进了人力资源服务业集聚发展、提升发展。2016 年上半年，武汉市人力资源服务机构数量和人力资源服务机构从业人员总数相较于 2015 年均有一个较大幅度的跃升。

二、两个分化加剧

（一）新兴服务行业就业火热，传统产业就业形势持续低迷

从用工方来看，制造业的用工需求增长缓慢，服务业成为新增用工需求的主力。2016 年上半年全市新增就业岗位 15 万个，其中制造业新增岗位 3.9 万个，服务业新增岗位 10 万个，同比增长 1.31 倍。从求职方来看，传统产业对人才的吸引力减弱，新兴行业受到求职者的广泛青睐。调查数据显示，上半年制造业、批发零售、住宿餐饮等传统行业空岗较多，人员流动较大；新兴行业、高端服务业空岗较少，互联网、信息传输、软件和信息技术服务等行业吸纳就业

人数不断增长。

(二)小微企业吸纳新增就业的能力增强,大型企业用工需求持续缩减

2016年上半年,全市规模以上工业企业中,22.9%的企业出现亏损,前50户大企业中有18户产值负增长,中百、中商、武商等大型商业集团零售额全部下降,摩托罗拉、冠捷等大企业空岗率均高达40%以上,大型企业发展较为困难,也在持续缩减用工需求,就业形势相对较差。随着"大众创业、万众创新"的深入推进,上半年新增创业人数1.3万人,带动就业5.8万人,新增工商登记注册市场主体(含个体、企业)6.64万户,小微企业快速发展对人才的需求增多。

三、两重压力凸显

(一)经济下行使就业压力持续加大

2016年上半年,武汉市地区生产总值、固定资产投资、规模以上工业增加值、社会消费品零售总额等主要经济指标增速分别回落至7.6%、3.4%、4.3%、9.3%,同比分别回落1.1%、4.6%、3.9%和2.1%,工业投资出现负增长,主要经济指标未达预期,实体经济发展较为困难,重点产业对全市支撑力度减弱。造成了一些行业,尤其是劳动密集型行业的招工减少和人员流失,登记求职人数和招聘人数分别同比减少48%和20%,求人倍率为1.24,同比下降0.22;调查企业空岗率达到2.78%,同比上升0.24个百分点,其中人员流失形成的空岗达到一半以上;稳岗压力持续加大,发放稳岗补贴资金4.08亿元,同比增加22%,创历史新高;城镇登记失业人员的基数有所扩大,城镇登记失业人员再就业率仅为25%,领取失业保险金人数同比增长37%,发放失业保险金高达13828万元。

(二)经济结构调整和增长动力转换使就业压力持续加大

经济结构在某种程度上决定了人才结构,武汉处在持续推进产业结构调整、培育新的经济增长点的关键时期,经济结构的逐步转变也将带来人才需求结构的转变,在这一时期,人才的供给和需求不对等也会造成"招工难"和"就业难"并存的问题,上半年企业招聘成功率和市场求职成功率均不超过50%。全市供给侧结构性改革也在持续推进,上半年为近2万名武钢"去产能"分流职工安置就业,未来一段时间这一类失业安置、再就业等压力还会持续存在。并且,对去产能企业职工的大量安置也会减少新进求职者的就业机会。目前,从全范围来看,新兴行业的快速发展为求职者提振了信心,2016年上半年武汉市高新技术产业也保持了高速增长态势,但是从规模上来看,高新技术产业还

不及深圳的一半，战略性新兴产业还不到深圳的1/7，如果武汉不加快增强新的发展动力和培育新的经济增长点，就要面临着大量的人才外流的压力。

四、对策建议

针对上述特征和问题，下一阶段我们应该从以下四个方面加大就业工作推进力度。

（一）加大监测统计力度，咬住全年就业目标不放松

加强企业数据监测和收集，逐步扩大职业供求信息数据采集范围，切实做好职业供求信息分析发布和上报工作，认真抓好就业信息网络运行、维护，确保招聘信息互联互通，积极开展经济形势与岗位流失率关联性研究，探索建立失业预警制度，确保完成全年城镇新增就业16万人，城镇登记失业率控制在3.8%以内的目标。

（二）加大重大工程和重大项目的推进力度，突出就业工作重点不放松

系统推进全面创新改革试验，加快实施“十大计划”建设创新型城市，提升战略性新兴产业、高端服务业对就业的拉动能力。加大重大项目的协调和推进力度，不断提升重大项目对就业的拉动能力，扩大就业岗位。持续推进“大学生留汉工程”，积极吸纳优秀毕业生留汉工作，加大武钢等去产能企业职工的分流安置工作力度，避免大规模的失业潮。

（三）提升创新创业服务水平，开辟就业新渠道不放松

大力开展创业培训、创业交流等活动，将“高创之星”创新创业系列活动办出特色，有效解决大学生创业难题。认真贯彻落实创新创业公共政策，建立面向大学毕业生、高层次人才、就业困难人员等社会各类群体的就业创业政策扶持体系，大力推进创业补贴、创业贷款、创业优惠政策的有效实施，助力各类人群在武汉创新创业，提升创业对就业的带动力。

（四）加快发展人力资源服务业，提升就业服务不放松

积极推进国家级人力资源服务产业园建设，面向国内外引进高端人力资源服务机构，促进人力资源产业的集聚化和高端化发展。推进人力资源服务机构诚信体系建设，加强公共就业服务平台建设，探索“互联网+就业服务”和“互联网+人才服务”模式，全面提升各级公共就业创业服务机构的服务质量和水平。

作者单位：武汉发展战略研究院

发挥临空优势 加速临空崛起

——关于武汉临空港经开区发展战略的思考

答 军 胡爽平 刘艺璇 杜志明

随着经济日益全球化和航空业务扩张、航空技术进步,以机场为核心的临空经济区呈现蓬勃发展态势。今天的机场不再是传统意义上单一运送旅客和货物的场所,已经成为全球生产和商业活动的关键结点,被誉为"国家和地区经济增长的发动机"。全球的临空经济区不断吸引着众多与航空业相关的产业聚集,正日益演化成为特色经济活动高度集中的区域。如同人类历史上依托重要交通枢纽形成城市和产业一样,临空经济正在成为未来全球经济发展的主流形态和主导模式。

一、国内外著名机场和临空经济区发展经验

(一)美国孟菲斯

一个联邦快递,让曾经默默无闻的孟菲斯机场成为全球最大的货运机场,让孟菲斯成为全美著名的航空大都市,带动孟菲斯由传统的农业社会转型为制造业、物流业、金融业及医疗服务业聚集的多样化产业形态,来自 22 个国家、超过 130 多家外资企业在此落地,影响着当地近 50%的地区生产总值,提供了 1/3 的就业岗位。孟菲斯机场周边已经融合了科技研发、加工制造、仓储物流、商务商贸等产业增值链,形成了在全球独树一帜的孟菲斯经济增值链。

(二)爱尔兰香农国际航空港自由贸易区

1959 年,爱尔兰成立了世界上第一个以出口加工业为主的香农国际航空港自由贸易区,包括紧靠香农国际机场的香农自由工业区和香农镇。自由贸易

区利用国外资金和原材料，大力发展出口加工业，成为临空经济区的早期形式。之后，香农开发公司利用香农机场独特的地理优势，积极吸引外资，开办了世界上第一家机场免税商店，并在机场周围地区设立了世界上第一个免税工业区。工业区内的飞机维修业在国际上享有盛名。相关行业还包括航空业、通信技术、计算机软件和电子产品、国际服务、工程配送、化学及制药等，现已成为欧洲最具吸引力的国际商业区之一。与之类似的还有新加坡樟宜机场城和樟宜自由贸易区，主要以第三产业为主，如航空物流、会展业、酒店服务业、高端运动休闲业等。

（三）德国法兰克福机场、瑞典Kista高科技园和日本成田机场

法兰克福机场周围聚集了大量的高科技公司，很多企业的产品都是以出口为主。作为全球最主要的机械设备出口国，世界各国使用的大量机械设备常年需要从德国进口各种零配件。正是因为以法兰克福为中心、触角遍及全球的空中运输网，才使德国制造的机械设备在世界各地都能得到及时的配件供应，支撑着德国产品在国际市场上的声誉及竞争力。瑞典斯德哥尔摩的Kista高科技园，依托阿兰达机场和布鲁玛机场，成功引进了康柏、惠普、微软和甲骨文等跨国公司的地区总部，成为世界知名的电子通信和IT产业中心。日本成田国际机场城内包括一个国际物流复合基地和多个临空工业园地，具有高水平城市功能，是发展高科技产业和进行国际贸易的重要基地。

（四）北京临空经济区

凭借航空客运全国第一、航空货运全国第二的优势，北京临空经济区以首都机场为依托，初步形成了天竺综合保税区、天竺空港经济开发区、林河经济开发区、国门商务区、空港物流基地、汽车生产基地、国展产业园等7大功能组团，航空产业、高技术产业、现代制造业、物流和会展等生产性服务业快速发展，主导产业突出，产业集聚明显，是北京东部发展带的高端产业功能区和核心增长引擎。

（五）上海虹桥临空经济区

虹桥国际机场航空客货运排名分别为全国第四和第六，规划面积5.14平方公里，创造税收收入占全上海的近5%。凭借特有的虹桥涉外商务区的区位优势、世界最大的虹桥综合交通枢纽的交通优势、一流的服务与支持创新的环

境优势，上海虹桥临空经济区坚持高起点的“园林式、高科技、总部型”发展目标，不断汲取海内外现代商务园区精华，集聚了众多著名企业总部，已经成为上海发展现代服务业黄金走廊的西部核心，成为连接整个泛长三角地区乃至长江流域地区、最具活力和辐射力的现代服务业集聚区。

（六）成都临空经济区

凭借航空客货运中西部第一、全国第五的优势，成都临空经济区积极打造航空物流园区。成都双流国际机场建有三座航空货运站，总面积 10.7 万平方米，年货邮处置能力 150 万吨。其中建筑面积 55000 平方米的空港货运站是中国中西部最大、功能较完善的综合货运站，具备全天候通关能力，是中国中西部地区最大的航空枢纽港。成都双流国际机场正致力于打造国家级航空枢纽和创建世界十佳机场，成都临空经济区将打造全国一流、国际知名的航空物流基地。

二、武汉临空港经济技术开发区发展战略选择

“十三五”时期是我国由民航大国向民航强国发展的重要历史时期，也是国内许多城市利用新建或扩建机场的契机、发展临空经济的重要阶段。如何抓住天河机场扩建、客货运量快速提高、国际化程度快速提高的机遇，是武汉临空港经开区当前面临的最重要的战略选择。

（一）借鉴孟菲斯发展模式，建设国际航空物流港，打造中国的孟菲斯

武汉临空港经开区位于长江经济带和新丝绸之路“一带一路”战略的交汇点，飞机 2 小时、高铁 4 小时可达覆盖全国 90%的 GDP 和 85%的人口的主要城市。核心区距天河机场 15 公里、汉口火车站 11 公里、阳逻深水港 40 公里，同时拥有保税物流中心（B 型）、铁路集装箱中心站、公路货运主枢纽中心、省级公路二类口岸和电子口岸等物流功能。在武汉各城区、各开发区中，临空港经开区铁、水、公、空综合交通优势和现代物流优势最为突出。

武汉临空港经开区与孟菲斯的地理位置、交通条件、产业结构等方面相当类似，都处于各自国家的中南部，铁、水、公、空立体交通网络齐备，以物流、医药、装备制造、总部经济等为主导产业。完全有条件借鉴美国孟菲斯发展模式，建成中部地区最大的国际航空货运枢纽，打造以航空分拨中心为特色的供应

链管理中心,形成中部地区最大物流分拨中心和转运枢纽,实现从中部“孟菲斯”向中国“孟菲斯”的战略跃升。

(二)借鉴香农、樟宜、上海等自贸区发展模式,加快完善自由贸易区功能,建设中部地区对外开放第一门户

东西湖区的改革开放、结构调整和对接国家战略一直走在全市前列。20 世纪 90 年代就开始实行土地批租和招商引资, 在全市新城区中率先推进工业化,率先实现“两业并举”,在全市率先发展循环经济,率先确立生态优势,在全市开发区中率先实行“区区合一”一体化管理模式。

临空经济区和自由贸易区是“孪生兄弟”,建立自由贸易区是我国深化改革、扩大开发的重大战略举措。上海自由贸易区的设立,不仅带动了航空物流、跨境电商、保税仓储、注册经济等,产业范围更是扩大到了全球新技术研发、国际文化产业等大临空经济领域。作为湖北自贸区重要片区之一,加快完善自由贸易区功能,可以发挥临空港经开区的综合优势,抢抓我国实施自由贸易区战略的重大机遇,是临空港经开区新常态下深化改革开放、深化结构调整、进一步对接国家战略的决定性战略取向。

(三)借鉴瑞典高科技园发展模式,建设国家级航空高科技产业基地,打造中国的 Kista

电子通信、计算机制造、生物制药、电子机械、精密仪器、光学仪器、软件开发、医疗器械等高科技制造业都与航空运输紧密相关。因此,世界各国绝大多数高新技术园区和高科技企业都邻近空港,甚至出现了向空港集中的趋势,瑞典斯德哥尔摩的 Kista 高科技园就是其中的典范。发展高科技制造业中的临空指向领域,并逐步向其他战略性新兴产业拓展,是临空港经开区的必然选择。

工业是临空港经开区发展最快、占比最高的产业,已经形成食品饮料、机械电子等优势产业。尽管目前战略性新兴产业发展还不够,但节能环保、高端装备、生物技术、新能源等产业比重正在不断上升。作为国家级开发区,临空港经开区有基础、有能力在新一轮产业转型中再次率先突破,实现传统制造业向先进制造业和高科技制造业的全面升级,率先构建临空型现代产业体系,建成全国重要的、中部地区最大的临空型高新技术产业基地,打造中国的 Kista。

三、实现临空港经开区发展战略的对策措施建议

(一)发挥优势,加快推进现代物流业发展

无论战略定位如何选择,依托天河机场和国家级开发区,依托铁、水、公、空综合交通优势,依托保税物流中心等物流功能,大力发展航空物流等现代物流业,都是临空港经开区的战略要务。

要认识到临空港经开区发展航空物流等现代物流业的紧迫性,抢抓湖北省、武汉市支持临空经济区发展、着力提高天河机场客货运功能的历史机遇,在武汉第二机场建成之前形成强大的物流优势和相关产业发展优势,不能坐等天河机场客货运量逐年提高。

要集聚航空货运货代企业,支持国内外大型航空公司、快递物流企业在开发区设立基地、建设区域运营中心和快件处理中心,培育一批服务网络覆盖全国乃至全球的航空货运货代企业,拓展航空货运上下游市场。

要依托空港但不限于空港,加快发展多式联运,完善多式联运体系,推动建设一批布局合理、功能完备、集疏便捷的综合性场站和设施,提高转运综合服务能力,形成航空、公路、铁路、水路的高效衔接、互动发展的联运格局。

要重视发展绿色、智慧物流,集成运用现代信息技术,建立实时、准确、高效的智能运输系统。强化物流作业环节和物流管理全过程的绿色化,鼓励企业共同配送,实行复合一贯制运输,大力发展第三方物流。

要发展包括电子商务在内的各种现代物流业态,建设集国际采购、中转、仓储、分拨、配送等功能于一体的服务配套完善、货物通关便捷、综合成本低廉、管理运作规范的内陆国际物流中心,推动物流业向国际化、高端化方向发展。

(二)凝聚共识,大力推进产业结构优化升级

与全市“万亿倍增”同理,临空港经开区“两个领先”的实质也是发展新兴产业、优化产业结构,重点是发展临空型战略性新兴产业和高端制造业、高端服务业。

要主动担负起国家级开发区推进创新驱动、发展高技术产业的战略使命,如同东湖新技术开发区那样重视和善于吸引区域科技创新资源,集聚若干大学和研发机构,支持全市科技成果在临空港经开区内实现产业化,突破性发展

战略性新兴产业。可尝试建立以物流、航空、航运、海关等职业技术性强的专业为核心的高等职业教育基地。

要处理好产业存量和产业增量的关系，以临空经济为指向，摆脱内地产业转移式的低端产业承接发展惯性。在食品工业基础上，发展现代生物和高科技农业。在机电产业基础上，发展新一代信息产业和高端装备产业。以航空材料为突破口，积极培育新材料、新能源、节能环保等产业。

要坚持和推进“两业并举”，一手抓制造业大项目，一手抓服务业功能性项目，加快发展现代物流、现代金融、总部经济、科技研发、文化创意等生产性服务业和服务型制造业。重视和支持中小企业发展，发现和培育“瞪羚企业”，完善主导产业配套环境。

要特别重视通用航空制造和维修产业发展，重点发展直升机制造、机载设备加工、航空电子仪器、机场专用设备以及航空设备制造和维修等产业，建成国内重要的航空航材制造基地、中部地区最大的通用航空制造基地、中国航线中部节点上的重要飞机维修保养基地。

(三)精准发力，着力推进以建设自贸区为目标的改革开放

作为湖北自贸区重要片区之一，临空港经开区可以先行先试建设自贸区的许多具体做法，不能坐等国家和省市的政策，关键是着力推进以建设自贸区为目标的改革开放。

要率先学习、主动借鉴上海自贸区可复制可推广的先进做法，例如负面清单管理，积极引入国际标准、国际规则、国际标识，加快探索贸易便利化、投资自由化、行政体制创新、科技体制创新、金融制度创新、服务业扩大开放、完善税收政策等，倒逼政府职能转变和开放型经济新体制的建立。

要建立和完善开放门户功能，优化整合国内不同海关特殊监管区域的政策举措，完善空港口岸功能，促进通关便利化，推动国际中转、配送、采购、转口贸易和出口加工等业务发展，加快建设享有“免证、免税、保税”政策的临空港综合保税区，成为全国开放度高、功能齐全、政策优惠、通过便捷的海关特殊监管区域。

要始终保持招商引资的高强度，继续引进代表国际先进水平、促进产业升级的内外资项目，继续引进国际贸易和国际物流龙头企业，继续支持民营经济

和民间投资项目，积极对接跨国公司、央企和大型民企，注重引入知名企业区域总部、采购中心、核算中心、运营中心等功能机构，特别是引进航空企业总部，推动临空型服务业发展。

（四）加快道路交通、城市功能、生态环境等各项建设

要推进建设周边地区经临空港经开区核心区到天河机场的快速通道（机场第三通道），加强机场、码头、站场、口岸及其集疏运系统建设，加密临空港经开区与其他国家级开发区、中法生态城、汉口北商贸区、四新会展区乃至汉口、汉阳中心城区等重要功能区的交通联系。

要提升和完善保税物流中心和铁路集装箱中心站功能，完善周边道路系统，降低铁路集装箱中心站到武汉新港的转运成本，支持“汉新欧”铁路货运专列常态化运行，把沪汉台等近洋航线与“汉新欧”铁路连接起来，完善空铁、空水、空公的交通和信息对接联系。

要完善临空港经开区的中心城市功能，激活中心城市功能对现代服务业发展的支撑作用，规划建设若干总部集聚区、商贸商务区、文化创意区、休闲度假区、高档时尚社区，提高教育、医疗、文化等社会事业发展水平，打造对高端服务业和高端人才具有较强吸引力的空港新城。

要充分认识生态环境对未来区域竞争的决定性作用，在加快产业发展和城乡建设的同时，保护好临空港经开区的河流、湖泊、山体等生态资源，坚决做到环保投入只增不减，环保工作只紧不松，产业项目和城建项目环保一票否决，以生态环境优势保障经济社会发展后劲。

作者单位：武汉发展战略研究院

调 研 分 析 篇

Research Analysis

武汉市人才创新创业平台建设发展调研报告

聂佩进

创新创业平台是吸引、培养和使用人才的重要载体,在“大众创业、万众创新”浪潮下,人才创新创业平台发挥着重要作用,既是事业平台、服务平台、圆梦平台,也是孵化器、助推器和加速器。武汉市人才创新创业平台经历了近30年的发展,在硬件建设、资源整合、运营机制等方面,积累了丰富的建设经验,涌现出人造血管、无人机、太阳能薄膜、内窥镜胶囊等一批高科技成果,诞生出斗鱼TV、车来了、卷皮网、宁美国度等一批“独角兽”公司,也吸引来了程一兵、肖克、于刚等一大批产业领军人才。为更好地服务于人才创新创业,推动武汉市双创平台规划更趋合理、运营更趋科学、功能更趋强大,实现双创平台的可持续良性发展,市委人才办、市科技局、武汉市斯沃德规划咨询有限公司联合组成调研专班,在对全市6类双创平台摸底调研基础上,选取30余家双创平台进行实地走访和调查,总结全市双创平台建设的经验做法,诊断突出问题,充分研究论证,提出对策建议,形成了本调研报告。

一、武汉市人才创新创业平台发展现状

武汉是我国科技企业孵化器的发源地,从20世纪80年代以来,人才创新创业平台建设发展已走过了近三十年的发展历程。尤其是近5年来,武汉市双创平台建设不断提速,建设规模与质量已居国内前列,成为国家和区域创新体系的重要组成部分,为加速武汉科技成果转化,集聚各类创新创业人才,培育科技企业和企业家,促进区域经济发展作出了重要贡献。

(一)从发展历程看,经历了从1.0到4.0版本的转型升级

1987年,在武汉诞生了我国第一家企业孵化器——武汉东湖新技术创业服务中心,从此中国企业孵化器事业走上蓬勃发展之路,并与时俱进,不断创新、转型、升级。到2016年,武汉创新创业平台大致经历了四个阶段,逐步从1.0版升级到4.0版,实现了由政府主导向市场、社会、政府共同发力,投资运营主体更加多元;由服务小众转向服务大众,服务对象覆盖面更广;由提供综合型服务转向专业化服务,小而专、专而精的孵化器大量涌现;由单一服务提供者转向创业全链条服务供给者,"场地+服务+投资+培训"综合模式受到推崇;由区域资源整合转向全球资源整合,运用"互联网+"提升资源要素整合能力。

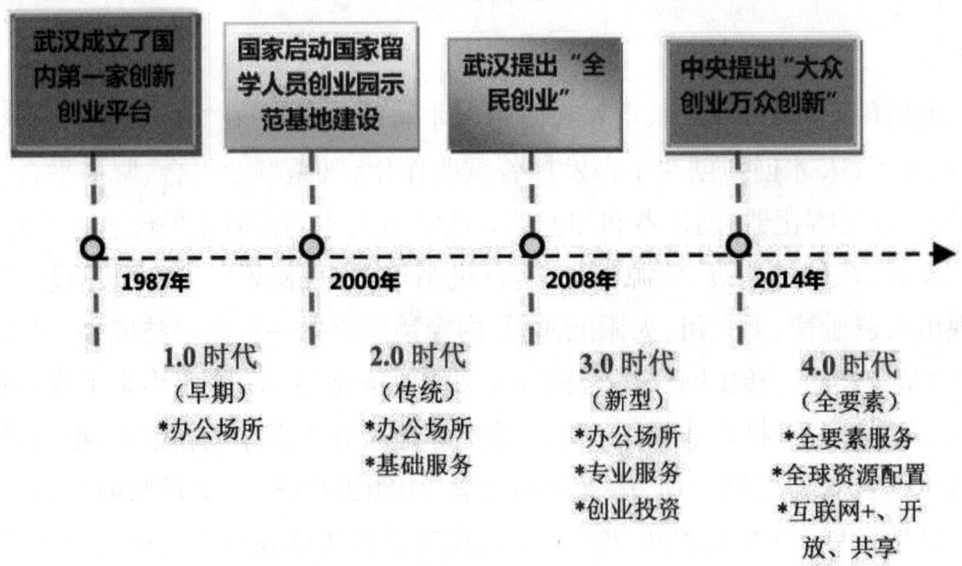

图1　武汉人才创新创业平台发展历程图

(二)从总体格局看,形成了多层次、多类别快速发展态势

经过30年的发展,武汉人才创新创业平台从无到有到多,从小到大到强,形成了多层次、多类别的人才创新创业平台体系,为武汉市"大众创业,万众创新"的深入发展提供了丰富的服务资源和广阔的创新创业空间。从平台类型看,主要有6大类,分别是:"创谷"、人才创新创业园区(街区)、企业孵化器、众创空间、企业创新科技平台、人才创新创业超市。

"创谷":重点聚焦信息技术、生命健康、智能制造三大产业,在环湖、环山、环水、绿带周边等环境优美的区域,建设融合高端生产生活生态功能、聚集高

端创业创新创造要素的创新集聚园区。武汉市力争用3年左右的时间，拿出城市最好的空间，量身定制最好的政策，提供最优的服务，建设10个以上“创谷”，并把“创谷”打造成为全面创新改革试验的承载区、自由创新的示范区、城市合伙人的集聚区，成为创新创业者工作生活娱乐的活力社区。每个“创谷”的规划区域面积不低于2平方公里，建设区域面积一般控制在1平方公里左右，核心建筑面积不低于50万平方米，固定资产投资不低于50亿元。

人才创新创业园区（街区）：围绕全市战略性新兴产业和现代服务业的培育和发展，结合各区、开发区、工业园区的资源优势和产业基础，坚持因地制宜和注重培育特色产业，集聚人才、科技、成果、资本等创新创业要素，打造人才聚集、产业集群的创新创业园区和业态突出、特色鲜明的创新创业街区。

企业孵化器：是培育和扶植初创期高新技术中小企业的服务机构，通过为新创办的中小企业提供物理空间和基础设施，提供一系列服务支持，降低创业者的创业风险和创业成本，提高创业成功率，促进科技成果转化，帮助和支持科技型中小企业成长与发展，培养成功的企业和企业家。

众创空间：是顺应创新2.0时代用户创新、开放创新、协同创新、大众创新趋势，把握全球创客浪潮兴起的机遇，根据互联网应用深入发展的特点和需求，通过市场化机制、专业化服务和资本化途径构建的低成本、便利化、全要素、开放式的新型创业服务平台的统称，主要服务于年轻人创业，尤其是大学生、留学生的创新创业。

企业科技创新平台：围绕强化企业创新主体意识，加强校企融合和产学研合作，建设工程技术研究院、企业技术研发中心、院士专家工作站、博士后科研工作站等企业科技创新平台，服务高层次研发人才，促进企业科技创新，推动科技成果落地转化。

人才创新创业超市：遵循“资源整合、要素集聚、服务超强、市场运作”的理念，整合政府、社会、高校、企业、人才等各方资源，聚集政策、资本、信息、服务、活动等创新创业要素，优化功能布局、健全运行机制、规范运营管理，围绕创新创业全链条、全要素、全方位服务需求，搭建服务人才的综合型服务平台。

6类平台差异发展，满足了不同类别、不同层次人才对创新创业服务平台的个性化需求，有力地促进全社会创新创业大发展。

表1　武汉市6类创新创业平台特点

类　型	特　征	包含种类	发展情况
“创谷”	最新一代创新创业集聚园区，聚焦电子信息、生命健康和智能制造三大产业	加速器、孵化器、众创空间、创新创业服务中心等	规划10个以上，已经开工建设“南太子湖创新谷”“联想星空·智慧谷”“光谷移动互联创谷”“金银潭梦想特区”“汉江湾·云谷”“龙阳湖健康谷”“江夏阳光创谷”等7个
人才创新创业园区（街区）	是与科技成果转化、高新技术产业发展紧密联系的更大物理空间的创新创业服务平台	海外留学生创业园、创业街区、大学科技园、高新技术产业园等	目前，建成52个工业园区（街区），鲁巷、街道口2个连片创业街区，园区面积共计253平方公里
企业孵化器	为新成立的科技型中小企业提供服务的传统型创新创业平台	孵化器、加速器、高新技术创业服务中心、大学生创业特区等	建有市级以上孵化器217家，国家级孵化器25家，省级孵化器52家，全市孵化场地总面积920万平方米
众创空间	顺应创新2.0时代背景下创新创业新特点和新需求建立的低成本、便利化、全要素、开放式的新型创业服务平台	创客空间、创业咖啡、车库咖啡、创新工场等	共有众创空间108家，其中国家级众创空间22家
企业创新平台	以促进研发和创新为核心的工作平台、岗位平台或服务平台，重点服务于高层次科研人才	工业技术研究院、工程技术研发中心、实验室、工研院、院士专家工作站、博士后工作站等	全市共有各类企业创新平台1352个，其中，11个工业技术研究院，263个企业工程技术研究中心，143个国家级企业重点实验室，35个校企共建研发中心，28个院士工作站
人才创新创业超市	主要服务于全市或区域内的高层次创新创业人才的全链条、全要素、全方位综合型服务平台	人才超市、城市合伙人服务中心以及各区、开发区、园区人才服务中心	1家人才创新创业超市、2家城市合伙人服务中心以及各区、开发区的人才创新创业服务中心

（三）从空间布局看，构成了点线面相结合的平台网络体系

不同的区域人才集聚程度不同，不同的人才对创新创业承载平台的需求不同。武汉在人才创新创业平台建设方面，结合两岸三镇的地域特色和资源分布，结合各类人才的不同需求，构筑起了点、线、面相结合的平台网络体系。

所谓“点”，就是广泛发挥企业、投资机构、高校院所等社会力量，结合城市“三旧”改造的契机，利用闲置厂房、仓库、楼宇及商业设施，改造建设以创业咖啡、创客空间等为主要形态的108家众创空间和新型孵化器，让众创空间遍布

全城，让创新创业从“小众”变为“大众”。

所谓“线”，就是充分发挥武汉众多的高校资源优势，联合高校院所，合作建设一批高校创业孵化基地，推动洪山区、武昌区、江夏区打造10个环高校产业带、环高校众创圈。比如，支持华中科技大学建立大学生创业园、科技园、大学生创业社区“两园一区”，帮助创业学生试水历练，超过70%的毕业生在读期间有参与过创新创业训练计划项目的经历，涌现出一批“华科系”创新创业人物，孵化出海豚浏览器、悦然心动等一大批创业公司。

所谓“面”，就是鼓励各区（开发区）结合自身实际和产业优势，建设了52家具有特色的连片创新创业街区（园区），打造“南太子湖创新谷”“联想星空·智慧谷”等7家“创谷”，围绕主导产业，集聚产业链上下游资源和企业，推动产业集群化发展，构筑产业规模竞争优势。

图2 武汉市7个“创谷”方位图

（四）从建设运营看，实现了政府和市场的合理定位与分工

创新创业本质上是一种市场行为，政府的作用主要是引导和扶持，而不能越俎代庖。创新创业平台的建设和发展，走过了政府主导阶段，进入到了政府引导、多方参与、市场主导的新阶段，平台发展回归市场法则和理性逻辑，政府和市场各司其职、各尽其能。

从建设主体看，7个“创谷”全部由大型企业投资建设，如“联想星空·智慧

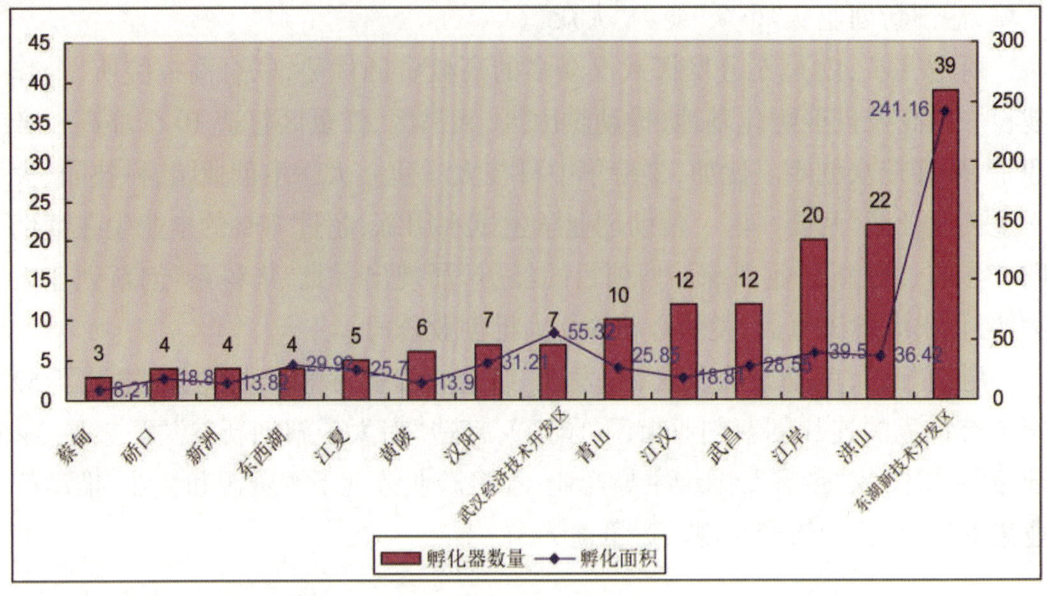

图3 武汉市主要企业孵化器区域分布情况 (单位:家;平方公里)

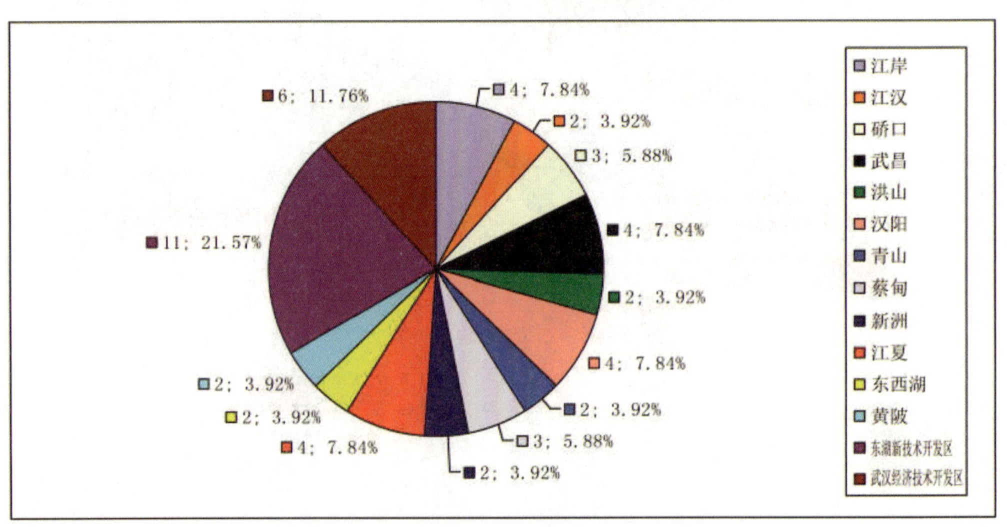

图4 主要创新创业园区(街区)分布图

谷”由联想集团投资建设,“金银潭梦想特区”由卓尔集团投资建设,“龙阳湖健康谷”由东湖高新集团和九州通医药集团共同投资建设。80%以上的孵化器和创客空间依托市场资源建立,如光谷创业咖啡,背后有雷军支持,聚集了一批天使投资和风险投资机构及个人;烽火“创新谷”由武汉邮科院投资建设,目的是围绕烽火集团光通信产业链的延伸, 支持包括烽火集团内部员工在内的专业人士创业。绝大多数的企业创新平台由企业发起建立,如各类工程技术研究中心和企业技术研究中心，也有部分是由政府和企业或高校院所一起成立的，如生物技术研究院、新能源技术研究院等。创新创业园区（街区）的建设，多是由政府部门引导，社会、市场、资本等多方参与，共同打造。

从运营模式来看，大部分创新创业平台实现了企业化、市场化运作，市场力量成了推动平台发展的主要动力，即使是政府出资建立的平台，普遍会成立专门的国有公司或委托专业团队负责平台运营，如武汉人才超市、九万里武汉城市合伙人基地等都采取“政府投入、企业运作”模式。各类平台的收入来源基本有三个渠道，分别是政府购买服务资金、租金及培训收入、股权投资回报收益，政府体现的是引导和扶持，大部分平台主要依靠自身盈利谋发展。

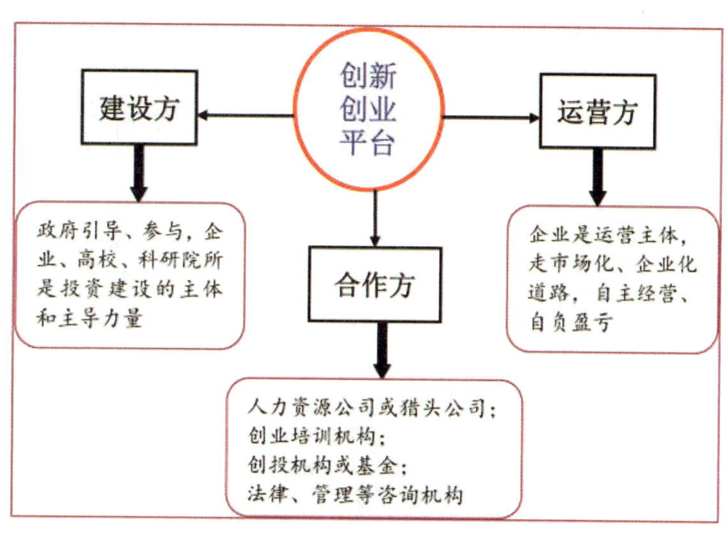

图5　人才创新创业平台建设运营模式

（五）从发展成效看，推动了人才、科技和产业的共赢发展

创新创业平台的发展带来了显著的经济和社会效益。依托创新创业平台的承载空间、服务功能、创业资源等，吸引集聚了一大批不同产业、不同领域的高层次创新创业人才。据统计，各类创新创业平台集聚了中央“千人计划”人才36人，湖北省“百人计划”人才159人，武汉“黄鹤英才计划”人才229人，“3551光谷人才计划”人才1238人；武汉市首批60名“城市合伙人”全部在人才创新创业平台上创新创业。领英中国智库发布的《上海市科创中心人才报告》报告显示：武汉市先进制造业领域人才占全国的1.6%，在全国同类城市排名第9位。金融产业人才占比2.1%，排名第7位。互联网与软件人才占比

1.7%，排名第 8 位。医疗健康人才占比 2.1%，排名第 7 位。

丰富的创新创业平台资源，有效地促进了大学生创业。2015 年新增在孵企业 1956 家，其中大学生创业企业 851 家，孵化出"斗鱼 TV""卷皮网"等汉产"独角兽"企业。领英中国智库发布的《上海市科创中心人才报告》指出：武汉市 2013 年以来对"211"高校毕业生的就业吸引力明显增强，2015 年全国"211"高校毕业生来汉就业比例与广州持平，仅次于北京和上海。标准排名、优客工场联合发布的《2016 中国创新创业报告》显示：中国创新创业发展已形成华北、华东、华南、中部和西部五大创业中心和北上深加成都、武汉的"3+2"格局，武汉成为中部创业中心的核心。

人才的高度聚集，有力地引领推动了科技研发和高新技术企业发展。2015 年，分布在全市各创新创业平台的高新技术企业达到 1656 家，发明专利授权量 6003 件，实现高新技术产业产值 7701.41 亿元，近 5 年年均增长 227 家和 25.6%。

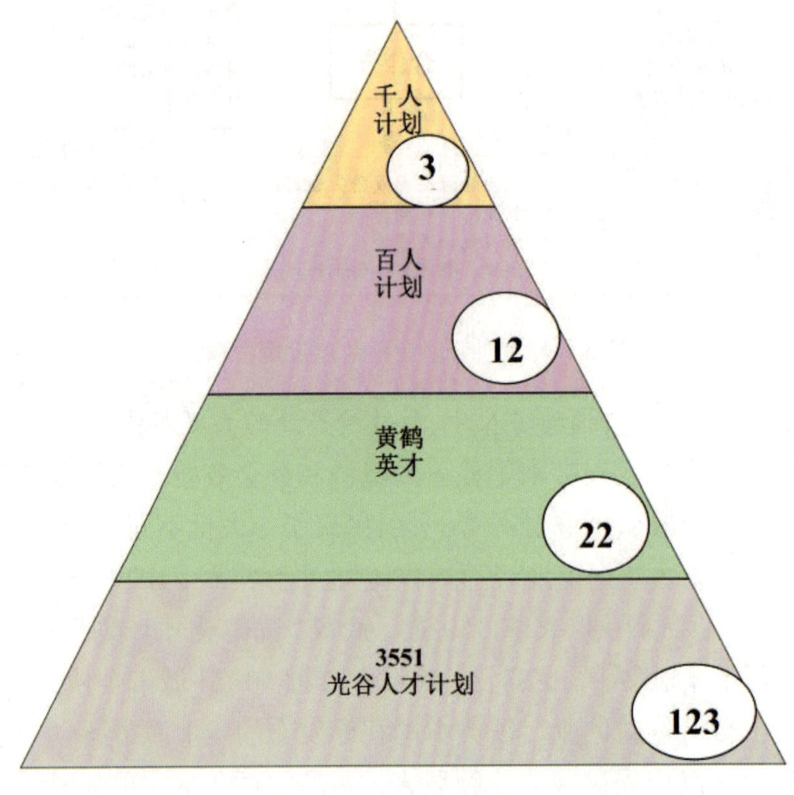

图 6 武汉市高层次人才引进情况 （单位：人）

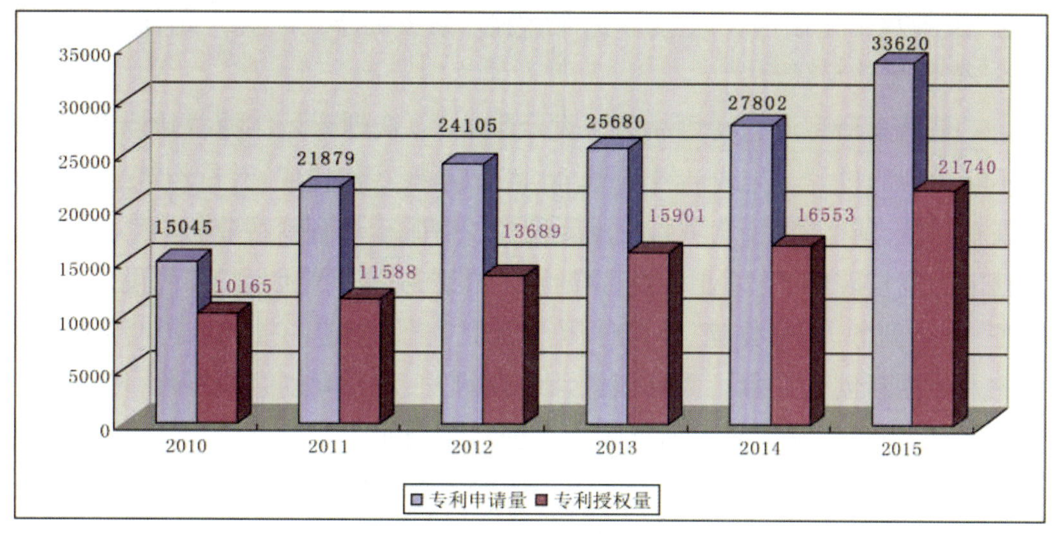

图7 “十二五”期间武汉发明专利情况 (单位:项)

二、武汉市人才创新创业平台先进做法和经验

武汉人才创新创业平台走过了30年的发展历程，尤其是2014年开展大众创业、万众创新以来,平台发展进入了快速发展期和加速迭代期,期间武汉平台发展积累了很多先进做法和经验,值得总结和推广。

(一)注重结合资源禀赋,因地制宜规划布局,打造产业集聚、业态鲜明的人才创新创业平台

坚持把人才创新创业平台建设与城市“三旧”改造有机结合起来,把平台功能定位与现代城市功能区位有机结合起来,充分利用现有的场地设施、产业基础和资源条件,紧扣产业转型发展、城市功能升级,科学合理地布局规划,推进全市各区人才创新创业平台大发展。

一是适应主导产业发展需要。建设人才创新创业平台,必须突出产业承载这一主题。我们推进人才创新创业平台建设,首要考虑因素就是主导产业究竟是什么,然后围绕重点战略性新兴产业,发展未来产业,定向打造产业特色鲜明的人才平台,构筑完备的上下游产业链,承载产业集群化、规模化发展,形成一个支柱产业转型升级、战略新兴产业发展、未来产业构建的主导产业迭代升级的平台高地。全市“创谷”平台瞄准信息技术、生命健康、智能制造三大产业,每个“创谷”聚焦产业细分领域,聚集各区主导产业链条和迭代发展的高端人才和创业企业,集中力量快速打造一个优势产业集聚高地,例如,“南太子湖创

新谷”聚集数字化制造,“联想星空·智慧谷”聚焦机器人产业,“光谷移动互联创谷”聚集移动互联。

二是培育新型业态特色品牌。大众创业、万众创新是伴随着新业态、新模式不断涌现的过程。实践已经证明,新业态、新模式加快成长,是构筑经济社会发展新动能、新引擎、新竞争力的重要途径。着眼于培育新型业态,充分挖掘各区辖区内高校院所、企事业单位特色优势,聚焦发展文化创意、工艺设计、金融服务、电子商务、商贸物流、体育休闲等新型业态,打造一批特色鲜明、生态优良的人才创新创业平台。武汉创意天地以研发、设计和创意为特色,打造涵盖生产创意、生活创意和艺术创意 3 大类创意新型业态发展平台,已经成为目前国内新建规模最大的、以创意产业为主要服务对象的主题产业园区,集聚了近百位艺术大师以及一大批创业人才和创业企业。

三是承接武汉市丰富科教资源。武汉是“大学之城”,拥有得天独厚的科教资源。我们坚持推动产学研融合,联合高校院所建设创新创业平台,在高校院所周边建设环高校产业带、连片创新创业街区。洪山区、武昌区和东湖新技术开发区高校院所林立,聚集发展起众多的人才创新创业平台,全市 47.1%的企业孵化器、1/3 的创新创业园区和街区都分布在这 3 个区, 仅东湖新技术开发区就拥有国家级孵化器 28 家,被评为国家区域双创示范基地。华中科技大学与华工科技、华工创投等联合组建启明星空创客空间,已培育华科联创团队、冰岩团队、电工电子科技创新中心、机械创新基地等 19 个示范性学生科技创新团队,网聚了千余名大学生科技创新精英。

(二)注重优化服务环境,推动承载能力提档升级,打造功能完备、环境优越的人才创新创业平台

坚持“筑巢引凤”理念,不断推动人才平台服务功能提档升级,为人才创造宜居便捷、低成本、高效率的创新创业环境,解决人才生产生活后顾之忧,让人才潜心创新、安心创业,真正成为成梦想家的乐园、创业者的家园。

一是营造省心省力的生产环境。人才创新创业平台,始终关注初创企业的成长性,为创新创业者提供“阶梯式”的精品服务,帮助创业企业从幼苗长成参天大树。岱家山科技创业城打造了“创客空间+创业苗圃+创业孵化器+瞪羚企业加速器”的全链条创业服务体系,从基本的办公场所、交流共享空间,到专业的工商注册、政策咨询、法律顾问、人力资源、投融资代理,再到商业模式梳

理、企业架构搭建与市场推广等差异化定制服务，基本形成了全程化、个性化、专业化的服务体系，人才只需带着“双脑”进来，就能开展“双创”。培育出十多家高新技术企业的东科创星孵化器，针对人才企业从初创、孵化、成长、壮大全过程的服务需求，成功创造了“免费创业培训 + 定制化辅导 + 早期天使投资 + 资源共享”孵化器模式，181 名学员中便产生了 52 名“3551 光谷人才”和 12 家新三板挂牌企业，被称为武汉的“创业黄埔”。

二是营造宜居宜业的生活环境。人才只有安居才能乐业。紧扣人才对“生活圈”的需求，着力提升生活服务功能，最大限度减少创业者的生活负担，最大力度创造良好的生活条件，让人才创新创业之余，也能尽情享受生活。对创谷、园区街区等较大规模人才平台，我们强调打造“1 公里生活圈”，配套餐厅、超市和必要的室内外活动设施，建设创新公寓，为创新创业人才提供便捷宜居的生活服务，让人才创业生活都不用出园区。对孵化器、众创空间等小型人才平台，则尽可能选址在生活便利、商业发达、配套完善的的城市地段，像界立方创意空间就坐落于沿江大道老汉口中心区，吃住行购都非常方便，人才集聚“火爆”，平台工位“一位难求”。

三是营造爱才敬才的生态环境。坚持把“树立强烈的人才意识”落在实处，大兴识才爱才敬才用才之风，真诚关心人才、爱护人才、成就人才，构筑人人崇尚创新、向往创业的良好社会生态。一方面，着力营造爱才敬才的“软生态”，将人才提升至“城市合伙人”的战略高度，赋予人才城市主人地位，给予制度化的保障和礼遇，激发人才以主人翁的姿态融入城市，推动人才与城市同频共振、共生共荣。人才平台始终致力于打造人才高地，向各类人才敞开怀抱，开放共享，开展人文关怀活动，宣传人才创新创业事迹，营造“近者悦、远者来”的社会氛围。另一方面，全力打造重才惜才的“硬生态”，选择在环湖、环山、环水、绿带周边等环境优美区域，或高校院所毗邻区域、历史文化风貌街区等条件优越区域，打造生态环境优良的人才创新创业平台，让人才创业在蓝天白云之下，生活在青山绿水之中，增强人才对整个城市的参与感、拥有感、幸福感。

（三）注重集聚创新要素，统筹政府、市场、社会资源，打造开放共享、众筹众创的人才创新创业平台

充分发挥创新创业平台对资源要素的聚合作用，通过整合政府、市场和社会等各方资源，集聚政策、人才、资本、技术、成果、场地等创新要素，促进人才

与市场、成果与企业、项目与资金、产品与需求有效对接和深度融合。

一是有机整合政府资源。发挥组织部门牵头抓总职能,依托武汉人才创新创业超市、"城市合伙人"服务中心以及各区人才创新创业服务平台,加强人才政策汇集、场地资源调配、公共服务整合,推动政府资源直接服务人才、企业和产业。统筹各类政策资源,把国家、省市有关科技、产业、人才等政策在创新创业平台进行汇集,同时,鼓励各区(开发区)为创新创业平台定制租金奖励、税收奖励、发展引导扶持、人才引进奖励等政策,支持人才、企业和平台发展。统筹职能部门公共服务资源,充分利用市政务服务中心职能部门聚集的优势,在"城市合伙人"服务中心打造"一张绿卡全程服务"机制,探索建立"一窗口受理、一站式联办、一网式运行"的服务模式,所有服务事项见卡就办、即来即办,人才凭服务绿卡"一卡通关"。

二是优化配置市场资源。创新创业平台通过市场化配置方式,将技术、成果、资本等创新要素聚合在一起,大大促进了科技成果转化,高效推动了科技与金融深度对接。围绕高校成果产业化,依托创谷、园区搭建成果技术市场化交易服务平台,支持高校院所科技成果走出"院墙",加速科技成果实现产业化。光谷创客街区依托光谷产权交易中心,促进周边高校专利成果的市场化筛选对接与匹配交易,把创新成果变成实实在在的产业活动。科技企业孵化器、众创空间等创新创业平台对接天使投资,强化对人才项目的投资功能,推动金融资本与创新创业"双轮驱动"。光谷创业咖啡联合雷军等知名投资人设立创业投资基金,打造"孵化平台 + 培训平台 + 投资平台"三位一体的国内知名双创服务平台;高投众创·梦想集装箱依托省高新技术产业投资公司的"资本"优势,通过 20 余只创投基金,为创业企业和人才提供创业增值服务。

三是充分调动社会资源。社会中介机构拥有丰富的创新资源,能够为人才提供更加国际化、专业化、市场化的增值服务。人才平台充分引入社会中介机构资源,提供法律、财务、知识产权、人力资源、投融资等组团式服务,让人才创新创业事半功倍。烽火创新谷、融科智谷等创新创业平台,建立企业服务中心,与人才中介机构、知名投资公司、会计师事务所、科技中介机构等签订入驻协议,为科技人员、孵化企业提供社会化服务,解决初创期企业的人员管理、市场营销、银行贷款等困难。九万里"城市合伙人"基地依托政府背景,建立公共财政资助、补贴和奖励制度,支持人才社团、行业协会、同业商会等社会组织,策划举办人才沙龙、项目路演、金融论坛、创业大赛等活动，推动人才交流、项目洽谈、资本对接、成果转化，形成聚集和配置创新要素的磁场效应。

（四）注重创新工作机制，突出企业化运作，打造运行高效、可持续发展的人才创新创业平台

坚持硬件、软件两手抓，在加强物理空间、硬件建设的同时，建立市场化运营管理和规范化运行机制，构建创新创业平台共享联动体系，强化对平台的管理与考核，不断增强平台自身盈利能力和持续发展后劲。

一是健全政府与企业共同参与的运营机制。在创新创业平台建设上，坚持政府引导、企业主体、市场化运作，既凸显企业主体地位，充分发挥市场在资源配置中的决定性作用，又在政策、土地、规划等方面给予政策倾斜，更好发挥政府服务保障作用。市委、市政府实施"创谷"计划，政府重点加强基础设施配套、公共服务供给、生态环境保护，并在资金资助上给予扶持，不干预"创谷"的施工建设与运营管理，建设主体和运营主体是联想集团、大唐集团、九州通集团等有实力大型科技企业，走的是市场化道路。岱家山科技园、光谷创业咖啡、界立方创意空间、楚天 181 等人才创新创业平台都是由企业主导建设与运营，市、区政府通过政府购买服务、房屋租金补贴、人才专项计划等措施给予支持帮助，保障平台良好运营和可持续发展。

二是建立共享共用的平台联动机制。着眼于解决人才创新创业平台相互隔离问题，建立平台联系对接机制，推动平台开放共享，建立起互动频繁、合作紧密的众创生态体系。我们以武汉人才创新创业超市、武汉"城市合伙人"服务中心两个市级服务平台为统领，在全市"创谷"、人才创新创业园区（街区）、企业孵化器、众创空间、企业科技创新平台明确 400 多名人才专员，建立定期联系沟通制度和服务办理渠道，在融资、人才、场地、活动、创业辅导等资源上形成服务互动，推动不同区域之间创新创业平台的共用共享，实现人员联动、服务联办、信息互通、资源共享。

三是强化创新创业平台建设的管理考核机制。人才平台是人才创新创业的基础性承载，是创新创业事业兴衰的重要因素。我们始终把人才平台建设抓在手里，加强跟踪督办，强化评估考核，将平台建设作为领导干部履职尽责的重要内容。省委常委、市委书记阮成发亲自倡导与推进实施"创谷"计划，万勇市长定期召开全市工作调度会、现场会，研究解决建设中的问题；市考评办专

门制定了考核方案。市委组织部将人才平台建设写进全市人才工作要点、纳入人才工作目标责任制考核，强力推进人才平台建设工作，有效调动了各区域、部门对人才平台建设的重视程度和推进力度，也推动武汉人才平台建设工作不断向前迈进发展。

三、武汉市人才创新创业平台存在的主要问题

通过实地调研和座谈交流，武汉市人才创新创业平台的建设发展还存在一些共性或个性问题，尤其与省市委要求相比，与北京、上海、深圳、杭州等地平台建设相比，还存在一定差距，需要我们高度重视并深入分析。

（一）平台错位差异发展有待进一步强化

武汉市各区（开发区）的创新创业平台虽然能够结合当地产业、资源禀赋进行差异化建设，但是在产业定位和发展模式上越来越呈现出同质化的趋势。一是产业定位同质化。例如，围绕金融机构的聚集，江汉区、江岸区、武昌区都建设了金融一条街；依托老旧厂房改造，汉阳区、硚口区、武昌区、洪山区等分别建设了汉阳造、江城一号、5.5 创意园、OVU 创客星等文化创意园区；此外，大量的科技企业孵化器、众创空间都倾向于聚集电商、TMT 等小的互联网企业，而针对智能制造、生命健康等需要长期发展的产业项目聚集度较低。二是发展模式同质化。大部分创新创业平台在运营模式、服务模式上同质化，基本都配备了众创空间、投资基金、创业咖啡、创业孵化区等，相对于北京、深圳等地涌现出的车库咖啡、创新工场、天使汇、柴火空间等大批各具特色新型创新创业平台而言，武汉市双创平台在媒体资源、活动资源的整合方面，提供各具特色的创业服务模式方面的尝试较少。据了解，由于大部分双创平台在产业定位和发展模式上的同质化趋势，各区（开发区）对同一人才项目的争夺更加激烈，普遍通过资金、税收、土地等优惠政策进行竞争，不仅导致引进人才项目过多关注财政资助和优惠政策，容易形成“劣币驱逐良币”的不良影响，也造成行政成本和公共资源的过度浪费。

（二）平台建设推进力度有待进一步加大

人才创新创业平台历经近 30 年的发展，目前已经进入全要素集合、全球资源链接、全方位开放共享的 4.0 时代。就武汉市而言，虽然一些发展得比较好的双创平台，如创业咖啡、东科创星、OVU 创客星等，已经进入到双创平台的 4.0 时代；但与发达城市相比，武汉市大部分双创平台，尚处在出租办公场地、

提供基础服务、开展创业投资的 3.0 或 2.0 时代,平台与人才、产业、市场没有充分融合,层次较低。有的区主要由科技部门抓创新创业平台建设,重点建设科技企业孵化器、产业园区等,组织部门统筹人社、发改、经信等部门抓平台建设的力度不够, 甚至工作缺位, 导致平台服务和支撑人才创新创业的动能不够,“创谷”、创新创业街区(园区)以及人才服务平台建设需要进一步加速。

(三)平台专业服务功能有待进一步加强

武汉市双创平台在基础性服务方面已经能够满足创业人才的需求,但是,随着互联网时代的到来,全球要素资源逐步实现开放共享,人才对创业服务的个性化、专业化需求越来越强烈,对武汉市双创平台提出新要求。一是投融资服务能力不强。调研中发现,武汉市“创谷”、创新创业园区(街区)、企业孵化器、众创空间等双创平台中,虽然大部分设立或引进了创投基金,但是,除“光谷创客街区”、融科智谷平台等有效引进和整合了多家创投机构外,其余平台的创投资本数量少、规模小,普遍在 1 亿元左右,难解决人才项目资金需求。二是专业化增值服务不够。大部分创新创业平台虽然配备了服务团队,对政府职能部门、社会中介机构的资源整合方面还比较欠缺。即便是武汉市人才超市、“城市合伙人”服务中心等平台仅仅整合了科技、人社、工商等部门资源,但是对资金、人力资源、市场开拓、媒体宣传等社会中介服务资源整合依然有限,离人才创新创业需求有较大差距。三是产业链整合不到位。调研中发现,大部分创新创业平台注重聚焦产业,在产业链上下游生产要素的整合方面还不到位。与深圳众创空间、东莞创业园区拥有的完备产业链配套不同,武汉市创新创业平台对产业上下游企业聚集程度不高, 企业在生产过程中无法在本地或区域内找到合适的生产资料、零配件等提供商,导致生产成本较高。

(四)平台自我发展能力有待进一步提升

武汉市仍然有部分双创平台“重建轻管”,注重物理空间、硬件建设,在平台建立规范化运行机制、市场化运营管理等方面重视不够,尤其是政府投资建设与社会机构运营的关系上还不清晰,导致平台自身盈利能力欠缺,持续发展的后劲不足。有的新城区双创平台拥有几万平方米的物理空间,明显超过本地现有产业、人才供给能力,只有部分大学生入驻,导致出现“店大客少”的情形;有的区由政府投资建设创新创业平台, 没有引入社会化的专业服务机构和团队, 依靠区级财政的投入维持运营, 对支持期过后的生存与发展问题考虑不多、举措不实;有的区由社会机构依托政府自建平台或租借企业场地兴建创新创业平台,但是市场化程度不高,市场元素不浓,仅仅以简单的企业孵化、广告宣传、课程培训和交流活动为主,盈利模式单一,没有采取资本入股、产品开拓、产业链拓展等服务模式,后续发展能力堪忧。

(五)扶持政策的针对性有待进一步增强

为支持人才创新创业平台建设,市级层面出台了相关的普惠性扶持政策,各区(开发区)重点围绕"创谷"平台建设和招引人才等方面也出台了区域性的政策,但是政策多集中在供地、税收、奖励补贴等宏观政策方面,针对各类创新创业平台的个性化需求、针对人才和企业的精细化政策不多。一是扶持平台运营的政策较少。调研发现,创新创业平台在发展初期,需要当地政府部门围绕平台运营给予引才奖励、场地补贴、项目资助等个性化支持,目前,大多数区(开发区)还没有制定相关政策。二是支持初创企业的政策欠缺。目前,武汉市对初创企业、小微企业的政策扶持力度还不够大,大部分初创企业在争取政府政策支持方面没有话语权,成长处境比较艰难。三是政策的精准度不够。大部分政策都是"撒胡椒面"式的普惠政策,各区的政策往往是"上行下效"式的"翻新",没有考虑不同区域、不同平台的人才对政策的不同需求。比如,江岸区创新创业平台的发展可能不需要解决人才子女入学的难题,却存在土地短缺的问题;但是在江夏区,就不会存在土地问题,但是子女入学却不那么便利。所以,必须从实际出发,有针对性地制定精准的支持政策,直击"痛点"。

四、推动人才创新创业平台又好又快发展的举措建议

我国已进入改革开放以来的第四次创业浪潮,推动大众创业、万众创新,武汉需要抢抓契机,发挥超大城市的带动和辐射作用,加强人才创新创业平台的建设,提升承载和服务功能,进一步激发广大人才的创新创业活力。

(一)加大工作统筹,推动双创平台科学合理布局

建设发展人才创新创业平台,必须规划先行,一味贪大求全、盲目建设、重复建设,可能导致平台规模、数量、功能与实际的需求不相匹配,导致土地、资金等资源浪费。应根据全市各区、开发区(功能区)的城市功能定位,统筹规划布局全市的双创平台建设。对不同区位条件、不同资源禀赋、不同发展基础的区,不能指派同样的建设任务,不能作出同样的工作要求,不能采取同样的考核指标,必须结合全市的发展战略规划和每个区的区情来划分类别,明确人才

创新创业平台建设的规划布局。

一是建议将东湖新技术开发区、武汉经济技术开发区、临空港开发区、江岸区、江汉区、硚口区、汉阳区、武昌区、青山区、洪山区等10个区作为双创平台建设的核心区，这10个区目前在双创平台建设方面有基础、有条件、有优势，同时也更有需求，他们已经建立了一批发展较好的双创平台，积累了建设运营经验，这几个区的高校、人才、商业、资本等要素也比较集聚，应该作为全市重点来打造，加强市级绩效指标考核。

二是建议将蔡甸区、江夏区、黄陂区、新洲区等4个新城区作为双创平台建设的拓展区，这4个区较核心区而言，在人才资源、区位优势、商业环境等方面逊色一筹，传统制造工业相对集中，在双创平台建设方面也积攒了一定经验，但问题在于人才聚集度不高、创新创业活力不足。应该作为后备梯队力量来培育，适当降低绩效考核要求。

三是建议将东湖风景生态区、武汉化工区、武汉新港等3个功能区作为双创平台建设的延伸区，根据城区建设发展的未来展望，自行做好未来需求预期，预留发展空间，规划建设双创平台，市级主要加强指导督促，但不作硬性绩效指标要求。

（二）加强资源整合，推动双创平台功能跨越提升

支持人才创新创业，需要让政策、资金、场地、人才、管理等各类型资源要素的活力充分涌流。推进双创平台建设，重在健全要素集聚、政策对接、资源共享、服务并联的运行模式，集聚人才创新创业的“火种”，将资源要素有效整合并配置起来，使创新创业要素资源高效率、无障碍流通，真正实现资源要素统筹配置和集约化使用，降低人才企业创新创业成本。

一是有效整合土地资源。当前，大部分区都处在大规模城建攻坚阶段，“三旧”改造如火如荼，这是一次城区格局重新规划、功能重新定位的历史机遇期，因此，必须在“三旧”改造中预留双创平台的发展空间，建议在武汉市城中村改造和新城区土地征用中，预留科技企业孵化器、加速器、科技园区等双创平台的建设用地或场所，拓展武汉市科技创业和企业发展的空间，解决武汉市大部分双创平台无自营场所的问题，降低科技企业创业成本，打造新的科技成果产业化基地和人才创新创业基地。

二是有效整合金融资源。推进科技金融改革试验，用科技金融的“活水”浇

灌创新创业之树。支持东湖新技术开发区和汉口银行开展投贷联动试点,设立投贷联动风险补偿基金,成熟经验及时向全市推广。推进财政专项资金改革,整合分散在各部门的科技和产业专项资金,设立战略性新兴产业母基金。制定支持武汉市创业投资发展的政策,大力推进设立和壮大各类创业投资基金,鼓励、引导金融机构、创投机构主动与创业企业对接,引导天使基金与各类双创平台的紧密合作,解决创业企业的融资"瓶颈",真正为科技企业发展提供良好的投融资服务。

三是有效整合服务资源。进一步整合政府部门公共资源,改变过去"多点多部门""单点多部门"以及 1.0 和 2.0 版的行政审批方式,加快推进行政审批 3.0 版改革,推行"单点单部门"的行政审批,在东湖新技术开发区和武汉经济技术开发区开展试点的基础上,迅速向全市推开,在创谷、园区街区、人才超市等综合型双创平台设立"一站式"服务窗口;在孵化器、众创空间、企业创新平台等专业型双创平台设立代办点,促进创新创业服务便利化。充分发挥和借助社会机构的力量,按照市场规则,引入专业化中介服务机构,探索政府购买与有偿服务的方式和方法,促进各类双创平台提高服务质量和服务效率,使创业企业获得水平和质量不断提高的个性化服务。同时,促进科研设施、风险投资、中介服务、物业管理、信息网络等社会资源的有效整合,形成双创平台、企业、中介机构三者之间的良性互动,提高工作效率和服务质量,进一步优化孵育环境,使企业得到更快的发展。

四是有效整合信息资源。遵循"开放协作,聚集共享,融合创新,全面辐射"的原则,纵向组织和协调好已有的中介服务机构,横向联合企业、高校、研发机构等,结成网络、形成合力,建立统一的、全覆盖、一站式的双创平台公共信息服务平台。服务平台面向社会、服务社会、无偿服务,追求社会价值目标的实现;凝聚各种孵化信息、政策信息,政府部门相关政务和市场专业化服务、各类与孵化相关技术、资金等信息服务资源。同时,对企业孵化信息进行分门别类的加工整理,有效地实现资源共享,为科技型中小企业降低信息化应用门槛和服务成本,提高创业效率和创业成功率。

(三)优化运营机制,推动双创平台持续健康发展

双创平台作为创新创业的一种资源,归根结底,要靠市场化运营机制才能焕发生机活力。在发展初期,政府引导支持主要是为了唤醒社会意识、创造成

长条件，随着创新创业日益普遍、深入人心，政府的支持将逐渐减弱，双创平台必须回归市场，依靠自身运营盈利，实现可持续发展。

一是实施精准孵化。双创平台作为承载创新创业的扶持性载体，投入大，回报周期长，以一般孵化器为例，纯靠工位出租，需达到70%以上出租率才能勉强盈利。因此，对人才项目进行遴选甄别，不能将双创平台变成“大车店”，任何项目都接纳，给点“住宿费”就让住。同时，建议双创平台明确一个主导产业，形成专业特色，打造特色产业服务链，构建上、中、下游结合的产业链，主要引进与专业特色相符或相近的科技创业企业入孵入驻，提高创业企业成功率。

二是增强服务力量。逐步实现各类双创平台的公司化运营，将双创平台推向市场，用市场的手段去发展优势平台，淘汰软弱平台，政府只在必要的时候给予引导扶持和政策奖励。提高双创平台市场竞争力的一个关键因素是加强管理人员增值服务能力的培养，使管理人员，尤其是一线服务人员成为“懂法律、懂科技、懂管理、懂市场”的复合型人才，善于组织协调解决问题，帮助企业做大做强，而不是仅仅充当物业管理的角色。

三是完善盈利模式。充分发挥公共服务平台或专业服务平台优势，为入驻的在孵科技型中小企业提供科技企业成长战略服务、企业诊断服务、中介咨询服务，在为企业实现增收节支的同时获得自身的服务收入。同时，推行“持股孵化”，运用“种子资金”“创投基金”对成长性好的在孵企业进行入股投资，以回购、分红及企业上市等方式实现投资增值，使双创平台具备可持续发展能力。

（四）有序引导发展，推动双创平台形成互补格局

探索城区间的产业发展合作模式，指导各城区根据资源禀赋，依托现有产业基础和平台优势，打造不同产业定位、发展不同服务类型的人才创新创业平台，减少城区间“内耗式”竞争，推动各城区“互补式”发展。

一是引导双创平台差异化发展。依托大光谷、大车都、大临港、大临空四大核心工业板块，围绕信息技术、生命健康、智能制造等战略性新兴产业以及文化创意、现代服务等重点产业，集合各区产业发展规划，布局建设与产业发展相配套的双创平台。双创平台可以围绕该主导产业的上中下游打造完备的产业链条，形成较稳健的产业工业基础，实现产业的集群式发展，做大做强产业，形成辐射效应，催生龙头企业，主导行业话语权。比如，洪山区主导发展文化创意类和人工智能类的双创平台，武汉经济技术开发区主导发展智能制造类的

双创平台，东湖新技术开发区主导发展信息技术、生命健康类的双创平台。

二是引导双创平台精准化定位。不同的人才所具备的创新创业资源不同，有的需要技术，有的需要资金，有的需要创业辅导，建议根据创业链各个重点环节，有的放矢地建设一批专业服务功能型的双创平台。比如，在科技企业孵化器建设上，建成一批以提供投融资服务为主的“投资促进型”孵化器，一批以提供创业教育和培训服务为主的“培训辅导型”孵化器，一批以提供宣传、信息和包装服务为主的“媒体延伸型”孵化器，一批以提供行业社交网络、专业技术服务平台及产业链资源支持为主的“专业服务型”孵化器，一批以服务创客群体和满足个性化需求为目标、将创客的奇思妙想和创意转化为现实产品的“创客孵化型”等五类新型孵化器。

（五）培育众创生态，推动双创平台开放合作共享

着力改变双创平台间相互隔离的现状，建立联系对接机制，推动双创平台开放共享，建成互动紧密的众创生态体系。

一是平台联建。鼓励高校院所、大型企业、投资机构、社会中介等主体联合共建人才创新创业平台，并发挥专业优势，参与双创平台建设与运营管理，将各自的技术、人才、资金、服务、场地等优势充分体现在双创平台的各个功能模块，打造聚集技术、设备、数据、服务等全要素创业条件的双创平台

二是政策相通。加大创新创业平台建设支持政策的统筹集成，制定支持创新创业平台规划建设、功能提升、发展壮大等各个环节的突破性政策，推动各部门、各环节政策的有机衔接。鼓励双创平台根据创新创业需要，精准制定个性化扶持政策，将执行成效明显的政策及时总结推广到全市。

三是服务互动。一方面，推动“创谷”、创新创业园区（街区）、孵化器、众创空间、企业创新平台与“城市合伙人”服务中心、人才超市进行服务对接，实现市区服务资源互动。另一方面，推动各个双创平台相互间建立服务对接通道，互用融资、人才、场地、活动、创业辅导等服务资源，实现专业增值服务互动。

作者单位：武汉发展战略研究院

德国产业结构升级及新兴产业培育的相关经验和启示

施 雯

“十三五”时期，全国上下都肩负着主动调结构、推动产业结构转向中高端发展的重任，武汉市明确提出将在“十三五”期间打造经济升级版，全力推动发展动力升级和产业结构升级。在这方面，德国经济及产业发展以其一贯的创新传统，为我们提供了重要的参考和借鉴。德国经济之所以能保持相对长期稳定增长，其赶超型经济发展模式能够在错综复杂的国际环境中得以延续，尤其是在国际金融危机以及 2009 年以来的欧债危机中表现出了较好的抵御外部风险的能力，都得益于德国将培育创新能力作为提升竞争力的核心，在促进产业结构升级和培育新兴产业方面积累了大量的先进经验。

一、德国相关经验总结

对于德国在产业结构升级及新兴产业培育领域的相关经验，我们选取了以下几个方面来总结其切入点和做法。

（一）从支撑产业发展的人才基础和教育体系切入，实行源头式引导

在德国，上大学并不是年轻人的唯一选择，每年约有 60%的德国青少年选择接受双轨制职业教育，进入这种独特的职业教育体系，学生会在学前与企业签订协议，有一半时间在职业学校学习，一半时间在企业实习工作，学习期间同时获得工作经历，还可挣到实习工资。双轨制职业教育体系的优势，不仅在于可以使企业根据自身需要更有针对性地培养专业人才，也不仅在于能够有效地降低失业率，还在于职业教育课程方向和重点的变化能够及时影响和应用到产业中去。

为推进产业结构升级，双轨制教育不仅立足于培养德国产业发展当前最急需的技术工人,更以前瞻性的眼光对未来产业发展的方向和重点进行预判,并根据预判来调整相应的人才培养战略,为未来培养技术人才,从支撑产业发展的人才基础和教育体系切入,对产业结构调整实现源头式的引导和推动。当制定人才培养计划的企业、研究机构、部门敏锐观察到未来产业发展的趋势走向时,着眼于储备培养适应这一变化的专业人才,就会对相应的职业教育课程进行调整，当接受相应职业教育的技术人才正式进入企业并成为企业的生产中坚后，他们所掌握的知识技能也就会反过来催化和启发企业进行相应的技术产品革新,从而推动整个行业和产业的发展升级。

(二)从引领产业结构升级路径的科技创新切入,提升核心竞争力

科技创新是产业结构升级的关键，尤其是引领制造业升级发展的第一动力。德国的制造业之所以能够在竞争中保持优势、屹立不倒,其中一个重要的原因就是德国政府和企业都非常重视技术进步作用下的产业升级，也就是通过科技创新和应用来推动产业结构、产品结构的调整。无论是对于机械制造业、汽车工业、石油化工、医疗产品行业和电气工业等具有传统优势的技术密集型产业,还是对于信息与通信、航天航空、纳米生物和材料等新兴产业,德国政府都给予鼓励创新技术的政策支持。除了自己支持创新外,德国政府还引导企业加大研发投入,通过制定科学技术研究开发计划,给予科研部门和企业的研发机构资金支持,同时还以税收减免的方式鼓励企业投入研发进行创新。

德国联邦政府发布的《2016 联邦研究与创新报告》显示,德国研发投入近年来持续增长,研发领域从业人员数量也创下历史新高。2013 年,德国联邦政府、企业、科技界的研发总投入达 797 亿欧元,2014 年升至 839 亿欧元,接近占国内生产总值 3%的目标。2014 年的研发投入中,企业投入 570 亿欧元,占研发总投入的 2/3。2016 年联邦政府的研发预算达到 158 亿欧元,较 2005 年的 90 亿欧元增长 75%。大量的研发投入确保了德国创新力和产业核心竞争力的持续增长,欧洲最具创新力的 10 家企业中有一半来自德国,世界经济论坛最新发布的全球竞争力报告中,德国排名全球第四。

(三)从尽快适应全球和本国的市场趋势变化切入,进行动态化调整

尽管德国已成为世界领先的创新国家和久负盛名的制造业强国，但其始终抱持着强烈的危机感和竞争意识来面对不断变化的市场环境，它对于产业

升级的战略态度是一贯而连续的，但对于产业升级的战略方向却是动态调整更新的。1870年至20世纪初，德国抓住第二次工业革命契机，利用英国和法国已有的技术进行改良，制造出比其更为先进的蒸汽机及其他产品，在钢铁工业、化学工业和电力工业等方面领先于其他国家，成为世界上第二大经济体。第二次世界大战以后，德国经济保持快速增长，制造业成为主导力量，但随着劳动力成本较高的劣势越发凸显，劳动密集型制造业大量向外转移，德国迅速调整进入了生产性服务业高速发展的产业结构升级期。20世纪80年代以后，德国制造业面临以中国为代表的低劳动力成本制造业的冲击，而与日本、韩国的制造业产品相比，德国制造业也并不具有性能和价格方面的明显优势，为适应新的市场环境，德国快速调整方向，在耐用品的生产如机械产品、大型医疗设备、电机和电气产品等方面加大研发投入，继续保持世界领先的水平，同时舍弃了一些技术含量不高或缺乏竞争优势的制造领域，如家用消费电子产品、纺织品等。

当前，随着国际竞争日益激烈，德国为了长期保有国际竞争力，针对未来市场的发展趋势和德国产业发展面临的挑战进行了大量的研究，率先提出了"工业4.0"这一制造业升级的战略。"工业4.0"是以智能制造为主导的第四次工业革命，主要包括"智能工厂""智能生产""智能物流"三大主题。据介绍，截至2016年，德国政府共投入了约2亿欧元用于"工业4.0"如何实施的研究项目。根据对市场趋势变化的分析，为了满足国际国内市场发展的需求，尽快适应市场、构建市场、引领市场，占据市场制高点，德国制定了《"工业4.0"标准路线图》，采用"领先的供应商战略"和"领先的市场战略"来推动产业在"工业4.0时代"升级发展，力争成为"工业4.0"产品的全球领先开发商、生厂商。

（四）从保持德国制造优势并打造德国服务品牌切入，争取均衡性发展

德国是当今世界第四、欧洲第一的经济大国，在欧洲经济危机背景下，德国经济之所以能持续稳定健康发展，关键在于德国坚持发展制造业和生产性服务业，并能不断创新，走专业化、技术型道路，在保持"德国制造"这块代表质量、信誉和创新金字招牌的同时，积极树立和打造"德国服务"的品牌。无论过去世界上的其他发达国家如何把发展重心转向金融等服务业，德国却始终没有放弃制造业，这不仅是因为其深知自己的既有优势根植于生产制造领域，还因为经过多年的积累，德国深知产业的升级需要产业链上游、中游和下游的紧

密合作,绝不能分离开来。从20个世纪初第二次工业革命以来,德国就非常注重高质量、多元化的产业发展,这种优良传统也被一直保留下来。

在德国,第三产业主要是依附第二产业出现的服务业,比如对德国所生产的机械设备而产生的整套技术解决方案,为企业提供的培训、设备的调试和售后服务等,这些服务业是不可能离开德国的制造业而单独存在的,客户在购买了德国的产品后,也就自然会选择德国的服务。把制造业衍生出的大量生产性服务业作为发展服务业的主攻方向,推动制造业服务化,着力开发将制造业产品与恰当的服务产品相衔接的商业模式,依靠之前制造业所开拓出的市场,将这部分市场开发好、服务好,是德国服务业顺势而上的发展路径。通过这样第二、第三产业伴生发展的模式,以与德国制造一脉相承的严谨、创新来打造德国服务的品牌,使德国能够实现制造业、服务业的均衡良性发展。

(五)从促进产业、环境、能源的协调发展切入,推动系统性升级

当前,德国是世界上少数几个实现了经济增长与能源消耗脱钩的国家,被公认为在制造业领域和环保领域中都居于世界领先地位,其产业发展所需的能源越来越少,这种脱钩的实现是德国能源转型和产业升级战略的结果。在过去的数十年间,德国面对工业增长所导致的严重环境污染,改变了过去只考虑经济增长和产业发展的思路,把产业、环境和能源作为一个整体的系统来考虑其发展的平衡和协调性,在追求整个系统的更良性运行前提下,再来制定和实施一系列的升级战略,实现经济的可持续发展。

德国成功实现可持续的产业发展的关键,在于运用先进的、节约资源和保护环境的生产工艺推动产业升级,减少制造业对能源的消耗和对环境的污染,如过滤、测量和控制、节能、回收及废物处理、水资源管理和可再生能源以及电动汽车领域,德国的技术都处于领先地位。另一方面,德国政府、企业也敏锐地观察到了当前全球聚焦环境保护的背景下,环保产业所具备的巨大经济潜力以及发展环保产业将会对德国整个产业体系和结构带来的良性改变,因此从国家战略的高度来培育发展环保产业,目前德国已经孕育出充满活力的环保产业群,在世界环保技术市场中所占的份额达约14%,环保产业已经成为德国新的支柱产业。

二、对武汉的启示

学习德国的先进经验,不仅要考虑借鉴它的创新举措、成熟政策,还要关

注它的体系和制度建设，根据本次培训的学习体会，总结了如下几条对武汉产业结构升级和新兴产业培育的启示。

（一）除了通过催生创新产业来培育新兴产业外，依托传统产业新兴化也是重要方向

“十三五”时期，武汉市围绕基本建成具有全球影响力的产业创新中心，将坚持产业化方向，以推动科技创新为核心，加快构建全新的产业创新体系，努力成为战略性新兴产业的育成区、传统产业向中高端升级的示范区。从这一目标可以明确看到，我们的重点不仅仅在于育成战略性新兴产业，还在于推动传统产业新兴化，关于这一点不应在实际工作中形成对传统产业有所忽略的战略性偏颇。在当前发展阶段，通过技术创新、产品创新、理念创新、模式创新、业态创新等实现传统产业新兴化，意义同样重大，投入产出比更高。德国在传统制造业转型升级过程中，充分发挥原产业优势，通过科技创新不断提升产品设计、产品性能和产品质量，从而保持领先地位。为支撑传统制造企业的创新活动，德国设立了十个工业研究联合体，这些联合体在政府资助下开展应用型研究，并向企业提供各种技术服务。

德国经验启示我们，一个地区的产业水平，不仅要看其新兴产业集群的发展水平，也要看当地传统产业有没有实现向中高端的转变。传统产业不等于夕阳产业，只要能够实现与智能、信息、环保等最新技术的融合，传统产业也能实现新兴化。建议进一步提升对传统产业新兴化重要性的认识，制定传统产业新兴化相关规划，对标国际先进制定现代化的产业标准体系，组织评选传统产业新兴化示范项目，加大对传统产业的研发投入，引导资源、技术、人才参与传统产业改造升级，推动传统产业新兴化发展。

（二）除了从单个产业发展角度推动升级外，也要积极打造整体结构更优的产业体系

产业结构升级不仅要实现单个产业的更优质高效发展，还要实现整个产业体系在更加优化的结构下协同运行，单个产业在自身实现优化升级的同时，往往会将这种影响传导至与其相关的产业链其他环节，进而推动其他环节的产业进行配套升级。当前，我国已经进入全产业链整体协同升级的新阶段，产业技术和产品的革新只是升级的直接表现而不是最终目的，要以产业结构升级带动资源的合理配置，实现整个产业体系再上台阶。

德国经验启示我们,产业升级要从微观和宏观两条线入手,既要在单个产业内部通过技术革新应用等实现升级，还要将升级的动力从单个产业延伸至一条、多条产业链乃至整个产业体系。建议在战略性新兴产业的培育选择上，重视其与武汉优势产业的关联性、与武汉优势资源的关联性、对其他产业的带动性,从完善产业链和产业体系的角度去科学谋划。建议引导和支持制造业企业延伸服务链条,从主要提供产品制造向提供产品和服务转变,支持有条件的企业由提供设备向提供系统集成总承包服务转变，由提供产品向提供整体解决方案转变。建议引导服务业企业发掘和把握“工业 4.0”时代的服务需求,立足于为传统制造业企业转型升级和战略性新兴产业企业发展提供专业化的配套升级服务。

(三)除了发挥政府的规划引导和保障服务作用外,更要发动市场、社会的力量

产业升级有政府引导型、市场引导型、政府与市场共同影响型这几种不同的模式,在产业升级的中后期,日本、韩国、新加坡和台湾等亚洲经济体逐渐暴露出政府干预较强的弊端,而德国由于奉行社会市场经济,较好地把握了政府与市场作用的界限，在推动产业转型升级过程中科学确定了政府作为的方向和方式,取得了更好的成效。当前,包括武汉市在内的许多地方,在推进产业结构升级和培育新兴产业方面，往往会遇到政府热情有余、市场热情不高的问题,政府关于这方面的规划和政策不少,但落地难、操作性差的遭遇仍然避免不了,究其原因还是自身定位和调控尺度的把握问题。

德国经验启示我们,市场经济发挥基础作用,政府采取引导式、助力式方针,是更加高效的推动产业升级的模式。因此,在接下来推动产业结构升级的过程中,关键还是要处理好政府与市场关系,使“有形之手”和“无形之手”各司其职,在政府规划引导和保障服务下,加大发挥市场的力量,实现政府和市场作用的最佳融合。尤其是要在新兴产业的发展方向上更多地尊重市场的选择,在产品升级、技术革新方向上更多地尊重企业的主体地位。建议动员更广泛的市场和社会力量参与到产业升级、新兴产业培育相关规划、政策制定中来,更好地发挥行业协会、商会、中介服务机构在产业升级中的联盟、平台、纽带作用。

(四)除了关注大企业在产业结构升级中的龙头作用外,还要重视中小企业的巨大能量

在德国,全部369万家企业中的99.3%是中小企业(德国联邦政府对中小企业的定义为:人数不超过500人或年营业额不高于5千万欧元的公司),提供就业岗位4340万人(约占德国总人口一半以上),大部分中小企业已有50年以上的历史,全球2710个"隐形冠军"中1307家是德国的中小企业,可以毫不夸张地说,中小企业是德国经济的支柱。因此,在德国的产业结构升级进程中,中小企业也发挥了巨大的作用,尤其是在战略性新兴产业的培育发展方面,德国政府十分重视发挥中小企业作为"创新之蚁"的作用,自2008年起,政府先后通过了两部中小企业"解除法",为中小企业创新提供资金、解除束缚。进入21世纪以来,德国中小企业在尖端技术领域的研发活动日趋活跃,在医药和信息通信技术领域研发的参与度均为59%,在测量及自动控制技术上的研发占比达到了79%。总的来说,成熟的市场环境、敏锐的市场嗅觉、高效的政府服务和勇于创新的开拓意识、精益求精的工匠精神等铸造了强大的德国中小企业。

德国经验启示我们,创新往往始于中小企业,因为它们对市场的反应更加直接和迅速。未来在推动产业结构升级的进程中,除了要关注和发挥大企业的龙头作用外,还要更加重视发挥中小企业在产业创新方面不可替代的"探测器"和"发动机"作用。建议进一步优化中小企业发展环境,完善和加强中小企业工作体制、服务体系,千方百计地促进"小而精"的中小企业发展,为战略性新兴产业发展提供基础性力量。这其中,要重点规范和完善鼓励支持中小企业创新的资金政策,大力推广公立科研院所面向中小企业的合同式研发模式,积极鼓励扶持市场化的技术中介机构。

作者单位:武汉发展战略研究院

德国生态城市建设经验及对武汉的启示

付 兴

生态城市作为生态文明的产物，是社会、经济、环境健康永续发展的有机统一体，是人与自然和谐共处、各类产业和各种要素优化共存的公共空间。生态城市建设不仅仅是一块绿地的培育、一片水系的治理、几栋建筑的改造，它涉及生态观念的培育、生态文化的塑造、生态经济的形成、生态目标的构建等经济社会发展及城市建设的方方面面。为了学习先进经验，我们访问了德国的汉堡、鲁尔等优秀的生态城市和地区，了解了德国推进生态建设的重要举措，领略了这些城市生态发展的主要特色。他山之石，可以攻玉。我们要充分借鉴先进地区的经验，并结合武汉市情，积极推进生态城市建设，改善城市生态环境，提升经济发展质量，提高市民幸福指数。

一、德国生态城市建设的经验总结

德国给人的直观感受便是美和生态。无论你走到哪里，映入眼帘的都是旖旎变幻的美景和人与自然和谐相处的画面，切身感受的都是清新舒适、干净整洁和井然有序。作为访客，你愿意逗留在这样的地方；作为居民，你也不情愿离开这样的住所。但是，在 20 世纪 70 年代之前，德国也曾经历严重污染，甚至污染成灾，在巨大的环境压力下，德国通过不断完善环保立法执法、出台环保政策、推进产业转型升级、积极发挥市场力量、培育全民环保意识等多种方式优化和治理环境，使国家的生态环境乃至经济的发展方式都发生了根本改变。在此期间，积累了一些生态城市建设经验，形成了一批生态城市建设样板。

(一)立法执法为生态建设保驾护航

注重环保立法，以法律的形式严格规避和制裁不环保行为是德国强力推进生态建设的首要特征。德国环保立法时间早,20世纪70年代,德国就出台了第一部环境保护法《垃圾处理法》,比其他发达国家环境立法普遍提前三到五年。德国环保立法意识先进,环境治理被作为国家职能目标列入宪法,并积极运用法律的形式鼓励和发展一些新的经济形式和领域，较早出台《循环经济法》《可再生能源法》等。德国拥有世界上最完备、最详细的环保法律法规体系,联邦及各州的环境法律、法规有8000部,德国执行的欧盟相关法规约400部,涉及经济、社会、生活的方方面面,法律范围广阔、规定细致,有效减少和避免了法律上的漏洞以及执行中的随意性,为全方位的环境治理做到"保驾护航"。德国环保立法全面细致,执法也很有特色,单独设立环保警察对环境污染进行监管和及时采取补救行动。

(二)政府是生态城市建设的主导力量

德国各级政府高度重视环保，将环境治理和改善作为执政为民的重要环节,有效地推进了生态建设的进程。政府对环保的重视体现在多个方面,在机构设置上,不仅德国联邦政府及各个州、县政府都设有官方的环保机构,还设置一些跨区域的环保机构来协调跨区的环保事务。在资金支持上,政府对空气治理、垃圾处理、污水处理、河流治理以及房屋节能改造等环保事项广泛提供补贴,对环保企业和环保项目实施补贴和税收优惠,一些城市在环保上的支出占到政府财政支出的30%左右,同时,联邦政府每年的环保贷款也达到近百亿欧元。在税收上,从1994年就开征生态税,2003年启动生态税改革,将生态税从按劳动力因素征收改为按环境消费因素征收，将全社会的注意力更加聚焦于开拓节能潜力、开发和利用可再生资源、研制节能产品和节能生产工艺上来,也提高了公民对低能耗节能型产品的使用意识。在机制创新上,广泛实施生态补偿机制,由富裕的地区向贫困地区转移支付,共同治理环境,这个机制不仅可以在省内、国内建立,也可以跨国建立,主要就是资金的横向转移支付,实现优化环境的目标。

在市政设施的建设和改造上,政府也高度注重节能降耗,例如,考虑到居住相对分散,集中供热在传输过程中造成大量的能量耗散,目前德国正推进城市热力网的重建工作,将集中供热逐步改造成非集中供热;为了减少排污,在建筑中,居民水表不是安装在住户的进水处,而是安装在排水处,这一小小的改变,将居民水费与排水量关联,促进居民发挥主观能动性,在用水量一定的情况下,少排污水,减少环境压力。另外,政府也是当地的节能表率,办公楼是本地区示范性节能建筑,政府采购和使用的都是绿色能源及节能型产品。

(三)产业结构优化升级有效促进了生态城市建设

在德国,环境治理与产业结构的优化升级基本同步进行,产业结构的优化升级和更新换代有效促进了生产生活的和谐共生,促进了生态城市建设。第二次世界大战时期以钢铁产业闻名的鲁尔区,通过对大量的旧厂区进行关闭、废弃、改造,发展新产业,如今在新材料、新能源、高端制造等领域领先世界,在医疗、健康、知识和服务经济等第三产业也蓬勃发展,并且他还拥有优质的自然生态环境,从名副其实的工业城变成了“花园城”和“旅游城”。

目前德国强力推进工业4.0,对工业进行数字化改造,又是新一轮的产业优化升级,重塑工业优势的同时对生态建设也大有裨益。一方面,高端产业排污少,对环境压力小,利于生态建设;另一方面,德国政府每年80%的科研投资投向制造领域,在各类尖端技术层面克难攻坚,力争占据全球产业链顶端,保持德国的制造优势、科研优势和杰出的劳动力优势的同时,也对环保技术的开发和应用起到了一定的促进作用。

(四)市场力量也成为生态建设的中坚

市场是推动生态城市建设的又一重要力量。德国有很多中介机构,他们以公司的形式运作,在全国甚至在欧洲都有庞大的分支机构,他们拥有庞大的市场资源,也与政府有着密切的联系,他们为政府策划包装节能环保项目并且为项目寻找合适的承担企业,协调各方关系、推进项目实施并为项目做好宣传工作。

德国还有很多协会, 也是采用公司制管理模式, 他们不仅与政府关系密切,还拥有庞大的会员群体 ,他们主要充当联络者的角色,一是联系政府和会员单位,为企业解读政府政策和资助信息,让企业充分了解政府倡导什么、支持发展什么、应该在哪里落地生根、集聚发展,使企业能在政府的引导下有序发展;二是联系大学、科研院所以及企业,为企业引入更多智库力量,谋求更好的发展方案,全方位为企业提供服务。他们也是管理者,他们将一些有共同环保诉求的企业和机构组织在一起,为他们提供认证,提供服务,促进产业转型升级。

除了这些有特色的中介机构，德国民间环保组织数量众多且成熟完善，有联邦自然保护协会、青年环保联合会等800多个全国和地方性的民间组织，积极推进社会环保工作建设。不少民间环保组织举办讲座或论坛，或者向民众免费发放环保知识小手册宣传环保理念，很多环保组织还组织志愿者深入民众宣传具体的环保知识，大部分的民间环保组织还通过各自的环保网站公布环保信息或进行环保知识的普及，成为生态建设的重要力量。

（五）培育公民的环保意识是建成生态城市的决定性因素

德国人的环保意识极强，无论职业和社会阶层，他们都普遍认同要保持良好的城市环境和可持续发展空间。在环保政策的制定和实施过程中，社会公众踊跃参与，发挥着不可忽视的作用。在城市生态建设过程中，市民还会主动地为所在的城市捐款、种树。同时，为了提升全社会的环保意识，德国的环保法规要求每个公民都有通过自己的行为进行环保教育的义务，例如，家长必须对孩子进行环保教育，系统的环保教育从小学时代就要开始。德国已形成了由政府机构、民间环保组织和学校三方组成的庞大教育网络，向广大民众普及环保知识，向企业推广环保技术，向社会宣传新的环保立法及具体的政策措施。

他们还有强烈的资源节约意识，他们认为目前不仅德国的资源在减少，全世界的资源都在减少，他们有义务来做这个节能的事情，所以全社会都在考虑怎么样能够节约、循环利用。就连2024年汉堡举办奥运会，民众的观点都是不值得为一场运动会耗费太多的资金和资源，要以节约为主。环保节能意识的培育使环保节能成为全民行为，大家自觉遵守环保法规，约束不环保的行为，更有利于环境治理和生态建设。

二、德国生态城市案例介绍

德国生态建设有共性之处，但不同的城市也有各自的特色。汉堡是欧盟的绿色首都，环保标准及相关生态建设举措在欧洲都走在了前列，很多新理念、新做法值得我们效仿。鲁尔区产业转型升级的成功经验很值得像武汉这样的工业重镇学习借鉴。

（一）汉堡——欧盟的绿色首都

汉堡是欧盟的绿色首都，它生态环境极佳，城市将近一半的区域都是绿地、林地、水域及农业用地等生态区；已形成以金融、中介服务、旅游、餐饮、新媒体等现代服务业为主导的产业结构，制造业占比已经不到 20%；他们在垃圾分类和处理、污水处理、河流治理、节能建筑的开发、绿色交通和智能城市的建设等方面不断创新，在细微处也能做到尽善尽美，最大限度节能减排，在生态建设中注重经济效益和社会效益的发挥。目前，汉堡的空气质量、污水治理、环境管理等领域均处德国第一，也形成了具有汉堡标准和特色的垃圾经济、水经济、节能建筑产业等。

1.垃圾分类、处理与垃圾经济

垃圾分类和处理是资源循环有效利用的重要环节。在汉堡，垃圾分类、回收、处理体系已经非常成熟和完善。垃圾分为 4 类:包装垃圾、纸质垃圾、生物垃圾和剩余垃圾，每一类垃圾都能循环利用。包装垃圾、纸质垃圾可以直接回收再利用，生物垃圾包括厨房剩余垃圾、生物企业包装未拆封但已过期的食物、生物、花草等，可以发酵，搜集生物气体，残留物用来堆肥销售，也可进行生物质发电。

剩余垃圾是除去前三种以外的垃圾，用来焚烧发电。以垃圾完全燃烧及充分利用为目标，在温度控制和残留物利用上采取很多做法。例如，对一些废木料，焚烧厂先将木料按燃烧的难易程度分为四类，提供不同的燃烧条件，使木料尽可能充分燃烧。对焚烧残留物的处理也将循环利用、吃干榨净每一点价值展现到极致:一般残渣供应给路政建设公司及其他建筑企业，用于铺路建房；金属残渣将含铁和不含铁部分分别回收利用；一些酸酐、碳、含氯(Cl)的气体等分别回收，用于生产各种酸、塑料及涂料制品等。残渣的处理和回收有一套完善的流程，所有的残渣都能产生经济价值，为企业带来收益。

这样的垃圾焚烧厂政府没有补贴，还能有很高的盈利，是真正做到了“向垃圾要经济，向生态要效益”，形成了一种良性循环、可持续发展的模式。与国内诸多由“补贴”带来的生态不可同日而语，因为真正的生态也是要注重经济效益的，不可能一味补贴，补贴顶多只能“贴面子”，内生机制不健全注定走不远。

2.节能建筑的开发和建筑节能产业

汉堡的垃圾分类和处理如果可以用精细来形容，节能建筑就只能用“惊叹”来表述了。所到之处，看到众多集美感与坚固于一身的建筑，节能效果更是一流。初冬时节，在室内不开暖气的情况下，仅穿一件单衣也不会觉得有寒意。

这些建筑已经超越了房屋本身，而是新理念和新技术的集合体，与国内我们看到的仅仅用砖垒起来的屋子完全不是一个概念。

第一，建筑墙体从里到外大致是由防火纸面石膏板、木搁条、硬质聚氨酯泡沫保温板、单方向透气薄膜、承重轻型木结构框架、木框架中间填充保温材料、木质 OSB 定向刨花板、防水薄膜卷材、非承重围护性机制粘土砖墙等多层构成，极其保温。第二，窗户的材料不论是窗框还是采光玻璃，都是使用具有现代保温构造特点的产品，为了保证房屋的密闭性，窗户的安装有严格的规则和程序，建筑和安装工人都经过专门的严格培训。节能房屋建好后，会有专门的密闭性测试，为了通风透气，房屋也会安装新风系统。节能建筑的开发和改造使得在人均居住面积不断加大的情况下，建筑能耗仍然在逐年降低，无不说明建筑节能的成效巨大。目前，政府预计以每年 2%的速度推进旧房节能改造，对房屋改造政府也将提供 20%的改造款。

在汉堡，“被动式房屋”也较为盛行，这一类房屋除了密闭保温，还能充分利用自然地热资源，通过在室外安装地热交换器，在室内安装能量回收通风系统，冬天将空气进行预热处理，将热空气留在室内，夏天将空气进行预冷处理，将冷空气留在室内，仅需要很少的额外能量，就可以供给住宅内部所需要的所有热量和热水，能够达到能量的“自产自销”。

除了改造，汉堡还开发了很多节能、集约利用的示范建筑和小区。汉堡节能小区的建设并没有统一的做法，包括他们评出的模范节能社区也是各具特色，没有固定的标准，每一块地方、每一栋建筑都可以采取不同的方式进行节能改造，目标就是对能源、资源、空间及已存在的设施设备的节约集约利用、循环利用、综合利用，节能降耗，合理开发利用清洁能源，达到生态宜居的目的。由于节能改造和建设的需求较大，汉堡出现了很多建筑节能的策划、建设机构和企业，这类企业也不光承接财政出资或补贴的节能改造项目，更多的是满足市民自发的节能改造需求，产业发展前景广阔。

3.分散式污水处理和水经济

污水处理也是生态建设的一个重要环节。在汉堡，分散式污水处理体系已逐步成熟起来。他们将污水分为雨水、灰水和黑水。其中，灰水指厨房、淋浴和洗衣等家政污水，黑水指经真空式马桶排放的厕所污水。居住区屋顶和硬质地面上的雨水被雨水管道收集，并汇入附近的地表水或者导入居住区内设置的渗水池。灰水经过植物净水设施,流入地表水。黑水经过集中真空收集设施净化,流入沼气设施,将沼气收集起来可为居住区供热供电,剩余物质可以存储起来用于农业灌溉和生产。

分散式污水处理,相对于中国大多数采用的集中污水处理而言,处理成本相对较低,并且黑水中富含营养物质的元素氮、磷、钾等也可得到有效地祛除或利用,不会持续排放,造成水域富营养化和水生物、鱼类因缺氧而衰亡等诸多弊端。分散式污水处理不仅治污效果更好,更值得推崇的是它的治污理念已经从"避免环境污染"上升到了"废水的能源资源化利用",将节约和循环运用到极致,将水的经济效益发挥出来。

4.交通治理和智慧城市建设

德国给人最深的印象就是车多,很多德国家庭都有好几辆车,不同的出行目的使用不同的车。在汉堡这样的大城市,车就更多了,拥堵也是时常看到的现象。对于治理拥堵,第一,政府积极打造公共自行车系统,提倡市民绿色出行,不断提高近程交通的比例,提高自行车出行率。目前汉堡自行车出行率为8%,通过大力建设公共自行车租赁系统,预计到2020年可达到20%~25%左右;第二,建立智能公交系统,这个系统不仅能给公交定位,而且开辟公交专用道,红绿灯亮起的时候,公交也能畅通无阻,显示出公共交通的优越性;第三,在周边卫星城打造"无车城",建立智能电动汽车租赁系统,使进城的居民将私家车停在城外停车场,租用电动车进城,实现城市内部汽车尾气零排放。

交通治理是汉堡建设智慧城市的一部分,当然也是生态城市建设的一部分。他们认为智慧城市建设不应有固定的模式,不应在最初就设计好城建、交通、教育、医疗、卫生等如何实现智能化,而应该是当地人关心什么问题,及时在这一方面研究并提供相应的智慧解决方案,将智慧城市的建设逐步推进、逐步完善。智慧城市建设应该是以提高公民的参与感、幸福感为目标,不是为了智慧而智慧、为了生态而生态。

汉堡的生态城市建设注重和谐、注重效率、注重健康、可持续,更注重整体协调推进。汉堡生态城市建设经验告诉我们:生态建设不仅是应对环境变化的一种需求,而且是一种可以给城市带来财富、知识和幸福的竞争优势。生态城市不是单纯追求环境的优美或自身的繁荣,而是兼顾社会、经济和环境三者的整体效益,不仅要重视经济发展与生态环境的协调,更要注重对人类生活质量的提高，是在整体协调的秩序下寻求发展。

（二）鲁尔区——产业转型升级的样本

产业转型升级是也应是生态城市建设的题中应有之义。鲁尔区的转型堪称工业区转型的典范。曾经的鲁尔，产业结构单一，严重依赖煤炭和钢铁产业。20 世纪 60 年代，在新一轮全球产业革命浪潮的冲击下，随着世界煤炭产量迅速增长、石油和天然气的广泛使用，鲁尔区煤炭储量急剧下降、开采成本日益昂贵、环保压力加大。主导产业衰落，失业率上升，大量人口外流，环境污染严重，社会负债增加等，使鲁尔区的可持续发展受到严峻挑战。对此，德国政府采取因地制宜的经济政策，推进产业结构的调整和老工业区改造。通过经济结构变化和产业转型，促进区域的生态建设和环保治理。

1.对传统工业进行全面改造

制定“鲁尔发展纲要”，对矿区进行重点清理整顿，将采煤集中到赢利多和机械化水平高的大矿井，类似于中国的“关、停、并、转”，同时采取一系列优惠政策扶持并改造煤钢业。这些优惠政策包括价格补贴、税收优惠、投资补贴、政府收购、矿工补贴、环保资助、研究与发展补助等。此外，各级政府还通过大力改善当地交通基础设施、兴建和扩建高校和科研机构、集中整治土地等措施，为鲁尔区下一步的发展奠定基础。

2.积极培育新兴产业

在挖掘原有产业潜力的同时，加大对新兴产业的培育力度。目前医疗健康、生物制药、物流、化工、文化以及相关知识类服务业成为了鲁尔区的主导产业。旅游与文化产业是鲁尔区实现经济转型的主要特色之一：将往日废旧的工厂和设备进行各种创意和改造，形成教育基地、公园、博物馆、演艺场所、集会场所等，连点成片，将鲁尔区打造成一部反映煤矿、炼焦工业发展的“教科书”，呈现德国 150 年的工业发展历史。开发工业旅游在改善区域功能和形象上发挥了独特的效应，成为鲁尔区经济转型的标志。

3.将生态治理贯穿产业升级的始终

积极采取有力措施改善一度被严重污染的环境，如限制污染气体排放、建立空气质量监测系统、联合治理河流污染、土壤污染等。在治污的过程中，他们秉承着“一切回归原生态”的理念，逐步恢复水体、土壤的自我修复能力。如今鲁尔区已经变成环境优美的公园绿地、幽雅的产业园区，不仅提高了当地人民的生活质量，也为新型产业发展创造了优美洁净的环境。

4.积极进行机制体制创新

由于鲁尔区内包含多个城市主体，在升级改造过程中难免需要各种协调，为此，成立了鲁尔区域协会，由各个城市推举出 70 名议员组成，负责制定鲁尔区的城市发展规划，并直接组织领导区域生态修复、商业与旅游发展推广等各项事宜。经过这一“半官方”机构的管理和协调，既有助于保持不同城市的多元发展，又可集中协调区域发展战略，促进区域可持续健康发展。

5.积极推进科教建设

从 1963 年起，鲁尔区陆续建成 20 多所大学，目前鲁尔区已发展成为欧洲大学密度最大的工业区。这些大学积极与企业和社会进行合作交流，在全社会形成了一股尊重科学的风气。同时，每个大学都设有“技术转化中心”，形成了一个从技术到市场应用的体系。

鲁尔区的升级将产业升级、环境升级、科技人才升级、社会升级及体制机制创新融为一体，全面推进，逐步将工业城建设成花园城。

三、德国的发展经验对武汉建设生态城市的启示和借鉴

德国的经验告诉我们：生态城市建设是一个系统工程，不仅是治理环境，而是要将生态理念落实到城市建设和发展的方方面面，将生态建设与经济发展、城市建设与提高民生幸福结合起来，注重体现生态的经济效益，将市民的宜业宜居愿望落到实处，将增进民生福祉作为最终目标。

（一）将生态建设与经济发展结合起来，打造经济升级版

没有效益的生态建设注定无法持久。在德国，垃圾处理、污水处理、房屋节能改造等都发展成了特色经济，既节能环保，又效益凸显。目前，武汉的垃圾、污水处理，房屋节能改造等还是属于政府扶持补贴阶段，还不能称其为产业，但也应该朝此方向努力发展。现阶段，应该把产业的转型升级作为生态城市建设的首要工作，向产业转型要效益，提升城市竞争力。武汉市产业结构仍然偏重、偏传统，代表未来的新兴产业和现代服务业还不突出。目前，经济下行压力较重，工业发展持续低迷，新的增长点还不明显。在发展降速的时候最应该思考未来的发展方向在何处。下一步，我们应该认真思考未来武汉应该集中发展哪些产业、提升哪些领域、发掘哪些新业态，才能将武汉引入下一轮蓬勃发展的轨道。要结合武汉市情深入贯彻落实《中国制造 2025》行动计划，明确下一个

十年里武汉制造业的重点方向，要大力发展服务经济，尤其是互联网经济，推进产业转型升级，打造经济升级版。

（二）将生态建设与城市建设结合起来，实现城市升级版

生态城市应该是一个自然环境优美、城市格局优化、市容市貌干净整洁的城市，能给人带来视觉上的美感和体验上的舒适感。要高度重视城市规划的作用，要深入贯彻落实主体功能区战略，城市的开发和保护要张弛有度。要正确处理环境保护、城镇化和经济发展的关系，把环境保护和优化工作始终贯穿于城镇化建设之中，并以环境保护为前提谋求经济有质量的发展。要适时推行垃圾、污水分类处理，鼓励建筑节能化改造以及城市智能化建设。要继续深化“城管革命”，大力实施“净地蓝天”行动及城市亮化工程，推进城市“三旧”改造工作，实施城市绿道及景观建设工程。在城市建设和改造过程中，注意推行文明施工，在工地尽可能使用防护设施，防止扬尘肆虐、污染蔓延。逐步将粗放型城市建设转变为集约式的建设，彻底改变城市面貌，实现城市升级版。

（三）将生态建设与民生福祉结合起来，完善民生升级版

生态城市建设不应该只是一个模糊的概念，而应该把它做成一个看得见、摸得着的惠及民生的大实事，要将提高民生幸福感作为生态城市建设的根本出发点和落脚点。市民是一个城市的主人，一个生态的城市，更有利于市民的健康和发展，更有利于有识之士和八方来客的集聚。建设生态城市，第一，应该提高市民的参与度，摸清市民最关心哪一类生态问题，最需要解决哪些环节等；第二，政府和相关机构在这些市民最关心的问题上要下功夫研究，提出合理的解决方案，量入为出、一点一滴、循序渐进推进生态城市建设，而不要全盘推进。甚至可以区、街道为单位开展活动，筛选若干需要解决的生态问题，以政府为民办实事的形式，逐个解决好提出的问题。以切实满足市民真实愿望为目标推进生态城市建设，不仅事半功倍，而且人民幸福感更多。

（四）将生态建设与自主创新结合起来，实现城市创新发展

生态城市建设离不开先进技术的支持，无论是垃圾处理和再利用、污水处理、建设节能建筑、发展和利用新能源、建设智慧城市等都离不开先进技术。只有掌握了先进的技术和工艺流程，才能更好地服务于环境治理，才能提出更多更好的减少环境压力、节能降耗的解决方案。也只有突破一些关键技术，一些传统产业才能实现转型升级，才能培育出新的现代产业。因此，自主创新是建

设生态城市的关键，要抢抓武汉成为国家自主创新试验区的新机遇，加快建设创新型城市，推动科技体制创新，积极搭建创新平台，着力解决科技创新产业化的瓶颈问题，加快推动科技转化，提高各类主体创新积极性。深入贯彻落实“城市合伙人”计划，使武汉逐步成为创新的乐园、人才的乐土。

（五）将生态建设与推进改革结合起来，形成若干改革亮点

德国各级政府高度重视生态建设，认为生态是城市竞争力的体现，甚至将环保作为政府重要职能列入宪法。在推进生态城市建设过程中，武汉市各级政府和部门也应该统一思想，明确环境保护和生态建设的重要性，推进环保领域改革，加大环保领域建章立制、补贴投资、调查研究力度，有序推进城市垃圾分类和处理及建筑节能改造。积极推进节能示范、试点项目建设，加快建设武汉中法生态新城。加大对环保企业和环保项目的扶持力度，加强对市民的宣传教育，加快推进循环经济示范区、两型社区、两型企业、两型学校、两型家庭建设力度。在市场领域，德国众多环保公益组织、公司制的中介组织等市场量对生态城市的建设起到了巨大的推动作用。未来武汉也要加快推进市场化改革，积极鼓励相关咨询、策划等中介机构的发展，要鼓励高校、科研院所等专业机构从事环保研究，要进一步放宽环保公益组织的成立门槛，采取政府购买服务等方式支持公益组织、研究单位及企业的发展，更好地发挥社会力量，共同建设生态城市。

（六）将生态建设与教化民众结合起来，提升民众环保意识

居民是城市最重要的组成部分，要想完成生态城市的建设目标，不仅仅要对民众进行宣传教育，更重要的是培养民众参与节约能源、保护环境的积极性。要让群众切身体会自己的生活和能源的联系，了解生活小细节的改变对整个城市能源节约的贡献等。德国生态城市建设的成功，很大程度上得益于全民环保意识的提高。我们也要重视强化能源节约观念，重视环保教育，应该建立学校、社会、家庭三方教育体系，全面提高民众环保意识。要重视从源头上杜绝环境污染的可能性，发掘全民环境保护的积极性，多渠道、多方式创造条件鼓励全体公民参与各种环境保护工作，更多地发挥全社会的力量，共同建设生态城市。

作者单位：武汉发展战略研究院

法国、西班牙的发展经验对武汉打造“三个升级版”的启示

刘艺璇

法国、西班牙在高技术产业发展、创新驱动战略、港口经济、城市规划设计、旧城开发和保护、智慧城市建设、社会保障和公共服务等领域都开展了一系列成功实践，对武汉打造“三个升级版”提供了许多有益借鉴，为此我们特意对两国的重点城市进行了考察调研和探讨研究，并得到了重要经验和启示。

一、对武汉打造“经济升级版”的经验和启示

（一）产业发展

瓦尔图瓦兹省大力发展以航空业为主的高科技产业。产业发展战略是避免与周边地区特别是巴黎的直接竞争，通过差异化发展形成自己的优势。目前产业主要集中在专业领域：航空技术与航空港服务行业、化妆品行业、机载电子系统行业、科技仪器仪表行业、安全与风险管理应用程序、环境技术行业、运输与物流行业及汽车行业。依托巴黎戴高乐机场、巴黎布尔歇商务机场和蓬图瓦兹—科尔梅耶维克森机场等三大机场，瓦尔图瓦兹省在欧洲及世界主要航空港中占有重要地位，已涉足航空业及航空港服务业的所有领域，包括军用和民用航空器制造、航空分包商、航空紧固件、航空维修、飞行员培训服务、航空港辅助行业等。瓦尔图瓦兹省每两年在布尔歇机场举办全球第一大航空展览会——法国巴黎国际航空航天展（SIAE），在超过30万平方米的展区中，汇集全球航空业的所有重要企业，展出航空领域众多最新技术发明。

加泰罗尼亚积极推动对城市经济具有战略意义的产业。信息通信技术、物

流、农业食品、商业、旅游业、生物医学等是巴塞罗那和加泰罗尼亚的重要支柱产业。加泰罗尼亚的物流和运输业集中了 4.3%的经济活动，物流用地面积占西班牙全国的 24%，拥有 44000 人的从业人口。巴塞罗那—加泰罗尼亚物流中心(BCL)是由巴塞罗那市政府、巴塞罗那联盟和巴塞罗那港口联合发起创建的，目前共有 100 个物流行业的会员。加泰罗尼亚是西班牙最大的农业食品基地，规模在欧洲业名列前茅，农业食品是营业额最高的工业部门，全世界第二大农业食品加工行业展会每年在这里举行两次。加泰罗尼亚也是西班牙在医学和生物医学研究方面的领头羊，生物医学公司数量占全国总数的 20.5%，营业额占全国的 29.4%。巴塞罗那坚决支持电动汽车行业，将其视为解决未来城市交通问题和发展绿色经济的关键，目前全市已设立近 400 个公共充电站。

法国建立 71 个跨区域的竞争力联合体。为了在日趋激烈的世界经济竞争中巩固自己的地位，法国建立了“面向世界”或“全国性”的地区性联合体，由地区规划和发展部级委员会(CIADT)管辖。竞争力联合体的建立旨在拉近企业、研究中心和教育机构的距离，以便互相合作增强竞争力。71 个竞争力联合体涉及航空、医疗、信息通信技术、交通、能源、金融等领域，提出的计划清单涵盖了所有主要经济部门，范围涉及整个法国。这些联合体不仅由国家提供财政支持，而且还享受减免税和社会分摊金的权利，地方政府还可建议减免地方税。

(二)创新战略

瓦尔图瓦兹省依托高校资源形成高度融合的产学研体系。瓦尔图瓦兹省拥有 11 家大学，大学生人数近 30000 名，拥有涉及电子应用、信息处理、生物工业、经济商业、艺术、农业等多个领域的著名工程师学院，并设有一批具有国际竞争力的实验室及研究中心。着力促进企业、教育机构与公立或私立研究机构之间的协同发展，从而推出具有创新性及国际合作性的经济发展项目。瓦勒德瓦兹省议会和塞尔吉——蓬图瓦兹地区委员会合作，在大学和科研机构聚集地区建立“Neuvitec 95”，并由欧洲企业和创新中心(CEEI)管理。作为技术企业的摇篮和苗圃，“Neuvitec 95”关注具有创新性的技术发展计划，同时面向高等教育与研究。自 1998 年创立以来，“Neuvitec 95”在高等教育机构内部鼓励培养企业精神，并且已经取得一定的成绩。在瓦尔图瓦兹省经济发展委员会倡导下，瓦勒德瓦兹高等教育 / 企业协会(CESE 95)每年发起举办高等教育机构和地区中小型企业—中小型工业的研究和创新周活动，并对所有人免费开放。

巴塞罗那推动老工业区转型成为西班牙的“硅谷”。2000 年巴塞罗那开始实施“22@ 计划”，推动 Poblenou 老工业区 200 公顷的废弃工业用地再开发，通过城市更新、经济复兴和社会重构，打造各类知识密集型活动的聚集区，重塑一个创新经济驱动的新城区。22@ 创新产业园重点打造两大创新合作网络。第一层次是领导层的合作网络，主要由区域内关键机构、企业与部门的领导者构成，推进区域创新规划、完善、营销与治理，即最著名的“三螺旋”模式，并通过研发中心与孵化器等创新媒介促进区域创新能力的提升。第二层次是各类研发创新机构的有效组合，包括企业、研发机构、高等院校、科研院所等，有效整合区域内不同力量和要素，包括产业集群、支柱企业、物理空间、公共服务及历史文化等，保障研发资源能够合理组合、有机配置到空间，提升企业和机构投资回报。人才引进和培育一直是 Poblenou 发展的核心目标之一，大力实施有组织的区域项目、营销项目及有针对性的猎头行动，目标范围不仅包括本国的科研人员或人才，还包括全球范围的人才。此外，Poblenou 努力推动技术开发与物理空间无缝连接，积极投资城市实验室等开发平台建设，将技术内嵌于标准公共基础设施中，为区域创新联系和创新合作网络建设提供支撑。

（三）港口经济

马赛港口货运量占法国港口总吞吐量的三分之一，全世界近百家船东的船舶在马赛港长期停靠，马赛港是仅次于荷兰鹿特丹港的全欧洲第二大港口。

高标准建设完善集疏运体系。法国拥有整个欧洲最长的公路网，其市镇、省、国道与高速公路累计总长度将近 96 万公里，其中，高速公路总长排名在欧洲位居第二。在铁路运输方面，铁路总长将近 32000 公里，高速列车运输速度高达每小时 260 公里，年货运量超过 1400 亿吨。满载着集装箱的列车往返于法国境内各处，将马赛港与法国各大城市相联结，周次列车可驶向里昂、图卢兹、斯特拉斯堡、勒阿弗尔等地区。铁路运输在鹿特丹到马赛的南北动脉上也扮演着重要角色，这条动脉铁路将集装箱运至欧洲重要的仓储中心——里昂，再准确高效地分配货品流向。内河运输方面，法国拥有共计 8500 公里的河运网络，可以将欧洲各城市的内河相联结，作为法国五大河流之首的罗纳河不仅服务于法国的南北水运交通，还是地中海的主要出海口，海口附近的港区在联系欧洲其他港口城市上也具有重要作用。

全力打造国际邮轮中心。20 世纪 90 年代,马赛政府倡议成立马赛普罗旺斯俱乐部,旨在与社会各界力量合作共同发展邮轮旅游业,马赛港务局投入大量资金,终于在 21 世纪初建成马赛的第一个邮轮码头,到 2013 年,超过 40 艘小型邮轮在马赛港区停靠。通过大力发展邮轮辅助设施促进邮轮旅游业的发展,马赛的城市环境与城市口碑逐渐改善。不仅仅是马赛港,巴塞罗那港及其他地中海区域的港口的发展无不是由港口政府当局的协助推广和邮轮公司大力支持的结果。各邮轮港口没有因为资源竞争而相互压制,反而形成了竞合、共同发展的良好发展趋势,马赛区域的邮轮旅游业由此得以发展成为了全球第二大邮轮市场。

拓展创新配送枢纽港功能。马赛港作为欧洲南部从事非港口主业的活跃者之一,逐渐将其业务范围延伸到运输领域。当莫里潘集装箱码头的两个物流中心建成以后,马赛港务局安排其全部用于进出港货物增值物流服务。马赛的深水港以及完善的支线水路与系统的公路铁路布局,使得马赛能够在欧洲地区迅速延展,给予客户高时效的服务,马赛成为了地中海区域的配送枢纽港。

实施港口自治管理。法国港口主要分成两类:非自治港和自治港,非自治港直接接受国家管理,自治港则在经营管理方面拥有决策权,而自治港委员会包含当地船舶方面的代表,因此其决策方向与当地船舶利益相对紧密。作为自治港,马赛政府不直接参与各港区的日常营运,以保持各港口之间的合理竞争,而港口委员会作为马赛港的决策机关,则依法享有财政自主,具有投资计划、筹集资金、利润分配以及批准预算等权力。

(四)对武汉的启示

1.构建有机更新的迭代产业体系,联合打造长江中游城市群产业集群优势

产业是地区发展水平的核心要素,瓦尔德瓦兹和加泰罗尼亚的产业战略既立足自身基础优势,更面向未来发展趋势;同时注重避免周边地区的恶性竞争,通过产业合作形成集群竞争力。围绕构建“现有支柱产业—战略性新兴产业—未来产业”有机更新的迭代产业体系,武汉要聚焦培育信息技术、生命健康、智能制造等战略性新兴产业成为先导性支柱产业,同时推动制造业向中高端升级。更重要的是,武汉应协同其他城市,整合长江中游城市群相关产业资

源，大力促进产业融合与协作，引导长江中游城市群形成特色突出、优势互补、分工合理、互利共赢的产业发展新格局。要加快千亿元支柱产业的集聚，“以联合促集聚，以集聚促裂变”，形成“抱团出海”的巨大市场冲击波和国际影响力。充分发挥各地的区位优势、资源优势和产业基础优势，合理承接产业转移，避免同质化恶性竞争，促进地域专业化生产。构建面向长江中游城市群的一体化主导优势产业链，促进产业向集群化方向发展。

2.创新完善产学研协同机制，加速推动科技优势向产业优势转化。

密切结合的产学研体系是瓦尔德瓦兹和巴塞罗那的产业创新走在前列的重要载体。武汉建设具有全球竞争力的产业创新中心和国家创新型城市，目前亟需突破的就是如何把我们庞大的高校科教资源优势转化成产业优势。因此，需要强化企业在产业技术联盟中的主体地位，探索采取企业主导、院校协作、多元投资、成果分享的新模式，支持和吸引国内外创新型企业、知名高校、科研机构和创新团队在汉组建工业技术研究院，鼓励和支持各类市场主体创办新型产业技术创新研发机构。建立主要由市场决定技术创新项目和经费分配的机制，对于应用型技术成果，让企业家、风投机构等第三方参与科技成果评价。建立科技资源开放激励机制，鼓励向企业及社会开放使用。探索科技资源所有权与经营权分离，引入专业服务机构开展市场化运营服务。鼓励高校建立技术转移办公室，协助科研人员保护其研究成果和知识产权，评估科研成果的市场潜力，寻求潜在的产业伙伴和合作者，组织实施技术交易。对高校未及时转化但有转化价值的成果（专利）由光谷联交所组织收储、管理和交易，政府安排专项资金进行收储补贴。

3.大力发展多式联运，加快建设长江中游航运中心。

马赛港的发展依托于覆盖法国乃至欧洲的综合交通网络和联运节点的高效运转。武汉要更好地承担建设长江中游航运中心和引领长江中游城市群发展的重任，必须提升港口功能，加快补齐铁水联运、江海联运和空水联运等短板，努力完善港口经济圈集疏运网络体系和服务。突破口是要破除地区部门间障碍，充分发挥政府规范、协调、引导和促进的作用；核心是要超前规划合理布局基础设施，推动综合性的枢纽中心节点和与之能力相匹配的集疏运通道建设，构建有效覆盖的现代化多式联运网络；重点是要引进培育多式联运经营人，鼓励运输技术和组织模式创新，大力发展货运代理业，优化市场发展环境；着力点是要整合利用武汉多式联运海关监管中心、新港空港综合保税区等重大枢纽的优势资源，建设满足各种运输方式的多式联运功能服务平台，提高综合运输服务效率。

二、对武汉打造“城市升级版”的经验和启示

（一）新城规划建设

20 世纪 60 年代，巴黎的城市建设趋于完善，不断地吸引着大量的外来人口，巴黎城市建设已经满足不了激增的人口。为了保护巴黎旧城，法国出台了巴黎大区总体规划，并首次提出将新城作为平衡巴黎市中心人口以及就业的主要方式，进而减轻巴黎市中心的负担以及预防可能由巴黎市郊发展不平衡所带来的隐患。新城的选址一般集中在距离巴黎市中心 25～30 千米范围以外的区域，并且优先选择那些原有城镇较为密集的地区进行开发和建设。在每个新城规划与建设的前期，政府部门会组织成立区域性的公共规划机构（EPA）来专门负责新城的规划、开发以及建设工作，EPA 成员以规划人员为核心，包括建筑师、景观设计师、经济学家等各个方面的专家及社区代表等。随着新城的发展日趋稳定和成熟，新城的规划管理权逐渐会转移给新城居民代表，由他们成立新的政府机构并且选择新城未来的发展方向，而 EPA 机构的去留则由 EPA 自定。巴黎大区总体规划实施以来，陆续设置了五个新城，整个巴黎的土地面积拓宽了四倍，为了将巴黎新城与老城相连接，政府逐步建起五条遍布整个法兰西岛的巴黎大区快铁，目前新城吸收了 20% 的巴黎大区新增人口和建设量，避免了城市过于分散及建设远离基础设施的情况。新城最大程度地保留了原本的自然环境和区域文化风情，并对这些特色加以开发和利用，每个新城都形成了鲜明的个性，并且得到了长足的发展。

（二）旧城改造和保护

在巴塞罗那，老建筑与新建筑和谐相融，整体风格一致，这一切得益于对老建筑的精心保护和“以旧修旧”的城市改造原则。对于老城区的保护，巴塞罗那有三条戒律：一是绝对保护原物；二是在保护原物的大前提下适当改善和扩建；三是以改建为主，保护为辅，但以不伤害原有风貌和格局为基本原则。早在 170 年前巴塞罗那已经颁布法令并且成立专门部门，保护每一座可能有价值的

老房子，并且对老房子的保护细致到每一扇窗、每一扇墙。市政府成立一个由技术人员、历史学家、社会人士等组成的团队，对所有要保护的建筑建立了一个十分详细的名册，涉及 3000 多幢建筑，每一幢建筑的详细特征都记录在册并公布在政府网站。巴塞罗那将需要保护的建筑分为 A、B、C、D 四个等级，A、B、C 三个级别的建筑多为古罗马人的遗迹、哥特式建筑、上百年的教堂等，是绝对不可以拆的，但可以被修缮或是再利用。D 级建筑虽然不具有文物保护价值，可能只是一栋民宿，但留存了历史记忆，同样也不可以随意拆除。

（三）智慧城市建设

早在 2009 年巴塞罗那市议会便提出了“智慧城市”模式的设想，到 2012 年，已经完成了一系列卓有成效的智慧城市项目，之后，根据“欧洲 2020 战略”制定了 MESSI 战略(Mobility 流动性、E-Government 电子政务、Smart City 智慧城市、Systems of Information and Innovation 信息与创新系统)，旨在协调经济、环境和社会可持续发展，为提高公民的福利和生活质量，促进经济进步做出努力，2015 年巴塞罗那被评为全世界最“智慧”城市，超过纽约、伦敦。巴塞罗那智慧城市是一个综合规划，包含了城市的各个方面，从信息化基础设施、智能社会公共服务，到城市的绿色可持续发展，是一个包容开放的系统。物联网在智慧城市中应用广泛，巴塞罗那成功实施了智能感应垃圾回收点、智能感应设施的停车库与停车位管理、智能灌溉系统等一系列基于物联网的智慧城市项目，城市覆盖了大面积的无线传感器和路由器，这些设备每天产生了大量的数据，通过数据分析、数据挖掘，这些物联网设备使得城市管理更加科学、便捷。巴塞罗那十分重视智慧城市在旧城区改造和再生中的作用，“22@Barcelona”已经成为应用技术创新的智慧新城区，是巴塞罗那智慧城市建设中的模范社区，其智慧技术系统已经在其他 9 个城市创新推广。通过创新商业模式，加大公私合作，巴塞罗那与欧洲各国、思科公司、谷歌公司、IMB 建立了长期的合作关系，不仅合作完成了一系列卓有成效的智慧城市项目，更建立了一系列企业孵化器、技术创新和技术转移中心、新材料技术、智能能源和建筑能效中心等重要机构，为巴塞罗那培养了大量的研究和专业技术人员，既促进了巴塞罗那智慧城市的建设，也带来了巨大的经济增长机会。

(四)对武汉的启示

1.整体规划建设中心城区和新城区,依托文化特色塑造新城品牌形象

在城镇化快速推进过程中,武汉面对大量涌入的外来人口,应当如何有序地安置城市新人口、合理地规划好城市扩张的计划以及有效地应对城市化带来的社会问题,这些都是严峻的挑战。从巴黎大区规划的经验来看,建设和发展新城是应对这些挑战的有效手段,新城不仅分担市中心的压力,更重要的是可以不用为了满足高度城市化的发展需求而产生对老城区的冲击。对于武汉而言,新城发展不仅要纳入城市统一规划,完善与城市中心密切联系的高效便捷的交通网络,推动中心城区公共资源向新城扩散,更要高度尊重每个新城原有的区域特色——自然环境特色、人文风俗特色等等,甚至在长期规划中将这些特色打造成新城的文化品牌,进而找到新城产业发展的方向和定位。注重对城市文化的挖掘和利用,从而有效地避免出现“千城一面”的现象,让新城居民的“乡愁”同样有处可寄托。使新城不仅给武汉的经济和社会发展注入了新的能量,还能更加巩固武汉作为超大城市在全国乃至全球的地位。

2.推进老城区有机更新,传承城市历史文脉

武汉老城区拥有众多承载着近代商贸史的老建筑, 蕴含着众多的历史记忆和独特的社会生态。随着新型城镇化进入以提升质量为主的发展新阶段,城市更新不再仅仅是城市功能、空间结构、产业模式等的更新,更要做好保护与传承的工作,延续优秀人文历史基因,焕发城市生机与活力。文化的传承和提升需要地域载体、人的延续和必要的社会环境。老城区的更新改造要本着尊重历史、保护文化精髓的原则,不仅是对历史建筑、街道和街区的保护与更新,更要保护与传承城市文脉,注重传统民俗文化的延续。按照体现“原真性”的要求,对目前的民居、店铺、作坊等,以保护、修缮、整改为主,以仿建、重建、新建为辅,避免“拆古迹、建仿古”的现象。特色文化是永不过时的,随着时代的不断进步,人们的高楼情结不断减弱,对历史风貌的喜好不断增强,历史风貌区改造要顺应时代的潮流,经得起历史的检验,着力打造百年经典。

3.超前布局完善信息基础设施,推动数据资源开放共享

巴塞罗那的经验告诉我们,智慧城市的前提是全覆盖、先进高效安全的信息基础设施,核心在于大数据、物联网等在经济社会领域的广泛应用。大力推

进“云端武汉”和“宽带武汉”“无线城市”建设，尽快建成全光纤网络城市，早日实现全市重点区域免费 WiFi 全覆盖和统一运营管理；推动物联网与下一代互联网、云计算、大数据、信息通信、地理空间等新一代信息技术的集成创新，强化对物物相联、物人相联、人人相联关键技术的研发与应用；建立跨部门的政务信息资源共建共享机制，推进信息资源向全社会开放，引导各类社会机构开放数据，形成政府信息与社会信息交互融合的大数据资源；整合各部门信息化系统，建立统一的政务云数据中心、政府公开数据库和服务平台，面向企业、居民提供网上“一站式”政务服务，完善移动政务应用。

三、对武汉打造“民生升级版”的经验和启示

（一）社会保障

法国拥有完善的社会保障制度体系，虽然存在由于体制过于宽松导致的医疗保险入不敷出、高福利制度间接导致高失业率等一些突出问题，但在以社会保障完善而著称的西欧诸国中，仍居于较领先的水平，特别是为年老、失业、伤病的弱势群体建立了一张严密的“安全网”。平等与公平是法国社会保障遵循的核心理念，体现在制度设计的方方面面。例如，在医疗保险缴费费率和享受待遇方面，虽然投保人交纳保险费的多少主要根据投保人的经济收入而定，而人们享受的医疗保险服务则不以交纳保险费的高低而有区别，体现出社会医疗保险的保障水平。全国统一建立了社保数据库，并与税收、工商等部门实现了网络互通，信息共享，征收归口管理、支付经办流程、福利待遇政策等全国一致，社会保障卡全国通用，为跨区自由流动的人员提供了便利。医疗保险流程采取费用先行支付，然后由稽核部门按参数抽样核查，一旦发现违规予以重罚并记入诚信系统，大大加快了支付速度，有效的核查处罚机制也使个人和医院不敢违规。法国社会保障制度的先进不仅仅体现在政策、流程的完备上，更重要的是其已经从简单的征收支付管理演变为风险控制管理。例如，法国的医疗、工伤保险经办已经不仅仅是征收支付管理，很大部分人员和精力都投入到了预防疾病和早期介入工作中。

（二）公共文化

法国政府的文化财政投入力度非常大，在文化遗产保护、艺术创造、艺术教育、对外文化交流领域的开支以及非文化部门政府机构的文化事务开支、对

支持文化事业的企业给予的税收优惠等各项相加，大约占中央财政预算的4%左右。依靠强大的国家资助力量，很多演艺机构实行“公平票价”，为保证其演出质量，文化部规定所有公共演出机构每年必须花费至少50%的国家资助到艺术预算中。法国很早意识到文化要全面发展，单靠文化部的力量不够，无论是中央还是地方政府都无法独立承担起资助文化的巨额经费，中央也无法对各地文化采取一刀切政策，文化也是其他国家部门、私人企业乃至全民的责任。法国文化政策目标是要实现三个平衡：巴黎与外省的平衡、城市与农村的平衡、市区与郊区的平衡，从而使各地公民都有平等享受文化生活的权利。这一目标促使法国文化管理部门不断向基层分权，国家文化资源不断由巴黎向全国各地分散，政府2/3的文化投资用于外省，重要的文化设施大部分建在外省。为改善农村地区的文化生活状况，保存乡村文化基因，法国对人口稀少的或者农业地区的文化建设有专门补贴。除了中央与地方的合作，法国还通过法令及制度促进城市间尤其是大城市与乡镇之间的合作，有效地提高了文化设施的利用率，提高了文化活动的品质，保证了民众文化权益的普惠性。

（三）生活质量

巴塞罗那生活质量欧洲最佳，在全球名列前茅。根据波士顿咨询公司报告，巴塞罗那出色的生活质量，尤其是教育和医疗卫生体系，使其在全球最具就业吸引力的城市中排名第七。英国《经济学家》杂志对数字时代的城市安全进行了评估，巴塞罗那在全世界上50个最安全的城市中排名十五，医疗卫生方面排名第七，在市民获得医疗救治的难易、床位数、每千名市民中医生数量、水和空气质量、平均寿命等指标表现突出。巴塞罗那提供高水平的公共医疗卫生服务，并且设立了一批国际著名的私立医疗中心，大量开展医疗卫生领域的重要研究项目，举办多次医疗大会，是全球性的“健康旅游”目的地。巴塞罗那拥有优质的文化和教育设施网络，城区内有38个国际学校、40多个公共图书馆、近千个幼儿园和中小学、近两千个公共体育设施、9处联合国教科文组织指定的世界文化遗产。环保方面，巴塞罗那倡导“紧凑的地中海城市”模式，推广可持续发展的出行方式，目前这种方式已经占到市内出行的85%以上，下一步将继续鼓励电动交通工具（电动汽车和天然气汽车）的使用。巴塞罗那在水资源节约方面也是欧洲的表率，是全球水运营商伙伴关系联盟/联合国人居署的工作中心。

(四)对武汉的启示

1.提高社会保障服务水平,推动管理方式创新

法国社保经办流程简单、自动化程度高、网络服务到位、诚信体系完备、支付快捷高效,大大提高了社保服务的质量和效率。我们要大力推动社会保障信息化建设,以智慧城市建设为依托,逐步实施智慧社保项目、智慧就业项目、智慧人事人才项目,改进与完善业务经办系统,满足人民群众手机终端、车载终端、网络终端、可穿戴终端及多媒介终端的参保、缴费、查询等多层次需要,实现 90%以上的劳动就业、社会保障、人事人才业务网上经办,80%以上足不出户自助经办,100%的经办业务手机短信、微信等自助终端查询。利用大数据萃取技术和云计算平台,为科学决策提供数据支撑和可视依据,强化劳动就业、社会保障、人事人才业务经办信息的采集分析和实时监控,切实防控人社业务经办风险、社会保险基金风险、自由裁量权风险等。

2.加大文化投入力度,公平保障市民文化权益

只有充足的文化预算才能保证文化机构的运作、文化活动的开展和文化政策的实施。尽管近年来武汉文化投入总量激增,文化基础设施明显改善,但相对迅猛增长的财政总量,文化投入占比依然偏低。"十三五"时期,全市要进一步加大财政投入力度。建立健全同财力相匹配、同人民群众文化需求相适应的政府投入保障机制,保证公共财政对文化建设投入的增长幅度高于财政经常性收入增长幅度,提高文化支出占财政支出比例。在公共文化服务领域,武汉依然存在城乡不均衡、地区不平衡和个人文化消费能力悬殊等现象,特别是农村存在大量的文化盲区。面对这种非均等化现象,我们需要拿出"工业反哺农业"的力度,构建覆盖城乡的总体性制度,有效保障所有公民的享有平等的文化权益。

3.把提高人居质量放在最重要位置,增强市民获得感和幸福感

根据 2016 年中国 35 个城市生活质量报告,武汉的生活质量客观指数(综合计算 20 个客观经济指标得出)排名第八,但主观满意度指数排名第十二。各项分指标方面,人力资本主观满意度指数、社会保障满意度指数方面表现优异,排名分别为第一和第五;但是生活水平满意度指数(包括收入现状和收入

预期等)、生活成本主观满意度指数、生活感受满意度指数(包括生活节奏满意度和生活便利满意度等)、就业满意度指数方面表现较差,排名分别为 26、24、20、28 位。根据调查,对生活质量产生重要影响的因素依次为空气质量、物价、食品安全、交通状况,特别是 35 个城市居民均把空气质量视为影响生活质量的最重要因素。武汉建设国家中心城市的出发点和落脚点是建设幸福武汉,无论是经济升级还是城市升级,最终目的都是要提高生活品质,增强居民的获得感、满足感和自豪感。相比经济发展和城市建设,环境污染、交通拥堵、食品安全、收入水平不高、公共服务和产品短缺等居民迫切关注的问题依然是武汉的短板,因此从“十三五”开始,我们要把市民需求放在最重要的位置,从提高居民生活质量的角度考虑政策重心，使武汉不仅仅是经济总量大增速快的超大城市,更是最具吸引力的宜居城市。

作者单位:武汉发展战略研究院